MW00569167

DICCIONARIO
ESPAÑOL-INGLÉS

ENGLISH-SPANISH
DICTIONARY

DPAJHLY
WGQXVI
KROCTN

EVEREST
DICCIONARIOS

Dirección editorial Raquel López Varela	**Colaboradores** Jorge Álvarez Turner
Coordinación editorial Yolanda Lobejón Sánchez	**Transcripción fonética** Silvia Hurtado González Jorge Álvarez Turner
Redacción y corrección Leire Amigo Fernández	
	Maquetación Carmen Gutiérrez
Equipo lexicográfico Interlex Leire Amigo Fernández Pedro Diez Orzas María Jesús Fernández Sánchez Alejandra López Varela Sandra Márcia Pereira José Antonio Menor Martínez Tania Pedersen Álvarez Gema Sanz Espinar	**Diseño de cubiertas** David de Ramón Francisco Morais
	Bases de datos José Simón Granda, Universidad de Alcalá

Este diccionario ha sido realizado en el marco del Proyecto Interlex –una herramienta para profesionales multilingües en Internet– que ha sido subvencionado parcialmente por el Programa MLIS nº 103 (DG XIII) de la Comisión Europea.

No está permitida la reproducción total o parcial de este libro, ni su tratamiento informático, ni la transmisión de ninguna forma o por cualquier medio, ya sea electrónico, mecánico, por fotocopia, por registro u otros métodos, sin el permiso previo y por escrito de los titulares del Copyright. Reservados todos los derechos, incluido el derecho de venta, alquiler, préstamo o cualquier otra forma de cesión del uso del ejemplar.

© EDITORIAL EVEREST, S. A.
www.everest.es

Carretera León-La Coruña, km 5 - LEÓN
ISBN: 84-241-1234-2
Depósito legal: LE. 1369-2002
Printed in Spain - Impreso en España

EDITORIAL EVERGRÁFICAS, S. L.
Carretera León-La Coruña, km 5
LEÓN (España)

INTRODUCCIÓN

La edición de los nuevos diccionarios bilingües Everest se enmarca dentro de un ambicioso proyecto denominado INTERLEX, financiado en parte por la Unión Europea. Este proyecto nos ha permitido crear bases de datos bilingües en colaboración con otras instituciones, como la Universidad Alfonso X El Sabio, y empresas que han creado desarrollos informáticos específicos para su generación. Iniciado hace varios años, el proyecto INTERLEX cuenta con un equipo de lexicógrafos, correctores y redactores de varias nacionalidades, que dan fiabilidad y calidad al texto.

La selección de los 30 000 términos reunidos en el *Diccionario Punto Español-Inglés / English-Spanish* responde fundamentalmente a su condición de palabras de carácter general y más usadas en ambos idiomas. También se han seleccionado las acepciones, giros y locuciones más frecuentes, y algunos americanismos, localismos, neologismos y tecnicismos más difundidos, así como términos relacionados con la gastronomía y situaciones comunicativas básicas. Como información adicional se ofrece la categoría gramatical, la transcripción fonética (Sistema Fonético Internacional) de todas las entradas, estratos de habla, glosas explicativas, materias y ejemplos de uso con su traducción en ambas direcciones, etc. También se incluyen tablas de pronunciación, los numerales y las abreviaturas usadas en el diccionario, siempre en los dos idiomas.

A pesar de su reducido tamaño, no debe ser considerado como un pequeño diccionario con información telegráfica (término-traducción) sino como un diccionario práctico, imprescindible en viajes e ideal para consultas rápidas y concisas, útil para cualquier hablante de español o de inglés, sea cual sea el grado de conocimiento de la otra lengua.

EDITORIAL EVEREST

TRANSCRIPCIÓN FONÉTICA DEL ESPAÑOL

Para la transcripción fonética del español hemos utilizado el sistema de uso más frecuente en todo el mundo, el Alfabeto Fonético Internacional (AFI), aunque adaptado al objetivo de facilitar la interpretación de la transcripción a todos los lectores, ofreciendo información suficiente sobre la correcta pronunciación de las palabras, tomando como referencia la norma culta estándar.

La información sobre la pronunciación se ofrece entre corchetes ([…]) inmediatamente después de la entrada léxica. El lugar en que recae el acento dentro de la palabra se indica mediante una tilde (´) superpuesta al núcleo de la sílaba tónica. Las correspondencias entre los símbolos fonéticos utilizados en este diccionario y las grafías están recogidas en la siguiente tabla:

SÍMBOLO	GRAFÍA	EJEMPLO
Vocales		
[a]	a	casa [kása]
[e]	e	peso [péso]
[o]	o	posar [posár]
[i]	i	pipa [pípa]
[j]	i	viene [bjéne]; aire [ájre]
[u]	u	pulso [púlso]
[w]	u	bueno [bwéno]; auto [áwto]
Consonantes		
[p]	p	palo [pálo]
[t]	t	tapa [tápa]
[k]	c + a, o, u;	cosa [kósa];
	c + cons.;	acción [akθjón];
	qu + e, i; k	queso [késo]; kilo [kílo]
[b]	v; b	vino [bíno]; bar [bár]

SÍMBOLO	GRAFÍA	EJEMPLO
[β]	v; b	avena [aβéna]; deber [deβér]
[d]	d	dama [dáma]
[ð]	d	alado [aláðo]
[g]	g + a, o, u; g + cons.; gu + e, i	gato [gáto]; globo [glóbo]; guiso [gíso]
[ɣ]	g + a, o, u; g + cons.; gu + e, i	vago [báɣo]; agrupar [aɣrupár]; reguero [reɣéro]
[f]	f	feo [féo]
[θ]	c + e, i; z+ a, o, u	cielo [θjélo]; zapato [θapáto]
[s]	s	salir [salír]
[j̃]	y	mayo [máj̃o]
[x]	g + e, i; j + a, e, i, o, u	genio [xénjo]; jota [xóta]
[tʃ]	ch	mucho [mútʃo]
[m]	m; n	madre [máðre]; inminente [imminénte]
[n]	n	cana [kána]
[m̩]	n	infame [im̩fáme]
[ṇ]	n	duende [dwéṇde]
[ṇ]	n	once [óṇθe]
[ŋ]	n	tanga [táŋga]
[ɲ]	ñ	niña [níɲa]
[l]	l	sol [sól]
[l]	l	toldo [tóldo]
[ḷ]	l	alzar [aḷθár]
[ʎ]	ll	llamar [ʎamár]
[r]	r	pera [péra]
[r̄]	r; rr	rosa [r̄ósa]; perro [pér̄o]

ABREVIATURAS USADAS EN ESPAÑOL

abrev.	abreviación, abreviatura	*cult.*	cultismo
adj.	adjetivo		
adv.	adverbio, adverbial	*dat.*	dativo
advers.	adversativo	*dem.*	demostrativo
Aeron.	Aeronáutica	*Dep.*	Deportes
afirm.	afirmativo	*Der.*	Derecho
Agr.	Agricultura	*desp.*	despectivo
Albañ.	Albañilería	*det.*	determinado
amb.	ambiguo	*dialect.*	dialectalismo
Amér.	América	*distrib.*	distributivo
Amér. C.	América Central	*disy.*	disyuntivo
Amér. del N.	América del Norte	*dud.*	duda
Amér. del S.	América del Sur		
Anat.	Anatomía	*Ecol.*	Ecología
Arq.	Arquitectura	*Econ.*	Economía
Arqueol.	Arqueología	*Electrón.*	Electrónica
art.	artículo	*enfát.*	enfático
Astrol.	Astrología	*Equit.*	Equitación
Astron.	Astronomía	*Esc.*	Escultura
Autom.	Automóvil	*Esp.*	España
aux.	auxiliar	*Etn.*	Etnología
		excl.	exclamativo
Biol.	Biología	*expr.*	expresión
Bot.	Botánica		
		f.	femenino
c.	cantidad	*fam.*	familiar
card.	cardinal	*Farm.*	Farmacia
caus.	causal	*fig.*	figurado
Cinem.	Cinematografía	*fin.*	final
col.	coloquial	*Fís.*	Física
compar.	comparativo	*form.*	formal
conces.	concesivo	*fórm.*	fórmula de cortesía
cond.	condicional	*Fot.*	Fotografía
conj.	conjunción	*fras. prov.*	frase proverbial
consec.	consecutivo		
contracc.	contracción	*Gastr.*	Gastronomía
cop.	copulativo	*Geogr.*	Geografía

Geol.	Geología	*Náut.*	Náutica
gralm.	generalmente	*neg.*	negativo, negación
		num.	numeral
Hist.	Historia		
		ord.	ordinal
ilat.	ilativo		
impers.	impersonal	*p.*	participio
Impr.	Imprenta	*p. us.*	poco usado
indef.	indefinido	*pers.*	persona
indet.	indeterminado	*Pint.*	Pintura
Inform.	Informática	*pl.*	plural
insult.	insulto	*Polít.*	Política
int.	interrogativo	*por ext.*	por extensión
interj.	interjección	*pos.*	posesivo
intr.	intransitivo	*prnl.*	pronominal
inv.	invariable en número	*prep.*	preposición
		pron.	pronombre
l.	lugar		
Ling.	Lingüística	*Quím.*	Química
Lit.	Literatura		
lit.	literario	*Rel.*	Religión
loc.	locución	*rel.*	relativo
loc. adv.	locución adverbial		
loc. lat.	locución latina	*s.*	sustantivo
		sing.	singular
m.	masculino		
Mat.	Matemáticas	*t.*	tiempo
Mec.	Mecánica	*Taur.*	Tauromaquia
Med.	Medicina	*Teatr.*	Teatro
Meteor.	Metereología	*Tecnol.*	Tecnología
Mil.	Militar	*tr.*	transitivo
Miner.	Mineralogía		
Mit.	Mitología	*v.*	verbo
mod.	modo	*Vet.*	Veterinaria
Mús.	Música	*vulg.*	vulgarismo
n. p.	nombre propio	*Zool.*	Zoología

NUMERALES

0	cero	zero		
1	uno	one	primer, primero	first
2	dos	two	segundo	second
3	tres	three	tercer, tercero	third
4	cuatro	four	cuarto	fourth
5	cinco	five	quinto	fifth
6	seis	six	sexto	sixth
7	siete	seven	séptimo	seventh
8	ocho	eight	octavo	eighth
9	nueve	nine	noveno	ninth
10	diez	ten	décimo	tenth
11	once	eleven	undécimo	eleventh
12	doce	twelve	duodécimo	twelfth
13	trece	thirteen	decimotercero	thirteenth
14	catorce	fourteen	decimocuarto	fourteenth
15	quince	fifteen	decimoquinto	fifteenth
16	dieciséis	sixteen	decimosexto	sixteenth
17	diecisiete	seventeen	decimoséptimo	seventeenth
18	dieciocho	eighteen	decimoctavo	eighteenth
19	diecinueve	nineteen	decimonoveno	nineteenth
20	veinte	twenty	vigésimo	twentieth
21	veintiuno	twenty-one	vigésimo primero	twenty-first
22	veintidós	twenty-two	vigésimo segundo	twenty-second
23	veintitrés	twenty-three	vigésimo tercero	twenty-third
24	veinticuatro	twenty-four	vigésimo cuarto	twenty-fourth
25	veinticinco	twenty-five	vigésimo quinto	twenty-fifth
26	veintiséis	twenty-six	vigésimo sexto	twenty-sixth
27	veintisiete	twenty-seven	vigésimo séptimo	twenty-seventh
28	veintiocho	twenty-eight	vigésimo octavo	twenty-eighth
29	veintinueve	twenty-nine	vigésimo noveno	twenty-ninth
30	treinta	thirty	trigésimo	thirtieth
40	cuarenta	forty	cuadragésimo	fortieth
50	cincuenta	fifty	quincuagésimo	fiftieth
60	sesenta	sixty	sexagésimo	sixtieth
70	setenta	seventy	septuagésimo	seventieth
80	ochenta	eighty	octogésimo	eightieth
90	noventa	ninety	nonagésimo	ninetieth
100	cien	a hundred	centésimo	hundredth
200	doscientos	two hundred	ducentésimo	two hundredth
300	trescientos	three hundred	tricentésimo	three hundredth
400	cuatrocientos	four hundred	cuadringentésimo	four hundredth
500	quinientos	five hundred	quingentésimo	five hundredth
600	seiscientos	six hundred	sexcentésimo	six hundredth
700	setecientos	seven hundred	septingentésimo	seven hundredth
800	ochocientos	eight hundred	octingentésimo	eight hundredth
900	novecientos	nine hundred	noningentésimo	nine hundredth
1000	mil	a thousand	milésimo	thousandth
10 000	diez mil	ten thousand	diezmilésimo	ten thousandth

A

a [á](pl.: aes) *s. f.* (letra) a.

a [á] *prep.* **1.** at; on. **2.** (destino) to. **3.** (finalidad) to. **4.** (compl. indirecto) to. **5.** (hora, momento) at.

abad [aβáð] *s. m.*, *Rel.* abbot.

abadesa [aβaðésa] *s. f.*, *Rel.* (superiora) abbess.

abadía [aβaðía] *s. f.*, *Rel.* abbey.

abajo [aβáχo] *adv. l.* **1.** (situación) down; below. **2.** (en edificio) downstairs.

abalanzarse [aβalaɲθárse] *v. prnl.* to rush (forward).

abandonar [aβaṇdonár] *v. tr.* **1.** (persona, lugar) to abandon; to leave. **2.** (actividad) to give up.

abanicar [aβanikár] *v. tr.* **1.** to fan. ‖ **abanicarse** *v. prnl.* **2.** to fan oneself.

abanico [aβaníko] *s. m.* fan.

abarcar [aβarkár] *v. tr.* (incluir) to cover; to encompass.

abarrotar [aβařotár] *v. tr.* to pack; to overstock; to fill up.

abastecer [aβasteθér] *v. tr.* **1.** to supply; to provide. ‖ **abastecerse** *v. prnl.* (de algo) **2.** (proveerse) to stock up (with sth).

abatido, -da [aβatíðo] *adj.* **1.** (deprimido) depressed. **2.** (desanimado) dejected; despondent.

abatir [aβatír] *v. tr.* **1.** (derribar) to bring down. **2.** (con un disparo) to shoot down. **3.** *fig.* (deprimir) to dishearten; to depress.

abdomen [aβðómen] *s. m.*, *Anat.* (vientre) abdomen.

abecedario [aβeθeðárjo] *s. m.* (alfabeto) alphabet.

abedul [aβeðúl] *s. m.*, *Bot.* birch.

abeja [aβéχa] *s. f.*, *Zool.* bee.

abejorro [aβeχóřo] *s. m.*, *Zool.* (insecto) bumblebee.

abertura [aβertúra] *s. f.* **1.** opening; gap. **2.** (en una falda) slit.

abeto [aβéto] *s. m.*, *Bot.* fir.

abierto, -ta [aβjérto] *adj.* **1.** open. **2.** *fig.* (espontáneo) open; spontaneus.

ablandar [aβlaṇdár] *v. tr.* **1.** soften. **2.** *fig.* (calmar) to soothe.

abofetear [aβofeteár] *v. tr.* to slap; to smack; to spank.

abogado, -da [aβoɣáðo] *s. m. y f.* lawyer; solicitor *Br. E.*

abollar [aβoʎár] *v. tr.* to dent.

abonar [aβonár] *v. tr.* **1.** *Agr.* (tierra) to fertilize. **2.** *form.* (pagar) to pay. **3.** *Econ.* (depositar) to credit. ‖ **abonarse** *v. prnl.* **4.** (revista) to subscribe.

abono [aβóno] *s. m.* **1.** (fertilizante) fertilizer. **2.** (espectáculo, transporte) season ticket. **3.** (pago) payment.

abordar [aβorðár] *v. tr.* **1.** *Náut.* to board. **2.** *fig.* (tarea, problema) to tackle; to approach.

aborrecer [aβoreθér] *v. tr.* to detest; to abhor; to hate.

abortar [aβortár] *v. tr. e intr.* **1.** *Med.* to abort; to miscarry. **2.** *fig.* (fracasar) to fail.

aborto [aβórto] *s. m.* **1.** *Med.* (por causas naturales) miscarriage. **2.** (provocado) abortion.

abotonar [aβotonár] *v. tr.* **1.** to button; to button up. || **abotonarse** *v. prnl.* **2.** (persona) to do one´s buttons up.

abrasar [aβrasár] *v. tr.* **1.** (quemar) to burn. **2.** (calentar demasiado) to overheat.

abrazar [aβraθár] *v. tr.* **1.** to embrace; to hug. || **abrazarse** *v. prnl.* **2.** to embrace each other.

abrazo [aβráθo] *s. m.* embrace; hug. || **un ~** (en una carta) best wishes. | (más íntimo) love.

abrebotellas [aβreβotéλas] *s. m. inv.* bottle opener.

abrecartas [aβrekártas] *s. m. inv.* letter opener; paperknife.

abrelatas [aβrelátas] *s. m. inv.* (abridor) can opener *Am. E.*; tin opener *Br. E.*

abreviación [aβreβjaθjón] *s. f.* (abbreviation) abbreviation.

abreviar [aβreβjár] *v. tr.* **1.** to shorten. **2.** (una palabra) to abbreviate. **3.** (un texto) to abridge.

abreviatura [aβreβjatúra] *s. f.* abbreviation.

abrigar [aβrivár] *v. tr.* (arropar) to wrap up; to keep warm.

abrigo [aβrívo] *s. m.* coat.

abril [aβríl] *s. m.* April.

abrir [aβrír] *v. tr.* **1.** to open. **2.** (con llave) to unlock.

abrochar [aβrotʃár] *v. tr.* **1.** to do up. **2.** (cierre) to fasten. **3.** (botones) to button.

abrumar [aβrumár] *v. tr.* (agobiar) to overwhelm; to overpower.

absoluto, -ta [aβsolúto] *adj.* absolute. || **en ~** not at all.

absorber [aβsorβér] *v. tr.* (embeber) to absorb.

abstenerse [aβstenérse] *v. prnl.* **1.** (votación) to abstain. **2.** (de algo) to abstain; to refrain.

abstracto, -ta [aβstrákto] *adj.* abstract.

absurdo, -da [aβsúrðo] *adj.* **1.** absurd. || *s. m.* **2.** absurdity.

abuelo [aβwélo] *s. m.* **1.** grandfather; grandad *fam.* || **abuela** *s. f.* **2.** grand-mother; grandma *fam.* || **abuelos** *s. m. pl.* **3.** grandparents.

abultar [aβultár] *v. tr.* **1.** to take up. **2.** (acrecentar) to enlarge.

abundancia [aβundánθja] *s. f.* abundance; plenty.

abundante [aβundánte] *adj.* (cuantioso) abundant; plentiful.

aburrido, -da [aβúrrðo] *adj.* **1.** (estar) bored. **2.** (ser) boring.

aburrimiento [aβuřimjénto] *s. m.* **1.** (estado) boredom. **2.** (cosa) bore.

aburrir [aβuřír] *v. tr.* to bore.

abusar [aβusár] *v. intr.* **1.** to take too much/many. **2.** (aprovecharse) to abuse; to take advantage.

abuso [aβúso] *s. m.* abuse.

acá [aká] *adv. l.* (aquí) here; over here.

acabar [akaβár] *v. tr.* to finish. ‖ *v. intr.* **2.** to finish; to end.

academia [akaðémja] *s. f.* **1.** (institución) academy. **2.** (centro de enseñanza) school.

acampar [akampár] *v. intr.* to camp.

acantilado [akantiláðo] *s. m., Geogr.* cliff; palisade *Am. E.*

acaparar [akaparár] *v. tr.* **1.** (productos) to hoard; to buy up. **2.** *Econ., fig.* (monopolizar) to monopolize.

acariciar [akariθjár] *v. tr.* **1.** to caress. **2.** *fig.* (ilusión, sueño) to cherish. ‖ **acariciarse** *v. prnl.* **3.** (tocarse) to pet.

acaso [akáso] *adv. dub.* (+ subj.) (quizás) perhaps; maybe.

acceder [akθeðér] *v. tr.* **1.** (consentir) to accede; to agree. **2.** (tener acceso) to enter.

accesible [akθesíβle] *adj.* **1.** accessible. **2.** (persona) approachable.

acceso [akθéso] *s. m.* **1.** access; admittance. **2.** *Med.* (ataque) fit.

accesorio, -ria [akθesórjo] *adj.* **1.** (secundario) accessory. ‖ *s. m.* **2.** accessory; attachment.

accidentado, -da [akθiðentáðo] *adj.* **1.** (viaje) eventful. **2.** (terreno) rough. **3.** (costa) broken.

accidente [akθiðénte] *s. m.* (percance) accident.

acción [akθjón] *s. f.* **1.** action; act. **2.** (argumento) plot. ‖

acecho [aβétʃo] *s. m.* watching.

aceite [aθéjte] *s. m.* oil.

aceituna [aθejtúna] *s. f.* olive.

acelerar [aθelerár] *v. tr.* **1.** to accelerate. **2.** *fig.* to speed up; to accelerate.

acelga [aθélɣa] *s. f., Bot.* chard.

acento [aθénto] *s. m.* accent.

acepción [aθepθjón] *s. f., Ling.* (de una palabra) sense; meaning.

aceptación [aθeptaθjón] *s. f.* **1.** (acción) acceptance. **2.** (éxito) success.

aceptar [aθeptár] *v. tr.* to accept.

acera [aθéra] *s. f.* (de la calle) sidewalk *Am. E.;* pavement *Br. E.*

acerca de [aθérka] *loc.* about; over.

acercar [aθerkár] *v. tr.* **1.** (aproximar) to bring nearer. **2.** (unir) to bring closer. ‖ **acercarse** *v. prnl.* **2.** to come closer.

acero [aθéro] *s. m.* (metal) steel.

acertar [aθertár] *v. tr. e intr.*
1. (respuesta) to get right.
2. (adivinar) to guess.

achatar [atʃatár] *v. tr.* **1.** to flatten. ‖ **achatarse** *v. prnl.* **2.**
(achatarse) to become flat.

achicar [atʃikár] *v. tr.* **1.** (intimidar) to daunt. **2.** (ropa) to take in. **3.** (agua) to bail out.

achicharrar [atʃitʃaɾár] *v. tr.*
1. to scorch; to burn. ‖ **achicharrarse** *v. prnl.* **2.** to roast.

ácido, -da [áθiðo] *adj.* **1.** (sabor) acid; sour. ‖ *s. m.* **2.** *Quím.*
acid.

acierto [aθjérto] *s. m.* **1.** good decision. **2.** (respuesta) right answer.

aclamar [aklamár] *v. tr.* (elogiar) to acclaim; to hail.

aclarar [aklaɾár] *v. tr.* **1.** (explicar) to clear up; to explain. **2.** (enjuagar) to rinse.

acné [akné] *s. m., Med.* acne.

acobardarse [akoβaɾðárse]
v. prnl. to become frightened; to chicken out *coll.*

acogedor, -ra [akoxeðór] *adj.*
1. (persona) friendly. **2.** (lugar) cozy; warm.

acoger [akoxér] *v. tr.* **1.** (dar refugio) to take in. **2.** (idea, persona) to welcome.

acomodador, -ra [akomoðaðór]
s. m. y f., Cinem. y Teatr. usher.

acomodar [akomoðár] *v. tr.*
1. (alojar) to accommodate. ‖ **acomodarse** *v. prnl.* **2.** to make oneself comfortable.

acompañamiento [akompaɲamjénto] *s. m.* **1.** accompaniment. **2.** *Gastr.* side dish.

acompañar [akompaɲár] *v. tr.*
to accompany; to go with.

acomplejado [akomplexáðo]
adj. with a complex.

acondicionar [akondiθjonár]
v. tr. to fit out; to equip.

aconsejar [akonsexár] *v. tr.* (dar consejo) to advise.

acontecimiento [akonteθimijénto] *s. m.* event; happening.

acordar [akoɾðár] *v. tr.* **1.** to agree. ‖ **acordarse** *v. prnl.*
2. (recordar) to remember.

acordonar [akoɾðonár] *v. tr.* (lugar) to cordon off.; to seal off.

acortar [akoɾtár] *v. tr.* **1.** to shorten. **2.** (abreviar) to curtail.

acosar [akosár] *v. tr.* (perseguir) to hound; to pursue.

acostar [akostár] *v. tr.* **1.** to put to bed. ‖ **acostarse** *v. prnl.* **2.** to go to bed; to lie down. .

acostumbrarse [akostumbrárse]
v. prnl. (habituarse) to accustom oneself; to get used to.

acta [akta] *s. f.* **1.** (de una reunión) minutes *pl.* **2.** (certificado) certificate.

actitud [aktitúθ] *s. f.* **1.** (disposición) attitude. **2.** (postura) posture.

activar [aktiβár] *v. tr.* **1.** (mecanismo) to activate. **2.** *fig.* (acelerar) to expedite.

actividad [aktiβiðáθ] *s. f.* activity.

activo, -va [aktíβo] *adj.* **1.** active. || *s. m.* **2.** *Econ.* asset.

acto [ákto] *s. m.* **1.** act; action. **2.** (ceremonia) ceremony. **3.** *Teatr.* act.

actor [aktór] *s. m., Cinem. y Teatr.* actor.

actriz [aktríθ] *s. f., Cinem. y Teatr.* actress.

actual [aktwál] *adj.* current.

actualidad [aktwaliðáθ] *s. f.* current situation.

actuar [aktuár] *v. intr.* **1.** to act. **2.** *Cinem. y Teatr.* to perform.

acuario [akwárjo] *s. m.* (de peces) aquarium.

acuático [akwátiko] *adj.* aquatic.

acudir [akuðír] *v. intr.* **1.** (ir) to go. **2.** (venir) to come. **3.** (recurrir) to turn to.

acueducto [akweðúkto] *s. m.* (conducto) aqueduct.

acuerdo [akwérðo] *s. m.* agreement; arrangement.

acumular [akumulár] *v. tr.* **1.** to accumulate; to amass. || **acumularse** *v. prnl.* **2.** to accumulate.

acunar [akunár] *v. tr.* to rock.

acusado, -da [akusáðo] *s. m. y f., Der.* accused *inv.;* defendant.

acusar [akusár] *v. tr.* **1.** to accuse. **2.** *Der.* to charge; to indict.

adaptación [aðaptaθjón] *s. f.* adaptation.

adaptar [aðaptár] *v. tr.* **1.** to adapt. **2.** (ajustar) to adjust. || **adaptarse** *v. prnl.* (a algo) **3.** to adapt oneself (to sth).

adecuado, -da [aðekwáðo] *adj.* (apropiado) suitable; appropriate.

adecuar [aðekwár] *v. tr.* **1.** to fit. || **adecuarse** *v. prnl.* **2.** to fit in.

adefesio [aðefésjo] *s. m.* freak; (esperpento) eyesore; fright.

adelantar [aðelantár] *v. tr.* **1.** to move forward. **2.** (corredor, coche) to overtake. || **adelantarse** *v. prnl.* **3.** to go ahead.

adelante [aðelánte] *adv. l.* **1.** forward. || *adv. t.* **2.** forth. || **¡ ~ !** *interj.* **3.** come in!

adelgazar [aðelɣaθár] *v. tr. e intr.* to lose weight.

además [aðemás] *adv. c.* besides; moreover.

adentrarse [aðentrárse] *v. prnl.* to go deep into.

adentro [aðéntro] *adv. l.* inside.

adepto, -ta [aðépto] *s. m. y f.* (seguidor) follower.

aderezar [aðereθár] *v. tr.* **1.** *Gastr.* to season. **2.** *Gastr.* to dress.

adherirse [aðerírse] *v. tr.* **1.** to stick (on). *v. prnl.* **2.** to adhere; to stick. **2.** *fig.* (causa) to adhere to.

adhesivo, -va [aðesíβo] *adj.* **1.** adhesive. ‖ *s. m.* **2.** adhesive.

adicción [aðikθjón] *s. f.* addiction; dependence.

adicto, -ta [aðíkto] *adj.* **1.** (a las drogas) addicted. ‖ *s. m. y f.* **2.** (adepto) addict.

adiestrar [aðjestrár] *v. tr.* to train.

adiós [aðjós] *interj. y s. m.* goodbye; bye *coll.*; bye-bye, *coll.*

adivinar [aðiβinár] *v. tr.* **1.** (acertar) to guess. **2.** (predecir) to predict; to foretell.

adivino, -na [aðiβíno] *s. m. y f.* fortuneteller.

adjetivo [aðxetíβo] *s. m.*, *Ling.* adjective.

administración [aðministraθjón] *s. f.* **1.** (gobierno) administration. **2.** (empresa) management; administration.

administrador, -ra [aðministraðór] *s. m. y f.* manager; administrator.

administrar [aðministrár] *v. tr.* **1.** to give; to administer *frml.* **2.** (dirigir) to manage; to run. **3.** *Der.* (justicia) to dispense.

administrativo, -va [aðministratíβo] *adj.* **1.** administrative. ‖ *s. m. y f.* **2.** (funcionario) official.

admiración [aðmiraθjón] *s. f.* admiration.

admirar [aðmirár] *v. tr.* **1.** (apreciar) to admire. **2.** (contemplar) to admire.

admitir [aðmitír] *v. tr.* **1.** (reconocer) to admit; to acknowledge. **2.** (aceptar) to accept.

adolescencia [aðolesθénθja] *s. f.* (pubertad) adolescence.

adolescente [aðolesθénte] *adj.* **1.** adolescent. ‖ *s. m. y f.* **2.** (joven) teenager

adonde [aðónde] *adv.* where; wherever.

adónde [aðónde] *adv. int.* where.

adopción [aðopθjón] *s. f.* adoption.

adoptar [aðoptár] *v. tr.* **1.** (un niño) to adopt. **2.** (idea, costumbre) to adopt.

adoptivo, -va [aðoptíβo] *adj.* **1.** (padres) adoptive. **2.** (hijos) adopted.

adorable [aðoráβle] *adj.* (encantador) adorable; lovable.

adoración [aðoraθjón] *s. f.*, *Rel.* adoration; worship.

adorar [aðorár] *v. tr.* **1.** (persona) to adore. **2.** *Rel.* (deidad) to worship.

adormilarse [aðormilárse] *v. prnl.* to doze; to sleep lightly.

adornar [aðornár] *v. tr.* to adorn; to decorate.

adorno [aðórno] *s. m.* ornament.

adosado, -da [aðosáðo] *adj. y s. m.* (chalet) semidetached.

adquirir [aðkirír] *v. tr.* (comprar) to purchase.

adrede [aðréðe] *adv. mod.* (aposta) deliberately.

aduana [aðwána] *s. f.* **1.** customs *pl.* **2.** (edificio) customs house.

adueñarse [aðweɲárse] *v. prnl.* **1.** (apoderarse) to take over. **2.** (sensaciones) to seize.

adulterar [aðulterár] *v. tr.* **1.** (cometer adulterio) to adulterate. **2.** *fig.* (falsificar) to falsify.

adulto, -ta [aðúlto] *adj. y s. m. y f.* adult; grown-up.

adverbio [aðβérβjo] *s. m., Ling.* adverb.

adversario, -ria [aðβersárjo] *adj.* **1.** opposing. ǁ *s. m. y f.* **2.** (rival) adversary.

advertir [aðβertír] *v. tr.* to warn.

aéreo, -a [aéreo] *adj.* **1.** (vista) aerial. **2.** *Aeron.* air.

aeroplano [aeropláno] *s. m.* airplane *Am. E.;* aeroplane *Br. E.*

aeropuerto [aeropwérto] *s. m.* airport.

afable [afáβle] *adj.* affable; kind.

afán [afán] *s. m.* **1.** (empeño) effort. **2.** (anhelo) eagerness.

afectado, -da [afektáðo] *adj.* **1.** (fingido) affected. **2.** (emocionalmente) affected.

afectar [afektár] *v. tr.* **1.** (impresionar) to affect. **2.** (dañar) to play on.

afeitar [afejtár] *v. tr.* to shave.

afeminado, -da [afemináðo] *adj.* effeminate; womanish.

afianzar [afjanθár] *v. tr.* (reforzar) to consolidate.

afición [afiθjón] *s. f.* **1.** (inclinación) liking. **2.** (hobby) hobby. **3.** *Dep.* fans; supporters.

aficionarse [afiθjonárse] *v. prnl.* (interesarse por algo) to become interested in; to become fond of.

afilar [afilár] *v. tr.* to sharpen.

afín [afín] *adj.* **1.** similar. **2.** (próximo) contiguous.

afinar [afinár] *v. tr.* **1.** (instrumento, voz) to tune. **2.** (plan, idea) to finetune.

afinidad [afiniðáð] *s. f.* affinity.

afirmación [afirmaθjón] *s. f.* (asentimiento) affirmation.

afirmar [afirmár] *v. tr.* **1.** to state. **2.** (sujetar) to steady.

afligirse [aflixírse] *v. prnl.* (apenarse) to grieve.

afluente [aflwénte] *s. m., Geogr.* (río) tributary; affluent.

afónico, -ca [afóniko] *adj.* unable to speak; hoarse. ǁ **quedarse ~** lose one's voice.

aforo [afóro] *s. m.* capacity.

afortunado, -da [afortunáðo] *adj.* (dichoso) lucky; fortunate.

afuera [afwéra] *adv. l.* **1.** out; outside. ‖ **afueras** *s. f. pl.* **2.** outskirts.

agachar [aɣatʃár] *v. tr.* **1.** to lower; to bow. ‖ **agacharse** *v. prnl.* **2.** to squat; to stoop. **3.** (agazaparse) to crouch.

agarrar [aɣarár] *v. tr.* to grab.

agencia [aχénθja] *s. f.* agency.

agenda [aχénda] *s. f.* **1.** (libro) diary. **2.** (programa) schedule. **3.** (orden del día) agenda.

agente [aχénte] *s. m. y f.* agent.

ágil [áχil] *adj.* agile; nimble.

agitación [aχitaθjón] *s. f.* **1.** agitation; stir. **2.** *fig.* (nerviosismo) excitement.

agitador, -ra [aχitaðór] *s. m. y f.* agitator.

agitar [aχitár] *v. tr.* **1.** (líquido, botella) to shake; to agitate. **2.** (pañuelo) to wave.

aglomerarse [aɣlomerár] *v. prnl.* (personas) to crowd.

agobiar [aɣoβjár] *v. tr.* **1.** to oppress; to overwhelm. ‖ **agobiarse** *v. prnl.* **2.** *col.* (estresarse) to get worked up.

agobio [aɣóβjo] *s. m.* oppression; burden *fig.* stress.

agonía [aɣonía] *s. f.* **1.** (angustia) anguish. **2.** (aflicción) suffering.

agonizar [aɣoniθár] *v. intr.* (perecer) to be dying; to be in the throes of death.

agosto [aɣósto] *s. m.* August.

agotamiento [aɣotamjénto] *s. m.* (cansancio) exhaustion.

agotar [aɣotár] *v. tr.* **1.** (cansar) to exhaust; to wear out. **2.** (existencias) to use up; to exhaust.

agraciado, -da [aɣraθjáðo] *adj.* (afortunado) lucky.

agradable [aɣraðáβle] *adj.* agreeable; pleasant; nice.

agradecer [aɣraðeθér] *v. tr.* to appreciate; to thank.

agradecido, -da [aɣraðeθíðo] *adj.* thankful; grateful.

agradecimiento [aɣraðeθimjénto] *s. m.* (gratitud) gratitude; gratefulness.

agrado [aɣráðo] *s. m.* liking.

agravarse [aɣraβárse] *v. prnl.* to worsen; to get worse.

agredir [aɣreðír] *v. tr.* to assault.

agregar [aɣreɣár] *v. tr.* **1.** (añadir) to add. ‖ **agregarse** *v. prnl.* **2.** to join.

agresión [aɣresjón] *s. f.* (ataque) aggression.

agresividad [aɣresiβiðáð] *s. f.* aggressiveness; aggression.

agresor, -ra [aɣresór] *s. m. y f.* assailant; aggressor; attacker.

agricultor, -ra [aɣrikultór] *s. m. y f.* (campesino) farmer.

agricultura [aɣrikultúra] *s. f.* agriculture.

agrietarse [aɣrjetárse] *v. prnl.*
1. to crack. **2.** (skin) to chap.

agrio, -gria [áɣrjo] *adj.* sour.

agrupar [aɣrupár] *v. tr.* to group.

agua [áɣwa] *s. f.* **1.** water. **2.** (lluvia) rain.

aguacate [aɣwakáte] *s. m., Bot.* avocado.

aguacero [aɣwaθéro] *s. m., Meteor.* heavy shower; downpour.

aguafiestas [aɣwafjéstas] *s. m. y f. inv., col.* killjoy; wet blanket.

aguanieve [aɣwanjéβe] *s. f., Meteor.* sleet.

aguantar [aɣwaɲtár] *v. tr.* **1.** to hold back. **2.** (soportar) to bear; to endure; to tolerate.

aguante [aɣwáɲte] *s. m.* (paciencia) endurance; patience.

aguar [aɣwár] *v. tr.* **1.** (bebida) to water; to water down. **2.** *fig.* (fastidiar) to spoil.

aguardar [aɣwarðár] *v. tr. e intr.* to await; to wait for.

aguardiente [aɣwarðjéɲte] *s. m.* eaude vie; liquor.

agudeza [aɣuðéθa] *s. f.* **1.** sharpness; keenness. **2.** *fig.* (comentario) witticism.

agudo, -da [aɣúðo] *adj.* **1.** (afilado) sharp. **2.** (voz) high.

aguijón [aɣixón] *s. m., Zool.* (pincho) sting.

águila [áɣila] *s. f., Zool.* eagle.

aguja [aɣúχa] *s. f.* **1.** (de costura) needle. **2.** (reloj) hand.

agujetas [aɣuχétas] *s. f. pl.* (hormigueo) stiffness *sing.*

¡ah! [á] *interj.* (sorpresa, duda) ah!

ahí [aí] *adv. l.* there. ‖ **por ~** somewhere.

ahijado [ajχáðo] *s. m.* **1.** godson. ‖ **ahijada** *s. f.* **2.** goddaughter. ‖ **ahijados** *s. m. pl.* **3.** godchildren *pl.*

ahogar [aoɣár] *v. tr.* **1.** (en agua) to drown. **2.** (asfixiar) to choke. **3.** (grito, lágrimas) to stifle.

ahondar [aoɲdár] *v. intr.* (profundizar) to go into great detail.

ahora [aóra] *adv. t.* **1.** now. **2.** (enseguida) in a minute.

ahorcar [aorkár] *v. tr.* **1.** to hang. ‖ **ahorcarse** *v. prnl.* **2.** to hang oneself.

ahorrar [aorár] *v. tr.* (dinero) to save.

ahorro [aóro] *s. m.* saving.

ahumar [awmár] *v. tr.* **1.** (comida) to smoke. **2.** (habitación) to smoke up.

ahuyentar [awjeɲtár] *v. tr.* to drive away; to scare away.

aire [ájre] *s. m.* **1.** air. **2.** (viento) wind. **3.** *fig.* (aspecto) air; appearance.

airear [ajreár] *v. tr.* to air.

aislado, -da [ajsláðo] *adj.* **1.** isolated. **2.** (incomunicado) cut off.

aislar [ajslár] *v. tr.* to isolate.

ajedrez [aχeðréθ] *s. m.* **1.** (juego) chess. **2.** (tablero y piezas) chess set.

ajeno, -na [aχéno] *adj.* **1.** (de otro) another's. **2.** (impropio) inappropriate. **3.** (extraño) foreign.

ajo [áχo] *s. m., Bot. y Gastr.* garlic.

ajustado, -da [aχustáðo] *adj.* **1.** (ropa) tight; tight-fitting. **2.** (precio) low.

ajustar [aχustár] *v. tr.* **1.** (apretar) to tighten. **2.** (adaptar) to adjust. || **ajustarse** *v. prnl.* **3.** (encajar) to fit.

ajuste [aχúste] *s. m.* **1.** adjustment. **2.** (precios) fixing.

al [ál] *contr. prep. art. determ. m.* to the.

ala [ála] *s. f.* **1.** wing. **2.** (de sombrero) brim. **3.** *Mil.* flank. **4.** (edificio) wing.

alabar [alaβár] *v. tr.* to praise.

alambre [alámbre] *s. m.* wire.

álamo [álamo] *s. m., Bot.* poplar.

alarde [alárðe] *s. m.* display.

alardear [alarðeár] *v. intr.* (presumir) to boast; to brag.

alargar [alarγár] *v. tr.* **1.** to lengthen. **2.** (prolongar) to prolong. **3.** (estirar) to stretch.

alarido [alaríðo] *s. m.* (grito) screech; scream.

alarma [alárma] *s. f.* alarm; alert.

alarmar [alarmár] *v. intr.* **1.** to alarm. || **alarmarse** *v. prnl.* **2.** (asustarse) to be alarmed.

alba [álβa] *s. f.* dawn; daybreak.

albañil [alβaɲíl] *s. m. y f.* bricklayer; mason.

albañilería [alβaɲilería] *s. f.* bricklaying.

albaricoque [alβarikóke] *s. m., Bot.* (fruit) apricot.

alberca [alβérka] *s. m., Amér.* (piscina) swimming pool.

albergar [alβerγár] *v. tr.* **1.** (alojar) to house; to accommodate. **2.** *fig.* (duda, odio) to harbor.

albergue [alβérγe] *s. m.* lodging.

albóndiga [alβóndiγa] *s. f., Gastr.* meatball.

albornoz [alβornóθ] *s. m.* bathrobe.

alborotar [alβorotár] *v. tr.* **1.** to agitate; to excite. || **alborotarse** *v. prnl.* **2.** to get excited.

alboroto [alβoróto] *s. m.* uproar.

álbum [álβun] *s. m.* album.

alcachofa [alkatʃófa] *s. f., Bot.* artichoke.

alcalde [alkálde] *s. m.* mayor.

alcaldesa [alkaldésa] *s. f.* mayoress.

alcaldía [alkaldía] *s. f.* **1.** (cargo) mayoralty. **2.** (oficina) mayor's office.

alcance [alkánθe] *s. m.* **1.** reach; grasp. **2.** (importancia) scope.

alcantarilla [alkaṇtaríʎa] *s. f.*
1. (conducto) sewer. **2.** (boca)
drain.

alcanzar [alkaṇθár] *v. tr.* **1.** to
reach. **2.** (persona) catch up.

alcohol [alkoól] *s. m.* **1.** *Quím.*
alcohol. **2.** (bebida) alcohol;
drink.

alcohólico, -ca [alkoóliko] *adj.*
y s. m. y f. (bebedor) alcoholic.

aldea [aldéa] *s. f.* small village.

aldeano, -na [aldeáno] *adj.*
1. *fig.* (rústico) rustic. ‖ *s. m. y f.*
2. (lugareño) villager.

alegrar [aleɣrár] *v. tr.* **1.** to make
happy. ‖ **alegrarse** *v. prnl.* **3.** to
be glad.

alegre [aléɣre] *adj.* glad; cheerful.

alegría [aleɣría] *s. f.* (júbilo) joy;
cheerfulness.

alejar [aleχár] *v. tr.* **1.** to remove;
to move away. ‖ **alejarse**
v. prnl. **2.** to go away.

alentar [aleṇtár] *v. tr.* (animar)
to encourage; to cheer.

alergia [alérχja] *s. f.* allergy.

alerta [alérta] *s. f.* **1.** alert. ‖ *adv.*
mod. **2.** alert.

aleta [aléta] *s. f.* **1.** (pez) fin.
2. (foca, natación) flipper. **3.** (de
la nariz) wing.

alfabetizar [alfaβetiθár] *v. tr.*
(educar) to teach to read and
write.

alfabeto [alfaβéto] *s. m.* alphabet.

alfarería [alfarería] *s. f.* **1.** pottery. **2.** (taller) potter's workshop.

alfiler [alfilér] *s. m.* **1.** (de costura) pin. **2.** (broche) pin.

alfombra [alfómbra] *s. f.* carpet.

alga [álɣa] *s. f.* **1.** *Bot.* alga.
2. *Bot.* (marina) seaweed.

algo [álɣo] *pron. indef.* **1.** something. **2.** (en frases interrog. o
condic.) anything. ‖ *adv. cant.*
3. slightly; a little.

algodón [alɣoðón] *s. m.* **1.** cotton. **2.** *Farm.* (hidrófilo) cotton
Am. E.

alguien [álɣjen] *pron. indef.*
1. somebody; someone. **2.** (en
frases interrog. o condic.) anyone; anybody.

algún [alɣún] *adj. indef.* some.
•Apocopated form of "alguno".

alguno, -na [alɣúno] *adj. indef.*
1. some. **2.** some; a few. **3.** (en
frases interrog. o condic.) any. **4.**
slightest. ‖ *pron. indef.* **5.** some;
a few. **6.** (en frases interrog. o
condic.) any.

alianza [aljáṇθa] *s. f.* **1.** (pacto)
alliance. **2.** (anillo) wedding
ring.

alias [áljas] *adv.* **1.** alias. ‖ *s. m.*
inv. **2.** (apodo, mote) alias.

alicates [alikátes] *s. m. pl.* pliers.

aliento [aljéṇto] *s. m.* breath.

aligerar [aliχerár] *v. tr.* **1.** to
lighten. **2.** (aliviar) to relieve.

alimaña [alimáɲa] *s. f.* **1.** Zool. pest. ‖ **alimañas** *s. f. pl.* **2.** Zool. vermin *sing.*

alimentación [alimentaθjón] *s. f.* **1.** (acción) feeding. **2.** (comida) food. **3.** (nutrición) nourishment.

alimentar [alimentár] *v. tr.* **1.** (dar de comer) to feed. ‖ **alimentarse** *v. prnl.* **2.** to feed oneself.

alimento [aliménto] *s. m.* **1.** (comida) food. **2.** (valor nutritivo) nourishment.

aliñar [aliɲár] *v. tr.*, *Gastr.* (una ensalada) to dress.

alisar [alisár] *v. tr.* to smooth.

alistarse [alistárse] *v. prnl.*, *Mil.* (enrolarse) to enlist; to join up.

aliviar [aliβjár] *v. tr.* **1.** (carga) to lighten. **2.** (dolor) to ease.

alivio [aliβjo] *s. m.* relief.

allá [aʎá] *adv. l.* **1.** there. ‖ *adv. t.* **2.** back.

allí [aʎí] *adv. l.* **1.** there; over there. ‖ *adv. t.* **2.** (entonces) then.

alma [álma] *s. f.* **1.** soul. **2.** (persona) soul.

almacén [almaθén] *s. m.* warehouse; storehouse. ‖ **grandes almacenes** department store.

almacenar [almaθenár] *v. tr.* (acopiar) to store; to warehouse.

almeja [alméxa] *s. f.*, Zool. clam.

almendra [aléndra] *s. f.*, Bot. (fruto seco) almond.

almendro [aléndro] *s. m.*, Bot. (árbol) almond tree.

almíbar [almíβar] *s. m.* syrup.

almohada [almoáða] *s. f.* pillow.

almohadilla [almoaðíʎa] *s. f.* **1.** (cojín) cushion. **2.** (alfiletero) pincushion.

almorzar [almorθár] *v. tr. e intr.* **1.** (al mediodía) to have lunch. **2.** (a media mañana) to have a mid-morning snack.

almuerzo [almwérθo] *s. m.* **1.** (al mediodía) lunch. **2.** (a media mañana) mid-morning snack.

alojamiento [aloxamjénto] *s. m.* lodging; accommodations *pl.* Am. E.

alojar [aloxár] *v. tr.* **1.** to lodge; to accommodate. ‖ **alojarse** *v. prnl.* **2.** to stay; to room Am. E.

alpinismo [alpinísmo] *s. m.*, Dep. climbing; mountaineering.

alpino [alpíno] *adj.* alpine.

alquilar [alkilár] *v. tr.* **1.** (dar en alquiler) to let. **2.** (recibir en alquiler) to rent; to hire.

alquiler [alkilér] *s. m.* **1.** (acción) rental Am. E.; hire Br. E. **2.** (precio) rent.

alrededor [alreðeðór] *adv. l.* **1.** around. ‖ **alrededores** *s. m. pl.* **2.** surroundings.

alta [álta] *s. f.* **1.** registration (with Social Security). **2.** *Med.* (en el hospital) discharge.

altar [altár] *s. m., Rel.* altar.

altavoz [altaβóθ] *s. m.* (megáfono) loudspeaker.

alteración [alteraθjón] *s. f.* **1.** alteration; change. **2.** *fig.* (alboroto) disturbance.

alterar [alterár] *v. tr.* **1.** to change. **2.** (perturbar) to disturb.

alternar [alternár] *v. tr.* **1.** to alternate. ǁ *v. intr.* **2.** (con gente) to socialize.

alternativo, -va [alternatíβo] *adj.* alternative.

alteza [altéθa] *s. f.* highness.

altibajos [altiβáχos] *s. m. pl.* (avatares) ups and downs.

altitud [altitúð] *s. f.* altitude.

altivo, -va [altíβo] *adj.* haughty.

alto, -ta [álto] *adj.* **1.** (persona, edificio, árbol) tall. **2.** (montaña, precio, etc.) high. **3.** (voz) loud. ǁ *adv. l.* **4.** high.

¡alto! [álto] *interj.* halt!; stop!

altura [altúra] *s. f.* **1.** height. **2.** (altitud) elevation; altitude.

alubia [alúβja] *s. f., Bot.* bean.

alucinar [aluθinár] *v. intr.* **1.** to hallucinate. ǁ *v. tr.* **2.** to amaze.

alucine [aluθíne] *s. m., fam.* amazing thing.

alumbrado [alumbráðo] *adj.* **1.** lighted. ǁ *s. m.* **2.** lighting.

alumbrar [alumbrár] *v. tr.* (iluminar) to light.

aluminio [alumínjo] *s. m.* (metal) aluminum *Am. E.*

alumno, -na [alúnno] *s. m. y f.* **1.** (de colegio) pupil. **2.** (de universidad) student.

alusión [alusjón] *s. f.* (mención) allusion; reference.

alzar [alθár] *v. tr.* **1.** (levantar) to raise; to lift. ǁ **alzarse** *v. prnl.* **2.** (levantarse) to get up.

amabilidad [amaβiliðáð] *s. f.* (cordialidad) kindness.

amable [amáβle] *adj.* kind; nice.

amaestrar [amaestrár] *v. tr.* (adiestrar) to train.

amainar [amajnár] *v. tr. e intr.* (tormenta) to ease off; to abate.

amamantar [amamantár] *v. tr.* (dar el pecho) to breastfeed.

amanecer [amaneθér] *s. m.* **1.** (alba) dawn; daybreak. ǁ *v. intr.* **2.** to dawn.

amansar [amansár] *v. tr.* (animal) to tame.

amante [amánte] *adj.* **1.** fond. ǁ *s. m. y f.* **2.** lover.

amapola [amapóla] *s. f., Bot.* (flor) poppy.

amar [amár] *v. tr.* to love.

amargar [amarɣár] *v. tr.* to make bitter.

amargo, -ga [amárɣo] *adj.* (sabor) bitter.

amarillo, -lla [amaríʎo] *adj.* (color) yellow.

amarrar [amařár] *v. tr.* (atar) to tie up; to bind.

amasar [amasár] *v. tr., Gastr.* (mezclar) to knead.

amasijo [amasíxo] *s. m.* **1.** (revoltijo) jumble. **2.** *Albañ.* (de yeso) mixture.

amateur [amatér] *adj. y s. m. y f.* (aficionado) amateur.

ambicionar [ambiθjonár] *v. tr.* (aspirar a) to aspire.

ambientador [ambjentaðór] *s. m.* air freshener.

ambientar [ambjentár] *v. tr.* (novela, película) to set. **2.** (dar ambiente) to give atmosphere to.

ambiente [ambjénte] *s. m.* **1.** (entorno) environment. **2.** *fig.* air; atmosphere.

ambigüedad [ambiɣweðáð] *s. f.* (doble sentido) ambiguity.

ambiguo, -gua [ambíɣwo] *adj.* (de doble sentido) ambiguous.

ámbito [ámbito] *s. m.* field.

ambos, -bas [ámbos] *adj. pl.* (también pron.) both.

ambulancia [ambuláɲθja] *s. f.* ambulance.

ambulante [ambulánte] *adj.* (itinerante) traveling; itinerant.

amedrentar [ameðrentár] *v. tr.* **1.** to frighten. ‖ **amedrentarse**

v. prnl. **2.** (asustarse) to feel frightened.

amén [amén] *interj. y s. m., Rel.* amen.

amenaza [amenáθa] *s. f.* threat.

amenazar [amenaθár] *v. tr.* to (intimidar) threaten.

ameno, -na [améno] *adj.* (entretenido) entertaining.

americano, -na [amerikáno] *adj. y s. m. y f.* American.

ameritar [ameritár] *v. tr., Amér.* (merecer) to deserve.

amigo, -ga [amíɣo] *s. m. y f.* friend.

amistad [amistáð] *s. f.* friendship.

amo, -ma [ámo] *s. m.* **1.** (señor) master. **2.** (dueño) owner. ‖ **ama** *s. f.* **3.** (señora) mistress.

amontonar [amontonár] *v. tr.* **1.** (apilar) to pile up; to heap. ‖ **amontonarse** *v. prnl.* **2.** (objetos, trabajos) to pile up.

amor [amór] *s. m.* love.

amordazar [amorðaθár] *v. tr.* **1.** (persona) to gag. **2.** (perro) to muzzle.

amortiguar [amortiɣwár] *v. tr.* (golpe) to absorb; to cushion.

amortizar [amortiθár] *v. tr.* to get one's money's worth out of.

amparar [amparár] *v. tr.* **1.** to protect. **2.** (ayudar) to support.

amparo [ampáro] *s. m.* (ayuda) protection.

ampliación [ampljaθjón] *s. f.*
(prolongación) enlargement; extension.

ampliar [ampliár] *v. tr.* **1.** to extend; to enlarge. **2.** (conocimiento) to widen.

amplio, -plia [ámpljo] *adj.* (espacioso) spacious; ample.

ampolla [ampóʎa] *s. f.* **1.** (de quemadura) blister. **2.** *Farm.* (en frasco) ampoule.

amputar [amputár] *v. tr., Med.* (cortar) to amputate.

amueblar [amweβlár] *v. tr.* (una cosa) to furnish.

amuleto [amuléto] *s. m.* amulet.

analfabeto, -ta [analfaβéto] *adj. y s. m. y f.* (inculto) illiterate.

análisis [análisis] *s. m. inv.* (estudio) analysis.

analizar [analiθár] *v. tr.* (examinar) to analyze.

anatomía [anatomía] *s. f.* (del cuerpo) anatomy.

anca [áŋka] *s. f., Zool.* (caballo) haunch.

ancho, -cha [ántʃo] *adj.* **1.** wide; broad. ‖ *s. m.* **2.** width.

anchoa [antʃóa] *s. f., Zool.* (boquerón) anchovy.

anchura [antʃúra] *s. f.* width.

anciano, -na [anθjáno] *adj.* **1.** aged; elderly. ‖ *s. m. y f.* **2.** elderly person.

ancla [áŋkla] *s. f., Náut.* anchor.

andamio [andámjo] *s. m., Albañ.* (para construcciones) scaffold.

andar [andár] *v. intr.* **1.** (caminar) to walk. **2.** (funcionar) to work; to run.

andén [andén] *s. m.* **1.** (para el tren) platform. **2.** *Náut.* quay.

anestesia [anestésja] *s. f.* **1.** *Med.* (proceso) anesthesia *Am. E.* **2.** *Med.* (sustancia) anesthetic *Am. E.*

anfiteatro [amfiteátro] *s. m.* **1.** amphitheater *Am. E.* **2.** *Cinem. y Teatr.* gallery.

anfitrión [amfitrjón] *s. m.* **1.** host. ‖ **anfitriona** *s. f.* **2.** hostess.

ángel [áŋχel] *s. m., Rel.* angel.

angina [aŋχina] *s. f.* **1.** *Med.* (de pecho) angina (pectoris).

ángulo [áŋgulo] *s. m.* **1.** *Mat.* angle. **2.** (rincón) corner.

angustia [aŋgústja] *s. f.* anguish.

angustiar [aŋgustjár] *v. tr.* **1.** to distress. ‖ **angustiarse** *v. prnl.* **2.** to get distressed.

anhelar [anelár] *v. tr.* (ansiar) to yearn (for); to long (for).

anhelo [anélo] *s. m.* desire.

anilla [aníʎa] *s. f.* (metálica) ring.

anillo [aníʎo] *s. m.* (sortija) ring.

animación [animaθjón] *s. f.* **1.** bustle. **2.** (viveza) liveliness.

animado, -da [animáðo] *adj.* (vivo) lively; animated.

ANIMAL - ANTICICLÓN

animal [animál] *adj.* **1.** animal. **2.** *fam.* (grosero) rude. **3.** *fam.* (necio) stupid. ‖ *s. m.* **4.** animal. **5.** *fam.* (bruto) brute.

animar [animár] *v. tr.* **1.** (alegrar) to cheer; to enliven. **2.** (alentar) to encourage.

ánimo [ánimo] *s. m.* **1.** spirits. **2.** (valor) courage. **3.** (intención) intention

anís [anís] *s. m.* (licor) anisette.

aniversario [aniβersárjo] *s. m.* anniversary.

ano [áno] *s. m.*, *Anat.* anus.

anoche [anótʃe] *adv. t.* last night.

anochecer [anotʃeθér] *s. m.* **1.** nightfall; dusk. ‖ *v. impers.* **2.** to get dark.

anónimo, -ma [anónimo] *adj.* **1.** anonymous. ‖ *s. m.* **2.** anonymous message.

anorexia [anoréksja] *s. f.*, *Med.* anorexia.

anotación [anotaθjón] *s. f.* (nota) note.

anotar [anotár] *v. tr.* (apuntar) to note (down).

ansia [ánsja] *s. f.* **1.** (deseo) eagerness; longing. **2.** (ansiedad) anxiety.

ansiar [ansjár] *v. tr.* (anhelar) to yearn; to long.

ansioso, -sa [ansjóso] *adj.* **1.** anxious. **2.** (deseoso) longing.

ante² [ánte] *prep.* **1.** (lugar) in front of. **2.** (en presencia de) before. **3.** (causa) because of.

anteanoche [anteanótʃe] *adv. t.* the night before last.

antebrazo [anteβráθo] *s. m.*, *Anat.* (desde el codo a la muñeca) forearm.

antecedente [anteθedénte] *adj.* **1.** antecedent. ‖ *s. m.* **2.** (precedente) precedent.

antelación [antelaθjón] *s. f.* precedence.

antemano, de [antemáno] *loc. adv. t.* in advance; beforehand.

antena [anténa] *s. f.* **1.** (radio, TV) antenna *Am. E.*; aerial *Br. E.* **2.** *Zool.* antenna.

antepasado, -da [antepasáðo] *s. m. y f.* ancestor; forefather. ‖ *adj.* previous.

antepenúltimo, -ma [antepenúltimo] *adj. y s. m. y f.* third from last.

anteponer [anteponér] *v. tr.* **1.** (poner delante) to put before. **2.** (preferir) to put before.

anterior [anterjór] *adj.* (previo) previous; preceding.

antes [ántes] *adv. t.* **1.** before; earlier. **2.** in the past.

antibiótico [antiβjótiko] *adj. y s. m.*, *Med. y Farm.* antibiotic.

anticiclón [antiθiklón] *s. m.*, *Meteor.* anticyclone.

anticipar [antiθipár] *v. tr.* (viaje) to bring forward.

anticipo [antíθipo] *s. m.* **1.** foretaste; preview. **2.** *Econ.* (de dinero) advance.

anticonceptivo, -va [anti konθeptíβo] *adj.* **1.** contraceptive. ‖ *s. m.* **2.** *Med. y Farm.* (píldora) contraceptive.

anticuado, -da [antikwáðo] *adj.* (antiguo) old-fashioned.

antiguamente [antíɣwaménte] *adv.* in the past; formerly.

antigüedad [antíɣweðáð] *s. f.* **1.** (periodo) antiquity; age. **2.** (objeto) antique.

antiguo, -gua [antíɣwo] *adj.* **1.** (viejo) old; ancient. **2.** (anterior) former; old.

antipatía [antipatía] *s. f.* antipathy; dislike.

antipático, -ca [antipátiko] *adj.* unpleasant; unfriendly.

antojarse [antoxárse] *v. prnl.* **1.** to fancy; to feel like. **2.** (suponer) to imagine.

antojo [antóxo] *s. m.* **1.** (en embarazo) craving. **2.** (capricho) whim; caprice.

antorcha [antórtʃa] *s. f.* torch.

antro [ántro] *s. m., col.* (tugurio) dump *coll.*; cavern; hole.

anual [anuál] *adj.* annual.

anualidad [anwaliðáð] *s. f.* annual payment; annuity.

anuario [anwárjo] *s. m.* yearbook.

anudar [anuðár] *v. tr.* (atar) to tie; to knot.

anulación [anulaθjón] *s. f.* (cancelación) annulment; cancellation.

anular [anulár] *v. tr.* **1.** (contrato) to cancel; to rescind. **2.** (matrimonio) to annul.

anunciar [anunθjár] *v. tr.* **1.** (avisar) to announce. **2.** (publicidad) to advertize.

anuncio [anúnθjo] *s. m.* **1.** (aviso) announcement. **2.** (publicidad) advertisement.

anverso [ambérso] *s. m.* **1.** (de moneda) obverse. **2.** (página) recto.

anzuelo [anθwélo] *s. m.* (para pescar) fishhook.

añadir [aɲaðír] *v. tr.* to add.

añejo, -ja [aɲéxo] *adj.* **1.** (vino, queso) mature; vintage. **2.** (antiguo) old.

añicos [aɲíkos] *s. m. pl.* (trozos) bits; smithereens.

año [áɲo] *s. m.* year.

añorar [aɲorár] *v. tr.* (echar de menos) to yearn (for sth).

apacible [apaθíβle] *adj.* placid.

apaciguar [apaθiɣwár] *v. tr.* **1.** to pacify; to appease. ‖ **apaciguarse** *v. prnl.* **2.** (calmarse) to calm down.

apadrinar [apaðrinár] *v. tr.*
1. (un niño) to be godfather to.
2. (en una boda) to be the best
man for.

apagado, -da [apaɣáðo] *adj.*
1. off; out. **2.** (apocado) lifeless.

apagar [apaɣár] *v. tr.* **1.** (cigarro,
luz) to put out. **2.** (aparatos eléc-
tricos) to switch off; to turn off.

apagón [apaɣón] *s. m.* blackout.

apalabrar [apalaβrár] *v. tr.* to
come to/reach a verbal agreement (on sth).

apaño [apáɲo] *s. m.* **1.** *fam.*
(chapuza) botch *fam.* **2.** (remiendo) mend.

aparato [aparáto] *s. m.* **1.** appliance; device. **2.** (boato)
pomp. **3.** *Anat.* system.

aparcamiento [aparkamjénto]
s. m., Autom. **1.** (acción) parking. **2.** (lugar) parking lot
Am. E.; car park *Br. E.*

aparcar [aparkár] *v. tr.* to park.

aparecer [apareθér] *v. intr.* (ma-
nifestarse) to appear.

aparejo [apareχo] *s. m.* **1.** (equipo) gear; equipment. **2.** *Equit.*
(arreos) harness. **3.** *Náut.* rig.

aparentar [aparentár] *v. tr.*
1. (fingir) to feign. **2.** (parecer)
to look.

aparente [aparénte] *adj.* **1.** (evidente) apparent. **2.** (simulado)
seeming.

aparición [apariθjón] *s. f.* **1.** appearance. **2.** (fantasma) ap-
parition.

apariencia [aparjénθja] *s. f.*
(forma) appearance.

apartado, -da [apartáðo] *adj.*
1. (distante) remote. ‖ *s. m.*
2. (párrafo) section.

apartamento [apartaménto]
s. m. (piso) apartment *Am. E.*;
flat *Br. E.*

apartar [apartár] *v. tr.* **1.** (alejar)
to move away. **2.** (separar) to set
aside. ‖ **apartarse** *v. prnl.*
3. (alejarse) to move away.
4. (separarse) to stand aside.

aparte [apárte] *adj.* **1.** (diferente) different; separate. ‖ *adv. l.*
2. (a un lado) aside. ‖ *adv. mod.*
3. (por separado) separately.

apasionado, -da [apasjonáðo]
adj. passionate; fervent.

apasionarse [apasjonárse] *v.*
prnl. to get excited.

apatía [apatía] *s. f.* apathy.

apeadero [apeaðéro] *s. m.* halt.

apear [apeár] *v. tr.* **1.** to take
down. ‖ **apearse** *v. prnl.* **2.** (ba-
jarse) to get off; to alight *frml.*
3. (del caballo) to dismount.

apedrear [apeðreár] *v. tr.* **1.** (tirar piedras) to throw stones.
2. (matar a pedradas) to stone
(to death).

apego [apéɣo] *s. m.* affection.

apelación [apelaθjón] *s. f., Der.* (recurso) appeal. ‖ **interponer una ~** *Der.* to lodge an appeal.

apelar [apelár] *v. intr. fig.* (recurrir) to call upon.

apellido [apeʎíðo] *s. m.* surname.

apenar [apenár] *v. tr.* (entristecer) to sadden; to grieve.

apenas [apénas] *adv. neg.* **1.** hardly; scarcely. ‖ *conj. t.* **2.** as soon as; no sooner... than..

apendicitis [apendiθítis] *s. f., Med.* (inflamación del apéndice) appendicitis.

aperitivo [aperitíβo] *s. m.* **1.** (comida) appetizer. **2.** (bebida) aperitif.

apertura [apertúra] *s. f.* (inauguración) opening.

apestar [apestár] *v. intr.* **1.** (oler mal) to stink. **2.** *fig.* to stink.

apetecer [apeteθér] *v. tr.* to feel like; to fancy.

apetito [apetíto] *s. m.* appetite.

apiadarse [apjaðárse] *v. prnl.* (conmoverse) to take pity.

apilar [apilár] *v. tr.* **1.** to pile up; to heap up. ‖ **apilarse** *v. prnl.* **2.** to pile up.

apiñarse [apiɲárse] *v. prnl.* (gente) to crowd.

apio [ápjo] *s. m., Bot.* celery.

aplacar [aplakár] *v. tr.* **1.** to appease. ‖ **aplacarse** *v. prnl.* **2.** to calm down.

aplastar [aplastár] *v. tr.* **1.** to squash. **2.** *fig.* (destruir) to crush.

aplaudir [aplawðír] *v. tr.* to applaud.

aplauso [apláwso] *s. m.* (ovación) applause; clap.

aplazar [aplaθár] *v. tr.* (posponer) to postpone; to adjourn; to defer.

aplicar [aplikár] *v. tr.* **1.** to apply. **2.** (designar) to assign.

aplomo [aplómo] *s. m.* (serenidad) composure; aplomb.

apoderarse [apoðerárse] *v. prnl.* (adueñarse) to take possession; to seize.

apodo [apóðo] *s. m.* nickname.

apogeo [apoχéo] *s. m.* peak.

aporrear [aporeár] *v. tr.* (golpear) to beat; to heat.

aportación [aportaθjón] *s. f.* contribution; input.

aposta [apósta] *adv. mod.* (adrede) on purpose.

apostar [apostár] *v. tr.* **1.** to bet. **2.** (colocar) to station.

apoyar [apoʝár] *v. tr.* **1.** to rest; to lean. **2.** (respaldar) to back; to support. ‖ **apoyarse** *v. prnl.* **3.** (reclinarse) to lean.

apoyo [apoʝo] *s. m.* support.

apreciable [apreθjáβle] *adj.* (notable) noticeable; appreciable.

apreciación [apreθjaθjón] *s. f.* **1.** appreciation. **2.** (percepción) interpretation.

apreciar [apreθjár] *v. tr.* **1.** (estimar) to appreciate. **2.** (percibir) to see.

aprecio [apréθjo] *s. m.* esteem.

apremiar [apremjár] *v. tr.* **1.** to press. || *v. intr.* **2.** (urgir) to be urgent; to press.

aprender [aprendér] *v. tr.* (instruirse) to learn.

aprendiz, -za [aprendíθ] *s. m. y f.* (principiante) apprentice; trainee.

aprendizaje [aprendiθáχe] *s. m.* **1.** (proceso) learning. **2.** (de un oficio) apprenticeship.

apresurado, -da [apresuráðo] *adj.* (acelerado) hurried; hasty.

apresurarse [apresurárse] *v. prnl.* to hurry; to make haste.

apretado, -da [apretáðo] *adj.* **1.** (ajustado) tight. **2.** (apretujado) cramped.

apretar [apretár] *v. tr.* **1.** (tornillo) to tighten. **2.** (puño, dientes) to clench. **3.** (estrechar) to squeeze. || **apretarse** *v. prnl.* **4.** (apretujarse) to squeeze up.

apretón [apretón] *s. m.* squeeze.

aprieto [aprjéto] *s. m.* predicament; scrape *coll.;* fix.

aprisa [aprísa] *adv. mod.* **1.** quickly. || ¡ ~ ! *interj.* **2.** quick!

aaprobado [aproβáðo] *s. m.* (en un examen) pass; passing grade.

aprobar [aproβár] *v. tr.* **1.** to approve. **2.** (examen) to pass.

apropiado, -da [apropjáðo] *adj.* (adecuado) suitable; appropriate.

apropiarse [apropjárse] *v. prnl.* (adueñarse) to appropriate.

aprovechar [aproβetʃár] *v. tr.* **1.** (utilizar) to use. **2.** (sacar provecho) to take advantage. || **aprovecharse** *v. prnl.* **3.** to take advantage.

aprovisionar [aproβisjonár] *v. tr.* to supply; to provision.

aproximación [aproksimaθjón] *s. f.* **1.** approximation. **2.** (países) rapprochement.

aproximar [aproksimár] *v. tr.* **1.** to bring closer. || **aproximarse** *v. prnl.* **2.** to approach.

aptitud [aptitúð] *s. f.* aptitude.

apto, -ta [apto] *adj.* **1.** (apropiado) suitable; fit. **2.** (capaz) capable.

apuesto, -ta [apwésto] *adj.* (guapo) good-looking.

apuntalar [apuntalár] *v. tr.* (asegurar con puntales) to prop up; to sohre up.

apuntar [apuntár] *v. tr.* **1.** (señalar) to point (at). **2.** (anotar) to note (down). || **apuntarse** *v. prnl.* **3.** (inscribirse) to enroll.

apunte [apúnte] *s. m.* **1.** (nota) note. **2.** (esbozo) sketch.

apurar [apurár] *v. tr.* **1.** (presionar) to push. **2.** (vaciar) to finish off. ‖ **apurarse** *v. prnl.* **3.** (darse prisa) to hurry.

apuro [apúro] *s. m.* **1.** (aprieto) predicament; fix *coll.* **2.** (económico) hardship.

aquel, -quella, -quello [akél] *adj. dem. sing.* **1.** that. ‖ *pron. dem. sing.* **2.** that. ‖ **aquellos -llas** *adj. dem. pl.* **3.** those. ‖ *pron. dem. pl.* **4.** those. •To avoid any confusion, the m. and f. forms of the pron. are written with an accent: "aquél", "aqué-lla", "aquéllos" y "aquéllas".

aquella [akéλa] *adj. y pron. f.* *aquel.

aquello [akéλo] *adj. y pron. m.* *aquel.

aquí [akí] *adv. l.* here; over here.

araña [arápa] *s. f., Zool.* spider.

arañar [arapár] *v. tr.* to scratch.

arar [arár] *v. tr., Agr.* (una tierra) to plow *Am. E.*

arbitrar [arβitrár] *v. tr. e intr.* **1.** *Dep.* (fútbol, boxeo) to referee. **2.** *Dep.* (tenis, béisbol) to umpire.

árbitro, -tra [árβitro] *s. m. y f.* **1.** (en un conflicto) arbitrator. **2.** *Dep.* (fútbol, boxeo) referee.

árbol [árβol] *s. m., Bot.* tree.

arbusto [arβústo] *s. m., Bot.* shrub; bush.

arca [árka] *s. f.* chest; coffer.

arcén [arθén] *s. m.* **1.** *Autom.* shoulder. **2.** *Autom.* (de autopista) hard shoulder.

archipiélago [artʃipiélaɣo] *s. m., Geogr.* archipelago.

archivador [artʃiβaðór] *s. m.* **1.** (mueble) filing cabinet. **2.** (carpeta) ring binder; file.

archivar [artʃiβár] *v. tr.* **1.** (documentos) to file. **2.** *Inform.* to save.

archivo [artʃiβo] *s. m.* **1.** (lugar) archive. **2.** (documentos) file.

arcilla [arθíλa] *s. f.* clay.

arco [árko] *s. m.* **1.** *Arq.* arch. **2.** *Mat.* arc. **3.** *Dep. y Mús.* bow.

arder [arðér] *v. intr.* (cosa) to burn.

ardilla [arðíλa] *s. f., Zool.* squirrel.

ardor [arðór] *s. m.* **1.** burning sensation. **2.** *fig.* (ansia) ardor *Am. E.*

área [área] *s. f.* area.

arena [aréna] *s. f.* sand.

arenal [arenál] *s. m.* sands *pl.*

arenque [aréte] *s. m., Amér.* (pendiente) earring.

arete [arvóta] *s. f.* ring.

argot [arɣót] *s. m.* slang.

argumentar [arvumentár] *v. tr.* to argue; to have an argument.

argumento [arvuménto] *s. m.* **1.** (razonamiento) argument. **2.** *Lit. y Cinem.* (trama) plot.

árido, -da [áriðo] *adj.* **1.** (estéril) arid. **2.** *fig.* (aburrido) dry.

arisco [arísko] *adj.* unfriendly.

aristocracia [aristokráθja] *s. f.*
1. (gobierno) aristocracy. **2.** (nobleza) nobility.

arma [árma] *s. f.* weapon.

armar [armár] *v. tr.* **1.** (dar armas) to arm. **2.** (montar) to set up. ‖ **armarse** *v. prnl.* **3.** to arm oneself.

armario [armárjo] *s. m.* **1.** (de ropa) closet *Am. E.;* wardrobe. **2.** (de cocina) cupboard.

armonía [armonía] *s. f.* (de sonidos, colores) harmony.

armónica [armónika] *s. f., Mús.* (instrumento) harmonica.

aro [áro] *s. m.* hoop; ring.

aroma [aróma] *s. f.* aroma.

arpa [árpa] *s. f., Mús.* harp.

arqueología [arkeoloχía] *s. f.* archeology *Am. E.*

arquitecto, -ta [arkitékto] *s. m. y f.* architect. ‖ **~ técnico** (aparejador) quantity surveyor.

arquitectura [arkitektúra] *s. f.* (arte) architecture.

arraigarse [arajγárse] *v. prnl.* **1.** (ideas) to take root. **2.** (asentarse) to settle down.

arrancar [araŋkár] *v. tr.* **1.** to pull up. **2.** (una página) to tear out. ‖ *v. intr.* **3.** *Autom.* (el coche) to start.

arranque [aráŋke] *s. m. fig.* (comienzo) start.

arrasar [arasár] *v. tr.* to demolish.

arrastrar [arastrár] *v. tr.* **1.** to drag; to pull. **2.** (viento, corriente) to sweep. **3.** (devastar) to lead. ‖ *v. intr.* **4.** to trail. ‖ **arrastrarse** *v. prnl.* **5.** to crawl.

arrastre [arástre] *s. m.* (acción) dragging.

arrebatado, -da [areβatáðo] *adj.* (impulsivo) impetuous.

arrebatar [areβatár] *v. tr.* (desposeer) to snatch; to grab.

arreciar [areθjár] *v. intr.* **1.** to grow worse. **2.** (aumentar) to get more severe.

arrecife [areθife] *s. m., Geogr.* (en el mar) reef.

arreglado, -da [areγláðo] *adj.* **1.** (ordenado) tidy; neat. **2.** (bien vestido) smart.

arreglar [areγlár] *v. tr.* **1.** (ordenar) to tidy; to clean up. **2.** (reparar) to mend; to fix. **3.** (un asunto) to settle.

arreglo [areγlo] *s. m.* repair.

arremangarse [aremaŋgárse] *v. prnl.* to roll one's sleeves up.

arremeter [aremetér] *v. intr.* (abalanzarse) to charge.

arrendar [arendár] *v. tr.* **1.** (dar en arriendo) to lease; to let. **2.** (tomar en arriendo) to lease.

arrepentido, -da [arepentíðo] *adj.* (pesaroso) remorseful; repentant; penitent.

arrepentirse [ar̄epentírse] *v. prnl.* to regret.

arrestar [ar̄estár] *v. tr.* to arrest.

arriba [ar̄íβa] *adv. l.* **1.** (posición) on top; above. **2.** (dirección) up. **3.** (en un edificio) upstairs.

arriesgado, -da [ar̄jesγáðo] *adj.* (peligroso) risky; hazardous; dangerous.

arriesgar [ar̄jesγár] *v. tr.* to risk.

arrimar [ar̄imár] *v. tr.* **1.** to bring closer. ‖ **arrimarse** *v. prnl.* **2.** to come closer.

arrinconar [ar̄iŋkonár] *v. tr.* **1.** (poner en un rincón) to put in a corner. **2.** (acorralar) to corner.

arroba [ar̄óβa] *s. f., Inform.* (@) at.

arrodillarse [ar̄oðiʎárse] *v. prnl.* (hincarse) to kneel (down).

arrogancia [ar̄oγáŋθja] *s. f.* (altanería) arrogance.

arrojar [ar̄oχár] *v. tr.* **1.** to throw; to cast. **2.** (lava, llamas) to erupt. ‖ **arrojarse** *v. prnl.* **3.** (tirarse) to throw oneself.

arrollar [ar̄oʎár] *v. tr.* **1.** (enrollar) to coil; to wind; to roll up. **2.** (atropellar) to run over.

arropar [ar̄opár] *v. tr.* **1.** to wrap up. ‖ **arroparse** *v. prnl.* **2.** to wrap oneself up.

arroyo [ar̄ójo] *s. m.* **1.** stream; brook. **2.** (de la calle) gutter.

arroz [ar̄óθ] *s. m.* rice.

arruga [ar̄úγa] *s. f.* **1.** fold. **2.** (en la piel) wrinkle; line. **3.** (en tela, papel) wrinkle.

arrugar [ar̄uγár] *v. tr.* **1.** (la piel) wrinkle. **2.** (tejido, papel) to wrinkle *Am. E.*

arruinar [ar̄winár] *v. tr.* **1.** (empobrecer) to ruin. **2.** (destruir) to ruin; to wreck.

arrullar [ar̄uʎár] *v. tr.* (bebé) to lull to sleep.

arte [árte] *s. amb.* **1.** art. **2.** (habilidad) skill.

artefacto [artefákto] *s. m.* device.

arteria [artérja] *s. f.* **1.** *Anat.* artery. **2.** (carretera) artery.

artesanía [artesanía] *s. f.* **1.** (actividad) craftsmanship. **2.** (obra) craftwork.

artesano, -na [artesáno] *s. m. y f.* artisan; craftsman.

articulación [artikulaθjón] *s. f., Anat.* articulation; joint.

articular [artikulár] *v. tr.* to articulate.

artículo [artíkulo] *s. m.* **1.** *Ling.* article. **2.** *Econ.* article; item. **3.** (en periódico) article.

artificio [artifíθjo] *s. m.* **1.** (astucia) artifice. **2.** (artilugio) device.

artista [artísta] *s. m. y f.* artist.

as [ás] *s. m.* **1.** (juegos) ace. **2.** *fig.* (campeón) ace.

asa [ása] *s. f.* handle.

asado, -da [asáðo] *adj.* **1.** roast; roasted. || *s. m.* **2.** *Gastr.* roast.

asaltar [asa̯ltár] *v. tr.* **1.** (ciudad, fortaleza) to attack; to storm. **2.** (atracar) to rob; to raid.

asalto [asálto] *s. m.* **1.** assault; attack. **2.** (con robo) robbery.

asamblea [asambléa] *s. f.* **1.** (reunión) meeting; assembly. **2.** (cuerpo) assembly.

asar [asár] *v. tr.*, *Gastr.* to roast.

ascendencia [asθendénθja] *s. f.* ancestry; descent.

ascender [asθendér] *v. intr.* **1.** (profesionalmente) to promote. **2.** (subir) to rise.

ascenso [asθénso] *s. m.* **1.** (promoción) promotion. **2.** (de sueldo) rise.

ascensor [asθensór] *s. m.* (elevador) elevator *Am. E.;* lift *Br. E.*

asco [ásko] *s. m.* (repulsión) repugnance; disgust. || **¡qué ~ !** how disgusting!

asear [aseár] *v. tr.* **1.** to clean. **2.** (ordenar) to tidy. || **asearse** *v. prnl.* **3.** (lavarse) to wash oneself.

asegurar [aseɣurár] *v. tr.* **1.** *Econ.* to insure. **2.** (garantizar) to assure; to guarantee.

asentar [asentár] *v. tr.* **1.** to base. **2.** (colocar) to seat.

asentir [asentír] *v. intr.* **1.** (admitir) to assent. **2.** (con la cabeza) to nod.

aseo [aséo] *s. m.* **1.** cleanliness. **2.** (lugar) toilet. || **aseos** *s. m. pl.* **3.** rest room *Am. E.*

asequible [asekíβle] *adj.* **1.** accesible; achievable. **2.** (precio) reasonable.

asesinar [asesinár] *v. tr.* (matar) to murder; to kill.

asesinato [asesináto] *s. m.* **1.** (crimen) murder. **2.** (magnicidio) assassination.

asesino, -na [asesíno] *adj.* **1.** (criminal) murderous. || *s. m. y f.* **2.** murderer; killer.

asesorar [asesorár] *v. tr.* **1.** to advise. || **asesorarse** *v. prnl.* **2.** to consult.

asfalto [asfálto] *s. m.* asphalt.

asfixia [asfiksja] *s. f.*, *Med.* (ahogo) asphyxia; suffocation.

asfixiar [asfiksjár] *v. tr.* (ahogar) to asphyxiate; to suffocate.

así [así] *adv. mod.* **1.** like that; like this; so. || *adj.* **2.** such.

asiduo, -dua [asíðwo] *adj.* **1.** (persistente) assiduous. **2.** (frecuente) frequent.

asiento [asjénto] *s. m.* **1.** seat. **2.** (de bicicleta) saddle. **3.** *Cinem. y Teatr.* seat.

asignar [asiɣnár] *v. tr.* (designar) to assign; to allocate; to allot.

asilo [asílo] *s. m.* **1.** (institución) asylum; sanctuary. **2.** *fig.* (refugio) refuge.

asimilar [asimilár] *v. tr.* **1.** (información, alimentos) to assimilate. **2.** (asemejar) to assimilate.

asimismo o así mismo [asimísmo] *adv. mod.* also; likewise.

asistencia [asisténθja] *s. f.* **1.** (presencia) attendance. **2.** (ayuda) assistance; aid.

asistir [asistír] *v. tr.* **1.** (ayudar) to assist. **2.** (enfermos) to care for. ‖ *v. intr.* **3.** (estar presente) to attend; to be present.

asno [ásno] *s. m., Zool.* donkey.

asociación [asoθjaθjón] *s. f.* **1.** association. **2.** *Econ.* partnership.

asociar [asoθjár] *v. tr.* **1.** to associate. ‖ **asociarse** *v. prnl.* **2.** (unirse) to team up.

asomar [asomár] *v. tr.* **1.** to stick. ‖ *v. intr.* **2.** to show. ‖ **asomarse** *v. prnl.* **3.** (aparecer) to show. **4.** (a la ventana) to lean out.

asombrar [asombrár] *v. tr.* **1.** to amaze; to astonish. ‖ **asombrarse** *v. prnl.* **2.** (sorprenderse) to be amazed.

aspa [áspa] *s. f.* **1.** (cruz) cross. **2.** (de molino) sail.

aspecto [aspékto] *s. m.* **1.** (apariencia) appearance; look. **2.** (faceta) aspect.

áspero, -ra [áspero] *adj.* **1.** (tacto) rough; harsh. **2.** (escarpado) rugged. **3.** (voz) gruff. **4.** (brusco) brusque.

aspiración [aspiraθjón] *s. f.* **1.** (al respirar) inspiration. **2.** (ambición) aspiration; ambition.

aspirador, -ra [aspiraðór] *s. m. y f.* vacuum cleaner.

aspirante [aspiránte] *s. m. y f.* (para un puesto) applicant.

aspirar [aspirár] *v. tr.* **1.** (respirar) to breathe in; to inhale. **2.** (aparato) to suck. ‖ *v. intr.* **3.** *fig.* (desear) to aspire.

aspirina [aspirína] *s. f., Farm.* aspirin.

asquear [askeár] *v. tr.* (repugnar) to sicken; to nauseate *coll.*

asqueroso, -sa [askeróso] *adj.* **1.** disgusting. **2.** (escrupuloso) fastidious.

asta [ásta] *s. f.* **1.** (de bandera) staff; pole. **2.** *Zool.* (cuerno) horn.

astil [astíl] *s. m.* **1.** (de herramienta) handle. **2.** (de flecha, lanza) shaft.

astilla [astíʎa] *s. f.* chip; splinter.

astillar [astiʎár] *v. tr.* to splinter.

astro [ástro] *s. m.* **1.** *Astron.* star. **2.** *fig.* (actor, etc.) star.

astrología [astroloɣía] *s. f.* astrology.

astronauta [astronáwta] *s. m. y f.* (cosmonauta) astronaut; cosmonaut.

astronomía [astronomía] *s. f.* astronomy.

astucia [astúθja] *s. f.* **1.** (sagacidad) astuteness. **2.** (picardía) cunning; craftiness.

astuto, -ta [astúto] *adj.* (sagaz) astute; shrewd.

asumir [asumír] *v. tr.* (aceptar) to assume; to take on.

asunto [asúnto] *s. m.* **1.** (personales) affair; business. **2.** (cuestión) matter.

asustado [asustáðo] *adj.* afraid.

asustar [asustár] *v. tr.* **1.** to frighten; to scare. ‖ **asustarse** *v. prnl.* **2.** (aterrorizarse) to get scared; to be frightened.

atacar [atakár] *v. tr.* to attack.

atado [atáðo] *adj.* **1.** (amarrado) tied. ‖ *s. m.* **2.** (hatillo) bundle.

atajar [ataxár] *v. intr.* **1.** to take a short cut. ‖ *v. tr.* **2.** (interrumpir) to intercept.

atajo [atáxo] *s. m.* short cut.

atañer [atapér] *v. intr.* (concernir) to concern.

ataque [atáke] *s. m.* attack.

atar [atár] *v. tr.* **1.** to tie. **2.** (animales) tether. ‖ *v. intr.* **3.** *fig.* to tie down.

atardecer [atarðeθér] *s. m.* **1.** dusk. ‖ *v. impers.* **2.** to get dark.

atascar [ataskár] *v. tr.* **1.** to block; to clog. ‖ **atascarse** *v. prnl.* **2.** (tubería) to clog. **3.** (mecanismo) to jam.

atasco [atásko] *s. m.* traffic jam.

ataúd [ataúð] *s. m.* coffin.

atemorizar [atemoriθár] *v. tr.* (asustar) to frighten; to scare.

atención [atenθjón] *s. f.* attention.

atender [atendér] *v. tr.* **1.** (cuidar) to attend; to look after. **2.** (clientes) to serve.

atentado [atentáðo] *s. m.* **1.** attack. **2.** (ofensa) offense.

atento, -ta [aténto] *adj.* **1.** (concentrado) attentive. **2.** (amable) polite.

atenuar [atenuár] *v. tr.* **1.** (mitigar) to attenuate. **2.** (importancia) to lessen.

ateo, -a [atéo] *s. m. y f.* atheist.

aterrar [ateřár] *v. tr.* to terrify.

aterrizaje [ateřiθáxe] *s. m.*, *Aeron.* landing.

aterrizar [ateřiθár] *v. tr.*, *Aeron.* to land.

aterrorizar [ateřoriθár] *v. tr.* (atemorizar) to terrify.

atiborrarse [atiβořárse] *v. prnl.* (de comida) to stuff oneself.

ático [átiko] *s. m.* penthouse.

atinar [atinár] *v. intr.* **1.** (adivinar) to hit upon. **2.** (acertar) to succeed.

atizar [atiθár] *v. tr.* (el fuego) to poke.

atlas [átlas] *s. m. inv.*, Geogr. atlas.

atleta [atléta] *s. m. y f.*, Dep. (deportista) athlete.

atmósfera o atmosfera [atmósfera] *s. f.* **1.** *Astron.* atmosphere. **2.** *fig.* (ambiente) air.

atolladero [atoλaðéro] *s. m.* **1.** (lodazal) mire; quagmire. **2.** *fig.* (aprieto) jam *coll.*

atónito, -ta [atónito] *adj.* (perplejo) astonished.

atontado, -da [atoņtáðo] *adj.* **1.** foolish; silly. **2.** (aturdido) groggy *coll.*

atontar [atoņtár] *v. tr.* **1.** (aturdir) to stun; to stupefy. ‖ **atontarse** *v. prnl.* **2.** (aturdirse) to be confused.

atormentar [atormeņtár] *v. tr.* **1.** to torture. **2.** *fig.* (importunar) to torment.

atosigar [atosiɣár] *v. tr.*, *fig.* (agobiar) to harass.

atracar [atrakár] *v. tr.* **1.** (robar) to hold up; to rob. **2.** *fam.* (atiborrar) to stuff.

atracción [atrakθjón] *s. f.* **1.** attraction. **2.** (espectáculo) ride.

atraco [atráko] *s. m.* robbery.

atractivo, -va [atraktíβo] *adj.* **1.** attractive. ‖ *s. m.* **2.** (encanto) charm; attraction.

atraer [atraér] *v. tr.* to attract.

atragantarse [atraɣaņtárse] *v. prnl.* (ahogarse) to choke.

atrancar [atraŋkár] *v. tr.* **1.** (puerta) to bar. **2.** (atascar) to block up.

atrapar [atrapár] *v. tr.* to catch.

atrás [atrás] *adv. l.* **1.** behind. **2.** back; backward. ‖ *adv. t.* **3.** earlier. ‖ ¡ ~ ! *interj.* **4.** get back!

atrasar [atrasár] *v. tr.* **1.** (retrasar) to delay; to set back. **2.** (reloj) to put back. ‖ **atrasarse** *v. prnl.* **3.** to remain behind.

atraso [atráso] *s. m.* **1.** delay. **2.** (de un país) backwardness.

atravesar [atraβesár] *v. tr.* **1.** to cross. **2.** (montañas) to get over.

atreverse [atreβérse] *v. prnl.* (osar) to dare.

atrevido, -da [atreβíðo] *adj.* **1.** (osado) daring; bold. **2.** (descarado, valiente) shameless.

atrevimiento [atreβimjéņto] *s. m.* **1.** audacity; nerve. **2.** (insolencia) insolence.

atribuir [atriβuír] *v. tr.* to attribute; to ascribe.

atributo [atriβúto] *s. m.* attribute.

atril [atríl] *s. m.* **1.** (para libros) lectern. **2.** *Mús.* (para partituras) music stand.

atrocidad [atroθiðáð] *s. f.* (salvajada) atrocity; outrage.

atropellar [atropeʎár] *v. tr.* (con coche) to knock down; to run over.

atroz [atróθ] *adj.* **1.** (brutal) atrocious; appalling. **2.** (horrible) awful.

atuendo [atwéndo] *s. m., form.* (vestimenta) outfit; attire; dress.

atún [atún] *s. m., Zool.* tuna.

aturdir [aturðír] *v. tr.* **1.** to daze; to stun. ‖ **aturdirse** *v. prnl.* **2.** *fig.* (confundirse) to get confused; to get flustered.

audacia [awðáθja] *s. f.* (coraje) boldness; daring.

audaz [awðáθ] *adj.* daring; bold.

audición [awðiθjón] *s. f.* (acción) hearing.

audiencia [awðjénθja] *s. f.* **1.** (recepción) hearing; audience. **2.** (público) audience.

auge [áwχe] *s. m.* height.

aula [áwla] *s. f.* **1.** (en escuela) classroom. **2.** (en universidad) lecture room.

aullar [awʎár] *v. intr.* to howl.

aumentar [awmentár] *v. tr.* **1.** (incrementar) to increase. **2.** (precio) to raise. ‖ *v. intr.* **3.** to increase; to rise.

aun [áwn] *adv. mod.* even if. ‖ ~ **así** even so.

aún [aún] *adv. t.* **1.** (en frases negat.) yet. **2.** (en frases afirmat.) still. **3.** (en comparaciones) even.

aunque [áwŋke] *conj. conces.* **1.** (+ indic.) though; although. **2.** (+ subj.) even if. **3.** if.

aupar [awpár] *v. tr.* **1.** (elevar) to lift up. ‖ **auparse** *v. prnl.* **2.** (subirse) to get up.

auricular [awrikulár] *s. m.* **1.** (de teléfono) receiver. ‖ **auriculares** *s. m. pl.* **2.** headphones *pl.*

aurora [awróra] *s. f.* (alba) dawn; daybreak.

ausencia [awsénθja] *s. f.* absence.

ausentarse [awsentárse] *v. prnl.* (largarse) to go away; to absent oneself.

austero, -ra [awstéro] *adj.* (rígido) austere.

auténtico, -ca [awténtiko] *adj.* (genuino) authentic; genuine.

auto [áwto] *s. m., Amér.* car.

autobiografía [awtoβjoɣrafia] *s. f.* autobiography.

autobús [awtoβús] *s. m., Autom.* bus.

autóctono, -na [awtóktono] *adj.* (originario) indigenous; native; autochthonous.

autoescuela [awtoeskwéla] *s. f., Autom.* driving school.

autógrafo [awtóɣrafo] *s. m.* (firma) autograph.

automático, -ca [awtomátiko] *adj.* automatic.

automóvil [awtomóβil] *s. m., Autom.* car; automobile *Am. E.*

automovilismo [awtomoβilísmo] *s. m.* **1.** *Autom.* motoring. **2.** *Dep.* motor racing.

autonomía [awtonomía] *s. f.* **1.** autonomy. **2.** *Esp.* (comunidad autónoma) autonomous region.

autónomo, -ma [awtónomo] *adj.* **1.** (independiente) autonomous. || *s. m. y f.* **2.** self-employed worker.

autopista [awtopísta] *s. f.* freeway *Am. E.*; motorway *Br. E.*

autopsia [awtopsja] *s. f.* autopsy; postmorten (examination).

autor, -ra [awtór] *s. m. y f.* **1.** author; writer. **2.** (de un crimen) perpetrator.

autorizar [awtoriθár] *v. tr.* (permitir) to authorize.

autoservicio [awtoserβíθjo] *s. m.* **1.** (restaurante) self-service restaurant. **2.** (tienda) supermarket.

autostop [awtostóp] *s. m.* hitchhiking.

autovía [awtoβía] *s. f.* divided highway *Am. E.*; dual carriageway *Br. E.*

auxiliar [awksiljár] *adj.* **1.** auxiliary. || *s. m. y f.* **2.** assistant. || *v. tr.* **3.** to help.

auxilio [awksíljo] *s. m.* help.

avance [aβánθe] *s. m.* advance.

avanzado, -da [aβaηθáðo] *adj.* advanced.

avanzar [aβaηθár] *v. tr.* **1.** to advance; to push forward. || *v. intr.* **2.** to advance; to move forward.

avaricia [aβaríθja] *s. f.* avarice.

avaro, -ra [aβáro] *adj.* **1.** greedy. || *s. m. y f.* **2.** (tacaño) greedy person.

Ave [áβe] *sigla* (Alta Velocidad Española) high-speed train.

ave [áβe] *s. f.* bird.

avecinar [aβeθinár] *v. tr.* **1.** to bring nearer. || **avecinarse** *v. prnl.* **2.** (aproximarse) to approach.

avellana [aβeʎána] *s. f., Bot.* (fruto) hazelnut.

avellano [aβeʎáno] *s. m., Bot.* (árbol) hazel.

avena [aβéna] *s. f.* **1.** *Bot.* (planta) oat. **2.** (semillas) oats *pl.*

avenida [aβeníða] *s. f.* **1.** (calle) avenue. **2.** (de un río) flood.

aventajado, -da [aβeηtaxáðo] *adj.* **1.** (privilegiado) advantageous; favorable. **2.** (sobresaliente) outstanding.

aventajar [aβeηtaxár] *v. tr.* (superar) to surpass; to excel.

aventura [aβeηtúra] *s. f.* **1.** (experiencia) adventure. **2.** (riesgo) venture; risk. **3.** (amorosa) affair.

aventurar [aβeηturár] *v. tr.* (arriesgar) to hazard.

aventurero, -ra [aβeηturéro] *s. m. y f.* (explorador) adventurer.

avergonzado, -da [aβerɣonθáðo] *adj.* ashamed; embarrassed.

avergonzar [aβerɣonθár] *v. tr.* **1.** to shame; to embarrass. ‖ **avergonzarse** *v. prnl.* **2.** to be ashamed.

avería [aβeɾía] *s. f.* **1.** (en productos) damage. **2.** *Autom.* breakdown.

averiguar [aβeɾiɣwár] *v. tr.* (indagar) to find out.

avestruz [aβestɾúθ] *s. m., Zool.* (ave) ostrich.

avinagrar [aβinaɣɾár] *v. tr.* **1.** *fig.* to embitter. ‖ **avinagrarse** *v. prnl.* **2.** (carácter) to turn sour.

avión [aβjón] *s. m.* airplane *Am. E.;* aeroplane *Br. E.;* plane.

avisar [aβisár] *v. tr.* **1.** (notificar) to notify; to inform. **2.** (prevenir) to warn.

aviso [aβíso] *s. m.* **1.** notice. **2.** (advertencia) advice; warning.

avispa [aβíspa] *s. f., Zool.* wasp.

axila [áksila] *s. f., Anat.* armpit.

ayer [aʝér] *adv. t.* **1.** yesterday. ‖ *s. m.* **2.** past.

ayuda [aʝúða] *s. f.* help; aid.

ayudante [aʝuðánte] *s. m. y f.* (asistente) assistant.

ayudar [aʝuðár] *v. tr.* to help.

ayunar [aʝunár] *v. intr.* to fast.

ayunas, en [aʝúnas] *loc.* on an empty stomach.

ayuno [aʝúno] *s. m.* fast.

ayuntamiento [aʝuntamjénto] *s. m.* **1.** (corporación) town council; city council. **2.** (edificio) town hall; city hall.

azada [aθáða] *s. f., Agr.* hoe.

azafata [aθafáta] *s. f.* **1.** (en un avión) air hostess. **2.** (en un programa, congreso) hostess.

azafrán [aθafɾán] *s. m., Gastr.* (condimento) saffron.

azahar [aθaár] *s. m.* **1.** (del naranjo) orange blossom. **2.** (del limonero) lemon blossom.

azar [aθár] *s. m.* chance.

azotar [aθotár] *v. tr.* **1.** (con látigo) to whip; to flog. **2.** (lluvia, olas) to lash.

azote [aθóte] *s. m.* **1.** (con látigo) lash. **2.** (a un niño) spank.

azotea [aθotéa] *s. f.* flat roof.

azúcar [aθúkar] *s. m. y f.* sugar.

azucarar [aθukarár] *v. tr.* (endulzar) to sugar.

azucarillo [aθukaɾíʎo] *s. m.* (terrón) sugar lump; sugar cube.

azul [aθúl] *adj. y s. m.* blue.

azulejo [aθuléxo] *s. m.* glazed tile.

B

b [bé] *s. f.* (letra) b.

baba [báβa] *s. f.* **1.** (de niño) dribble. **2.** (de adultos, animales) spittle.

babero [baβéro] *s. m.* bib.

baca [báka] *s. f., Autom.* (portaequipajes) roof rack.

bacalao [bakaláo] *s. m., Zool.* (pescado) codfish.

bache [bátʃe] *s. m.* **1.** (en carretera) pothole; hole. **2.** *fig.* hard times; bad patch.

bachillerato [batʃiʎeráto] *s. m.* secondary education.

bacteria [baktérja] *s. f., Biol.* (microbio) bacterium.

badana [baðána] *s. f.* (piel curtida) sheepskin.

bahía [baía] *s. f., Geogr.* bay.

bailaor, -ra [bajlaór] *s. m. y f.* (de flamenco) flamenco dancer.

bailar [bajlár] *v. tr. e intr.* (danzar) to dance.

baile [bájle] *s. m.* **1.** dance. **2.** (fiesta) dance; ball.

baja [báχa] *s. f.* **1.** (descenso) fall; drop. **2.** (laboral) leave. **3.** (certificado) medical certificate.

bajada [baχáða] *s. f.* **1.** fall. **2.** (pendiente) descent.

bajar [baχár] *v. intr.* **1.** (alejándose) to go down. **2.** (acercándose) to come down. **3.** (disminuir) to fall; to drop. **4.** (de bicicleta, avión, autobús) to get off. **5.** (de coche) to get out.

bajo, -ja [báχo] *adj.* **1.** low. **2.** (persona) short. ‖ *s. m.* **3.** first floor *Am. E.*; ground floor *Br. E.* **4.** (hablar) quietly; low. **5.** (volar) low. ‖ *prep.* **6.** under.

balance [baláɳθe] *s. m.* **1.** *Econ.* (cálculo) balance. **2.** *Econ.* (documento) balance sheet.

balanza [baláɳθa] *s. f.* (báscula) balance; scales *pl.*

balaustre o balaústre [baláwstre] *s. m.* baluster.

balbucear [balβuθeár] *v. intr.* (balbucir, farfullar) to stammer.

balcón [balkón] *s. m.* **1.** balcony. **2.** (mirador) vantage point.

balda [bálda] *s. f.* shelf.

balde [bálde] *s. m.* bucket; pail.

baldosa [baldósa] *s. f.* floor tile.

ballena [baʎéna] *s. f., Zool.* whale.

ballenato [baʎenáto] *s. m., Zool.* (cría de la ballena) whale calf.

balneario [balneárjo] *s. m.* spa; health; resort.

balón [balón] *s. m., Dep.* ball.

baloncesto [baloɳθésto] *s. m., Dep.* basketball.

balonmano [balommáno] *s. m., Dep.* handball.

balonvolea [balomboléa] *s. m., Dep.* volleyball.

balsa¹ [bálsa] *s. f.* pool.

balsa² [bálsa] *s. f.*, *Náut.* raft.

bálsamo [bálsamo] *s. m.* balsam.

bambú [bambú] *s. m.*, *Bot.* (planta) bamboo.

banana [banána] *s. f.*, *Bot.* (plátano) banana.

banca¹ [bánka] *s. f.* **1.** *Econ.* (actividad) banking. **2.** (grupo de bancos) banks.

banca² [bánka] *s. f.* (asiento) stool; bench.

bancarrota [bankařóta] *s. f.*, *Econ.* (ruina) bankruptcy.

banco [bánko] *s. m.* **1.** *Econ.* bank. **2.** (asiento) bench.

banda¹ [bánda] *s. f.* (condecoración) sash.

banda² [bánda] *s. f.* **1.** (músicos) band. **2.** (delincuentes) gang.

bandeja [bandéχa] *s. f.* tray.

bandera [bandéra] *s. f.* flag.

banderilla [banderíʎa] *s. f.* **1.** *Taur.* banderilla. **2.** *Gastr.* (tapa) appetizer.

bandido, -da [bandíðo] *s. m. y f.* (malhechor) bandit; outlaw; swindler.

bando [bándo] *s. m.* (sección) side; camp.

bandolero, -ra [bandoléro] *s. m. y f.* highwayman; brigand.

banqueta [bankéta] *s. f.* (taburete) stool.

banquete [bankéte] *s. m.* (comida) banquet.

bañador [banaðór] *s. m.* **1.** (de mujer) bathing suit *Am. E.*; swimming costume *Br. E.* **2.** (de hombre) swimming trunks.

bañar [banár] *v. tr.* **1.** (lavar) to bathe *Am. E.*; to bath *Br. E.* **2.** (cubrir) to coat. || **bañarse** *v. prnl.* **3.** (en el mar, río) to bathe. **4.** (en la bañera) to take a bath.

bañera [banéra] *s. f.* bath; bathtub.

baño [báno] *s. m.* **1.** (en la bañera) bath. **2.** (en el mar, piscina) swim. **3.** (cuarto) bathroom.

bar [bár] *s. m.* **1.** (establecimiento) bar. **2.** (mueble) cocktail cabinet.

baraja [baráχa] *s. f.* (naipes) deck *Am. E.*; pack *Br. E.*

barajar [baraχár] *v. tr.* **1.** (cartas) to shuffle. **2.** (opciones) to consider.

baranda [baránda] *s. f.* (barandilla) handrail; banister.

barato, -ta [baráto] *adj.* **1.** cheap. || *adv. mod.* **2.** cheap; cheaply.

barba [bárβa] *s. f.* (pelo) beard.

barbacoa [barβakóa] *s. f.* (parrilla) barbecue.

barbilla [barβíʎa] *s. f.*, *Anat.* (mentón) chin.

barco [bárko] *s. m.* **1.** *Náut.* boat. **2.** (grande) ship.

41

barniz [barníθ] *s. m.* **1.** (para madera) varnish. **2.** (para cerámica) glaze.

barra [bára] *s. f.* **1.** (de oro, metal) bar. **2.** (mostrador) bar. **3.** (vara) rod. **4.** (de pan) baguette.

barraca [baráka] *s. f.* **1.** (chabola) shack. **2.** (de feria) booth.

barranco [baráŋko] *s. m., Geogr.* (despeñadero) ravine.

barrendero, -ra [barendéro] *s. m. y f.* sweeper; street sweeper.

barrer [barér] *v. tr.* (el suelo) to sweep.

barrera [baréra] *s. f.* barrier.

barricada [barikáda] *s. f.* barricade.

barriga [baríγa] *s. f. fam.* belly; stomach. **2.** (de una vasija) belly.

barril [baríl] *s. m.* barrel; cask.

barrio [bárjo] *s. m.* neighborhood; quarter.

barrizal [bariθál] *s. m.* (lodazal) quagmire; muddy area; mire.

barro [báro] *s. m.* **1.** mud. **2.** (arcilla) clay.

basar [basár] *v. tr.* **1.** (fundamentar) to base. ‖ **basarse** *v. prnl.* **2.** to be based.

báscula [báskula] *s. f. sing.* (balanza) scales *pl.*

base [báse] *s. f.* **1.** (parte inferior) base. **2.** (conocimiento) basis.

basílica [basílika] *s. f., Rel.* (iglesia) basilica.

bastante [bastánte] *adj. indef.* **1.** enough. ‖ *adv. cant.* **2.** enough. **3.** rather; quite.

bastar [bastár] *v. intr.* **1.** (ser suficiente) to suffice. ‖ **¡basta!** *interj.* **2.** ¡that's enough!

basto, -ta [básto] *adj.* **1.** (áspero) rough. **2.** (grosero) rude.

bastón [bastón] *s. m.* **1.** walking stick; cane. **2.** (de esquí) ski stick/pole.

bastoncillo [bastonθílo] *s. m.* (de los oídos) cotton swab *Am. E.*; cotton bud *Br. E.*

basura [basúra] *s. f.* **1.** rubbish; garbage *Br. E.* **2.** (recipiente) dustbin *Br. E.*; garbage can *Am. E.* ‖ **cubo de ~** trash can *Am. E.*

bata [báta] *s. f.* **1.** (para casa) dressing gown; robe. **2.** (de trabajo) smock; overall *Br. E.*

batalla [batáʎa] *s. f.* battle.

batería [batería] *s. f.* **1.** *Electrón.* battery. **2.** *Mús.* drums *pl.*

batido [batíðo] *s. m.* milk shake.

batidora [batiðóra] *s. f.* mixer.

batir [batír] *v. tr.* **1.** (huevos) to beat. **2.** *Gastr.* (nata) to whip.

baúl [baúl] *s. m.* trunk.

bautizar [bawtiθár] *v. tr., Rel.* (cristianar) to baptize; to christen.

baya [bája] *s. f., Bot.* berry.

bayeta [bajéta] *s. f.* dishcloth.

bazar [baθár] *s. m.* bazaar.

bazo [báθo] *s. m., Anat.* spleen.

bebé [beβé] *s. m.* baby.

beber [beβér] *v. tr. e intr.* to drink; tomar *Amér.*

bebida [beβíða] *s. f.* drink.

beca [béka] *s. f.* grant; scholarship.

becerro, -rra [beθéřo] *s. m. y f., Zool.* (novillo) calf.

bedel, -la [beðél] *s. m. y f.* porter.

beicon [béjkon] *s. m.* bacon.

béisbol [béjsβol] *s. m., Dep.* baseball.

belén [belén] *s. m.* **1.** *Rel.* (nacimiento) crèche *Am. E.*; crib. **2.** *fig.* (desorden) confusion; mess.

bélico, -ca [béliko] *adj.* military.

belleza [beʎéθa] *s. f.* beauty.

bello, -lla [béʎo] *adj.* beautiful.

bellota [beʎóta] *s. f., Bot.* acorn.

bendecir [bendeθír] *v. tr., Rel.* (ensalzar) to bless.

beneficiar [benefiθjár] *v. tr.* **1.** (favorecer) to benefit. ‖ **beneficiarse** *v. prnl.* **2.** to benefit.

benéfico, -ca [benéfiko] *adj.* (caritativo) charitable; benevolent.

benevolencia [beneβolénθja] *s. f.* benevolence; kindness.

benjamín, -mina [benχamín] *s. m. y f.* youngest.

berberecho [berβerétʃo] *s. m., Zool.* (common) cockle.

berenjena [berenχéna] *s. f., Bot.* eggplant *Am. E.*; aubergine *Br. E.*

berrinche [beříntʃe] *s. m., fam.* tantrum; rage.

berro [béřo] *s. m., Bot.* (planta) watercress.

berza [bérθa] *s. f., Bot.* cabbage.

besamel [besamél] *s. f., Gastr.* (salsa) white sauce.

besar [besár] *v. tr.* to kiss. .

beso [béso] *s. m.* kiss.

bestia [béstja] *s. f.* beast.

besugo [besúγo] *s. m., Zool.* (pescado) sea bream.

betún [betún] *s. m.* shoe polish.

biberón [biβerón] *s. m.* feeding bottle; baby's bottle.

Biblia [bíβlja] *s. f., Rel.* Bible.

bibliografía [biβljoγrafía] *s. f.* bibliography.

biblioteca [biβljotéka] *s. f.* **1.** (lugar) library. **2.** (mueble) bookcase; book-shelves *pl.*

bicarbonato [bikarβonáto] *s. m., Quím.* baking soda.

bicho [bítʃo] *s. m.* **1.** (insecto) bug. **2.** *col.* (persona inquieta) monkey.

bicicleta [biθikléta] *s. f.* bicycle.

bidé [biðé] *s. m.* bidet.

bidón [biðón] *s. m.* drum.

bien [bjén] *s. m.* **1.** good. **2.** good; benefit. ‖ *adv. m.* **3.** well. **4.** (correctamente) properly. **5.** (estar) fine. **6.** (correcto) right. ‖ *interj.* **7.** right. ‖ ¡ ~ ! *interj.* **8.** good!; well done!

bienestar [bjenestár] *s. m.* well-being; welfare.

bienvenida [bjembeníða] *s. f.* welcome. ‖ **dar la ~** to welcome.

bigote [biɣóte] *s. m.* **1.** (de persona) mustache *Am. E.* **2.** (de animal) whisker.

bilingüe [bilíŋgwe] *adj.* (persona) bilingual.

bilis [bílis] *s. f.* **1.** *Med.* bile. **2.** *fig.* spleen.

billete [biʎéte] *s. m.* **1.** (de tren, autobús,...) ticket. **2.** (de lotería) ticket.

billetera [biʎetéra] *s. f.* (monedero) billfold *Am. E.;* wallet *Br. E.*

billón [biʎón] *s. m.* (dinero) trillion *Am. E.;* billion *Br. E.*

bingo [bíŋgo] *s. m.* **1.** (juego) bingo. **2.** (local) bingo hall.

biografía [bjoɣrafía] *s. f.* (vida) biography.

biología [bjoloxía] *s. f.* biology.

biombo [bjómbo] *s. m.* (mampara) folding screen.

biquini [bikíni] *s. m.* bikini.

birria [bířja] *s. f.* **1.** *col.* rubbish; crap. **2.** *col.* (cosa fea) monstrosity.

bisabuelo, -la [bisaβwélo] *s. m.* **1.** great-grandfather. ‖ **bisabuela** *s. f.* **2.** great-grandmother. ‖ **bisabuelos** *s. m. pl.* **3.** great-grandparents *pl.*

bisagra [bisáɣra] *s. f.* hinge.

bisiesto [bisjésto] *adj. y s. m.* (año) leap year.

bisnieto [bisnjéto] *s. m.* **1.** great-grandson. ‖ **bisnieta** *s. f.* **2.** great-granddaughter. ‖ **bisnietos** *s. m. pl.* **3.** great-grandchildren.

bistec [bisték] *s. m.* steak.

bisturí [bisturí] *s. m., Med.* (instrumento quirúrgico) scalpel.

bizco, -ca [bíθko] *adj.* **1.** cross-eyed. ‖ *s. m. y f.* **2.** (bisojo) cross-eyed person.

bizcocho [biθkótʃo] *s. m., Gastr.* sponge cake.; sponge finger.

blanco, -ca [bláŋko] *adj.* **1.** white. **2.** (de piel) fairskinned. ‖ *s. m.* **3.** (color) white. ‖ *s. m. y f.* **4.** white person. ‖ **en ~** blank.

blando, -da [blándo] *adj.* **1.** (cama) soft. **2.** (carácter) soft; weak.

blasfemia [blasfémja] *s. f., Rel.* **1.** blasphemy. **2.** *fig.* (grosería) profanity.

bledo [bléðo] *s. m., Bot.* blite.

bloc [blók] *s. m.* pad; notepad.

bloque [blóke] *s. m.* block.

blusa [blúsa] *s. f.* blouse.

boa [bóa] *s. f., Zool.* boa.

bobada [boβáða] *s. f.* nonsense.

bobina [boβína] *s. f.* **1.** bobbin; reel. **2.** *Electrón.* coil.

bobo, -ba [bóβo] *adj.* **1.** stupid; silly. ‖ *s. m. y f.* **2.** (tonto) fool; idiot.

boca [bóka] *s. f., Anat.* mouth.

bocacalle [bokakáʎe] *s. f.* (calle secundaria) side street.

bocadillo [bokaðíʎo] *s. m.* **1.** sandwich; submarine. **2.** (en cómics) balloon; speech bubble.

bocado [bokáðo] *s. m.* **1.** (mordisco) mouthful. **2.** (tentempié) bite.

bocata [bokáta] *s. m., fam.* (bocadillo) sandwich; submarine.

boceto [boθéto] *s. m.* **1.** (esbozo) sketch. **2.** (proyecto) outline.

bochorno [botʃórno] *s. m.* **1.** *Meteor.* sultry weather. **2.** *fig.* (vergüenza) shame.

bocina [boθína] *s. f., Autom.* (claxon) horn.

boda [bóða] *s. f.* wedding.

bodega [boðéγa] *s. f.* **1.** wine cellar; wine vault. **2.** (tienda) wine shop. **3.** *Náut.* (of ship) hold.

bodegón [boðeγón] *s. m.* **1.** *Pint.* still life. **2.** (para comer) eating house.

bofetada [bofetáða] *s. f.* (sopapo) slap; blow (in the face).

bohemio, -mia [boémjo] *adj. y s. m. y f.* (artista) bohemian.

boicot [bojkót] *s. m.* boycott.

boina [bójna] *s. f.* beret.

bol [ból] *s. m.* bowl.

bola [bóla] *s. f.* **1.** (pelota) ball. ‖ *s. f.* **2.** *fam.* (mentira) lie; fib *fam.*

boletín [boletín] *s. m.* bulletin.

boleto [boléto] *s. m., Amér.* (de lotería, entrada) ticket.

bolígrafo [bolíγrafo] *s. m.* pen; ball-point.

bollo [bóʎo] *s. m.* **1.** (de pan) roll; bread roll. **2.** (dulce) bun.

bolo [bólo] *s. m.* **1.** tenpin. ‖ **bolos** *s. m. pl.* **2.** (juego) tenpins *Am. E.*

bolsa [bólsa] *s. f.* bag.

bolsillo [bolsíʎo] *s. m.* (en la ropa) pocket.

bolso [bólso] *s. m.* (de mujer) handbag; purse *Am. E.*

bombero [bombéro] *s. m.* **1.** fireman. ‖ **bombera** *s. f.* **2.** firewoman.

bombilla [bombíʎa] *s. f.* bulb.

bombo [bómbo] *s. m.* **1.** *Mús.* bass drum. **2.** (publicidad) hype.

bombón [bombón] *s. m.* **1.** chocolate. **2.** *fam.* (mujer guapa) stunner *coll.*

bombona [bombóna] *s. f.* (de gas) gas canister/cylinder.

bondad [bondáð] *s. f.* kindness.

bonito [boníto] *s. m., Zool.* tuna.

bonito, -ta [boníto] *adj.* (lindo) nice; lovely.

bono [bóno] *s. m.* **1.** *Econ.* bond. **2.** (vale) voucher.

bonobús [bonoβús] *s. m.* 10-journey bus ticket; bus pass.

bonoloto [bonolóto] *s. f.* multi-draw state lottery.

bonsái [bonsáj] *s. m., Bot.* bonsai.

boquerón [bokerón] *s. m., Zool. y Gastr.* (anchoa) anchovy.

boquete [bokéte] *s. m.* (orificio) hole; narrow opening; small gag.

boquilla [bokíʎa] *s. f.* **1.** (de cigarrillo) cigarette holder. **2.** *Mús.* mouthpiece.

bordar [borðár] *v. tr.* (en una tela) to embroider.

borde [bórðe] *s. m.* **1.** edge. **2.** (de un recipiente) rim.

bordillo [borðíʎo] *s. m.* (de la acera) curb *Am. E.*; kerb *Br. E.*

borrachera [boʀatʃéra] *s. f.* drunkenness.

borracho, -cha [boʀátʃo] *adj.* **1.** (bebido) drunk. ‖ *s. m. y f.* **2.** (beodo) drunkard.

borrador [boʀaðór] *s. m.* **1.** (escrito) draft *Am. E.* **2.** (para pizarra) eraser *Am. E.*; duster *Br. E.*

borrar [boʀár] *v. tr.* **1.** (con goma) to erase; to rub out. **2.** (cinta, archivo) to delete.

borrasca [boʀáska] *s. f.* **1.** *Meteor.* depression. **2.** *Meteor.* (tormenta) squall.

borrego, -ga [boʀéɣo] *s. m. y f. Zool.* (cordero pequeño) lamb.

borrico [boʀíko] *s. m.* **1.** *Zool.* donkey. **2.** *fam.* (persona) fool.

borrón [boʀón] *s. m.* (mancha) smudge; inkblot.

bosque [bóske] *s. m.* forest; woods *pl.*

bostezar [bosteθár] *v. intr.* to yawn.

bota [bóta] *s. f.* **1.** boot. **2.** (de vino) wine-skin.

botánico, -ca [botániko] *adj.* **1.** botanical. ‖ *s. m. y f.* **2.** botanist. ‖ **botánica** *s. f.* **3.** (ciencia) botany.

botar [botár] *v. tr.* **1.** (una pelota, un balón) to bounce. ‖ *v. intr.* **2.** (saltar) jump. **3.** (balón) to bounce. **4.** *Amér.* to throw.

bote[1] [bóte] *s. m.* (salto) bounce.

bote[2] [bóte] *s. m.* **1.** (lata) can; tin *Br. E.* **2.** (tarro) jar. **3.** (de juegos) pot.

bote[3] [bóte] *s. m., Náut.* boat.

botella [botéʎa] *s. f.* bottle.

botica [botíka] *s. f.* (farmacia) pharmacy; chemist's (shop).

botijo [botíxo] *s. m.* earthenware drinking jug with spout.

botín[1] [botín] *s. m.* (de un robo) booty; loot.

botín[2] [botín] *s. m.* (zapato) ankle boot.

botiquín [botikín] *s. m.* **1.** medicine chest/cabinet. **2.** (maletín) first-aid kit.

botón [botón] *s. m.* button.

botones [botónes] *s. m. sing.* **1.** (en hotel) bellboy *Am. E.*; page. **2.** (en oficina) office boy.

bóveda [bóβeða] *s. f., Arq.* vault.

bovino, -na [boβíno] *adj. y s. m. y f., Zool.* (vacuno) bovine.

boxeo [bokséo] *s. m., Dep.* (lucha) boxing.

boya [bóʝa] *s. f., Náut.* buoy.

bozal [boθál] *s. m.* muzzle.

bracero [braθéro] *s. m.* laborer.

braga [bráva] *s. f.* panties *pl. Am. E.;* knickers *pl. Br. E.*

bragueta [bravéta] *s. f.* fly; flies *pl.*

bramido [bramíðo] *s. m.* **1.** (de animal) bellow. **2.** (de persona) bellow.

brasa [brása] *s. f.* ember.

brasero [braséro] *s. m.* brazier.

brasier [brasjér] *s. m., Amér.* (sujetador) bra.

bravo, -va [bráβo] *adj.* (valiente) brave; courageous.

brazo [bráθo] *s. m.* **1.** *Anat.* arm. **2.** (de una silla) arm.

brecha [brétʃa] *s. f.* **1.** (en la pared) breach; opening; gap. **2.** (en la cabeza) gash. **3.** *fig.* breach.

breva [bréβa] *s. f.* early fig.

breve [bréβe] *adj.* brief; short.

brevedad [breβeðáð] *s. f.* brevity; briefness.

bribón, -bona [briβón] *adj.* **1.** (vago) idle. *‖ s. m. y f.* **2.** (pícaro) scamp; rascal.

brillante [briʎánte] *adj.* **1.** bright. **2.** *fig.* (extraordinario) brilliant.

brillar [briʎár] *v. intr.* to shine.

brinco [bríŋko] *s. m.* (salto) leap; bound.

brindar [brindár] *v. intr.* **1.** to toast. *‖ v. tr.* **2.** (ofrecer) to afford.

brindis [bríndis] *s. m.* toast.

brío [brío] *s. m.* **1.** (ímpetu) energy; force. **2.** (valor) spirit.

brisa [brísa] *s. f.* breeze.

británico, -ca [britániko] *adj.* **1.** British; Britannic *frml. ‖ s. m. y f.* **2.** (persona) British person.

brocha [brótʃa] *s. f.* brush.

broche [brótʃe] *s. m.* **1.** (de monedero, maletín) clasp. **2.** (joya) brooch.

broma [bróma] *s. f.* joke.

bronca [bróŋka] *s. f. fam.* (disputa) quarrel.

bronce [brónθe] *s. m.* bronze.

bronceador [bronθeaðór] *s. m.* **1.** (crema) suntan lotion. **2.** (aceite) suntan oil.

broncear [bronθeár] *v. tr.* **1.** (el sol) to tan. **2.** (dar color) to bronze. *‖* **broncearse** *v. prnl.* **3.** to get a suntan; to tan.

bronquio [bróŋkjo] *s. m., Anat.* bronchus; bronchial tube.

bronquitis [broŋkítis] *s. m., Med.* bronchitis.

brotar [brotár] *v. intr.* **1.** *Bot.* (plantas) to bud; to sprout. **2.** (agua) to spring.

brujo [brúχo] *s. m.* **1.** (hechicero) wizard; sorcerer. ‖ **bruja** *s. f.* **2.** witch.

brújula [brúχula] *s. f.* compass.

bruma [brúma] *s. f.* mist.

brusco, -ca [brúsko] *adj.* **1.** (rudo) rough; brusque. **2.** (repentino) sudden.

bruto, -ta [brúto] *adj.* **1.** (tonto) dumb; stupid. **2.** (grosero) brutish. ‖ *s. m. y f.* **3.** (persona violenta) brute.

buche [bútʃe] *s. m.* **1.** *Zool.* (de aves) crop. **2.** *Zool. fam.* (de animales) maw. **3.** *Anat., fam.* (estómago) maw.

bucle [búkle] *s. m.* (rizo) ringlet.

buen [bwén] *adj.* good. •Apocopated form of "bueno", used before a m. n.

bueno, -na [bwéno] *adj.* **1.** good. **2.** (agradable) nice. **3.** (clima) fine. ‖ *interj.* **4.** *col.* well. **5.** (de acuerdo) all right.

buey [bwéj] *s. m., Zool.* (macho vacuno) ox; bullock.

búfalo, -la [búfalo] *s. m. y f., Zool.* buffalo.

bufanda [bufánda] *s. f.* scarf.

buhardilla [bwarðíʎa] *s. f.* **1.** (desván) attic. **2.** (ventana) dormer window.

búho [búo] *s. m., Zool.* owl.

buitre [bwítre] *s. m.* **1.** *Zool.* vulture. **2.** *fig.* (persona) vulture.

bulla [búʎa] *s. f.* **1.** (alboroto) racket. **2.** (muchedumbre) crowd.

bullicio [buʎíθjo] *s. m.* (ruido) bustle.

bulto [búlto] *s. m.* **1.** (volumen) bulk. **2.** *Med.* (hinchazón) lump; bump. **3.** (paquete) package.

buque [búke] *s. m., Náut.* ship.

burbuja [burβúχa] *s. f.* bubble.

burguesía [burɣesía] *s. f.* (clase media) bourgeoisie; middle class.

burla [búrla] *s. f.* (pitorreo) derision; mockery; humbug. ‖ **hacer** ~ to mock.

burlar [burlár] *v. tr.* to evade. ‖ **burlarse** *v. prnl.* **2.** to mock.

burro, -rra [búro] *adj.* **1.** *fam.* stupid. ‖ *s. m. y f.* **2.** *Zool.* ass; donkey. **3.** *fam.* (estúpido) idiot.

bus [bús] *s. m., fam.* bus.

busca [búska] *s. f.* **1.** search. ‖ *s. m.* **2.** *fam.* (buscapersonas) beeper *Am. E.;* bleeper.

buscar [buskár] *v. tr.* **1.** to look for; to search for; to seek. **2.** (en lista, diccionario) to look up.

busto [bústo] *s. m.* **1.** (escultura) bust. **2.** *Anat.* (pecho de mujer) bust.

butaca [butáka] *s. f.* **1.** (sillón) easy chair; armchair. **2.** *Cinem. y Teatr.* seat.

buzón [buθón] *s. m.* mailbox *Am. E.;* letter box *Br. E.*

C

c [θé] s. f. (letra) c.

cabal [kaβál] adj. (exacto) exact.

cabalgar [kaβalɣár] v. intr. to ride.

caballa [kaβáλa] s. f., Zool. (pez) mackerel inv.

caballero [kaβaλéro] s. m. **1.** (señor) gentleman; sir. **2.** (cortés) gentleman.

caballete [kaβaλéte] s. m. **1.** Pint. (de pintor) easel. **2.** Anat. (de la nariz) bridge.

caballo [kaβáλo] s. m. **1.** Zool. horse. **2.** (ajedrez) knight. **3.** jerg. (heroína) smack.

cabaña [kaβáɲa] s. f. cabin; hut.

cabecera [kaβeθéra] s. f. **1.** head. **2.** (de la cama) headboard. **3.** (de una página) headline.

cabecilla [kaβeθíλa] s. m. y f. (líder) ringleader.

cabellera [kaβeλéra] s. f. hair.

cabello [kaβéλo] s. m. **1.** (uno) hair. **2.** (conjunto) hair.

caber [kaβér] v. intr. **1.** to fit. ‖ v. impers. **2.** there is room.

cabeza [kaβéθa] s. f. **1.** Anat. head. **2.** (de un clavo) head. **3.** (de ajos) bulb (of garlic).

cabezada [kaβeθáða] s. f. nod.

cabildo [kaβíldo] s. m. **1.** (concejo) town council. **2.** Rel. chapter.

cabina [kaβína] s. f. cabin; booth.

cable [káβle] s. m. **1.** Electrón. cable; wire. **2.** (cuerda) cable. **3.** (telegrama) cable.

cabo [káβo] s. m. **1.** (extremo) end. **2.** (soga) rope. **3.** Geogr. cape.

cabra [káβra] s. f., Zool. goat.

cabrear [kaβreár] v. tr. **1.** fam. to annoy. ‖ **cabrearse** v. prnl. **2.** (mosquearse) to get angry.

cacahuete [kakawéte] s. m., Bot. peanut; monkey nut.

cacao [kakáo] s. m. **1.** Bot. cacao. **2.** (polvo, bebida) cocoa.

cacarear [kakareár] v. intr. **1.** Zool. (gallo) to crow. **2.** Zool. (gallina) to cluck.

cacerola [kaθeróla] s. f. (cazo) saucepan; pan.

cacharro [katʃáro] s. m. **1.** crock. **2.** fam. (cachivache) contraption.

cachear [katʃeár] v. tr. to search.

cachiporra [katʃipóra] s. f. (porra) club; truncheon Br. E.

cachondearse [katʃondeárse] v. prnl., col. to make fun.

cachondeo [katʃondéo] s. m., col. (guasa) lark; laugh.

cachondo, -da [katʃóndo] adj. **1.** vulg. (excitado) hot. ‖ s. m. y f. **2.** fam. (divertido) real laugh.

cachorro, -rra [katʃóro] s. m. y f. **1.** Zool. (de perro) puppy. **2.** Zool. (de león, oso...) cub.

cacique [kaθíke] s. m. **1.** (dominador) overlord. **2.** Amér. (en tribu indígena) cacique.

caco [káko] *s. m., col.* thief.

cactus [káktus] *s. m. inv., Bot.* (planta) cactus.

cada [káða] *adj. distr.* **1.** (individualmente) each. **2.** (colectivamente) every. **3.** every.

cadáver [kaðáβer] *s. m.* **1.** (humano) corpse. **2.** (muerto) body.

cadena [kaðéna] *s. f.* **1.** chain. **2.** (TV) channel.

cadencia [kaðénθja] *s. f.* (ritmo) cadence; rhythm.

cadera [kaðéra] *s. f., Anat.* hip.

cadete [kaðéte] *s. m.* **1.** *Mil.* cadet. **2.** *Amér.* (aprendiz de comercio) apprentice.

caducar [kaðukár] *v. intr.* (expirar) to expire.

caer [kaér] *v. intr.* **1.** to fall. ‖ **caerse** *v. prnl.* to fall down.

café [kafé] *s. m.* **1.** coffee. **2.** (cafetería) café.

cafeína [kafeína] *s. f.* caffeine.

cafetera [kafetéra] *s. f.* **1.** (para hacer café) coffee maker. **2.** (para servir) coffeepot.

caída [kaíða] *s. f.* **1.** fall. **2.** (de precios, temperatura) drop. **3.** (del cabello) loss.

caja [káχa] *s. f.* **1.** box. **2.** (en supermercados) checkout. **3.** (en bancos) window.

cajero, -ra [kaχéro] *s. m. y f., Econ.* cashier; teller. ‖ **~ automático** cash machine.

cajetilla [kaχetíʎa] *s. f.* (de tabaco) pack *Am. E.*; packet *Br. E.*

cajón [kaχón] *s. m.* drawer.

cala [kála] *s. f., Geogr.* cove.

calabaza [kalaβáθa] *s. f.* **1.** *Bot.* pumpkin. **2.** *fam.* (suspenso) fail.

calabobos [kalaβóβos] *s. m. inv., Meteor., fam.* (llovizna) drizzle.

calabozo [kalaβóθo] *s. m.* **1.** (prisión) jail; prison. **2.** (celda) cell.

calamar [kalamár] *s. m., Zool.* squid *inv.*

calambre [kalámbre] *s. m.* **1.** (muscular) cramp. **2.** (descarga eléctrica) electric shock.

calamidad [kalamiðáð] *s. f.* **1.** calamity. **2.** *fig.* (persona) good-for-nothing.

calar [kalár] *v. tr.* **1.** (empapar) to soak. **2.** (perforar) to pierce. **3.** (a una persona) to rumble *Br. E.*; to have sb's number *slang.* ‖ **calarse** *v. prnl.* **4.** (mojarse) to get soaked.

calcar [kalkár] *v. tr.* **1.** (un dibujo) to trace. **2.** *fig.* (imitar) to copy.

calcetín [kalθetín] *s. m.* sock.

calcinar [kalθinár] *v. tr.* **1.** *Quím.* to calcine. **2.** *fig.* (quemarse completamente) to burn.

calcio [kálθjo] *s. m., Quím.* calcium.

calco [kálko] *s. m.* **1.** (de dibujo) tracing. **2.** (copia) carbon copy.

calcular [kalkulár] *v. tr.* **1.** to calculate; to compute. **2.** *fig.* (estimar) to reckon.

cálculo [kálkulo] *s. m.* **1.** *Mat.* (operación) calculation. **2.** *Med.* (stone) calculus.

caldear [kaldeár] *v. tr.* to heat.

caldera [kaldéra] *s. f.* boiler.

caldero [kaldéro] *s. m.* caldron.

caldo [káldo] *s. m., Gastr.* stock.

calefacción [kalefakθjón] *s. f.* heating.

calendario [kalendárjo] *s. m.* (almanaque) calendar.

calentador [kalentaðór] *s. m.* (radiador) heater.

calentar [kalentár] *v. tr.* **1.** to heat. **2.** (comida) to warm up. || **calentarse** *v. prnl.* **3.** to warm up. **4.** (habitación) to heat up.

calentura [kalentúra] *s. f.* **1.** *Med.* (fiebre) fever. **2.** (en labios) cold sore.

calibre [kalíβre] *s. m.* **1.** (de arma) caliber. **2.** *fig.* (importancia) caliber.

calidad [kaliðáð] *s. f.* quality.

cálido, -da [káliðo] *adj.* warm.

caliente [kaljénte] *adj.* **1.** hot. **2.** (no excesivo) warm.

calificación [kalifikaθjón] *s. f.* (puntuación) grade *Am. E.;* mark *Br. E.*

calificar [kalifikár] *v. tr.* **1.** to describe; to consider. **2.** (poner nota) to grade *Am. E.;* to mark *Br. E.*

caligrafía [kaliɣrafía] *s. f.* **1.** (arte) calligraphy. **2.** (de una persona) handwriting.

callado, -da [kaʎáðo] *adj.* **1.** quiet. **2.** (reservado) secretive.

callar [kaʎár] *v. intr.* **1.** (no hablar) to keep quiet. **2.** (dejar de hablar) to shut up; to quieten.

calle [káʎe] *s. f.* **1.** (camino) street. **2.** *Dep.* lane.

callejón [kaʎeχón] *s. m.* alley.

callo [káʎo] *s. m.* **1.** *Med.* (en dedos del pie) corn. **2.** *Med.* (en la planta del pie y palma de la mano) callus.

calma [kálma] *s. f.* **1.** (tranquilidad) calm; lull. **2.** (compostura) cool; composure.

calmar [kalmár] *v. tr.* **1.** to calm (down); to quieten down. **2.** (miedos) to lull.

calor [kalór] *s. m.* heat.

caloría [kaloría] *s. f.* calorie.

calumniar [kalunnjár] *v. tr.* (difamar) to calumniate; to slander.

caluroso, -sa [kaluróso] *adj. Meteor.* (día, clima) hot.

calvo, -va [kálβo] *adj.* **1.** bald. || *s. m. y f.* **2.** bald person.

calzada [kalθáða] *s. f.* (camino) pavement *Am. E.;* roadway.

calzado [kalθáðo] *s. m.* footwear [Trabaja en la industria del calzado. *She works in the shoe industry.*]

calzador [kalθaðór] *s. m.* (para el zapato) shoehorn.

calzar [kalθár] *v. tr.* **1.** (poner) to put somebody's shoes on. **2.** (llevar) to wear.

calzón [kalθón] *s. m.* **1.** (ropa interior) drawers *pl.* **2.** (pantalón corto) shorts *pl.*

calzoncillos [kalθonθíλos] *s. m. pl.* underpants *pl.*; shorts *pl. Am. E.*

cama [káma] *s. f.* bed.

camaleón [kamaleón] *s. m., Zool.* (reptil) chameleon.

cámara [kámara] *s. f.* **1.** chamber. **2.** *Fot.* (aparato) camera.

camarero [kamaréro] *s. m.* **1.** waiter. ‖ **camarera** *s. f.* **2.** waitress. **3.** (en un hotel) chambermaid.

camarote [kamaróte] *s. m., Náut.* (compartimento) cabin.

cambiar [kambjár] *v. tr.* **1.** to change. **2.** (intercambiar) to exchange; to swap. ‖ *v. intr.* **3.** (dinero) to change. ‖ **cambiarse** *v. prnl.* **4.** (de ropa) to change.

cambio [kámbjo] *s. m.* **1.** *Econ.* change. **2.** (de moneda exterior) exchange. **3.** (dinero) change.

camello [kaméλo] *s. m., Zool.* camel.

camilla [kamíλa] *s. f.* stretcher.

caminar [kaminár] *v. intr.* **1.** to walk. ‖ *v. tr.* **2.** (viajar) to travel.

camino [kamíno] *s. m.* **1.** (senda) track; path. **2.** (ruta) way.

camión [kamjón] *s. m.* truck *Am. E.*; lorry *Br. E.*

camioneta [kamjonéta] *s. f.* van.

camisa [kamísa] *s. f.* shirt.

camiseta [kamiséta] *s. f.* **1.** (exterior) T-shirt. **2.** (ropa interior) undershirt *Am. E.*; vest *Br. E.*

camisón [kamisón] *s. m.* nightdress; nightgown.

campamento [kampaménto] *s. m.* camp.

campana [kampána] *s. f.* bell.

campanario [kampanárjo] *s. m.* belfry; bell tower.

campeón, -peona [kampeón] *s. m. y f.* (as) champion.

campeonato [kampeonáto] *s. m., Dep.* championship.

campesino, -na [kampesíno] *s. m. y f.* **1.** (agricultor) peasant; countryman. ‖ *adj.* **2.** (campestre) rural; country.

camping [kámpin] *s. m.* **1.** (actividad) camping. **2.** (lugar) campsite.

campo [kámpo] *s. m.* **1.** country; countryside. **2.** *Agr.* field. **3.** (ámbito) field. **4.** *Dep.* field.

camuflar [kamuflár] *v. tr.* to camouflage; to disguise.

cana [kána] *s. f.* grey/white hair.

canadiense [kanaðjénse] *adj. y s. m. y f.* Canadian.

canal [kanál] *s. m.* **1.** (natural, TV) channel. **2.** *Anat.* (artificial) canal.

canalizar [kanaliθár] *v. tr.* **1.** (aguas) to channel. **2.** (río, ayudas) to canalize.

canapé [kanapé] *s. m., Gastr.* canapé.

canario [kanárjo] *s. m., Zool.* (pájaro) canary.

canastilla [kanastíʎa] *s. f.* **1.** (de bebé) layette. **2.** (cesto pequeño) small basket.

cancelar [kanθelár] *v. tr.* **1.** to cancel. **2.** *Inform.* to abort. **3.** (deuda) to pay.

cáncer [kánθer] *s. m., Med.* (tumor maligno) cancer.

cancha [kántʃa] *s. f., Dep.* court.

canción [kanθjón] *s. f.* song.

candado [kandáðo] *s. m.* padlock.

candela [kandéla] *s. f.* **1.** (vela) candle. **2.** (lumbre) fire.

candelabro [kandeláβro] *s. m.* candelabrum; candlestick.

candidato, -ta [kandiðáto] *s. m. y f.* (aspirante) candidate.

candidez [kandiðéθ] *s. f.* (ingenuidad) ingenuousness; candor *Am. E.*

cándido, -da [kándiðo] *adj.* **1.** (ingenuo) naive. **2.** (sin malicia) guileless; innocent.

candil [kandíl] *s. m.* oil lamp.

canela [kanéla] *s. f.* cinnamon.

cangrejo [kaŋgréxo] *s. m.* **1.** (de mar) crab. **2.** (de río) crayfish.

canguro [kaŋgúro] *s. m., Zool.* kangaroo. ‖ *s. m. y f.* **2.** *Esp., fig.* (persona) babysitter.

caníbal [kaníβal] *adj. y s. m. y f.* (antropófago) cannibal.

canica [kaníka] *s. m.* (juego) marble.

canilla [kaníʎa] *s. f., Anat.* (hueso) long bone.

canjear [kaŋxeár] *v. tr.* (cambiar) to exchange.

canoa [kanóa] *s. f.* canoe.

cansado, -da [kansáðo] *adj.* **1.** (fatigado) tired; weary. **2.** (aburrido) boring.

cansancio [kansánθjo] *s. m.* (fatiga) tiredness; weariness.

cansar [kansár] *v. tr.* **1.** to tire; to weary. ‖ **cansarse** *v. prnl.* **2.** (fatigarse) to get tired.

cantante [kantánte] *s. m. y f.* singer.

cantaor, -ra [kantaór] *s. m. y f.* (de flamenco) flamenco singer.

cantar [kantár] *v. tr. e intr.* **1.** to sing. **2.** *fam.* (delatar) to squeal.

cantidad [kantiðáð] *s. f.* **1.** quantity. **2.** (de dinero) suma.

cantimplora [kantimplóra] *s. f.* water bottle; canteen.

cantina [kantína] *s. f.* **1.** cafetería. **2.** (en una fábrica, hospital, colegio) canteen.

canto¹ [kánto] *s. m.* **1.** *Mús.* singing. **2.** *Mús.* (canción) song.

canto² [kánto] *s. m.* (borde) edge.

caña [kápa] *s. f.* **1.** *Bot.* (planta) reed. **2.** *Bot.* (tallo) cane. **3.** (de cerveza) glass of beer.

cáñamo [kápamo] *s. m.* **1.** *Bot.* hemp. **2.** (tejido) hempen cloth.

cañería [kapería] *s. f.* piping.

caño [kápo] *s. m.* **1.** (tubo) pipe. **2.** (de una fuente) spout.

cañón [kapón] *s. m.* **1.** cannon. **2.** (de escopeta) barrel. **3.** *Geogr.* canyon.

caoba [kaóβa] *s. f.* **1.** *Bot.* mahogany (tree). **2.** (madera) mahogany.

caos [káos] *s. m.* (enredo) chaos.

capa [kápa] *s. f.* **1.** (mano) layer; coat. **2.** (ropa) cloak; cape.

capacidad [kapaθiðáð] *s. f.* **1.** (facultad) ability; capability. **2.** (cabida) capacity.

caparazón [kaparaθón] *s. m.* shell; carapace.

capataz, -za [kapatáθ] *s. m. y f.* (encargado) foreman.

capaz [kapáθ] *adj.* able; capable.

capellán [kapeʎán] *s. m., Rel.* (clérigo) chaplain.

capilla [kapíʎa] *s. f.* chapel.

capital [kapitál] *adj.* **1.** (esencial) capital; main. ‖ *s. f.* **2.** (ciudad) capital. ‖ *s. m.* **3.** *Econ.* (dinero) capital.

capitán, -tana [kapitán] *s. m. y f., Mil.* (de barco) captain.

capítulo [kapítulo] *s. m.* chapter.

capricho [kapríʧo] *s. m.* (antojo) caprice; whim.

cápsula [kápsula] *s. f.* capsule.

captar [kaptár] *v. tr.* **1.** (ondas) to pick up. **2.** (sentido) to grasp. **3.** (atención) to capture.

capturar [kapturár] *v. tr.* **1.** (apresar) to capture. **2.** (cazar) to catch.

capucha [kapúʧa] *s. f.* hood.

cara [kára] *s. f.* **1.** *Anat.* face. **2.** (expresión) look. **3.** (lado) side.

caracol [karakól] *s. m.* **1.** *Zool.* snail. **2.** (de pelo) spit curl *Am. E.*

caracola [karakóla] *s. f., Zool.* conch.

carácter [karákter] *s. m.* **1.** character. **2.** *fig.* (índole) character.

característico, -ca [karakterístiko] *adj.* characteristic.

caracterizar [karakteriθár] *v. tr.* to characterize.

caradura [karaðúra] *s. m. y f., fam.* sassy *Am. E.*; cheeky *Br. E.*

¡caramba! [karámba] *interj.* good heavens!; good grief!

caramelo [karamélo] *s. m.* **1.** (dulce) sweetmeat; candy *Am. E.*; sweet *Br. E.* **2.** (azúcar fundido) caramel.

caravana [karaβána] *s. f.* **1.** (expedición) caravan. **2.** (atasco) traffic jam. **3.** (remolque) trailer *Am. E.*; caravan *Br. E.*

carbón [karβón] *s. m., Miner.* coal.

carcajada [karkaχáða] *s. f.* (risotada) guffaw.

cárcel [kárθel] *s. f.* prison; jail.

carcelero, -ra [karθeléro] *s. m. y f.* jailer; warden; gaoler.

carcomer [karkomér] *v. tr.* (carcomas) to eat away at.

cardenal[1] [karðenál] *s. m., Rel.* (prelado) cardinal.

cardenal[2] [karðenál] *s. m., Med.* (hematoma) bruise.

cardíaco, -ca [karðíako] *adj.* cardiac; heart.

cardo [kárðo] *s. m.* **1.** *Bot.* thistle. **2.** *Bot.* (comestible) cardoon.

carecer [kareθér] *v. intr.* to lack.

careta [karéta] *s. f.* mask.

carga [kárγa] *s. f.* **1.** (acción) loading. **2.** (mercancía) load.

cargador [karγaðór] *s. m.* **1.** loader. **2.** (de pistola) clip. **3.** (de pilas) charger.

cargamento [karγaménto] *s. m.* **1.** load. **2.** (en barco o avión) cargo.

cargar [karγár] *v. tr.* **1.** to load. **2.** (llenar) to fill.

caricatura [karikatúra] *s. f.* caricature.

caricia [karíθja] *s. f.* caress.

caridad [kariðáð] *s. f.* charity.

caries [kárjes] *s. f. inv.* **1.** (proceso) tooth decay **2.** cavity.

cariño [karíɲo] *s. m.* **1.** affection; fondness. **2.** (apelativo) honey.

cariñoso, -sa [kariɲóso] *adj.* (afectuoso) loving; affectionate.

carnaval [karnaβál] *s. m.* carnival.

carne [kárne] *s. f.* **1.** (de animal) meat. **2.** (de persona) flesh.

carné [karné] *s. m.* card.

carnicería [karniθería] *s. f.* (tienda) butcher's (shop).

carnívoro, -ra [karníβoro] *adj.* **1.** *Zool.* carnivorous. ‖ *s. m.* **2.** *Zool.* carnivore.

caro, -ra [káro] *adj.* expensive.

carpa [kárpa] *s. f.* **1.** *Zool.* carp. **2.** (de circo) big tent; marquee.

carpeta [karpéta] *s. f.* folder.

carpintero, -ra [karpintéro] *s. m. y f.* carpenter; joiner.

carrera [kařéra] *s. f.* **1.** *Dep.* race. **2.** (universitaria) studies. **3.** (profesional) career.

carreta [kařéta] *s. f.* cart.

carrete [kařéte] *s. m.* **1.** (bobina) spool. **2.** (para pescar) reel. **3.** (de fotos) roll of film.

carretera [kaře̞té̞ra] *s. f.* road; highway.

carretilla [kaře̞tíʎa] *s. f.* wheelbarrow.

carril [kaříl] *s. m.* **1.** *Autom.* lane. **2.** (de tren) rail. **3.** *Agr.* (surco) furrow.

carrillo [kaříʎo] *s. m., Anat.* cheek.

carro [kářo] *s. m.* **1.** (carreta) cart. **2.** *Amér.* (coche) car.

carroza [kářóθa] *s. f.* **1.** (de caballos) carriage. **2.** (de carnaval) float.

carta [kárta] *s. f.* **1.** letter. **2.** (mapa) chart. **3.** (naipe) card. **4.** (de restaurante) menu.

cartel [kartél] *s. m.* poster; bill.

cartelera [kartelé̞ra] *s. f.* **1.** *Cinem. y Teatr.* billboard *Am. E.*; hoarding *Br. E.* **2.** (en periódicos) listings *pl.*

cartera [karté̞ra] *s. f.* **1.** (monedero) wallet. **2.** (para documentos) briefcase.

cartero, -ra [karté̞ro] *s. m. y f.* postman; mailman *Am. E.*

cartilla [kartíʎa] *s. f.* reader.

cartón [kartón] *s. m.* **1.** (material) cardboard. **2.** (de leche, tabaco, etc.) carton.

cartuchera [kartutʃé̞ra] *s. f.* **1.** (estuche) cartridge belt. **2.** (cinturón) cartridge belt.

cartulina [kartulína] *s. f.* card.

casa [kása] *s. f.* **1.** house. **2.** (edificio) building. **3.** (empresa) firm; house.

casar [kasár] *v. tr.* **1.** to marry. ‖ *v. intr.* **2.** (piezas, colores) to match. ‖ **casarse** *v. prnl.* **3.** to marry; to get married.

cascabel [kaskaβél] *s. m.* bell.

cascada [kaskáδa] *s. f.* waterfall.

cascanueces [kaskanwé̞θes] *s. m. inv.* nutcracker.

cascar [kaskár] *v. tr.* **1.** (romper) to crack. **2.** *col.* (pegar) to clobber. ‖ **cascarse** *v. prnl.* **4.** (romperse) to crack.

cáscara [káskara] *s. f.* **1.** (de huevo, nuez) shell. **2.** (de fruta) rind; peel. **3.** (de plátano, patata) skin.

casco [kásko] *s. m.* **1.** helmet. **2.** (de botella) bottle.

casero, -ra [kasé̞ro] *adj.* **1.** (comida) homemade. **2.** (hogareño) home-loving.

casete [kasé̞te] *s. amb.* **1.** (cinta) cassette (tape). ‖ *s. m.* **2.** (radiocasete) cassette (player).

casi [kási] *adv. cant.* **1.** almost; nearly. **2.** (en frases negativas) hardly.

casilla [kasíʎa] *s. f.* **1.** (compartimento) pigeonhole. **2.** (en formularios) box.

casino [kasíno] *s. m.* casino.

caso [káso] *s. m.* (situación) case. ‖ **en ~ de** in case of.

caspa [káspa] *s. f.* dandruff.

casta [kásta] *s. f.* **1.** (grupo social) caste. **2.** (raza) race.

castaña [kastáɲa] *s. f., Bot.* (fruto) chestnut.

castaño, -ña [kastáɲo] *adj.* **1.** brown; chestnut. ‖ *s. m.* **2.** *Bot.* (árbol) chestnut (tree).

castañuela [kastaɲwéla] *s. f., Mús.* castanets *pl.*

castellano [kasteʎáno] *adj.* **1.** Castilian. ‖ *s. m. y f.* **2.** (persona) Castilian. ‖ *s. m.* **3.** (idioma) Spanish; Castilian.

castidad [kastiðáð] *s. f.* chastity.

castigar [kastiɣár] *v. tr.* to punish; to chastise.

castigo [kastíɣo] *s. m.* (pena, sanción) punishment.

castillo [kastíʎo] *s. m.* castle.

castizo, -za [kastíθo] *adj.* traditional.

castrar [kastrár] *v. tr.* to castrate.

casual [kaswál] *adj.* (fortuito) chance; fortuitous.

casualidad [kaswaliðáð] *s. f.* (suerte) chance; accident.

catalogar [kataloɣár] *v. tr.* **1.** to catalog *Am. E.* **2.** (clasificar) to classify.

catarata [kataráta] *s. f.* (cascada) waterfall; falls *pl.*

catarro [katáro] *s. m.* **1.** *Med.* (inflamación) catarrh. **2.** *Med.* (resfriado) cold.

catástrofe [katástrofe] *s. f.* (desastre) catastrophe; disaster.

catear [kateár] *v. tr., fam.* (un examen) to flunk *Am. E., coll.*; to fail.

catecismo [kateθismo] *s. m., Rel.* catechism.

cátedra [káteðra] *s. f.* (universitaria) chair; professorship.

catedral [kateðrál] *s. f., Rel.* (templo) cathedral.

catedrático, -ca [kateðrátiko] *s. m. y f.* (de universidad) professor.

categoría [kateɣoría] *s. f.* **1.** category; class. **2.** (rango) rank.

cateto, -ta [katéto] *s. m. y f.* (paleto) yokel *humour;* hick *Am. E.*

catolicismo [katoliθismo] *s. m., Rel.* Catholicism.

católico, -ca [katóliko] *adj. y s. m. y f., Rel.* Catholic.

catorce [katórθe] *adj. num. card. inv.* (también pron. num. y s. m.) **1.** fourteen. ‖ *adj. num. ord. inv.* (también pron. num.) **2.** fourteenth; fourteen.

cauce [káwθe] *s. m.* (de río) bed.

caudal [kawðál] *s. m.* **1.** (de río) flow. **2.** (riqueza) wealth.

causa [káwsa] *s. f.* **1.** (razón) cause; reason. **2.** (ideal) cause.

causar [kawsár] *v. tr.* to cause.

cautela [kawtéla] *s. f.* (precaución) caution; wariness.

cautivar [kawtiβár] *v. tr.* **1.** (tomar prisionero) to capture. **2.** *fig.* (seducir) to captivate.

cauto, -ta [káwto] *adj.* cautious.

cava [káβa] *s. m.* cava (sparkling wine).

cavar [kaβár] *v. tr.* to dig.

caverna [kaβérna] *s. f.* (cueva) cavern; cave.

caviar [kaβjár] *s. m.* caviar.

cavidad [kaβiðáð] *s. f.* cavity.

cavilar [kaβilár] *v. tr. e intr.* to ponder.

caza [káθa] *s. f.* **1.** hunting. **2.** (animales) game. **3.** *fig.* (persecución) chase.

cazador, -ra [kaθaðór] *s. m. y f.* **1.** hunter. || **cazadora** *s. f.* **2.** (especie de chaqueta) jacket.

cazar [kaθár] *v. tr.* **1.** to hunt. **2.** (perseguir) to chase.

cazo [káθo] *s. m.* **1.** (cacerola) small saucepan. **2.** (cucharón) ladle.

cazuela [kaθwéla] *s. f.* casserole.

CD-ROM [θeðerón] *s. m.* (Compact Disc-Read Only Memory), *Inform.* CD-ROM.

cebada [θeβáða] *s. f.*, *Bot.* (planta) barley.

cebar [θeβár] *v. tr.* to fatten up.

cebo [θéβo] *s. m.* (trampa, anzuelo) bait.

cebolla [θeβóʎa] *s. f.*, *Bot.* onion.

cebolleta [θeβoʎéta] *s. f.*, *Bot.* scallion; spring onion.

cebra [θéβra] *s. f.*, *Zool.* zebra.

cecina [θeθína] *s. f.*, *Gastr.* cured meat; salt beef.

ceder [θeðér] *v. tr.* **1.** (transferir) to transfer. || *v. intr.* **2.** to give in.

cegar [θeɣár] *v. tr.* to blind.

ceja [θéxa] *s. f.*, *Anat.* eyebrow.

celda [θélda] *s. f.* cell.

celebrar [θeleβrár] *v. tr.* **1.** to celebrate. **2.** (reunión) to hold. **3.** (alegrarse) to be delighted.

célebre [θéleβre] *adj.* (famoso) celebrated; famous; well-known.

celeste [θeléste] *adj.* **1.** (del cielo) celestial. **2.** (color) skyblue.

celo¹ [θélo] *s. m.* **1.** (esmero) zeal. **2.** *Zool.* (macho) rut. **3.** *Zool.* (hembra) heat. || **celos** *s. m. pl.* **4.** jealousy *sing.*

celo² [θélo] *s. m.* (cinta adhesiva) Scotch tape *Am. E.*; sellotape *Br. E.*

célula [θélula] *s. f.*, *Biol.* cell.

celular [θelulár] *s. m.*, *Amér.* (teléfono móvil) celular.

cementerio [θementérjo] *s. m.* (camposanto) cemetery.

cemento [θeménto] *s. m.* **1.** (polvo) cement. **2.** (masa) concrete.

cena [θéna] *s. f.* supper; dinner.

cenar [θenár] *v. tr.* **1.** to have for dinner. || *v. intr.* **2.** to have dinner; to have supper.

cencerro [θeŋθéřo] *s. m.* cowbell.

cenicero [θeniθéro] *s. m.* ashtray.

ceniza [θeníθa] *s. f.* ash.

censo [θénso] *s. m.* census.

censura [θensúra] *s. f.* **1.** (de libro, película) censorship. **2.** (crítica) censure.

censurar [θensurár] *v. tr.* **1.** (libro, película) to censor. **2.** (criticar) to censure; to criticize.

centella [θentéʎa] *s. f.* **1.** (rayo) lightning. **2.** (chispa) spark.

centellear [θenteʎeár] *v. intr.* **1.** (luz, joyas) to sparkle. **2.** (estrella) to twinkle.

centena [θenténa] *s. f.* hundred.

centenar [θentenár] *s. m.* a/one hundred.

centeno [θenténo] *s. m.*, *Bot.* rye. || **pan de ~** rye bread.

centésimo, -ma [θentésimo] *adj. num. ord.* (también pron. num.) **1.** hundredth. || *adj. num. fracc.* (también s. m. y f.) **2.** hundredth.

centígrado, -da [θentíɣraðo] *adj.* centigrade.

centigramo [θentiɣrámo] *s. m.* (unidad de peso) centigram.

centilitro [θentilítro] *s. m.* (medida para líquidos) centiliter.

centímetro [θentímetro] *s. m.* centimeter *Am. E.*

céntimo, -ma [θéntimo] *adj. num.* (también s. m. y f.) **1.** hundredth. || *s. m.* **2.** (moneda) cent (de euro, EE.UU., Canada, Países Bajos).

centinela [θentinéla] *s. m. y f.* **1.** *Mil.* sentry. **2.** *fig.* (vigilante) watch.

central [θentrál] *adj.* **1.** central. || *s. f.* **2.** (oficina) head office.

centralita [θentralíta] *s. f.* switchboard.

centralizar [θentraliθár] *v. tr.* **1.** to centralize. || **centralizarse** *v. prnl.* **2.** to become centralized.

centrar [θentrár] *v. tr.* to center.

centro [θéntro] *s. m.* **1.** center; middle. **2.** (de la ciudad) downtown *Am. E.*; city centre *Br. E.*

ceñir [θeɲír] *v. tr.* **1.** to be tight. **2.** (rodear) to encircle.

ceño [θéɲo] *s. m.* frown.

cepa [θépa] *s. f.* **1.** *Agr.* (tocón) stump. **2.** *Agr.* (de vid) stock.

cepillar [θepiʎár] *v. tr.* **1.** to brush. **2.** (madera) to plane.

cepillo [θepíʎo] *s. m.* **1.** brush. **2.** (de pelo) hairbrush. || **~ de dientes** toothbrush.

cera [θéra] *s. f.* wax.

cerámica [θerámika] *s. f.* **1.** (arte) ceramics *sing.*; pottery. **2.** (objeto) piece of pottery.

cerca¹ [θérka] *s. f.* fence.

cerca² [θérka] *adv. l.* near; close.

cercar [θerkár] *v. tr.* **1.** (vallar) to fence (in); to enclose. **2.** (rodear) to surround.

cerco [θérko] *s. m.* **1.** (círculo) ring. **2.** (marco) frame.

cerdo, -da [θérðo] *s. m.* **1.** *Zool.* pig. **2.** (carne) pork. ‖ *s. m. y f.* **3.** *insult.* (sucio) pig. **4.** *insult.* (despreciable) swine. ‖ **cerda** *s. f.* **5.** *Zool.* (animal) sow.

cereal [θereál] *adj. y s. m.* **1.** cereal. ‖ **cereales** *s. m. pl.* **2.** (para desayunar) cereal *sing.*

cerebro [θeréβro] *s. m.* **1.** *Anat.* (seso) brain. **2.** *fig.* (inteligencia) brains *pl.*

ceremonia [θeremónja] *s. f.* **1.** ceremony. **2.** (solemnidad) solemnity.

cereza [θeréθa] *s. f., Bot.* cherry.

cerezo [θeréθo] *s. m., Bot.* (árbol) cherry tree.

cerilla [θeríλa] *s. f.* match. ‖ **caja de cerillas** box of matches.

cerner [θernér] *v. tr.* to sieve.

cero [θéro] *s. m.* (también *adj. y pron. num.*) zero.

cerradura [θeřaðúra] *s. f.* lock.

cerrar [θeřár] *v. tr.* **1.** to close; to shut. ‖ **cerrarse** *v. prnl.* **2.** to close; to shut.

cerrojo [θeřóχo] *s. m.* bolt.

certamen [θertámen] *s. m.* (concurso) contest.

certero, -ra [θertéro] *adj.* (acertado) accurate.

certeza [θertéθa] *s. f.* certainty.

certificar [θertifikár] *v. tr.* **1.** to certify. **2.** (carta) to register.

cervecería [θerβeθería] *s. f.* **1.** bar. **2.** (fábrica) brewery.

cerveza [θerβéθa] *s. f.* beer; ale.

cesar [θesár] *v. intr.* **1.** to stop; to cease. **2.** (en el trabajo) to leave.

césped [θéspeð] *s. m.* (hierba) grass; lawn.

cesta [θésta] *s. f.* basket.

cesto [θésto] *s. m.* basket.

ch [tʃé] *s. f.* ch (letter of the Spanish alphabet).

chabacano, -na [tʃaβakáno] *adj.* (ordinario) vulgar; tawdry.

chabola [tʃaβóla] *s. f.* shanty.

chafar [tʃafár] *v. tr.* **1.** to squash. **2.** *fam.* (planes) to spoil.

chal [tʃál] *s. m.* shawl; wrap.

chalé [tʃalé] *s. m.* house.

chaleco [tʃaléko] *s. m.* vest *Am. E.*; waistcoat *Br. E.* ‖ **~ salvavidas** life jacket.

champán [tʃampán] *s. m.* (bebida) champagne.

champiñón [tʃampiɲón] *s. m., Bot.* mushroom.

champú [tʃampú] *s. m.* shampoo.

chamuscar [tʃamuskár] *v. tr.* **1.** to singe; to scorch. ‖ **chamuscarse** *v. prnl.* **2.** (quemarse) to burn.

chancla [tʃáŋkla] *s. f.* (para la playa) thong *Am. E.*; flip-flop *Br. E.*

chándal [tʃándal] *s. m., Dep.* tracksuit; jogging suit.

chantaje [tʃantáxe] *s. m.* (extorsión) blackmail.

chapa [tʃápa] *s. f.* **1.** (de metal) sheet. **2.** (de madera) veneer.

chaparrón [tʃaparón] *s. m. Meteor.* (lluvia) shower.

chapuza [tʃapúθa] *s. f.* **1.** *col.* (mal hecho) botch; botched job. **2.** (trabajo ocasional) odd job.

chaqueta [tʃakéta] *s. f.* jacket.

charca [tʃárka] *s. f.* pool; pond.

charco [tʃárko] *s. m.* puddle.

charlar [tʃarlár] *v. intr., fam.* (hablar) to chat; to talk.

charol [tʃaról] *s. m.* **1.** (barniz) lacquer. **2.** (cuero) patent leather; patent.

chasco [tʃásko] *s. m.* (decepción) disappointment.

chasquido [tʃaskíðo] *s. m.* **1.** (de lengua) click. **2.** (de látigo) crack. **3.** (de rama) snap.

chatarra [tʃatára] *s. f.* **1.** (escoria) scrap. **2.** (trastos) junk.

chato, -ta [tʃáto] *adj.* **1.** (nariz) flat. **2.** (persona) flatnosed. ‖ ~ **de vino** glass of wine.

chaval [tʃaβál] *s. m.* **1.** (mozo) lad. ‖ **chavala** *s. f.* lass.

chelín [tʃelín] *s. m., Econ.* (antigua moneda británica) shilling.

chepa [tʃépa] *s. f., fam.* (joroba) hunch; hump.

cheque [tʃéke] *s. m.* check *Am. E.*

chichón [tʃitʃón] *s. m.* (bulto) bump; lump.

chico, -ca [tʃíko] *adj.* **1.** small. ‖ *s. m.* **2.** boy; lad. ‖ **chica** *s. f.* **3.** girl; lass. **4.** (criada) maid.

chillar [tʃiʎár] *v. intr.* to scream.

chimenea [tʃimenéa] *s. f.* **1.** (conducto) chimney. **2.** (hogar) fireplace.

chimpancé [tʃimpanθé] *s. m., Zool.* (mono) chimpanzee.

chinche [tʃíntʃe] *s. f., Zool.* bug.

chincheta [tʃintʃéta] *s. f.* (tachuela) thumbtack *Am. E.*; drawing pin *Br. E.*

chirriar [tʃiriár] *v. intr.* **1.** (puerta) to squeak; to creak. **2.** (neumáticos, frenos) to screech.

chisme [tʃísme] *s. m.* **1.** (cotilleo) gossip. **2.** *fam.* (trasto) thing.

chispa [tʃíspa] *s. f.* **1.** (de fuego) spark. **2.** (ingenio) wit. **3.** *fam.* (pizca) spark.

chispear [tʃispeár] *v. intr.* **1.** (brillar) to spark. ‖ *v. impers.* **2.** (lloviznar) to spit.

chiste [tʃíste] *s. m.* joke; funny story. ‖ **contar un** ~ to tell a joke.

chistera [tʃistéra] *s. f.* **1.** *fam.* (sombrero) top hat. **2.** (cesta) basket.

chivo, -va [tʃíβo] *s. m. y f., Zool.* (cría de cabra) kid.

chocar [tʃokár] *v. tr.* to collide; to crash.

chocolate [tʃokoláte] *s. m.* chocolate; cocoa.

chocolatina [tʃokolatína] *s. f.* (tableta) chocolate bar.

chófer [tʃófer] *s. m.* **1.** chauffeur. **2.** (de vehículos colectivos) driver. •Su pl. es "chóferes"

choque [tʃóke] *s. m.* **1.** collision; crash. **2.** (riña) jostle.

chorizo [tʃoríθo] *s. m.* chorizo (highly seasoned pork sausage).

chorro [tʃóro] *s. m.* jet; stream.

choza [tʃóθa] *s. f.* hut; shack.

chubasco [tʃuβásko] *s. m., Meteor.* squall; shower.

chubasquero [tʃuβaskéro] *s. m.* (para la lluvia) raincoat.

chuchería [tʃutʃería] *s. f.* **1.** knick-knack; trinket. **2.** (golosina) titbit *Am. E.*

chucho [tʃútʃo] *s. m., fam.* (perro) mutt *Am. E.* dog.

chuleta [tʃuléta] *s. f.* **1.** *Gastr.* chop; cutlet. **2.** (para copiar en examen) crib.

chulo, -la [tʃúlo] *adj.* **1.** *fam.* (bonito) cute; neat. **2.** *fam.* (persona) nervy *Am. E.*

chupar [tʃupár] *v. tr.* to suck.

chupete [tʃupéte] *s. m.* pacifier *Am. E.*; dummy *Br. E.*

churro [tʃúro] *s. m., Esp., Gastr.* churro (strip of fried dough).

chusma [tʃúsma] *s. f.* **1.** rabble; riffraff. **2.** (muchedumbre) mob.

cicatriz [θikatríθ] *s. f., Med.* scar.

cicatrizar [θikatriθár] *v. tr.* **1.** *Med.* (cerrar una herida) to heal. ‖ **cicatrizarse** *v. prnl.* **2.** *Med.* to cicatrize; to form a scar.

ciclismo [θiklísmo] *s. m., Dep.* cycling.

ciclo [θíklo] *s. m.* cycle; period.

ciclón [θiklón] *s. m., Meteor.* (huracán) cyclone; hurricane.

ciego, -ga [θiéyo] *adj.* **1.** blind; sightless. ‖ *s. m. y f.* **2.** (invidente) blind person.

cielo [θiélo] *s. m.* sky.

cien [θién] *adj. num. card. inv.* (también pron. num. y s. m.) **1.** a/one hundred. ‖ *adj. num. ord.* (también pron. num.) **2.** hundredth; a/one hundred.

científico, -ca [θjentífiko] *adj.* scientific.

ciento [θjénto] *adj. num. card.* **1.** a/one hundred. ‖ *adj. num. ord.* **2.** a/one hundred. ‖ **cientos** *s. pl.* **3.** hundreds .

cierre [θjére] *s. m.* **1.** closing; shutting. **2.** (de negocio) closure.

cierto, -ta [θjérto] *adj.* **1.** certain. **2.** (seguro) sure. **3.** (verdadero) true.

ciervo, -va [θjérβo] *s. m. y f.* **1.** *Zool.* deer (m.). ‖ *s. m.* **2.** *Zool.* (macho) stag; hart. ‖ **cierva** *s. f.* **3.** *Zool.* (hembra) hind; doe.

cifra [θífra] *s. f.* **1.** *Mat.* (número) figure; number. **2.** (código) cipher; code.

cigarra [θiɣára] *s. f., Zool.* cicada.

cigarro [θiɣáro] *s. m.* **1.** (puro) cigar. **2.** (cigarrillo) cigarette.

cigüeña [θiɣwéɲa] *s. f., Zool.* (ave) stork.

cilindro [θilíndro] *s. m.* cylinder.

cima [θíma] *s. f.* top; peak.

cimiento [θimjénto] *s. m., Albañ.* foundation. •Se usa más en pl.

cincelar [θinθelár] *v. tr.* (labrar) to chisel; to carve; to engrave.

cinco [θíŋko] *adj. num. card. inv.* (también pron. num. y *s. m.*) **1.** five. ‖ *adj. num. ord. inv.* (también pron. num.) **2.** fifth; five.

cincuenta [θiŋkwénta] *adj. num. card. inv.* (también pron. num. y *s. m.*) **1.** fifty. ‖ *adj. num. ord. inv.* (también pron. num.) **2.** fiftieth; fifty.

cine [θíne] *s. m.* cinema.

cínico, -ca [θíniko] *adj.* **1.** cynical. ‖ *s. m.* **2.** (falso) cynic.

cinta [θínta] *s. f.* ribbon.

cintura [θintúra] *s. f., Anat.* (talle) waist.

cinturón [θinturón] *s. m.* belt.

ciprés [θiprés] *s. m., Bot.* cypress.

circo [θírko] *s. m.* circus.

circular[1] [θirkulár] *v. intr.* **1.** to circulate. **2.** (vehículos) to run.

circular[2] [θirkulár] *adj.* **1.** circular. ‖ *s. f.* **2.** (orden) circular.

círculo [θírkulo] *s. m.* circle.

circunferencia [θirkumferénθja] *s. f., Mat.* circumference.

circunstancia [θirkunstánθja] *s. f.* circumstance.

ciruela [θirwéla] *s. f., Bot.* plum.

ciruelo [θirwélo] *s. m., Bot.* (árbol) plum tree.

cirugía [θiruxía] *s. f., Med.* surgery.

cisne [θísne] *s. m., Zool.* swan.

cisterna [θistérna] *s. f.* **1.** (depósito) tank; cistern. **2.** (de retrete) cistern.

cita [θíta] *s. f.* **1.** appointment. **2.** (amorosa) date.

cítrico, -ca [θítriko] *adj.* **1.** citric; citrus. ‖ **cítricos** *s. m. pl.* **2.** citrus.

ciudad [θjuðáð] *s. f.* town; city.

ciudadano, -na [θjuðaðáno] *adj.* **1.** (cívico) civic. ‖ *s. m. y f.* **2.** citizen.

civil [θiβil] *adj.* **1.** civil. **2.** (no militar) civilian.

civilización [θiβiliθaθjón] *s. f.* (desarrollo) civilization.

civilizar [θiβiliθár] *v. tr.* (educar) to civilize.

cizaña [θiθáɲa] *s. f.* **1.** *Bot.* darnel. **2.** *fig.* (discordia) discord.

clamar [klamár] *v. tr.* (gritar) to clamor for *Am. E.*; to cry out.

clandestino, -na [klandestíno] *adj.* clandestine; underground.

clara [klára] *s. f.* **1.** (de huevo) white. **2.** *fam.* (bebida) shandy.

clarear [klareár] *v. intr.* (amanecer) to dawn.

clarividencia [klariβiðénθja] *s. f.* clairvoyance; farsightedness.

claro, -ra [kláro] *adj.* **1.** clear; evident. **2.** (liquido) thin.

clase [kláse] *s. f.* **1.** class. **2.** (tipo) kind; specie. **3.** (aula) classroom.

clasificar [klasifikár] *v. tr.* **1.** (organizar) to classify; to class. **2.** (libros, cartas) to sort; to grade.

claudicar [klawðikár] *v. intr.* (rendirse) to yield; to give in.

claustro [kláwstro] *s. m., Arq.* cloister.

clausurar [klawsurár] *v. tr.* (cerrar) to close.

clavar [klaβár] *v. tr.* to nail.

clave [kláβe] *s. f.* **1.** key; clue. **2.** (código) code.

clavel [klaβél] *s. m., Bot.* (planta) carnation; pink.

clavija [klaβíxa] *s. f.* **1.** *Tecnol.* peg. **2.** *Electrón.* (enchufe) plug.

clavo [kláβo] *s. m.* **1.** (punta) nail. **2.** *Bot.* clove.

cliente, -ta [kliénte] *s. m. y f.* (consumidor) customer; client.

clima [klíma] *s. m.* , *Meteor.* (temperatura) climate.

clínica [klínika] *s. f.* clinic.

cloaca [kloáka] *s. f.* sewer.

cloro [klóro] *s. m., Quím.* chlorine.

club [klúb] *s. m.* club.

coba [kóβa] *s. f., fam.* soft-soap.

cobarde [koβárðe] *adj.* **1.** cowardly. ‖ *s. m. y f.* **2.** coward.

cobijar [koβixár] *v. tr.* **1.** to lodge. ‖ **cobijarse** *v. prnl.* **2.** (refugiarse) to shelter.

cobra [kóβra] *s. f., Zool.* cobra.

cobrar [koβrár] *v. tr.* **1.** to charge; to collect. **2.** (sueldo) to earn.

cocaína [kokaína] *s. f.* (droga) cocaine.

cocer [koθér] *v. tr.* **1.** *Gastr.* (cocinar) to cook. **2.** (hervir) to boil. **3.** (bread) to bake.

coche [kótʃe] *s. m.* **1.** *Autom.* auto *Am. E.*; car. **2.** (de tren) carriage. **3.** (de caballos) coach.

cochera [kotʃéra] *s. f.* garage.

cocido [koθíðo] *s. m., Esp., Gastr.* stew (with chickpeas, meat, chorizo...).

cocina [koθína] *s. f.* **1.** (lugar) kitchen. **2.** (fogón) stove *Am. E.*; cooker *Br. E.*

cocinar [koθinár] *v. tr. e intr.* (guisar) to cook.

coco [kóko] *s. m., Bot.* coconut.

cocodrilo [kokoðrílo] *s. m., Zool.* crocodile.

cocotero [kokotéro] *s. m., Bot.* coconut tree; coconut palm.

cóctel [kóktel] *s. m.* cocktail.

codera [koðéra] *s. f.* elbow patch.

codicia [koðíθja] *s. f.* avarice.

codo [kóðo] *s. m., Anat.* elbow.

codorniz [koðorníθ] *s. f., Zool.* (ave) quail.

coexistir [koeksistír] *v. intr.* to coexist.

cofre [kófre] *s. m.* **1.** (baúl) chest; coffer. **2.** (para dinero) box.

coger [koχér] *v. tr.* **1.** to take; to hold. **2.** (atrapar) to catch. **3.** (recoger) to pick; to gather. **4.** (bus, tren) to take; to catch.

cogollo [koγóλo] *s. m.* **1.** (de lechuga, col) heart. **2.** (brote) shoot.

cogote [koγóte] *s. m., Anat.* (nuca) scruff of the neck. **2.** *Anat.* (cuello) neck; nape.

cohabitar [koaβitár] *v. intr.* (convivir) to live together.

cohete [koéte] *s. m.* rocket.

coincidir [kojnθiðír] *v. intr.* **1.** to coincide. **2.** (opiniones) to accord.

cojear [koχeár] *v. intr.* **1.** (personas) to limp; to hobble. **2.** (muebles) to wobble.

cojín [koχín] *s. m.* cushion.

cojo, -ja [kóχo] *adj.* **1.** (persona) lame; crippled. **2.** (mueble) wobbly. ‖ *s. m. y f.* lame person.

col [kól] *s. f., Bot.* cabbage.

cola[1] [kóla] *s. f.* **1.** *Zool.* tail. **2.** (de un vestido) train. **3.** (fila) line *Am. E.*

cola[2] [kóla] *s. f.* (para pegar) glue.

colaborar [kolaβorár] *v. intr.* **1.** (cooperar) to collaborate. **2.** (en medios de comunicación) to contribute.

colada [koláða] *s. f.* wash; laundry.

colador [kolaðór] *s. m.* **1.** (de té) strainer. **2.** (para verduras) colander. **3.** (tamiz) sieve.

colar [kolár] *v. tr.* **1.** (líquido) to strain; to filter. ‖ **colarse** *v. prnl.* **3.** (en el cine, bus) to sneak in.

colcha [kóltʃa] *s. f.* bedspread; counterpane; bedcover *Br. E.*

colchón [koltʃón] *s. m.* mattress.

colectividad [kolektiβiðáð] *s. f.* (población) community; group.

colega [koléγa] *s. m. y f.* **1.** colleague. **2.** *col.* (amigo) mate.

colegio [koléχjo] *s. m.* school; public school *Am. E.*

cólera [kólera] *s. f.* **1.** *fig.* (ira) anger; wrath. **2.** *Med.* cholera.

coleta [koléta] *s. f.* ponytail.

colgar [kolγár] *v. tr.* **1.** to hang. ‖ *v. intr.* **2.** (pender) to hang; to dangle.

coliflor [kolifór] *s. f., Bot.* cauliflower.

colilla [kolíʎa] *s. f.* **1.** (de un cigarrillo) butt; stub. **2.** (de un puro) stump.

colina [kolína] *s. f., Geogr.* (cerro) hill; slope.

collar [koʎár] *s. m.* **1.** necklace. **2.** (para animales) collar.

colmena [kolména] *s. f., Zool.* (de abejas) beehive; hive.

colmillo [kolmíʎo] *s. m.* **1.** *Anat.* eyetooth. **2.** *Zool.* (de elefante) tusk. **3.** *Zool.* (de perro) fang.

colocar [kolokár] *v. tr.* **1.** to place; to put. **2.** (ubicar) to locate.

colonia[1] [kolónja] *s. f.* **1.** colony; settlement. **2.** (campamento) summer camp.

colonia[2] [kolónja] *s. f.* (agua de colonia) cologne.

colonizar [koloniθár] *v. tr.* (poblar) to colonize; to settle.

colono [kolóno] *s. m.* **1.** *Agr.* (labrador) farmer. **2.** (habitante) colonist; settler.

coloquio [kolókjo] *s. m.* talk; colloquy *frml.;* discussion.

color [kolór] *s. m.* color.

colorete [koloréte] *s. m.* rouge.

colosal [kolosál] *adj.* **1.** colossal. **2.** *fig.* (extraordinario) gigantic.

columna [kolúnna] *s. f.* **1.** column. **2.** *Arq.* (pilar) pillar.

columpio [kolúmpjo] *s. m.* (para niños) swing.

comarca [komárka] *s. f.* region.

comba [kómba] *s. f.* **1.** (curvatura) curve. **2.** (juego) skipping. **3.** (cuerda) skipping rope.

combatir [kombatír] *v. tr.* **1.** to combat *i frml.* **2.** (luchar) to wrestle. ‖ *v. intr.* **3.** to struggle; to conflict.

combinar [kombinár] *v. tr.* **1.** to combine. **2.** (cosas) to compound.

combustible [kombustíβle] *adj.* **1.** combustible. ‖ *s. m.* **2.** combustible. **3.** (carburante) fuel.

comedia [komédja] *s. f.* **1.** *Teatr.* comedy. **2.** (obra) play. **3.** *fig.* (engaño) sham; farce.

comedor [komeðór] *s. m.* dining room.

comentar [komentár] *v. tr.* to comment; to explain.

comentario [komentárjo] *s. m.* **1.** (observación) comment; remark. **2.** (crítica) commentary.

comenzar [komenθár] *v. tr. e intr.* **1.** (iniciar) to begin; to start; to commence. ‖ *v. intr.* **2.** initiate.

comer [komér] *v. tr. e intr.* to eat.

comerciar [komerθjár] *v. intr.* (negociar) to trade.

comercio [komérθjo] *s. m.* **1.** commerce; trade. **2.** (tienda) store *Am. E.;* shop *Br. E.*

comestible [komestíβle] *adj.*
1. eatable; edible. ‖ **comestibles** *s. m. pl.* **2.** eatables.

cometa [kométa] *s. m.* **1.** *Astron.* comet. ‖ *s. f.* **2.** (juguete) kite.

cometer [kometér] *v. tr.* **1.** (delito) to commit; to perpetrate. **2.** (un pecado) to sin.

cómic [kómik] *s. m.* comic.

comida [komíða] *s. f.* **1.** (alimento) food. **2.** (acción) meal.

comienzo [komjénθo] *s. m.* (inicio) beginning; start.

comillas [komíʎas] *s. f. pl.*, *Ling.* inverted commas.

comisaría [komisaría] *s. f.* (oficina) police station.

comisario, -ria [komisárjo] *s. m. y f.* **1.** (de policía) inspector; superintendent *Br. E.* **2.** (delegado) commissioner.

comisión [komisjón] *s. f.* **1.** (pago) commission. **2.** (delegación) committee.

comité [komité] *s. m.* committee.

como [kómo] *adv. mod.* **1.** as . ‖ *adv. comp.* **2.** like. **3.** (por ejemplo) as; like; such as. ‖ *conj. caus.* **4.** since; as.

cómo [kómo] *s. m.* **1.** how. ‖ *adv. int.* **2.** how. **3.** (por qué) why.

cómoda [kómoða] *s. f.* (mueble) chest of drawers.

cómodo, -da [kómoðo] *adj.* **1.** comfortable. **2.** (útil) handy.

compacto, -ta [kompákto] *adj.* compact; dense.

compadecer [kompaðeθér] *v. tr.* to feel sorry for; to pity.

compaginar [kompaxinár] *v. tr.* **1.** to combine. ‖ **compaginarse** *v. prnl.* **2.** to be compatible.

compañero, -ra [kompañéro] *s. m. y f.* **1.** companion; partner; fellow. **2.** (amigo, compinche) mate; pal.

compañía [kompañía] *s. f.* **1.** company. **2.** (empresa) corporation.

comparar [komparár] *v. tr.* (confrontar) to compare.

compartir [kompartír] *v. tr.* **1.** (repartir) to divide. **2.** (casa, opinión) to share.

compás [kompás] *s. m.* **1.** *Mat.* (instrumento) compasses *pl.* **2.** *Mús.* (ritmo) time; meter *Am. E.*

compasión [kompasjón] *s. f.* compassion; pity.

compatriota [kompatrjóta] *s. m. y f.* compatriot; (hombre) fellow countryman; (mujer) fellow countrywoman.

compenetrarse [kompenetrárse] *v. prnl.* **1.** to get on with; to get along with. ‖ **~ con algo** to identify with.

compensar [kompensár] *v. tr.* to compensate; to indemnify.

competir [kompetír] *v. intr.* **1.** to compete. **2.** (rivalizar) to rival.

complacer [komplaθér] *v. tr.* (agradar) to please.

complejo, -ja [kompléχo] *adj. y s. m.* **1.** complex. ‖ *adj.* **2.** (complicado) complicated.

complemento [kompleménto] *s. m.* complement.

completar [kompletár] *v. tr.* **1.** to complete. **2.** (acabar) to finish.

complexión [kompleksjón] *s. f.*, *Anat.* build; constitution.

complicar [komplikár] *v. tr.* to complicate; to make difficult.

cómplice [kómpliθe] *s. m. y f.* (compinche) accomplice.

complot [komplót] *s. m.* plot.

componer [komponér] *v. tr.* to compose; to compound.

comportamiento [komportamjénto] *s. m.* behavior *Am. E.*

comportarse [komportárse] *v. prnl.* to behave.

composición [komposiθjón] *s. f.* composition; makeup. .

compra [kómpra] *s. f.* purchase.

comprar [komprár] *v. tr.* to buy.

comprender [komprendér] *v. tr.* **1.** to understand; to comprehend. **2.** (darse cuenta) to realize.

compresa [komprésa] *s. f.*, *Med.* compress. ‖ **~ femenina** sanitary napkin *Am. E.*

comprimir [komprimír] *v. tr.* **1.** to compress. **2.** (apretar) to squeeze; to press.

comprobar [komproβár] *v. tr.* **1.** to verify; to check. **2.** (demostrar) to prove.

comprometerse [komprometérse] *v. prnl.* to promise.

compromiso [kompromíso] *s. m.* **1.** (arreglo) compromise. **2.** (cita) engagement.

computador, -ra [komputadór] *s. m. y f.*, *Amér.* (ordenador) computer.

comulgar [komulvár] *v. intr.*, *Rel.* to take communion.

común [komún] *adj.* **1.** common. **2.** (corriente) ordinary.

comunicación [komunikaθjón] *s. f.* **1.** communication. **2.** (un escrito) notice.

comunicar [komunikár] *v. tr. e intr.* to communicate.

comunidad [komuniðáð] *s. f.* **1.** community. **2.** (agrupación) guild; society.

comunión [komunjón] *s. f.*, *Rel.* communion.

con [kón] *prep.* **1.** with. **2.** (instrumento) with. **3.** (descripción) with. **4.** to. **5.** (comportamiento) toward.

concebir [konθeβír] *v. tr. e intr.* **1.** (planes, hijos) to conceive. ‖ *v. tr.* **2.** (ideas) to entertain.

conceder [konθeðér] *v. tr.* to grant; (premio) to award.

concentrar [konθentrár] *v. tr.* **1.** to concentrate. **2.** (centrar la atención) to focus.

concepto [konθépto] *s. m.* (noción) concept; idea.

concernir [konθernír] *v. tr.* to concern; to refer to.

concertar [konθertár] *v. tr.* **1.** to concert *frml.* **2.** (una cita) to arrange.

concha [kóntʃa] *s. f.* shell.

conciencia [konθjénθja] *s. f.* **1.** awareness; consciousness. **2.** (moral) conscience.

concierto [konθjérto] *s. m., Mús.* concert.

concluir [konkluír] *v. tr.* (finalizar) to conclude; to finish.

conclusión [konklusjón] *s. f.* (final) conclusion; end.

concordia [konkórðja] *s. f.* (armonía) concord; harmony.

concretar [konkretár] *v. tr.* (precisar) to make concrete.

concurrir [konkuřír] *v. intr.* **1.** to meet. **2.** (coincidir) to concur.

concurso [konkúrso] *s. m.* competition; contest.

condena [kondéna] *s. f.* **1.** penalty. **2.** *Der.* (sentencia) conviction; sentence.

condenar [kondenár] *v. tr.* to condemn; to damn.

condescender [kondesθendér] *v. intr.* **1.** (dignarse) to condescend. **2.** (ceder) to comply.

condición [kondiθjón] *s. f.* **1.** (situación) condition; state. **2.** (índole) status; position.

condimentar [kondimentár] *v. tr., Gastr.* to season; to flavor.

condimento [kondiménto] *s. m., Gastr.* (aliño) condiment; seasoning.

condón [kondón] *s. m.* condom.

conducir [konduθír] *v. tr.* **1.** (coche) to drive. **2.** (gente) to lead.

conducta [kondúkta] *s. f.* (comportamiento) behavior; conduct.

conducto [kondúkto] *s. m.* (tubería) pipe; conduit.

conectar [konektár] *v. tr.* (enlazar) to connect; to link.

conejo, -ja [konéχo] *s. m., Zool.* rabbit.

confeccionar [komfekθjonár] *v. tr.* **1.** (elaborar) to make; to make up. **2.** *Gastr.* (un plato) to cook.

conferencia [komferénθja] *s. f.* **1.** (reunión) conference. **2.** (charla) lecture. **3.** (llamada a larga distancia) trunk call.

confesar [komfesár] *v. tr.* (revelar) to confess.

confianza [komfjánθa] *s. f.* **1.** (seguridad) confidence. **2.** (fe) trust; faith.

confiar [komfiár] *v. tr.* **1.** (entregar) to entrust. **2.** (secreto) to confide; to commit.

confidencia [komfiðénθja] *s. f.* confidence; secret.

confidencial [komfiðenθjál] *adj.* (secreto) confidential; private.

confirmar [komfirmár] *v. tr.* to confirm; to ratify; to prove.

confiscar [komfiskár] *v. tr.* (requisar) to confiscate.

confitería [komfitería] *s. f.* confectionery; candy store *Am. E.*

conflicto [komflíkto] *s. m.* conflict; clash.

conformar [komformár] *v. tr.* **1.** (configurar) to shape. **2.** to conform.

confortable [komfortáβle] *adj.* (cómodo) comfortable.

confundir [komfundír] *v. tr.* **1.** (equivocar) to confuse; to mistake. ‖ **confundirse** *v. prnl.* **2.** (equivocarse) to get confused.

congelador [konxelaðór] *s. m.* (refrigerador) freezer; deep-freeze.

congelar [konxelár] *v. tr.* **1.** (helar) to freeze. **2.** (comida) to deep-freeze.

congeniar [konxenjár] (con) *v. intr.* (simpatizar) to get on with.

congoja [kongóxa] *s. f.* **1.** (angustia) anguish. **2.** (pena) sorrow; heartache.

congregar [kongreγár] *v. tr.* to congregate.

conjetura [konxetúra] *s. f.* (suposición) conjecture; guess.

conjugar [konxuγár] *v. tr., Ling.* to conjugate.

conjunto [konxúnto] *adj.* **1.** (compartido) joint. ‖ *s. m.* **2.** aggregate; whole.

conmigo [kommíγo] *contr. prep. y pron. pers. 1ª sing.* with me.

conmoción [kommoθjón] *s. f.* **1.** commotion; shock. **2.** *Med.* concussion.

conmover [kommoβér] *v. tr.* **1.** to touch; to affect. ‖ **conmoverse** *v. prnl.* **2.** (emocionarse) to be moved.

conocer [konoθér] *v. tr.* **1.** to know; (a algn) to be acquainted with sb. **2.** (por primera vez) to meet. ‖ **conocerse** *v. prnl.* **3.** to know oneself.

conocimiento [konoθimjénto] *s. m.* **1.** (saber) knowledge; acquaintance. **2.** (sentido) consciousness. .

conquistar [konkistár] *v. tr.* **1.** *Mil.* (país, ciudad) to conquer. **2.** (puesto, título) to win.

consagrar [konsaγrár] *v. tr.* **1.** *Rel.* to consecrate. **2.** (dedicar) to devote; to dedicate.

consciente [konsθjénte] *adj.* (sensato) conscious.

consecuencia [konsekwénθja] *s. f.* consequence; result.

conseguir [konseɣír] *v. tr.* **1.** (una cosa) to get; to obtain. **2.** (objetivo, fin) to achieve.

consejo [konséχo] *s. m.* advice.

consentir [konsentír] *v. tr.* **1.** (permitir) to permit; to allow. **2.** (mimar) to pamper.

conserje [konsérχe] *s. m.* **1.** concierge. **2.** (portero) porter.

conserva [konsérβa] *s. f.* **1.** (en lata) conserve. **2.** (mermelada) preserves *pl.*

conservar [konserβár] *v. tr.* **1.** to conserve; to preserve. **2.** (mantener) to maintain.

considerar [konsiðerár] *v. tr.* **1.** to consider; to account for. **2.** (estimar) to regard.

consigna [konsíɣna] *s. f.* **1.** *Mil.* order. **2.** (de equipaje) checkroom *Am. E.;* left luggage.

consignar [konsiɣnár] *v. tr.* (cantidad) to assign.

consigo [konsíɣo] *contr. prep. y pron. pers.* **1.** (con él) with him. **2.** (con ella) with her. **3.** (con usted) with you. **4.** (con ellos) with them.

consistencia [konsisténθja] *s. f.* (estabilidad) firmness.

consistir [konsistír] *v. intr.* **1.** to consist (of). **2.** (radicar) to lie.

consola [konsóla] *s. f.* console.

consolar [konsolár] *v. tr.* (animar) to console; to comfort.

consolidar [konsoliðár] *v. tr.* **1.** to consolidate. **2.** (amistad) to strengthen.

consomé [konsomé] *s. m., Gastr.* (caldo) consommé.

conspirar [konspirár] *v. intr.* (confabularse) to conspire.

constancia [konstánθja] *s. f.* constancy; perseverance.

constar [konstár] (de) *v. intr.* to consist of; to be included.

constelación [konstelaθjón] *s. f., Astron.* constellation.

constipado [konstipáðo] *s. m.* (catarro) cold.

construcción [konstrukθjón] *s. f.* **1.** construction. **2.** (edificio) building.

construir [konstruír] *v. tr.* **1.** (figuras, frases) to construct. **2.** (edificios, sociedad) to build.

consuelo [konswélo] *s. m.* (ánimo) consolation; comfort.

cónsul [kónsul] *s. m. y f.* consul.

consultar [konsultár] *v. tr.* (asesorarse) to consult.

consumar [konsumár] *v. tr.* **1.** to complete. **2.** (crimen) to commit. **3.** (matrimonio) to consummate.

consumición [konsumiθjón] *s. f.* **1.** consumption. **2.** (bebida) drink.

consumir [konsumír] *v. tr.*
1. (gastar) to consume; to spend.
2. (destruir) to destroy.

consumo [konsúmo] *s. m.* consumption.

contabilidad [kontaβiliðáð] *s. f.* accounting; bookkeeping.

contagiar [kontaxjár] *v. tr.*
1. *Med.* (enfermedad) to transmit. **2.** (a una persona) to infect.

contagio [kontáxjo] *s. m., Med.* (infección) contagion; infection.

contaminar [kontaminár] *v. tr.*
1. to contaminate; to infect.
2. (aire, agua) to pollute.

contar [kontár] *v. intr.* **1.** *Mat.* to count; to number. **2.** (un cuento) to tell; to narrate.

contemplar [kontemplár] *v. tr.* (observar) to contemplate.

contemporáneo, -a [kontemporáneo] *adj. y s. m. y f.* contemporary.

contener [kontenér] *v. tr.* **1.** to contain; to hold. **2.** (reprimir) to restrain; to repress. ‖ **contenerse** *v. prnl.* **3.** to contain oneself.

contentar [kontentár] *v. tr.* **1.** to content. **2.** (satisfacer) to please.

contento, -ta [konténto] *adj.*
1. happy; glad. ‖ *s. m.* **2.** contentment; happiness.

contestar [kontestár] *v. tr.* (al teléfono, una pregunta) to answer; to reply.

contigo [kontíyo] *contr. prep. y pron. pers. 2ª sing.* with you.

contiguo, -gua [kontíywo] *adj.*
1. contiguous; next. **2.** (habitación) adjacent.

continente [kontinénte] *s. m., Geogr.* continent.

continuar [kontinuár] *v. tr.* to continue; to carry on.

contorno [kontórno] *s. m.* **1.** outline. **2.** *Geogr.* contour.

contra [kóntra] *prep.* **1.** (oposición) against. **2.** (posición) against. ‖ *s. f.* **3.** opposition.

contrabajo [kontraβáxo] *s. m.*
1. *Mús.* (instrumento). double bass **2.** *Mús.* (instrumentista) double bass player

contrabandista [kontraβandísta] *s. m. y f.* smuggler; contrabandist.

contradecir [kontraðeθír] *v. tr.*
1. to contradict. **2.** (oponerse) to run against.

contraer [kontraér] *v. tr.* **1.** to contract. **2.** (enfermedad) to catch.

contraluz [kontralúθ] *s. m. y f.* back light. ‖ **a ~** against the light.

contrapeso [kontrapéso] *s. m.* counterweight; counterbalance.

contraponer [kontraponér] *v. tr.* **1.** (contrastar) to contrast. **2.** (oponer) to oppose.

contrariar [kontrariár] *v. tr.* (oponerse) to oppose.

contrariedad [koṇtɾarjeðáð] *s. f.* **1.** (oposición) contrariety. **2.** (contratiempo) setback.

contrario, -ria [koṇtɾárjo] *adj.* **1.** (opuesto) opposite. **2.** (perjudicial) contrary. ‖ *s. m. y f.* **3.** enemy; rival.

contrarrestar [koṇtɾařestár] *v. tr.* **1.** (hacer frente) to resist. **2.** (compensar) to offset.

contraseña [koṇtɾaséŋa] *s. f.* countersign; password.

contrastar [koṇtɾastár] *v. intr.* (oponerse) to contrast.

contratar [koṇtɾatár] *v. tr.* **1.** to contract. **2.** (empleados) to take on.

contratiempo [koṇtɾatjémpo] *s. m.* (contrariedad) reverse.

contrato [koṇtɾáto] *s. m.* contract; agreement.

contribuir [koṇtɾiβúiɾ] *v. tr. e intr.* **1.** to contribute. ‖ *v. intr.* **2.** *Econ.* to pay taxes.

control [koṇtɾól] *s. m.* **1.** control. **2.** (inspección) check.

contusión [koṇtusjón] *s. f.* (magulladura) bruise.

convalecer [kombaleθéɾ] *v. intr.* to convalesce; to recover; to recuperate.

convencer [kombenθéɾ] *v. tr.* (persuadir) to convince.

convención [kombenθjón] *s. f.* (asamblea) congress.

conveniente [kombenjénte] *adj.* **1.** (oportuno) suitable. **2.** (aconsejable) advisable.

convenio [kombénjo] *s. m.* (acuerdo) agreement; treaty.

convenir [kombeníɾ] *v. intr.* **1.** to agree (about/on sth). **2.** (ser apropiado) to suit; to good for.

convento [kombénto] *s. m.* **1.** (de monjas) convent. **2.** (de monjes) monastery.

conversación [kombersaθjón] *s. f.* **1.** conversation; talk. **2.** (charla) chat.

conversar [kombersáɾ] *v. intr.* **1.** (hablar) to converse; to talk. **2.** (charlar) to chat.

convertir [kombertíɾ] *v. tr.* (transformar) to turn.

convicción [kombikθjón] *s. f.* (creencia) conviction; assurance.

convidar [kombiðáɾ] *v. tr.* (invitar) to invite; to offer.

convite [kombíte] *s. m.* **1.** (fiesta) party. **2.** (banquete) banquet.

convocar [kombokáɾ] *v. tr.* to convoke; to call together.

convocatoria, -ria [kombokatóɾja] *s. f.* notification; call.

convoy [kombój] *s. m., Autom.* (de vehículos) convoy.

convulsión [kombulsjón] *s. f., Med.* convulsion.

conyugal [konʲuvál] *adj.* conjugal *frml.*; marital.

cónyuge [kónˈjuχe] *s. m. y f.*
1. spouse; partner. ∥ **cónyuges**
s. m. pl. **2.** married couple.

coñac [koɲák] *s. m.* cognac.

cooperación [kooperaθjón] *s. f.*
(colaboración) cooperation.

cooperar [kooperár] *v. intr.* (colaborar) to work together.

coordinar [koorðinár] *v. tr.* to
coordinate.

copa [kópa] *s. f.* **1.** (vaso) wineglass. **2.** (de árbol) top. **3.** (bebida alcohólica) drink.

copia [kópja] *s. f.* **1.** copy; imitation. **2.** (duplicado) counterpart.

copiar [kopjár] *v. tr.* **1.** (imitar)
to imitate. **2.** (reproducir) to
copy.

copla [kópla] *s. f.* **1.** *Lit.* stanza.
2. (canción popular) song.

copo [kópo] *s. m.* flake.

coqueto, -ta [kokéto] *adj.* (sonrisa, mirada) flirtatious; coquettish.

coraje [koráχe] *s. m.* **1.** courage.
2. (ánimo) spirit. **3.** (ira) temper.

coral[1] [korál] *adj.* **1.** *Mús.* choral.
∥ *s. f.* **2.** *Mús.* choral.

coral[2] [korál] *s. m.*, *Zool.* coral.

corazón [koraθón] *s. m.* **1.** *Anat.*
heart. **2.** (de frutas) core.

corazonada [koraθonáða] *s. f.*
(presentimiento) presentiment.

corbata [korβáta] *s. f.* necktie
Am. E.; tie.

corchete [kortʃéte] *s. m.* (para
abrochar) hook and eye.

corcho [kórtʃo] *s. m.* cork.

cordel [korðél] *s. m.* cord; string.

cordero, -ra [korðéro] *s. m.*,
Zool. lamb.

cordillera [korðiʎéra] *s. f.*,
Geogr. mountain range.

cordón [korðón] *s. m.* **1.** (cuerda) cord; string. **2.** (de zapatos)
shoelace; lace.

cornisa [kornísa] *s. f.*, *Arq.* cornice.

coro [kóro] *s. m.* **1.** *Mús.* choir.
2. *Teatr.* chorus.

corona [koróna] *s. f.* **1.** (de ra-
mas, flores) wreath; garland.
2. (aureola) halo.

coronar [koronár] *v. tr.* (a un
monarca) to crown.

coronel [koronél] *s. m.*, *Mil.* co-
lonel.

coronilla [koroníʎa] *s. f.*, *Anat.*
(cogote) crown (of the head).

corporación [korporaθjón] *s. f.*,
Econ. (organismo) corporation.

corpulencia [korpulénθja] *s. f.*
(fortaleza) stoutness.

corral [korál] *s. m.* **1.** (ganado)
corral *Am. E.*; stockyard.
2. (granja) yard.

correa [koréa] *s. f.* **1.** (tira) strap.
2. *Tecnol.* belt. **3.** (de reloj)
watchband *Am. E.*

corrección [kořekθjón] *s. f.*
1. (rectificación) correction;
amendment. **2.** (cortesía) correctness; courtesy.

correcto, -ta [kořékto] *adj.*
1. (sin errores) correct; right.
2. (comportamiento) seemly *frml.*

corregir [koře̞xír] *v. tr.* **1.** to correct; to right. **2.** *Educ.* (ejercicios) to mark..

correo [kořéo] *s. m.* **1.** mail *Am.
E.*; post *Br. E.* **2.** (mensajero)
courier. ‖ **~ electrónico** *Inform.*
e-mail.

correr [koře̞r] *v. tr.* **1.** to run.
2. *Dep.* (caballo, piloto) to race.
3. (apresurarse) to hurry.

correspondencia [koře̞spoɲ
déɲθja] *s. f.* **1.** correspondence.
2. (cartas) mail.

corresponder [koře̞spondér]
v. intr. **1.** to correspond. **2.** (tocar) to concern.

correspondiente [koře̞spoɲ
djéɲte] *adj.* corresponding; correspondent *frml.*

corresponsal [koře̞spoɲsál] *s. m.
y f.* (de radio, TV) correspondent.

corro [kóřo] *s. m.* **1.** ring. **2.** (de
personas) circle.

corroborar [kořoβorár] *v. tr.*
(ratificar) to corroborate.

corromper [koře̞mpér] *v. tr.*
1. (pudrir) to rot. **2.** (pervertir)
to corrupt.

corrupción [koře̞pθjón] *s. f.*
corruption.

cortar [kortár] *v. tr.* **1.** to cut.
2. (talar) to cut down. **3.** (suministro) to cut off. **4.** (interrumpir) to interrupt. ‖ **cortarse**
v. prnl. **8.** (leche, etc) to curdle;
to go off.

corte [kórte] *s. m.* **1.** cut. **2.** (filo
de un cuchillo, de un libro)
edge. **3.** (con tijeras) snip.

cortejar [kortexár] *v. tr.* to court.

cortés [kortés] *adj.* polite.

cortesía [kortesía] *s. f.* (educación) courtesy; politeness.

corteza [kortéθa] *s. f.* **1.** (de árbol) bark. **2.** (de fruta) peel.
3. (de queso) rind. **4.** (de pan)
crust.

cortijo [kortíxo] *s. m.* (en Anda-
lucía) farmhouse; farm.

cortina [kortína] *s. f.* curtain.

corto, -ta [kórto] *adj.* **1.** short.
2. (escaso) scant.

corzo, -za [kórθo] *s. m. y f.*
1. *Zool.* roe; roe deer. **2.** (macho) roebuck.

cosa [kósa] *s. f.* thing.

coscorrón [koskořón] *s. m.*
bump; knock (on the head).

cosecha [kosétʃa] *s. f.* *Agr.*
harvest; crop. **2.** (año del vino)
vintage.

coser [kosér] *v. tr.* **1.** to sew.
2. (una herida) to stitch.

cosmopolita [kosmopolíta] *adj.*
y s. m. y f. cosmopolitan.

cosquillas [koskíʎas] *s. f. pl.*
tickling *sing.*; tickle *sing.*

costa [kósta] *s. f.* **1.** *Geogr.* (litoral) coast. **2.** (playa) shore *Am.
E.*; beach *Br. E.* **3.** (orilla del
mar) seashore.

costar [kostár] *v. intr.* to cost.

coste [kóste] *s. m., Econ.* cost.

costilla [kostíʎa] *s. f.* **1.** *Anat.*
rib. **2.** *Gastr.* cutlet. ‖ **costillas**
s. f. pl. **3.** *Anat. fam.* back.

costumbre [kostúmbre] *s. f.*
1. (hábito) habit. **2.** (tradición)
custom.

costura [kostúra] *s. f.* **1.** (acción)
sewing; needlework. **2.** (puntadas) seam.

costurero [kosturéro] *s. m.* sewing basket; sewing case.

cotidiano, -na [kotiðjáno] *adj.*
daily; everyday; day to day.

cotilla [kotíʎa] *adj. y s. m. y f.,
fam.* (chismoso) gossip.

cotilleo [kotiʎéo] *s. m.* gossip.

coto [kóto] *s. m.* (de caza, pesca)
reserve.

coyuntura [koʝuntúra] *s. f.* (circunstancia) opportunity.

coz [kóθ] *s. f.* kick.

cráneo [kráneo] *s. m., Anat.*
skull; cranium.

cráter [kráter] *s. m.* crater.

creación [kreaθjón] *s. f.* creation.

creador, -ra [kreaðór] *adj.*
1. creative. ‖ *s. m. y f.* **2.** creator.

crear [kreár] *v. tr.* **1.** to create.
2. (institución) to found.

crecer [kreθér] *v. intr.* **1.** to grow.
2. (un río) to swell. **3.** *Econ.*
(precio) to rise.

creciente [kreθjénte] *adj.* (interés, necesidad) increasing.

crecimiento [kreθimjénto] *s. m.*
(desarrollo) growth; increase.

crédito [kréðito] *s. m.* **1.** *Econ.*
credit. **2.** (confianza) belief.
3. (renombre, fama) standing.

creencia [kreénθja] *s. f.* belief.

creer [kreér] *v. tr.* **1.** (tener fe,
confianza) to believe. **2.** (pensar,
juzgar) to think.

crema [kréma] *s. f.* cream.

cremallera [kremaʎéra] *s. f.*
zipper *Am. E.*; zip-fastener *Br. E.*

crepúsculo [krepúskulo] *s. m.*
(atardecer) twilight; dusk *frml.*

cresta [krésta] *s. f.* **1.** (de gallo)
comb. **2.** *Geogr.* (de montaña)
crest; summit.

cría [kría] *s. f.* **1.** (animales) breeding; raising. **2.** (camada) brood.

criado, -da [kriáðo] *adj.* **1.** (persona) bred. ‖ *s. m. y f.* **2.** servant.
‖ **criada** *s. f.* **3.** maid.

criar [kriár] *v. tr.* **1.** (animales) to breed. **2.** (nutrir, amamantar) to nurse. **3.** (educar) to
bring up.

criatura [krjatúra] *s. f.* **1.** (ser) creature. **2.** (niño) child.

cribar [kriβár] *v. tr.* **1.** (colar) to sieve; to sift. **2.** *fig.* (candidatos) to screen.

crimen [krímen] *s. m.* crime.

criminal [kriminál] *adj.* **1.** (delincuente) criminal. || *s. m. y f.* **2.** (malhechor) criminal.

crío, -a [krío] *s. m.* **1.** *fam.* boy; kid. || **cría** *s. f.* **2.** *fam.* girl; kid.

crisis [krísis] *s. f. inv.* crisis.

crispar [krispár] *v. tr.* **1.** (causar contracción) to tense. **2.** *fig.* (a una persona) to irritate.

cristal [kristál] *s. m.* **1.** crystal. **2.** (de ventana) pane (window).

criterio [kritérjo] *s. m.* **1.** criterion. **2.** (juicio) judgment. **3.** (discernimiento) discernment.

crítica [krítika] *s. f.* criticism.

criticar [kritikár] *v. tr.* **1.** to criticize; to censure *frml.* || *v. intr.* **2.** (murmurar) to gossip.

croar [kroár] *v. intr.* to croak.

cromo [krómo] *s. m.* **1.** *Quím.* (metal) chromium. **2.** (estampa) picture card.

crónica [krónika] *s. f.* **1.** *Hist.* chronicle. **2.** (en medios de comunicación) article.

cronómetro [kronómetro] *s. m.* **1.** *Dep.* stopwatch. **2.** *Tecnol.* chronometer.

croqueta [krokéta] *s. f., Gastr.* croquette.

cruce [krúθe] *s. m.* **1.** (acción) crossing. **2.** (de calles) crossroads.

crucero [kruθéro] *s. m., Náut.* (viaje) cruise.

crucificar [kruθifikár] *v. tr.* (en una cruz) to crucify.

crucifijo [kruθifiχo] *s. m.* (cruz) crucifix.

crucigrama [kruθiɣráma] *s. m.* crossword; crossword puzzle.

crudeza [kruðéθa] *s. f.* **1.** (de alimento) rawness. **2.** (rudeza) crudeness.

crudo, -da [krúðo] *adj.* **1.** (sin cocinar) raw. **2.** (sin refinar) crude.

cruel [kruél] *adj.* cruel.

crujir [kruχír] *v. intr.* **1.** (puerta) to creak. **2.** (papel) to rustle.

cruz [krúθ] *s. f.* **1.** cross. **2.** (de un moneda) tails *pl.*

cruzar [kruθár] *v. tr.* to cross.

cuaderno [kwaðérno] *s. m.* **1.** (de notas) notebook. **2.** (de ejercicios) exercise book.

cuadra [kwáðra] *s. f.* **1.** stable. **2.** *Amér.* (manzana de casas) block (of houses).

cuadrado, -da [kwaðráðo] *adj., Mat.* square.

cuadrícula [kwaðríkula] *s. f.* grid; squares *pl.*

cuadrilla [kwaðríʎa] *s. f.* **1.** quadrille. **2.** (grupo) group. **3.** (de jóvenes, ladrones) band.

cuadro [kwáðro] *s. m.* **1.** (pintura) painting. **2.** (grabado) picture. **3.** *Mat.* square.

cuádruple [kwáðruple] *sust. num. mult.* (también adj.) quadruple; four times.

cuajada [kwaɣáða] *s. f., Gastr.* curd; junket.

cuajar [kwaɣár] *v. tr.* **1.** (leche, salsa) to curd; to curdle. **2.** (flan, yogur) to set.

cual [kwál] *conj. comp., lit.* like. ‖ **cada** ~ everyone; each.

cuál [kwál] *pron. int.* which (¿Cuáles son tus colores favoritos? *Which are your favorite colors?*)

cualidad [kwaliðáð] *s. f.* **1.** (virtud, aptitud) quality; attribute. **2.** (característica) characteristic.

cualquier [kwalkjér] *adj. indef.* any.

cualquiera [kwalkjéra] *adj. indef.* **1.** any. ‖ *pron. indef.* **2.** anyone. **3.** (de dos) either.

cuando [kwándo] *conj. t.* **1.** when. ‖ *conj. cond.* **2.** if. ‖ *conj. advers.* **3.** when.)

cuándo [kwándo] *adv. int.* **1.** when. ‖ *s. m.* **2.** when. ‖ *adv. excl.* **3.** when.

cuanto, -ta [kwánto] *pron. rel.* everything; whatever.

cuánto [kwánto] *pron. excl.* **1.** what a lot of. ‖ *pron. int.* (también pron. excl.) **2.** (singular) how much. **3.** (plural) how many. ‖ *pron. int. n.* **4.** how long…?

cuarenta [kwarénta] *adj. num. card. inv.* (también pron. num. y s. m.) **1.** forty. ‖ *adj. num. ord. inv.* (también pron. num.) **2.** fortieth; forty.

cuarentena [kwarenténa] *s. f., Med.* quarantine.

cuartel [kwartél] *s. m.* **1.** barracks. **2.** (residencia de oficiales) quarters.

cuartilla [kwartíʎa] *s. f.* (hoja) sheet of paper.

cuarto, -ta [kwárto] *adj. num. ord.* (también pron. num.) **1.** fourth; four. ‖ *adj. num. fracc.* (también s. m. y f.) **2.** quarter. ‖ *s. m.* **3.** room.

cuatro [kwátro] *adj. num. card. inv.* (también pron. num. y s. m.) **1.** four. ‖ *adj. num. ord. inv.* (también pron. num.) **2.** fourth; four.

cuatrocientos, -tas [kwatroθjéntos] *adj. num. card. inv.* (también pron. num. y s. m.) four hundred.

cuba [kúβa] *s. f.* cask; barrel.

cubalibre [kuβalíβre] *s. m.* (bebida alcohólica) rum and coke.

cubierta [kuβjérta] *s. f.* **1.** cover; covering. **2.** *Arq.* (tejado) roof.

cubo [kúβo] *s. m.* **1.** bucket; pail. **2.** *Mat.* cube.

cubrir [kuβrír] *v. tr.* **1.** to cover. **2.** (con líquido, rebozar) to coat. **3.** (plaza vacante) to fill. **4.** (un edificio) to roof.

cucaracha [kukarátʃa] *s. f.*, *Zool.* cockroach; roach *fam.*

cuchara [kutʃára] *s. f.* spoon.

cucharón [kutʃarón] *s. m.* ladle.

cuchilla [kutʃíʎa] *s. f.* **1.** knife. **2.** (de arma blanca) blade.

cuchillo [kutʃíʎo] *s. m.* knife.

cuco, -ca [kúko] *adj. s. f.* *fam.* **1.** (bonito) nice. **2.** (astuto) crafty.

cucurucho [kukurútʃo] *s. m.* **1.** (de papel) cone. **2.** (de helado) ice cream. **3.** (barquillo) ice-cream cone.

cuello [kwéʎo] *s. m.* **1.** *Anat.* neck. **2.** (de una prenda) collar.

cuenca [kwénka] *s. f.* **1.** *Anat.* (del ojo) socket. **2.** *Geogr.* (de un río) basin.

cuenco [kwénko] *s. m.* (recipiente) bowl; container.

cuenta [kwénta] *s. f.* **1.** bead. **2.** (cálculo) count. **3.** (factura) bill *Br. E.* **4.** *Econ.* (en un banco, comercio) account.

cuento [kwénto] *s. m.* **1.** (para niños) tale. **2.** *Lit.* (narración corta) short story.

cuerda [kwérða] *s. f.* **1.** string. **2.** *Anat.* cord. **3.** *Mat.* chord.

cuerno [kwérno] *s. m.* **1.** horn. **2.** (ciervo) antler.

cuero [kwéro] *s. m.* **1.** (piel de animal) leather. **2.** (de persona) skin.

cuerpo [kwérpo] *s. m.*, *Anat.* body.

cuesta [kwésta] *s. f.* slope; hill.

cuestión [kwestjón] *s. f.* **1.** (pregunta) question. **2.** (asunto) matter.

cueva [kwéβa] *s. f.* cave.

cuidado [kwjðáðo] *s. m.* **1.** care; carefulness. **2.** precaution. ‖ ¡ ~ ! *interj.* **3.** look out!

cuidar [kwjðár] *v. tr.* **1.** to care for. **2.** *Med.* (pacientes) to nurse.

culebra [kuléβra] *s. f.*, *Zool.* (reptil) snake.

culo [kúlo] *s. m.*, *Anat.* (trasero) bottom *fam.*; ass *Am. E.*, *vulg.*

culpa [kúlpa] *s. f.* **1.** (error) fault. **2.** *Der.* guilt. **3.** (responsabilidad) blame. **4.** (pecado) sin.

culpar [kulpár] *v. tr.* to blame.

cultivar [kultiβár] *v. tr.* **1.** *Agr.* (campo, tierras) to farm. **2.** (campo, amistad) to cultivate. **3.** (plantas) to grow.

culto, -ta [kúlto] *adj.* **1.** (persona, pueblo) cultured; educated. **2.** (cultivado) cultivated.

cultura [kultúra] *s. f.* culture.

cumbre [kúmbre] *s. f.* **1.** (de una montaña) summit; top. **2.** (culminación) pinnacle *fig.*

cumpleaños [kumpleáɲos] *s. m. inv.* birthday. ‖ **¡feliz ~ !** happy birthday!

cumplimentar [kumplimentár] *v. tr.* **1.** (rellenar) to fulfill *Am. E.* **2.** (felicitar) to congratulate.

cumplir [kumplír] *v. tr.* **1.** (realizar) to fulfill *Am. E.;* to perform. **2.** (una promesa) to keep. **3.** (años) to be.

cuna [kúna] *s. f.* **1.** (tradicional) cradle. **2.** (con barandas) crib *Am. E.* **3.** *fig.* (inicio) origin.

cundir [kundír] *v. intr.* (extenderse) to spread.

cuneta [kunéta] *s. f.* (zanja) ditch.

cuñado, -da [kuɲáðo] *s. m.* **1.** brother-in-law. ‖ **cuñada** *s. f.* **2.** sister-in-law.

cuota [kwóta] *s. f.* **1.** (de un club o asociación) membership fees. **2.** (porción) quota; share.

cúpula [kúpula] *s. f., Arq.* dome; cupola.

cura [kúra] *s. m.* **1.** *Rel.* (sacerdote) priest. ‖ *s. f.* **2.** *Med.* cure.

curación [kuraθjón] *s. f.* **1.** (cura) cure. **2.** (de una herida) healing.

curar [kurár] *v. tr.* **1.** (sanar; carne, pescado) to cure. **2.** (enfermedad) to treat. ‖ *v. intr.* **3.** (herida) to heal.

curiosear [kurjoseár] *v. intr.* (en asuntos ajenos) to pry.

cursar [kursár] *v. tr.* **1.** (estudiar) to study; to attend a course. **2.** (enviar, tramitar) to send.

cursi [kúrsi] *adj.* **1.** *fam.* (ridículo) pretentious *fam.* **2.** (ostentoso) flashy.

curso [kúrso] *s. m.* **1.** (escolar) course. **2.** (de un río) course.

curva [kúrβa] *s. f.* **1.** curve. **2.** (en carretera) bend.

cúspide [kúspiðe] *s. f.* **1.** *Geogr.* (de una montaña) top; summit. **2.** (culminación) peak *fig.*

custodia [kustóðja] *s. f.* **1.** (tutela, vigilancia) custody.

custodiar [kustoðjár] *v. tr.* (proteger, guardar) to guard.

cutis [kútis] *s. m. inv.* (piel de la cara) skin; complexion.

cuyo, -ya [kújo] *pron. rel.* whose.

D

d [dé] *s. f.* (letra) d.

dado [dáðo] *s. m.* **1.** (para juegos) die *frml.* ‖ **dados** *s. m. pl.* **2.** dice.

daga [dáɣa] *s. f.* dagger.

dama [dáma] *s. f.* **1.** *form.* (señora) lady. **2.** (en ajedrez, naipes) queen. ‖ **damas** *s. pl.* **3.** (juego) checkers *Am. E.;* draughts *Br. E.*

damnificar [dannifikár] *v. tr.* **1.** (personas) to hurt; to harm. **2.** (cosas) to damage.

danza [dánθa] *s. f.* (baile) dance.

danzar [danθár] *v. tr.* to dance.

dañar [daɲár] *v. tr.* **1.** (cosas) to damage. **2.** (personas) to hurt.

daño [dáɲo] *s. m.* **1.** (material) damage. **2.** (a persona) hurt; harm; injury.

dar [dár] *v. tr.* **1.** (consejos, recuerdos; conceder) to give. **2.** (entregar algo) to hand out. **3.** (el gas, la luz, etc.) to turn on.

dardo [dárðo] *s. m.* dart.

datar [datár] *v. tr.* to date.

dátil [dátil] *s. m., Bot.* (fruto) date.

dato [dáto] *s. m.* **1.** fact; datum. ‖ **datos** *s. m. pl.* **2.** data.

de [dé] *prep.* **1.** (origen) from. **2.** (relación, material, contenido) of. **3.** (descripción) in. **4.** (sobre) of.

debajo [deβáχo] *adv. l.* below; underneath.

debate [deβáte] *s. m.* **1.** debate. **2.** (más informal) discussion.

debatir [deβatír] *v. tr.* **1.** (discutir) to debate. **2.** (más informal) to discuss.

deber [deβér] *s. m.* **1.** (obligación) duty. **2.** (responsabilidad) responsibility. ‖ *v. tr.* **3.** (dinero, favor, etc.) to owe. **4.** (en presente y futuro) must. **5.** (en condicional) ought to. ‖ *v. aux.* **6.** (probabilidad) must. **7.** (obligación) must. ‖ **deberes** *s. m. pl.* **8.** homework *sing.*

débil [déβil] *adj.* (flojo) weak.

debilidad [deβiliðáð] *s. f.* **1.** (física) debility. **2.** (de personalidad) weakness.

debilitar [deβilitár] *v. tr.* **1.** to weaken; to debilitate. ‖ **debilitarse** *v. prnl.* **2.** to weaken; to grow weak.

década [dékaða] *s. f.* decade.

decaer [dekaér] *v. intr.* **1.** (imperio, civilización) to decay. **2.** (debilitarse) to weaken.

decaído, -da [dekaíðo] *adj.* low; down [Últimamente estoy decaída; todo me sale mal. *I feel down lately, everything goes wrong.*]

decano, -na [dekáno] *s. m.* (Universidad) dean.

decapitar [dekapitár] *v. tr.* (descabezar) to behead.

decena [deθéna] *s. f., Mat.* ten.

decencia [deθénθja] *s. f.* **1.** (decoro) decency. **2.** (honradez) honesty.

decepcionar [deθepθjonár] *v. tr.* (desilusionar) to disappoint.

decidir [deθiðír] *v. tr.* **1.** (resolver) to decide. **2.** (fijar, acordar) to determine.

decimal [deθimál] *adj. y s. m.* decimal.

décimo, -ma [déθimo] *adj. num. ord.* (también pron. num.) **1.** tenth; ten. ‖ *adj. num. fracc.* (también s. m.) **2.** tenth. ‖ *s. m.* **3.** (de lotería) tenth share of a lottery ticket.

decir[1] [deθír] *s. m.* saying.

decir[2] [deθír] *v. tr.* **1.** (expresar) to say. **2.** (contar) to tell. **3.** (hablar) to talk.

decisión [deθisjón] *s. f.* **1.** (resolución) decision. **2.** (firmeza de carácter) resolution.

decisivo, -va [deθisíβo] *adj.* **1.** (resultado, momento) decisive. **2.** (prueba) conclusive.

declaración [deklaraθjón] *s. f.* **1.** declaration. **2.** (afirmación) statement.

declarar [deklarár] *v. tr.* **1.** to declare. **2.** (afirmar) to state. ‖ *v. intr.* **4.** to declare. **5.** *Der.* (testificar) to testify *frml.*

declinar [deklinár] *v. tr.* **1.** (rechazar) to decline; to refuse. **2.** *Ling.* to decline. ‖ *v. intr.* **3.** (decaer) to decline.

declive [deklíβe] *s. m.* (del terreno) slope; incline *frml.*

decorar [dekorár] *v. tr.* (adornar) to decorate.

decoro [dekóro] *s. m.* **1.** (pudor) decorum. **2.** (dignidad) decency.

dedal [deðál] *s. m.* thimble.

dedicar [deðikár] *v. tr.* **1.** (ofrecer) to dedicate. **2.** (tiempo, esfuerzos) to devote.

dedo [déðo] *s. m.* **1.** *Anat.* (de la mano) finger. **2.** *Anat.* (del pie) toe.

deducir [deðuθír] *v. tr.* **1.** (inferir) to deduce. **2.** *Econ.* to deduct.

defecto [defékto] *s. m.* **1.** fault. **2.** (imperfección) defect.

defender [defendér] *v. tr.* **1.** to defend. **2.** (proteger) to protect.

defensa [defénsa] *s. f.* defense.

deficiente [defiθjénte] *adj.* **1.** deficient; faulty. **2.** (insuficiente) insufficient.

definir [definír] *v. tr.* to define.

definitivo, -va [definitíβo] *adj.* definitive; final.

deformar [deformár] *v. tr.* **1.** to deform. **2.** (cara) to disfigure.

defraudar [defrawðár] *v. tr.* **1.** (decepcionar) to disappoint. **2.** (estafar) to defraud; to cheat.

defunción [defuɲθjón] *s. f.* (muerte) death; demise *frml.*

degenerar [deχenerár] *v. intr.* (ir a peor) to degenerate.

degollar [deɣoʎár] *v. tr.* **1.** (cortar la garganta) to slit the throat. **2.** (decapitar) to behead.

degradar [deɣraðár] *v. tr.* **1.** (humillar) to degrade. ‖ **degradarse** *v. prnl.* **2.** (humillarse) to demean oneself.

dehesa [deésa] *s. f.* meadow; pasture.

dejar [deχár] *v. tr.* **1.** to leave. **2.** (familia) to abandon. **3.** (permitir) to let. **4.** (prestar) to lend. **5.** (trabajo) to quit.

del [dél] *contr. prep. art. determ.* (de + el) of the.

delantal [delantál] *s. m.* **1.** (para cocinar) apron. **2.** (de escolar) pinafore.

delante [delánte] *adv. l.* in front; ahead. ‖ ~ **de** in front of; before.

delatar [delatár] *v. tr.* to denounce.

delegación [deleɣaθjón] *s. f.* **1.** (grupo) delegation. **2.** (oficina) branch.

deleite [deléjte] *s. m.* delight.

deletrear [deletreár] *v. tr.* to spell.

delfín [delfín] *s. m.*, *Zool.* dolphin.

delgadez [delɣaðéθ] *s. f.* **1.** (flacura) thinness. **2.** (esbeltez) slenderness.

delgado, -da [delɣáðo] *adj.* **1.** (flaco) thin. **2.** (esbelto) slim.

deliberar [deliβerár] *v. tr.* to deliberate.

delicadeza [delikaðéθa] *s. f.* delicacy; daintiness.

delicia [delíθja] *s. f.* (goce) delight; pleasure.

delicioso, -sa [deliθjóso] *adj.* **1.** (comida) delicious. **2.** (día, clima) delightful.

delirar [delirár] *v. intr.* (desvariar) to be delirious.

delirio [delírjo] *s. m.* **1.** *Med.* delirium; madness. **2.** frenzy *fam.*

delito [delíto] *s. m.* crime; offense.

demanda [demánda] *s. f.* **1.** demand. **2.** (petición) petition.

demandar [demandár] *v. tr.* **1.** (pedir) to demand. **2.** *Der.* (denunciar) to sue.

demás [demás] *adj. indef.* other.

demasiado, -da [demasjáðo] *adj. indef.* (también pron. indef.) **1.** too much (uncount. n.); too many (count. n.). ‖ *adv. cant.* **2.** (+ adj.) too. **3.** too much.

demencia [deménθja] *s. f.* (locura) madness; insanity.

demente [deménte] *adj.* (loco) demented; insane.

democracia [demokráθja] *s. f.,* Polít. democracy.

demoler [demolér] *v. tr.* **1.** (destruir) to demolish. **2.** (edificio) to pull down.

demonio [demónjo] *s. m.* devil.

demora [demóra] *s. f.* delay.

demostrar [demostrár] *v. tr.* **1.** to demonstrate. **2.** (probar) to prove. **3.** (interés) to show.

denegar [deneyár] *v. tr.* **1.** (rechazar) to refuse; to decline. **2.** (negar) to deny.

denominación [denominaθjón] *s. f.* denomination; name.

denominar [denominár] *v. tr.* (nombrar) to name.

denotar [denotár] *v. tr.* (indicar) to denote; to indicate.

densidad [densiðáð] *s. f., Fís.* (líquido, material) density; thickness.

denso, -sa [dénso] *adj.* (compacto) dense; thick.

dentado [dentáðo] *adj.* toothed.

dentadura [dentaðúra] *s. f.* teeth.

dentera [dentéra] *s. f.* (envidia) envy *fam.* ‖ **dar ~** (sensación desagradable) to set one's teeth on edge.

dentista [dentísta] *s. m. y f.* (odontólogo) dentist.

dentro [déntro] *adv.* **1.** (en el espacio) in; inside; indoors. **2.** (de límites, posibilidades) within.

denunciar [denunθjár] *v. tr.* **1.** (delito) to report. **2.** (condenar) to denounce.

deparar [deparár] *v. tr.* **1.** (proveer) to provide. **2.** (ofrecer) to present.

departamento [departaménto] *s. m.* **1.** (de un empresa, institución) department. **2.** (ferrocarril) compartment.

depender [dependér] *v. intr.* to depend.

dependiente [dependjénte] *s. m. y f.* shop assistant.

depilar [depilár] *v. tr.* to depilate; to wax.

deplorar [deplorár] *v. tr.* to deplore; to lament; to regret deeply.

deponer [deponér] *v. tr.* **1.** (un lider) to depose; to overthrow. **2.** (dejar) to abandon.

deportar [deportár] *v. tr.* (desterrar) to deport.

deporte [depórte] *s. m.* sport.

deportista [deportísta] *adj.* **1.** sporty. ‖ *s. m.* **2.** (atleta) sportsman. ‖ *s. f.* **3.** sportswoman.

depositar [depositár] *v. tr.* **1.** Econ. to deposit. **2.** (colocar) to place; to put.

depósito [depósito] *s. m.* **1.** Econ. (bancario) deposit. **2.** (almacén) store; warehouse. **3.** (de agua, gasolina) tank.

depreciar [depreθjár] *v. tr.* (devaluar) to depreciate.

deprimir [deprimír] *v. tr.* **1.** to depress. ‖ **deprimirse** *v. prnl.* **2.** to be depressed.

deprisa [deprísa] *adv.* **1.** fast. ‖ ¡ ~ ! *interj.* **2.** quick! ‖ **ir ~** to rush.

depurar [depurár] *v. tr.* (agua) to purify; to depurate.

derecha [derétʃa] *s. f.* **1.** (mano) right hand. **2.** (lugar) right.

derecho, -cha [derétʃo] *adj.* **1.** (de la derecha) right. **2.** (recto, erguido) upright. **3.** (de pie) standing.

derivar [deriβár] *v. tr.* **1.** to derive. **2.** (cambiar de dirección) to direct.

derramar [deřamár] *v. tr.* **1.** (líquido) to spill; to pour. **2.** (lágrimas) to weep.

derretir [deřetír] *v. tr.* **1.** to melt. **2.** (hielo, nieve) to thaw.

derribar [deřiβár] *v. tr.* (edificio, muro) to demolish.

derrochar [deřotʃár] *v. tr.* to waste; to squander.

derroche [deřótʃe] *s. m.* **1.** (de dinero, de bienes) waste. **2.** (exceso) extravagance.

derrotar [deřotár] *v. tr.* (vencer) to defeat; to rout.

derrumbar [deřumbár] *v. tr.* (demoler) to demolish.

desabrochar [desaβrotʃár] *v. tr.* to unbutton; to unfasten.

desaconsejar [desakonseχár] *v. tr.* to dissuade; to advise against.

desacreditar [desakreðitár] *v. tr.* **1.** to discredit. **2.** (menospreciar) to disparage.

desactivar [desaktiβár] *v. tr.* (neutralizar) to deactivate.

desacuerdo [desakwérðo] *s. m.* (conflicto) disagreement.

desafiar [desafiár] *v. tr.* **1.** (a una persona) to challenge. **2.** (un peligro) to defy.

desafinar [desafinár] *v. tr.* **1.** to play out of tune. ‖ *v. intr.* **2.** (instrumento) to be out of tune.

desafío [desafío] *s. m.* **1.** (reto) challenge. **2.** (duelo) duel.

desafortunado, -da [desafortunáðo] *adj.* **1.** (persona) unlucky. **2.** (suceso) unfortunate.

desagradable [desaɣraðáβle] *adj.* disagreeable; unpleasant.

desagradar [desaɣraðár] *v. intr.* (disgustar) to displease.

desagüe [desáɣue] *s. m.* **1.** (acción) drainage. **2.** (de un patio, etc) outlet; drain.

desahogado, -da [desaoɣáðo] *adj.* **1.** (espacioso) roomy. **2.** (posición económica) comfortable.

desahuciar [desawθjár] *v. tr.* **1.** (desalojar a un inquilino) to evict; to give someone notice to quit *Am. E.* **2.** (quitar esperanzas) to deprive of hope.

desairar [desajrár] *v. tr.* (menospreciar) to slight; to snub.

desalentar [desalentár] *v. tr.* to discourage *fig.*; to dishearten, *fig.*

desalojar [desaloχár] *v. tr.* **1.** (inquilino) to evict. **2.** (personas) to dislodge.

desamparar [desamparár] *v. tr.* (abandonar) to abandon; to desert.

desandar [desandár] *v. tr.* to retrace.

desangrar [desaŋgrár] *v. tr.*, *Med.* to bleed.

desanimar [desanimár] *v. tr.* **1.** to discourage; to dishearten. ‖ **desanimarse** *v. prnl.* **2.** to become discouraged.

desaparecer [desapareθér] *v. intr.* **1.** to disappear. **2.** (disipar) to dissipate.

desaprovechar [desaproβetʃár] *v. tr.* (tiempo, dinero) to waste.

desarrollar [desaroʎár] *v. tr.* to develop.

desastre [desástre] *s. m.* disaster.

desastroso, -sa [desastróso] *adj.* disastrous; unsuccessful.

desatar [desatár] *v. tr.* **1.** to untie; to unfasten. **2.** (ira, violencia) to loose. ‖ **desatarse** *v. prnl.* **4.** (soltarse) to loosen.

desatascar [desataskár] *v. tr.* (desatrancar) to unblock; to clear.

desatender [desatendér] *v. tr.* (no prestar atención) to disregard; to ignore.

desatornillar [desatorniʎár] *v. tr.* to unscrew.

desayunar [desaʝunár] *v. intr.* to have breakfast.

desayuno [desaʝúno] *s. m.* (por la mañana) breakfast.

desbandada [desβandáða] *s. f.* (estampida) stampede.

desbarajuste [desβaraχúste] *s. m.* (desorden) confusion.

desbaratar [desβaratár] *v. tr.* (arruinar) to ruin.

desbordar [desβorðár] *v. tr. e intr.* **1.** to overflow. ‖ **desbordarse** *v. prnl.* **2.** (derramarse) to overflow; to flood.

descafeinado, -da [deskafejnáðo] *adj.* **1.** decaffeinated. **2.** *fig.* diluted. ‖ *s. m.* **3.** (café) decaffeinated coffee.

descalabrar [deskalaβrár] *v. tr.* to wound in the head.

descalificar [deskalifikár] *v. tr.* (desacreditar) to disqualify.

descalzar [deskalθár] *v. tr.* **1.** (a alguien) to take off sb's shoes. ‖ **descalzarse** *v. prnl.* **2.** to take off one's shoes.

descansar [deskansár] *v. tr.* **1.** to rest. **2.** (dormir) to sleep.

descanso [deskánso] *s. m.*
1. rest; break. **2.** (alivio) relief.

descarado, -da [deskaráðo]
adj. **1.** (insolente) cheeky.
2. (desvergonzado, atrevido)
shameless.

descargar [deskarvár] *v. tr.*
1. (mercancías) to unload. **2.**
(arma) to fire.

descaro [deskáro] *s. m.* **1.** (des-
vergüenza) cheek; imprudence.
2. (atrevimiento) audacity.

descarrilar [deskařilár] *v. intr.*
(tren) to derail.

descendencia [desθendénθja]
s. f. **1.** (hijos) offspring. **2.** (origen) descent.

descender [desθendér] *v. intr.*
to descend *frml.*; to come down.

descenso [desθénso] *s. m.*
1. (desde una altura) descent.
2. (de la temperatura) fall;
drop.

descodificar [deskoðifikár]
v. tr. to decode; to decipher.

descolgar [deskolvár] *v. tr.* **1.** to
take down. **2.** (cortinas, cua-
dros) to unhook.

descolorido, -da [deskoloríðo]
adj. **1.** (desteñido) faded.
2. (que pierde color) discolored.

descomponer [deskomponér]
v. tr. **1.** to decompose. ‖ **descomponerse** *v. prnl.* **2.** (cadáver, alimento) to decompose.

desconcertar [deskonθertár]
v. tr. **1.** to disconcert. **2.** (desorientar) to confuse.

desconectar [deskonektár] *v. tr.*
1. (televisión, luz) to switch off
fam.; to turn off. **2.** (interrumpir)
to disconnect.

desconfiado, -da [deskomfiáðo]
adj. (receloso) distrustful.

desconfiar [deskomfiár] *v. intr.*
(recelar) to distrust; to mistrust.

desconocido, -da [deskonoθíðo]
adj. **1.** unknown. **2.** (muy cam-
biado) unrecognizable *fam.*
‖ *s. m. y f.* **3.** unknown.

descontar [deskontár] *v. tr.* to
discount.

descontrol [deskontról] *s. m.*
1. (desorden) chaos; disorder.
2. (falta de mesura) recklessness.

descorrer [deskořér] *v. tr.* (cortinas, un cerrojo) to draw.

descortés [deskortés] *adj.* dis-
courteous *frml.*; impolite; rude.

describir [deskriβír] *v. tr.* to describe.

descuartizar [deskwartiθár]
v. tr. (cortar en trozos) to quarter.

descubierto, -ta [deskuβjérto]
adj. **1.** (encontrado) discovered.
2. (sin cubierta) uncovered.

descubrir [deskuβřír] *v. tr.* **1.** to
discover. **2.** (conspiración) to
uncover. **3.** (enterarse) to find
out; to discover.

descuento [deskwénto] *s. m.*
1. (rebaja) discount. **2.** (del sueldo) deduction.

descuidado, -da [deskwiðáðo]
adj. (negligente) careless.

descuidar [deskwiðár] *v. tr.* to
neglect; to overlook.

descuido [deskwíðo] *s. m.* **1.** (falta de cuidado) negligence; carelessness. **2.** (distracción) oversight; mistake.

desde [désðe] *prep.* **1.** (en el
tiempo) since; from. **2.** (en el espacio) from. **3.** (perspectiva)
from.

desdecir [desðeθír] *v. intr.* (desmentir) to deny.

desdén [desðén] *s. m.* (desprecio) disdain; scorn; contempt.

desdicha [desðítʃa] *s. f.* **1.** (desgracia) misfortune. **2.** (infelicidad) unhappiness.

desdoblar [desðoβlár] *v.* **1.** (extender) to unfold. **2.** (duplicar)
to split.

desear [deseár] *v. tr.* **1.** (con pasión) to desire. **2.** (querer) to
want. **3.** (anhelar) to wish.

desechable [desetʃáβle] *adj.*
disposable; throwaway.

desechar [desetʃár] *v. tr.* **1.** (renunciar) to refuse; to reject.
2. (tirar) to throw out.

desembalar [desembalár] *v. tr.*
(desempaquetar) to unpack.

desembarcar [desembarkár]
v. tr. **1.** (mercancías) to unload.
‖ *v. tr., intr. y prnl.* **2.** (pasajeros) to disembark.

desembocar [desembokár]
v. intr. **1.** (río) to flow. **2.** (calle)
to lead to.

desembolso [desembólso] *s. m.*
(pago) payment; outlay.

desempeñar [desempeñár]
v. tr. **1.** (recuperar lo empeñado) to redeem. **2.** (cumplir una
obligación, un deber) to fulfill.

desempleo [desempléo] *s. m.*
(paro) unemployment.

desencadenar [deseŋkaðenár]
v. tr. **1.** to unchain; to unshackle.
2. (desatar) to unleash.

desencajar [deseŋkaxár] *v. tr.*
1. *Mec.* to take apart. **2.** (mandíbula) to dislocate.

desencanto [deseŋkánto] *s. m.*
(desilusión) disenchantment;
disappointment.

desenchufar [desentʃufár] *v. tr.,*
Electrón. (desconectar) to unplug; to disconnect.

desenfundar [desemfundár]
v. tr. (un arma) to draw.

desenganchar [deseŋgantʃár]
v. tr. **1.** (soltar) to unhook.
‖ **desengancharse** *v. prnl.*
2. *slang.*to come off drugs.

desengañar [deseŋgañár] *v. tr.*
1. to undeceive *lit.* **2.** (quitar la

ilusión) to disillusion. ‖ **desengañarse** v. prnl. **3.** (decepcionarse) to become disillusioned.

desengrasar [desengrasár] v. tr. to remove the grease from.

desenmascarar [desemmaskarár] v. tr. **1.** to unmask. **2.** (estafador, culpable) to expose.

desenredar [desenřeðár] v. tr. **1.** (lío) to straighten out. **2.** (pelo, lana) to disentangle.

desenterrar [desenteřár] v. tr. **1.** to dig up. **2.** (hueso, tesoro) to unearth.

desenvolver [desembolβér] v. tr. **1.** (paquete) to unwrap. **2.** (hechos, sucesos) to disentangle; to develop.

deseo [deséo] s. m. desire; wish.

desequilibrar [desekiliβrár] v. tr. to unbalance.

desertar [desertár] v. intr. **1.** Mil. to desert. **2.** (abandonar obligaciones) to abandon.

desesperar [desesperár] v. tr. **1.** to exasperate. ‖ v. intr. **2.** to despair. ‖ **desesperarse** v. prnl. **3.** to become exasperated.

desestimar [desestimár] v. intr. **1.** (menospreciar) to underestimate. **2.** (propuesta, petición, recurso) to reject.

desfallecer [desfaλeθér] v. intr. **1.** (debilitarse) to weaken. **2.** (desvanecerse) to faint.

desfase [desfáse] s. m. imbalance.

desfigurar [desfivurár] v. tr. **1.** (cara) to disfigure. **2.** (cuerpo) to deform.

desfiladero [desfilaðéro] s. m., Geogr. defile; gorge; notch Am. E.

desfilar [desfilár] v. intr., Mil. to parade; to march past.

desgana [desvána] s. f. **1.** (inapetencia) lack of appetite. **2.** (falta de entusiasmo) boredom.

desgarrar [desvařár] v. tr. (romper) to tear; to rend.

desgastar [desvastár] v. tr. **1.** (consumir) to wear out. **2.** (deteriorar) to wear down.

desgracia [desvráθja] s. f. misfortune frml.; mishap.

deshabitado, -da [desaβitáðo] adj. **1.** (región) uninhabited. **2.** (edificio) unoccupied.

deshacer [desaθér] v. tr. **1.** (paquete) to undo. **2.** (destruir) to destroy. **3.** (derretir) to melt.

desheredar [desereðár] v. tr. to disinherit.

deshidratar [desiðratár] v. tr. **1.** to dehydrate. ‖ **deshidratarse** v. prnl. **2.** to become dehydrated.

deshinchar [desintʃár] v. tr. (globo, balón) to deflate.

desidia [desíðja] s. f. (apatía) apathy; laziness.

desierto, -ta [desjérto] *adj.*
1. (paisaje) bleak. **2.** (calle, pueblo) deserted.‖ *s. m.* **3.** *Geogr.* desert.

designar [designár] *v. tr.* **1.** to designate. **2.** (nombrar) to name. **3.** (indicar) to point out.

desilusionar [desilusjonár] *v. tr.* **1.** to disillusion. **2.** (decepcionar) to disappoint.

desinfectar [desiɱfektár] *v. tr.* (esterilizar) to disinfect.

desinflar [desiɱflár] *v. tr.* (deshinchar) to deflate.

desinterés [desinterés] *s. m.* **1.** (altruismo) unselfishness. **2.** (objetividad) disinterestedness.

desligar [desliɣár] *v. tr.* **1.** (desatar) to untie. **2.** (separar) to separate. ‖ **desligarse** *v. prnl.* **3.** to extricate.

deslumbrar [deslumbrár] *v. tr.* **1.** to dazzle. **2.** (cegar) to blind.

desmayarse [desmaʝárse] *v. prnl.* to lose consciousness.

desmayo [desmáʝo] *s. m.* faint.

desmedido, -da [desmeðíðo] *adj.* (desmesurado) excessive.

desmentir [desmentír] *v. tr.* **1.** to deny. **2.** (contradecir) to belie; to contradict.

desmenuzar [desmenuθár] *v. tr.* **1.** (deshacer) to crumble. **2.** (pollo) to shred.

desmerecer [desmereθér] *v. tr.* (alabanza, recompensa) to be unworthy of.

desmontar [desmontár] *v. tr.* **1.** to dismount. **2.** (mueble) to take apart.

desmoralizarse [desmoraliθárse] *v. prnl.* to get demoralized.

desnatar [desnatár] *v. tr.* to skim.

desnudar [desnuðár] *v. tr.* **1.** to undress; to strip; to desintegrate. ‖ **desnudarse** *v. prnl.* **2.** to undress; to get undressed.

desnudo, -da [desnúðo] *adj.* (cuerpo) naked; nude.

desobedecer [desoβeðeθér] *v. tr.* (contravenir) to disobey.

desocupado, -da [desokupáðo] *adj.* **1.** (vacío) vacant; unoccupied. **2.** (ocioso) free. **3.** (sin trabajo) unemployed.

desocupar [desokupár] *v. tr.* **1.** (armario) to empty. **2.** (casa, habitación) to vacate.

desodorante [desoðoránte] *adj. y s. m.* deodorant.

desoír [desoír] *v. tr.* to ignore.

desolación [desolaθjón] *s. f.* **1.** (aflicción) desolation. **2.** *fig.* (pena) grief.

desorbitado, -da [desorβitáðo] *adj.* (exagerado) exorbitant.

desorden [desórðen] *s. m.* **1.** (desarreglo) disorder; mess. **2.** (disturbio) riot.

desorganizar [desorɣaniθár] *v. tr.* to disorganize; to disrupt.

desorientar [desorjentár] *v. tr.* **1.** (extraviar) to mislead. **2.** (desconcertar) to confuse.

despachar [despatʃár] *v. tr.* **1.** (resolver) to get through. **2.** (enviar) to send. **3.** (en una tienda) to serve.

despacho [despátʃo] *s. m.* **1.** (oficina) office. **2.** (en casa) study.

despacio [despáθjo] *adv.* **1.** (lentamente) slowly. || **¡ ~ !** *interj.* **2.** take it easy.

desparpajo [desparpáxo] *s. m., fam.* (desenvoltura) self-confidence.

desparramar [desparamár] *v. tr.* **1.** (esparcir) to scatter. **2.** (líquido) to spill.

despedazar [despeðaθár] *v. tr.* (descuartizar) to tear to pieces.

despedir [despeðír] *v. tr.* **1.** (del trabajo) to sack. **2.** (decir adiós) to say good-bye. || **despedirse** *v. prnl.* **5.** to say goodbye.

despegar [despeɣár] *v. tr.* **1.** to unstick. || *v. intr.* **2.** (avión) to take off.

despeinar [despejnár] *v. tr.* **1.** to mess up; to dishevel. || **despeinarse** *v. prnl.* **2.** to mess up one's hair.

despensa [despénsa] *s. f.* **1.** larder; pantry. **2.** *Náut.* storeroom.

desperdiciar [desperðiθjár] *v. tr.* to waste; to throw away.

desperdicio [desperðíθjo] *s. m.* **1.** waste. || **desperdicios** *s. m. pl.* **2.** (basura) rubbish *sing.*

desperdigar [desperðiɣár] *v. tr. y prnl.* to scatter; to separate. || **desperdigarse** *v. prnl.* **2.** (dispersarse) to separate.

desperfecto [desperfékto] *s. m.* **1.** (defecto) flaw; fault. **2.** (daño) damage.

despertador [despertaðór] *s. m.* (reloj) alarm clock.

despertar [despertár] *v. tr.* to wake up; to awake.

despiadado, -da [despjaðáðo] *adj.* **1.** (ataque, crítica) merciless; cruel. **2.** (persona) ruthless.

despilfarro [despilfáro] *s. m.* (derroche) wastefulness.

despistar [despistár] *v. tr.* **1.** (hacer perder la pista) to throw off the scent. **2.** *fig.* (confundir) to confuse; to bewilder.

despiste [despíste] *s. m.* **1.** (error) slip. **2.** (distracción) absentmindedness.

desplazamiento [desplaθamjénto] *s. m.* **1.** (viaje) journey. **2.** (traslado) move.

desplazar [desplaθár] *v. tr.* **1.** to displace. || **desplazarse** *v. prnl.* **2.** to move.

desplegar [despleɣár] *v. tr.* **1.** (abrir) to unfold; to open out. **2.** (extender) to spread.

desplomarse [desplomárse] *v. prnl.* to collapse; to break down.

desplumar [desplumár] *v. tr.* **1.** (ave) to pluck. **2.** *fig.* (estafar) to fleece; to rip off.

despoblar [despoβlár] *v. tr.* **1.** to depopulate. ‖ **despoblarse** *v. prnl.* **2.** to become depopulated.

despojar [despoχár] *v. tr.* **1.** (quitar) to strip. **2.** *fig.* (de bienes) to divest; to deprive.

despreciable [despreθiáβle] *adj.* despicable; contemptible.

despreciar [despreθiár] *v. tr.* **1.** (desdeñar) to despise; to scorn. **2.** (rechazar) to spurn. **3.** (menospreciar) to belittle.

desprender [desprendér] *v. tr.* **1.** (soltar) to loosen. **2.** (separar) to detach; to separate. ‖ **desprenderse** *v. prnl.* **3.** (soltarse) to come away.

desprestigiar [desprestiχiár] *v. tr.* **1.** (desacreditar) to discredit. ‖ **desprestigiarse** *v. prnl.* **2.** to lose prestige.

desprevenido, -da [despreβeníðo] *adj.* unprepared.

después [despwés] *adv. t.* later; later on; then; after; afterward; next. ‖ ~ **de** after. (indicando orden) next to. | (lugar) past.

despuntar [despuntár] *v. tr.* **1.** to blunt. ‖ *v. intr.* **2.** (planta) to sprout. **3.** (el día) to dawn.

desquiciar [deskiθiár] *v. tr.* **1.** (desajustar) to unhinge. **2.** *fig.* (trastornar) to upset.

desquitarse [deskitárse] *v. prnl.* (resarcirse) to get even with.

destacar [destakár] *v. tr. fig.* to emphasize; to point up.

destajo [destáχo] *s. m.* piecework. ‖ **a ~** (con afán) eagerly.

destapar [destapár] *v. tr.* **1.** (abrir) to open. **2.** *fig.* (descubrir) to uncover.

destello [destéʎo] *s. m.* **1.** (brillo) gleam. **2.** (de metal) glint.

desteñir [desteɲír] *v. tr.* **1.** to discolor; to fade. ‖ **desteñirse** *v. prnl.* **2.** (decolorarse) to lose color; to fade.

desterrar [desterár] *v. tr.* (expulsar) to exile; to banish.

destinar [destinár] *v. tr.* **1.** to destine *lit.* **2.** (asignar) to assign.

destino [destíno] *s. m.* **1.** (suerte) destiny. **2.** (rumbo) destination. **3.** (sino) fate; doom.

destituir [destituír] *v. tr.* (cesar) to dismiss. **2.** (a un presidente, dictador) to remove from office.

destornillador [destorniʎaðór] *s. m.* screwdriver.

destreza [destréθa] *s. f.* **1.** (habilidad) skill. **2.** (maña) dexterity.

destrozar [destroθár] *v. tr.* **1.** (romper) to destroy. **2.** (nervios, salud) to shatter.

destruir [destruír] *v. tr.* **1.** to destroy. **2.** *fig.* (figura, proyecto) to ruin. **3.** *fig.* (confianza) to shatter.

desunir [desunír] *v. tr.* to split.

desuso [desúso] *s. m.* disuse.

desvalido, -da [desβalíðo] *adj.* (indefenso) helpless; destitute.

desván [desβán] *s. m.* attic; loft.

desvanecer [desβaneθér] *v. tr.* **1.** (disipar) to dispel *fig.* ‖ **desvanecerse** *v. prnl.* **2.** (desmayarse) to swoon *lit.*

desvariar [desβariár] *v. intr.* (delirar) to talk nonsense; to rave.

desvelar¹ [desβelár] *v. tr.* **1.** (quitar el sueño) to keep awake. ‖ **desvelarse** *v. prnl.* **2.** to stay awake.

desvelar² [desβelár] *v. tr.* (descubrir) to reveal; to discover.

desventaja [desβentáxa] *s. f.* (inconveniente) disadvantage.

desviar [desβiár] *v. tr.* **1.** (tráfico, fondos) to divert. **2.** (golpe) to deflect. ‖ **desviarse** *v. prnl.* **3.** (de su curso) to deviate.

desvío [desβío] *s. m.* diversion.

desvivirse [desβiβírse] *v. prnl.* (esforzarse) to be completely devoted.

detallar [detaλár] *v. tr.* to detail.

detalle [detáλe] *s. m.* detail.

detective [detektíβe] *s. m. y f.* detective.

detener [detenér] *v. tr.* **1.** to stop; to halt. **2.** *Der.* to arrest; to detain. ‖ **detenerse** *v. prnl.* **3.** (parar) to stop.

detergente [deterxénte] *adj. y s. m.* detergent.

deteriorar [deteriorár] *v. tr.* (estropear) to spoil.

determinar [determinár] *v. tr.* **1.** to determine. **2.** (decide) to decide.

detestar [detestár] *v. tr.* to detest; to hate; to abhor *frml.*

detrás [detrás] *adv. l.* behind. ‖ **de ~** back. **~ de** behind; after.

deuda [déwða] *s. f., Econ.* debt.

devolver [deβolβér] *v. tr.* **1.** (restituir) to give back; to return. **2.** *Econ.* (reembolsar) to refund.

devorar [deβorár] *v. tr.* (con ansia) to devour.

día [día] *s. m.* day.

diablo [djáβlo] *s. m.* (demonio) devil; demon.

diagnosticar [djagnostikár] *v. tr., Med.* (una enfermedad) to diagnose.

dialecto [djalékto] *s. m.* dialect.

dialogar [djalovár] *v. intr.* (conversar) to have a conversation.

diálogo [diáloyo] *s. m.* dialogue.

diamante [djamáɲte] *s. m.* diamond.

diana [djána] *s. f.* **1.** *Mil.* reveille. **2.** *Dep.* target. **3.** (para dardos) dartboard.

diapositiva [djaposiúβa] *s. f., Fot.* slide; transparency.

diario, -ria [djárjo] *adj.* **1.** daily; everyday. ‖ *s. m.* **2.** (libro personal) diary. **3.** (periódico) newspaper. ‖ **a ~ loc.** every day.

dibujar [diβuxár] *v. tr.* (trazar) to draw; to sketch.

dibujo [diβúxo] *s. m.* **1.** drawing; sketch-ing. **2.** *Tecnol.* design. ‖ **dibujos animados** cartoons.

dicción [dikθjón] *s. f.* diction.

diccionario [dikθjonárjo] *s. m.* dictionary.

dicha [díʧa] *s. f.* **1.** (suerte) good fortune. **2.** (alegría) happiness.

diciembre [diθjémbre] *s. m.* December.

dictado [diktáðo] *s. m.* dictation.

dictamen [diktámen] *s. m.* **1.** (opinión) opinion. **2.** *Der.* (juicio) dictum; judgement.

dictar [diktár] *v. tr.* **1.** (texto) to dictate. **2.** (sentencia) to pronounce.

diecinueve [djeθinwéβe] *adj. num. card. inv.* (también pron. num. y s. m.) **1.** nineteen. ‖ *adj. num. ord. inv.* (también pron. num.) **2.** nineteenth; nineteen.

dieciocho [djeθiótʃo] *adj. num. card. inv.* (también pron. num. y s. m.) **1.** eighteen. ‖ *adj. num. ord. inv.* (también pron. num.) **2.** eighteenth; eighteen.

dieciséis [djeθiséjs] *adj. num. card. inv.* (también pron. num. y s. m.) **1.** sixteen. ‖ *adj. num. ord. inv.* (también pron. num.) **2.** sixteenth; sixteen.

diecisiete [djeθisjéte] *adj. num. card. inv.* (también pron. num. y s. m.) **1.** seventeen. ‖ *adj. num. ord. inv.* (también pron. num.) **2.** seventeenth; seventeen.

diente [djénte] *s. m.* **1.** *Anat.* tooth. **2.** (de ajo) clove. **3.** *Tecnol.* cog. ‖ **dientes** *s. m. pl.* **4.** teeth.

diéresis [djéresis] *s. f inv., Ling.* (signo ortográfico) diaeresis.

diestro [djéstro] *adj.* **1.** (derecho) right. **2.** (hábil) skillful.

dieta [djéta] *s. f.* (regimen) diet.

diez [djéθ] *adj. num. card. inv.* (también pron. num. y s. m.) **1.** ten. ‖ *adj. num. ord. inv.* (también pron. num.) **2.** ten; tenth.

difamar [difamár] *v. tr.* **1.** to defame; to slander. **2.** (por escrito) to libel. **3.** (criticar) to malign.

diferencia [diferéɲθja] *s. f.* **1.** difference. **2.** (distinción) distinction.

diferenciar [diferenθjár] *v. tr.*
1. to differentiate. ‖ *v. intr.* **2.** to
differ.

diferente [diferénte] *adj.* **1.** different; unlike. **2.** (motivos, maneras) various.

diferir [diferír] *v. tr.* **1.** (aplazar) to postpone; to defer. ‖ *v. intr.* **2.** (distinguirse) to differ.

difícil [difíθil] *adj.* difficult.

dificultad [difikultáđ] *s. f.* **1.** difficulty. **2.** (problema) trouble.

dificultar [difikultár] *v. tr.* **1.** (complicar) to make difficult. **2.** (estorbar) to obstruct; to restrict.

difundir [difundír] *v. tr.* **1.** (luz, calor) to diffuse. **2.** *fig.* (noticia, enfermedad) to spread.

difunto, -ta [difúnto] *adj.* **1.** deceased; late. ‖ *s. m. y f.* **2.** deceased.

digerir [diχerír] *v. tr.* to digest.

dignidad [digniđáđ] *s. f.* **1.** (cualidad) dignity. **2.** (persona) dignitary.

dilación [dilaθjón] *s. f.* delay.

dilapidar [dilapiđár] *v. tr.* (gastar) to squander; to waste.

dilatar [dilatár] *v. tr.* **1.** (agrandar) to expand. **2.** *Med.* to dilate.

dilema [diléma] *s. m.* dilemma.

diluir [diluír] *v. tr.* **1.** to dilute; to dissolve. ‖ **diluirse** *v. prnl.* **2.** to dilute.

diluvio [dilúβjo] *s. m.* (lluvia) deluge; heavy rain.

dimensión [dimensjón] *s. f.* dimension.

diminuto [diminúto] *adj.* tiny; minute.

dimitir [dimitír] *v. tr.* to resign.

dinamita [dinamíta] *s. f.* (explosivo) dynamite.

dinastía [dinastía] *s. f.* dynasty.

dinero [dinéro] *s. m.* money.

dinosaurio [dinosáwrjo] *s. m.* dinosaur.

dios [djós] *s. m.* **1.** god. ‖ **diosa** *s. f.* **2.** goddess. ‖ **Dios** *n. p. m.* **3.** *Rel.* God.

diploma [diplóma] *s. m.* (título) diploma.

diplomacia [diplomáθja] *s. f.*, *Polít.* (tacto) diplomacy.

diptongo [diptóngo] *s. m.*, *Ling.* diphthong.

dique [díke] *s. m.* **1.** *Náut.* dyke. **2.** *Náut.* (de contención) dam.

dirección [direkθjón] *s. f.* **1.** (administración) administration. **2.** (dirigentes) management.

directo [dirékto] *adj.* **1.** direct. **2.** (vuelo, viaje) nonstop. ‖ **en ~** (radio, TV) live.

director, -ra [direktór] *s. m. y f.* **1.** director. **2.** (gerente) manager. **3.** (de una escuela) principal *Am. E.*

dirigir [diriᵪír] *v. tr.* **1.** to direct. **2.** (empresa) to manage. **3.** (orientar) to aim.

discernir [disθernír] *v. tr.* (distinguir) to discern.

discípulo, -la [disθípulo] *s. m. y f.* **1.** (alumno) pupil. **2.** (seguidor) disciple.

disco [dísko] *s. m.* **1.** disk *Am. E.* **2.** *Mús.* record; disc.

discografía [diskoᵧrafía] *s. f., form.* discography *frml.*

díscolo [dískolo] *adj.* disobedient.

discordia [diskórδja] *s. f.* (desavenencia) discord.

discoteca [diskotéka] *s. f.* **1.** record collection. **2.** (lugar) discotheque.

discreción [diskreθjón] *s. f.* **1.** discretion; tact. **2.** (reserva) prudence; discretion.

discrepar [diskrepár] *v. intr.* **1.** (disentir) to disagree; to dissent *frml.* **2.** (diferenciarse) to differ.

discreto, -ta [diskréto] *adj. m. y f.* **1.** (prudente) discreet; tactful. **2.** (moderado) reasonable.

discriminar [diskriminár] *v. tr.* **1.** to discriminate against. **2.** (diferenciar) to discriminate between.

disculpa [diskúlpa] *s. f.* **1.** (excusa) excuse. **2.** (perdón) apology.

disculpar [diskulpár] *v. tr.* **1.** to excuse; to pardon. || **disculparse** *v. prnl.* **2.** to apologize.

discurso [diskúrso] *s. m.* **1.** (conferencia) speech. **2.** (disertación) dissertation.

discusión [diskusjón] *s. f.* **1.** (charla) discussion. **2.** (disputa) argument.

discutir [diskutír] *v. tr.* **1.** (hablar) to discuss. **2.** (contradecir) to question. || *v. intr.* **4.** to discuss. **5.** (pelear) to argue.

diseccionar [disekθjonár] *v. tr., Anat. y Zool.* to dissect.

diseminar [diseminár] *v. tr.* (desparramar) to disseminate.

diseñar [disepár] *v. tr.* to design.

diseño [disépo] *s. m.* design.

disfraz [disfráθ] *s. m.* **1.** disguise. **2.** (prenda) fancy dress.

disfrazar [disfraθár] *v. tr.* **1.** to disguise. **2.** *fig.* (voz, sentimientos) to disguise.

disfrutar [disfrutár] *v. tr.* (gozar) to enjoy.

disgregar [disᵧreᵧár] *v. tr.* **1.** (desintegrar) to disintegrate. **2.** (dispersar) to disperse. || **disgregarse** *v. prnl.* **3.** (deshacerse) to disintegrate.

disgustar [disᵧustár] *v. tr.* **1.** to upset. **2.** (desagradar) to displease. || **disgustarse** *v. prnl.* **3.** to get upset.

disgusto [disyústo] *s. m.* **1.** (enfado) displeasure. **2.** (desilusión) chagrin.

disimular [disimulár] *v. tr.* **1.** to hide; to conceal. **2.** (defecto) to disguise.

dislocar [dislokár] *v. tr.* **1.** *Med* (hueso) to dislocate; to displace. ‖ **dislocarse** *v. prnl.* **2.** *Med* (hueso) to dislocate.

disminución [disminuθjón] *s. f.* (mengua) decrease; diminution.

disminuir [disminuír] *v. tr.* **1.** to decrease; to abate. ‖ *v. intr.* **2.** to diminish.

disolver [disolβér] *v. tr.* **1.** to dissolve. **2.** (anular) to annul. ‖ **disolverse** *v. prnl.* **3.** (azucar, aspirina) to dissolve.

disparar [disparár] *v. tr.* **1.** (arma) to fire. **2.** (bala, flecha) to shoot.

disparate [disparáte] *s. m.* **1.** (desatino) blunder; nonsense. **2.** (tonterias) rubbish; foolish act.

disparo [dispáro] *s. m.* **1.** shot. **2.** (tiro) gunshot.

dispensar [dispensár] *v. tr.* **1.** to dispense. **2.** (otorgar) to grant. **3.** (disculpar) to pardon.

dispersar [dispersár] *v. tr.* **1.** (separar) to disperse. **2.** (esparcir) to scatter.

disponer [disponér] *v. tr.* **1.** (arreglar) to arrange; to dispose *frml.* **2.** (ordenar) to order.

disponible [disponíβle] *adj.* (libre) available.

disposición [disposiθjón] *s. f.* **1.** (uso) disposition; disposal. **2.** (colocación) arrangement.

disputa [dispúta] *s. f.* **1.** (discusión) dispute; argument; quarrel. **2.** (controversia) controversy.

disputar [disputár] *v. tr. e intr.* **1.** (discutir) to dispute; to question. **2.** (competir) to contest.

disquete [diskéte] *s. m., Inform.* diskette; floppy disk.

distancia [distáηθja] *s. f.* (espacio) distance.

distante [distánte] *adj.* **1.** distant. **2.** (lugar) remote.

distinción [distiηθjón] *s. f.* (diferencia) distinction.

distinguido [distiηgíðo] *adj.* **1.** (ilustre) distinguished. **2.** (elegante) elegant.

distinguir [distiηgír] *v. tr.* **1.** (diferenciar) to distinguish. **2.** (ver) to make out.

distinto, -ta [distínto] *adj.* (diferente) different; unlike.

distracción [distrakθjón] *s. f.* **1.** distraction. **2.** (entretenimiento) amusement.

distraer [distraér] *v. tr.* **1.** (atención) to distract. **2.** (divertir) to entertain; to amuse.‖ **distraerse** *v. prnl.* **3.** (divertirse) to amuse oneself.

distraído, -da [distraído] *adj.*
(abstraído) absentminded.

distribución [distriβuθjón] *s. f.*
1. distribution. **2.** (entrega) delivery.

distribuir [distriβuír] *v. tr.* **1.** to
distribute; to deliver. **2.** (repartir)
to allocate; to pass out; to divide.

disturbio [distúrβjo] *s. m.* (alteración) disturbance.

disuadir [diswaðír] *v. tr.* (convencer de lo contrario) to dissuade; to deter.

disyuntiva [disʝuntíβa] *s. f.* dilemma.

diurno, -na [diúrno] *adj.* **1.** day.
2. (planta, animal) diurnal.

divagar [diβaɣár] *v. intr.* **1.** (desviarse) to digress; to ramble.
2. (vagar) to wander.

diván [diβán] *s. m.* couch; divan.

diversidad [diβersiðáð] *s. f.* (variedad) diversity; variety.

diversión [diβersjón] *s. f.* (divertimento) fun; amusement.

diverso, -sa [diβérso] *adj.* **1.** di-
verse. **2.** (diferente) different.

divertido, -da [diβertíðo] *adj.*
1. (de risa) amusing; funny.
2. (entretenido) entertaining;
fun.

divertir [diβertír] *v. tr.* **1.** to
amuse; to entertain. ‖ **divertirse**
v. prnl. **2.** to enjoy oneself; to
have a good time.

dividir [diβiðír] *v. tr.* **1.** to divide; to split. **2.** (repartir) to share.
‖ **dividirse** *v. prnl.* **3.** to divide.

divinidad [diβiniðáð] *s. f.* **1.** (cualidad) divinity. **2.** (dios pagano)
deity.

divino, -na [diβíno] *adj.* **1.** di-
vine. **2.** *fig.* adorable.

divisar [diβisár] *v. tr.* (distinguir)
to make out; to sight.

división [diβisjón] *s. f.* division.

divorciar [diβorθjár] *v. tr.* **1.** to
divorce. ‖ **divorciarse** *v. prnl.*
2. (separarse) to get divorced.

divulgar [diβulɣár] *v. tr.* **1.** (noticias) to spread. **2.** (secretos) to
divulge.

DNI [deneí] *sigla* (Documento Nacional de Identidad) identity card.

do [dó] *s. m.*, *Mús.* do.

doblar [doβlár] *v. tr.* **1.** (duplicar)
to double. **2.** (plegar) to fold.

doble [dóβle] *adj.* **1.** double. ‖ *s.
m.* **2.** double. ‖ *adv.* **3.** double.

doblez [doβléθ] *s. m.* (pliegue)
fold; crease.

doce [dóθe] *adj. num. card. inv.*
(también pron. núm. y s. m.)
1. twelve. ‖ *adj. num. ord. inv.*
(también pron. núm.) **2.** twelfth;
twelve.

docena [doθéna] *s. f.* dozen.

dócil [dóθil] *adj.* docile.

docilidad [doθiliðáð] *s. f.* docil-
ity; meekness; obedience.

doctor, -ra [doktór] *s. m. y f.* (médico) doctor.

doctorado [doktoráðo] *s. m.* (universidad) doctorate; PhD.

doctrina [doktrína] *s. f.* **1.** (ideología) doctrine. **2.** (enseñanza) teaching.

documental [dokumentál] *adj. y s. m., Cinem.* documentary.

documentar [dokumentár] *v. tr.* (justificar) to document.

documento [dokuménto] *s. m.* document. ‖ **Documento Nacional de Identidad** (DNI) identity card.

dogma [dóɣma] *s. m.* dogma.

dólar [dólar] *s. m., Econ.* (moneda americana) dollar.

dolencia [doléŋθja] *s. f.* (afección) ailment; complaint.

dolor [dolór] *s. m.* **1.** pain; ache. **2.** (agudo) agony. **3.** (pena) grief; sorrow.

dolorido, -da [doloríðo] *adj.* **1.** (dañado) sore; aching. **2.** (afligido) hurt.

doloroso, -sa [dolloróso] *adj.* **1.** painful. **2.** (pérdida) grievous.

domar [domár] *v. tr.* **1.** (animal) to tame. **2.** (caballos) to break in.

domesticar [domestikár] *v. tr.* **1.** to domesticate. **2.** (animal) to tame.

domicilio [domiθiljo] *s. m.* (residencia) home; residence.

dominar [dominár] *v. tr.* **1.** to dominate. **2.** (adversario) to overpower. **3.** (conocer a fondo) to master.

domingo [domíŋgo] *s. m.* (día de la semana) Sunday.

dominio [domínjo] *s. m.* **1.** *Polít.* dominion. **2.** *Inform.* domain. **3.** (control) mastery; control.

dominó [dominó] *s. m.* **1.** (juego) dominoes *pl.* **2.** (ficha) domino.

don¹ [dón] *s. m.* **1.** (regalo) gift; present. **2.** (talento) talent.

don² [dón] *s. m.* (tratamiento) Mr.

donación [donaθjón] *s. f.* donation.

donar [donár] *v. tr.* (dar) to donate; to give.

donde [dónde] *adv. rel.* where.

doña [dóɲa] *s. f.* (tratamiento) Mrs.

dopaje [dopáxe] *s. m., Dep.* drugtaking.

dorar [dorár] *v. tr.* **1.** (bañar en oro) to gild. **2.** (tostar) to brown.

dormir [dormír] *v. tr. e intr.* to sleep.

dormitorio [dormitórjo] *s. m.* **1.** (en una casa) bedroom. **2.** (en un colegio) dormitory.

dorso [dórso] *s. m.* back.

dos [dós] *adj. num. card. inv.* (también *pron. num.* y *s. m.*) **1.** two. ‖ *adj. num. ord. inv.*

(también pron. num.) **2.** two; second.

doscientos, -tas [dosθjéntos] *adj. num. card.* (también pron. num., s. m. y adj. num. ord.) two hundred.

dosis [dósis] *s. f. inv.* dose.

dotar [dotár] *v. tr.* **1.** to endow; to provide. **2.** (una oficina) to staff.

dote [dóte] *s. f.* (bienes) dowry.

drama [dráma] *s. m.* drama.

droga [dróva] *s. f.* **1.** drug. **2.** *Dep.* (dopaje) dope.

drogadicto [drovaðíkto] *s. m. y f.* (drogodependiente) drug addict.

drogar [drovár] *v. tr.* **1.** to drug; to dope. || **drogarse** *v. prnl.* **2.** (doparse) to take drugs; to dope.

drogodependiente [droγoðe-péndjénte] *s. m. y f.* (drogadicto) drug addict.

droguería [droγería] *s. f.* drugstore *Am. E.*

ducha [dútʃa] *s. f.* shower.

ducharse [dutʃárse] *v. prnl.* to shower.

duda [dúða] *s. f.* doubt.

dudar [duðár] *v. intr.* **1.** to doubt. **2.** (vacilar) to hesitate.

dudoso, -sa [duðóso] *adj.* **1.** (incierto) uncertain. **2.** (indeciso) indecisive.

duelo¹ [dwélo] *s. m.* (combate) duel; challenge.

duelo² [dwélo] *s. m.* **1.** (dolor) grief; sorrow. **2.** (luto) mourning.

duende [dwénde] *s. m.* **1.** goblin. **2.** (duendecillo) sprite.

dueño, -ña [dwéɲo] *s. m. y f.* **1.** owner. **2.** (de una casa) landlord. || **dueña** *s. f.* **3.** (de una casa) landlady.

dulce [dúlθe] *adj.* **1.** (sabor) sweet. **2.** (carácter, voz) soft; gentle. || *s. m.* **3.** candy *Am. E.* || **dulces** *s. m. pl.* **4.** sweets.

dulcificar [dulθifikár] *v. tr.* (endulzar) to sweeten.

dulzura [dulθúra] *s. f.* **1.** sweetness. **2.** *fig.* (ternura) gentleness.

duna [dúna] *s. f., Geogr.* dune.

dúo [dúo] *s. m., Mús.* duet.

duodécimo, -ma [dwoðéθimo] *adj. num. ord.* (también pron. num.) **1.** twelfth; twelve. || *adj. num. fracc.* (también s. m. y f.) **2.** twelfth.

dúplex [dúpleks] *s. m. inv.* (piso doble) duplex *Am. E.*

duplicado [duplikáðo] *s. m.* (copia) duplicate.

duplicar [duplikár] *v. tr.* **1.** to duplicate. **2.** (cifras) to double.

durante [duránte] *prep.* during; over; for.

durar [durár] *v. intr.* **1.** to last. **2.** (ropa, zapatos) to wear (well).

duro, -ra [dúro] *adj.* **1.** hard. **2.** (carácter) tough; cruel.

E

e¹ [é] *s. f.* (letra) e.

e² [é] *conj. copul.* and. •Used before words beginning with "i" or "hi"

ebanista [eβanísta] *s. m. y f.* (carpintero) cabinetmaker.

ébano [éβano] *s. m., Bot.* ebony.

ebrio, -bria [éβrjo] *adj.* drunk.

echar [etʃár] *v. tr.* **1.** (lanzar) to throw. **2.** (líquido, sal, etc.) to pour. **3.** (expulsar) to expel. ‖ **echarse** *v. prnl.* **4.** (tumbarse) to lie; to lie down.

eclipsar [eklipsár] *v. tr.* **1.** *Astron.* to eclipse. **2.** *fig.* to outshine.

eco [éko] *s. m.* echo. ‖ **hacer ~** to echo.

ecología [ekoloχía] *s. f.* ecology.

ecologista [ekoloχísta] *adj.* **1.** ecological; ecology. ‖ *s. m. y f.* **2.** ecologist.

economía [ekonomía] *s. f.* **1.** economy. **2.** (ahorro) saving. **3.** (cualidad) thrift.

economizar [ekonomiθár] *v. tr.* (ahorrar) to economize; to save.

ecuador [ekwaðór] *s. m., Geogr.* equator.

edad [eðáð] *s. f.* age.

edición [eðiθjón] *s. f.* **1.** *Impr.* (publicación) publication. **2.** (tirada) edition.

edicto [eðíkto] *s. m.* edict.

edificar [eðifikár] *v. tr.* **1.** (construir) to build. **2.** *fig.* (enseñar) to edify; to uplift.

edificio [eðifíθjo] *s. m.* building.

editar [eðitár] *v. tr.* **1.** (libros) to publish. **2.** *Inform.* to edit.

editorial [eðitorjál] *adj.* **1.** editorial. **2.** (casa, actividad) publishing. ‖ *s. f.* **3.** (empresa) publishing company.

edredón [eðreðón] *s. m.* quilt; duvet *Br. E.*; comforter *Am. E.*

educación [eðukaθjón] *s. f.* **1.** education. **2.** (urbanidad) bringing-up.

educado [eðukáðo] *adj.* polite.

educar [eðukár] *v. tr.* **1.** (enseñar) to educate; to teach. **2.** (entrenar) to train.

edulcorante [eðulkoránte] *s. m.* (sacarina) sweetener.

efectivo, -va [efektíβo] *adj.* **1.** effective. **2.** (real) real. ‖ *s. m.* **3.** *Econ.* (metálico) cash.

efecto [efékto] *s. m.* **1.** effect. ‖ **efectos** *s. m. pl.* **2.** effects.

efectuar [efektuár] *v. tr.* (ejecutar) to carry out.

efervescente [eferβesθénte] *adj.* effervescent.

eficacia [efikáθja] *s. f.* **1.** (persona) efficiency. **2.** (cosas) efficacy; effectiveness.

egoísmo [eɣoísmo] *s. m.* egoism.

egoísta [eɣoísta] *adj.* **1.** selfish. ‖ *s. m. y f.* **2.** egoist selfish person.

eje [éχe] *s. m.* **1.** axis. **2.** (de rueda) axle. **3.** *fig.* (centro) hub; core.

ejecutar [eχekutár] *v. tr.* **1.** to execute. **2.** (cumplir) to fulfill.

ejemplar [eχemplár] *adj.* **1.** exemplary; model. || *s. m.* **2.** (libro) copy.

ejemplo [eχémplo] *s. m.* example. || **por ~** for example.

ejercer [eχerθér] *v. tr.* **1.** to exercise *frml.* **2.** (influencia) to exert.

ejercicio [eχerθíθjo] *s. m.* **1.** exercise. **2.** (práctica) practice.

ejército [eχérθito] *s. m.* army.

el [él] *art. determ. m. sing.* the.

él [él] *pron. pers. nomin. 3ª pers. m. sing.* **1.** (persona) he. **2.** (animal, cosa) it. || *pron. pers. prep.* **3.** him. **4.** (cosa, animal) it. || **~ mismo** himself [Él mismo lo reconoció. *He admitted it himself.*]

elaborar [elaβorár] *v. tr.* **1.** (producto) to produce. **2.** (plan) to elaborate.

elástico [elástiko] *adj. y s. m.* (flexible) elastic.

elección [elekθjón] *s. f.* choice.

electricidad [elektriθiðáð] *s. f.* (energía) electricity.

eléctrico, -ca [eléktriko] *adj.* (tren, luz) electric; electrical.

elefante, -ta [elefánte] *s. m.*, *Zool.* elephant.

elegancia [eleváŋθja] *s. f.* (estilo) elegance; style; smartness.

elegante [elevánte] *adj.* elegant.

elegir [eleχír] *v. tr.* to choose.

elemental [elementál] *adj.* **1.** (fundamental) elemental. **2.** (fácil) elementary.

elemento [eleménto] *s. m.* **1.** element. **2.** (miembro) member.

elevador [eleβaðór] *s. m.*, *Amér.* elevador *Am. E.*

elevar [eleβár] *v. tr.* **1.** (levantar) to elevate; to raise. || **elevarse** *v. prnl.* **2.** (subir) to rise.

eliminar [eliminár] *v. tr.* **1.** to eliminate. **2.** (obstáculo) to remove.

ella [éλa] *pron. pers. nomin. 3ª pers. f. sing.* **1.** (persona) she. **2.** (animal, objeto) it. || *pron. pers. prep.* **3.** her. **4.** (animal, objeto) it. || **~ misma** herself.

ello [éλo] *pron. pers. nomin. 3ª pers. n. sing.* **1.** it. || *pron. pers. prep.* **2.**

ellos, -llas [éλos] *pron. pers. nomin. 3ª pers. pl.* **1.** they. || *pron. pers. prep.* **2.** them.

elogio [elóχjo] *s. m.* praise.

eludir [eluðír] *v. tr.* **1.** (evitar) to evade; to avoid; to dodge. **2.** (escapar) to elude.

emancipar [emaŋθipár] *v. tr.* **1.** to emancipate. || **emanciparse** *v. prnl.* **2.** (independizarse) to become emancipated.

embadurnar [embaðurnár] *v. tr.*
(manchar) to smear; to daub.

embajada [embaχáða] *s. f.*
1. *Polít.* embassy. **2.** (comunicación) message.

embajador [embaχaðór] *s. m.*
1. (diplomático) ambassador.
|| **embajadora** *s. f.* **2.** (diplomática) ambassadress.

embalse [embálse] *s. m., Geogr.*
reservoir; dam.

embarazada [embaraθáða] *adj.*
1. pregnant. || *s. f.* **2.** pregnant
woman.

embarazo [embaráθo] *s. m.*
1. pregnancy. **2.** (apuro) embarrassment *frml.*

embarcadero [embarkaðéro] *s.
m.* **1.** *Náut.* pier; quay. **2.** *Náut.*
(para mercancías) wharf.

embarcar [embarkár] *v. tr.*
1. (avión) to board. **2.** *Náut.*
(personas) to embark. **3.** *Náut.*
(mercancías) to ship.

embargar [embarvár] *v. tr.*
1. *Der.* to seize; to impound.
2. (mercancías) to embargo.
3. *fig.* (la emoción) to overwhelm.

embelesar [embelesár] *v. tr.*
1. to charm; to fascinate. || **embelesarse** *v. prnl.* **2.** to be fascinated.

embellecer [embeλeθér] *v. tr.*
1. to beautify; to embellish.

|| **embellecerse** *v. prnl.* **2.** (acicalarse) to beautify oneself.

emblema [embléma] *s. m.* **1.** (insignia) emblem. **2.** (símbolo)
symbol.

embolsar [embolsár] *v. tr.* **1.** to
pocket. **2.** (meter en una bolsa)
to bag.

emborrachar [embořatʃár] *v. tr.*
to get drunk.

emborronar [embořonár] *v. tr.*
1. (manchar) to smudge. **2.** (con
tinta) to blot.

embotellar [emboteλár] *v. tr.*
(un líquido) to bottle.

embriagar [embrjaγár] *v. tr.*
1. (perfume) to intoxicate *lit.*
2. (emborrachar) to get drunk.

embrión [embrjón] *s. m., Biol.*
embryo.

embrollar [embroλár] *v. tr.*
1. (una situación) to complicate.
2. (a una persona) to confuse.
3. (enredar) to entangle.

embrollo [embróλo] *s. m.* **1.** (de
cables) tangle. **2.** (lío) muddle.

embrujar [embruχár] *v. tr.* **1.** *fig.*
(hechizar) to bewitch. **2.** (cautivar) to enchant.

embudo [embúðo] *s. m.* funnel.

embuste [embúste] *s. m.* **1.** trick;
story. **2.** (mentira) lie.

embutido [embutíðo] *s. m.*
1. *Gastr.* (salchicha) sausage.
2. *Gastr.* (fiambre) cold meat.

embutir [embutír] *v. tr.* **1.** to stuff. **2.** (incrustar) to inlay.

emergencia [emerxénθja] *s. f.* **1.** (situación difícil) emergency. **2.** (salida) emergence.

emigración [emiɣraθjón] *s. f.* emigration; migration.

emigrar [emiɣrár] *v. intr.* **1.** (expatriarse) to emigrate. **2.** (aves) to migrate.

emisora [emisóra] *s. f.* **1.** (de radio) radio station. **2.** (de televisión) television station.

emitir [emitír] *v. tr.* **1.** to emit. **2.** (programa) to broadcast. **3.** (comunicado) to issue.

emoción [emoθjón] *s. f.* **1.** (sentimiento) emotion. **2.** (expectación) excitement.

emocionar [emoθjonár] *v. tr.* **1.** (conmover) to move; to affect. **2.** (excitar) to thrill. ‖ **emocionarse** *v. prnl.* **3.** (conmoverse) to be moved to tears.

emotivo, -va [emotíβo] *adj.* **1.** emotional. **2.** (palabras) emotive.

empalmar [empalmár] *v. tr.* (unir) to join; to connect.

empanada [empanáða] *s. f.*, *Gastr.* pie.

empanadilla [empanaðíʎa] *s. f.*, *Gastr.* tuna/meat pasty.

empanar [empanár] *v. tr.*, *Gastr.* (rebozar) to bread.

empañar [empaɲár] *v. tr.* **1.** (cristal) to mist up; to steam up. ‖ **empañarse** *v. prnl.* **2.** (enturbiarse) to steam up.

empapar [empapár] *v. tr.* **1.** to soak. ‖ **empaparse** *v. prnl.* **2.** (mojarse) to get wet through.

empapelar [empapelár] *v. tr.* **1.** (paredes) to paper. **2.** (envolver) to wrap in paper.

empaquetar [empaketár] *v. tr.* to pack; to package.

emparejar [emparexár] *v. tr.* **1.** (cosas) to match. **2.** (personas) to pair (off).

empastar [empastár] *v. tr.* **1.** *Med.* (dientes) to fill. **2.** (encuadernar) to bind.

empaste [empáste] *s. m.* (de un diente) filling.

empatar [empatár] *v. tr.*, *Dep.* to tie *Am. E.*; to draw *Br. E.*

empedrar [empeðrár] *v. tr.* (el suelo) to pave.

empeine [empéjne] *s. m.* (pie, zapato) instep.

empeñar [empeɲár] *v. tr.* **1.** (cosas) to hock *Am. E.*; to pawn. **2.** (palabra, honor) to pledge. ‖ **empeñarse** *v. prnl.* **3.** (esforzarse) to strive to.

empeorar [empeorár] *v. tr.* **1.** to make worse; to deteriorate; to worsen. ‖ *v. intr.* **2.** to get worse; to deteriorate.

empequeñecer [empekeɲeθér] *v. tr.* to dwarf; to belittle *fig.*

emperador [emperaðór] *s. m.* emperor.

emperatriz [emperatríθ] *s. f.* empress.

empezar [empeθár] *v. tr. e intr.* **1.** (a hacer algo) to begin. **2.** (algo) to start.

emplazar [emplaθár] *v. tr., Der.* (citar) to summons.

empleado, -da [empleáðo] *s. m. y f.* employee; clerk.

emplear [empleár] *v. tr.* **1.** (dar empleo) to employ. **2.** (usar) to use; to utilize.

empleo [empléo] *s. m.* **1.** (trabajo) employment. **2.** (puesto) job; post.

empobrecer [empoβreθér] *v. tr.* to impoverish.

empollar [empoʎár] *v. tr.* **1.** (huevos) to hatch; to brood. **2.** (estudiar) to swot *coll.*

empolvar [empolβár] *v. tr.* (nariz) to powder.

empotrar [empotrár] *v. tr.* (encajar) to embed.

emprender [emprendér] *v. tr.* to undertake; to start; to begin.

empresa [emprésa] *s. f.* **1.** (tarea) undertaking. **2.** (compañía) enterprise; firm.

empujar [empuxár] *v. tr.* **1.** to push; to shove. **2.** *fig.* to force.

en [én] *prep.* **1.** in. **2.** (al lado de) at. **3.** (dentro) in; into. **4.** (means of transport) by.

enajenar [enaxenár] *v. tr.* **1.** *Der.* (propiedad) to alienate. **2.** (vender) to sell.

enamorado, -da [enamoráðo] *adj.* **1.** in love; lovesick. ‖ *s. m. y f.* **2.** (novio, amante) sweetheart.

enamorar [enamorár] *v. tr.* **1.** to win the love of. ‖ **enamorarse** *v. prnl.* **2.** to fall in love.

enano, -na [enáno] *adj.* **1.** dwarfish. ‖ *s. m. y f.* **2.** dwarf.

enardecer [enarðeθér] *v. tr.* (pasiones) to inflame; to rouse.

encabezar [eŋkaβeθár] *v. tr.* **1.** to head. **2.** (una lista) to top. **3.** (carta) to put a heading to.

encadenar [eŋkaðenár] *v. tr.* **1.** to chain. **2.** (con grilletes) to shackle; to fetter. **3.** *fig.* (atar) to tie down.

encajar [eŋkaxár] *v. tr.* **1.** to fit; to insert. **2.** *Tecnol.* to gear.

encajonar [eŋkaxonár] *v. tr.* **1.** (en sitio estrecho) to squeeze in. ‖ **encajonarse** *v. prnl.* **2.** to narrow.

encaminar [eŋkaminár] *v. tr.* **1.** to direct. ‖ **encaminarse** *v. prnl.* **2.** to be directed. **3.** (a un lugar) to head.

encantado, -da [eŋkantáðo] *adj.* (satisfecho) delighted.

encantador, -ra [eŋkantaðór] *adj.* (cautivador) charming.

encantar [eŋkantár] *v. tr.* **1.** (gustar) to charm; to delight. **2.** (cautivar) to fascinate.

encapotarse [eŋkapotárse] *v. prnl., Meteor.* (nublarse) to cloud over; to become overcast.

encapricharse [eŋkapritʃárse] (con) *v. prnl., fam.* (empeñarse) to be infatuated with.

encarcelar [eŋkarθelár] *v. tr.* (a un preso) to jail; to imprison.

encarecer [eŋkareθér] *v. tr.* **1.** (un producto) to raise the price of. **2.** (rogar) to beg.

encargado, -da [eŋkarɣáðo] *s. m. y f.* person in change.

encargar [eŋkarɣár] *v. tr.* **1.** (encomendar) to entrust. **2.** *Econ.* (solicitar) to order.

encariñarse [eŋkariɲárse] *v. prnl.* to grow fond.

encasillar [eŋkasiʎár] *v. tr.* **1.** (poner en casillas) to pigeonhole. **2.** (clasificar) to classify.

encauzar [eŋkawθár] *v. tr.* (encaminar) to channel.

encender [eŋθendér] *v. tr.* **1.** to light. **2.** (prender fuego) to fire. **3.** (luz, gas) to turn on.

encerado, -da [eŋθeráðo] *s. m.* (pizarra) blackboard.

encerrar [eŋθerár] *v. tr.* **1.** to shut in. **2.** (con llave) to lock up.

enchufar [entʃufár] *v. tr., Electrón.* to plug in.

enchufe [entʃúfe] *s. m., Electrón.* **1.** (macho) plug. **2.** (hembra) socket.

encía [enθía] *s. f., Anat.* gum.

enciclopedia [enθiklopéðja] *s. f.* encyclopaedia.

encima [enθíma] *adv. l.* **1.** (arriba) above; on top. || *adv. cant.* **2.** on top of that.

encina [enθína] *s. f., Bot.* (árbol) holm oak.

enclenque [eŋkléŋke] *adj.* **1.** (enfermizo) sickly; unhealthy. **2.** (débil) feeble.

encoger [eŋkoxér] *v. tr.* **1.** to shrink. **2.** (amilanar) to intimidate *fig.* || *v. intr.* **3.** to shrink.

encolar [eŋkolár] *v. tr.* **1.** to glue. **2.** (lienzo, papel) to size.

encolerizar [eŋkoleriθár] *v. tr.* (enfurecer) to enrage.

encontrar [eŋkontrár] *v. tr.* **1.** to find. **2.** (a algn por casualidad) to meet. || **encontrarse** *v. prnl.* **3.** (por casualidad) to meet. **4.** (descubrir) to find oneself.

encrespar [eŋkrespár] *v. tr.* **1.** (pelo) to curl. **2.** (irritar) to irritate. || **encresparse** *v. prnl.* **3.** (pelo) to curl.

encuadernar [eŋkwaðernár] *v. tr.* to bind. || **sin ~** unbound.

encuadrar [eŋkwaðrár] *v. tr.*
1. (incluir) to insert. **2.** (imágenes) to frame; to center.

encubrir [eŋkuβrír] *v. tr.* (ocultar) to hide; to conceal.

encuentro [eŋkwéntro] *s. m.* meeting; encounter.

encuesta [eŋkwésta] *s. f.* **1.** (sondeo) poll; survey. **2.** (investigación) inquiry.

endeble [endéβle] *adj.* (débil) feeble; weak.

endeudarse [endewðárse] *v. prnl.* to get oneself into debt.

endibia o endivia [endíβja] *s. f., Bot.* endive.

endulzar [endulθár] *v. tr.* **1.** (azucarar) to sweeten; to sugar.

endurecer [endureθér] *v. tr.* **1.** to harden. **2.** *fig.* (fortalecer) to toughen.

enemigo, -ga [enemíɣo] *adj.* **1.** (contrario) enemy; hostile. ‖ *s. m. y f.* **2.** enemy; foe.

enemistad [enemistáð] *s. f.* enmity.

enemistar [enemistár] *v. tr.* **1.** to make enemies. ‖ **enemistarse** *v. prnl.* **2.** to become enemies.

energía [enerχía] *s. f.* **1.** energy; drive. **2.** (fuerza) force.

enero [enéro] *s. m.* January.

enfadar [enfaðár] *v. tr.* **1.** to anger; to make angry. ‖ **enfadarse** *v. prnl.* **2.** to get angry.

enfado [enfáðo] *s. m.* anger.

énfasis [énfasis] *s. amb.* (fuerza) emphasis.

enfermar [enfermár] *v. intr.* to get sick; to sicken.

enfermedad [enfermeðáð] *s. f., Med.* illness; disease.

enfermero, -ra [enferméro] *s. m. y f., Med.* nurse.

enfermo, -ma [enférmo] *adj.* **1.** *Med.* ill; sick. ‖ *s. m. y f.* **2.** patient.

enfervorizar [enferβoriθár] *v. tr.* to fire the enthusiasm.

enfocar [enfokár] *v. tr.* to focus.

enfrentar [enfrentár] *v. tr.* **1.** (encarar) to confront; to face (up to). ‖ **enfrentarse** *v. prnl.* **2.** (encararse) to face.

enfriar [enfriár] *v. tr.* **1.** (alimentos) to cool; to chill. ‖ **enfriarse** *v. prnl.* **2.** (tener frío) to get cold. **4.** (alimentos) to cool down.

enfurecer [enfureθér] *v. tr.* to infuriate; to enrage. ‖ **enfurecerse** *v. prnl.* **2.** (enfadarse) to become furious; to rage.

engalanar [eŋgalanár] *v. tr.* (adornar) to decorate.

engañar [eŋgaɲár] *v. tr.* **1.** to deceive; to fool. **2.** (estafar) to cheat; to trick.

engatusar [eŋgatusár] *v. tr., fam.* to coax; to wheedle.

engendrar [eŋgeṇdrár] *v. tr.*
1. *Biol.* to beget. **2.** *Biol.* (hijos)
to father.

engordar [eŋgorðár] *v. tr.* **1.** (cebar) to fatten. ‖ *v. intr.* **2.** (persona) to get fat.

engorro [eŋgóro] *s. m.* nuisance.

engrandecer [eŋgraṇdeθér] *v. tr.*
1. (aumentar) to enlarge. **2.** (exagerar) to exaggerate.

engrasar [eŋgrasár] *v. tr.* (lubrificar) to grease; to lubricate.

engullir [eŋguír] *v. tr.* (tragar)
to devour; to gulp (down).

enhebrar [eneβrár] *v. tr.* **1.** (aguja) to thread. **2.** (perlas) to string.

enhorabuena [enoraβwéna]
s. f. **1.** congratulations *pl.* ‖ ¡ ~ !
interj. **2.** congratulations!

enigma [enígma] *s. m.* **1.** enigma. **2.** (problema) puzzle.
3. (misterio) riddle.

enjabonar [eṇxaβonár] *v. tr.* to
soap.

enjambre [eṇxámbre] *s. m.*,
Zool. (de abejas) hive.

enjaular [eṇxawlár] *v. tr.* **1.** (animal) to cage. **2.** (encarcelar) to jail
fam.

enlace [enláθe] *s. m.* (conexión)
link; connection.

enlazar [enlaθár] *v. tr.* **1.** (conectar) to link; to connect.
2. (atar) to tie. ‖ **enlazarse**
v. prnl. **3.** (unirse) to be linked.

enloquecer [enlokeθér] *v. tr.*
1. (volver loco) to drive crazy; to
madden. ‖ *v. intr.* **2.** (volverse
loco) to go mad.

enmarañar [emmaraɲár] *v. tr.*
1. (pelo, lana) to tangle. **2.** *fig.*
(asunto) to complicate. ‖ **enmarañarse** *v. prnl.* **3.** (pelo) to
mat. **4.** (complicarse) to get confused.

enmascarar [emmaskarár] *v. tr.*
1. (poner una máscara) to mask.
2. *fig.* (ocultar) to disguise. ‖ **enmascararse** *v. prnl.* **3.** to put on
a mask.

enmendar [emmeṇdár] *v. tr.*
1. (corregir) to correct. ‖ **enmendarse** *v. prnl.* **2.** (corregirse) to
mend one's ways.

enmudecer [emmuðeθér] *v. tr.*
(callar) to silence.

ennegrecer [enneɣreθér] *v. tr.*
(poner negro) to blacken.

enojar [enoxár] *v. tr.* **1.** to anger;
to make angry. ‖ **enojarse**
v. prnl. **2.** (enfadarse) to get
angry; to lose one's temper.

enorgullecer [enorɣuʎeθér]
v. tr. **1.** to pride; to make proud.
‖ **enorgullecerse** *v. prnl.* **2.** to
be proud.

enorme [enórme] *adj.* (grande)
huge; enormous; vast.

enredadera [enreðaðéra] *s. f.*,
Bot. creeper; climbing plant.

enredar [enřeðár] *v. tr.* **1.** (enmarañar) to entangle. **2.** *fig.* (involucrar) to involve

enrejar [enře̞xár] *v. tr.* **1.** (puerta, ventana) to put a grille on. **2.** (terreno) to fence in.

enrevesado [enře̞βesáðo] *adj.* (difícil) complicated; intricate.

enriquecer [enřikeθér] *v. tr.* **1.** (hacer rico) to make rich. **2.** *fig.* (mejorar) to enrich

enrojecer [enře̞xeθér] *v. tr.* **1.** (volver rojo) to redden. || *v. intr.* **2.** (ruborizarse) to blush.

enrollar [enřoʎár] *v. tr.* **1.** (papel) to roll up. **2.** (hilo) to wind up.

enroscar [enřoskár] *v.* **1.** (torcer) to twist. **2.** (tornillo) to screw in.

ensaimada [ensajmáða] *s. f.*, *Gastr.* (dulce) typical Majorcan round pastry.

ensalada [ensaláða] *s. f.*, *Gastr.* salad.

ensaladilla [ensalaðíʎa] *s. f.*, *Gastr.* (rusa) Russian salad.

ensalzar [ensalθár] *v. tr.* **1.** (elogiar) to extoll; to praise. **2.** (enaltecer) to enrich.

ensanchar [ensantʃár] *v. tr.* **1.** to widen; to enlarge. **2.** (jersey) to stretch.

ensangrentar [ensaŋgrentár] *v. tr.* to stain with blood.

ensayar [ensajár] *v. tr.* **1.** to test; to try out. **2.** *Teatr.* to rehearse.

ensayo [ensájo] *s. m.* **1.** (prueba) test; trial. **2.** *Teatr.* rehearsal. **3.** *Lit.* essay.

enseguida o en seguida [ensexíða] *adv. t.* (inmediatamente) at once; immediately.

ensenada [ensenáða] *s. f.*, *Geogr.* (bahía) inlet; cove.

enseñar [enseɲár] *v. tr.* **1.** (educar) to teach. **2.** (mostrar) to show.

ensordecer [ensorðeθér] *v. tr.* **1.** to deafen. || *v. intr.* **2.** (quedarse sordo) to go deaf.

ensuciar [ensuθjár] *v. tr.* **1.** to dirty. || **ensuciarse** *v. prnl.* **2.** (mancharse) to get dirty.

ensueño [enswéɲo] *s. m.* **1.** (sueño) dream; fantasy. **2.** (ilusión) illusion.

entallar¹ [entaʎár] *v. tr.* (esculpir, tallar) to sculpture; to carve.

entallar² [entaʎár] *v. intr.* (venir bien) to fit.

entender [entendér] *v. tr.* **1.** to understand; to comprehend. || *v. intr.* **2.** to understand. || **entenderse** *v. prnl.* **3.** (comprenderse) to be understood. **4.** (llevarse bien) to get along with.

entendimiento [entendimjénto] *s. m.* **1.** (acuerdo) understanding. **2.** (inteligencia) mind; intellect.

enterar [enterár] *v. tr.* **1.** to inform. ‖ **enterarse** *v. prnl.* **2.** to hear; to learn. **3.** (averiguar) to find out.

enternecer [enterneθér] *v. tr.* **1.** *fig.* (apiadar) to touch; to move. **2.** (ablandar) to soften. ‖ **enternecerse** *v. prnl.* **3.** *fig.* (emocionarse) to be touched.

entero, -ra [entéro] *adj.* **1.** (total) whole. **2.** (intacto) unbroken; intact.

enterrar [enterár] *v. tr.* to bury.

entierro [entiérro] *s. m.* burial.

entonces [entónθes] *adv. t.* then.

entorpecer [entorpeθér] *v. tr.* **1.** (sentidos) to dull. **2.** (impedir) to obstruct; to impede.

entrada [entráða] *s. f.* **1.** entrance. **2.** (puerta) way in. **3.** *Cinem. y Teatr.* ticket; admission.

entraña [entrápa] *s. f. sing.* **1.** *fig.* core. ‖ **entrañas** *s. f. pl.* **2.** *Anat.* entrails; bowels. **3.** *fig.* bowels.

entrañable [entrapáβle] *adj.* **1.** (íntimo) close; intimate. **2.** (afectuoso) loving.

entrañar [entrapár] *v. tr.* **1.** to entail; to imply; to involve. **2.** (esconder) to hide.

entrar [entrár] *v. intr.* **1.** to come in; to go in; to enter. **2.** (ir bien) to fit.

entre [éntre] *prep.* **1.** (dos) between. **2.** (más de dos objetos) among. **3.** (más de dos) between.

entreacto [entreákto] *s. m., Teatr.* (intermedio) interval.

entrecejo [entreθéχo] *s. m., Anat.* (ceño) frown.

entredicho [entreðitʃo] *s. m.* (prohibición) prohibition.

entrega [entréγa] *s. f.* **1.** (de mercancías) delivery. **2.** (de documentos) surrender.

entregar [entreγár] *v. tr.* **1.** to deliver. **2.** (deberes) to hand in.

entrelazar [entrelaθár] *v. tr.* (enlazar) to interlace; to entwine.

entremés [entremés] *s. m.* **1.** *Gastr.* hors d'oeuvre. **2.** *Teatr.* interlude.

entremezclar [entremeθklár] *v. tr.* to intermingle; to mix.

entrenador [entrenaðór] *s. m., Dep.* coach *Am. E.;* trainer *Br. E.*

entrenamiento [entrenamjénto] *s. m., Dep.* training.

entrenar [entrenár] *v. tr.* **1.** *Dep.* to train; to coach. ‖ **entrenarse** *v. prnl.* **2.** *Dep.* to train; to coach.

entresacar [entresakár] *v. tr.* (seleccionar) to select; to extract.

entresuelo [entreswélo] *s. m.* mezzanine; second floor *Am. E.*

entretanto [entretánto] *adv.* meanwhile; in the meantime.

entretener [entretenér] *v. tr.*
1. (entorpecer) to detain. **2.** (divertir) to entertain.

entretiempo, de [entretjémpo]
loc. (ropa) lightweight.

entrever [entreβér] *v. tr.* **1.** (vislumbrar) to glimpse. **2.** *fig.*(adivinar) to guess.

entrevista [entreβísta] *s. f.* interview.

entristecer [entristeθér] *v. tr.*
1. to sadden; to make sad. ‖ **entristecerse** *v. prnl.* **2.** to grow sad.

entrometerse [entrometérse]
v. prnl. to meddle; to nose.

enturbiar [enturβjár] *v. tr.*
1. (agua) to make cloudy; to muddy. **2.** *fig.* to confuse

entusiasmar [entusjasmár] *v. tr.*
1. to excite; to delight. ‖ **entusiasmarse** *v. prnl.* **2.** (apasionarse) to get excited.

entusiasmo [entusjásmo] *s. m.*
(exaltación) enthusiasm.

enumeración [enumeraθjón]
s. f. (cómputo) enumeration; list.

enumerar [enumerár] *v. tr.*
(enunciar) to list.

enunciar [enunθjár] *v. tr.* **1.** (teoría) to enunciate. **2.** (palabras) to state.

envasar [embasár] *v. tr.* **1.** (en botellas) to bottle. **2.** (enlatar) to can.

envase [embáse] *s. m.* **1.** (paquete) packing. **2.** (botella) bottling. **3.** (lata) canning.

envejecer [embeχeθér] *v. tr.*
1. to age. ‖ *v. intr.* **2.** (parecer viejo) to grow old.

envenenar [embenenár] *v. tr.*
1. to poison. ‖ **envenenarse**
v. prnl. **2.** (involuntariamente) to be poisoned. **3.** (voluntariamente) to poison oneself.

enviado, -da [embiáðo] *s. m. y f.*
1. (mensajero) messenger. **2.** (corresponsal) correspondent.

enviar [embiár] *v. tr.* to send. .

enviciar [embiθjár] *v. tr.* (corromper) to corrupt.

envidia [embíðja] *s. f.* envy.

envidiar [embiðjár] *v. tr.* (tener envidia) to envy.

envilecer [embileθér] *v. tr.* (degradar) to degrade; to debase.

enviudar [embjuðár] *v. intr.*
1. (hombre) to become a widower. **2.** (mujer) to become a widow.

envoltorio [emboltórjo] *s. m.*
1. (de un regalo) wrapping. **2.** (de un caramelo) wrapper.

envolver [embolβér] *v. tr.* **1.** (paquete, regalo) to wrap up. **2.** *fig.* (involucrar) to involve.

enzarzar [enθarθár] *v. tr.* **1.** to set at odds. ‖ **enzarzarse** *v. tr.* **2.** to get involved (in a dispute).

epidemia [epidémja] *s. f.* (infección) epidemic.

epílogo [epíloɣo] *s. m.* epilog.

episodio [episóðjo] *s. m.* **1.** *Lit.* episode. **2.** (suceso) incident.

época [époka] *s. f.* time; age.

equilibrar [ekiliβrár] *v. tr.* **1.** to balance. **2.** (situación) to even. ‖ **equilibrarse** *v. prnl.* **3.** (nivelarse) to balance.

equipaje [ekipáχe] *s. m.* baggage *Am. E.*; luggage *Br. E.* ‖ **hacer el ~** to pack.

equipar [ekipár] *v. tr.* **1.** (proveer) to equip. ‖ **equiparse** *v. prnl.* **2.** (abastecerse) to equip oneself.

equiparar [ekiparár] *v. tr.* (comparar) to compare; to liken.

equipo [ekípo] *s. m.* **1.** (de materiales, utensilios) equipment; apparatus. **2.** (de personas) team.

equitación [ekitaθjón] *s. f.* horseback riding *Am. E.*; riding.

equivaler [ekiβalér] *v. intr.* (ser igual) to be equivalent (to).

equivocación [ekiβokaθjón] *s. f.* **1.** error; mistake. **2.** (malentendido) misunderstanding.

equivocar [ekiβokár] *v. tr.* **1.** to get wrong. ‖ **equivocarse** *v. prnl.* **2.** to make a mistake.

era [éra] *s. f.* era; age.

erguir [erɣír] *v. tr.* **1.** to raise. **2.** (poner derecho) to straighten.

erigir [eriχír] *v. tr.* (construir) to build; to erect.

erizar [eriθár] *v. tr.* to bristle.

erizo [eríθo] *s. m.*, *Zool.* hedgehog.

ermita [ermíta] *s. f.* (capilla) hermitage; chapel.

erótico, -ca [erótiko] *adj.* erotic.

errar [eřár] *v. tr.* **1.** (objetivo) to miss. ‖ *v. intr.* **2.** (vagar) to wander. **3.** (equivocarse) to err.

error [eřór] *s. m.* error; mistake.

eructar [eruktár] *v. intr.* to belch; to burp.

erupción [erupθjón] *s. f.* **1.** eruption. **2.** *Med.* (en la piel) rash.

esa [ésa] *pron. dem. f.* *ese.

esbelto, -ta [esβélto] *adj.* (delgado) slim; slender; willowy.

esbozar [esβoθár] *v. tr.* **1.** (figura) to sketch. **2.** (idea) to outline.

escabeche [eskaβétʃe] *s. m.*, *Gastr.* (en vinagre) pickle.

escala [eskála] *s. f.* (para medir) scale.

escalar [eskalár] *v. tr.* to climb.

escalera [eskaléra] *s. f.* staircase; stairs *pl.*

escalerilla [eskaleríʎa] *s. f.* **1.** *Náut.* (barco) gangplank; gangway. **2.** (avión) steps.

escalfar [eskalfár] *v. tr.*, *Gastr.* (huevos) to poach.

escalofrío [eskalofrío] *s. m.* **1.** shiver. **2.** (de fiebre) chill.

escalón [eskalón] *s. m.* (peldaño) step; stair.

escalonar [eskalonár] *v. tr.* **1.** (pagos, vacaciones) to stagger. **2.** (terreno) to terrace.

escalope [eskalópe] *s. m., Gastr.* (filete empanado) escalope.

escama [eskáma] *s. f.* **1.** *Zool.* scale. **2.** (de piel, jabón) flake.

escanciar [eskanθjár] *v. tr.* (sidra, vino) to pour; to serve.

escandalizar [eskandaliθár] *v. tr.* **1.** to shock; to scandalize. ‖ **escandalizarse** *v. prnl.* **2.** to be scandalized.

escándalo [eskándalo] *s. m.* (alboroto, jaleo) commotion.

escapar [eskapár] *v. intr.* **1.** (huir) to escape; to run away. ‖ **escaparse** *v. prnl.* **2.** to get away.

escaparate [eskaparáte] *s. m.* (de una tienda) shop window.

escapatoria [eskapatórja] *s. f.* **1.** (escape) escape. **2.** (salida, solución) way out.

escarabajo [eskaraβáχo] *s. m., Zool.* (tb. automóvil) beetle.

escarbar [eskarβár] *v. tr.* **1.** to scrabble; to scratch. **2.** (dientes, oídos) to pick.

escarcha [eskártʃa] *s. f.* frost.

escarmentar [eskarmentár] *v. tr.* **1.** to punish severely; to teach sb a lesson. ‖ *v. intr.* **2.** to learn one's lesson.

escarmiento [eskarmjénto] *s. m.* (castigo) punishment; lesson.

escarola [eskaróla] *s. f., Bot.* (hortaliza) endive.

escasear [eskaseár] *v. intr.* (faltar) to be scarce; to fall short.

escasez [eskaséθ] *s. f.* (carencia) shortage; scarcity.

escatimar [eskatimár] *v. tr.* to curtail.

escayola [eskajóla] *s. f.* **1.** plaster. **2.** *Med.* plaster cast

escena [esθéna] *s. f.* scene.

escenario [esθenárjo] *s. m., Teatr.* stage.

esclavitud [esklaβitúð] *s. f.* **1.** slavery. **2.** (servidumbre) servitude. **3.** (cautiverio) bondage.

esclavo, -va [eskláβo] *adj.* **1.** slave. ‖ *s. m. y f.* **2.** slave.

escoba [eskóβa] *s. f.* broom.

escobilla [eskoβíʎa] *s. f.* **1.** brush. **2.** (del baño) toilet brush.

escocer [eskoθér] *v. tr. e intr.* **1.** *Med.* (herida, ojos) to smart; to sting. **2.** *fig.* (desagradar) to displease.

escocés, -sa [eskoθés] *adj.* **1.** (ciudad, persona) Scottish. **2.** (whisky) Scotch. ‖ *s. m. y f.* **3.** (persona) Scot. ‖ *s. m.* **4.** (hombre) Scotsman. ‖ **escocesa** *s. f.* **5.** Scotswoman.

escoger [eskoχér] *v. tr.* (elegir) to choose; to select.

113

escolar [eskolár] *adj.* **1.** scholastic; school. ‖ *s. m. y f.* **2.** pupil.

escombro [eskómbro] *s. m.* (desperdicio) waste.

esconder [eskondér] *v.* **1.** to hide; to conceal *frml.* ‖ **esconderse** *v. prnl.* **2.** to hide; to lurk.

escondite [eskondíte] *s. m.* **1.** (para cosas) hiding place. **2.** (juego) hideand-seek.

escotilla [eskotíʎa] *s., Náut.* (abertura) hatch; hatchway.

escribir [eskriβír] *v. tr.* e *intr.* to write.

escritorio [eskritórjo] *s. m.* (mueble) desk; writing desk.

escrúpulo [eskrúpulo] *s. m.* scruple; qualm. ‖ **sin escrúpulos** unprincipled.

escuálido, -da [eskwáliðo] *adj.* (flaco) skinny.

escuchar [eskutʃár] *v. tr.* **1.** to listen (to). **2.** (consejo) to heed.

escudriñar [eskuðriɲár] *v. tr.* (examinar) to scrutinize.

escuela [eskwéla] *s. f.* school.

escueto, -ta [eskwéto] *adj.* (parco) plain; unadorned; bare.

escupir [eskupír] *v. intr.* to spit.

escurrir [eskuřír] *v. tr.* **1.** to drain. **2.** (ropa) to wring. ‖ *v. intr.* **3.** (líquido) to drip.

esdrújulo, -la [esðrúxulo] *adj.* **1.** *Ling.* proparoxytone. ‖ **esdrújula** *s. f.* **2.** *Ling.* proparoxytone.

ese, -sa, -so [ése] *adj. dem. sing.* **1.** that. ‖ *pron. dem. sing.* **2.** that. ‖ **esos -sas** *adj. dem. pl.* **3.** those. ‖ *pron. dem. pl.* **4.** those. •To avoid any confusion, the m. and f. forms of the pron. are written with an accent: "ése", "ésa", "ésos" y "ésas".

esencia [esénθja] *s. f.* **1.** essence. **2.** (naturaleza) marrow. **3.** (perfume) scent.

esfera [esféra] *s. f.* sphere.

esfinge [esfiɲʒe] *s. f.* sphinx.

esforzarse [esforθárse] *v. prnl.* to make an effort; to try hard.

esfumarse [esfumárse] *v. prnl.* **1.** *fig.* (esperanzas, etc) to fade away. **2.** *fig.* (persona) to vanish.

eslabón [eslaβón] *s. m.* link.

eslogan [eslóʝan] *s. m.* slogan.

esmalte [esmálte] *s. m.* **1.** (barniz) enamel. **2.** (de uñas) varnish.

esmerarse [esmerárse] *v. prnl.* (esforzarse) to take great pains.

esmero [esméro] *s. m.* great care.

esmoquin [esmókin] *s. m.* tuxedo *Am. E.*; dinner jacket *Br. E.*

eso [éso] *pron. dem. n. sing.* that.

esófago [esófaʝo] *s. m., Anat.* esophagus; gullet.

espaciar [espaθjár] *v. tr.* (esparcir) to space (out).

espacio [espáθjo] *s. m.* **1.** space. **2.** (capacidad) room. **3.** (hueco) gap.

espada [espáða] *s. f.* sword.

espagueti [espayéti] *s. m.*
1. *Gastr.* piece of spaguetti. ‖ **espaguetis** *s. m. pl.* **2.** *Gastr.* spaguetti *pl.*

espalda [espálda] *s. f.* **1.** *Anat.*
back. ‖ **espaldas** *s. f. pl.* **2.** back.

espantapájaros [espantapáχa-
ros] *s. m. inv.* scarecrow.

espantar [espantár] *v. tr.* **1.** (asustar) to frighten; to scare. **2.** *fam.*
(asombrar) to appall.

espanto [espánto] *s. m.* **1.** fright;
scare. **2.** (terror) terror.

español, -la [espaɲól] *adj.*
1. Spanish. ‖ *s. m.* **2.** (idioma)
Spanish. ‖ *s. m. y f.* **3.** (persona)
Spaniard.

esparadrapo [esparaðrápo]
s. m., Farm. sticking plaster.

esparcir [esparθír] *v. tr.* **1.** to
spread. **2.** (derramar) to spill.

espárrago [espáraγo] *s. m., Bot.*
asparagus. ‖ ~ **triguero** *Bot.*
wild asparagus.

esparto [espárto] *s. m., Bot.*
(planta) esparto; esparto grass.

especia [espéθja] *s. f.* spice.

especial [espeθjál] *adj.* **1.** special. **2.** (peculiar) peculiar.

especialidad [espeθjaliðáð] *s. f.*
specialty.

especializar [espeθjaliθár] *v. tr.*
1. to specialize. ‖ **especializarse** *v. prnl.* **2.** to specialize.

especie [espéθje] *s. f.* **1.** *Biol.*
species *inv.* **2.** (clase) kind; sort.

especificar [espeθifikár] *v. tr.*
(explicar) to specify.

espectáculo [espektákulo] *s. m.*
1. (teatro y TV) show; performance. **2.** (escena) spectacle.

espectador, -ra [espektaðór]
s. m. y f. **1.** *Dep.* spectator.
2. (de un incidente) onlooker.

espectro [espéktro] *s. m.*
1. spectrum. **2.** (fantasma)
ghost.

especular [espekulár] *v. tr.*
1. (conjeturar) to speculate
about. ‖ *v. intr.* **2.** (comerciar) to
speculate on.

espejo [espéχo] *s. m.* mirror.

esperar [esperár] *v. tr.* **1.** (aguardar) to wait for. **2.** (desear) to
hope.

espermatozoide [espermato
θójðe] *s. m., Biol.* spermatozoon.

espeso, -sa [espéso] *adj.* **1.** thick.
2. (bosque, niebla) dense.

espiar [espiár] *v. tr.* **1.** to spy on;
to peep. ‖ *v. intr.* **2.** to spy.

espina [espína] *s. f.* **1.** *Bot.* (de
un rosal) thorn. **2.** *Bot.* (de un
cactus) prickle. **3.** (de pez)
bone; fishbone.

espinaca [espináka] *s. f., Bot.*
spinach.

espiral [espirál] *s. f.* spiral.

espirar [espirár] *v. tr. e intr.* (respirar) to breathe out.

espíritu [espíritu] *s. m.* **1.** spirit. **2.** *Rel.* soul. **3.** (fantasma) ghost.

esplendidez [esplendiðéθ] *s. f.* splendor; magnificence.

esplendor [esplendór] *s. m.* **1.** splendor. **2.** (resplandor, brillo) brilliance; glow.

esponja [espónxa] *s. f.* sponge.

esposar [esposár] *v. tr.* to handcuff; to manacle.

esposo, -sa [espóso] *s. m. y f.* **1.** spouse. || *s. m.* **2.** husband. || **esposa** *s. f.* **3.** (mujer) wife.

espuma [espúma] *s. f.* **1.** foam. **2.** (del jabón) lather.

esqueje [eskéxe] *s. m.* **1.** *Agr.* (para plantar) cutting. **2.** *Bot.* (para injertar) scion.

esquema [eskéma] *s. m.* **1.** (sinopsis) scheme. **2.** (de un libro, informe) skeleton; plan.

esquí [eskí] *s. m.* **1.** (tabla) ski. **2.** *Dep.* skiing.

esquiar [eskiár] *v. intr.*, *Dep.* to ski.

esquina [eskína] *s. f.* (en la calle) corner.

esquivar [eskiβár] *v. tr.* **1.** to avoid. **2.** (eludir) to elude.

esta [ésta] *pron. dem. f.* *este.

estabilidad [estaβiliðáð] *s. f.* (equilibrio) stability.

estabilizar [estaβiliθár] *v. tr.* **1.** to stabilize. || **estabilizarse** *v. prnl.* **2.** to stabilize.

establecer [estaβleθér] *v. tr.* **1.** to establish. **2.** (fundar) to found. **3.** (bases) to lay down.

establo [estáβlo] *s. m.* stable.

estaca [estáka] *s. f.* stake.

estación [estaθjón] *s. f.* **1.** (del año) season. **2.** (tren, autobús) station; depot *Am. E.*

estadio [estáðjo] *s. m.* **1.** *Dep.* stadium; arena. **2.** (fase) stage.

estadística [estaðístika] *s. f.* (ciencia) statistics *pl.*

estadounidense [estaðowni-ðénse] *adj. y s. m. y f.* American.

estafa [estáfa] *s. f.* swindle; trick.

estafador, -ra [estafaðór] *s. m. y f.* swindler; cheater *Am. E.*

estafar [estafár] *v. tr.*, *Der.* to swindle; to defraud.

estallar [estaλár] *v. intr.* **1.** to burst. **2.** (bomba) to explode.

estambre [estámbre] *s. m.*, *Bot.* stamen.

estampa [estámpa] *s. f.* **1.** picture. **2.** *fig.* (aspecto) appearance.

estampar [estampár] *v. tr.* **1.** (imprimir) to print. **2.** (metal, un sello) to stamp.

estancar [estaŋkár] *v. tr.* **1.** (contener) to dam up. **2.** (hemorragia) to stanch. || **estancarse** *v. prnl.* **3.** to stagnate;

estancia [estánθja] *s. f.* room.

estanco [estánko] *s. m.* (tienda) tobacconist's.

estanque [estánke] *s. m.* **1.** (embalse) pool; pond. **2.** (depósito) reservoir.

estante [estánte] *s. m.* shelf.

estantería [estantería] *s. f.* (mueble) shelving; shelves *pl.*

estar [estár] *v. intr.* **1.** (existir, hallarse) to be. **2.** (posición) to be; to stand. **3.** (un objeto) to lie.

estatua [estátwa] *s. f.* statue.

estatura [estatúra] *s. f.* stature.

este, -ta, -to [éste] *adj. dem. sing.* **1.** this. ‖ *pron. dem. sing.* **2.** this. **3.** this one. ‖ **estos -tas** *adj. dem. pl.* **4.** these. | *pron. dem. pl.* **5.** these. •To avoid any confusion, the m. and f. forms of the pron. are written with an accent: "éste", "ésta", "éstos" y "éstas".

este [éste] *s. m., Geogr.* east.

estela [estéla] *s. f.* **1.** (de un barco) wake. **2.** (de avión) trail.

estéreo [estéreo] *adj.* **1.** stereo. ‖ *s. m.* **2.** (para escuchar música, radio) stereo.

estéril [estéril] *adj.* sterile.

esterilidad [esteriliðáð] *s. f.* **1.** sterility. **2.** (de un terreno) barrenness.

esterilizar [esteriliθár] *v. tr.* to sterilize.

estético, -ca [estétiko] *adj.* **1.** esthetic *Am. E.*; aesthetic *Br. E.* ‖ **estética** *s. f.* **2.** (filosofía) esthetic *Am. E.*; aesthetics *sing. Br. E.*

estiércol [estjérkol] *s. m.* (abono) manure; dung.

estilo [estílo] *s. m.* **1.** style. **2.** (moda) fashion.

estima [estíma] *s. f.* esteem.

estimar [estimár] *v. tr.* **1.** (apreciar) to esteem; to respect. **2.** (considerar) to consider.

estimular [estimulár] *v. tr.* **1.** to stimulate. **2.** *fig.* (alentar) to encourage.

estirar [estirár] *v. tr.* **1.** to stretch; to draw out. **2.** (el cuello) to crane one's neck.

estirón [estirón] *s. m.* **1.** (tirón) pull; jerk. **2.** (crecimiento) sudden growth.

estirpe [estírpe] *s. f.* lineage.

esto [ésto] *pron. dem. n. pl.* this.

estofado [estofáðo] *s. m., Gastr.* (guiso) stew.

estómago [estómaʝo] *s. m., Anat.* stomach.

estorbar [estoɾβár] *v. tr.* **1.** (obstruir) to obstruct. **2.** (impedir) to hinder. **3.** (molestar) to stand in the way.

estorbo [estóɾβo] *s. m.* **1.** (obstáculo) obstruction. **2.** (molestia) hindrance.

estornudar [estornuðár] *v. intr.* to sneeze.

estrafalario, -ria [estrafalárjo] *adj.* **1.** *fam.* (desaliñado) slovenly; sloppy. **2.** *fig. y fam.* (excéntrico) eccentric.

estrago [estráɣo] *s. m.* ruinn.

estrangular [estraŋgulár] *v. tr.* (persona, animal) to strangle; to choke.

estrechar [estretʃár] *v. tr.* (reducir) to narrow.

estrecho, -cha [estrétʃo] *adj.* **1.** narrow. **2.** (apretado) tight.

estrella [estréʎa] *s. f.*, *Astron.* (astro) star.

estrellar [estreʎár] *v. tr.*, *fam.* (hacer pedazos) to smash (to pieces); to shatter.

estremecer [estremeθér] *v. tr.* **1.** to shake. ‖ **estremecerse** *v. prnl.* **2.** (temblar) to quiver.

estrenar [estrenár] *v. tr.* to use for the first time.

estreñimiento [estreɲimjénto] *s. m.*, *Med.* constipation.

estrépito [estrépito] *s. m.* (ruido) noise.

estricto, -ta [estríkto] *adj.* **1.** (severo) severe. **2.** (riguroso) strict; close.

estrofa [estrófa] *s. f.*, *Lit.* stanza; verse.

estropajo [estropáχo] *s. m.* scourer.

estropear [estropeár] *v. tr.* **1.** (dañar) to damage. **2.** (arruinar) to ruin.

estrujar [estruχár] *v. tr.* **1.** (apretar) to squeeze; to crumple. **2.** (aplastar) to crush.

estuche [estútʃe] *s. m.* **1.** (caja) case; box. **2.** (vaina) sheath.

estudiante [estuðjánte] *s. m. y f.* student.

estudiar [estuðjár] *v. tr.* **1.** to study. **2.** (una propuesta) to think over.

estufa [estúfa] *s. f.* (brasero) heater; stove.

estupendo, -da [estupéndo] *adj.* wonderful; marvelous.

estupidez [estupiðéθ] *s. f.* **1.** (torpeza) stupidity. **2.** (acto) stupid thing. **3.** (tontería) silliness.

estúpido, -da [estúpiðo] *adj.* **1.** stupid; silly. ‖ *s. m. y f.* **2.** idiot.

etapa [etápa] *s. f.* stage.

etcétera [etθétera] *s. amb.* et cetera; and so on/forth.

eterno, -na [etérno] *adj.* (inacabable) eternal; everlasting.

ético, -ca [étiko] *adj.* ethical.

etiqueta [etikéta] *s. f.* **1.** (modales) etiquette; formality. **2.** (rótulo) label.

etnia [étnja] *s. f.* ethnic group.

eucalipto [ewkalípto] *s. m.*, *Bot.* (árbol) eucalyptus.

eucaristía [ewkaristía] s. f., Rel. (misa) Eucharist.

euforia [ewfórja] s. f. euphoria.

euro [éwro] s. m. (unidad monetaria europea) euro.

europeo, -pea [ewropéo] adj. y s. m. y f. European.

evacuar [eβakwár] v. tr. **1.** to evacuate. **2.** Anat. to empty.

evadir [eβaðír] v. tr. **1.** (respuesta, peligro) to avoid. **2.** (responsabilidad) to shirk. || **evadirse** v. prnl. **3.** (escaparse) to get away.

evaluación [eβalwaθjón] s. f. assesement; evaluation.

evaluar [eβaluár] v. tr. **1.** to assess. **2.** (datos) to evaluate.

Evangelio [eβaŋχéljo] s. m., Rel. gospel.

evaporación [eβaporaθjón] s. f. (volatilización) evaporation.

evaporar [eβaporár] v. tr. **1.** to evaporate. || **evaporarse** v. prnl. **2.** to evaporate. **3.** fig. to vanish.

evasiva [eβasíβa] s. f. (excusa) excuse; evasion; subterfuge.

eventual [eβentwál] adj. eventual; possible.

evidencia [eβiðénθja] s. f. (prueba) evidence; proof.

evidente [eβiðénte] adj. (claro) evident; obvious; clear.

evitar [eβitár] v. tr. **1.** to avoid. **2.** (impedir) to prevent. **3.** (eludir) to shirk.

evocar [eβokár] v. tr. **1.** (pasado) to recall. **2.** (recuerdo) to evoke.

evolución [eβoluθjón] s. f. **1.** (cambio) evolution. **2.** (desarrollo) development.

evolucionar [eβoluθjonár] v. intr. **1.** to evolve. **2.** (desarrollar) to develop.

exacto, -ta [eksákto] adj. **1.** exact. **2.** (preciso) accurate. **3.** (correcto) right.

exagerado [eksaχeráðo] adj. **1.** exaggerated. **2.** (excesivo) excessive.

exagerar [eksaχerár] v. tr. **1.** to exaggerate. **2.** (exceder, sobrepasar) to overdo.

exaltación [eksaltaθjón] s. f. **1.** exaltation. **2.** (alabanza) praise.

examen [eksámen] s. m. exam; examination frml.; test Am. E. .

examinar [eksaminár] v. tr. **1.** to examine. **2.** (inspeccionar) to inspect. || **examinarse** v. prnl. **3.** to take an examination.

exasperar [eksasperár] v. tr., fam. (sacar de quicio) to exasperate.

excavar [eskaβár] v. tr. **1.** to excavate. **2.** Alban. to dig.

excedente [esθeðénte] adj. **1.** (que sobra) excess; surplus. **2.** (excesivo) excessive.

exceder [esθeðér] v. tr. e intr. **1.** (superar) to exceed; to surpass. **2.** (sobrepasar) to excel. ‖ **excederse** v. prnl. **3.** to go too far.

excepcional [esθepθjonál] adj. exceptional; outstanding.

excepto [esθépto] prep. except; apart from; besides.

exceptuar [esθeptuár] v. tr. (excluir) to except; to exclude.

exceso [esθéso] s. m. surplus.

excitación [esθitaθjón] s. f. **1.** (sentimiento) excitement. **2.** (acción) excitation; agitation.

excitar [esθitár] v. tr. **1.** to excite. **2.** (sexualmente) to arouse.

exclamación [esklamaθjón] s. f. **1.** exclamation. **2.** (grito) cry.

exclamar [esklamár] v. intr. (proferir) to exclaim.

excluir [eskluír] v. tr. **1.** to exclude. **2.** (descartar) to rule out. **3.** (omitir) to leave out. **4.** (rechazar) to reject.

exclusiva [esklusíβa] s. f. **1.** (privilegio) exclusive right. **2.** (en medios de comunicación) exclusive.

exclusivo, -va [esklusíβo] adj. (único) exclusive; sole.

excremento [eskreménto] s. m. (heces) excrement; faeces frml.

excursión [eskursjón] s. f. excursion; trip.

excusa [eskúsa] s. f. **1.** excuse. **2.** (disculpa) apology.

excusar [eskusár] v. tr. **1.** to excuse. **2.** (disculpar) to forgive.

exhalar [eksalár] v. tr. **1.** to exhale. **2.** (un gas) to emit. **3.** (suspiro) to breathe.

exhibir [eksiβír] v. tr. **1.** to exhibit. **2.** (mostrar) to show.

exigencia [eksixénθja] s. f. **1.** (requisito) exigency. **2.** (pretensión) demand.

exigente [eksixénte] adj. demanding; exacting.

exigir [eksixír] v. tr. **1.** to demand. **2.** (lealtad) to exact. **3.** (requerir) to require.

exiliado, -da [eksiljáðo] adj. **1.** exiled; in exile. ‖ s. m. y f. **2.** (expatriado) exile.

exiliar [eksiljár] v. tr. to exile.

existencia [eksisténθja] s. f. **1.** existence. **2.** (vida) life.

existir [eksistír] v. intr. **1.** to exist; to be. **2.** (vivir) to live.

éxito [éksito] s. m. success.

éxodo [éksoðo] s. m. exodus.

exorbitante [eksorβitánte] adj. (exagerado) exorbitant.

expansión [espansjón] s. f. **1.** expansion. **2.** (crecimiento) growth.

expectación [espektaθjón] s. f. expectancy; expectation.

expectativa [espektatíβa] s. f. **1.** (esperanza) expectation; expectancy. **2.** (perspectiva) prospect.

expedición [espeðiθjón] *s. f.* expedition.

expediente [espeðjénte] *s. m.* (informe) dossier.

expedir [espeðír] *v. tr.* **1.** to dispatch. **2.** (título) to issue.

experiencia [esperjénθja] *s. f.* **1.** experience. **2.** (experimento) experiment.

experimentado, -da [esperimentáðo] *adj.* **1.** (persona) experienced. **2.** (método) tried.

experimentar [esperimentár] *v. tr.* **1.** (hacer experimentos) to experiment; to test. **2.** (notar) to experience.

experimento [esperiménto] *s. m.* (prueba) experiment; test.

explicación [esplikaθjón] *s. f.* (excusa, aclaración) explanation.

explicar [esplikár] *v. tr.* **1.** to explain. **2.** (una teoría) to expound.

explicativo, -va [esplikatíßo] *adj.* explanatory.

explícito [esplíθito] *adj.* explicit.

exploración [esploraθjón] *s. f.* exploration.

explorador, -ra [esploraðór] *adj.* **1.** exploring. ‖ *s. m. y f.* **2.** (de un lugar) explorer.

explorar [esplorár] *v. tr. e intr.* **1.** to explore. **2.** (posibilidades) to investigate.

explosión [esplosjón] *s. f.* **1.** explosion. **2.** (estallido) blast.

explosivo, -va [esplosíßo] *adj.* **1.** explosive. ‖ *s. m.* **2.** explosive.

explotar [esplotár] *v. tr.* **1.** (beneficiarse) to exploit. ‖ *v. intr.* **2.** (bomba) to explode.

exponer [esponér] *v. tr.* **1.** to expose. **2.** (mostrar) to exhibit; to show. **3.** (idea) to explain. **4.** (teoría) to expound.

exportar [esportár] *v. tr.* (enviar) to export.

exposición [esposiθjón] *s. f.* **1.** (arte) exhibition; show. **2.** *Fot.* exposure.

exprés [esprés] *adj. inv.* **1.** express. ‖ *s. m.* **2.** (café) espresso.

expresar [espresár] *v. tr.* **1.** to express. **2.** (indicar) to convey. **3.** (opinión) to voice.

expresión [espresjón] *s. f.* expression.

expresivo, -va [espresíßo] *adj.* **1.** expressive. **2.** (cariñoso) warm.

expreso, -sa [espréso] *adj.* **1.** (especificado) express. ‖ *s. m.* **2.** (tren) express.

exprimir [esprimír] *v. tr.* **1.** (fruta) to squeeze. **2.** (zumo) to squeeze out.

expuesto, -ta [espwésto] *adj.* (sin protección) exposed.

expulsar [espulsár] *v. tr.* (echar) to expel; to eject.

expulsión [espulsjón] *s. f.* expulsion.

exquisito, -ta [eskisíto] *adj.* **1.** exquisite. **2.** (delicioso) delicious.

extender [estendér] *v. tr.* **1.** to extend. **2.** (mapa, mantequilla) to spread.

extensión [estensjón] *s. f.* **1.** extension. **2.** (dimensión) extent.

extenuado, -da [estenuáðo] *adj.* (agoto) exhausted.

extenuar [estenuár] *v. tr.* **1.** (agotar) to exhaust. **2.** (debilitar) to debilitate.

exterior [esterjór] *adj.* exterior.

exterminar [esterminár] *v. tr.* to exterminate; to destroy.

externo, -na [estérno] *adj.* **1.** external; exterior. **2.** (superficial) outward.

extinguir [estiŋgír] *v. tr.* **1.** (fuego) to extinguish. **2.** (deuda, raza) to wipe out.

extintor [estintór] *s. m.* (de incendios) extinguisher.

extra [éstra] *adj.* **1.** (adicional) extra. ‖ *s. m. y f.* **2.** extra.

extraer [estraér] *v. tr.* **1.** to extract; to take out. **2.** (liquido) to abstract. **3.** (muela, arma) to pull out.

extranjero, -ra [estranxéro] *adj.* **1.** foreign. ‖ *s. m. y f.* **2.** (persona) foreigner.

extrañar [estrañár] *v. tr.* **1.** (sorprender) to surprise. **2.** (echar de menos) to miss.

extraño, -ña [estráɲo] *adj.* **1.** strange. **2.** (raro) weird.

extraordinario, -ria [estraorðinárjo] *adj.* **1.** (suceso) extraordinary. **2.** (circunstancias) special. .

extraterrestre [estrateréstre] *adj.* **1.** extraterrestrial; alien. ‖ *s. m. y f.* **2.** (alienígena) alien.

extravagante [estraβaránte] *adj.* **1.** (comportamiento, ideas) extravagant. **2.** (persona, ropa) flamboyant; eccentric.

extraviarse [estraβiárse] *v. prnl.* (perderse) to get lost.

extremar [estremár] *v. tr.* to carry to extremes.

extremidad [estremiðáð] *s. f.* **1.** *Anat.* (miembro) extremity. **2.** (extremo) end.

extremo, -ma [estrémo] *adj.* **1.** extreme; utmost. ‖ *s. m.* **2.** (límite) end.

exuberancia [eksuβeránθja] *s. f.* (abundancia) exuberance; profusion; plenty.

exuberante [eksuβeránte] *adj.* exuberant; profuse; luxuriant; rampant.

F

f [éfe] *s. f.* (letra) f.

fa [fá] *s. m.* **1.** *Mús.* (nota) F. **2.** *Mús.* (solfeo) fa.

fabada [faβáða] *s. f., Gastr.* (typical meal from Asturias made of beans and pork) bean stew.

fábrica [fáβrika] *s. f.* (industria) factory; works *pl.*

fabricar [faβrikár] *v. tr.* to manufacture; to produce; to make.

fábula [fáβula] *s. f.* **1.** *Lit.* (relato) fable. **2.** (mito) myth. **3.** *fig.* (mentira) invention.

faceta [faθéta] *s. f.* facet.

fachada [fatʃáða] *s. f.* **1.** *Arq.* façade; front. **2.** *fam.* (apariencia) façade; appearance.

facial [faθjál] *adj.* facial.

fácil [fáθil] *adj.* **1.** easy. **2.** (sencillo) simple. **3.** (respuesta, chiste) facile.

factor [faktór] *s. m.* factor.

factura [faktúra] *s. f., Econ.* bill.

facturar [fakturár] *v. tr.* (equipaje) to check in.

facultad [fakultáð] *s. f.* **1.** faculty. **2.** *form.* (poder) power. **3.** (universidad) college.

faena [faéna] *s. f.* **1.** (tarea) task; job. **2.** (trabajo) work.

faisán [fajsán] *s. m., Zool.* (ave) pheasant.

faja [fáχa] *s. f.* **1.** (prenda) girdle; corset. **2.** (banda) band.

falda [fálda] *s. f.* skirt.

fallar¹ [faʎár] *v. tr.* **1.** *Der.* to pronounce. **2.** (premio) to award.

fallar² [faʎár] *v. intr.* to fail.

fallecer [faʎeθér] *v. intr., form.* (morir) to pass away; to die.

fallo¹ [fáʎo] *s. m., Der.* (sentencia) sentence; judgment.

fallo² [fáʎo] *s.* **1.** (error) mistake. **2.** (defecto) fault; defect.

falsear [falseár] *v. tr.* **1.** (datos) to falsify. **2.** (la realidad) to distort. **3.** (falsificar) to counterfeit.

falsedad [falseðáð] *s. f.* **1.** falseness; untruth. **2.** (mentira) falsehood *frml.*

falso, -sa [fálso] *adj.* **1.** false. **2.** (erróneo) wrong. **3.** (embustero) deceitful.

falta [fálta] *s. f.* **1.** (carencia) lack; shortage. **2.** (error) mistake. **3.** (ausencia) absence.

faltar [faltár] *v. intr.* **1.** (una cosa) to be missing. **2.** (una persona) to be absent. **3.** (haber poco) to be lacking. **4.** (no tener) to lack.

fama [fáma] *s. f.* **1.** (renombre) fame; renown. **2.** (reputación) reputation.

familia [famílja] *s. f.* family.

familiar [familjár] *adj.* **1.** (familia) family. **2.** (conocido) familiar. ‖ *s. m.* **3.** (un pariente) relative.

familiaridad [familjariðáð] *s. f.* (confianza) familiarity.

familiarizarse [familjariθárse] *v. prnl.* to familiarize oneself.

famoso, -sa [famóso] *adj.* (conocido) famous; well-known.

fan [fán] *s. m. y f.* fan.

fanático, -ca [fanátiko] *adj.* **1.** (obcecado) fanatical. || *s. m. y f.* **2.** fanatic.

fanfarronear [faɱfaɾoneár] *v. intr.* **1.** (chulear) to show off. **2.** (bravear) to boast; to brag.

fango [fáŋgo] *s. m.* mud; mire.

fantasía [faṇtasía] *s. f.* **1.** (imaginación) fantasy; imagination. **2.** (irrealidad) fancy.

fantasma [faṇtásma] *s. m.* (espectro) ghost; phantom.

faquir [fakír] *s. m.* fakir.

faraón [faraón] *s. m.* Pharaoh.

fardar [faɾðár] *v. intr., col.* (alardear) to show off; to boast.

faringe [faríŋxe] *s. f.*, *Anat.* pharynx.

farmacia [faɾmáθja] *s. f.* **1.** (disciplina) pharmacy. **2.** (tienda) pharmacy *frml.*; drugstore *Am. E.*; chemist's *Br. E.*

faro [fáro] *s. m.* **1.** *Náut.* (torre) lighthouse. **2.** (señal) beacon. **3.** *Autom.* headlight.

farola [faróla] *s. f.* street lamp.

farsa [fársa] *s. f.* **1.** *Teatr.* farce. **2.** *fig.* (engaño) sham.

fascículo [fasθíkulo] *s. m.* (cuadernillo) part; installment.

fascinar [fasθinár] *v. tr.* **1.** to fascinate. **2.** *fig.* (encantar) to captivate.

fase [fáse] *s. f.* stage; phase.

fastidiar [fastiðjár] *v. tr.* **1.** (molestar) to annoy; to bother. **2.** (hastiar) to sicken.

fatal [fatál] *adj.* **1.** fatal. || *adv.* **2.** (pésimamente) terrible.

fatalidad [fataliðáð] *s. f.* **1.** (destino) fate. **2.** (desgracia) misfortune.

fatiga [fatíɣa] *s. f.* fatigue.

fatigar [fatiɣár] *v. tr.* **1.** to fatigue; to tire. **2.** *fig.* (molestar) to annoy. || **fatigarse** *v. prnl.* **3.** (cansarse) to get tired.

fauna [fáwna] *s. f.*, *Zool.* fauna.

favor [faβór] *s. m.* favor; help. || **por ~** please.

favorecer [faβoreθér] *v. tr.* **1.** to favor. **2.** (apoyar) to support. **3.** (sentar bien) to flatter.

favorito, -ta [faβoríto] *adj.* **1.** favorite. || *s. m. y f.* **2.** favorite.

fax [fáks] *s. m.* fax.

fe [fé] *s. f.* **1.** *Rel.* faith. **2.** (convicción) belief.

febrero [feβréro] *s. m.* February.

fecha [fétʃa] *s. f.* date.

fechar [fetʃár] *v. tr.* to date.

fechoría [fetʃoría] *s. f.* misdeed.

fécula [fékula] *s. f.*, *Gastr.* starch.

fecundar [fekuṇdár] *v. tr.*, *Biol. y Bot.* (fertilizar) to fertilize.

felicidad [feliθiðáð] *s. f.* **1.** happiness; felicity. || **¡felicidades!** *interj.* **2.** congratulations!

felicitar [feliθitár] *v. tr.* (congratular) to congratulate.

feliz [felíθ] *adj.* **1.** (contento) happy. **2.** (afortunado) lucky.

felpa [félpa] *s. f.* plush.

felpudo [felpúðo] *s. m.* doormat.

femenino, -na [femeníno] *adj.* **1.** feminine. **2.** *Biol.* female. || *s. m.* **3.** feminine.

fenomenal [fenomenál] *adj. fam.* (fantástico) fantastic; great.

fenómeno [fenómeno] *s. m.* **1.** (hecho) phenomenon. **2.** (genio) genius.

feo, -a [féo] *adj.* ugly.

feria [férja] *s. f.* **1.** (exposición) fair. **2.** (fiesta) festival.

fermentar [fermentár] *v. tr. e intr.* (pudrirse) to ferment.

ferretería [feɾetería] *s. f.* hardware shop; ironmonger's *Br. E.*

ferrocarril [feɾokaříl] *s. m.* railroad *Am. E.*; railway *Br. E.*

ferry [féri] *s. m.* ferry.

fertilizar [fertiliθár] *v. tr.* (abonar) to fertilize.

fervor [ferβór] *s. m.* fervor; ardor.

festejar [festeχár] *v. tr.* **1.** (celebrar) to celebrate. **2.** (agasajar) to feast; to entertain.

festín [festín] *s. m.* feast; banquet.

festival [festiβál] *s. m.* festival.

festividad [festiβiðáð] *s. f.* (día festivo) festivity.

festivo, -va [festíβo] *adj.* **1.** festive. **2.** (alegre) jolly. **3.** (día) holiday.

feto [féto] *s. m., Biol.* fetus.

fiambre [fjámbre] *adj.* **1.** (comida fría) cold. || *s. m.* **2.** cold meat. **3.** *fam.* (muerto) corpse

fiambrera [fjambréra] *s. f.* (recipiente) lunch box.

fianza [fjánθa] *s. f.* **1.** *Der.* bail. **2.** (aval) deposit; pledge.

fiar [fiár] *v. tr.* **1.** (garantizar) to guarantee. || *v. intr.* **2.** (dar crédito) to give credit to.

fibra [fíβra] *s. f.* fiber.

ficción [fikθjón] *s. f.* fiction.

ficha [fítʃa] *s. f.* **1.** (tarjeta) index card. **2.** (para teléfono) token. **3.** (en juegos) counter.

fichar [fitʃár] *v. tr.* **1.** (policía) to open a file (on sb). || *v. intr.* **2.** (hora de salir) to punch out *Am. E.*; to clock out *Br. E.* **3.** (hora de entrar) to punch in *Am. E.*; to clock in *Br. E.*

ficticio, -cia [fiktíθjo] *adj.* (imaginario) fictitious; imaginary.

fidelidad [fiðeliðáð] *s. f.* (lealtad) fidelity; loyalty; faithfulness.

fideo [fiðéo] *s. m., Gastr.* noodle.

fiebre [fjéβre] *s. f., Med.* fever; temperature. || **tener ~** *Med.* to have a temperature.

fiel [fjél] *adj.* **1.** (leal) faithful; loyal. **2.** (exacto) accurate; exact. ‖ *s. m. y f.* **3.** (creyente) believer.

fieltro [fjéltro] *s. m.* felt.

fiera [fjéra] *s. f.* wild animal.

fiero, -ra [fjéro] *adj.* **1.** *Zool.* (feroz) fierce; ferocious. **2.** (salvaje) wild.

fiesta [fjésta] *s. f.* **1.** (reunión) party. **2.** *Rel.* feast. **3.** (vacaciones) holiday. ‖ **día de ~** holiday.

fijar [fixár] *v. tr.* **1.** (sujetar) to fix; to fasten. **2.** (establecer) to establish. **3.** (noticia) to affix. **4.** (fecha, precio, etc.) to set.

fila [fíla] *s. f.* **1.** file; line. **2.** (de cine, teatro) row; queue *Br. E.*

filete [filéte] *s. m.* **1.** (de carne, pescado) filet. **2.** (de carne) steak.

filmar [filmár] *v. tr.* **1.** (escena) to film. **2.** (una película) to shoot.

filme [fílme] *s. m.* (película) movie *Am. E.;* film *Br. E.*

filo [fílo] *s. m.* edge.

filosofía [filosofía] *s. f.* philosophy.

filtrar [filtrár] *v. tr.* **1.** to filter. **2.** (información) to leak. ‖ *v. intr.* **3.** to filter.

filtro [fíltro] *s. m.* filter.

fin [fín] *s. m.* **1.** end. **2.** (objetivo) aim; purpose.

final [finál] *adj.* **1.** final; last. **2.** (objetivo) ultimate. ‖ *s. m.* **3.** end; finish.

finalizar [finaliθár] *v. tr.* **1.** to finish. ‖ *v. intr.* **2.** to end.

finca [fíŋka] *s. f.* estate; property.

fingir [fiŋxír] *v. tr.* **1.** to feign; to fake. ‖ *v. intr.* **2.** (aparentar) to pretend.

finura [finúra] *s. f.* **1.** (de un tejido, porcelana) fineness. **2.** (refinamiento) refinement.

firma [fírma] *s. f.* **1.** signature. **2.** (acción) signing. **3.** (empresa) company; firm *Br. E.*

firmamento [firmaménto] *s. m., Astron.* firmament; sky.

firmar [firmár] *v. tr.* to sign.

firme [fírme] *adj.* **1.** firm. **2.** (estable) stable. **3.** (constante) steady.

fiscal [fiskál] *adj.* **1.** fiscal. ‖ *s. m. y f.* **2.** district attorney *Am. E.;* public prosecutor *Br. E.*

fisgar [fisɣár] *v. intr., fam.* (fisgonear) to snoop; to pry.

físico, -ca [físiko] *adj.* **1.** physical. ‖ *s. m.* **3.** (aspecto) physique. ‖ **física** *s. f.* **4.** (ciencia) physics *sing.*

fisonomía [fisonomía] *s. f.* (de una persona) physiognomy *frml.;* features; look.

fisura [fisúra] *s. f.* fissure.

flácido [fláθido] *adj.* flabby.

flaco, -ca [fláko] *adj.* thin; skinny.

flagelar [flaxelár] *v. tr.* **1.** to flagellate; to scourge. **2.** *fig.* (criticar) to flay.

flamante [flamánte] *adj.* **1.** (brillante) bright; brilliant. **2.** (nuevo) brandnew.

flamenco, -ca [flaménko] *adj.* **1.** (de Flandes) Flemish. **2.** (música) gypsy. ‖ *s. m. y f.* **3.** (persona) Flemish. ‖ *s. m.* **4.** (idioma) Flemish. **5.** *Zool.* flamingo. **6.** *Mús.* flamenco.

flan [flán] *s. m.*, *Gastr.* (dulce) caramel custard.

flanco [flánko] *s. m.* flank; side.

flaquear [flakeár] *v. intr.* **1.** (debilitarse) to weaken. **2.** (desanimarse) to lose heart.

flaqueza [flakéθa] *s. f.* **1.** (delgadez) thinness. **2.** *fig.* weakness.

flas [flás] *s. m.*, *Fot.* flash.

flauta [fláwta] *s. f.*, *Mús.* flute.

flecha [flétʃa] *s. f.* **1.** (arma) arrow. **2.** *Arq.* spire.

fleco [fléko] *s. m.* (adorno) fringe.

flema [fléma] *s. f.* phlegm.

flequillo [flekíʎo] *s. m.* bangs *pl. Am. E.*; fringe *Br. E.*

fletar [fletár] *v. tr.* (barco, avión) to charter.

flexible [fleksíβle] *adj.* flexible.

flexión [fleksjón] *s. f. Dep.* push-up *Am. E.*; press-up *Br. E.*

flexo [flékso] *s. m.* desk lamp.

flirtear [flirteár] *v. intr.* to flirt.

flojo, -ja [flóxo] *adj.* **1.** (suelto) loose; slack. **2.** (débil) weak.

flor [flór] *s. f.* **1.** *Bot.* flower; blossom. **2.** *fig.* (piropo) compliment.

flora [flóra] *s. f.*, *Bot.* flora.

florecer [floreθér] *v. intr.* **1.** *Bot.* (plantas) to flower; to blossom. **2.** *fig.* (prosperar) to flourish.

floristería [floristería] *s. f.* (tienda) florist's shop.

flota [flóta] *s. f.* fleet.

flotar [flotár] *v. intr.* to float.

fluir [fluír] *v. intr.* to flow.

flujo [flúxo] *s. m.* flow.

fluvial [fluβjal] *adj.* river; fluvial.

foca [fóka] *s. f.*, *Zool.* seal.

foco [fóko] *s. m.* **1.** *Fís. y Mat.* focus. **2.** (lámpara) spotlight. **3.** *fig.* (núcleo) center.

fofo, -fa [fófo] *adj.* **1.** (esponjoso) soft. **2.** (persona) flabby.

fogata [foɣáta] *s. f.* bonfire.

fogón [foɣón] *s. m.* **1.** (cocina) stove. **2.** (quemador) burner.

foie-gras [foaɣrás] *s. m.*, *Gastr.* (paté) foie gras.

folio [fóljo] *s. m.* (hoja) sheet; sheet of paper.

folleto [foʎéto] *s. m.* (librillo) pamphlet; booklet.

follón [foʎón] *s. m.* **1.** *fam.* (alboroto) commotion. **2.** (desorden) disorder.

fomentar [fomentár] *v. tr.* (promover) to promote; to foster.

fonda [fónda] *s. f.* (mesón) inn; hostelry.

fondo [fóndo] *s. m.* **1.** (de una cosa) bottom. **2.** (medida) depth. ‖ **al ~** at the back.

fontanería [fontanería] *s. f.* plumbing.

fontanero, -ra [fontanéro] *s. m. y f.* plumber.

forastero, -ra [forastéro] *adj.* **1.** foreign; strange. ‖ *s. m. y f.* **2.** outsider; stranger.

forcejear [forθeχeár] *v. intr.* (luchar) to struggle; to wrestle.

forense [forénse] *adj.* **1.** forensic. ‖ *s. m. y f.* **2.** *Med.* coroner.

forjar [forχár] *v. tr.* to forge.

forma [fórma] *s. f.* **1.** form; shape. **2.** (manera) way.

formal [formál] *adj.* **1.** formal. **2.** (cumplidor) dependable.

formalidad [formaliðáð] *s. f.* **1.** formality. **2.** (seriedad) seriousness.

formalizar [formaliθár] *v. tr.* (hacer formal) to formalize.

formar [formár] *v. tr.* **1.** to form; to shape. **2.** (constituir) to make up. **3.** (enseñar) to educate.

formidable [formiðáβle] *adj.* **1.** (enorme) formidable. **2.** (magnífico) wonderful; terrific.

formular [formulár] *v. tr.* **1.** to formulate. **2.** (pregunta) to pose. **3.** (quejas) to lodge.

formulario [formulárjo] *s. m.* (documento) form.

forraje [foráχe] *s. m., Agr.* (para el ganado) forage; fodder.

forrar [forár] *v. tr.* **1.** (por dentro) to line. **2.** (por fuera) to cover. ‖ **forrarse** *v. prnl.* **3.** (enriquecerse) to get rich; scoop.

forro [fóro] *s. m.* **1.** (de un abrigo) lining. **2.** (de un sillón, libro) cover.

fortalecer [fortaleθér] *v. tr.* **1.** (vigorizar) to strengthen; to fortify. ‖ **fortalecerse** *v. prnl.* **2.** to become stronger.

fortificar [fortifikár] *v. tr.* **1.** *Mil.* (un lugar) to fortify. **2.** (dar fuerzas) to strengthen.

fortuito, -ta [fortuíto] *adj.* fortuitous; accidental; casual.

fortuna [fortúna] *s. f.* **1.** fortune. **2.** (suerte) luck. **3.** (dinero) pile.

forzar [forθár] *v. tr.* **1.** *fig.* (obligar) to force; to constrain. **2.** (para entrar) to break in.

fosa [fósa] *s. f.* **1.** (sepultura) grave; tomb. **2.** (hoyo) pit. **3.** *Anat.* cavity.

fosforescente [fosforesθénte] *adj.* **1.** *Fís.* phosphorescent. **2.** (color) fluorescent.

fósil [fósil] *adj. y s. m.* fossil.

foso [fóso] *s. m.* **1.** (zanja) ditch; trench. **2.** *Teatr.* pit. **3.** (de fortificación) moat.

fotocopia [fotokópja] *s. f.* photocopy.

fotocopiadora [fotokopjaðóra] *s. f.* photocopier.

fotografía [fotovrafía] *s. f.* **1.** (proceso) photography. **2.** (retrato) photograph.

fotografiar [fotovrafjár] *v. tr.* to photograph; to take a photograph.

frac [frák] *s. m.* tail coat; tails *pl.*

fracasar [frakasár] *v. intr.* **1.** to fail. **2.** (plan) to fall through.

fracaso [frakáso] *s. m.* **1.** failure. **2.** (de negociaciones) breakdown.

fraccionar [frakθjonár] *v. tr.* (dividir) to divide in parts.

fractura [fraktúra] *s. f.* fracture.

fragancia [fravánθja] *s. f.* (perfume) fragrance; scent.

fragata [fraváta] *s. f., Náut.* frigate.

frágil [fráxil] *adj.* **1.** fragile; breakable. **2.** *fig.* (débil) frail.

fragmento [fragménto] *s. m.* **1.** fragment. **2.** piece; bit.

fraguar [fraywár] *v. tr.* **1.** to forge. **2.** *fig.* (tramar) to plot.

fraile [frájle] *s. m., Rel.* friar.

frambuesa [frambwésa] *s. f., Bot.* (fruta) raspberry.

franco, -ca [fráŋko] *adj.* (sincero) frank; open.

franela [franéla] *s. f.* flannel.

franja [fráŋxa] *s. f.* **1.** fringe. **2.** (banda) band; strip.

franqueza [fraŋkéθa] *s. f.* (llaneza) frankness.

frasco [frásko] *s. m.* bottle; flask.

frase [fráse] *s. f.* **1.** *Ling.* (oración) sentence. **2.** (expresión) phrase.

fraternal [fraternál] *adj.* (amor) brotherly; fraternal.

fraude [fráwðe] *s. m.* fraud.

fray [fráj] *s. m., Rel.* brother.

frecuencia [frekwénθja] *s. f.* (asiduidad) frequency.

frecuentar [frekwentár] *v. tr.* to frequent.

fregadero [frevaðéro] *s. m.* (pila) sink; kitchen sink.

fregar [frevár] *v. tr.* **1.** (lavar) to wash. **2.** (frotar) to scrub; to rub. **3.** (con fregona) to mop.

fregona [frevóna] *s. f.* (utensilio) mop.

freír [freír] *v. tr.* to fry.

frenar [frenár] *v. tr.* to brake.

frenesí [frenesí] *s. m.* frenzy.

freno [fréno] *s. m., Autom.* brake.

frente [frénte] *s. f.* **1.** *Anat.* forehead; brow *lit.* ll *s. m.* **2.** front.

fresa [frésa] *s. f., Bot.* (fruta) strawberry.

fresco, -ca [frésko] *adj.* **1.** cool. **2.** *fig.* (reciente) fresh. **3.** *fig.* (descarado) sassy; cheeky. ll *s. m.* **5.** (frescor) fresh air.

frescura [freskúra] *s. f.* **1.** (descaro) nerve; cheek. **2.** (de verdura, pan) freshness.

frialdad [frjaldáð] *s. f.* **1.** (frío) coldness. **2.** *fig.* (indiferencia) indifference.

friccionar [frikθjonár] v. tr. (frotar) to rub; to massage.

friega [frjéγa] s. f. rub.

frigorífico [friγorífiko] s. m. (nevera) refrigerator; icebox Am. E.

frío, -a [frío] adj. **1.** cold; chilly. **2.** fig. (indiferente) indifferent. **3.** (poco amistoso) frigid. ‖ s. m. **4.** cold; coldness.

frívolo, -la [fríβolo] adj. **1.** frivolous. **2.** (superficial) shallow.

frontal [frontál] adj. **1.** frontal; direct. ‖ s. m. **2.** Anat. (hueso) frontal bone.

frontera [frontéra] s. f. **1.** frontier frml. **2.** Geogr. border.

fronterizo, -za [fronteríθo] adj. (limítrofe) frontier; border.

frontón [frontón] s. m. **1.** Dep. (juego) pelota. **2.** Dep. (cancha) pelota court.

frotar [frotár] v. tr. to rub.

fructífero, -ra [fruktífero] adj., fig. fruitful; profitable.

frugal [fruγál] adj. **1.** (comedido) frugal. **2.** (vida) spartan.

fruncir [frunθír] v. tr. **1.** (el ceño) to knit. **2.** (tela) to gather.

frustrar [frustrár] v. tr. **1.** (persona) to frustrate. **2.** (plan) to thwart.

fruta [frúta] s. f. fruit.

frutería [frutería] s. f. fruit shop.

frutero, -ra [frutéro] adj. fruit. ‖ s. m. y f. **2.** (persona) fruiterer. ‖ s. m. **3.** (plato) fruit bowl.

fruto [frúto] s. m. **1.** fruit. **2.** fig. (resultado) profit. ‖ ~ **seco** nut.

fuego [fwéγo] s. m. fire.

fuente [fwénte] s. f. **1.** fountain. **2.** (manantial) spring. **3.** (recipiente) serving dish.

fuera [fwéra] adv. l. **1.** out; outside. **2.** (alejado) away. **3.** (en el extranjero) abroad.

fuero [fwéro] s. m. **1.** (carta municipal) charter. **2.** (privilegio) privilege.

fuerte [fwérte] adj. **1.** strong. **2.** (golpe) hard. **3.** (ruido) loud.

fuerza [fwérθa] s. f. **1.** (fortaleza) strength. **2.** (violencia) violence. **3.** (intensidad) intensity.

fuga [fúγa] s. f. **1.** (huida) escape; flight. **2.** (de un líquido) leak.

fugarse [fuγárse] v. prnl. (escapar) to abscond; to escape; to flee.

fular [fulár] s. m. (pañuelo) scarf.

fulgor [fulγór] s. m. **1.** (resplandor) brilliance. **2.** (esplendor) splendor.

fulminar [fulminár] v. tr. (con rayos) to strike by lighting.

fumador, -ra [fumaðór] adj. **1.** smoking. ‖ s. m. y f. **2.** smoker.

fumar [fumár] v. tr. e intr. to smoke.

función [funθjón] s. f. **1.** function. **2.** (cargo) duty. **3.** Cinem. y Teatr. performance.

funcionamiento [fuŋθjonam-jénto] *s. m.* **1.** operation. **2.** *Tecnol.* working. **3.** (marcha de una máquina) running.

funcionar [funθjonár] *v. intr.* to function; to work. || **no funciona** out of order.

funcionario [fuŋθjonárjo] *s. m. y f.* (público) civil servant.

funda [fúnda] *s. f.* **1.** (flexible) cover. **2.** (rígida) case.

fundamental [fundamentál] *adj.* **1.** fundamental; primary. **2.** (primordial) prime.

fundamentar [fundamentár] *v. tr.* **1.** (establecer) to found. **2.** *fig.* to base.

fundamento [fundaménto] *s. m.* foundation; basis; fundament.

fundar [fundár] *v. tr.* **1.** to found. **2.** (empresa) to establish. **3.** *fig.* (basar) to base.

fundición [fundiθjón] *s. f.* **1.** (fábrica) foundry. **2.** (de metales) smelting.

fundir [fundír] *v. tr.* **1.** (metal, hielo) to melt. **2.** *Tecnol.* to found. **3.** (minerales) to smelt. || **fundirse** *v. prnl.* **4.** (metal, hielo) to melt. **5.** (una bombilla) to burn out.

funeral [funerál] *adj.* **1.** funeral. || *s. m.* **2.** funeral; exequies.

funesto, -ta [funésto] *adj.* (nefasto) fatal; disastrous; terrible.

funicular [funikulár] *s. m.* (de tren) funicular (railway).

furgón [furγón] *s. m.* **1.** van; wagon. **2.** (de tren) boxcar *Am. E.*

furgoneta [furγonéta] *s. f.* van.

furia [fúrja] *s. f.* fury.

furioso, -sa [furjóso] *adj.* **1.** (iracundo) furious. **2.** (violento) violent; tearing.

furor [furór] *s. m.* **1.** furor; rage. **2.** (olas, tempestad) fury. **3.** *fig.* (pasión) frenzy; passion.

fusilar [fusilár] *v. tr.* (ejecutar con un tiro) to shoot; to execute.

fusión [fusjón] *s. f.* (unión) fusion; union.

fusionar [fusjonár] *v. tr.* **1.** (piezas, metales) to fuze. **2.** (empresas) to merge. || **fusionarse** *v. prnl.* **3.** (piezas, metales) to fuze. **4.** (empresas) to merge.

fusta [fústa] *s. f.*, *Equit.* whip.

fuste [fúste] *s. m.*, *Arq.* (de la columna) shaft.

fútbol [fútβol] *s. m.*, *Dep.* soccer *Am. E.*; football *Br. E.*

futuro, -ra [futúro] *adj.* **1.** future. || *s. m.* **2.** future. || **en el ~** in the future.

G

g [χé] *s. f.* (letra) g.

gabán [gaβán] *s. m.* overcoat.

gabardina [gaβarðína] *s. f.* (prenda) raincoat.

gabinete [gaβinéte] *s. m.* **1.** (despacho) study. **2.** (de médico, abogado) office.

gacela [gaθéla] *s. f., Zool.* gazelle.

gaceta [gaθéta] *s. f.* gazette.

gafas [gáfas] *s. f. pl.* glasses *pl.* || ~ **de sol** sunglasses *pl.*

gaita [gájta] *s. f.* bagpipes *pl.*

gajo [gáχo] *s. m.* **1.** (de uvas) bunch. **2.** (de cítricos) segment.

gala [gála] *s. f.* **1.** (vestido) full dress. **2.** (espectáculo) gala.

galán [galán] *s. m.* gallant; lover.

galápago [galápaγo] *s. m., Zool.* (tortuga) freshwater tortoise.

galardonar [galarðonár] *v. tr.* (premiar) to reward.

galaxia [galáksja] *s. f.* galaxy.

galería [galería] *s. f.* **1.** gallery. **2.** (balcón) veranda. **3.** (de una casa) corridor.

galés, -esa [galés] *adj.* **1.** Welsh. || *s. m.* **2.** (idioma) Welsh. **3.** (hombre) Welshman. || **galesa** *s. f.* **4.** (mujer) Welshwoman.

gallardía [gaλarðía] *s. f.* **1.** (gracia) gracefulness. **2.** (elegancia) elegance. **3.** (valor) gallantry.

gallego [gaλéγo] *adj. y s. m. y f.* (persona) Galician.

galleta [gaλéta] *s. f.* **1.** (dulce) cookie *Am. E.*; biscuit *Br. E.* **2.** (salada) cracker.

gallina [gaλína] *s. f., Zool.* hen.

gallinero, -ra [gaλinéro] *s. m.* (corral) henhouse; coop.

gallo [gáλo] *s. m.* (ave) rooster *Am. E.*; cock *Br. E.*

galopar [galopár] *v. intr., Equit.* (ir a caballo) to gallop.

galope [galópe] *s. m.* gallop.

gama [gáma] *s. f.* **1.** *Mús.* (escala) scale. **2.** (de colores) range.

gamba [gámba] *s. f., Zool.* shrimp *Am. E.*; prawn *Br. E.*

gamberro [gambéro] *s. m. y f.* **1.** (sin modales) lout. **2.** (violento) hooligan.

gamo, -ma [gámo] *s. m. y f., Zool.* fallow deer.

gana [gána] *s. f.* (deseo) desire.

ganadería [ganaðería] *s. f.* **1.** cattle breeding. **2.** (ganado) cattle.

ganado [ganáðo] *s. m.* cattle; livestock.

ganancia [ganánθja] *s. f.* **1.** gain; profit. **2.** (aumento) increase.

ganar [ganár] *v. tr.* **1.** (sueldo) to earn. **2.** (sacar ventaja) to gain. **3.** (premio) to win.

gancho [gántʃo] *s. m.* **1.** (garfio) hook. **2.** (cebo) bait.

gandul, -la [gandúl] *s. m. y f., fam.* (perezoso) lazybones *inv.*; loafer.

ganga [gáŋga] *s. f.* **1.** *Zool.* sand grouse. **2.** *fig.* (barato) bargain.

ganso, -sa [gánso] *s. m. y f., Zool.* (ave) goose.

gánster o gángster [gánster] *s. m. y f.* gangster.

garabatear [garaβateár] *v. tr. e intr.* (emborronar) to scribble.

garaje [garáχe] *s. m.* garage.

garantía [garantía] *s. f.* (aval) guarantee; warranty.

garbanzo [garβánθo] *s. m., Bot.* chickpea.

garbo [gárβo] *s. m.* **1.** (airosidad al andar) poise; jauntiness. **2.** *fig.* (gracia) grace.

gardenia [garðénja] *s. f., Bot.* (planta) gardenia.

garfio [gárfjo] *s. m.* hook.

garganta [garvánta] *s. f.* **1.** *Anat.* throat. **2.** *Geogr.* gorge; ravine.

gargantilla [garvantíʎa] *s. f.* (collar) necklace.

gárgara [gárvara] *s. f.* gargle.

garita [garíta] *s. f.* **1.** *Mil.* (del centinela) sentry box. **2.** (de portero) lodge.

garra [gářa] *s. f.* **1.** *Zool.* (de animal) claw. **2.** (de ave) talon.

garrafa [gařáfa] *s. f.* carafe.

garza [gárθa] *s. f., Zool.* heron.

gas [gás] *s. m.* gas.

gasa [gása] *s. f.* gauze.

gaseosa [gaseósa] *s. f.* soda *Am. E.*; lemonade *Br. E.*

gaseoso, -sa [gaseóso] *adj.* **1.** (cuerpo, estado) gaseous. **2.** (bebida) sparkling.

gasóleo [gasóleo] *s. m.* **1.** (calefacción) oil; gas oil. **2.** (motores) diesel.

gasolina [gasolína] *s. f., Autom.* gasoline *Am. E.*; petrol *Br. E.*

gasolinera [gasolinéra] *s. f.* gas station *Am. E.*; petrol station *Br. E.*; garage *Br. E.*

gastar [gastár] *v. tr.* **1.** (tiempo, dinero) to spend. **2.** *fig.* (malgastar) to waste.

gastronomía [gastronomía] *s. f.* gastronomy.

gato, -ta [gáto] *s. m. y f., Zool.* cat.

gavilán [gaβilán] *s. m., Zool.* (pájaro) sparrowhawk.

gaviota [gaβjóta] *s. f., Zool.* (ave) seagull; gull.

gay [géj] *adj. y s. m.* gay.

gazapo [gaθápo] *s. m.* **1.** (errata) error; misprint. **2.** *fam.* (equivocación) mistake.

gazpacho [gaθpátʃo] *s. m., Gastr.* (sopa fría) cold vegetable soup; gazpacho.

gel [χél] *s. m.* gel.

gelatina [χelatína] *s. f.* **1.** (ingrediente) gelatin. **2.** *Gastr.* jelly.

gema [χéma] *s. f., Miner.* gem.

gemelo, -la [χemélo] *adj. y s. m. y f.* **1.** (hermano) twin. ‖ *s. m.* **2.** *Anat.* calf muscle.

gemir [χemír] *v. intr.* (de dolor, pena) to moan; to groan.

gen [χén] *s. m., Biol.* gene.

generación [χenɾaθjón] *s. f.* generation.

general [χenerál] *adj.* **1.** general. **2.** (común) usual.

generalizar [χenɾaliθár] *v. intr.* **1.** to generalize. ‖ **generalizarse** *v. prnl.* **2.** (hacerse público) to become widespread.

género [χénero] *s. m.* (clase) kind

generosidad [χenerosiðáð] *s. f.* (esplendidez) generosity.

generoso, -sa [χeneróso] *adj.* (desprendido) generous.

genético, -ca [χenétiko] *adj.* **1.** genetic. ‖ **genética** *s. f.* **2.** genetics *sing.*

genio [χénjo] *s. m.* **1.** (mal carácter) temper. **2.** (talento) genius.

genital [χenitál] *adj.* **1.** genital. ‖ **genitales** *s. m. pl.* **2.** *Anat.* (sexo) genitals.

gente [χénte] *s. f. sing.* **1.** people *pl.* **2.** (familia) folks *pl. Am. E.*

gentileza [χentiléθa] *s. f.* **1.** kindness. **2.** (cortesía) courtesy.

gentilicio [χentilíθjo] *s. m.* name given to the people from a city, region or country.

gentío [χentío] *s. m.* crowd.

genuino, -na [χenuíno] *adj.* (natural, propio) genuine.

geografía [χeoɣrafía] *s. f.* geography.

geología [χeoloχía] *s. f.* geology.

geranio [χeránjo] *s. m., Bot.* (planta) geranium.

gerencia [χerénθja] *s. f.* **1.** (actividad) management. **2.** (cargo) post of manager. **3.** (oficina) manager's office.

gerente [χerénte] *s. m.* (administrador) manager; director.

germen [χérmen] *s. m.; Biol.* (semilla) germ.

germinar [χerminár] *v. intr.* (brotar) to germinate.

gerundio [χerúndjo] *s. m., Ling.* gerund.

gestación [χestaθjón] *s. f., Biol.* (del óvulo) gestation.

gestar [χestár] *v. tr.* **1.** to gestate. ‖ **gestarse** *v. prnl.* **2.** (desarrollarse) to be brewing.

gesticular [χestikulár] *v. intr.* (gestear) to gesticulate.

gestionar [χestjonár] *v. tr.* **1.** (negociar) negotiate. **2.** (dirigir) to manage.

gesto [χésto] *s. m.* **1.** (ademán) gesture. **2.** (mueca) grimace; face.

gigantesco, -ca [χiɣantésko] *adj.* (colosal) gigantic; giant.

gimnasia [χinnásja] *s. f.* **1.** gymnastics *pl.* **2.** (ejercicio) exercise.

gimnasio [χinnásjo] *s. m.* gymnasium; gym; health club *Am. E.*

gimotear [χimoteár] *v. intr.*
1. to whine; to whimper. **2.** (lloriquear) to snivel.

ginebra [χinéβra] *s. f.* (bebida alcohólica) gin.

ginecólogo, -ga [χinekóloγo] *s. m. y f., Med.* gynecologist.

gira [χíra] *s. f.* (excursión) tour; trip; excursion.

girar [χirár] *v. intr.* **1.** (torcer) to turn. **2.** (dar vueltas) to rotate. **3.** (rápidamente) to spin.

girasol [χirasól] *s. m., Bot.* (planta) sunflower.

giro [χíro] *s. m.* (movimiento) turn.

glaciar [glaθiár] *adj.* **1.** glacial. || *s. m.* **2.** *Geol.* glacier.

glándula [glándula] *s. f., Anat.* (órgano) gland.

glicerina [gliθerína] *s. f., Quím.* glycerine.

global [gloβál] *adj.* **1.** (completo) total. **2.** (en conjunto) global.

globo [gloβo] *s. m.* **1.** balloon. **2.** (esfera) globe; sphere.

glóbulo [glóβulo] *s. m.* **1.** (globo) globule. **2.** *Biol.* corpuscle.

gloria [glórja] *s. f.* **1.** glory. **2.** *fig.* (placer) delight.

glosar [glosár] *v. tr.* (comentar) to comment.

glotón, -na [glotón] *adj.* **1.** gluttonous; greedy. || *s. m. y f.* **2.** (persona) glutton.

glúteo, -a [glúteo] *adj.* **1.** *Anat.* gluteal. || *s. m.* **2.** *Anat.* gluteus.

gnomo [nómo] *s. m.* gnome.

gobernar [goβernár] *v. tr.* **1.** (dirigir) to guide. **2.** (país) to govern; to rule. || *v. intr.* **3.** to govern.

gobierno [goβjérno] *s. m.* **1.** *Polít.* government. **2.** (gestión) management.

goce [góθe] *s. m.* **1.** enjoyment. **2.** (placer) pleasure; delight.

gofre [gófre] *s. m., Gastr.* waffle.

gol [gól] *s. m., Dep.* goal.

golf [gólf] *s. m., Dep.* golf.

golfo [gólfo] *s. m., Geogr.* gulf.

golondrina [golondrína] *s. f., Zool.* (pájaro) swallow.

golosina [golosína] *s. f.* **1.** (caramelos) candy *Am. E.*; sweet *Br. E.* **2.** (exquisitez) tidbit *Am. E.*; titbit *Br. E.*

golpe [gólpe] *s. m.* **1.** blow; knock. **2.** (puñetazo) punch.

golpear [golpeár] *v. tr.* **1.** to hit. **2.** (cosas) to knock; to beat.

goma [góma] *s. f.* **1.** gum. **2.** (caucho) rubber. **3.** (de borrar) eraser. **4.** (preservativo) condom. **5.** (pegamento) glue.

gomina [gomína] *s. f.* hair gel.

góndola [góndola] *s. f.* gondola.

gong o gongo [gón] *s. m.* gong.

gordo, -da [górðo] *adj.* **1.** (carnoso) fat. **2.** (volumen) thick. || *s. m. y f.* **3.** fat person.

gorila [goríla] *s. m., Zool.* gorilla.

gorra [góra] *s. f.* cap.

gorrión [gorjón] *s. m., Zool.* (pájaro) sparrow.

gorro [góro] *s. m.* cap.

gorrón, -rrona [gorón] *s. m.* (aprovechado) scrounger; sponger *Br. E.*

gota [góta] *s. f.* drop.

gotear [goteár] *v. intr.* **1.** to drip. **2.** (lloviznar) to drizzle.

gotera [gotéra] *s. f.* **1.** (en el tejado) leak. **2.** (mancha) damp stain.

gozar [goθár] *v. tr.* **1.** to enjoy. || *v. intr.* **2.** (divertirse) to enjoy oneself.

gozo [góθo] *s. m.* **1.** (alegría) joy. **2.** (placer) pleasure.

grabado [graβáðo] *s. m.* **1.** (arte) engraving. **2.** (dibujo) picture.

grabadora [graβaðóra] *s. f.* tape recorder.

grabar [graβár] *v. tr.* **1.** (arte) to engrave. **2.** (discos) to record.

gracia [gráθja] *s. f.* **1.** *Rel.* grace. **2.** (chiste) joke. **3.** (ingenio) wit.

gracioso, -sa [graθjóso] *adj.* (divertido) funny; amusing.

grada [gráða] *s. f.* **1.** (peldaño) step. **2.** *Dep.* (graderío) stand.

grado [gráðo] *s. m.* **1.** degree. **2.** (nivel) rate. **3.** (curso) grade *Am. E.*

graduar [graðuár] *v. tr.* **1.** to graduate. **2.** (medir) to measure.

gráfico, -ca [gráfiko] *adj.* **1.** graphic. || *s. m. y f.* **2.** *Mat.* (esquema) graph.

gragea [graxéa] *s. f., Farm.* (píldora) pill; tablet.

gramática [gramátika] *s. f.* grammar.

gramo [grámo] *s. m.* gram.

gran [grán] *adj.* great. •Apocopated form of "grande". It is used before singular noun.

granada [granáða] *s. f., Bot.* (fruta) pomegranate.

granate [granáte] *s. m.* **1.** *Miner.* garnet. **2.** (color) deep red; maroon.

grande [gránde] *adj.* (tamaño) large; big.

grandeza [grandéθa] *s. f.* **1.** (tamaño) largeness. **2.** (magnitud) magnitude.

granero [granéro] *s. m., Agr.* granary; barn.

granito [graníto] *s. m.* (roca) granite.

granizar [graniθár] *v. impers., Meteor.* to hail.

granizo [graníθo] *s. m.* **1.** (conjunto) hail. **2.** (bola) hail stone.

granja [gránxa] *s. f.* farm.

grano [gráno] *s. m.* **1.** grain. **2.** (semilla) seed. **3.** (de cereal) corn.

granuja [granúxa] *s. m.* (bribón) rascal; scoundrel.

grapa [grápa] s. f. **1.** staple. **2.** Tecnol. cramp.

grapar [grapár] v. tr. to staple.

grasa [grása] s. f. (manteca) fat.

graso, -sa [gráso] adj. (comida, sustancia) fatty.

gratificar [gratifikár] v. tr. **1.** (recompensar) to reward. **2.** (satisfacer) to gratify; to satisfy.

gratinar [gratinár] v. tr., Gastr. (dorar) to cook au gratin.

gratis [grátis] adj. y adv. **1.** free. ‖ adv. **2.** gratis.

gratitud [gratitúð] s. f. (agradecimiento) gratitude; thankfulness.

grato, -ta [gráto] adj. (agradable) pleasant; pleasing.

grava [gráβa] s. f. **1.** (guijos) gravel. **2.** (piedra) crushed stone.

gravar [graβár] v. tr. **1.** (cargar) to burden. **2.** (impuestos) to tax.

grave [gráβe] adj. **1.** (situación) serious; grave. **2.** (muy enfermo) seriously ill. **3.** (crisis) acute.

gravedad [graβeðáð] s. f. seriousness; acuteness.

graznido [graθníðo] s. m. **1.** (del cuervo) caw. **2.** (de pato) quack.

gremio [grémjo] s. m. (sindicato) union.

greña [gréɲa] s. f., pey. untidy hair. •Chiefly in pl.

gresca [gréska] s. f. **1.** col. (bulla) rumpus; commotion. **2.** col. (pelea) fight.

grieta [grjéta] s. f. crack; crevice.

grifo [grífo] s. m. faucet Am. E.; tap Br. E.

grill [gríl] s. m. grill.

grillo [gríʎo] s. m., Zool. cricket.

gripe [grípe] s. f., Med. flu; influenza.

gris [grís] adj. **1.** (color) gray. **2.** (monótono) drab. ‖ s. m. y f. **3.** (color) gray.

gritar [gritár] v. intr. (chillar) to shout; to yell; to scream.

grito [gríto] s. m. (chillido) shout; yell.

grosella [groséʎa] s. f., Bot. (fruto) redcurrant.

grosería [grosería] s. f. **1.** (descortesía) rudeness; impoliteness. **2.** (vulgaridad) vulgarity.

grosor [grosór] s. m. thickness.

grúa [grúa] s. f. **1.** Tecnol. crane. **2.** Náut. (de petróleo) derrick.

grueso, -sa [grwéso] adj. **1.** thick. **2.** (persona) stout.

grulla [grúʎa] s. f., Zool. crane.

grumo [grúmo] s. m. **1.** lump. **2.** (de sangre) clot. **2.** (de leche) curd.

gruñido [gruɲíðo] s. m. **1.** (animal) grunt. **2.** fig. (persona) grumble.

gruñir [gruɲír] v. intr. **1.** (animal) to growl. **2.** fam. (persona) to grouse.

grupo [grúpo] s. m. group.

gruta [grúta] *s. f.* **1.** (natural) cave. **2.** (artificial) grotto.

guante [gwánte] *s. m.* glove.

guapo, -pa [gwápo] *adj.* **1.** (persona) good-looking; attractive. **2.** *fam.* (hombre) handsome. **3.** (mujer) pretty.

guarda [gwárða] *s. m. y f.* (vigilante) keeper; guard.

guardabarros [gwarðaβáros] *s. m. inv.*, *Autom.* fender *Am. E.*; mudguard *Br. E.*

guardabosque [gwarðaβóske] *s. m. y f.* forester.

guardacostas [gwarðakóstas] *s. m. y f. inv.* **1.** (persona) coastguard. ‖ *s. m. inv.* **2.** (buque) coastguard vessel.

guardaespaldas [gwarðaespáldas] *s. m. y f. inv.* (escolta) bodyguard.

guardar [gwarðár] *v. tr.* **1.** to keep. **2.** (vigilar) to guard. **3.** (conservar) to preserve.

guardería [gwarðeía] *s. f.* nursery; crèche *Br. E.*

guardia [gwárðja] *s. f.* **1.** guard. **2.** (cuidado) care. ‖ *s. m. y f.* **3.** (agente) patrolman *Am. E.*

guardián, -na [gwarðján] *s. m. y f.* (protector) guardian; keeper.

guarida [gwaríða] *s. f.* **1.** (de animal) lair. **2.** (de persona) haunt. **3.** (refugio) refuge.

guasa [gwása] *s. f., fam.* joke; jest.

guay [gwáj] *adj., fam.* cool.

guerra [géra] *s. f.* **1.** war; warfare. **2.** (pelea) struggle.

guerrero, -ra [geréro] *adj.* **1.** fighting. **2.** (carácter) warlike. ‖ *s. m. y f.* **3.** (soldado) warrior.

guía [gía] *s. m. y f.* **1.** (persona) guide. ‖ *s. f.* **2.** (norma) guidance. **3.** (publicación) directory.

guiar [gjár] *v. tr.* **1.** to guide. **2.** (dirigir) to lead.

guindilla [gindíʎa] *s. f., Bot.* chili.

guiñar [giɲár] *v. tr.* **1.** (un ojo) to wink. ‖ *v. intr.* **2.** to wink.

guión [gjón] *s. m.* **1.** (esquema) outline. **2.** *Cinem.* script.

guisante [gisánte] *s. m., Bot.* pea.

guisar [gisár] *v. tr.* to stew.

guiso [gíso] *s. m.* **1.** dish. **2.** *Gastr.* (guisado) stew; casserole.

guitarra [gitára] *s. f., Mús.* guitar.

gula [gúla] *s. f.* greed; gluttony.

gusanillo [gusaníʎo] *s. m., fam.* (inquietud) itch.

gusano [gusáno] *s. m.* **1.** *Zool.* worm. **2.** *Zool.* (lombriz de tierra) earthworm.

gustar [gustár] *v. tr.* **1.** (agradar) to like. **2.** (probar) to try. ‖ *v. intr.* **3.** (complacer) to please.

gusto [gústo] *s. m.* **1.** taste. **2.** (afición) liking.

H

h [átʃe] *s. f.* (letra) h.

haba [áβa] *s. f., Bot.* bean.

haber [aβér] *v. aux.* **1.** (sirve para conjugar otros vbs. en tiempos compuestos.) to have. ‖ *v. impers.* **2.** (existir) to be.

hábil [áβil] *adj.* **1.** (astuto) clever; smart. **2.** (diestro) skillful. **3.** (experto) skilled.

habilidad [aβiliðáð] *s. f.* **1.** skilfulness. **2.** (destreza) skill.

habilitar [aβilitár] *v. tr.* **1.** (un espacio) to fit out. **2.** (autorizar) to authorize. **3.** (capacitar) to enable.

habitación [aβitaθjón] *s. f.* **1.** (cuarto) room. **2.** (dormitorio) bedroom.

habitar [aβitár] *v. tr.* **1.** (un lugar) to inhabit. ‖ *v. intr.* **2.** (en un lugar) to live.

hábitat [áβitat] *s m.* habitat.

hábito [áβito] *s. m.* (costumbre) habit; custom.

habitual [aβitwál] *adj.* **1.** (frecuente) usual. **2.** (hora, ruta) customary.

habituar [aβitwár] *v. tr.* (acostumbrar) to accustom.

hablar [aβlár] *v. intr.* **1.** to speak; to talk. **2.** (charlar, conversar) to chat; to talk. ‖ **hablar-**

se *v. prnl.* **3.** (entenderse) to speak to each other.

hacer [aθér] *v. tr.* **1.** (crear, producir, fabricar) to make. **2.** (amigos, dinero) to make. **3.** (obrar, ejecutar) to do. **4.** (construir) to build. ‖ *v. impers.* (Se usa siempre en 3ª pers. sing.) **5.** (clima) to be. **6.** (tiempo transcurrido) ago. ‖ **hacerse** *v. prnl.* **7.** (volverse) to become. **8.** (mayor) to grow. **9.** (acostumbrarse a) to get used to.

hacha [átʃa] *s. f.* (herramienta) ax.

hacia [áθja] *prep.* **1.** (dirección) toward. **2.** (aproximación) toward.

hacienda [aθjénda] *s. f.* (finca) farm; estate.

halagar [alavár] *v. tr.* **1.** (lisonjear) to flatter. **2.** (agradar) to please.

halago [alávo] *s. m.* (adulación) flattery; compliment; praise.

halcón [alkón] *s. m., Zool.* (ave) falcon; hawk.

hall [xól] *s. m.* hall.

hallar [aλár] *v. tr.* **1.** (encontrar) to find. **2.** (descubrir) to discover. ‖ **hallarse** *v. prnl.* **3.** (estar) to be (situated).

hallazgo [aλáθro] *s. m.* **1.** (descubrimiento) finding; discovery. **2.** (cosa encontrada) find.

hamaca [amáka] *s. f.* hammock.

hambre [ámbre] *s. f.* hunger.

hambriento [ambrjénto] *adj.*
1. hungry; starving. ‖ *s. m. y f.*
2. hungry person.

hamburguesa [amburvésa] *s. f.,*
Gastr. hamburger.

harapo [arápo] *s. m.* (andrajo) rag.

harina [arína] *s. f.* **1.** flour.
2. (de avena, maíz) meal.

hartar [artár] *v. tr.* **1.** (saciar) to
satiate. **2.** *fig.* (fastidiar) to
sicken. ‖ **hartarse** *v. prnl.* **3.** (de
comida) to fill; to gorge.

harto, -ta [árto] *adj.* **1.** (repleto)
full. **2.** (cansado) fed up; tired.

hasta [ásta] *prep.* **1.** (en el tiempo) until; till. **2.** (en el espacio)
to. **3.** (en cantidades) up to; as
far as. ‖ *adv.* **4.** even.

haya [ája] *s. f.* **1.** *Bot.* (árbol, madera) beech. **2.** *Bot.* (árbol)
beechtree.

hazaña [aθáɲa] *s. f.* **1.** (acción
heroica) deed; exploit. **2.** (con
gran esfuerzo) feat; achievement.

hebilla [eβíʎa] *s. f.* **1.** (de zapato) buckle. **2.** (de cinturón)
clasp.

hechicero, -ra [etʃiθéro] *adj.*
1. bewitching. ‖ *s. m.* **2.** wizard;
sorcerer. ‖ **hechicera** *s. f.*
3. (bruja) witch.

hechizar [etʃiθár] *v. tr.* **1.** (embrujar) to cast a spell on. **2.** *fig.*
to bewitch; to charm.

hecho, -cha [étʃo] *adj.* **1.** complete. **2.** (maduro) mature.
‖ *s. m.* **3.** (acto) deed. **4.** (dato)
fact.

helada [eláða] *s. f., Meteor.* frost.

helado [eláðo] *adj.* **1.** frozen.
2. (glacial) icy; frosty. **3.** *fig.* (recibimiento) chilly. ‖ *s. m.* **4.** ice
cream.

helar [elár] *v. intr.* **1.** (congelar)
to freeze. **2.** *fig.* (dejar atónito)
to amaze. ‖ **helarse** *v. prnl.*
3. (congelarse) to freeze.

helecho [elétʃo] *s. m., Bot.*
(planta) fern; bracken.

hélice [éliθe] *s. f.* (de avión, barco) propeller.

helicóptero [elikóptero] *s. m.,*
Aeron. helicopter.

hembra [émbra] *adj. inv.* **1.** female. ‖ *s. f.* **2.** (mujer) woman.
3. *Zool. y Bot.* female.

hemorragia [emoráxja] *s. f.,*
Med. hemorrhage.

henchir [entʃír] *v. tr.* **1.** (llenar)
to fill; to stuff.

heno [éno] *s. m., Bot.* hay.

heptágono [eptáʝono] *s. m.*
heptagon.

herbívoro, -ra [erβíβoro] *adj.*
1. *Zool.* herbivorous. ‖ *s. m. y f.*
2. *Zool.* herbivore.

herbolario [erβolárjo] *s. m.*
1. (persona) herbalist. ‖ *s. m.*
2. (tienda) herbalist's (shop).

heredar [ereðár] v. tr. (percibir una herencia) to inherit; to come into.

heredero, -ra [ereðéro] s. m. **1.** heir. ‖ **heredera** s. f. **2.** heiress.

herejía [ereχía] s. f., Rel. heresy.

herencia [erénθja] s. f. **1.** Der. inheritance; legacy. **2.** Biol. heredity. **3.** fig. heritage.

herida [eríða] s. f. wound; injury.

herido, -da [eríðo] adj. **1.** (físicamente) wounded; injured. **2.** (emocionalmente) hurt. ‖ s. m. y f. **3.** wounded person.

herir [erír] v. tr. **1.** (causar heridas) to wound; to injure. **2.** (golpear) to hit.

hermanastro [ermanástro] s. m. **1.** (mediohermano) stepbrother. ‖ **hermanastra** s. f. **2.** stepsister.

hermano [ermáno] s. m. **1.** brother. ‖ **hermana** s. f. **2.** sister.

hermoso, -sa [ermóso] adj. **1.** (bello) beautiful; lovely. **2.** (guapo) handsome.

hermosura [ermosúra] s. f. **1.** (cualidad) beauty; loveliness. **2.** (persona) beauty.

héroe [éroe] s. m. hero.

heroico, -ca [erójko] adj. (valeroso) heroic.

heroína [eroína] s. f. (droga) heroin.

herradura [eɾaðúra] s. f. (de un caballo) horseshoe.

herramienta [eɾamjénta] s. f., Tecnol. tool.

hervir [erβír] v. intr. **1.** to boil. **2.** (burbujear) to bubble.

hibernar [iβernár] v. intr. to hibernate.

hidratar [iðratár] v. tr. (piel) to moisturize.

hiedra [jéðra] s. f., Bot. ivy.

hielo [jélo] s. m. ice.

hiena [jéna] s. f., Zool. hyena.

hierba [jérβa] s. f. grass.

hierbabuena [jerβaβwéna] s. f., Bot. (menta) mint.

hierro [jéro] s. m. (metal) iron.

hígado [íβaðo] s. m., Anat. liver.

higiene [iχjéne] s. f. hygiene.

higiénico, -ca [iχjéniko] adj. hygienic; sanitary.

higo [íɣo] s. m., Bot. fig.

hijastro [iχástro] s. m. **1.** stepson. ‖ **hijastra** s. f. **2.** stepdaughter.

hijo [íχo] s. m. y f. **1.** son; child. ‖ **hija** s. f. **2.** daughter. ‖ **hijos** s. m. y f. pl. **3.** children.

hilar [ilár] v. tr. **1.** to spin. **2.** fig. (idea, plan) to work out.

hilo [ílo] s. m. thread.

hincha [intʃa] s. m. y f. fan; supporter.

hinchar [intʃár] v. tr. **1.** to swell. **2.** (inflar) to inflate; to blow up.

hinojo [inóχo] *s. m., Bot.* fennel.

hipermercado [ipermerkáðo] *s. m.* large supermarket.

hipo [ípo] *s. m.* hiccup.

hipódromo [ipóðromo] *s. m., Equit.* racetrack *Am. E.;* racecourse *Br. E.*

hipopótamo [ipopótamo] *s. m., Zool.* hippopotamus; hippo *coll.*

hipotecar [ipotekár] *v. tr.* to mortgage.

hispanoamericano [ispanoa merikáno] *adj. y s. m. y f.* Spanish American; Latin American.

histerismo [isterísmo] *s. m.* hysteria.

historia [istórja] *s. f.* **1.** (estudio del pasado) history. **2.** (cuento) story; tale.

hocico [oθíko] *s. m., Zool.* (de animal) muzzle; snout.

hogar [oγár] *s. m.* (de la chimenea) hearth; fireplace.

hoja [óχa] *s. f.* **1.** *Bot.* (de árbol) leaf. **2.** (de un libro) page.

¡hola! [óla] *interj.* hello!; hi! *coll.*

hombre [ómbre] *s. m.* man.

hombro [ómbro] *s. m., Anat.* shoulder.

homicida [omiθíða] *adj.* **1.** homicidal. ‖ *s. m. y f.* **2.** murderer; homicide.

homosexual [omoseksswál] *adj. y s. m. y f.* homosexual; gay.

honestidad [onestiðáð] *s. f.* **1.** (integridad) honesty. **2.** (castidad) purity.

hongo [óŋgo] *s. m.* **1.** *Bot.* fungus. **2.** (comestible) mushroom.

honor [onór] *s. m.* honor.

honradez [onraðéθ] *s. f.* **1.** honesty. **2.** (integridad) integrity.

honrar [onrár] *v. tr.* to honor; to respect.

hora [óra] *s. f.* **1.** hour. **2.** (momento puntual) time. **3.** (de clase) period. ‖ **¿qué ~ es?** what time is it?

horario [orárjo] *s. m.* schedule *Am. E.;* timetable *Br. E.*

horizontal [oriθontál] *adj. y s. m. y f.* horizontal.

horizonte [oriθónte] *s. m.* (límite) horizon.

hormiga [ormíγa] *s. f., Zool.* ant.

horno [órno] *s. m.* **1.** (de cocina) oven. **2.** *Tecnol.* furnace.

horror [orrór] *s. m.* horror; dread.

horrorizar [orroriθár] *v. tr.* (horripilar) to horrify; to appall.

hortaliza [ortalíθa] *s. f.* vegetable.

hortera [ortéra] *adj.* vulgar; tawdry.

hospedar [ospeðár] *v. tr.* **1.** to lodge; to accommodate. ‖ **hospedarse** *v. prnl.* **2.** (alojarse) to lodge; to stay.

hospital [ospitál] *s. m.* hospital.

hospitalario, -ria [ospitalárjo] *adj.* (acogedor) hospitable; welcoming.

hospitalidad [ospitaliðáð] *s. f.* (acogida) hospitality.

hostal [ostál] *s. m.* cheap hotel.

hostigar [ostiɣár] *v. tr. fig.* (molestar) to pester.

hostil [ostíl] *adj.* hostile; unfriendly.

hotel [otél] *s. m.* hotel.

hoy [ój] *adv. t.* today.

hoyo [ójo] *s. m.* (agujero) hole; pit.

hucha [útʃa] *s. f.* (para el dinero) moneybox; piggybank.

hueco, -ca [wéko] *adj.* **1.** (vacío) hollow; empty. ‖ *s. m.* **2.** (cavidad) hollow; cavity. **3.** (espacio) gap.

huelga [wélɣa] *s. f.* strike.

huella [wéʎa] *s. f.* **1.** (de persona, animal) footprint. **2.** (de dedo) print. **3.** (marca) mark.

huérfano, -na [wérfano] *adj.* **1.** orphan. **2.** (de padre) fatherless. **3.** (de madre) motherless. ‖ *s. m. y f.* **4.** orphan.

huerta [wérta] *s. f.* **1.** (huerto grande) garden; vegetable garden. **2.** (con árboles frutales) orchard.

huerto [wérto] *s. m.* **1.** (de verduras) garden; vegetable garden. **2.** (de árboles frutales) orchard.

hueso [wéso] *s. m.* **1.** *Anat.* bone. **2.** *Bot.* (de fruta) pit *Am. E.*; stone *Br. E.*

huésped [wéspeð] *s. m. y f.* **1.** (invitado) guest. **2.** (en hotel, etc.) lodger; boarder. **3.** (anfitrión) host.

huevo [wéβo] *s. m.* egg.

huida [uíða] *s. f.* (fuga) flight; escape.

huir [uír] *v. tr.* **1.** (escapar) to flee. **2.** (evadir) to avoid. ‖ *v. intr.* **3.** (escapar) to flee; to run away.

humanidad [umaniðáð] *s. f.* **1.** (género humano) mankind. **2.** (cualidad) humanity.

humanitario [umanitárjo] *adj.* **1.** humanitarian. **2.** (benévolo) humane.

humano, -na [umáno] *adj.* **1.** human. **2.** (humanitario) humane. ‖ **género ~** mankind.

humareda [umaréða] *s. f.* (nube de humo) cloud of smoke.

humear [umeár] *v. intr.* **1.** (chimenea, hoguera) to smoke. **2.** (sopa, café) to steam.

humedad [umeðáð] *s. f.* (del clima) humidity.

humedecer [umeðeθér] *v. tr.* to moisten; to dampen.

húmedo [úmeðo] *adj.* **1.** (mojado) moist; damp; wet. **2.** *Meteor.* humid; moist.

humildad [umiḷdáð] *s. f.* (modestia) humility; humbleness.

humilde [umíḷde] *adj.* **1.** (modesto) humble. **2.** (sumiso) meek.

humillación [umiʎaθjón] *s. f.* (ofensa) humiliation; humbling.

humillar [umiʎár] *v. tr.* to humiliate; to humble.

humo [úmo] *s. m.* **1.** smoke. **2.** (gases) fumes *pl.* **3.** (vapor) steam. ‖ **humos** *s. pl.* **4.** *fig.* conceit *sing.* ‖ **echar humos** to fume.

humor [umór] *s. m.* **1.** humor. **2.** (disposición) mood.

hundir [uṇdír] *v. tr.* to sink; to founder.

huracán [urakán] *s. m., Meteor.* (ciclón) hurricane.

huraño [uráɲo] *adj., pey.* (antisocial) unsociable; sullen.

hurgar [urvár] *v. tr.* to poke.

hurtar [urtár] *v. tr.* to steal.

husmear [usmeár] *v. tr.* **1.** (oler) to sniff; to scent. **2.** *fam.* (curiosear) to pry out.

I

i [í] *s. f.* (letra) i.

iceberg [iθeβér] *s. m.* iceberg.

ida [íða] *s. f.* **1.** going. **2.** (salida) departure.

idea [iðéa] *s. f.* **1.** idea; notion. **2.** (concepto) concept.

ideal [iðeál] *adj.* ideal; perfect.

idear [iðeár] *v. tr.* (plan) to devise; to invent; to conceive.

ídem [íðen] *pron.* idem.

idéntico, -ca [iðéntiko] *adj.* (igual) identical.

identificar [iðentifikár] *v. tr.* (reconocer) to identify.

idioma [iðjóma] *s. m.* language.

idiota [iðjóta] *adj.* **1.** idiotic; foolish. ‖ *s. m. y f.* **2.** idiot; fool.

idolatría [iðolatría] *s. f.* idolatry.

ídolo [íðolo] *s. m.* idol.

iglesia [iɣlésja] *s. f.* church.

iglú [iɣlú] *s. m.* igloo.

ignorancia [iɣnoránθja] *s. f.* (desconocimiento) ignorance.

ignorar [iɣnorár] *v. tr.* **1.** (desconocer) to be unaware of. **2.** (no hacer caso) to ignore.

igual [iɣwál] *adj.* **1.** (equivalente) equal. **2.** (similar) alike.

igualar [iɣwalár] *v. tr.* **1.** to equalize. **2.** (nivelar) to level.

igualdad [iɣwaldáð] *s. f.* **1.** equality. **2.** (uniformidad) sameness.

ilegal [ileɣál] *adj.* illegal.

ileso, -sa [iléso] *adj.* unhurt.

ilícito [ilíθito] *adj.* illicit.

ilimitado, -da [ilimitáðo] *adj.* (infinito) unlimited; boundless.

iluminar [iluminár] *v. tr.* to illuminate; to light (up).

ilusión [ilusjón] *s. f.* **1.** illusion. **2.** (esperanza) hope.

ilusionista [ilusjonísta] *s. m. y f.* (mago) conjurer; illusionist.

iluso, -sa [ilúso] *adj.* **1.** (crédulo) gullible. ‖ *s. m. y f.* **2.** (soñador) dreamer; dupe.

ilustrar [ilustrár] *v. tr.* **1.** to illustrate. **2.** (aclarar) to explain. **3.** (instruir) to enlighten.

imagen [imáχen] *s. f.* **1.** image. **2.** (dibujo) picture.

imaginación [imaχinaθjón] *s. f.* (inventiva) imagination.

imaginar [imaχinár] *v. tr.* to imagine.

imaginario, -ria [imaχinárjo] *adj.* (ficticio) imaginary.

imaginativo, -va [imaχinatíβo] *adj.* (iluso) imaginative; fanciful.

imán [imán] *s. m.* magnet.

imitación [imitaθjón] *s. f.* (copia) imitation; copy.

imitar [imitár] *v. tr.* to imitate.

impaciencia [impaθjénθja] *s. f.* (inquietud) impatience.

impar [impár] *adj.* **1.** *Mat.* odd. ‖ *s. m.* **2.** *Mat.* odd number.

imparcial [imparθjál] *adj.* (justo) impartial.

impedimento [impeðiménto] *s. m.* (obstáculo) impediment.

impedir [impeðír] *v. tr.* **1.** (obstruir) to impede; to obstruct. **2.** (estorbar) to prevent.

imperceptible [imperθeptíβle] *adj.* (inapreciable) imperceptible.

imperdible [imperðíβle] *s. m.* (pasador) safety pin.

imperfección [imperfekθjón] *s. f.* **1.** imperfection. **2.** (defecto) defect; fault.

imperio [impérjo] *s. m.* empire.

impermeable [impermeáβle] *adj.* **1.** (material) waterproof. ‖ *s. m.* **2.** (chubasquero) raincoat.

impersonal [impersonál] *adj.* impersonal (también Ling.).

impertinencia [impertinénθja] *s. f.* (indiscreción) impertinence.

impetuoso, -sa [impetuóso] *adj.* **1.** (violento) violent. **2.** (impulsivo) impetuous.

implacable [implakáβle] *adj.* (despiadado) relentless.

implantar [implantár] *v. tr.* **1.** *Med.* to implant. **2.** (reformas) to introduce.

implicar [implikár] *v. tr.* **1.** (involucrar) to implicate. **2.** (entrañar) to imply.

implorar [implorár] *v. tr.* (suplicar) to implore; to beg.

imponente [imponénte] *adj.* (impresionante) impressive.

importación [importaθjón] *s. f.*, *Econ.* importation; import.

importancia [importánθja] *s. f.* importance. ‖ **sin ~** unimportant.

importante [importánte] *adj.* important; significant.

importar [importár] *v. tr.* **1.** (del extranjero) import. ‖ *v. intr.* **2.** (interesar) to matter.

importe [impórte] *s. m.* (cantidad) amount.

impotencia [impoténθja] *s. f.* impotence (también Med.).

impracticable [impraktikáβle] *adj.* **1.** impracticable; unviable. **2.** (intransitable) impassable.

impregnar [impregnár] *v. tr.* (empapar) to soak; to impregnate.

imprenta [imprénta] *s. f.* **1.** (actividad) printing. **2.** (aparato) printing press; press.

imprescindible [impresθindíβle] *adj.* (indispensable) essential; indispensable; absolutely necessary.

impresionar [impresjonár] *v. tr.* **1.** (sorprender) to impress. **2.** (conmover) to touch; to affect.

impresora [impresóra] *s. f.*, *Inform.* printer.

imprevisto, -ta [impreβísto] *adj.* unforeseen; unexpected.

imprimir [imprimír] *v. tr.* **1.** (estampar) to stamp. **2.** *Impr.* (textos) to print.

improbable [impɾoβáβle] *adj.*
(imposible) improbable.

improvisar [impɾoβisár] *v. tr.* to
improvise.

imprudencia [impɾuðénθja] *s. f.*
1. (descuido) imprudence. **2.** (indiscreción) indiscretion.

impugnar [impugnár] *v. tr.*
(contradecir) to oppose.

impulsivo, -va [impulsíβo] *adj.*
(impulsivo, impetuoso) impulsive.

inaccesible [inakθesíβle] *adj.*
1. inaccessible; unapproachable.
2. (inalcanzable) unattainable.

inaceptable [inaθeptáβle] *adj.*
(inadmisible) unacceptable;
inadmissible.

inadecuado, -da [inaðekwáðo]
adj. **1.** (insuficiente) inadequate. **2.** (inapropiado) unsuitable.

inagotable [inaɣotáβle] *adj.* (interminable) inexhaustible.

inaguantable [inaɣwantáβle]
adj. (insoportable) unbearable.

inalámbrico [inalámbɾiko] *adj.*
(teléfono) cordless.

inalterable [inalteɾáβle] *adj.*
1. unalterable. **2.** (impasible)
unmoved.

inaudito, -ta [inawðíto] *adj.*
(nunca oído) unheard of.

inauguración [inawɣuɾaθjón]
s. f. (apertura) opening.

inaugurar [inawɣuɾár] *v. tr.*
(abrir) to open; to inaugurate.

incalculable [iŋkalkuláβle] *adj.*
(innumerable) incalculable.

incansable [iŋkansáβle] *adj.*
(infatigable) indefatigable.

incendiar [inθendjár] *v. tr.* to
set on fire; to burn.

incendio [inθéndjo] *s. m.* fire.

incertidumbre [inθeɾtiðúmbre]
s. f. (duda) uncertainty; doubt.

incidencia [inθiðénθja] *s. f.*
1. (suceso) incidence; occurrence. **2.** (repercusión) effect; impact.

incitar [inθitár] *v. tr.* to incite.

inclinar [iŋklinár] *v. tr.* **1.** to incline. **2.** (cabeza) to bow.

incluir [iŋkluír] *v. tr.* to include.

incógnito, -ta [iŋkóɣnito] *adj.*
1. (desconocido) unknown. ‖ **incógnita** *s. f.* **2.** (misterio) enigma; mystery. ‖ **de ~** incognito.

incoherente [iŋkoeɾénte] *adj.*
(incongruente) incoherent.

incomodar [iŋkomoðár] *v. tr.*
1. to inconvenience. **2.** (fastidiar) to annoy. ‖ **incomodarse**
v. prnl. **3.** to feel uncomfortable.

incomodidad [iŋkomoðiðáð] *s. f.*
1. (falta de comodidad) discomfort; uncomfortableness. **2.** (molestia) inconvenience; bother.

incomparable [iŋkompaɾáβle]
adj. (inmejorable) incomparable.

incompatibilidad [iŋkompati-
βiliðáð] *s. f.* incompatibility.

incompleto [iŋkompléto] *adj.*
1. incomplete. **2.** (inacabado)
unfinished.

incomprensible [iŋkompren
síβle] *adj.* incomprehensible.

incomunicar [iŋkomunikár] *v.
tr.* (aislar) to isolate; to cut off.

inconcebible [iŋkoɳθeβíβle] *adj.*
(inimaginable) inconceivable.

inconfundible [iŋkoɱfuɳdíβle]
adj. (característico) unmistakable.

inconsciencia [iŋkonsθjénθja]
s. f., Med. unconsciousness.

inconsciente [iŋkonsθjénte]
adj. (involuntario) unwitting;
unconscious.

incontable [iŋkontáβle] *adj.* (innumerable) uncountable.

inconveniencia [iŋkombe
njénθja] *s. f.* inconvenience.

inconveniente [iŋkombenjénte]
adj. **1.** inconvenient. **2.** (inoportuno) inopportune. ‖ *s. m.*
3. (problema) difficulty.

incordiar [iŋkorðjár] *v. tr., col.*
(fastidiar) to annoy; to bug *coll.*

incorporar [iŋkorporár] *v. tr.*
1. to incorporate. **2.** (abarcar) to
embody. ‖ **incorporarse** *v. prnl.*
3. (levantarse) to sit up.

incorrección [iŋkoɾekθjón] *s. f.*
(falta) incorrectness; inaccuracy.

incorrecto, -ta [iŋkoɾékto] *adj.*
1. incorrect; wrong. **2.** (indeco-
roso) improper.

incrédulo, -la [iŋkréðulo] *adj.*
1. incredulous. **2.** *Rel.* unbeliev-
ing. ‖ *s. m. y f.* **3.** skeptical.
4. *Rel.* unbeliever.

increíble [iŋkreíβle] *adj.* (inconcebible) incredible; unbelievable.

iinculpar [iŋkulpár] *v. tr.* (acusar) to accuse; to inculpate.

inculto, -ta [iŋkúlto] *adj.* (ignorante) uncultured; uneducated.

incumbir [iŋkumbír] *v. intr.* to
be sb's responsibility.

incumplir [iŋkumplír] *v. tr.*
1. (contrato) to breach. **2.** (promesa, ley) to break.

indagar [indaɣár] *v. tr.* (investigar) to investigate; to search.

indecencia [indeθénθja] *s. f.* indecency; immodesty; obscenity.

indeciso, -sa [indeθíso] *adj.*
1. (dudoso) indecisive. **2.** (por
decidir) undecided.

indefenso, -sa [indefénso] *adj.*
1. (niño, animal) defenseless.
2. (fortaleza) undefended.

independencia [independénθja]
s. f. (emancipación, liberación)
independence.

independizar [independiðár]
v. tr. **1.** to make independent.
‖ **independizarse** *v. prnl.* **2.** to
become independent.

indescriptible [indeskriptíβle]
adj. (inexplicable) indescribable; inexplicable.

indicar [iṇdikár] *v. tr.* (señalar) to indicate; to show.

indicativo, -va [iṇdikatíβo] *adj. y s. m. y f.* **1.** indicative. ǁ *s. m.* **2.** *Ling.* (modo) indicative.

índice [íṇdiθe] *s. m.* **1.** *Anat.* (dedo) forefinger. **2.** index. **3.** (catálogo) catalog.

indicio [iṇdíθjo] *s. m.* **1.** sign. **2.** (en indagaciones) clue.

indiferencia [iṇdiferénθja] *s. f.* (apatía) indifference; apathy.

indiferente [iṇdiferénte] *adj.* (apático) indifferent.

indigestión [iṇdixestjón] *s. f.* (empacho) indigestion.

indignación [iṇdignaθjón] *s. f.* (enfado) indignation; anger.

indiscreción [iṇdiskreθjón] *s. f.* (imprudencia) indiscretion.

indiscreto, -ta [iṇdiskréto] *adj.* (imprudente) indiscreet; tactless.

indiscutible [iṇdiskutíβle] *adj.* (irrebatible) indisputable.

indispensable [iṇdispensáβle] *adj.* (necesario) indispensable.

individuo [iṇdiβíðwo] *s. m.* **1.** individual. **2.** *pey.* (tipo) guy.

índole [íṇdole] *s. f.* **1.** (carácter) character; nature. **2.** (clase) kind.

indómito, -ta [iṇdómito] *adj.* **1.** (no domado) untamed. **2.** (indomable) indomitable.

indudable [iṇduðáβle] *adj.* **1.** undoubted. **2.** (incuestionable) unquestionable; indubitable.

indulgencia [iṇdulxénθja] *s. f.* (benevolencia) indulgence.

industria [iṇdústrja] *s. f.* industry.

inédito, -ta [inéðito] *adj.* **1.** unpublished. **2.** (desconocido) unknown.

ineficaz [inefikáθ] *adj.* **1.** (inútil) ineffective; inefficacious. **2.** (ineficiente) inefficient.

ineludible [ineluðíβle] *adj.* (inevitable) inescapable; inevitable.

inepto, -ta [inépto] *adj.* (incompetente) inept; incompetent.

inesperado, -da [inesperáðo] *adj.* **1.** (fortuito) unexpected; unforeseen. **2.** (imprevisto) sudden.

inestable [inestáβle] *adj.* (variable) unstable; unsound.

inevitable [ineβitáβle] *adj.* (irremediable) inevitable.

inexacto, -ta [ineksákto] *adj.* (equívoco) inexact; inaccurate; inexistent.

inexistente [ineksisténte] *adj.* nonexistent; inexistent.

inexperto [inespérto] *adj.* (sin experiencia) inexperienced.

inexplicable [inesplikáβle] *adj.* (incomprensible) inexplicable.

infancia [iɱfánθja] *s. f.* (niñez) child-hood; infancy.

infantil [iɱfantíl] *adj.* **1.** children's. **2.** (ingenuo) childlike.

infarto [iɱfárto] *s. m., Med.* heart attack.

infatigable [iɱfatiɣáβle] *adj.* (incansable) indefatigable.

infectar [iɱfektár] *v. tr.* (contagiar) to infect.

infeliz [iɱfeliθ] *adj.* **1.** unhappy; wretched. **2.** (desdichado) unfortunate.

inferior [iɱferjór] *adj.* **1.** (en el espacio) lower. **2.** (en una jerarquía) inferior. || *s. m. y f.* **3.** inferior; subordinate.

infidelidad [iɱfiðelíðáð] *s. f.* (deslealtad) infidelity.

infiel [iɱfjél] *adj.* unfaithful.

infierno [iɱfjérno] *s. m.* hell.

infinito [iɱfiníto] *adj.* **1.** infinite; endless. **2.** *fig.* boundless. || *s. m.* **3.** infinite.

inflamable [iɱflamáβle] *adj.* flammable; inflammable *Br. E.*

inflamación [iɱflamaθjón] *s. f., Med.* inflammation.

inflar [iɱflár] *v. tr.* **1.** (hinchar) to inflate; to blow up. **2.** *fig.* (exagerar) to exaggerate.

influir [iɱfluír] *v. tr.* **1.** to influence. || *v. intr.* **2.** to have influence.

informal [iɱformál] *adj.* **1.** informal. **2.** (comportamiento) incorrect. **3.** (persona) unreliable.

informar [iɱformár] *v. tr.* **1.** to inform. || *v. intr.* **2.** to report. || **informarse** *v. prnl.* **3.** to find out.

informática [iɱformátika] *s. f.* computer science; computing.

informe [iɱfórme] *s. m.* **1.** report. **2.** (dictamen) statement.

infracción [iɱfrakθjón] *s. f.* (quebrantamiento) offense; breach; infraction *frml.*

infringir [iɱfriŋxír] *v. tr.* (quebrantar) to infringe; to break.

infructuoso, -sa [iɱfruktuóso] *adj.* (improductivo) fruitless.

infusión [iɱfusjón] *s. f.* infusion.

ingenio [iŋxénjo] *s. m.* **1.** (talento) talent. **2.** (agudeza) wit.

ingenioso, -sa [iŋxenjóso] *adj.* **1.** ingenious; inventive. **2.** (divertido) witty.

ingenuidad [iŋxenwiðáð] *s. f.* (inocencia) ingenuousness.

ingerir [iŋxerír] *v. tr.* to ingest.

ingle [íŋgle] *s. f., Anat.* groin.

inglés, -sa [iŋglés] *adj.* **1.** English. || *s. m.* **2.** (idioma) English. **3.** (hombre) Englishman. || **inglesa** *s. f.* **4.** (mujer) Englishwoman.

ingrediente [iŋgredjénte] *s. m.* (componente) ingredient.

ingresar [iŋgresár] *v. tr.* **1.** *Econ.* (dinero en un banco) to deposit; to bank. || *v. intr.* **2.** (en un colegio) to enter. **3.** (en una organización) to join. **4.** (en un hospital) to admit.

ingreso [iŋgréso] *s. m.* **1.** (entrada) entry. **2.** (admisión) admission. **3.** *Econ.* deposit.

inhalar [inalár] *v. tr.* to inhale.

inhumano, -na [inumáno] *adj.* **1.** (falto de compasión) inhumane. **2.** (cruel) inhuman.

inicial [iniθjál] *adj. y s. f.* initial.

iniciar [iniθjár] *v. tr.* **1.** initiate. **2.** (comenzar) to begin.

inicio [iníθjo] *s. m.* beginning.

injusto, -ta [iŋxústo] *adj.* unfair.

inmaculado [immakuláðo] *adj.* **1.** immaculate. **2.** (superficie) spotless.

inmaduro, -ra [immaðúro] *adj.* (verde) immature.

inmediaciones [immeðjaθjónes] *s. f. pl.* (alrededores) neighborhood *sing.;* surrounding area.

inmediato, -ta [immeðjáto] *adj.* (instantáneo) immediate.

inmenso, -sa [imménso] *adj.* (enorme) immense; huge.

inmerso, -sa [immérso] *adj.* **1.** immersed; submerged. **2.** *fig.* involved.

inmigración [immivraθjón] *s. f.* (migración) immigration.

inmigrante [immivránte] *adj. y s. m. y f.* immigrant.

inmortalizar [immortaliθár] *v. tr.* to immortalize.

innato, -ta [innáto] *adj.* innate.

innegable [inneváβle] *adj.* (indiscutible) undeniable.

innovación [innoβaθjón] *s. f.* (renovación) innovation.

innovar [innoβár] *v. tr.* (renovar) to innovate.

innumerable [innumeráβle] *adj.* (incalculable) innumerable.

inocente [inoθénte] *adj.* **1.** innocent; guiltless. **2.** (broma, chiste) harmless. ‖ *s. m. y f.* **3.** innocent.

inofensivo [inofensíβo] *adj.* (pacífico) harmless; inoffensive.

inolvidable [inolβiðáβle] *adj.* (imborrable) unforgettable.

inoportuno, -na [inoportúno] *adj.* **1.** inopportune. **2.** (visita, sugerencia) unwelcome.

inoxidable [inoksiðáβle] *adj.* **1.** rustproof. **2.** (acero) stainless.

inquietar [iŋkjetár] *v. tr.* **1.** to worry; to disturb. **2.** (alborotar) to agitate. **3.** (alarmar) to alarm.

inquietud [iŋkjetúð] *s. f.* **1.** worry; anxiety. **2.** (agitación) restlessness.

inscribir [inskriβír] *v. tr.* **1.** (grabar) to inscribe. **2.** (matricular) to enroll. **3.** (registrar) to record.

insecto [insékto] *s. m., Zool.* insect.

inseguridad [inseyuriðáð] *s. f.* **1.** (falta de confianza) insecurity.

2. (duda) uncertainty. **3.** (peligro) insecurity.

inseparable [inseparáβle] *adj.* (unido) inseparable.

insertar [insertár] *v. tr.* to insert.

inservible [inserβíβle] *adj.* (inútil) useless; ineffective.

insignia [insíŋnja] *s. f.* **1.** (emblema) badge. **2.** (bandera) flag; banner.

insignificante [insiŋnifikánte] *adj.* insignificant; trivial.

insinuar [insinuár] *v. tr.* (sugerir) to insinuate.

insistir [insistír] *v. intr.* to insist.

insolación [insolaθjón] *s. f.* **1.** *Med.* sunstroke; insolation. **2.** *Meteor.* insolation *frml.*

insoportable [insoportáβle] *adj.* (inaguantable) unbearable.

inspeccionar [inspekθjonár] *v. tr.* (revisar) to inspect; to check.

inspirar [inspirár] *v. tr.* **1.** to inspire. **2.** (aspirar) to inhale.

instalar [instalár] *v. tr.* **1.** to install *Am. E.* **2.** (erigir) to set up. ‖ **instalarse** *v. prnl.* **3.** (persona) to settle down.

instante [instánte] *s. m.* instant; moment.

instar [instár] *v. tr.* to urge.

instigar [instiɣár] *v. tr.* (inducir) to instigate; to incite.

instinto [instínto] *s. m.* instinct.

institución [instituθjón] *s. f.* (establecimiento) institution; establishment.

instituto [institúto] *s. m.* institute.

instruir [instruír] *v. tr.* **1.** to instruct. **2.** (enseñar) to educate. ‖ **instruirse** *v. prnl.* **3.** to learn.

instrumento [instruménto] *s. m.* **1.** instrument. **2.** (herramienta) tool.

insubordinar [insuβordinár] *v. tr.* **1.** to stir up. ‖ **insubordinarse** *v. prnl.* **2.** to be insubordinate.

insuficiencia [insufiθjénθja] *s. f.* **1.** insufficiency. **2.** (inadecuación) inadequacy.

insuficiente [insufiθjénte] *adj.* (escaso) insufficient; inadequate.

insultar [insultár] *v. tr.* **1.** to insult; to abuse. **2.** (ofender) to offend.

insulto [insúlto] *s. m.* insult.

insuperable [insuperáβle] *adj.* **1.** (dificultad) insurmountable. **2.** (calidad, precio) unbeatable.

intachable [intatʃáβle] *adj.* (respetable) unimpeachable.

integrar [inteɣrár] *v. tr.* to make up; to compose.

intelectual [intelektwál] *adj. y s. m. y f.* (erudito) intellectual.

inteligencia [inteliχénθja] *s. f.* **1.** (intelecto) intelligence. **2.** (comprensión) understanding.

inteligente [inteliǧénte] *adj.* intelligent.

intempestivo, -va [intempestíβo] *adj.* (inoportuno) untimely.

intención [intenθjón] *s. f.* (propósito) intention; purpose.

intensidad [intensiðáð] *s. f.* **1.** intensity. **2.** (de emoción) strength.

intensificar [intensifikár] *v. tr.* to intensify; to heighten.

intenso, -sa [inténso] *adj.* **1.** intense. **2.** (sentimiento) deep.

intentar [intentár] *v. tr.* to try; to attempt.

intento [inténto] *s. m.* **1.** (propósito) intention; purpose. **2.** (tentativa) attempt.

intercambiar [interkambjár] *v. tr.* to exchange; to interchange.

intercambio [interkámbjo] *s. m.* exchange; interchange.

interceder [interθeðér] *v. intr.* (mediar) to intercede.

interés [interés] *s. m.* **1.** interest. **2.** (importancia) concern.

interesante [interesánte] *adj.* interesting.

interesar [interesár] *v. tr.* **1.** to interest. **2.** (afectar) to concern.

interferencia [interferénθja] *s. f.* (también radio) interference.

interino, -na [interíno] *adj.* temporary; provisional.

interior [interjór] *adj.* **1.** interior; inside. || *s. m.* **2.** interior.

interlocutor, -ra [interlokutór] *s. m. y f.* speaker; interlocutor.

intermediario, -ria [intermeðjárjo] *adj.* **1.** intermediary. || *s. m. y f.* **2.** intermediary; mediator; go between.

intermedio [intermédjo] *adj.* **1.** intermediate. || *s. m.* **2.** (intervalo) interval.

interminable [intermináβle] *adj.* endless; interminable.

internacional [internaθjonál] *adj.* (mundial) international.

internar [internár] *v. tr.* **1.** Polít. to intern. **2.** (en un hospital) to confine.

internet [internét] *s. m., Inform.* internet.

interponer [interponér] *v. tr.* **1.** to interpose. || **interponerse** *v. prnl.* **2.** to interpose.

interpretar [interpretár] *v. tr., Mús. y Teatr.* to interpret.

interrogación [interoɣaθjón] *s. f.* **1.** interrogation. **2.** *Ling.* (signo) question mark.

interrogar [interoɣár] *v. tr.* (preguntar) to question.

interrumpir [interumpír] *v. tr.* (suspender) to interrupt.

interruptor [interuptór] *s. m., Electrón.* (de la luz) switch.

interurbano, -na [interurβáno] *adj.* **1.** (autobús, llamada) long-distance. **2.** (tren) intercity.

intervalo [inter̪βálo] *s. m.* **1.** interval. **2.** (en el espacio) gap.

intervenir [inter̪βeni̯r] *v. intr.* **1.** (participar) to take part; intervene. **2.** (controlar) to supervise.

intestino [intestíno] *s. m., Anat.* intestine; bowel.

intimar [intimár] *v. intr.* (entablar amistad) to become close.

intimidar [intimiðár] *v. tr.* (atemorizar) to intimidate.

íntimo, -ma [íntimo] *adj.* **1.** intimate. **2.** (vida) private.

intolerable [intoleráβle] *adj.* intolerable; unbearable.

intranquilo, -la [intrankílo] *adj.* (inquieto) restless; worried.

intrépido, -da [intrépiðo] *adj.* (osado) intrepid; fearless.

intriga [intríɣa] *s. f.* **1.** (maquinación) intrigue. **2.** (plan) plot.

intrigar [intriɣár] *v. tr.* **1.** (interesar) to intrigue. ‖ *v. intr.* **2.** (maquinar) to plot; to scheme.

introducir [introðuθír] *v. tr.* **1.** to introduce. **2.** (meter) to insert.

intuición [intwiθjón] *s. f.* intuition.

intuir [intuír] *v. tr.* (captar) to sense; to intuit *frml.*

inundación [inunda̯θjón] *s. f.* (riada) flood; deluge.

inundar [inundár] *v. tr.* **1.** to flood. ‖ **inundarse** *v. prnl.* **2.** to get flooded.

inusitado, -da [inusitáðo] *adj.* (inusual) unusual.

inútil [inútil] *adj.* **1.** useless. **2.** (innecesario) needless.

inutilidad [inutiliðáð] *s. f.* (ineficacia) uselessness.

inutilizar [inutiliθár] *v. tr.* (invalidar) to render useless.

invadir [imbaðír] *v. tr.* to invade.

invalidar [imbaliðár] *v. tr.* (inutilizar) to invalidate.

inválido, -da [imbáliðo] *adj.* **1.** (nulo) invalid. **2.** *Med.* (minusválido) disabled.

invariable [imbarjáβle] *adj.* invariable.

inventar [imbentár] *v. tr.* (hallar) to invent.

inventario [imbenta̯rjo] *s. m.* **1.** (lista) inventory. **2.** (operación) stocktaking.

invernadero [imbernaðéro] *s. m.* greenhouse.

invernar [imbernár] *v. intr.* (pasar el invierno) to winter.

inverosímil [imberosímil] *adj.* (increíble) improbable; unlikely.

invertebrado, -da [imberteβráðo] *adj. y s. m., Zool.* invertebrate.

invertir [imbertír] *v. tr.* **1.** to invert. **2.** (dirección) to reverse.

investigación [imbestiɣa̯θjón] *s. f.* **1.** investigation. **2.** (indagación) inquiry.

investigar [imbestivár] *v. tr.*
1. (indagar) to investigate.
2. (estudiar) to research.

invierno [imbjérno] *s. m.* winter.

invisible [imbisíβle] *adj.* invisible.

invitación [imbitaθjón] *s. f.* invitation.

invitar [imbitár] *v. tr.* to invite.

invocar [imbokár] *v. tr.* (llamar) to invoke; to call on.

involucrar [imbolukrár] *v. tr.* (implicar) to involve.

involuntario, -ria [imboluntárjo] *adj.* (espontáneo) involuntary; spontaneous.

inyección [inʝekθjón] *s. f., Med.* injection.

inyectar [inʝektár] *v. tr.* to inject.

ir [ír] *v. intr.* 1. to go. 2. (andar, caminar) to walk. 3. (viajar) to travel. || **irse** *v. prnl.* 4. (marcharse) to go away; to be off.

ira [íra] *s. f.* wrath; anger.

iris [íris] *s. m. inv., Anat.* iris.

irlandés, -sa [irlandés] *adj.*
1. Irish. || *s. m.* 2. (idioma) Irish.
3. (hombre) Irishman. || **irlandesa** *s. f.* 4. (mujer) Irishwoman.

ironía [ironía] *s. f.* irony.

irracional [irraθjonál] *adj.* (descabellado) irrational.

irreal [irreál] *adj.* unreal.

irrealizable [irrealiθáβle] *adj.*
1. (proyecto) unfeasible. 2. (deseo) unattainable; unreachable.

irreflexivo [irrefleksíβo] *adj.*
1. (acción) rash. 2. (persona) unthinking.

irremediable [irremeðjáβle] *adj.* 1. (irremisible) irremediable. 2. (vicio, enfermedad) incurable.

irresistible [irresistíβle] *adj.* irresistible.

irresponsable [irresponsáβle] *adj.* (insensato) irresponsible.

irritación [irritaθjón] *s. f.* (ira) irritation.

irritar [irritár] *v. tr.* 1. to irritate. 2. (enfadar) to annoy.

irrumpir [irrumpír] *v. intr.* to burst in.

isla [ísla] *s. f., Geogr.* island.

itinerario [itinerárjo] *s. m.* (recorrido, ruta) itinerary; route.

izquierda [iθkjérða] *s. f., Polít.* left; leftwing. || **a la ~** on the left.

izquierdo, -da [iθkjérðo] *adj.* left.

J

j [χóta] *s. f.* (letra) j.

jabalí [χaβalí] *s. m., Zool.* (cerdo salvaje) wild boar.

jabón [χaβón] *s. m.* soap.

jadear [χaðeár] *v. intr.* to pant.

jalea [χaléa] *s. f.* jelly.

jaleo [χaléo] *s. m.* **1.** (alboroto) racket. **2.** (confusión) mess.

jamás [χamás] *adv. t.* never.

jamón [χamón] *s. m.* ham.

jaqueca [χakéka] *s. f.* headache.

jarabe [χaráβe] *s. m.* syrup.

jardín [χarðín] *s. m.* garden.

jardinería [χarðinería] *s. f.* gardening.

jarra [χára] *s. f.* jar.

jarro [χáro] *s. m.* (recipiente) pitcher *Am. E.;* jug *Br. E.*

jarrón [χarón] *s. m.* vase.

jaula [χáwla] *s. f.* **1.** (para animales) cage. **2.** (embalaje) crate.

jefe [χéfe] *s. m.* **1.** chief. **2.** (superior) boss. **3.** *Polít.* leader.

jerga [χérγa] *s. f.* jargon; slang.

jeringuilla [χeriŋgíʎa] *s. f., Med.* (hypodermic) syringe.

jeroglífico, -ca [χeroγlífiko] *adj.* **1.** hiero-glyphic. || *s. m.* **2.** *Ling.* (escritura) hieroglyph.

jersey [χerséj] *s. m.* pullover; sweater; jumper *Br. E.*

jilguero [χilγéro] *s. m., Zool.* (pájaro) goldfinch.

jinete [χinéte] *s. m.* (jockey) rider; horseman.

jirafa [χiráfa] *s. f., Zool.* giraffe.

jitomate [χitomáte] *s. m., Amér., Bot.* tomate.

jocoso [χokóso] *adj.* humorous.

joder [χoðér] *v. tr. e intr.* **1.** *vulg.* (copular) to fuck *slang.* || *v. intr.* **2.** *vulg.* (fastidiar) to piss off.

jornada [χornáða] *s. f.* **1.** (laboral) working day. **2.** (trayecto) journey.

joroba [χoróβa] *s. f.* hump.

jorobar [χoroβár] *v. tr., fam.* (fastidiar) to bother; to annoy.

joven [χóβen] *adj.* **1.** young. || *s. m. y f.* **2.** (hombre) youth. **3.** (mujer) girl.

joya [χóʝa] *s. f.* **1.** jewel. **2.** *fig.* (cosa, persona) gem.

joyero, -ra [χoʝéro] *s. m. y f.* **1.** (persona) jeweler. || *s. m.* **2.** (caja) jewel case.

jubilado, -da [χuβiláðo] *adj.* **1.** retired. || *s. m. y f.* **2.** retiree *Am. E.*

jubilar [χuβilár] *v. tr.* **1.** to retire; to pension off. || **jubilarse** *v. prnl.* **2.** (retirarse) to retire.

jjudía [χuðía] *s. f., Bot.* bean.

judo [júðo] *s. m., Dep.* judo.

juego [χwéγo] *s. m.* **1.** play. **2.** (pasatiempo) game. **3.** *Dep.* sport.

juerga [χwérγa] *s. f., fam.* binge.

jueves [χwéβes] *s. m.* Thursday.

juez [χwéθ] *s. m., Der.* judge; magistrate *Br. E.*

jugada [χuráða] *s. f.* **1.** play. **2.** (ajedrez) move. || ~ **mala** dirty trick.

jugar [χurár] *v. intr.* **1.** (divertirse) to play. **2.** (apostar fuerte) to gamble. || *v. tr.* **3.** (un partido, un juego) to play. || **jugarse** *v. prnl.* **4.** (arriesgar) to risk.

jugarreta [χurařéta] *s. f., fam.* (trastada) dirty trick.

jugo [χúro] *s. m.* **1.** (zumo) juice. **2.** *fig.* (sustancia) substance.

jugoso, -sa [χuróso] *adj.* **1.** (carne, fruta) juicy; succulent. **2.** *fig.* (sustancioso) substantial.

juguete [χuréte] *s. m.* toy.

juguetear [χureteár] *v. intr.* (jugar) to play; to frolic.

juguetería [χuretería] *s. f.* (tienda) toy store.

juguetón, -tona [χuretón] *adj.* playful; frolicsome; boisterous.

juicio [χwíθjo] *s. m.* **1.** (facultad mental) judgment. **2.** (opinion) opinion.

juicioso, -sa [jwiθjóso] *adj.* (sensato) sensible; wise.

julio [χúljo] *s. m.* (mes) July.

junco [χúŋko] *s. m., Bot.* (planta) rush; reed.

jungla [χúŋgla] *s. f.* jungle.

junio [χúnjo] *s. m.* June.

júnior [ʹjúnjor] *adj.* junior.

junta [χúnta] *s. f.* **1.** (reunión) meeting; conference. **2.** (conjunto de personas) board; council. **3.** (sesión) session.

juntar [χuntár] *v. tr.* **1.** (unir) to join; to unite. **2.** (reunir) to collect. **3.** (gente) to gather.

junto, -ta [χúnto] *adj.* (plural) together. || ~ **a** next to; by; along-side; beside; nigh (arc.).

jurado, -da [χuráðo] *adj.* **1.** sworn. || *s. m.* **2.** (grupo) jury.

juramento [χuraménto] *s. m.* **1.** *Der.* oath. **2.** (blasfemia) curse.

jurar [χurár] *v. tr. intr. y pr.* to swear.

justamente [χústaménte] *adv.* **1.** (con justicia) fairly. **2.** (precisamente) just.

justicia [χustíθja] *s. f.* justice.

justificante [χustifikánte] *s. m.* receipt; voucher.

justificar [χustifikár] *v. tr.* **1.** to justify. **2.** (probar) to verify.

justo, -ta [χústo] *adj.* **1.** just; fair; even. **2.** (preciso) right. **3.** (ajustado) tight. || *adv.* **4.** (exactamente) just.

juvenil [χuβeníl] *adj.* **1.** youthful. || *s. m. y f.* **2.** *Dep.* junior.

juventud [χuβentuð] *s. f.* **1.** (edad) youth. **2.** (jóvenes) young people.

juzgar [χuθɣár] *v. tr.* **1.** to judge. **2.** (considerar) to think.

K

k [ká] *s. f.* (letra) k.

kamikaze [kamikáθe] *s. m.* kamikaze.

karaoke [karaóke] *s. m.* karaoke.

kárate [kárate] *s. m., Dep.* karate.

karateca o karateka [karatéka] *s. m. y f., Dep.* karateka.

katiuska [katjúska] *s. f.* (bota) gumboot; Wellington boot *Br. E.*

ketchup [kéttʃup] *s. m., angl.* ketchup.

kilo [kílo] *s. m.* (unidad de peso) kilo; kilogram.

kilogramo [kiloɣrámo] *s. m.* (unidad de peso) kilogram.

kilométrico [kilométriko] *adj.* kilometrical [Tuvimos que recorrer una distancia kilométrica. *We had to cover a kilometrical distance.*]

kilómetro [kilómetro] *s. m.* kilometer.

kilovatio [kiloвátjo] *s. m.* (1 000 vatios) kilowatt.

kiosco [kjósko] *s. m.* kiosk.

kiwi [kíwi] *s. m.* **1.** *Bot.* kiwi fruit. **2.** *Zool.* kiwi.

koala [koála] *s. m., Zool.* koala.

L

l [éle] *s. f.* (letra) l.

la¹ [lá] *art. f. sing.* **1.** the. ‖ *pron. pers. acus. 3ª pers. f. sing.* **2.** her. **3.** (cosa, animal) it. **4.** (usted) you.

la² [lá] *s. m.* **1.** *Mús.* (nota) A. **2.** *Mús.* (solfeo) la.

laberinto [laβerínto] *s. m.* maze; labyrinth.

labio [láβjo] *s. m.*, *Anat.* lip.

labor [laβór] *s. f.* (trabajo) work.

laboratorio [laβoratórjo] *s. m.* laboratory; lab *coll.*

laborioso, -sa [laβorjóso] *adj.* **1.** (persona) hardworking. **2.** (duro trabajo) laborious.

labrador, -ra [laβraðór] *s. m.*, *Agr.* (agricultor) farmer.

labrar [laβrár] *v. tr.* **1.** to work. **2.** *Agr.* (la tierra) to farm; to cultivate.

laca [láka] *s. f.* **1.** (para el pelo) hairspray. **2.** (resina) lac. **3.** (barniz) lacquer.

lacón [lakón] *s. m.*, *Gastr.* ham (de la pata delantera).

lactancia [laktánθja] *s. f.* breastfeeding; lactation.

ladear [laðeár] *v. tr.* **1.** to tip; to tilt. **2.** (cabeza) to lean.

ladera [laðéra] *s. f.*, *Geogr.* slope; hillside.

lado [láðo] *s. m.* side.

ladrar [laðrár] *v. intr.* to bark.

ladrido [laðríðo] *s. m.* bark.

ladrillo [laðríʎo] *s. m.* brick.

ladrón, -drona [laðrón] *adj.* **1.** thieving. ‖ *s. m. y f.* **2.** thief; robber. **3.** (de casas) burglar.

lagartija [laɣartíxa] *s. f.*, *Zool.* wall lizard.

lago [láɣo] *s. m.*, *Geogr.* lake.

lágrima [láɣrima] *s. f.* tear.

laguna [laɣúna] *s. f.*, *Geogr.* (lago) lagoon.

lamentable [lamentáβle] *adj.* (deplorable) lamentable.

lamentar [lamentár] *v. tr.* **1.** (sentir) to regret. **2.** (deplorar) to lament.

lamer [lamér] *v. tr.* to lick.

lámina [lámina] *s. f.*, *Impr.* (plancha) sheet; plate.

lámpara [lámpara] *s. f.* lamp.

lamparón [lamparón] *s. m.* (mancha) stain.

lana [lána] *s. f.* (material) wool.

lanar [lanár] *adj.* wool-bearing.

lancha [lántʃa] *s. f.*, *Náut.* launch. **2.** *Mil.* barge.

langosta [laŋgósta] *s. f.* **1.** *Zool.* (insecto) locust. **2.** *Zool.* (crustáceo) lobster.

langostino [laŋgostíno] *s. m.*, *Zool.* prawn.

lanza [lánθa] *s. f.* (arma) lance.

lanzar [lanθár] *v. tr.* **1.** to throw. **2.** (producto, proyecto) to launch.

lapicero [lapiθéro] *s. m.* pencil.

lápida [lápiða] *s. f.* **1.** (mortuoria) tombstone; gravestone. **2.** (conmemorativa) tablet.

lápiz [lápiθ] *s. m.* **1.** pencil. **2.** (de colores) crayon.

largar [larγár] *v. tr.* **1.** (soltar) to release. ‖ *v. intr.* **2.** (hablar) to get out. ‖ **largarse** *v. prnl.* **3.** (marcharse) to skip *Am. E.*

largo, -ga [lárγo] *adj.* **1.** (longitud, tiempo) long. **2.** (tiempo) lengthy. ‖ *s. m.* **3.** (longitud) length.

largometraje [larγometráχe] *s. m., Cinem.* (película) feature film.

larva [lárβa] *s. f., Zool.* larva.

las [lás] *art. determ. pl.* **1.** the. ‖ *pron. pers. acus. 3ª pl. f.* **2.** them. **3.** (a ustedes) you.

lástima [lástima] *s. f.* (pena) pity; shame.

lastimar [lastimár] *v. tr.* **1.** (herir) to hurt; to injure. **2.** (ofender) to offend.

lata [láta] *s. f.* (envase) can *Am. E.*; tin *Br. E.*

lateral [laterál] *adj.* side; lateral.

latido [latíðo] *s. m.* **1.** (del corazón) beat. **2.** (de una herida) throb.

látigo [látiγo] *s. m.* whip.

latir [latír] *v. tr.* (palpitar) to beat.

latón [latón] *s. m.* brass.

laúd [laúð] *s. f., Mús.* lute.

laurel [lawrél] *s. m.* **1.** *Bot.* laurel. ‖ **laureles** *s. m. pl.* **2.** (triunfo) laurels.

lavabo [laβáβo] *s. m.* **1.** (pila) washbowl *Am. E.*; washbasin *Br. E.* **2.** (mueble) washstand. **3.** (baños) washroom *Am. E.*; lavatory *Br. E.*

lavadora [laβaðóra] *s. f.* washing machine; washer.

lavandería [laβanðería] *s. f.* **1.** laundry. **2.** (automática) laundromat *Am. E.*; launderette *Br. E.*

lavar [laβár] *v. tr.* **1.** to wash. **2.** (dinero) launder. **3.** scrub.

lavavajillas [laβaβaχíλas] *s. m. inv.* **1.** (máquina) dishwasher. **2.** (detergente) dish liquid *Am. E.*; washing-up liquid *Br. E.*

lazo [láθo] *s. m.* **1.** (adorno) bow. **2.** (nudo) knot. **3.** (trampa) snare; trap.

le [lé] *pron. pers. dat. 3ª sing.* **1.** (él) him. **2.** (ella) her. **3.** (cosa, animal) it. **4.** (usted) you. ‖ *pron. pers. acus. 3ª pers. m. sing.* **5.** *Esp.* (sólo para personas) him.

leal [leál] *adj.* loyal; faithful.

lealtad [lealtáð] *s. f.* loyalty.

lección [lekθjón] *s. f.* lesson.

lechazo [letʃáθo] *s. m., Gastr.* (cordero lechal) sucking lamb.

leche [létʃe] *s. f.* milk.

lecho [létʃo] *s. m.* **1.** (cama) bed. **2.** *Geogr.* (del río) riverbed.

lechón [letʃón] *s. m., Gastr. y Zool.* (cochinillo) suckling pig *Am. E.*; sucking pig *Br. E.*

lechuga [letʃúɣa] *s. f., Bot.* (hortaliza) lettuce.

lechuza [letʃúθa] *s. f., Zool.* (ave) barn owl.

leer [leér] *v. tr.* to read.

legal [leɣál] *adj.* **1.** legal. **2.** (lícito) lawful. **3.** *fam.* (persona) trustworthy.

legalizar [leɣaliθár] *v. tr.* **1.** to legalize. **2.** (un documento) to authenticate.

legaña [leɣáɲa] *s. f.* sleep.

legumbre [leɣúmbre] *s. f., Bot.* legume.

lejano, -na [lexáno] *adj.* **1.** distant. **2.** *fig.* remote.

lejía [lexía] *s. f.* bleach.

lejos [léxos] *adv.* far; far away.

lencería [lenθería] *s. f.* **1.** (ropa interior femenina) lingerie. **2.** (ropa blanca) linen. **3.** (tienda) linen shop.

lengua [léŋgwa] *s. f.* **1.** *Anat.* tongue. **2.** *Ling.* language.

lenguado [leŋgwáðo] *s. m., Zool.* (pescado) sole.

lenguaje [leŋgwáxe] *s. m.* language.

lente [lénte] *s. m. y f.* **1.** lens. || **lentes** *s. m. y f. pl.* **2.** glasses.

lenteja [lentéxa] *s. f., Bot.* lentil.

lentilla [lentíʎa] *s. f.* contact lens.

lentitud [lentitúð] *s. f.* slowness.

lento, -ta [lénto] *adj.* slow.

leña [léɲa] *s. f.* **1.** (madera) firewood; wood. **2.** *fig. y fam.* (paliza) beating.

leño [léɲo] *s. m.* log.

león [león] *s. m., Zool.* lion.

les [les] *pron. pers. dat. 3ª pers. pl.* (También pron. pers. acus. en género masc.) **1.** (a ellos) them. **2.** (a ustedes) you.

lesión [lesjón] *s. f.* **1.** *Med.* lesion; injury. **2.** (perjuicio) harm.

letal [letál] *adj.* lethal.

letra [létra] *s. f.* **1.** letter. **2.** (caligrafía) handwriting; writing. || **letras** *s. f. pl.* **3.** arts.

letrero [letréro] *s. m.* **1.** (cartel) sign. **2.** (etiqueta) label.

levantar [leβantár] *v. tr.* **1.** to raise; to lift. **2.** (construir) to erect.

leve [léβe] *adj.* **1.** (ligero) light; slight. **2.** (castigo) mild.

léxico [léxsiko] *s. m., Ling.* **1.** (diccionario, glosario) lexicon. **2.** *Ling.* (vocabulario) vocabulary.

ley [léj] *s. f.* **1.** *Der.* law; act. **2.** *Dep.* rule.

leyenda [lejénda] *s. f.* **1.** legend. **2.** (inscripción) inscription.

liar [liár] *v. tr.* **1.** (atar) to tie; to bind. **2.** (un cigarrillo) to roll.

liberación [liβeraθjón] *s. f.* **1.** (de un pueblo, país) liberation. **2.** (de la cárcel) release.

liberalidad [liβeraliðáð] *s. f.* (generosidad) generosity.

liberar [liβerár] *v. tr.* **1.** (un país) to liberate. **2.** (a un prisionero) to free.

libertad [liβertáð] *s. f.* freedom.

libertar [liβertár] *v. tr.* to liberate.

libra [líβra] *s. f.* (peso, moneda inglesa) pound.

librar [liβrár] *v. tr.* **1.** to save. **2.** *Der.* to free. **3.** (liberar) to liberate. ‖ **librarse** *v. prnl.* **4.** (deshacerse de) to get rid of.

libre [líβre] *adj.* **1.** free. **2.** (lugar) unoccupied. **3.** (asiento) vacant.

librería [liβrería] *s. f.* **1.** (tienda) book-store *Am. E.*; bookshop *Br. E.* **2.** (mueble) bookcase.

libro [líβro] *s. m.* book.

licencia [liθénθja] *s. f.* **1.** license *Am. E.* **2.** (permiso) permission.

licenciado, -da [liθenθjáðo] *s. m. y f.* **1.** graduate. **2.** (en Filosofía y Letras) BA.

liceo [liθéo] *s. m.* **1.** (sociedad literaria) literary society. **2.** (escuela) high school.

licor [likór] *s. m.* **1.** (alcohol) liquor; spirits *pl.* **2.** (dulce) liqueur.

licra o lycra [líkra] *s. f.* lycra.

licuar [likwár] *v. tr., Gastr.* to liquidize.

líder [líðer] *s. m. y f.* leader.

liderar [liðerár] *v. tr.* to lead.

liebre [ljéβre] *s. f., Zool.* hare.

liendre [ljéndre] *s. f., Zool.* nit.

lienzo [ljénθo] *s. m.* **1.** linen. **2.** (arte) canvas; painting.

liga [líɣa] *s. f.* **1.** *Polít. y Dep.* league. **2.** (de medias) garter.

ligar [liɣár] *v. tr.* **1.** (atar) to bind; to tie. **2.** (unir) to join. ‖ *v. intr.* **3.** (conquistar) to pick up.

ligereza [liɣeréθa] *s. f.* **1.** lightness; thinness. **2.** (agilidad) nimbleness. **3.** (frivolidad) levity.

ligero, -ra [liɣéro] *adj.* **1.** (de peso) light. **2.** (ágil) nimble. **3.** (de poca importancia) slight. ‖ *adv.* **4.** (rápido) fast.

light [lájt] *adj. m. y f.* **1.** light. **2.** (comida) low-calorie. **3.** (cigarrillos) lowtar. **4.** (bebidas) diet.

lijar [liɣár] *v. tr., Tecnol.* to sand; to sand down; to sandpaper.

lila [líla] *s. f., Bot.* lilac.

limar [limár] *v. tr.* to file.

limitar [limitár] *v. tr.* to limit.

límite [límite] *s. m.* **1.** limit. **2.** (frontera) boundary.

limón [limón] *s. m., Bot.* lemon.

limonada [limonáða] *s. f.* (bebida) lemonade.

limosna [limósna] *s. f.* alms *pl.*

limpiar [limpjár] *v. tr.* **1.** to clean. **2.** (con un trapo) to wipe. **3.** (zapatos) to shine.

limpieza [limpjéθa] *s. f.* **1.** (estado) cleanliness. **2.** (acción) cleaning. **3.** (pulcritud) neatness.

limpio, -pia [límpjo] *adj.* **1.** (pulcro) clean. **2.** (moralmente) pure. **3.** (aseado) tidy.

linaje [lináxe] *s. m.* lineage.

lince [líηθe] *adj.* **1.** *fig.* (astuto) shrewd. ‖ *s. m.* **2.** *Zool.* lynx.

lindar [lindár] *v. intr.* (limitar) to adjoin.

línea [línea] *s. f.* **1.** line. **2.** (silueta) figure.

lingüístico, -ca [liηgwístiko] *adj.* **1.** linguistic. ‖ **lingüística** *s. f.* **2.** (ciencia del lenguaje) linguistics *sing.*

lino [líno] *s. m.* **1.** *Bot.* flax. **2.** (textil) linen.

linterna [lintérna] *s. f.* **1.** (farol) lantern. **2.** (de pilas) torch.

lío [lío] *s. m.* **1.** (paquete) bundle. **2.** *fam.* (desorden) mess.

liquidar [likiðár] *v. tr.* **1.** *Quím.* (licuar) to liquefy. **2.** *Econ.* (una deuda) to liquidate.

líquido, -da [líkiðo] *adj.* **1.** liquid. **2.** *Econ.* (sueldo) net. ‖ *s. m.* **3.** (sustancia) liquid.

lira [líra] *s. f.*, *Mús.* lyre.

lirio [lírjo] *s. m.; Bot.* (flor) iris; lily.

liso, -sa [líso] *adj.* **1.** (superficie) smooth; even. **2.** (colores) plain. **3.** (pelo) straight.

lista [lísta] *s. f.* **1.** (de nombres, números) list. **2.** (raya) stripe.

listado [lístáðo] *s. m.* listing; enumeration.

listín [listín] *s. m.* list.

listo, -ta [lísto] *adj.* **1.** (inteligente) smart; bright; clever. **2.** (preparado) ready.

litera [litéra] *s. f.* **1.** (en dormitorio) bunk. **2.** (en barco) berth.

literatura [literatúra] *s. f.* literature.

litoral [litorál] *adj.* **1.** *Geogr.* coastal; littoral. ‖ *s. m.* **2.** *Geogr.* coast; littoral.

litro [lítro] *s. m.* (medida) liter.

llaga [ʎáɣa] *s. f.* **1.** *Med.* (úlcera) sore; ulcer. **2.** *Med.* (en la boca) canker.

llama¹ [ʎáma] *s. f.* (de fuego) flame. ‖ **en llamas** ablaze; blazing.

llama² [ʎáma] *s. f., Zool.* llama.

llamada [ʎamáða] *s. f.* **1.** call. **2.** (a la puerta) knock. **3.** (al timbre) ring.

llamar [ʎamár] *v. tr.* **1.** to call. **2.** (convocar) to summon. **3.** (designar) to name.

llamativo, -va [ʎamatíβo] *adj.* **1.** showy. **2.** (color, ropa) loud.

llaneza [ʎanéθa] *s. f.* simplicity; straighforwardness; naturalness.

llano, -na [ʎáno] *adj.* **1.** (plano) level; even. **2.** (estilo) plain.

llanta [ʎánta] *s. f., Autom.* rim.

llanto [ʎánto] *s. m.* weeping.

llanura [ʎanúra] *s. f.* **1.** (de un terreno) smoothness; evenness. **2.** *Geogr.* plain.

llave [ʎáβe] *s. f.* **1.** key. **2.** (llave inglesa) wrench. **3.** (del gas, agua) faucet *Am. E.;* tap *Br. E.*

llavero [ʎaβéro] *s. m.* key ring.

llegar [ʎeɣár] *v. intr.* **1.** to arrive; to come; to reach. **2.** (ser bastante) to be enough. **3.** (alcanzar) to reach.

llenar [ʎenár] *v. tr.* **1.** to fill. **2.** (satisfacer) to fulfill; to satisfy. **3.** (hasta el borde) to fill up.

lleno, -na [ʎéno] *adj.* full.

llevar [ʎeβár] *v. tr.* **1.** (transportar) to carry. **3.** (guiar) to lead. ‖ *v. intr.* **4.** (camino, pasos) to lead. .

llorar [ʎorár] *v. intr.* **1.** to weep; to cry. **2.** (gemir) to groan. **3.** (ojos) to water. ‖ *v. tr.* **4.** (persona, muerte) to mourn.

lloro [ʎóro] *s. m.* crying.

llover [ʎoβér] *v. impers.* to rain.

llovizna [ʎoβíθna] *s. f.* drizzle.

lloviznar [ʎoβiθnár] *v. impers., Meteor.* to drizzle.

lluvia [ʎúβja] *s. f., Meteor.* rain.

lluvioso, -sa [ʎuβjóso] *adj.* rainy; wet.

lo [ló] *art. determ. n. sing.* (+ adj.) **1.** the ...thing. ‖ *pron. pers. acus.*

3ª pers. m. sing. **2.** him. **3.** (cosa, animal) it.

lobo [lóβo] *s. m., Zool.* wolf.

lóbulo [lóβulo] *s. m., Anat.* (en la oreja) lobe.

local [lokál] *adj.* **1.** local. ‖ *s. m.* **2.** (comercial) premises *pl.*

localidad [lokaliðáð] *s. f.* **1.** *form.* (población) locality. **2.** *Cinem. y Teatr.* (sitio) seat. **3.** *Cinem. y Teatr.* (entrada) ticket.

localizar [lokaliθár] *v. tr.* **1.** (ubicar) to locate. **2.** (fuego, epidemia) to localize.

loción [loθjón] *s. f.* lotion.

loco, -ca [lóko] *adj.* **1.** mad; crazy. **2.** *fig.* wild. ‖ *s. m. y f.* **3.** lunatic.

locomoción [lokomoθjón] *s. f.* (traslation) locomotion.

locuaz [lokwáθ] *adj.* (hablador) talkative.; verbose.

locura [lokúra] *s. f., Med.* (demencia) madness; insanity.

locutorio [lokutórjo] *s. m.* telephone booth.

lodo [lóðo] *s. m.* mud.

lógico, -ca [lóxiko] *adj.* **1.** logical. ‖ **lógica** *s. f.* **2.** logic.

lograr [loɣrár] *v. tr.* **1.** (obtener) to get; to obtain. **2.** (conseguir) to achieve; to attain.

loma [lóma] *s. f., Geogr.* **1.** hill; knoll. **2.** (más pequeño) hillock.

lombriz [lombríθ] *s. f.* worm.

lomo [lómo] *s. m.* **1.** *Anat.* (de animal) back. **2.** *Gastr.* loin. **3.** (de libro) spine.

lona [lóna] *s. f.* (tela) canvas.

loncha [lóntʃa] *s. f.* (rodaja) slice.

longaniza [loŋganíθa] *s. f.*, *Gastr.* (embutido) pork sausage.

longitud [loŋxitúð] *s. f.* **1.** length. **2.** *Geogr.* longitude.

lord [lór] *s. m.* lord.

loro [lóro] *s. m.*, *Zool.* parrot.

los [lós] *art. determ. pl.* **1.** the. || *pron. pers. acus. 3ª pers. m. pl.* **2.** them.

losa [lósa] *s. f.* **1.** (del suelo) flagstone; slab. **2.** (de tumba) tombstone.

lote [lóte] *s. m.* **1.** (porción) share. **2.** *Econ.* lot. **3.** *Inform.* batch.

lotería [loteɾía] *s. f.* lottery.

loto[1] [lóto] *s. m.*, *Bot.* lotus.

loto[2] [lóto] *s. f.*, *fam.* lottery.

loza [lóθa] *s. f.* **1.** (vajilla) crockery. **2.** (de buena calidad) china.

lubina [luβína] *s. f.*, *Zool.* (pez) sea bass.

lucha [lútʃa] *s. f.* **1.** fight. **2.** (para conseguir algo) struggle. **3.** *Dep.* wrestling.

luchar [lutʃár] *v. intr.* **1.** to fight. **2.** (para conseguir algo) to struggle. **3.** *Dep.* to wrestle.

lucidez [luθiðéθ] *s. f.* **1.** lucidity. **2.** (inteligencia) clarity.

luciérnaga [luθjéɾnaɣa] *s. f.*, *Zool.* glowworm; firefly.

lucio [lúθjo] *s. m.* (pez) pike.

lucir [luθír] *v. tr.* **1.** to illuminate. **2.** *fig.* (manifestar cualidades) to display. || *v. intr.* **3.** (brillar) to shine.

lluego [lwéɣo] *adv. t.* **1.** (después) later; later on; then; next. || *conj. ilat.* **2.** therefore.

lugar [luɣár] *s. m.* **1.** place. **2.** (sitio) spot.

lúgubre [lúɣuβre] *adj.* gloomy.

lujo [lúxo] *s. m.* luxury.

lumbre [lúmbre] *s. f.* **1.** (fuego) fire. **2.** (luz) light.

luminoso, -sa [luminóso] *adj.* **1.** luminous. **2.** *fig.* (idea) bright.

luna [lúna] *s. f.* **1.** *Astrol.* moon. **2.** (espejo) mirror.

lunar [lunár] *adj.* **1.** *Astron.* lunar. || *s. m.* **2.** (en la piel) beauty spot; mole. **3.** (redondel) spot.

lunes [lúnes] *s. m. inv.* Monday.

lupa [lúpa] *s. f.* magnifying glass.

lustro [lústro] *s. m.* five-year period; lustrum *frml.*

luto [lúto] *s. m.* **1.** mourning. **2.** *fig.* (pena) sorrow.

luz [lúθ] *s. f.* **1.** light. **2.** *fam.* (electricidad) electricity.

lycra [líkra] *s. f.* *licra.

M

m [éme] *s. f.* (letra) m.

macarrón [makarrón] *s. m.*, *Gastr.* (pasta) macaroni.

macedonia [maθeðónja] *s. f.*, *Gastr.* fruit salad.

maceta [maθéta] *s. f.* (tiesto) flowerpot; pot; plant pot.

machacar [matʃakár] *v. tr.* **1.** (triturar) to crush. **2.** (moler) to grind. **3.** (aplastar) to mash.

machacón, -na [matʃakón] *adj.* (insistente) insistent.

machete [matʃéte] *s. m.* machete.

macho [mátʃo] *adj.* **1.** male. **2.** *fam.* (viril) macho. ‖ *s. m.* **3.** (animal, planta) male.

macuto [makúto] *s. m.* (bolso de viaje) knapsack; haversack.

madeja [maðéxa] *s. f.* (de lana) hank; skein.

madera [maðéra] *s. f.* **1.** wood. **2.** (para la construcción) lumber *Am. E.;* timber *Br. E.*

madrastra [maðrásta] *s. f.* stepmother.

madre [máðre] *s. f.* **1.** mother. **2.** *Rel.* (monja) nun.

madreselva [maðresélβa] *s. f.*, *Bot.* (planta) honey-suckle.

madriguera [maðriɣéra] *s. f.* **1.** (de conejos) burrow. **2.** *fig.* (de criminales) den; lair; hideout.

madrugada [maðruɣáða] *s. f.* (alba) dawn. ‖ **de ~** at daybreak.

madrugar [maðruɣár] *v. intr.* to get up early.

madurar [maðurár] *v. tr. e intr.* **1.** (fruta) to ripen. **2.** *fig.* (personas) to mature.

madurez [maðuréθ] *s. f.* **1.** (de la fruta) ripeness. **2.** *fig.* (sensatez, edad adulta) maturity.

maduro, -ra [maðúro] *adj. m. y f.* (fruta) ripe.

maestro, -tra [maéstro] *adj.* **1.** (magistral) masterly; expert. **2.** (principal) main. ‖ *s. m. y f.* **3.** teacher.

magia [máxja] *s. f.* magic.

mágico, -ca [máxiko] *adj.* **1.** (número, poderes) magic. **2.** (lugar) magical.

magisterio [maxistérjo] *s. m.* **1.** (carrera) teacher training. **2.** (enseñanza) education; teaching.

magnate [magnáte] *s. m. y f.* (potentado) magnate; tycoon.

magnetismo [magnetísmo] *s. m.* (atracción) magnetism.

magnetizar [magnetiθár] *v. tr.* (imantar) to magnetize.

magnífico, -ca [magnífiko] *adj.* (espléndido) splendid.

mago, -ga [máɣo] *s. m.* **1.** (ilusionista) magician; conjurer. **2.** (brujo) wizard.

mahonesa [maonésa] *s. f.*, *Gastr.* (salsa) mayonnaise.

maíz [maíθ] *s. m.*, *Bot.* corn *Am. E.*; maize *Br. E.*

majadero, -ra [maxaðéro] *adj.* **1.** silly; stupid. ‖ *s. m. y f.* **2.** fool.

majestuoso, -sa [maxestuóso] *adj.* (regio) majestic; stately.

majo [máxo] *adj.* **1.** (agradable) nice. **2.** *fam.* (guapo) attractive.

mal [mál] *adj.* **1.** bad. **2.** (incorrecto) wrong. ‖ *s. m.* **3.** evil. **4.** *Med.* illness; disease. **5.** (daño) harm. ‖ *adv.* **6.** badly; poorly. **7.** (erróneamente) wrong; wrongly.

maldad [maldáð] *s. f.* (crueldad) evil; wickedness; badness.

maldecir [maldeθír] *v. tr. e intr.* (jurar) to curse; to damn.

maldición [maldiθjón] *s. f.* curse; malediction.

maldito, -ta [maldíto] *adj.* (perverso) wicked.

maleducado [maleðukáðo] *adj.* (grosero) rude; bad-mannered.

maléfico, -ca [maléfiko] *adj.* **1.** evil. **2.** (influencia) harmful.

malestar [malestár] *s. m.* **1.** discomfort. **2.** *fig.* (inquietud) uneasiness.

maleta [maléta] *s. f.* **1.** suitcase. **2.** (de mano) valise.

maleza [maléθa] *s. f.* **1.** undergrowth; underbrush. **2.** (arbustos) scrub; thicket.

malgastar [malɣastár] *v. tr.* (tiempo, dinero) to waste.

malhechor, -ra [maletʃór] *adj.* **1.** criminal. ‖ *s. m. y f.* **2.** (delincuente) crim-inal; wrongdoer.

malhumor [malumór] *s. m.* (mal carácter) bad mood.

malhumorado, -da [malumoráðo] *adj.* bad-tempered.

malicia [maliθja] *s. f.* **1.** (maldad) wickedness; evilness. **2.** (astucia) slyness. **3.** (mala intención) malice; spite.

malla [máʎa] *s. f.* **1.** (de red) mesh. **2.** (para gimnasia) leotard.

malo, -la [málo] *adj.* **1.** bad. **2.** (malvado) evil. **3.** (travieso) naughty. **4.** (enfermo) ill.

maloliente [maloljénte] *adj.* (apestoso) stinking; smelly.

malsano, -na [malsáno] *adj.* **1.** (dañino) unhealthy. **2.** (morboso) morbid.

malsonante [malsonánte] *adj.* **1.** (grosero) rude. **2.** (cacofónico) ill-sounding.

maltrecho, -cha [maltrétʃo] *adj.* (maltratado) ill-treated.

malva [málβa] *adj. inv.* **1.** mauve. ‖ *s. f.* **2.** *Bot.* mallow. ‖ *s. m.* **3.** (color) mauve.

malvado, -da [malβáðo] *adj.* **1.** wicked. ‖ *s. m. y f.* **2.** villain.

malversar [malβersár] *v. tr.* (fondos) to embezzle.

mama [máma] *s. f.* **1.** *Anat.* breast. **2.** *Zool.* mammary gland.

mamá [mamá] *s. f., col.* (madre) mom *Am. E.;* mum *Br. E.*

mamar [mamár] *v. tr.* **1.** to suck. ‖ *v. intr.* **2.** (bebé) to feed. **3.** (animal) to suckle.

mamífero [mamífero] *adj.* **1.** mammalian. ‖ *s. m.* **2.** *Zool.* mammal.

mampara [mampára] *s. f.* screen.

manada [manáða] *s. f.* **1.** *Zool.* (de ganado) herd. **2.** *Zool.* (de ovejas) flock. **3.** *Zool.* (de lobos, perros) pack.

manantial [manantjál] *s. m.* (de agua) spring.

manar [manár] *v. intr.* to flow.

manazas [manáθas] *s. m. y f. inv., pey.* (torpe) clumsy idiot.

mancha [mántʃa] *s. f.* stain.

manchar [mantʃár] *v. tr.* **1.** to stain. **2.** (ensuciar) to dirty. **3.** (mancillar) to blemish; to taint.

manco, -ca [mánko] *adj.* **1.** (sin un brazo) one-armed. **2.** (sin una mano) one-handed.

mandamiento [mandamjénto] *s. m.* **1.** (orden) command; order. **2.** *Rel.* commandment.

mandar [mandár] *v. tr.* **1.** (ordenar) to order. **2.** (enviar) to send. **3.** (dirigir) to lead. ‖ *v. intr.* **4.** to be in charge of.

mandarina [mandarína] *s. f., Bot.* (fruta) mandarin (orange).

mandato [mandáto] *s. m.* (orden) order; command.

mandíbula [mandíβula] *s. f., Anat.* jaw.

mandil [mandíl] *s. m.* apron.

mando [mándo] *s. m.* **1.** (autoridad) command. **2.** (mandato) mandate. **3.** (persona) authorities *pl.*

manecilla [maneθíλa] *s. f.* (de un reloj) hand.

manejar [maneχár] *v. tr.* **1.** (usar, utilizar) to use. **2.** (manipular) to manage; to handle.

manejo [maneχo] *s. m.* (uso) handling; use.

manera [manéra] *s. f.* **1.** way; manner. **2.** (clase) kind; sort. ‖ **maneras** *s. f. pl.* **3.** (modales) manners *pl.*

manga [mánga] *s. f.* (de camisa) sleeve.

mango[1] [mángo] *s. m.* (asa) handle; haft.

mango[2] [mángo] *s. m.* **1.** *Bot.* (árbol) mango tree. **2.** *Bot.* (fruta) mango.

manguera [mangéra] *s. f.* hose.

manía [manía] *s. f.* **1.** *Med.* mania. **2.** (obsesión) obsession.

maniatar [manjatár] *v. tr.* (atar las manos) to tie the hands of.

manicomio [manikómjo] *s. m.* **1.** insane asylum *Am. E.;* mental hospital *Br. E.*

manifestación [manifestaθjón] s. f. (declaración) declaration.

manifestar [manifestár] v. tr. **1.** (declarar) to declare; to state. **2.** (demostrar) to show.

maniobrar [manjoβrár] v. tr. **1.** (un vehículo) to maneuver. **2.** (manejar) to handle.

manipular [manipulár] v. tr. **1.** to manipulate. **2.** (mercancías) to handle.

maniquí [manikí] s. m. (en escaparates) dummy; mannequin.

manjar [maɲxár] s. m. **1.** (alimento) food; nourishment; dish. **2.** (comida exquisita) delicacy.

mano [máno] s. f., Anat. hand.

manojo [manóxo] s. m. bunch.

manopla [manópla] s. f. mitten.

manso, -sa [mánso] adj. **1.** (animal) tame. **2.** (persona) meek.

manta [mánta] s. f. **1.** blanket. **2.** (de viaje) rug.

manteca [mantéka] s. f. **1.** (de animal) fat. **2.** (de cerdo) lard.

mantel [mantél] s. m. tablecloth.

mantener [mantenér] v. tr. **1.** (sostener) to maintain. **2.** (conservar) to keep up. **3.** (alimentar) to support.

mantequilla [mantekíʎa] s. f. butter.

manto [mánto] s. m. **1.** (capa) cloak; mantle. **2.** (de ceremonia) robe.

mantón [mantón] s. m. shawl.

manual [manwál] adj. manual.

manufacturar [[manufakturár] v. tr. to (fabricar) manufacture.

manuscrito, -ta [manuskríto] adj. **1.** hand-written; manuscript frml. ‖ s. m. **2.** manuscript.

manutención [manuteɲxjón] s. f., Der. maintenance.

manzana [manθána] s. f. **1.** Bot. apple. **2.** (de pisos) block.

manzanilla [manθaníʎa] s. f. **1.** (planta) camomile. **2.** (bebida) camomile tea.

manzano [manθáno] s. m., Bot. (árbol) apple tree.

maña [mápa] s. f. **1.** (habilidad) skill; knack coll. **2.** (artimaña) guile pej.; trick.

mañana [mapána] s. f. **1.** (parte del día) morning. ‖ s. m. **2.** (futuro) future; tomorrow (no art.). ‖ adv. **3.** tomorrow. ‖ ¡hasta ~ ! see you tomorrow! • por la ~ tomorrow morning.

mapa [mápa] s. m. map.

mapamundi [mapamúndi] s. m. map of the world.

maqueta [makéta] s. f. mock-up.

maquillaje [makiʎáxe] s. m. makeup.

maquillar [makiʎár] v. tr. **1.** to make up. ‖ **maquillarse** v. prnl. **2.** to put make-up on.

máquina [mákina] s. f. machine.

maquinar [makinár] *v. tr.* to plot.

maquinaria [makinárja] *s. f.* **1.** (conjunto de máquinas) machinery. **2.** (mecanismo) mechanism.

maquinilla [makiníʎa] *s. f.* (de afeitar) safety razor.

mar [már] *s. amb., Geogr.* sea.

maratón [maratón] *s. m., Dep.* (carrera) marathon.

maravilla [maraβíʎa] *s. f.* **1.** marvel; wonder. **2.** (asombro) amazement.

maravilloso, -sa [maraβiʎóso] *adj.* (fantástico) marvelous; wonderful.

marca [márka] *s. f.* **1.** (señal) mark. **2.** (de ganado; comercial) brand.

marcar [markár] *v. tr.* **1.** (con una señal) to mark. **2.** (número de teléfono) to dial.

marcha [mártʃa] *s. f.* **1.** march. **2.** (velocidad) speed.

marchar [martʃár] *v. intr.* **1.** (ir) to go. **2.** (funcionar) to function.

marchitar [martʃitár] *v. tr.* to shrivel; to wilt.

marcial [marθjál] *adj.* martial.

marco [márko] *s. m.* **1.** (de un cuadro) frame. **2.** (de una puerta) doorframe.

marea [maréa] *s. f.* tide.

marear [mareár] *v. tr.* **1.** (molestar) to bother; to annoy.

marejada [mareχáða] *s. f.* swell.

mareo [maréo] *s. m.* **1.** *Med.* (náusea) sickness; nausea. **2.** (en el mar) seasickness. **3.** *fig. y fam.* (confusión) muddle.

marfil [marfíl] *s. m.* ivory.

margarita [marɣaríta] *s. f.* **1.** *Bot.* (pequeña) daisy. **2.** *Bot.* (grande) marguerite.

margen [márχen] *s. amb.* **1.** (borde) border; edge. **2.** (de un río) riverside; bank. **3.** (de la carretera) side. **4.** (papel) margin.

marido [maríðo] *s. m.* husband.

marihuana [mariwána] *s. f., Bot.* (droga) marijuana; ganja.

marina [marína] *s. f.* **1.** *Náut.* (organización) navy. **2.** *Náut.* (barcos) fleet.

marinero, -ra [marinéro] *adj.* **1.** sea. ‖ *s. m.* **2.** sailor; seaman.

marino, -na [maríno] *adj.* **1.** (brisa, corriente) sea. **2.** (organismo) marine.

mariposa [maripósa] *s. f., Zool.* (insecto) butterfly.

mariquita [marikíta] *s. f., Zool.* (insecto) ladybug *Am. E.*; ladybird *Br. E.*

marisco [marísko] *s. m., Gastr.* seafood; shellfish.

marisma [marísma] *s. f., Geogr.* (laguna salada) marsh; swamp.

marítimo, -ma [marítimo] *adj.* (marino) sea; maritime.

mármol [mármol] *s. m.* marble.

maroma [maróma] *s. f., Náut.* (cuerda) rope; cable.

marrano [marráno] *s. m.* (animal) hog *Am. E.*; pig.

marrón [marrón] *adj.* **1.** (color) brown. || *s. m.* **2.** (color) brown.

martes [mártes] *s. m. inv.* Tuesday.

martillear [martiλeár] *v. tr. e intr.* to hammer.

mártir [mártir] *s. m. y f.* martyr.

martirio [martírjo] *s. m.* **1.** (muerte) martyrdom. **2.** *fig.* (sufrimiento) torment; ordeal.

martirizar [martiriθár] *v. tr.* **1.** to martyr. **2.** *fig.* (atormentar) to torment.

marzo [márθo] *s. m.* March.

mas [más] *conj. advers., form.* but.

más [más] *adj. indef. inv.* **1.** (comp.) more. **2.** (superl.) most. **3.** (después de pron. indef. o int.) else. || *Adv. c.* **4.** (comp.) more. **5.** (superl.) most. || *prep.* **6.** *Mat.* plus. || *s. m.* **7.** plus sign.

masa [mása] *s. f.* **1.** (conglomerado) mass. **2.** *Gastr.* dough.

masaje [masáxe] *s. m.* massage.

mascar [maskár] *v. tr.* **1.** to chew. **2.** *fig.* (mascullar) to mumble.

máscara [máskara] *s. f.* mask.

mascota [maskóta] *s. f.* **1.** (animal) pet. **2.** (amuleto) mascot.

masculino [maskulíno] *adj.* **1.** masculine. **2.** *Biol.* male. **3.** (varonil) manly.

mascullar [maskuλár] *v. tr.* (farfullar) to mumble; to mutter.

masilla [masíλa] *s. f.* putty.

máster [máster] *s. m.* master's degree.

masticar [mastikár] *v. tr.* (mascar) to chew; to masticate *frml.*

mástil [mástil] *s. m.* **1.** *Náut.* mast. **2.** (de guitarra) neck.

mastín [mastín] *s. m., Zool.* (raza de perro) mastiff.

mastodonte [mastodónte] *s. m.* **1.** (animal prehistórico) mastodon. **2.** *fig.* giant.

mata [máta] *s. f.* **1.** *Bot.* (arbusto) bush; shrub. **2.** (de hierba) tuft.

matadero [mataðéro] *s. m.* slaughterhouse *Am. E.*; abattoir *Br. E.*

matador [mataðór] *adj.* **1.** killing. || *s. m.* **2.** *Taur.* matador.

matamoscas [matamóskas] *s. m. inv.* **1.** (paleta) flyswatter. **2.** (spray) fly spray.

matar [matár] *v. tr.* **1.** (asesinar) to slaughter; to kill. **2.** (reses) to butcher.

matasellos [mataséλos] *s. m. inv.* **1.** (instrumento) canceler. **2.** (marca) postmark.

mate [máte] *adj.* (sin brillo) mat; matt.

matemática [matemátika] *s. f.* mathematics; math *coll.*

materia [matérja] *s. f.* (sustancia) matter.

material [materjál] *adj.* **1.** material. ‖ *s. m.* **2.** *Econ.* material. **3.** *Tecnol.* equipment.

maternidad [materniðáð] *s. f.* maternity; motherhood.

materno, -na [matérno] *adj.* **1.** maternal. **2.** (lengua) mother.

matinal [matinál] *adj.* morning.

matiz [matíθ] *s. m.* **1.** (color) shade; hue. **2.** (rasgo) nuance.

matizar [matiθár] *v. tr.* **1.** *fig.* (puntualizar) to be more precise about. **2.** (dar color) to tinge.

matorral [matorrál] *s. m.* (arbusto) thicket; brushwood.

matrícula [matríkula] *s. f.* **1.** (lista) roll; list. **2.** (registro) register. **3.** (inscripción) registration.

matricular [matrikulár] *v. tr.* **1.** to register; to enroll. ‖ **matricularse** *v. prnl.* **2.** to register.

matrimonio [matrimónjo] *s. m.* **1.** (institución) marriage; matrimony. **2.** (boda) wedding.

matriz [matríθ] *s. f.*, *Anat.* (en hembras) womb; uterus.

maullido [mawʎíðo] *s. m.* miaow; mew.

máximo, -ma [máɣsimo] *adj.* **1.** maximum. **2.** (temperatura, velocidad) top.

mayo [májo] *s. m.* May.

mayonesa [majonésa] *s. f.*, *Gastr.* (salsa) mayonnaise.

mayor [majór] *adj. compar.* **1.** greater. **2.** (ropa, ciudad) larger. **3.** (persona) older. **4.** (hermanos, hijos) elder.

mayordomo [majorðómo] *s. m.* (criado) butler.

mayoría [majoría] *s. f.* majority.

mayúsculo, -la [majúskulo] *adj.* **1.** (letra) capital. **2.** *fig.* tremendous.

maza [máθa] *s. f.* **1.** (arma) mace; pounder. **2.** *Mús.* drumstick.

mazapán [maθapán] *s. m.*, *Gastr.* (dulce) marzipan.

mazo [máθo] *s. m.* **1.** (herramienta) mallet. **2.** (manojo) bunch.

mazorca [maθórka] *s. f.*, *Agr.* (de maíz) cob; corncob.

me [mé] *pron. pers.* *1ª sing.* **1.** (objeto) me. ‖ *pron. pers. refl.* **2.** myself.

mecánica [mekánika] *s. f.* **1.** (ciencia) mechanics *sing.* **2.** (mecanismo) mechanism.

mecanógrafo [mekanóɣrafo] *s. m. y f.* (dactilógrafo) typist.

mecedora [meθeðóra] *s. f.* rocking chair.

mecer [meθér] *v. tr.* **1.** to rock. **2.** (bebé) to dandle.

mecha [métʃa] *s. f.* **1.** (de vela) wick. **2.** (de explosivo) fuze.

mechero [metʃéro] *s. m.* **1.** lighter. **2.** (quemador) burner.

media¹ [méðja] *s. f.* (promedio) average; mean.

media² [méðja] *s. f.* **1.** (de media pierna) sock *Am. E.*; stocking.

mediano, -na [meðjáno] *adj.* medium.

medianoche [meðjanótʃe] *s. f.* midnight.

mediar [meðjár] *v. intr.* (interceder) to mediate; to intervene.

medicamento [meðikaménto] *s. m., Farm.* (fármaco) medicine.

medicina [meðiθína] *s. f.* (ciencia, medicamento) medicine.

médico, -ca [méðiko] *s. m. y f.* doctor; physician.

medida [meðíða] *s. f.* **1.** measure. **2.** (medición) measurement; measuring.

medio, -dia [méðjo] *adj. num.* **1.** (mitad) half. ‖ *adj.* **2.** (detrás del s.) (promedio) average. ‖ *s. m.* **3.** (centro) middle; center. **4.** (recurso) means. **5.** (entorno) environment.

mediocre [meðjókre] *adj.* (vulgar) mediocre.

mediodía [meðjoðía] *s. m.* **1.** midday; noon. **2.** (hora de comer) lunch time.

medir [meðír] *v. tr.* to measure.

meditar [meðitár] *v. tr. e intr.* (reflexionar) to meditate.

médula [méðula] *s. f., Anat.* (tuétano) marrow.

medusa [meðúsa] *s. f., Zool.* medusa; jellyfish.

megáfono [meɣáfono] *s. m.* **1.** megaphone. **2.** (altavoz) loudspeaker.

mejilla [meçíʎa] *s. f., Anat.* cheek.

mejillón [meçiʎón] *s. m., Zool.* mussel.

mejor [meҳór] *adj. compar.* **1.** better. ‖ *adj. sup.* **2.** best. ‖ *adv. mod. compar.* **3.** better. ‖ *adv. mod. sup.* **4.** best.

mejorar [meҳorár] *v. tr.* to improve; to better.

melancolía [melaŋkolía] *s. f.* (nostalgia) melancholy.

melena [meléna] *s. f.* **1.** (de persona) long hair. **2.** (de león) mane.

mellizo, -za [meʎíθo] *adj. y s. m. y f.* (gemelo) twin.

melocotón [melokotón] *s. m., Bot.* (fruta) peach.

melodía [meloðía] *s. f.* melody.

melodrama [meloðráma] *s. m.* (drama) melodrama.

melón [melón] *s. m., Bot.* melon.

membrana [membrána] *s. f.* membrane.

membrillo [membríʎo] *s. m.* **1.** *Bot.* (árbol) quince tree. **2.** (fruta) quince.

memorable [memoráβle] *adj.* (inolvidable) memorable.

memoria [memórja] *s. f.* **1.** memory. **2.** (recuerdo) recollection. ‖ **memorias** *s. f. pl.* **4.** (biografía) memoirs.

menaje [menáχe] *s. m.* (muebles) furniture.

mencionar [menθjonár] *v. tr.* **1.** to mention. **2.** (como ejemplo) to instance.

mendigo [mendíγo] *s. m. y f.* (pordiosero) beggar; mendicant.

mendrugo [mendrúγo] *s. m.* (de pan) crust.

menear [meneár] *v. tr.* **1.** to move; to shake. **2.** (rabo) to wag.

menestra [menéstra] *s. f., Gastr.* vegetable stew.

menguar [mengwár] *v. tr.* **1.** (decrecer) to diminish. **2.** (en punto) to decrease.

menor [menór] *adj. compar.* **1.** (número) lesser. **2.** (más pequeño) smaller. **3.** (joven) younger. ‖ *adj. sup.* **4.** (número) least. **5.** (el más pequeño) smallest. **6.** (joven) youngest. ‖ *adj.* **7.** (inferior) minor. ‖ **~ de edad** minor.

menos [ménos] *adj. indef. inv.* **1.** (comp., sing.) less. **2.** (superl., sing.) least. **3.** (comp., pl.) fewer. ‖ *adv. c.* **4.** (comp.) less. **5.** (superl.) least. ‖ *prep.* **6.** but. **7.** *Mát.* minus. ‖ *s. m.* **8.** *Mat.* minus sign.

menospreciar [menospreθjár] *v. tr.* **1.** (subestimar) to underestimate; to undervalue. **2.** (despreciar) to despise; to scorn.

mensaje [mensáχe] *s. m.* (recado) message.

mensajero, -ra [mensaχéro] *s. m. y f.* messenger; courier.

menstruación [menstrwaθjón] *s. f.* (regla) menstruation.

mensual [menswál] *adj.* monthly.

mensualidad [menswaliðáð] *s. f.* **1.** (salario) monthly salary. **2.** (cuota) monthly payment.

menta [ménta] *s. f., Bot.* mint.

mentalidad [mentaliðáð] *s. f.* mentality.

mente [ménte] *s. f.* **1.** mind. **2.** (inteligencia) intelligence.

mentir [mentír] *v. intr.* to lie.

mentira [mentíra] *s. f.* lie.

mentiroso, -sa [mentiróso] *adj.* **1.** (embustero) lying. ‖ *s. m. y f.* **2.** liar.

menú [menú] *s. m., Gastr.* menu.

menudencia [menuðénθja] *s. f.* **1.** (pequeñez) smallness. **2.** (nimiedad) trifle.

meñique [meñíke] *s. m., Anat.* (dedo) little finger.

meollo [meóʎo] *s. m.* **1.** *Anat.* (seso) brains *pl.* **2.** *Anat.* (médula) marrow. **3.** *fig.* (quid) essence.

mercadillo [merkaðíʎo] *s. m.* (rastro) street market.

mercado [merkáðo] *s. m.* market; mart.

mercancía [merkaɲθía] *s. f.* commodity.

mercantil [merkaɲtíl] *adj.* (comercial) mercantile; commercial.

mercería [merθería] *s. f.* notions store *Am. E.*; haberdashery *Br. E.*

merecer [mereθér] *v. tr.* **1.** to deserve; to merit. ‖ *v. intr.* **2.** to be worth.

merendar [mereɲdár] *v. intr.* to have an afternoon snack.

merengue [meréŋge] *s. m.*, *Gastr.* (dulce) meringue.

meridional [meriðjonál] *adj.* **1.** *Geogr.* southern; meridional. ‖ *s. m. y f.* **2.** southerner.

merienda [merjéɲda] *s. f.* **1.** afternoon snack; tea. **2.** (en el campo) picnic.

mérito [mérito] *s. m.* **1.** merit. **2.** (valor) worth; value.

merluza [merlúθa] *s. f.*, *Zool.* (pescado) hake.

mermar [mermár] *v. tr.* **1.** to decrease. ‖ *v. intr.* **2.** (menguar) to decrease; to diminish.

mermelada [mermeláða] *s. f.* jam. ‖ ~ **de naranja** marmalade.

mero [méro] *s. m.*, *Zool.* grouper.

merodear [meroðeár] *v. intr.* (deambular) to prowl.

mes [més] *s. m.* month.

mesa [mésa] *s. f.* **1.** table. **2.** (de trabajo) desk.

mesero [meséro] *s. m.*, *Amér.* (camarero) waiter.

meseta [meséta] *s. f.* **1.** *Geogr.* plateau. **2.** *Arqueol.* landing.

mesón [mesón] *s. m.* old-style restaurant.

mestizo, -za [mestíθo] *adj.* **1.** of mixed race. ‖ *s. m. y f.* **2.** half-breed; mestizo.

meta [méta] *s. f.* **1.** (en una carrera) finish. **2.** *fig.* (objetivo) purpose; objective.

metabolismo [metaβolísmo] *s. m.*, *Med.* metabolism.

metáfora [metáfora] *s. f.*, *Lit.* metaphor.

metal [metál] *s. m.* metal.

metálico [metáliko] *s. m.* (dinero) cash.

meteorología [meteoroloχía] *s. f.* meteorology.

meter [metér] *v. tr.* **1.** (colocar) to place. **2.** (introducir) to introduce. **3.** (causar) to make.

meticuloso [metikulóso] *adj.* (minucioso) meticulous; precise.

método [métoðo] *s. m.* **1.** (procedimiento) method. **2.** (sistema) system.

metro¹ [métro] *s. m.* (medida) meter.

metro² [métro] *s. m.*, *fam.* subway *Am. E.*; underground *Br. E.*

metrobús [metroβús] *s. m.* 10-journey metro and bus ticket.

mezcla [méθkla] *s. f.* (agregado) mix; mixture; blend.

mezclar [meθklár] *v. tr.* **1.** (unir) to mix; to blend. **2.** (desordenar, involucrar) to mix up.

mezquino, -na [meθkíno] *adj.* **1.** (avaro) mean; niggard. **2.** (vil) vile; miserly.

mi [mí] *adj. pos. 1ª sing.* my.

mí [mí] *pron. pers. prep. 1ª sing.* me; myself.

microbio [mikróβjo] *s. m., Biol.* (microorganismo) microbe.

micrófono [mikrófono] *s. m.* microphone; mic *coll.*

microondas [mikroóndas] *s. m.* microwave; microwave oven.

microscopio [mikroskópjo] *s. m.* microscope.

miedo [mjéðo] *s. m.* fear; fright.

miedoso, -sa [mjeðóso] *adj.* **1.** fearful. ‖ *s. m. y f.* **2.** (cobarde) coward.

miel [mjél] *s. f.* honey.

miembro [mjémbro] *s. m.* **1.** *Anat.* limb. **2.** (socio) member.

mientras [mjéntras] *conj. t.* **1.** while. **2.** (+ subj.) as long as.

miércoles [mjérkoles] *s. m.* Wednesday.

mierda [mjérða] *s. f.* **1.** *vulg.* (excremento) shit. **2.** *vulg.* (suciedad) crap.

miga [míɣa] *s. f.* **1.** (de pan) crumb. **2.** (trocito) bit. **3.** *fig.* (meollo) essence.

mil [míl] *adj. num. card. inv.* (también pron. num.) **1.** thousand. ‖ *adj. num. ord. inv.* (también pron. num.) **2.** thousandth. ‖ *s. m.* **3.** thousand.

milagro [miláɣro] *s. m.* miracle.

milenario, -ria [milenárjo] *adj.* thousand-year-old; millenarian.

milenio [milénjo] *s. m.* millennium.

mili [míli] *s. f., fam.* (servicio militar) military service.

milicia [milíθja] *s. f.* militia.

miligramo [miliɣrámo] *s. m.* (medida de peso) milligram.

mililitro [mililítro] *s. m.* (medida de capacidad) milliliter.

milímetro [milímetro] *s. m.* (medida de longitud) millimeter.

militar [militár] *adj.* **1.** military. ‖ *s. m. y f.* **2.** (oficial) soldier.

milla [míʎa] *s. f.* (medida) mile.

millar [miʎár] *s. m.* thousand.

millón [miʎón] *s. m.* **1.** *Mat.* million. **2.** (se usa más en pl.) (número indet.) million.

mimar [mimár] *v. tr.* **1.** (persona) to spoil; to pamper. **2.** (animal) to pet.

mímica [mímika] *s. f.* mime.

mimo¹ [mímo] *s. m. y f., Teatr.* mime.

mimo² [mímo] *s. m.* **1.** (caricia) caress. **2.** (condescendencia) pampering.

mina [mína] *s. f.* **1.** *Miner.* mine. **2.** (de lápiz) lead.

mineral [minerál] *adj.* **1.** mineral. || *s. m.* **2.** (sustancia) mineral.

minería [minería] *s. f.* **1.** mining industry. **2.** *Miner.* mining.

miniatura [minjatúra] *s. f.* miniature.

minifalda [minifálda] *s. f.* (prenda para mujer) miniskirt; mini *fam.*

mínimo [mínimo] *adj.* **1.** *Mat.* minimum. **2.** (muy pequeño) tiny; minute. || *s. m.* **3.** minimum.

ministerio [ministérjo] *s. m.*, *Polít.* department *Am. E.*; ministry *Br. E.*

ministro, -tra [minístro] *s. m. y f.*, *Polít.* secretary *Am. E.*; minister.

minoría [minoría] *s. f.* minority.

minucioso [minuθjóso] *adj.* (meticuloso) meticulous; close.

minúsculo, -la [minúskulo] *adj.* (pequeño) minuscule; small.

minusválido, -da [minusβáliðo] *adj.* **1.** *Med.* disabled; handicapped. || *s. m. y f.* **2.** *Med.* (discapacitado) handicapped person; disabled person.

minutero [minutéro] *s. m.* minute hand.

minuto [minúto] *s. m.* minute.

mío, -a [mío] *adj. pos.* *1ª sing.* **1.** (detrás del s.) of mine. || *pron. pos.* **2.** mine.

miopía [mjopía] *s. f.*, *Med.* myopia.

mirada [miráða] *s. f.* **1.** look. **2.** (rápida) glance. **3.** (fija) stare.

mirador [miraðór] *s. m.* (galería) viewpoint.

miramiento [miramjénto] *s. m.* **1.** (cautela) caution. **2.** (consideración) consideration.

mirar [mirár] *v. tr.* **1.** to look at; to view. **2.** (observar) to watch. **3.** (fijamente) to gaze.

mirlo [mírlo] *s. m.*, *Zool.* (pájaro) blackbird.

misa [mísa] *s. f.*, *Rel.* mass.

miserable [miseráβle] *adj.* **1.** (pobre) wretched; poor; miserable. **2.** (avaro) mean. **3.** (perverso) wicked; vile. || *s. m. y f.* **4.** (perverso) wretch.

miseria [misérja] *s. f.* **1.** (desgracia) misery. **2.** (pobreza) poverty.

misión [misjón] *s. f.* mission.

mismo, -ma [mísmo] *adj.* **1.** (igual) same. **2.** (con énfasis) very; actual. || *pron. indef.* **3.** same.

miss [mís] *s. f.* miss.

míster [míster] *s. m.* (concurso de belleza masculino) mister.

misterio [místérjo] *s. m.* (incógnita) mystery.

misterioso, -sa [misterjóso] *adj.* (oculto) mysterious.

mitad [mitáð] *s. f.* **1.** (una parte) half. **2.** (el centro) middle. ‖ ~ **y** ~ half and half.

mitigar [mitivár] *v. tr.* **1.** *form.* to mitigate; to palliate. **2.** (dolor) to relieve. **3.** (soledad) to alleviate.

mito [míto] *s. m.* myth.

mitología [mitoloχía] *s. f.* mythology.

mixto [míksto] *adj.* mixed.

mobiliario [moβiljárjo] *s. m.* furniture.

mochila [motʃíla] *s. f.* backpack *Am. E.*; rucksack *Br. E.*

moco [móko] *s. m.* **1.** mucus. **2.** (de una vela) drippings *pl.*

moda [móða] *s. f.* fashion; vogue.

modelar [moðelár] *v. tr.* **1.** to model. **2.** (dar forma) to shape.

modelo [moðélo] *adj.* **1.** model. ‖ *s. m.* **2.** (ejemplo) model. **3.** (patrón) pattern.

moderar [moðerár] *v. tr.* **1.** to moderate. **2.** (atenuar) to temper.

modernizar [moðerniθár] *v. tr.* **1.** (actualizar) to modernize. ‖ **modernizarse** *v. prnl.* **2.** to modernize.

moderno, -na [moðérno] *adj.* **1.** modern. **2.** (a la moda) fashionable.

modestia [moðéstja] *s. f.* (sencillez) modesty.

modesto [moðésto] *adj.* **1.** modest. **2.** (humilde) humble.

módico, -ca [móðiko] *adj.* (moderado) reasonable; moderate.

modificar [moðifikár] *v. tr.* (corregir) to modify; to alter.

mofa [mófa] *s. f.* mockery.

mofeta [moféta] *s. f.*, *Zool.* skunk.

moflete [mofléte] *s. m.*, *Anat.* (mejilla) chubby cheek.

mogollón [moɣoʎón] *s. m.*, *fam.* loads; thousands.

mohín [moín] *s. m.* pout.

moho [móo] *s. m.* **1.** *Bot.* (en fruta, pan) mold; mildew. **2.** (en metal) rust.

mojar [moχár] *v. tr.* **1.** to wet. **2.** (empapar) to drench. **3.** (humedecer) to moisten.

molar [molár] *v. intr.*, *jerg.* (gustar) to dig.

molde [mólde] *s. m.* **1.** mold. **2.** *Tecnol.* cast. **3.** *fig.* (modelo) model.

moldear [moldeár] *v. tr.* to mold.

mole [móle] *s. f.* (bulto grande) mass; bulk; fat lump.

molécula [molékula] *s. f.*, *Biol.* molecule.

moler [molér] *v. tr.* **1.** to grind; to mill. **2.** (machacar) to pound.

molestar [molestár] *v. tr.* **1.** to disturb; to bother; to annoy. **2.** (causar molestias) to inconvenience.

molestia [moléstja] *s. f.* **1.** bother; nuisance. **2.** (fastidio) annoyance. **3.** *Med.* discomfort.

molesto, -ta [molésto] *adj.* **1.** (enfadado) annoyed; bothered. **2.** (fastidioso) annoying. **3.** (incómodo) inconvenient.

molinillo [moliníʎo] *s. m.* (de café) mill; grinder.

molino [molíno] *s. m.* mill.

molusco [molúsko] *s. m., Zool.* (almeja, mejillón) mollusk *Am. E.*

momentáneo, -nea [momentáneo] *adj.* (temporal) momentary.

momento [moménto] *s. m.* moment. ‖ **a cada ~** at every moment. **al ~** at once.

momia [mómja] *s. f.* mummy.

mona [móna] *s. f., Zool.* (hembra) monkey.

monada [monáða] *s. f.* **1.** *col.* lovely person; gorgeous person. **2.** (cosas) gorgeous thing; beautiful thing.

monasterio [monastérjo] *s. m., Rel.* (convento) monastery.

monda [mónda] *s. f.* (piel) peel.

mondar [mondár] *v. tr.* **1.** (pelar fruta) to peel. **2.** (frutos secos) to shell. **3.** (limpiar) to clean.

moneda [monéða] *s. f.* **1.** (pieza) coin. **2.** *Econ.* (unidad monetaria) currency; money.

monedero [monéðero] *s. m.* (cartera) purse.

monigote [moniγóte] *s. m.* **1.** *fig. y fam.* paper doll. **2.** (pelele) puppet; fool.

monitor, -ra [monitór] *s. m. y f.* **1.** instructor; coach. **2.** (campamento) monitor. **3.** (aparato) monitor.

monja [móŋxa] *s. f., Rel.* nun; sister.

monje [móŋxe] *s. m., Rel.* monk.

mono, -na [móno] *adj.* **1.** *fam.* cute; nice. ‖ *s. m. y f.* **2.** *Zool.* monkey; ape.

monólogo [monóloγo] *s. m.* monolog.

monopatín [monopatín] *s. m.* (para jugar) skateboard.

monopolio [monopóljo] *s. m.* (monopolización) monopoly.

monosílabo, -ba [monosílaβo] *adj.* **1.** *Ling.* monosyllabic. ‖ *s. m.* **2.** *Ling.* monosyllable.

monotonía [monotonía] *s. f.* **1.** (de un sonido) monotone. **2.** *fig.* (rutina) monotony.

monótono, -na [monótono] *adj.* (aburrido) monotonous.

monstruo [mónstrwo] *s. m.* **1.** monster. **2.** *fig.* (fenómeno) genius.

monstruoso, -sa [monstruóso] *adj.* **1.** monstrous. **2.** (enorme) huge.

montacargas [montakárɣas] *s. m. inv.* freight elevator *Am. E.;* service lift *Br. E.*

montaje [montáxe] *s. m.* **1.** assembly. **2.** *Cinem.* montage. **3.** (engarce) mount.

montaña [montáɲa] *s. f., Geogr.* mountain.

montañero, -ra [montaɲéro] *s. m. y f.* mountaineer.

montañismo [montaɲísmo] *s. m.* mountaineering; mountain climbing.

montañoso, -sa [montaɲóso] *adj.* (rocoso) mountainous; mountain.

montar [montár] *v. tr.* **1.** to mount. **2.** (cabalgar) to ride. ‖ *v. intr.* **3.** (en un animal) to ride.

monte [mónte] *s. m., Geogr.* (montaña) mountain; mount *lit.*

montículo [montíkulo] *s. m., Geogr.* (loma) hillock; mound.

montón [montón] *s. m.* **1.** (pila) pile; heap. **2.** (de gente) crowd.

monumental [monumentál] *adj.* **1.** monumental. **2.** *fig.* enormous; huge.

monumento [monuménto] *s. m.* monument.

moño [móɲo] *s. m.* (peinado) bun; topknot.

moqueta [mokéta] *s. f.* fitted carpet.

mora [móra] *s. f.* **1.** *Bot.* (zarzamora) blackberry. **2.** *Bot.* (del moral) mulberry.

morado, -da [moráðo] *adj.* (color) purple.

moral [morál] *adj.* **1.** moral. ‖ *s. f.* **2.** (ánimo) morale. **3.** (ética) ethics *pl.*

moraleja [moraléxa] *s. f.* (enseñanza) moral.

morar [morár] *v. intr., form.* (vivir) to dwell.

morcilla [morθíʎa] *s. f., Gastr.* blood sausage *Am. E.;* black pudding *Br. E.*

mordaz [morðáθ] *adj.* **1.** mordant. **2.** *fig.* (crítica) biting; sarcastic. **3.** *fig.* (comentario) acid.

mordaza [morðáθa] *s. f.* (en la boca) gag.

morder [morðér] *v. tr.* **1.** to bite. **2.** (mordisquear) to nibble. ‖ *v. intr.* **3.** to bite.

mordisco [morðísko] *s. m.* bite; nibble.

moreno, -na [moréno] *adj.* **1.** (color) brown. **2.** (pelo, tez) dark. **3.** (bronceado) suntanned.

moribundo, -da [moriβúndo] *adj.* **1.** dying; moribund *frml.* ‖ *s. m. y f.* **2.** dying person.

morir [morír] *v. intr.* **1.** to die. **2.** *fig.* (acabar) to end up.

moroso, -sa [moróso] *adj.*
1. (holgazán) slow. || *s. m. y f.*
2. (deudor) debtor.

morriña [mořiɲa] *s. f., fam.*
(añoranza) homesickness.

morro [mořo] *s. m., Zool.* (hocico) snout; nose.

morsa [mórsa] *s. f., Zool.* walrus.

mortadela [mortaðéla] *s. f.,*
Gastr. (fiambre) mortadella.

mortaja [mortáxa] *s. f., Rel.* (sudario) shroud.

mortal [mortál] *adj.* **1.** mortal.
2. (letal) fatal; deadly. || *s. m. y f.*
3. mortal.

mortalidad [mortaliðáð] *s. f.*
mortality.

mortandad [mortandáð] *s. f.*
1. (mortalidad) mortality. **2.** (matanza) carnage.

mortero [mortéro] *s. m.* mortar.

mortificar [mortifikár] *v. tr.*
1. to mortify. || **mortificarse**
v. prnl. **2.** to mortify.

mortuorio, -ria [mortwórjo]
adj. (fúnebre) mortuary.

mosca [móska] *s. f., Zool.* fly.

moscatel [moskatél] *adj. y s. m.*
(uva y vino) muscatel.

mosquitero [moskitéro] *s. m.*
mosquito net.

mosquito [moskíto] *s. m., Zool.*
gnat; mosquito.

mostaza [mostáθa] *s. f., Gastr.* y
Bot. mustard.

mosto [mósto] *s. m.* grape-juice.

mostrador, -ra [mostraðór]
s. m. **1.** (de una tienda) counter.
2. (de un bar) bar.

mostrar [mostrár] *v. tr.* **1.** to
show. **2.** (exponer) to display; to
exhibit.

mote [móte] *s. m.* (apodo) nickname.

motel [motél] *s. m.* motel.

motín [motín] *s. m.* **1.** *Mil.* (de
tropas) mutiny. **2.** (disturbio)
riot; rebellion.

motivar [motiβár] *v. tr.* (causar)
to motivate; to cause.

motivo [motíβo] *s. m.* **1.** motive;
reason. **2.** (arte) motif. **3.** (tema)
theme; subject.

moto [móto] *s. f., Autom.* motorcycle.

motocicleta [motoθikléta] *s. f.,*
Autom. motorcycle.

motocross [motokrós] *s. m.,*
Dep. motocross.

motor [motór] *adj.* **1.** motor.
|| *s. m.* **2.** motor; engine.

mover [moβér] *v. tr.* **1.** to move.
2. (cambiar de lugar) to shift.

móvil [móβil] *adj.* **1.** mobile.
2. (mueble) movable. || *s. m.*
3. (motivo) motive.

movilizar [moβiliθár] *v. tr.* (tropas) to mobilize.

movimiento [moβimjénto] *s. m.*
1. movement. **2.** *Tecnol.* motion.

mozo, -za [móθo] *adj.* **1.** (joven) young. **2.** (soltero) single. ‖ *s. m.* **3.** lad.

muchacho [mutʃátʃo] *s. m.* **1.** (chico) boy; lad *Br. E.* ‖ **muchacha** *s. f.* **2.** (chica) girl; lass.

muchedumbre [mutʃeðúmbre] *s. f.* crowd; multitude *lit.*

mucho, -cha [mútʃo] *adj. indef.* **1.** a lot of; much (uncount. n.); many (count. n.). ‖ *pron. indef.* **2.** a lot; much (count. n.); many (count. n.). ‖ *adv. c.* **3.** a lot; much.

mucosidad [mukosiðáð] *s. f.* (moco) mucosity; mucus.

mudanza [muðánθa] *s. f.* **1.** (cambio) change. **2.** (de casa) removal; move.

mudar [muðár] *v. tr.* **1.** (cambiar) to change. **2.** (trasladar) to move. ‖ **mudarse** *v. prnl.* **3.** (de casa) to move.

mudo [múðo] *adj.* **1.** dumb. **2.** *fig.* (callado) speechless.

mueble [mwéβle] *adj.* **1.** movable. ‖ *s. m.* **2.** piece of furniture.

mueca [mwéka] *s. f.* face.

muela [mwéla] *s. f.* **1.** (diente) tooth. **2.** (de atrás) back tooth.

muelle¹ [mwéʎe] *s. m.* (resorte) spring.

muelle² [mwéʎe] *s. m.* **1.** (embarcadero) pier; wharf. **2.** (andén del tren) freight platform.

muerte [mwérte] *s. f.* **1.** death. **2.** (homicidio) murder.

muerto, -ta [mwérto] *adj.* **1.** dead. ‖ *s. m. y f.* **2.** (difunto) dead person.

muesca [mwéska] *s. f.* **1.** (grieta) nick; notch. **2.** (para encajar) slot; groove.

muestra [mwéstra] *s. f.* **1.** sample. **2.** (modelo) model. **3.** (señal) sign.

muestrario [mwestrárjo] *s. m.* (catálogo) collection of samples.

mugido [muxíðo] *s. m.* **1.** (de vaca) moo. **2.** (de toro) bellow.

mugir [muxír] *v. intr.* **1.** *Zool.* (vaca) to moo; to low. **2.** *Zool.* (toro) to bellow.

mugre [múxre] *s. f.* dirt; filth.

mujer [muxér] *s. f.* **1.** woman. **2.** (esposa) wife.

mula [múla] *s. f., Zool.* mule; hinny.

mulato, -ta [muláto] *adj. y s. m. y f.* (de raza blanca y negra) mulatto.

muleta [muléta] *s. f.* **1.** (apoyo, bastón) crutch. **2.** *Taur.* muleta; red cloth.

mullido, -da [muʎíðo] *adj.* (esponjado) soft; springy.

multa [múlta] *s. f.* fine; forfeit.

multar [multár] *v. tr.* to fine.

multicolor [multikolór] *adj.* (colorido) multicolored.

multicopista [mul̬tikopísta] *adj.*
y s. f. (copiadora) duplicator.

multiforme [mul̬tifórme] *adj.*
(varias formas) multiform.

múltiple [múl̬tiple] *adj.* (varia-
do) multiple.

multiplicación [mul̬tiplikaθjón]
s. f., Mat. multiplication.

multiplicar [mul̬tiplikár] *v. tr.*
e intr. **1.** *Mat.* to multiply.
‖ **multiplicarse** *v. prnl.* **2.** (pro-
crearse) to multiply.

múltiplo [múl̬tiplo] *s. m., Mat.*
multiple.

multitud [mul̬titúð] *s. f.* **1.** (de
personas) crowd; horde. **2.** (de
cosas) multitude.

mundial [mun̬djál] *adj.* **1.** (universal) world; worldwide. ‖ *s. m.*
2. *Dep.* world championship.

mundo [mún̬do] *s. m.* **1.** world.
2. (tierra) earth.

munición [muniθjón] *s. f., Mil.*
ammunition; munitions *pl.*

municipio [muniθípjo] *s. m.*
1. (territorio administrativo) municipality. **2.** (ayuntamiento)
town council.

muñeca [muɲéka] *s. f.* **1.** *Anat.*
wrist. **2.** (juego) doll.

muñeco, -ca [muɲéko] *s. m.* (juguete) doll.

muralla [muráʎa] *s. f.* wall.

murciélago [murθjélaɣo] *s. m.,*
Zool. bat.

murmullo [murmúʎo] *s. m.*
1. murmur. **2.** (susurro) whisper.

murmurar [murmurár] *v. intr.*
1. to murmur. **2.** (susurrar) to
whisper.

muro [múro] *s. m.* wall.

musa [músa] *s. f.* **1.** *Mit.* Muse.
2. *Lit.* (inspiración) muse.

músculo [múskulo] *s. m., Anat.*
muscle.

museo [muséo] *s. m.* museum.

musgo [músɣo] *s. m., Bot.* moss.

música [músika] *s. f.* music.

músico [músiko] *adj.* **1.** musical.
‖ *s. m. y f.* **2.** musician.

musitar [musitár] *v. intr.* (mascullar) to whisper.

muslo [múslo] *s. m., Anat.* thigh.

mustio, -a [mústjo] *adj.* faded.

musulmán, -na [musulmán]
adj. y s. m. y f., Rel. Muslim;
Moslem.

mutuo, -tua [mútwo] *adj.* (reci-
proco) mutual.

muy [mwí] *adv. intens.* very.

N

n [éne] *s. f.* (letra) n.

nácar [nákar] *s. m.* nacre.

nacer [naθér] *v. intr.* **1.** (persona) to be born. **2.** (río) to rise.

nacimiento [naθimjénto] *s. m.* **1.** birth. **2.** *fig.* (procedencia) origin; beginning.

nación [naθjón] *s. f.* **1.** nation. **2.** (país, estado) country.

nacional [naθjonál] *adj.* **1.** national. **2.** *Econ.* domestic. ‖ *s. m. y f.* **3.** national.

nacionalidad [naθjonaliðáð] *s. f.* (ciudadanía) nationality.

nada [náða] *s. f.* **1.** nothingness. ‖ *pron. indef.* **2.** nothing (en or. afirmativas); anything (en or. negativas o interrogativas); none. ‖ *adv. neg.* **3.** not at all.

nadar [naðár] *v. intr.* **1.** *Dep.* to swim. **2.** (flotar) to float.

nadie [náðje] *pron. indef.* **1.** (en or. afirmativas) nobody; no one. **2.** (en or. negativas) anyone.

naipe [nájpe] *s. m.* playing card.

nalga [nálɣa] *s. f.* **1.** *Anat.* buttock. ‖ **nalgas** *s. f. pl.* **2.** *Anat.* buttocks; buttom.

nana [nána] *s. f.* lullaby.

napolitana [napolitána] *s. f.*, *Gastr.* (dulce) pastry filled with chocolate.

naranja [naránxa] *s. f.* **1.** *Bot.* (fruta) orange. ‖ *adj. y s. m.* **2.** (color) orange.

naranjo [naránxo] *s. m.*, *Bot.* (árbol) orange tree.

narciso [narθíso] *s. m.*, *Bot.* (flor) narcissus; daffodil.

narcótico, -ca [narkótiko] *adj. y s. m.*, *Med.* (sedante) narcotic.

narcotráfico [narkotráfiko] *s. m.* drug trafficking.

nariz [naríθ] *s. f.*, *Anat.* nose.

narrar [nařár] *v. tr.* to narrate.

narrativa [naratíβa] *s. f.*, *Lit.* (novela) narrative.

nata [náta] *s. f.* **1.** (de leche hervida) skin. **2.** (crema) cream.

natación [nataθjón] *s. f.*, *Dep.* swimming.

natal [natál] *adj.* **1.** natal. **2.** (país) native.

natillas [natíʎas] *s. f. pl.*, *Gastr.* (postre) custard *sing.*

nativo, -va [natíβo] *adj. y s. m. y f.* (aborigen) native.

natural [naturál] *adj.* **1.** natural. **2.** (sin elaboración) plain. **3.** (espontáneo) unaffected.

naturaleza [naturaléθa] *s. f.* **1.** nature. **2.** (modo de ser) disposition.

naturalidad [naturaliðáð] *s. f.* (sencillez) naturalness.

naufragar [nawfraɣár] *v. intr.* **1.** to cast away. **2.** (barco) to be wrecked. **3.** (persona) to be shipwrecked.

naufragio [nawfráxjo] *s. m.*, *Náut.* (hundimiento) shipwreck.

náusea [náwsea] *s. f.*, *Med.* (arcada) nausea; sickness.

náutico, -ca [náwtiko] *adj.* **1.** nautical. ‖ **náutica** *s. f.* **2.** navigation; seaman-ship.

navaja [naβáχa] *s. f.* (cuchillo) penknife; jackknife.

nave [náβe] *s. f.* **1.** *Náut.* ship. **2.** *Arq.* (de una iglesia) nave.

navegar [naβeχár] *v. intr.* **1.** to navigate. **2.** *Náut.* (por mar) to sail. **3.** (en internet) to surf.

Navidad [naβiðáð] *s. f.* **1.** Christmas. ‖ **Navidades** *s. f. pl.* **2.** Christmas time.

navío [naβío] *s. m.*, *Náut.* ship; vessel.

necedad [neθeðáð] *s. f.* **1.** (cualidad) foolishness. **2.** (estupidez) nonsense.

necesario [neθesárjo] *adj.* **1.** necessary. **2.** (inevitable) inevitable.

neceser [neθesér] *s. m.* **1.** (de aseo) toilet case; sponge case. **2.** (más grande) dressing case.

necesidad [neθesiðáð] *s. f.* **1.** necessity. **2.** (pobreza) want.

necesitado, -da [neθesitáðo] *adj.* **1.** (pobre) needy; poor. ‖ *s. m. y f.* **2.** needy person.

necesitar [neθesitár] *v. tr.* **1.** to need. **2.** (carecer) to lack.

necio, -cia [néθjo] *adj.* **1.** (tonto) stupid; foolish. **2.** (terco) stubborn. ‖ *s. m. y f.* **3.** idiot; fool. **4.** (terco) blockhead.

nécora [nékora] *s. f.*, *Zool.* (crustáceo) small edible sea crab.

néctar [nektár] *s. m.* nectar.

nectarina [nektarína] *s. f.*, *Bot.* (fruta) nectarine.

negación [neɣaθjón] *s. f.* negation; denial.

negar [neɣár] *v. tr.* **1.** to deny. **2.** (denegar) to refuse; to deny. **3.** (prohibir) to prohibit.

negativa [neɣatíβa] *s. f.* **1.** negative. **2.** (a una pregunta, acusación) denial.

negociar [neɣoθjár] *v. tr. e intr.* **1.** to negotiate. ‖ *v. intr.* **2.** *Econ.* (comerciar) to trade; to deal.

negocio [neɣóθjo] *s. m.* business.

negro, -gra [néɣro] *adj.* **1.** black. **2.** (de color más oscuro) dark. ‖ *s. m.* **3.** (color) black. ‖ *s. m. y f.* **4.** (raza) black.

nene, -na [néne] *s. m. y f.* **1.** baby; child. ‖ **nena** *s. f.* **2.** *fam.* (chica joven) babe.

nervio [nérβjo] *s. m.* **1.** *Anat.* nerve. **2.** *Anat.* (tendón) tendon. **3.** *fig.* (fuerza) vigor; strength.

nervioso, -sa [nerβjóso] *adj.* (inquieto) nervous.

neumonía [newmonía] *s. f.*, *Med.* (pulmonía) pneumonia.

neutral [newtrál] *adj.* neutral.

neutro, -tra [néwtro] *adj.*
1. *Ling.* y *Biol.* neuter. **2.** (imparcial, color) neutral.

nevada [neβáða] *s. f.* snowfall.

nevar [neβár] *v. intr.* to snow.

nevera [neβéra] *s. f.* (frigorífico) ice-box *Am. E.*; refrigerator.

nexo [néɣso] *s. m.* **1.** (enlace) link. **2.** *Ling.* connective.

ni [ní] *conj. copul.* or.

nicho [nítʃo] *s. m.* **1.** (hornacina) niche. **2.** (hueco) recess.

nido [níðo] *s. m.* nest.

niebla [njéβla] *s. f., Meteor.* fog.

nieto [njéto] *s. m.* **1.** grandson. ‖ **nieta** *s. f.* **2.** granddaughter. ‖ **nietos** *s. m. y f. pl.* **3.** grandchildren.

nieve [njéβe] *s. f., Meteor.* snow.

ningún [niŋgún] *adj. indef.* no.

ninguno, -na [niŋgúno] *adj. indef.* **1.** (en frases negativas) any. **2.** (en frases afirmativas) no. ‖ *pron. indef.* **3.** (de dos) neither. **4.** (de más) none. **5.** (en frases negativas) any.

niñera [niɲéra] *s. f.* (tata) nursemaid *Am. E.*; nanny.

niñez [niɲéθ] *s. f.* childhood.

niño, -ña [níɲo] *s. m. y f.* **1.** child. ‖ *s. m.* **2.** boy. ‖ **niña** *s. f.* **3.** girl. ‖ **niños** *s. m. pl.* **4.** children *pl.*

niqui [níki] *s. m.* polo shirt.

nivel [niβél] *s. m.* **1.** (altura) level. **2.** (categoría) standard.

no [nó](pl.: noes) *s. m.* **1.** (respuesta) no. **2.** (voto) no. ‖ *adv. neg.* **3.** (modificando verbos, adverbios,...) not. **4.** (en respuestas) no. **5.** no (+ comp.).

noble [nóβle] *adj.* **1.** noble. ‖ *s. m.* **2.** nobleman. ‖ *s. f.* **3.** noblewoman.

nobleza [noβléθa] *s. f.* nobility.

noche [nótʃe] *s. f.* night.

Nochebuena [notʃeβwéna] *s. f.* (24 de diciembre) Christmas Eve.

Nochevieja [notʃeβjéɣa] *s. f.* (31 de diciembre) New Year's Eve.

noción [noθjón] *s. f.* **1.** notion. ‖ **nociones** *s. f. pl.* **2.** (conocimientos) basic knowledge.

nocivo, -va [noθíβo] *adj.* (perjudicial) harmful; noxious.

nogal [noɣál] *s. m.* **1.** *Bot.* (árbol) walnut-tree. **2.** (madera) walnut.

nómada [nómaða] *adj.* **1.** (errante) nomadic. ‖ *s. m. y f.* **2.** nomad.

nombrar [nombrár] *v. tr.* **1.** to name. **2.** (mencionar) to mention. **3.** (para un cargo) to appoint.

nombre [nómbre] *s. m.* **1.** name. **2.** (fama) reputation.

nómina [nómina] *s. f.* **1.** (plantilla de empleados) pay roll. **2.** (recibo de pago) payslip. **3.** (paga) wages.

nominativo, -va [nominatíβo] *s. m., Ling.* nominative.

non [nón] *adj.* **1.** (número) odd. ‖ *s. m.*, **2.** *Mat.* odd number.

nordeste [norðéste] *s. m., Geogr.* northeast.

noria [nórja] *s. f.* **1.** (para sacar agua) waterwheel; noria. **2.** (para divertirse) ferris wheel *Am. E.*

norma [nórma] *s. f.* norm; rule.

normal [normál] *adj.* **1.** normal. **2.** (habitual) natural.

noroeste [noroéste] *s. m., Geogr.* northwest.

norte [nórte] *adj.* **1.** northern. ‖ *s. m.* **2.** *Geogr.* north. ‖ **al ~** *Geogr.* north.

norteamericano, -na [norteamerikáno] *adj. y s. m. y f.* (North) American.

nos [nós] *pron. pers.* *1ª pl.* **1.** (objeto) us. ‖ *pron. pers. recípr.* **2.** each other. ‖ *pron. pers. refl.* **3.** ourselves.

nosotros, -tras [nosótros] *pron. pers. nomin.* *1ª pl.* **1.** we. ‖ *pron. pers. prep.* **2.** us. ‖ **~ mismos** ourselves.

nostalgia [nostálχja] *s. f.* **1.** nostalgia. **2.** (morriña) homesickness.

nota [nóta] *s. f.* **1.** (anotación) note. **2.** (calificación) grade *Am. E.*; mark *Br. E.*

notable [notáβle] *adj.* **1.** notable; noteworthy. **2.** (considerable) considerable.

notar [notár] *v. tr.* to notice.

notario [notárjo] *s. m.* notary.

noticia [notíθja] *s. f.* **1.** news *sing.* ‖ **noticias** *s. f. pl.* **2.** (noticiario) news; tidings.

notificación [notifikaθjón] *s. f., form.* (aviso) advice; notification *frml.*

notificar [notifikár] *v. tr.* (comunicar) to notify; to advise.

novatada [noβatáða] *s. f.* (broma) practical joke.

novato, -ta [noβáto] *adj.* **1.** inexperienced; raw. ‖ *s. m. y f.* **2.** (principiante) beginner; novice.

novecientos, -tas [noβeθjéntos] *adj. num. card.* (también pron. num. y s. m.) nine hundred.

novedad [noβeðáð] *s. f.* **1.** (cosa nueva) novelty. **2.** (cualidad) newness. ‖ **novedades** *s. f. pl.* **3.** (noticias) news.

novedoso, -sa [noβeðóso] *adj.* (original) novel; innovative.

novela [noβéla] *s. f., Lit.* novel.

novelista [noβelísta] *s. m. y f.* novelist.

noveno [noβéno] *adj. num. ord.* (también pron. num.) **1.** ninth; nine. ‖ *adj. num. fracc.* (también s. m. y f.) **2.** ninth.

noventa [noβénta] *adj. num. card. inv.* (también pron. num. y s. m.) **1.** ninety. ‖ *adj. num. ord. inv.* **2.** ninetieth; ninety.

noviazgo [noβjáθɤo] *s. m.* (relación) engagement; courtship.

noviembre [nobjémbre] *s. m.* (mes del año) November.

novillo, -lla [noβíʎo] *s. m.* **1.** *Zool.* young bull; steer. ‖ **novilla** *s. f.* **2.** *Zool.* heifer.

novio [nóβjo] *s. m.* **1.** boyfriend. **2.** (prometido) fiancé. **3.** (en una boda) bridegroom. ‖ **novia** *s. f.* **4.** girlfriend. **5.** (prometida) fiancée. **6.** (en la boda) bride.

nube [núβe] *s. f., Meteor.* cloud.

nublado, -da [nuβláðo] *adj.* **1.** *Meteor.* cloudy; overcast. ‖ *s. m.* **2.** *Meteor.* storm cloud.

nublarse [nuβlárse] *v. prnl., Meteor.* to cloud over.

nuca [núka] *s. f., Anat.* nape; back of the neck.

nudista [nuðísta] *adj. y s. m. y f.* nudist.

nudo [núðo] *s. m.* **1.** knot. **2.** *fig.* (vínculo) bond; tie.

nuera [nwéra] *s. f.* daughter-in-law.

nuestro, -tra [nwéstro] *adj. pos. 1ª pl.* **1.** our; of ours.] ‖ *pron. pos.* **2.** ours.

nueve [nwéβe] *adj. num. card. inv.* (también pron. num. y s. m.) **1.** nine. ‖ *adj. num. ord. inv.* (también pron. num.) **2.** ninth; nine.

nuevo, -va [nwéβo] *adj.* **1.** new. **2.** further.

nuez [nwéθ] *s. f.* **1.** *Bot.* walnut. **2.** *Anat.* Adam's apple.

nulo, -la [núlo] *adj.* **1.** (no válido) void; invalid. **2.** (incapaz) useless.

numerar [numerár] *v. tr., Mat.* to number.

número [número] *s. m.* **1.** number. **2.** numeral; figure. **3.** (de zapatos) size.

numeroso, -sa [numeróso] *adj.* (cuantioso) numerous.

nunca [núŋka] *adv. t.* never; ever.

nupcial [nupθjál] *adj.* nuptial.

nupcias [núpθjas] *s. f. pl.* (boda) wedding *sing.*; nuptials *pl.*

nutria [nútrja] *s. f., Zool.* otter.

nutrición [nutriθjón] *s. f.* (alimentación) nutrition; nourishment.

nutrir [nutrír] *v. tr.* **1.** to nourish; to feed. **2.** *fig.* (fortalecer algo) to encourage.

nutritivo, -va [nutritíβo] *adj.* nutritious; nourishing.

Ñ

ñ [éɲe] *s. f.* (letra) ñ.

ñam ñam [ɲamɲám] *interj. fam.* yum-yum [Mañana comemos en un chino, ñam ñam. *Tomorrow we'll eat in a Chinese restaurant, yum-yum.*]

ñame [ɲáme] *s. m., Bot.* yam.

ñandú [ɲandú] *s. m., Zool.* rhea [El único ñandú que he visto ha sido en el zoológico de mi ciudad. *The only rhea I have seen it was in the zoo of my town.*]

ñango, -ga [ɲáŋgo] *adj.* (debilucho) wimpish.

ñaño, -ña [ɲáɲo] *s. m., Amér.* (soso) brother.

ñoñería [ɲoɲería] *s. f.* mawkishness; insipidness.

ñoñez [ɲoɲéθ] *s. f.* insipidness.

ñoño, -ña [ɲóɲo] *adj. y s. m. y f.* namby-pamby.

ñoqui [ɲóki] *s. m., Gastr.* gnocchi *pl.* [Ayer fuimos a comer ñoquis. *Yesterday we went to eat gnocchi.*]

ñorbo, -ña [ɲórβo] *s. m., Bot.* (flor) passion flower.

ñu [ɲú] *s. m., Zool.* gnu; wildebeest.

O

o¹ [ó] *s. f.* (letra) o.

o² [ó] *conj. disy.* or. ‖ **o... o...** either... or... •It becomes "u" before "o" or "ho".

oasis [oásis] *s. m. inv.* oasis.

obedecer [oβeðeθér] *v. tr. e intr.* (acatar) to obey.

obediencia [oβeðjénθja] *s. f.* (acatamiento) obedience.

obediente [oβeðjénte] *adj.* obedient.

obeso, -sa [oβéso] *adj.* obese.

obispo [oβíspo] *s. m.* bishop.

objetar [obxetár] *v. tr.* to object.

objeto [obxéto] *s. m.* **1.** object. **2.** (finalidad) purpose.

oblea [oβléa] *s. f., Gastr.* wafer.

obligación [oβliγaθjón] *s. f.* **1.** (deber) obligation; duty. **2.** (responsabilidad) responsibility.

obligar [oβliγár] *v. tr.* (forzar) to force; to obligate.

obligatorio [oβliγatórjo] *adj.* (forzoso) compulsory.

oboe [oβóe] *s. m., Mús.* oboe.

obra [óβra] *s. f.* **1.** work. **2.** *Arq.* building. **3.** *Lit.* (libro) book.

obrar [oβrár] *v. tr.* **1.** (hacer) to work. ‖ *v. intr.* **2.** (actuar) to act.

obrero, -ra [oβréro] *adj.* **1.** working. ‖ *s. m. y f.* **2.** worker.

obsceno, -na [obsθéno] *adj.* (indecente) obscene.

obsequiar [obsekjár] *v. tr.* to give; to present; to offer.

obsequio [obsékjo] *s. m., form.* (regalo) gift; present.

observar [obserβár] *v. tr.* **1.** to observe. **2.** (notar) to notice.

observatorio [obserβatórjo] *s. m., Astron.* observatory.

obsesión [obsesjón] *s. f.* (fijación) obsession.

obstáculo [obstákulo] *s. m.* **1.** obstacle. **2.** (estorbo) hindrance.

obstante, no [obstánte] *loc. conj.* **1.** (sin embargo) however; nevertheless; nonetheless; notwithstanding; still. ‖ *loc. prep.* **2.** (a pesar de) out of spite; despite.

obstinarse [obstinárse] *v. prnl.* (emperrarse) to persist.

obtener [obtenér] *v. tr.* (conseguir) to obtain; to get.

obvio, -via [óbβjo] *adj.* obvious.

oca [óka] *s. f., Zool.* goose.

ocasión [okasjón] *s. f.* **1.** (oportunidad) opportunity; chance. **2.** (momento) occasion; moment.

ocasionar [okasjonár] *v. tr.* **1.** (causar) to cause; to bring about. **2.** (originar) to give rise to.

ocaso [okáso] *s. m.* **1.** (del sol) sunset. **2.** (occidente) west. **3.** *fig.* (final) decline.

occidente [okθiðénte] *s. m.* (oeste) west; occident.

océano [oθéano] *s. m.* ocean.

ochenta [otʃénta] *adj. num. card. inv.* (también pron. num. y s. m.) **1.** eighty. ∥ *adj. num. ord. inv.* (también pron. num.) **2.** eightieth; eighty.

ocho [ótʃo] *adj. num. card.* (también pron. num. y s. m.) **1.** eight. ∥ *adj. num. ord. inv.* (también pron. num.) **2.** eighth; eight.

ochocientos [otʃoθjéntos] *adj. num. card. m.* (también pron. num. y s.) eight hundred.

ocio [óθjo] *s. m.* leisure.

ocre [ókre] *s. m.* (color) ocher.

octavo, -va [oktáβo] *adj. num. ord.* (también pron. num.) **1.** eighth; eight. ∥ *adj. num. fracc.* (también s. m. y f.) **2.** eighth.

octubre [oktúbre] *s. m.* October.

oculista [okulísta] *s. m. y f., Med.* (oftalmólogo) oculist; ophthalmologist.

ocultar [okultár] *v. tr.* **1.** to hide. **2.** (la verdad) to withhold.

ocupado [okupáðo] *adj.* **1.** (persona) busy. **2.** (asiento) occupied; taken.

ocupar [okupár] *v. tr.* **1.** to occupy. **2.** (un espacio) to take up. **3.** (una casa) to inhabit.

ocurrir [okuřír] *v. intr.* (suceder) to happen; to occur.

odiar [oðjár] *v. tr.* to hate.

odio [óðjo] *s. m.* hatred; hate.

oeste [oéste] *s. m.* (punto cardinal) west.

oferta [oférta] *s. f.* **1.** offer. **2.** (propuesta) proposal.

oficial [ofiθjál] *adj.* **1.** official. ∥ *s. m. y f.* **2.** (empleado) clerk.

oficina [ofiθína] *s. f.* office.

oficio [ofíθjo] *s. m.* **1.** (ocupación) occupation. **2.** (con especialización) trade. **3.** (cometido) office.

ofrecer [ofreθér] *v. tr.* **1.** (dar) to offer. **2.** (proponer) to propose.

oftalmólogo, -ga [oftalmóloɣo] *s. m. y f., Med.* (oculista) ophthalmologist.

ofuscar [ofuskár] *v. tr.* (deslumbrar) to dazzle.

oído [oíðo] *s. m.* **1.** (sentido) hearing. **2.** *Anat.* ear.

oír [oír] *v. tr.* **1.** to hear. **2.** (escuchar) to listen to.

ojal [oxál] *s. m.* buttonhole.

¡ojalá! [oxalá] *interj.* I wish!; I hope so!

ojeada [oxeáða] *s. f.* glance; peep.

ojear [oxeár] *v. tr.* to glance.

ojera [oxéra] *s. f.* ring under the eyes; bag under the eyes.

ojo [óxo] *s. m.* **1.** *Anat.* (de aguja) eye. **2.** (agujero) hole.

ola [óla] *s. f.* **1.** wave. **2.** *fig.* (oleada) swell.

oleada [oleáða] *s. f.* swell; wave.

óleo [óleo] *s. m.* (sustancia) oil.

oler [olér] *v. tr.* **1.** (percibir un olor) to smell. **2.** *fig.* (sospechar) to sniff out.

olfatear [olfateár] *v. tr.* **1.** (oler) to smell; to sniff. **2.** *fig. y fam.* (indagar) to sniff out. **3.** (sospechar) to suspect.

olfato [olfáto] *s. m.* (sentido) smell.

olimpiada o olimpíada [olimpjáða] *s. f., Dep.* Olympic Games.

oliva [olíβa] *s. f., Bot.* olive.

olivo [olíβo] *s. m., Bot.* olive tree.

olla [óʎa] *s. f.* pot; stew pot.

olmo [ólmo] *s. m., Bot.* elm.

olor [olór] *s. m.* smell; odor.

oloroso, -sa [oloróso] *adj.* odorous; fragrant; sweet-smelling.

olvidar [olβiðár] *v. tr.* to forget.

ombligo [omblíγo] *s. m., Anat.* navel; belly button *coll.*

omitir [omitír] *v. tr.* (callar) to omit; to leave out.

once [óŋθe] *adj. num. card. inv.* (también pron. num. y s. m.) **1.** eleven. ‖ *adj. num. ord. inv.* (también pron. num.) **2.** eleventh; eleven.

onda [ónda] *s. f.* wave.

ondulación [ondulaθjón] *s. f.* **1.** (onda) undulation; wave. **2.** (del agua) ripple.

ondular [ondulár] *v. intr.* (moverse) to undulate.

onomástica [onomástika] *s. f.* (santo) saint's day .

opción [opθjón] *s. f.* **1.** (elección) option; choice. **2.** (alternativa) alternative.

ópera [ópera] *s. f., Mús.* opera.

operar [operár] *v. tr.* **1.** (llevar a cabo) to bring about. **2.** *Med.* to operate on.

opinar [opinár] *v. intr.* (pensar) to think; to consider; to be of the opinion.

opinión [opinjón] *s. f.* opinion.

oponer [oponér] *v. tr.* **1.** to oppose; to resist. ‖ **oponerse** *v. prnl.* **2.** (objetar) to object.

oportunidad [oportuniðáð] *s. f.* (ocasión) chance; opportunity.

oportuno, -na [oportúno] *adj.* **1.** opportune. **2.** (conveniente) pertinent.

oposición [oposiθjón] *s. f.* (enfrentamiento) opposition.

oprimir [oprimír] *v. tr.* **1.** (apretar) to press. **2.** *fig.* (tiranizar) to oppress.

oprobio [opróβjo] *s. m.* (injuria, ofensa) reproach.

optar [optár] *v. tr.* **1.** (elegir una cosa) to choose; to select. ‖ *v. intr.* **2.** (elegir) to opt.

óptica [óptika] *s. f.* **1.** *Fís.* optics. **2.** (tienda) optician's (shop).

optimismo [optimísmo] *s. m.*
(entusiasmo) optimism.

óptimo, -ma [óptimo] *adj.* (perfecto) optimum; super *fam.*

opuesto, -ta [opwésto] *adj.*
1. (de enfrente) opposite.
2. (contrario) reverse.

opulencia [opulénθja] *s. f.* (riqueza) opulence; wealth.

oración [oraθjón] *s. f.* **1.** Ling.
sentence; clause. **2.** Rel. prayer.

oral [orál] *adj.* oral.

orangután [orangután] *s. m.*,
Zool. (mono) orangutan.

orar [orár] *v. intr.*, Rel. to pray.

oratoria [oratórja] *s. f.* oratory.

orca [órka] *s. f.*, Zool. killer whale.

orden [órðen] *s. m.* **1.** (colocación, disciplina) order. ‖ *s. f.*
2. (mandato) order; mandate.

ordenación [orðenaθjón] *s. f.*
1. (disposición) arrangement;
organization. **2.** Rel. ordination.

ordenado, -da [orðenáðo] *adj.*
1. (arreglado) tidy; orderly; in
order. **2.** (metódico) methodical.

ordenador [orðenaðór] *s. m., Inform.* (computadora) computer.

ordenar [orðenár] *v. tr.* **1.** (colocar) to arrange. **2.** (mandar) to
order.

ordeñar [orðeɲár] *v. tr.* to milk.

ordinario, -ria [orðinárjo] *adj.*
1. (habitual) ordinary; usual.
2. (vulgar) vulgar.

orégano [oréɣano] *s. m., Bot.*
(especia) oregano.

oreja [oréxa] *s. f., Anat.* ear.

orfanato [orfanáto] *s. m.* (orfelinato) orphanage.

organismo [orɣanísmo] *s. m.*
1. Biol. organism. **2.** (entidad
pública) body.

organización [orɣaniθaθjón]
s. f. (disposición) organization.

organizar [orɣaniθár] *v. tr.* to
organize; to arrange.

órgano [órɣano] *s. m.* organ.

orgía [orxía] *s. f.* orgy.

orgullo [orɣúʎo] *s. m.* **1.** (satisfacción, soberbia) pride. **2.** (arrogancia) haughtiness.

oriental [orjentál] *adj.* **1.** eastern;
oriental. ‖ *s. m. y f.* **2.** Oriental.

orientar [orjentár] *v. tr.* **1.** to
orient Am. E.; to orientate Br. E.
2. (guiar) to guide.

oriente [orjénte] *s. m.* east.

orificio [orifíθjo] *s. m.* hole.

origen [oríxen] *s. m.* origin.

original [orixinál] *adj.* **1.** original. **2.** (peculiar) quaint. ‖ *s. m.*
3. (manuscrito) original.

orilla [oríʎa] *s. f.* **1.** (borde) border; edge. **2.** (del río) bank.
3. (del mar) shore.

orina [orína] *s. f.* urine.

orinar [orinár] *v. intr.* (hacer pis)
to urinate; to make water.

oro [óro] *s. m.* gold.

orquesta [orkésta] *s. f.*, *Mús.* orchestra.

orquídea [orkíðea] *s. f.*, *Bot.* (flor) orchid.

ortiga [ortíɣa] *s. f.*, *Bot.* nettle.

ortografía [ortoɣrafia] *s. f.* spelling; orthography *frml.*

ortopédico, -ca [ortopéðiko] *adj.* **1.** orthopedic. ‖ *s. m. y f.* **2.** (ortopedista) orthopedist.

oruga [orúɣa] *s. f.*, *Zool.* (larva) caterpillar.

orujo [orúχo] *s. m.* (aguardiente) eau-de-vie; grape spint.

orzuelo [orθwélo] *s. m.*, *Med.* (en el ojo) stye.

os [ós] *pron. pers. 2ª pl.* **1.** (objeto) you. ‖ *pron. pers. recípr.* **2.** each other. ‖ *pron. pers. refl.* **3.** yourselves.

osadía [osaðia] *s. f.* (audacia, descaro) boldness; audacity.

oscilar [osθilár] *v. intr.* **1.** to oscillate. **2.** (balancearse) to sway; to swing.

oscurecer [oskureθér] *v. tr.* (ensombrecer) to darken; to shadow.

oscuridad [oskuriðáð] *s. f.* **1.** (falta de luz) dark. **2.** (en un lugar) darkness.

oscuro [oskúro] *adj.* dark.

oso, -sa [óso] *s. m. y f.*, *Zool.* bear.

ostra [óstra] *s. f.*, *Zool.* oyster.

otear [oteár] *v. tr.* to scan.

otoñal [otoɲál] *adj.* autumnal.

otoño [otóɲo] *s. m.* fall *Am. E.*; autumn.

otorgar [otorɣár] *v. tr.* (conceder) to grant.

otro, -tra [ótro] *adj. indef.* **1.** other *pl.*; another *sing.* **2.** else. ‖ *pron. indef.* **3.** other *pl.*; another *sing.*

ovación [oβaθjón] *s. f.* ovation.

oval [oβál] *adj.* oval.

ovalado [oβaláðo] *adj.* oval.

óvalo [óβalo] *s. m.* oval.

ovario [oβárjo] *s. m.*, *Anat.* ovary.

oveja [oβéχa] *s. f.*, *Zool.* sheep.

ovillo [oβíʎo] *s. m.* (de lana) ball of wool.

ovino [oβíno] *adj.* ovine.

óvulo [óβulo] *s. m.* **1.** *Biol.* ovum (pl. ova). **2.** *Med.* pessary.

oxidar [oxsiðár] *v. tr.* **1.** *Quím.* to oxidize. **2.** (metales) to rust.

óxido [óxsiðo] *s. m.* **1.** (herrumbre) rust. **2.** *Quím.* oxide.

oxígeno [oxsíχeno] *s. m.*, *Quím.* oxygen.

ozono [oθóno] *s. m.*, *Quím.* (gas) ozone.

P

p [pé] *s. f.* (letra) p.

pabellón [paβeʎón] *s. m.* **1.** (cárcel, edificio) block; building. **2.** *form.* (bandera) flag.

paciencia [paθjénθja] *s. f.* **1.** patience. **2.** (aguante) endurance.

paciente [paθjénte] *adj.* **1.** (tolerante) patient; tolerant. ‖ *s. m. y f.* **2.** *Med.* (enfermo) patient.

pacífico, -ca [paθífiko] *adj.* (calmado) peaceful.

pactar [paktár] *v. tr.* (acordar) to agree (to); to stipulate.

pacto [pákto] *s. m.* pact.

padecer [paðeθér] *v. tr.* **1.** (sufrir) to suffer. **2.** *fig.* (cambios) to undergo.

padrastro [paðrásto] *s. m.* stepfather.

padre [páðre] *s. m.* **1.** father. **2.** (padre o madre) parent. **3.** *Rel.* (sacerdote) priest.

padrino [paðríno] *s. m.* **1.** *Rel.* (de bautizo) godfather. **2.** (de boda) best man.

padrón [paðrón] *s. m.* census.

paella [paéʎa] *s. f., Gastr.* paella.

paga [páɣa] *s. f.* **1.** (pago) payment. **2.** (sueldo) salary; pay.

pagar [paɣár] *v. tr.* **1.** to pay. **2.** (una deuda, un favor) to repay.

página [páxina] *s. f.* page.

pago [páɣo] *s. m.* **1.** *Econ.* payment. **2.** *fig.* (recompensa) return; satisfaction.

país [país] *s. m.* **1.** (unidad política) country. **2.** (gente) nation.

paisaje [pajsáxe] *s. m.* (panorama) landscape; scenery.

paja [páxa] *s. f.* straw.

pajar [paxár] *s. m.* **1.** (edificio) loft. **2.** (al descubierto) haystack.

pájaro [páxaro] *s. m., Zool.* bird.

paje [páxe] *s. m.* page.

pala [pála] *s. f.* **1.** shovel; scoop. **2.** (para cavar) spade. **3.** (de hélice, remo) blade.

palabra [paláβra] *s. f.* **1.** (vocablo, promesa) word. **2.** (habla) speech.

palabrota [palaβróta] *s. f.* (taco) swearword; four-letter word.

palacio [paláθjo] *s. m.* **1.** (del rey) palace. **2.** (casa lujosa) mansion.

paladar [palaðár] *s. m.* **1.** *Anat.* palate. **2.** (gusto) taste.

palanca [paláŋka] *s. f.* **1.** *Tecnol.* lever. **2.** (para manos) handle.

palco [pálko] *s. m., Mús.* box.

paletilla [paletíʎa] *s. f., Anat.* (omoplato) shoulder blade.

paleto, -ta [paléto] *s. m.* (pueblerino) hick *Am. E.*; rustic; yokel *Br. E.*

palidecer [paliðeθér] *v. intr.* (una persona) to turn pale.

pálido, -da [páliðo] *adj.* **1.** pale. **2.** (por enfermedad) pallid.

paliza [palíθa] *s. f.* (zurra, derrota) beating; thrashing.

palma [pálma] *s. f.* **1.** *Anat.* palm. **2.** *Bot.* palm tree.

palmada [palmáða] *s. f.* **1.** (golpe) slap. **2.** (con ruido) clap.

palmera [palméra] *s. f.*, *Bot.* (palma) palm tree; palm.

palmo [pálmo] *s. m.* (medida) span; handspan.

palo [pálo] *s. m.* **1.** stick. **2.** *Náut.* mast. **3.** (bastón) staff.

paloma [palóma] *s. f.*, *Zool.* **1.** pigeon. **2.** (blanca) dove.

palpar [palpár] *v. tr.* **1.** to touch; to feel. **2.** *Med.* to palpate.

palpitar [palpitár] *v. intr.* **1.** to palpitate. **2.** (latir) to beat.

pan [pán] *s. m.* **1.** bread. **2.** (barra) loaf.

pana [pána] *s. f.* corduroy.

panadería [panaðería] *s. f.* **1.** (tienda) baker's shop. **2.** (fábrica) bakery.

panadero, -ra [panaðéro] *s. m. y f.* baker.

panal [panál] *s. m.* honeycomb.

pancarta [paŋkárta] *s. f.* banner.

pánico [pániko] *s. m.* panic.

panorama [panoráma] *s. m.* **1.** (vista) view. **2.** (escenario) scene.

pantalla [pantáʎa] *s. f.* **1.** screen. **2.** (de una lámpara) lamp shade.

pantalón [pantalón] *s. m.* pants *pl. Am. E.;* trousers *Br. E.* ‖ **pantalones vaqueros** jeans.

pantano [pantáno] *s. m.* **1.** *Geogr.* (natural) marsh; swamp. **2.** (artificial) dam; reservoir.

pantera [pantéra] *s. f.*, *Zool.* (felino) panther.

pantorrilla [pantoríʎa] *s. f.*, *Anat.* calf.

panty [pánti] *s. m.* pantyhose *pl. Am. E.;* tights *pl. Br. E.*

panza [pánθa] *s. f.*, *Anat.* belly.

pañal [paɲál] *s. m. pl.* diaper *Am. E.;* nappy *Br. E.*

paño [páɲo] *s. m.* cloth.

pañuelo [paɲwélo] *s. m.* **1.** (para la nariz) handkerchief. **2.** (complemento) scarf.

papa¹ [pápa] *s. m.*, *Rel.* Pope.

papa² [pápa] *s. f.*, *Amér.* potato.

papá [papá] *s. m.*, *fam.* (padre) pop *Am. E.;* daddy; dad.

papada [papáða] *s. f.* **1.** *Anat.* (de humano) double chin. **2.** (de animal) dewlap.

papel [papél] *s. m.* **1.** paper. **2.** *Cinem. y Teatr.* part; role.

papelera [papeléra] *s. f.* **1.** wastebasket *Am. E.* **2.** (fábrica) paper mill.

papilla [papíʎa] *s. f.* (para bebés) formula *Am. E.;* baby food.

papiro [papíro] *s. m.* **1.** (manuscrito) papyrus. **2.** *Bot.* papyrus.

paquete, -ta [pakéte] *s. m.* **1.** (envío grande) parcel. **2.** (envío pequeño) packet.

par [pár] *adj.* **1.** (igual) like.
2. *Mat.* even. ‖ *s. m.* **3.** (de zapatos, guantes) pair. **4.** (dos) couple. **5.** (complementario) peer.

para [pára] *prep.* **1.** (destinatario) for. **2.** (+ infinitivo) to (+ infinitivo). **3.** toward. **4.** (plazo) by.

parábola [paráβola] *s. f.* **1.** *Rel.* parable. **2.** *Mat.* parabola.

parabrisas [paraβrísas] *s. m. inv.*, *Autom.* windshield *Am. E.*; windscreen *Br. E.*

parachoques [paratʃókes] *s. m. inv.*, *Autom.* fender *Am. E.*; bumper *Br. E.*

parada [paráða] *s. f.* stop.

parado, -da [paráðo] *adj.* **1.** *fig.* (lento) slow. **2.** (sin trabajo) unemployed.

parador [paraðór] *s. m.* (del estado) parador; hotel (de lujo).

paraguas [paráɣwas] *s. m. inv.* (para la lluvia) umbrella.

paraíso [paraíso] *s. m.* **1.** paradise. **2.** *Rel.* heaven.

paraje [paráxe] *s. m.* spot; place.

paralítico, -ca [paralítiko] *adj. y s. m. y f.*, *Med.* (impedido) paralytic.

paralizar [paraliθár] *v. tr.* **1.** to paralyze. **2.** (detener) to stop.

páramo [páramo] *s. m.*, *Geogr.* (estepa) bleak plain; moor.

paraolimpiada [paraolimpjáða] *s. f.*, *Dep.* Paralympic Games.

parapeto [parapéto] *s. m.* **1.** parapet. **2.** (muro de defensa) barricade.

parar [parár] *v. tr.* **1.** to stop. **2.** (detener) to halt *frml.* ‖ *v. intr.* **3.** to stop. **4.** (cesar) to cease.

pararrayos [pararáʝos] *s. m. inv.* lightning rod *Am. E.*; lightning conductor *Br. E.*

parcela [parθéla] *s. f.* lot *Am. E.*

parche [pártʃe] *s. m.* patch.

parchís [partʃís] *s. m.* (juego) parcheesi *Am. E.*; ludo *Br. E.*

parcial [parθjál] *adj.* **1.** partial. ‖ *s. m. y f.* **2.** (examen) assessment examination. **3.** *Dep.* (resultado) score.

parecer¹ [pareθér] *s. m.* (opinión) opinion.

parecer² [pareθér] *v. intr.* (asemejar) to seem; to look.

parecido, -da [pareθíðo] *adj.* **1.** similar; alike. ‖ *s. m.* **2.** (físico) resemblance.

pared [paréð] *s. f.* wall.

pareja [paréxa] *s. f.* **1.** pair. **2.** (en una relación) couple. **3.** (compañero) partner.

parentesco [parentésko] *s. m.* (consanguinidad) relationship.

paréntesis [paréntesis] *s. m.* parenthesis. ‖ **entre ~** in brackets.

pariente, -ta [parjénte] *s. m. y f.* relative; relation.

parir [parír] *v. tr.* **1.** (mujer, mamífero) to have; to bear *frml.* **2.** (mujer) to give birth to.

parking [párkin] *s. m., Autom.* parking lot *Am. E.;* car park *Br. E.*

paro [páro] *s. m.* **1.** (detención) stop. **2.** (desempleo) unemployment. **3.** (huelga) strike.

parodia [paróðja] *s. f.* parody.

parpadear [parpaðeár] *v. intr.* **1.** (ojos) to blink. **2.** (luz) to flicker; to wink.

párpado [párpaðo] *s. m., Anat.* eyelid.

parque [párke] *s. m.* park.

parra [pára] *s. f., Bot.* grapevine.

párrafo [párafo] *s. m.* paragraph.

parrilla [paríʎa] *s. f.* broiler *Am. E.;* grill.

parrillada [pariʎáða] *s. f.* grill.

parroquia [parókja] *s. f.* **1.** (área) parish. **2.** *Rel.* (iglesia) parish church.

parte [párte] *s. f.* **1.** part. **2.** (en un reparto) share; portion. **3.** (lugar) place.

partición [partiθjón] *s. f.* **1.** (reparto) division. **2.** (de un terreno) partition.

participante [partiθipánte] *adj.* **1.** participating. || *s. m. y f.* **2.** participant. **3.** (concurso) contestant. .

participar [partiθipár] *v. intr.* **1.** to participate; to take part. **2.** (compartir) to share. || *v. tr.* **3.** (informar) to inform.

particular [partikulár] *adj.* **1.** (concreto) particular. **2.** (personal) private; personal. **3.** (especial) special.

particularidad [partikulariðáð] *s. f.* (peculiaridad) particularity; peculiarity.

partida [partíða] *s. f.* **1.** (salida) departure. **2.** (remesa) delivery.

partido, -da [partíðo] *adj.* **1.** (dividido) split; divided. || *s. m.* **2.** *Dep.* (encuentro) game.

partir [partír] *v. tr.* **1.** (dividir) to split; to divide. **2.** (romper) to break. **3.** (distribuir) to distribute. **4.** (compartir) to share. || *v. intr.* **5.** (marcharse) to leave.

parto [párto] *s. m., Med.* (alumbramiento) labor; childbirth.

párvulo [párβulo] *s. m. y f.* preschooler *Am. E.;* infant *Br. E.*

pasa [pása] *s. f., Bot.* raisin.

pasado, -da [pasáðo] *adj.* **1.** past. **2.** (fruta) overripe. **3.** (anticuado) out-of-date.

pasador [pasaðór] *s. m.* **1.** (pestillo) latch; bolt. **2.** (de una puerta) door bolt. **3.** (pasapuré) colander; strainer.

pasaje [pasáχe] *s. m., Lit.* (de un texto) passage.

pasajero, -ra [pasaxéro] *adj.* **1.** passing. **2.** (romance) transient. ‖ *s. m. y f.* **3.** (viajero) passenger.

pasamontañas [pasamontáɲas] *s. m. inv.* (gorro) balaclava; ski mask.

pasaporte [pasapórte] *s. m.* passport.

pasapurés [pasapurés] *s. m., inv.* food mill.

pasar [pasár] *v. tr.* **1.** to pass. **2.** (acontecer) to come. **3.** (tiempo) to spend. ‖ *v. intr.* **4.** to pass; to go by. ‖ **pasarse** *v. prnl.* **5.** (olvidarse) to forget.

pasatiempo [pasatjémpo] *s. m.* entertainment; hobby.

Pascua [páskwa] *s. f.* **1.** *Rel.* (Resurrección) Easter. **2.** (Navidad) Christmas.

pase [páse] *s. m.* **1.** (permiso) pass; permit. **2.** *Cinem.* showing.

pasear [paseár] *v. intr.* (dar una vuelta) to go for a walk.

paseo [paséo] *s. m.* **1.** walk. **2.** (en bici, caballo) ride.

pasillo [pasíʎo] *s. m.* **1.** (corredor) passage; corridor. **2.** (entre dos cosas) aisle.

pasión [pasjón] *s. f.* passion.

pasivo [pasíβo] *adj.* **1.** passive. **2.** (inactivo) inactive.

pasmado, -da [pasmáðo] *adj.* astonished; amazed.

pasmar [pasmár] *v. tr.* **1.** to amaze; to astound. ‖ **pasmarse** *v. prnl.* **2.** (asombrarse) to be amazed.

paso [páso] *s. m.* **1.** (pisada) step; footstep. **2.** (modo de andar) walk. **3.** (cruce) crossing. **4.** (camino accesible) passage.

pasota [pasóta] *adj. y s. m. y f.,* *fam.* indifferent.

pasta [pásta] *s. f.* **1.** (masa) paste. **2.** *Gastr.* (italiana) pasta. **3.** *Gastr.* (para pan, pasteles) dough.

pastar [pastár] *v. intr.* (pacer) to graze; to pasture.

pastel [pastél] *s. m.* **1.** (dulce) cake. **2.** (de carne) pie.

pastelería [pasteleɾía] *s. f.* (tienda) cake shop; confectioner's.

pastilla [pastíʎa] *s. f.* **1.** *Med.* pill; tablet. **2.** (de jabón) bar.

pasto [pásto] *s. m.* **1.** *Agr.* pasture. **2.** (hierba) grass.

pastor, -ra [pastór] *s. m.* **1.** (de ovejas) shepherd.‖ **pastora** *s. f.* **2.** shepherdess.

pastoso, -sa [pastóso] *adj.* **1.** (sustancia) pasty; doughy. **2.** (voz) mellow.

pata [páta] *s. f.* **1.** *Zool.* (pierna, de mueble) leg. **2.** *Zool.* (pie) foot.

patada [patáða] *s. f.* kick.

patalear [pataleár] *v. intr.* **1.** (con rabia) to stamp. **2.** (un niño) to kick.

patata [patáta] *s. f.* potato. ‖ **patatas fritas** (en sartén) french fries *Am. E.;* chips *Br. E.* (én bolsa) chips *Am. E.;* crisp.

paté [paté] *s. m., Gastr.* pâté.

patear [pateár] *v. tr.* to kick.

patilla [patíλa] *s. f.* **1.** (de pelo) sideburn. **2.** (de gafas) arm.

patín [patín] *s. m.* **1.** skate. **2.** (bote de pedales) pedal boat.

patinar [patinár] *v. intr.* **1.** (con patines) to skate. **2.** (resbalarse) to skid.

patio [pátjo] *s. m.* courtyard.

pato [páto] *s. m., Zool.* duck.

patoso, -sa [patóso] *adj. col.* clumsy; awkward.

patria [pátrja] *s. f.* **1.** homeland. **2.** (país) country.

patrimonio [patrimónjo] *s. m.* **1.** patrimony. **2.** (herencia) inheritance; estate.

patriota [patrjóta] *adj.* **1.** patriotic. ‖ *s. m. y f.* **2.** patriot.

patrocinar [patroθinár] *v. tr.* (apadrinar) to sponsor.

patrón, -na [patrón] *s. m. y f.* **1.** (protector) sponsor; patron. **2.** *Rel.* (santo) patron saint.

pausa [páwsa] *s. f.* **1.** pause. **2.** (intervalo) break.

pauta [páwta] *s. f.* **1.** (modelo) guideline. **2.** (norma) norm.

pava [páβa] *s. f., Zool.* (hembra del pavo) turkey hen.

pavimento [paβiménto] *s. m.* (de la calle, carretera) pavement.

pavo [páβo] *s. m., Zool.* turkey.

pavor [paβór] *s. m.* **1.** (terror) dread. **2.** (miedo) fear.

payaso, -sa [pajáso] *s. m. y f.* (bufón) clown.

paz [páθ] *s. f.* **1.** peace. **2.** (silencio) quietness. **3.** (descanso) rest.

peaje [peáχe] *s. m.* toll.

peatón [peatón] *s. m.* pedestrian.

peca [péka] *s. f.* freckle.

pecado [pekáðo] *s. m., Rel.* sin.

pecar [pekár] *v. intr., Rel.* to sin.

pecera [peθéra] *s. f.* **1.** (redonda) goldfish bowl. **2.** (rectangular) fish tank.

pechera [petʃéra] *s. f.* **1.** (de una camisa) front. **2.** (de un vestido) bib; bosom.

pecho [pétʃo] *s. m.* **1.** *Anat.* (tórax) chest. **2.** (mama) breast.

pechuga [petʃúγa] *s. f.* (de ave) breast.

peculiar [pekuljár] *adj.* peculiar.

pedal [peðál] *s. m.* pedal.

pedante [peðánte] *adj.* **1.** pedantic. ‖ *s. m. y f.* **2.** (afectado) pedant.

pedazo [peðáθo] *s. m.* piece; bit.

pediatría [peðjatría] *s. f., Med.* pediatrics.

pedido [peðíðo] *s. m.* **1.** *Econ.* order. **2.** (petición) request.

pedir [peðír] *v. tr.* **1.** to ask for; to ask. **2.** (bar, restaurante) to order. **3.** (solicitar) to request.

pedo [péðo] *s. m.* **1.** fart. **2.** *fig.* (borrachera) drunkenness.

pedrisco [peðrísko] *s. m., Meteor.* (granizada) hail; hailstone.

pega [péɣa] *s. f.* **1.** (broma) trick. **2.** *fig.* (obstáculo) inconvenience.

pegajoso, -sa [peɣaxóso] *adj.* **1.** (pegadizo) sticky. **2.** *Meteor.* (tiempo) clammy.

pegamento [peɣaménto] *s. m.* (cola) glue; adhesive.

pegar [peɣár] *v. tr.* **1.** to stick. **2.** *fig.* (dar golpes) to hit. **3.** *Med.* (una enfermedad) to transmit. || *v. intr.* **4.** (adherirse) to stick. **5.** (conjuntar) to match. || **pegarse** *v. prnl.* **6.** (a una persona) to cling.

pegatina [peɣatína] *s. f.* sticker.

pegote [peɣóte] *s. m.* **1.** *fam.* (persona) nuisance. **2.** *fam.* (masa) blob.

peinado, -da [pejnáðo] *s. m.* (en la peluquería) hairdo.

peinar [pejnár] *v. tr.* **1.** to comb. || **peinarse** *v. prnl.* **2.** to comb one's hair.

peine [péjne] *s. m.* comb.

peineta [pejnéta] *s. f.* (adorno) ornamental comb.

peladilla [pelaðíʎa] *s. f., Gastr.* sugared almond.

pelar [pelár] *v. tr.* **1.** (fruta) to peel. **2.** (desplumar) to pluck.

peldaño [peldáɲo] *s. m.* **1.** step; stair. **2.** (de escalera de mano) rung.

pelea [peléa] *s. f.* **1.** (lucha) fight. **2.** (riña) quarrel; row.

pelear [peleár] *v. intr.* **1.** to fight. **2.** (reñir) to quarrel.

pelele [peléle] *s. m.* **1.** (muñeco) rag doll. **2.** *fig. y fam.* (persona) puppet.

pelícano [pelíkano] *s. m., Zool.* (ave) pelican.

película [pelíkula] *s. f.* **1.** *Cinem.* (filme) movie *Am. E.*; film *Br. E.* **2.** (capa fina) film.

peligrar [peliɣrár] *v. intr.* (estar en peligro) to be in danger.

peligro [pelíɣro] *s. m.* **1.** danger. **2.** (riesgo) risk.

peligroso, -sa [peliɣróso] *adj.* **1.** (arriesgado) dangerous; risky. **2.** (inseguro) unsafe; insecure.

pelirrojo, -ja [peliróxo] *adj.* (persona) red-haired.

pelliza [peʎíθa] *s. f.* furlined coat.

pellizcar [peʎiθkár] *v. tr.* (pizcar) to pinch; to nip.

pellizco [peʎíθko] *s. m.* pinch; nip.

pelma [pélma] *s. m. y f.* bore.

pelo [pélo] *s. m.* hair.

pelota [pelóta] *s. f.* ball.

peluca [pelúka] *s. f.* wig.

peluche [pelútʃe] *s. m.* (tejido) plush. || **oso de ~** teddy bear.

peluquería [pelukería] *s. f.* **1.** (de señoras) hairdresser's. **2.** (de hombres) barbershop.

peluquero, -ra [pelukéro] *s. m. y f.* **1.** (de señoras) hairdresser. **2.** (de hombres) barber.

pelusa [pelúsa] *s. f.* **1.** (vello) fluff; fuzz. **2.** (en un jersey) ball of fluff.

pena [péna] *s. f.* **1.** (tristeza) sorrow; grief. **2.** (castigo) punishment; penalty.

penar [penár] *v. tr.* **1.** (castigar) to punish; to penalize. || *v. intr.* **2.** (sufrir) to suffer.

pender [pendér] *v. intr.* **1.** (colgar) to hang. **2.** (depender) to depend.

pendiente [pendjénte] *adj.* **1.** (que cuelga) hanging. **2.** *fig.* (sin resolver) pending. || *s. m.* **3.** (joya) earring.

pene [péne] *s. m., Anat.* penis.

penetrante [penetránte] *adj.* **1.** penetrating. **2.** (mirada, frío) piercing.

penetrar [penetrár] *v. tr.* **1.** to penetrate. **2.** (una sustancia) to permeate. **3.** (perforar) to pierce. || *v. intr.* **4.** (entrar) to enter.

penicilina [peniθilína] *s. f., Med.* (antibiótico) penicillin.

península [península] *s. f., Geogr.* peninsula.

penique [peníke] *s. m.* **1.** *Econ.* (moneda inglesa) penny. || **peniques** *s. m. pl.* **2.** *Econ.* pence.

penitencia [peniténθja] *s. f.* (arrepentimiento) penitence.

pensar [pensár] *v. tr.* **1.** to think. **2.** (creer) to believe.

pensión [pensjón] *s. f.* **1.** (hostal) guest house *Am. E.;* boarding house *Br. E.;* bed and breakfast. **2.** (jubilación) pension.

Pentecostés [pentekostés] *s. m. sing.* **1.** *Rel.* (cristiano) Pentecost; Whitsuntide. **2.** *Rel.* (judío) Pentecost.

penúltimo, -ma [penúltimo] *adj. y s. m. y f.* (antes del último) penultimate; last but one.

penumbra [penúmbra] *s. f.* (sombra) penumbra.

penuria [penúrja] *s. f.* **1.** (escasez) scarcity; shortage. **2.** (pobreza) penury.

peña [péna] *s. f.* **1.** (roca) rock. **2.** (amigos) group; circle.

peón [peón] *s. m.* **1.** (trabajador) laborer; worker. **2.** (en ajedrez) pawn.

peonza [peónθa] *s. f.* (spinning) top.

peor [peór] *adj.* compar. **1.** worse. || *adj.* sup. **2.** worst. || *adv.* compar. **3.** worse. || *adv.* sup. **4.** worst.

pepino [pepíno] *s. m., Bot.* (planta y fruto) cucumber.

pepita [pepíta] *s. f.* **1.** *Bot.* (de fruta) seed; pip. **2.** *Miner.* (de oro) nugget.

pequeño, -ña [pekéɲo] *adj.* **1.** little; small. **2.** (bajo) short. **3.** (cifra) low.

pera [péra] *s. f., Bot.* pear.

peral [perál] *s. m., Bot.* pear tree.

percatarse [perkatárse] *v. prnl.* to realize; to notice.

percebe [perθéβe] *s. m., Zool.* (crustáceo) goose barnacle.

percha [pértʃa] *s. f.* **1.** (colgador) hanger. **2.** (fijo en la pared) rack.

perchero [pertʃéro] *s. m.* **1.** (fijo en la pared) coat rack. **2.** (de pie) coat stand.

percibir [perθiβír] *v. tr.* **1.** to perceive. **2.** (sueldo) to receive.

perder [perðér] *v. tr.* **1.** to lose. **2.** (malgastar) to waste. **3.** (dejar escapar) to miss. ‖ *v. intr.* **4.** (ser derrotado) to lose. ‖ **perderse** *v. prnl.* **5.** to get lost.

perdición [perðiθjón] *s. f.* ruin.

pérdida [pérðiða] *s. f.* loss.

perdiz [perðíθ] *s. f., Zool.* (ave) partridge.

perdón [perðón] *s. m.* pardon.

perdonar [perðonár] *v. tr.* **1.** to forgive. **2.** (excusar) to pardon; to excuse.

perdurar [perðurár] *v. intr.* (durar) to endure; to last.

peregrinación [perexrinaθjón] *s. f.* **1.** peregrination. **2.** *Rel.* pilgrimage.

peregrinar [perexrinár] *v. intr.* **1.** (de romería) to go on a pilgrimage. **2.** (viajar) to peregrinate.

perejil [pereʝíl] *s. m., Bot.* (condimento) parsley.

perenne [perénne] *adj.* **1.** (imperecedero) perennial; everlasting. **2.** *Bot.* perennial.

pereza [peréθa] *s. f.* laziness.

perezoso, -sa [pereθóso] *adj.* (holgazán) lazy.

perfección [perfekθjón] *s. f.* perfection.

perfeccionar [perfekθjonár] *v. tr.* **1.** to perfect. **2.** (mejorar) to improve.

perfecto, -ta [perfékto] *adj.* perfect.

perfil [perfíl] *s. m.* **1.** profile. **2.** (silueta) outline; contour.

perfilar [perfilár] *v. tr.* **1.** to profile. **2.** (dar forma) to outline.

perforar [perforár] *v. tr.* **1.** (agujerear) to perforate. **2.** *Miner.* (un pozo) to drill.

perfumar [perfumár] *v. tr.* to perfume. ‖ *v. prnl.* **perfumarse** to put perfume on.

perfume [perfúme] *s. m.* perfume; scent.

perfumería [perfumería] *s. f.* (tienda) perfumery.

pergamino [perɣamíno] *s. m.* (piel) parchment.

pericia [periθja] *s. f.* skill.

periferia [periférja] *s. f.* **1.** periphery. **2.** (alrededores) surroundings.

perilla [períʎa] *s. f.* goatee.

perímetro [perímetro] *s. m.* (contorno) perimeter.

periódico, -ca [perjóðiko] *adj.* **1.** periodic; periodical. ‖ *s. m.* **2.** newspaper; paper.

periodista [perjoðísta] *s. m. y f.* (reportero) journalist; reporter.

período [períoðo] *s. m.* period.

perito, -ta [períto] *adj.* expert.

perjudicar [perχuðikár] *v. tr.* **1.** (dañar) to harm; to damage. **2.** *fig.* (intereses) to prejudice.

perjuicio [perχwíθjo] *s. m.* (daño) damage; harm.

perjurar [perχurár] *v. intr.* **1.** *Der.* (jurar en falso) to commit perjury. ‖ *v. tr.* **2.** to swear.

perla [pérla] *s. f.* pearl.

permanecer [permaneθér] *v. intr.* **1.** (quedarse) to stay; to remain. **2.** (durar) to last.

permanente [permanénte] *adj.* (estable) permanent.

permiso [permíso] *s. m.* **1.** (autorización) permission. **2.** (documento) license; permit.

permitir [permitír] *v. tr.* to allow; to permit *frml.*

pernicioso, -sa [perniθjóso] *adj., Med.* (dañino) pernicious.

pernoctar [pernoktár] *v. intr.* (hospedarse) to spend the night.

pero [péro] *s. m.* **1.** but; objection. ‖ *conj. advers.* **2.** yet; but. ‖ **3.** *adv.* only.

perpetuar [perpetuár] *v. tr.* (continuar) to perpetuate.

perpetuo, -tua [perpétwo] *adj.* (eterno) perpetual; everlasting.

perplejidad [perplexiðáð] *s. f.* (irresolución) perplexity; bewilderment.

perplejo, -ja [perpléχo] *adj.* perplexed; confused.

perrera [peréra] *s. f.* kennel.

perro, -rra [péro] *s. m.* **1.** *Zool.* dog. ‖ **perra** *s. f.* **2.** *Zool.* bitch.

perseguir [perseɣír] *v. tr.* **1.** to pursue. **2.** (una presa) to hunt.

perseverar [perseβerár] *v. intr.* (insistir) to persevere; to insist.

persiana [persjána] *s. f.* **1.** blind. **2.** (contraventana) shutter.

persistir [persistír] *v. intr.* to persist.

persona [persóna] *s. f.* person.

personaje [personáχe] *s. m.* **1.** (celebridad) personage *frml.* **2.** *Cinem. y Teatr.* character.

personificar [personifikár] *v. tr.* (representar) to personify.

perspectiva [perspektíβa] *s. f.*
1. perspective. **2.** (posibilidad
futura) prospect; outlook.

perspicacia [perspikáθja] *s. f.*
(sutileza) shrewdness.

persuadir [perswaðír] *v. tr.* **1.** to
persuade. **2.** (convencer) to convince. ‖ **persuadirse** *v. prnl.*
3. (convencerse) to become
convinced.

persuasión [perswasjón] *s. f.*
(convicción) persuasion.

pertenecer [perteneθér] *v. intr.*
to belong (to).

pértiga [pértiɣa] *s. f., Dep.* pole.

perturbar [perturβár] *v. tr.*
1. (desordenar) to disturb.
2. (mentalmente) to perturb.

perverso, -sa [perβérso] *adj.*
(malo) perverse; wicked.

pervertir [perβertír] *v. tr.* (enviciar) to corrupt; to pervert.

pesa [pésa] *s. f.* weight.

pesadilla [pesaðíʎa] *s. f.* nightmare.

pesado, -da [pesáðo] *adj.* **1.** heavy. **2.** *fig.* (molesto) annoying.

pésame [pésame] *s. m.* condolences *pl.*

pesar¹ [pesár] *s. m.* **1.** (pena) sorrow; grief. **2.** (arrepentimiento)
contrition.

pesar² [pesár] *v. tr. e intr.* **1.** to
weigh. ‖ *v. tr.* **2.** *fig.* (lamentar)
to regret.

pesca [péska] *s. f.* **1.** (acción) fishing. **2.** (peces) fish. **3.** (cantidad) catch.

pescadería [peskaðería] *s. f.*
fish shop; fishmonger's *Br. E.*

pescadilla [peskaðíʎa] *s. f., Zool.*
(pez) young hake.

pescado [peskáðo] *s. m.* fish.

pescador [peskaðór] *s. m.* fisherman.

pescar [peskár] *v. tr.* (peces) to
fish.

pescuezo [peskwéθo] *s. m.,
Anat., fam.* (cogote) neck.

pesebre [peséβre] *s. m.* **1.** (cajón) manger; stall. **2.** (de Navidad) crib.

pesimismo [pesimísmo] *s. m.*
(escepticismo) pessimism.

pesimista [pesimísta] *adj.* **1.** pes-
simistic. ‖ *s. m. y f.* **2.** pessimist.

pésimo, -ma [pésimo] *adj.* (ma-
lísimo) dreadful.

peso [péso] *s. m.* **1.** weight.
2. (carga) burden; load.

pestaña [pestáɲa] *s. f., Anat.*
eyelash.

peste [péste] *s. f.* **1.** *Med.* plague.
2. (mal olor) stink.

pestillo [pestíʎo] *s. m.* **1.** (cerrojo) bolt. **2.** (de una cerradura)
latch.

petaca [petáka] *s. f.* **1.** (para cigarrillos) cigarette case. **2.** (para
tabaco de liar) tobacco pouch.

pétalo [pétalo] *s. m.*, *Bot.* petal.

petardo [petárðo] *s. m.* (explosivo) firecracker; banger *Br. E.*

peto [péto] *s. m.* **1.** *Hist.* (de armadura) breastplate. **2.** (prenda de vestir) bib.

petrificar [petrifikár] *v. tr.* to petrify. ‖ **petrificarse** *v. prnl.* **2.** to become petrified.

petróleo [petróleo] *s. m.* oil; petroleum.

pez [péθ] *s. m.*, *Zool.* fish.

pezón [peθón] *s. m.* nipple.

pezuña [peθúɲa] *s. f.*, *Zool.* hoof.

piadoso, -sa [pjaðóso] *adj.* (devoto) devout; pious.

piano [pjáno] *s. m.* *Mús.* piano.

piar [pjár] *v. intr.* to chirp.

picado, -da [pikáðo] *adj.* **1.** (material) pricked. **2.** (carne) mince.

picadura [pikaðúra] *s. f.* **1.** (de insecto, reptil) bite. **2.** (de abeja) sting.

picante [pikánte] *adj.* **1.** (comida) hot. **2.** *fig.* (comentario) spicy.

picaporte [pikapórte] *s. m.* **1.** (pomo) door handle. **2.** (mecanismo) latch.

picar [pikár] *v. tr.* **1.** (agujerear) to puncture; to prick. **2.** (insecto, reptil) to bite. **3.** (abeja) to sting. **4.** (cortar) to chop. **5.** (carne) to mince *Br. E.* ‖ *v. intr.* **6.** (escocer) to itch.

picardía [pikarðía] *s. f.* (astucia) craftiness; roguery.

pichón, -na [pitʃón] *s. m. y f.* **1.** *Zool.* (de paloma) young pigeon. **2.** *Gastr.* pigeon.

picnic [píknik] *s. m.* picnic.

pico [píko] *s. m.* **1.** *Zool.* beak; bill. **2.** (punta) corner.

picor [pikór] *s. m.* itch.

pie [pjé] *s. m.* **1.** foot. **2.** (base) base; stand. ‖ **pies** *s. m. pl.* **3.** feet.

piedad [pjeðáð] *s. f.* (lástima) mercy; pity.

piedra [pjéðra] *s. f.* **1.** (canto) stone. **2.** (roca) rock.

piel [pjél] *s. f.* **1.** skin. **2.** (cuero) leather. **3.** (fruta, patata) peel.

pienso [pjénso] *s. m.* fodder; feed.

pierna [pjérna] *s. f.*, *Anat.* leg.

pieza [pjéθa] *s. f.* **1.** piece. **2.** *Tecnol.* part.

pijama [piχáma] *s. m.* pajamas *pl. Am. E.*; pyjamas *pl. Br. E.*

pila¹ [píla] *s. f.* (montón) pile.

pila² [píla] *s. f.* **1.** (lavadero) basin. **2.** (fregadero) sink.

píldora [píldora] *s. f.*, *Farm.* pill.

pillar [piʎár] *v. tr.* **1.** (atrapar) to catch. **2.** (robar) to plunder.

pillo, -lla [píʎo] *adj.* **1.** *fam.* (travieso) roguish; rascally. **2.** (astuto) shrewd.

piloto [pilóto] *adj.* **1.** pilot. ‖ *s. m.* **2.** (de avión, barco) pilot. **3.** (de coches) driver.

pimentón [pimentón] *s. m., Bot.*
1. (dulce) paprika. **2.** (picante) cayenne pepper.

pimienta [pimjénta] *s. f.* (especia) pepper.

pimiento [pimjénto] *s. m., Bot.* (planta y fruto) pepper.

pinar [pinár] *s. m.* pinewood.

pincel [pinθél] *s. m.* (arte) paintbrush.

pincelada [pinθeláða] *s. f.* (trazo) brush stroke.

pinchadiscos [pintʃaðískos] *s. m. inv., fam.* disc jockey; DJ.

pinchar [pintʃár] *v. tr.* **1.** (punzar) to prick. **2.** (una rueda) to puncture.

pingüino [pingwíno] *s. m., Zool.* (ave) penguin.

pino [píno] *s. m.* **1.** *Bot.* (árbol) pine tree. **2.** *Bot.* (madera) pine.

pinta¹ [pínta] *s. f.* (mancha) spot; mark.

pinta² [pínta] *s. f.* (medida) pint.

pintar [pintár] *v. tr.* **1.** (dar color) to paint. **2.** (dibujar) to draw. || *v. intr.* **3.** to paint. || **pintarse** *v. prnl.* **4.** (maquillarse) to make up.

pintaúñas [pintaúɲas] *s. m. inv.* (esmalte de uñas) nail polish.

pintor, -ra [pintór] *s. m. y f.* painter.

pintura [pintúra] *s. f.* **1.** (cuadro) painting. **2.** (material) paint.

pinza [pínθa] *s. f.* **1.** clothespin *Am. E.;* clothes peg *Br. E.* **2.** (para el pelo) bobby pin *Am. E.;* hairpin *Br. E.* || **pinzas** *s. f. pl.* **3.** (para depilar) tweezers.

piña [píɲa] *s. f.* **1.** *Bot.* (del árbol) pine cone. **2.** *Bot.* (fruta) pineapple.

piñón [piɲón] *s. m., Bot.* pinekernel; pine nut.

piojo [pjóχo] *s. m.* **1.** *Zool.* louse. || **piojos** *s. m. pl.* **2.** *Zool.* lice.

pipa¹ [pípa] *s. f.* **1.** (de fumar) pipe. **2.** (tonel) hogshead; large barrel.

pipa² [pípa] *s. f.* **1.** *Bot.* (pepita de girasol) seed. **2.** *Bot.* (de la fruta) pip.

pipí [pipí] *s. m. fam.* (orina) pee. **2.** *Amér., fam.* (pene) weenie *Am. E.*

pirata [piráta] *adj.* **1.** pirate. **2.** (clandestino) bootleg. || *s. m.* **3.** pirate.

piratería [piratería] *s. f.* piracy.

piropo [pirópo] *s. m., fam.* compliment; flattering comment.

piruleta [piruléta] *s. f.* lollipop.

pis [pís] *s. m., fam.* pee.

pisar [pisár] *v. tr.* **1.** (con el pie) to tread on; to step on. **2.** (pisotear) to press.

piscina [pisθína] *s. f.* swimming pool.

piso [píso] *s. m.* **1.** (suelo) floor. **2.** (vivienda) apartment *Am. E.*; flat *Br. E.*

pisotear [pisoteár] *v. tr.* (pisar) to trample; to stamp on.

pista [písta] *s. f.* **1.** (superficie) track. **2.** (rastro) trail. **3.** (indicio) trace; clue.

pistacho [pistátʃo] *s. m., Bot.* pistachio nut; pistachio.

pistola [pistóla] *s. f.* (arma) gun; pistol.

pitar [pitár] *v. tr.* **1.** (pito) to blow. **2.** *Dep.* (arbitrar) to referee. ‖ *v. intr.* **3.** to blow a whistle; to whistle.

pitillo [pitíʎo] *s. m.* cigarette.

pito [píto] *s. m.* whistle.

pizarra [piθáɾa] *s. f.* **1.** *Miner.* slate. **2.** (encerado) blackboard.

pizca [píθka] *s. f., fam.* pinch.

pizza [pítsa] *s. f., Gastr.* pizza.

pizzería [pitseɾía] *s. f.* pizzeria.

placa [pláka] *s. f.* **1.** plate. **2.** (conmemorativa) plaque. **3.** (de policía) badge.

placer¹ [plaθéɾ] *v. tr.* (agradar) to please.

placer² [plaθéɾ] *s. m.* **1.** pleasure; delight. **2.** (divertimento) enjoyment.

plaga [pláɣa] *s. f.* **1.** plague. **2.** *Agr.* pest.

plan [plán] *s. m.* **1.** plan. **2.** (proyecto) project.

plana [plána] *s. f.* (de periódico) page.

planchar [plantʃár] *v. tr.* (la ropa) to iron.

planear¹ [planeár] *v. tr.* to plan.

planear² [planeár] *v. intr.* (un avión, pájaro) to glide.

planeta [planéta] *s. m., Astron.* planet.

planificación [planifikaθjón] *s. f.* planning.

plano, -na [pláno] *adj.* **1.** flat; level. **2.** (liso) smooth. ‖ *s. m.* **3.** *Mat.* plane. **4.** (mapa) map.

planta [plánta] *s. f.* **1.** *Anat.* (del pie) sole. **2.** *Bot.* plant. **3.** (piso) floor.

plantación [plantaθjón] *s. f.* **1.** *Agr.* plantation. **2.** (acción) planting.

plantar [plantár] *v. tr.* **1.** *Bot.* to plant. **2.** *fig.* (a alguien) to jilt.

plantear [planteár] *v. tr.* to plan.

plantilla [plantíʎa] *s. f.* **1.** (para zapatos) insole. **2.** (empleados) staff.

plasmar [plasmár] *v. tr.* (dar forma) to shape.

plástico, -ca [plástiko] *s. m.* plastic.

plata [pláta] *s. f.* **1.** *Quím.* silver. **2.** *Amér.* (dinero) money.

plataforma [platafórma] *s. f.* platform.

plátano [plátano] s. m. **1.** Bot. (fruta) banana. **2.** Bot. (árbol) plane tree.

plática [plátika] s. f., Amér. (charla) talk; chat.

platicar [platikár] v. intr. to talk.

plato [pláto] s. m. **1.** plate; dish. **2.** (en las comidas) course.

playa [plá'ja] s. f. **1.** beach. **2.** (orilla) sea-shore.

plaza [plá0a] s. f. **1.** (de un pueblo o ciudad) square. **2.** (sitio) room.

plazo [plá0o] s. m. (periodo de tiempo) term.

plebe [plé0e] s. f. **1.** (pueblo) people pl. **2.** (chusma) plebs pl.

plegar [plevár] v. tr. **1.** (doblar) to fold; to bend. || **plegarse** v. prnl. **2.** fig. (ceder) to yield.

pleito [pléjto] s. m. **1.** Der. lawsuit; litigation. **2.** (riña) dispute.

plenitud [plenitúð] s. f. (apogeo) plenitude; fullness.

pleno, -na [pléno] adj. (lleno) full; complete.

pliego [pljé'jo] s. m. (hoja) sheet (of paper).

pliegue [pljé'je] s. m. **1.** (doblez) fold; crease. **2.** (en costura) pleat.

plomada [plomáða] s. f. (plomo) plumb.

plomo [plómo] s. m. **1.** (metal) lead. **2.** Electrón. (fusible) fuze.

pluma [plúma] s. f., Zool. (ave) feather.

plural [plurál] adj. **1.** plural. || s. m. **2.** Ling. plural.

población [po0la0jón] s. f. **1.** (habitantes) population. **2.** (ciudad) town; city.

poblar [po0lár] v. tr. **1.** (con gente) to settle; to people. **2.** (habitar) to inhabit.

pobre [pó0re] adj. **1.** poor. || s. m. y f. **2.** pauper. **3.** (mendigo) beggar.

pocilga [po0ílva] s. f. pigsty.

pócima [pó0ima] s. f. **1.** potion. **2.** pey. (brebaje) concoction.

poco, -ca [póko] adj. indef. (también pron.) **1.** (en singular) little. **2.** (en plural) few. || adv. c. **3.** (+ verbo) not a lot.

podar [poðár] v. tr. to prune.

poder[1] [poðér] s. m. power.

poder[2] [poðér] v. tr. **1.** (capacidad) can; to be able to. **2.** (permiso) can; may. **3.** (ser posible) to be possible.

podrido, -da [poðríðo] adj. (pocho) rotten; putrid.

poema [poéma] s. m., Lit. poem.

poesía [poesía] s. f. **1.** Lit. (género) poetry; verse. **2.** Lit. (poema) poem.

polémica [polémika] s. f. (controversia) controversy.

polen [pólen] s. m., Bot. pollen.

poleo [póleo] s. m., Bot. (infusión) pennyroyal.

policía [poliθía] *s. f.* **1.** (cuerpo) police. **2.** (mujer) policewoman. || *s. f.* **3.** (hombre) policeman; bobby *Br. E.*, *coll.*

políglota [políγlota] *s. m. y f.* (habla varias lenguas) polyglot.

polígono [políγono] *s. m.* **1.** *Mat.* polygon. **2.** (zona) zone.

polilla [políʎa] *s. f.*, *Zool.* moth.

política [polítika] *s. f.* **1.** politics *sing.* **2.** (estrategia) policy.

póliza [póliθa] *s. f.* **1.** (de seguro) policy. **2.** (sello) fiscal stamp.

polizón [poliθón] *s. m.*, *Náut.* (en un barco) stowaway.

pollo [póʎo] *s. m.* chicken.

polo¹ [pólo] *s. m.* **1.** *Fís. y Geogr.* pole. **2.** *fig.* (helado) Popsicle *Am. E.* (marca registrada); ice lolly *Br. E.*

polo² [pólo] *s. m.* **1.** *Dep.* polo. **2.** (niqui) polo shirt.

polvo [pólβo] *s. m.* **1.** dust. **2.** *Gastr. y Quím.* powder.

polvorón [polβorón] *s. m.*, *Gastr.* floury sweet with almonds (at Christmas time).

pomada [pomáða] *s. f.* ointment.

pomelo [pomélo] *s. m.*, *Bot.* (fruta) grapefruit.

pompa [pómpa] *s. f.* **1.** (burbuja) bubble. **2.** (ostentación) splendor; pomp.

pómulo [pómulo] *s. m.*, *Anat.* (hueso) cheekbone.

ponche [póntʃe] *s. m.* (bebida) punch.

poncho [póntʃo] *s. m.*, *Amér.* (capa) poncho.

ponderar [ponderár] *v. tr.* **1.** (considerar) to ponder; to weigh. **2.** (exagerar) to exaggerate.

poner [ponér] *v. tr.* **1.** to put. **2.** (colocar) to place.

poniente [ponjénte] *s. m.* (viento) westwind.

popa [pópa] *s. f.*, *Náut.* stern.

popular [populár] *adj.* **1.** (famoso) popular. **2.** (cultura) folk.

por [pór] *prep.* **1.** (causa) because of. **2.** (indicando el agente) by. **3.** (a través de) through; by; via. **4.** (medio) over. **5.** (lugar indeterminado) around; over. **6.** (finalidad) for. **7.** (proporción) per; to. **8.** (multiplicado por) by. **9.** (en juramentos) by.

porcelana [porθelána] *s. f.* (cerámica) porcelain; china.

porcentaje [porθentáχe] *s. m.* (tanto por ciento) percentage; percent.

porche [pórtʃe] *s. m.* porch.

porción [porθjón] *s. f.* portion.

pormenor [pormenór] *s. m.* (detalle) detail; particular.

pornografía [pornoγrafía] *s. f.* pornography.

poro [póro] *s. m.*, *Anat.* pore.

porque [pórke] *conj. caus.* because; for.

porqué [porké] *s. m.* why; reason.

porquería [porkería] *s. f.* **1.** *fam.* (suciedad) dirt; filth. **2.** *fig.* (de poco valor) rubbish.

porra [póřa] *s. f.* (palo) bludgeon.

porrazo [pořáθo] *s. m.* blow.

porrón [porón] *s. m.* (de vino) glass wine bottle with a long spout.

portada [portáða] *s. f.* **1.** *Arq.* front; façade. **2.** (de libro) title page. **3.** (de periódico) front page. **4.** (de revista) cover.

portal [portál] *s. m.* (zaguán) porch.

portarretrato [portařetráto] *s. m.* frame; photo frame.

portarse [portárse] *v. prnl.* (comportarse) to behave; to act.

portátil [portátil] *adj.* **1.** portable. ll **s. m. 2.** (ordenador) portable computer.

portavoz [portaβóθ] *s. m. y f.* **1.** (hombre) spokesman. **2.** (mujer) spokewoman.

portento [porténto] *s. m.* (prodigio) wonder; prodigy.

portero, -ra [portéro] *s. m. y f.* **1.** (de una vivienda) porter; doorkeeper. **2.** (conserje) janitor *Am. E.*

pórtico [pórtiko] *s. m.* **1.** *Arq.* portico. **2.** *Arq.* (galería) arcade.

porvenir [porβenír] *s. m.* future.

posada [posáða] *s. f.* **1.** (mesón) boarding house; inn. **2.** (alojamiento) hospitality.

posar [posár] *v. tr.* (en el suelo) to lay down.

poseer [poseér] *v. tr.* (tener) to own; to possess.

posible [posíβle] *adj.* **1.** possible. **2.** (factible) feasible.

posición [posiθjón] *s. f.* **1.** position. **2.** (social) standing.

positivo, -va [positíβo] *adj.* positive.

poso [póso] *s. m.* dregs *pl.*.

posponer [posponér] *v. tr.* (aplazar) to postpone; to table *Am. E.*

postal [postál] *s. f.* (tarjeta) postcard.

poste [póste] *s. m.* **1.** pole. **2.** (columna) pillar.

póster [póster] *s. m.* poster.

posteridad [posteriðáð] *s. f.* posterity.

posterior [posterjór] *adj.* **1.** (lugar) posterior; back. **2.** (tiempo) later.

postigo [postíγo] *s. m.* **1.** (puerta) wicket. **2.** (de una ventana) shutter.

postilla [postíʎa] *s. f.* scab.

postizo, -za [postíθo] *adj.* false.

postre [póstre] *s. m., Gastr.* dessert.

postura [postúra] *s. f.* **1.** (del cuerpo) posture; pose. **2.** (actitud) attitude.

potable [potáβle] *adj.* (bebible) drinkable.

potaje [potáχe] *s. m., Gastr.* (con legumbres) vegetable soup (generally with pulses).

potencia [poténθja] *s. f.* power.

potente [poténte] *adj.* **1.** powerful. **2.** (poderoso) mighty.

potro [pótro] *s. m., Zool.* colt.

poyo [pójo] *s. m.* stone bench (built against the wall at the front door).

pozo [póθo] *s. m.* **1.** (para sacar agua) well. **2.** *Miner.* shaft.

practicar [praktikár] *v. tr.* to practice.

prado [práðo] *s. m.* meadow.

precario, -ria [prekárjo] *adj.* (peligroso) precarious; unstable.

precaver [prekaβér] *v. tr.* (prevenir) to prevent.

preceder [preθeðér] *v. tr. e intr.* (ir delante) to precede; to go before.

precintar [preθintár] *v. tr.* to seal.

precio [préθjo] *s. m.* **1.** price. **2.** (valor) value.

precioso, -sa [preθjóso] *adj.* **1.** (valioso) precious. **2.** *fig.* (bonito) beautiful; pretty.

precipicio [preθipíθjo] *s. m., Geogr.* (barranco) cliff.

preciso, -sa [preθíso] *adj.* **1.** precise. **2.** (necesario) essential; necessary. **3.** (exacto) exact.

precoz [prekóθ] *adj.* precocious.

predecesor, -ra [preðeθesór] *s. m. y f.* (antecesor) predecessor.

predecir [preðeθír] *v. tr.* (presagiar) to predict.

predestinar [preðestinár] *v. tr.* (preelegir) to predestinate.

predicar [preðikár] *v. tr. e intr., Rel.* (evangelizar) to preach.

predisponer [preðisponér] *v. tr.* (contra algo o alguien) to predispose.

predominar [preðominár] *v. tr.* to predominate; to prevail.

prefabricado, -da [prefaβrikáðo] *adj.* prefabricated.

preferir [preferír] *v. tr.* to prefer.

prefijo [prefíχo] *s. m.* **1.** *Ling.* prefix. **2.** (telefónico) area code.

pregonar [preγonár] *v. tr.* **1.** (promulgar) to proclaim. **2.** (una noticia) to make public.

pregunta [preγúnta] *s. f.* (cuestión) question.

preguntar [preγuntár] *v. tr.* **1.** to ask; to question. **2.** (interrogar) to interrogate.

prejuzgar [preχuθγár] *v. tr.* (preconcebir) to prejudge.

preliminar [preliminár] *adj.* (antecedente) preliminary; introductory.

prematuro, -ra [prematúro] *adj.* (precoz) premature.

premeditar [premeðitár] *v. tr.* (planear) to premeditate.

premio [prémjo] *s. m.* **1.** award; prize. **2.** (recompensa) reward; recompense.

prenda [prénda] *s. f.* **1.** (garantía) pledge. **2.** (ropa) garment.

prendarse [prendárse] *v. prnl.* (enamorarse) to fall in love.

prendedor [prendeðór] *s. m.* brooch; pin.

prender [prendér] *v. tr.* **1.** (agarrar) to seize. **2.** (preso) to take.

prensa [prénsa] *s. f.* press.

prensar [prensár] *v. tr.* (comprimir) to press.

preocupar [preokupár] *v. tr.* (inquietar) to worry.

preparar [preparár] *v. tr.* **1.** to prepare. ‖ **prepararse** *v. prnl.* **2.** (formarse) to prepare.

preposición [preposiθjón] *s. f., Ling.* preposition.

presa [présa] *s. f.* **1.** (animal) prey. **2.** (dique) dam; dyke.

presagiar [presaxjár] *v. tr.* (predecir) to predict; to presage.

prescindir [presθindír] *v. intr.* (de algo) **1.** to do without. **2.** (omitir) to omit.

presenciar [presenθjár] *v. tr.* **1.** (estar presente) to be present at. **2.** (ver) to witness.

presentar [presentár] *v. tr.* **1.** to present. **2.** (mostrar) to display. **3.** (a personas) to introduce.

presente [presénte] *adj.* **1.** present. ‖ *s. m.* **2.** (momento actual) present; the here and now. **3.** *form.* (regalo) gift.

presentir [presentír] *v. tr.* (presagiar) to have a feeling.

preservar [preserβár] *v. tr.* (proteger) to protect; to preserve.

preservativo, -va [preserβatíβo] *s. m.* (condón) condom; sheath.

presidir [presiðír] *v. tr.* **1.** (dirigir) to preside over. ‖ *v. intr.* **2.** to preside.

presionar [presjonár] *v. tr.* (botón) to press.

prestar [prestár] *v. tr.* **1.** (dejar prestado) to lend; to loan. **2.** (pedir prestado) to borrow. **3.** (ayuda) to give.

prestigio [prestíxjo] *s. m.* prestige.

presumir [presumír] *v. tr.* **1.** (suponer) to presume; to suppose. ‖ *v. intr.* **2.** (alardear) to boast.

presupuesto [presupwésto] *s. m.* **1.** (cálculo) estimate. **2.** *Econ.* budget.

pretender [pretendér] *v. tr.* **1.** (intentar) to try. **2.** (querer) to want.

pretexto [pretéksto] *s. m.* **1.** pretext. **2.** (excusa) excuse.

prevalecer [preβaleθér] *v. intr.* (predominar) to prevail.

prevenir [preβenír] *v. tr.* **1.** (precaver) to prevent. **2.** (impedir) to forestall. **3.** (advertir) to warn.

prever [preβér] *v. tr.* (anticipar) to foresee; to anticipate.

primavera [primaβéra] *s. f.* spring.

primer [primér] *adj. num. ord.* first. •Apocopated form of "primero", used before a m. n.

primero, -ra [priméro] *adj. num. ord.* (también pron. num. y s. m. y f.) **1.** first. **2.** (fila) front. || *adv. t.* **3.** (en primer lugar) first.

primitivo, -va [primitíβo] *adj.* primitive.

primo, -ma [prímo] *s. m. y f.* (familiar) cousin.

primogénito, -ta [primoχénito] *adj. y s. m. y f.* first-born.

primor [primór] *s. m.* **1.** (habilidad) skill; care. **2.** (belleza) beauty; loveliness.

princesa [prinθésa] *s. f.* princess.

principal [prinθipál] *adj.* **1.** main; principal. **2.** (jefe) chief. **3.** (más destacado) foremost.

príncipe [prínθipe] *s. m.* prince.

principio [prinθípjo] *s. m.* (comienzo) beginning; start.

prioridad [prjoriðáð] *s. f.* (preferencia) priority.

prisa [prísa] *s. f.* (rapidez) hurry.

prisión [prisjón] *s. f.* prison; jail.

prisma [prísma] *s. m.* **1.** *Fís.* prism. **2.** *Mat.* prism.

privar [priβár] *v. tr.* **1.** (despojar) to deprive. **2.** (prohibir) to forbid.

privilegio [priβiléχjo] *s. m.* (ventaja) privilege.

proa [próa] *s. f.*, *Náut.* prow.

probable [proβáβle] *adj.* (posible) probable; likely.

probador, -ra [proβaðór] *s. m.* (en tiendas) fitting room; changing room *Br. E.*

probar [proβár] *v. tr.* **1.** to prove. **2.** (experimentar) to experiment. **3.** (demostrar) to demonstrate.

problema [proβléma] *s. m.* problem.

procedencia [proθeðénθja] *s. f.* (origen) origin; source.

proceder[1] [proθeðér] *v. intr.* **1.** to proceed. **2.** (provenir) to come from.

proceder[2] [proθeðér] *s. m.*, *form.* (comportamiento) behavior; conduct *frml.*

procesar [proθesár] *v. tr.* **1.** to process. **2.** *Der.* (enjuiciar) to prosecute.

proceso [proθéso] *s. m.* **1.** process. **2.** (transcurso) course. **3.** *Der.* trial; suit.

proclamar [proklamár] *v. tr.* to proclaim.

procrear [prokreár] *v. intr.* (engendrar) to procreate; to breed.

procurar [prokurár] *v. tr.* **1.** (intentar) to try. **2.** (proporcionar) to get.

prodigar [proðiɣár] *v. tr.* to lavish.

prodigio [proðíχjo] *s. m.* **1.** prodigy. **2.** (maravilla) wonder; marvel. **3.** (portento) portent.

producir [proðuθír] *v. tr.* (generar) to produce.

producto [proðúkto] *s. m.* **1.** product. **2.** *Agr.* (fruto) produce.

profanar [profanár] *v. tr.* **1.** to desecrate; to profane. **2.** (deshonrar) to dishonor.

profecía [profeθía] *s. f.* (presagio) prophecy.

profesar [profesár] *v. tr.* **1.** (ejercer) to practice. ‖ *v. intr.* **2.** *Rel.* to take religious vows.

profesión [profesjón] *s. f.* (trabajo) profession.

profesor, -ra [profesór] *s. m. y f.* **1.** (de escuela) teacher. **2.** (de universidad) professor *Am. E.*; lecturer *Br. E.*

profeta [proféta] *s. m.* prophet.

profundo, -da [profúndo] *adj.* (hondo) deep.

profusión [profusjón] *s. f.* profusion.

programa [proɣráma] *s. m.* **1.** program. **2.** (plan) scheme.

programar [proɣramár] *v. tr.* **1.** to program. **2.** (planificar) to plan; to schedule.

progresar [proɣresár] *v. intr.* (evolucionar) to progress.

prohibir [projßír] *v. tr.* to prohibit; to ban; to forbid.

prójimo [próχimo] *s. m.* (semejante) fellow man.

prole [próle] *s. f.* offspring.

proletario, -ria [proletárjo] *adj. y s. m. y f.* proletarian.

prólogo [próloɣo] *s. m.* prolog.

prolongar [prolongár] *v. tr.* **1.** (alargar) to extend. **2.** (hacer durar) to prolong. ‖ **prolongarse** *v. prnl.* **3.** (alargarse) to extend.

promedio [proméðjo] *s. m.* (media) average.

prometer [prometér] *v. tr.* **1.** to promise. ‖ *v. intr.* **2.** (dar tu palabra) to show promise.

promover [promoßér] *v. tr.* **1.** to promote. **2.** (ascender) to raise.

pronosticar [pronostikár] *v. tr.* **1.** (predecir) to predict; to foretell. **2.** *Meteor.* to forecast.

prontitud [prontitúð] *s. f.* (diligencia) promptness.

pronto, -ta [prónto] *adj.* **1.** quick; prompt. **2.** (preparado) ready. ‖ *adv. t.* **3.** (temprano) early.

4. (en poco tiempo) soon; quickly.

pronunciar [pronunθjár] *v. tr.* **1.** to pronounce. **2.** (articular) to enunciate.

propagar [propaɣár] *v. tr.* (divulgar) to spread; to propagate.

propicio, -cia [propíθjo] *adj.* (favorable) propitious; favorable.

propiedad [propjeðáð] *s. f.* **1.** (posesión) ownership. **2.** (cosa poseída) property.

propina [propína] *s. f.* tip.

propio, -pia [própjo] *adj.* **1.** (posesión) own. **2.** (peculiar) peculiar.

proponer [proponér] *v. tr.* **1.** to propose; suggest. **2.** (ofrecer) to offer.

proporcionar [proporθjonár] *v. tr.* **1.** to proportion. **2.** (dar) to afford; to supply.

propósito [propósito] *s. m.* **1.** (objetivo) aim. **2.** (intención) intention.

propuesta [propwésta] *s. f.* (sugerencia) proposal; proposition.

propulsar [propulsár] *v. tr.* (vehículo) to propel; to power.

prorrogar [prořoɣár] *v. tr.* **1.** (alargar) to extend. **2.** (aplazar) to postpone.

prosa [prósa] *s. f., Lit.* prose.

proseguir [proseɣír] *v. tr.* (continuar) to continue.

prosperar [prosperár] *v. tr.* (mejorar) to prosper; to thrive.

prosperidad [prosperiðáð] *s. f.* (bonanza) prosperity.

prostitución [prostituθjón] *s. f.* prostitution.

protagonista [protaɣonísta] *s. m. y f.* **1.** protagonist. **2.** *Cinem., Teatr. y Lit.* main character.

proteger [protexér] *v. tr.* (defender) to protect.

prótesis [prótesis] *s. f. inv., Med.* (ortopedia) prosthesis.

protesta [protésta] *s. f.* protest; outcry.

protestante [protestánte] *adj. y s. m. y f., Rel.* Protestant.

protestar [protestár] *v. tr. e intr.* (quejarse) to protest.

protocolo [protokólo] *s. m.* protocol.

prototipo [prototípo] *s. m.* **1.** (norma) prototype. **2.** (modelo) model.

protuberancia [protuɣeránθja] *s. f.* (bulto) protuberance.

provecho [proɣétʃo] *s. m.* **1.** benefit. **2.** *Econ.* (ganancia) profit.

proveer [proɣeér] *v. tr.* **1.** (surtir) to provide; to supply. ‖ **proveerse** *v. prnl.* **2.** (aprovisionarse) to get provisions.

provenir [proɣenír] *v. intr.* **1.** (proceder) to come. **2.** (originarse) to spring; to originate.

proverbio [proβérβjo] *s. m.* (refrán) proverb.

provincia [proβínθja] *s. f.* province.

provisión [proβisjón] *s. f.* **1.** (suministro) provision. || **provisiones** *s. f. pl.* **2.** (suministros) provisions; supplies.

provisional [proβisjonál] *adj.* provisional; temporary.

provocar [proβokár] *v. tr.* (incitar) to provoke; to instigate.

próximo, -ma [próksimo] *adj.* **1.** (siguiente) next; following. **2.** (cercano) near; close.

proyectar [projektár] *v. tr.* **1.** to project. **2.** (planear) to plan. screen. **4.** (diseñar) to design. **5.** (luz) to cast. || **proyectarse** *v. prnl.* **6.** to project oneself.

proyectil [projektíl] *s. m.* (bala) projectile; missile *Am. E.*

proyecto [projékto] *s. m.* **1.** plan. **2.** (idea) project; idea.

prudencia [pruðénθja] *s. f.* **1.** prudence. **2.** (discreción) discretion.

prueba [prwéβa] *s. f.* **1.** proof. **2.** (examen) test. **3.** (de ropa) fitting.

psicología [sikoloχía] *s. f.* psychology.

púa [púa] *s. f.* **1.** *Zool.* (de un erizo) spine; quill. **2.** (de peine) tooth. **3.** (de alambre) barb.

pubertad [puβertáð] *s. f.* (adolescencia) puberty.

publicar [puβlikár] *v. tr.* **1.** to publish. **2.** (divulgar) to divulge.

publicidad [puβliθiðáð] *s. f.* **1.** publicity. **2.** *Econ.* advertizing.

público, -ca [púβliko] *adj.* **1.** (notorio) public. || *s. m.* **2.** (audiencia) public; audience.

pudor [puðór] *s. m.* (recato) modesty; shyness.

pudrir [puðrír] *v. tr.* **1.** to rot; to decay. || **pudrirse** *v. prnl.* **2.** to rot; to decay.

pueblo [pwéβlo] *s. m.* **1.** (población) village; small town. **2.** (gente) people; folk.

puente [pwénte] *s. m.* bridge.

puerco, -ca [pwérko] *adj.* **1.** dirty; piggish. || *s. m.* **2.** *Zool., Amér.* (cerdo) pig; hog.

puerro [pwéro] *s. m., Bot.* leek.

puerta [pwérta] *s. f.* **1.** door. **2.** (de jardín) gate.

puerto [pwérto] *s. m.* **1.** *Náut.* port; harbor. **2.** *Geogr.* (de montaña) mountain pass.

pues [pwés] *conj.* **1.** *form.* (causa) for; since. **2.** (consecuencia) then. **3.** (duda) well.

puesto, -ta [pwésto] *adj.* **1.** (colocado) placed. || *s. m.* **2.** (lugar) place.

pujar[1] [puχár] *v. tr.* (pugnar) to struggle.

pujar² [puχár] *v. intr.* (con dinero) to bid; to outbid.

pulcro, -cra [púlkro] *adj.* neat.

pulga [púlγa] *s. f., Zool.* flea.

pulgada [pulγáða] *s. f.* inch.

pulgar [pulγár] *s. m., Anat.* (dedo de la mano) thumb.

pulir [pulír] *v. tr.* **1.** *Tecnol.* to polish. **2.** (embellecer) to beautify.

pulmón [pulmón] *s. m., Anat.* (órgano) lung.

pulpa [púlpa] *s. f.* pulp.

pulpo [púlpo] *s. m., Zool.* (molusco) octopus.

pulsar [pulsár] *v. tr.* **1.** (botón) to press. **2.** (timbre) to ring.

pulsera [pulséra] *s. f.* bracelet.

pulso [púlso] *s. m.* **1.** *Anat.* pulse. **2.** (firmeza en la mano) steady hand.

pulverizar [pulβeriθár] *v. tr.* **1.** (un sólido) to pulverize; to powder. **2.** (líquido) to spray.

puma [púma] *s. m., Zool.* puma.

punta [púnta] *s. f.* **1.** tip. **2.** (afilada) point. **3.** (extremo) end. **4.** (clavo) nail.

puntapié [puntapjé] *s. m.* kick.

puntería [puntería] *s. f.* aim.

punto [púnto] *s. m.* **1.** point. **2.** *Ling.* (señal) dot. **3.** (costura) stitch. **4.** (lugar) spot; place.

puntual [puntwál] *adj.* punctual.

puntualizar [puntwaliθár] *v. tr.* (precisar) to specify.

puntuar [puntwár] *v. tr.* **1.** (examen) to grade *Am. E.;* to mark *Br. E.* **2.** *Ling.* to punctuate.

punzar [punθár] *v. tr.* **1.** (pinchar) to prick; to pierce. **2.** *Med.* to puncture.

puñado [puɲáðo] *s. m.* handful.

puñal [puɲál] *s. m.* dagger.

puño [púɲo] *s. m.* **1.** *Anat.* fist. **2.** (de camisa) cuff. **3.** (de bastón) handle.

pupila [pupíla] *s. f., Anat.* pupil.

pupitre [pupítre] *s. m.* desk.

puré [puré] *s. m., Gastr.* purée.

pureza [puréθa] *s. f.* purity.

puro, -ra [púro] *adj.* **1.** pure. **2.** (casto) chaste. ‖ *s. m.* **3.** (cigarro) cigar.

púrpura [púrpura] *s. f.* purple.

pus [pús] *s. m.* pus.

putrefacción [putrefakθjón] *s. f.* putrefaction.

puzzle [púθle] *s. m.* puzzle.

Q

q [kú] *s. f.* (letter) q.

que [ké] *pron. rel.* **1.** that; which (object); who (person). ‖ *conj. compl.* **2.** that. ‖ *conj. comp.* **3.** than.

qué [ké] *adj. int.* **1.** what; which. ‖ *adj. excl.* **2.** what a... ‖ *pron. int.* **3.** what. ‖ *pron. excl.* **4.** how.

quedar [keðár] *v. intr.* **1.** (permanecer) to remain; to stay. **2.** (sobrar) to be left. ‖ **quedarse** *v. prnl.* **3.** (en un sitio) to remain. **4.** (estarse parado) to stand.

quejarse [keχárse] *v. prnl.* **1.** to complain. **2.** (de dolor) to groan.

quejido [keχíðo] *s. m.* groan.

quemadura [kemaðúra] *s. f.* **1.** Med. (por fuego, ácido) burn. **2.** (por líquido caliente) scald.

quemar [kemár] *v. tr.* **1.** (consumir) to burn. **2.** (con líquido caliente) to scald. ‖ **quemarse** *v. prnl.* **3.** (persona) to burn.

querer[1] [kerér] *s. m.* love.

querer[2] [kerér] *v. tr.* **1.** (amar) to love. **2.** (desear) to want; to wish. **3.** (gustar) to like. **4.** (cosas) to desire.

queso [késo] *s. m.* cheese.

quien [kjén] *pron. rel.* **1.** who; that; whom. ‖ *pron. indef.* **2.** whoever.

quién [kjén] *pron. int.* (también pron. excl.) **1.** who. **2.** (+ prep.) whom. ‖ **de ~** whose.

quienquiera [kjeṇkjéra] *pron. indef.* (+ frase relativa) whoever.

quieto, -ta [kjéto] *adj.* still.

quietud [kjetúð] *s. f.* **1.** (sin movimiento) stillness. **2.** *fig.* (calma) calm; peace.

quince [kíṇθe] *adj. num. card. inv.* (también pron. num. y s. m.) **1.** fifteen. ‖ *adj. num. ord. inv.* (también pron. num.) **2.** fifteenth; fifteen.

quinceañero, -ra [kiṇθeaɲéro] *adj. y s. m. y f.* fifteen-year-old.

quiniela [kinjéla] *s. f.* **1.** (juego) sports lottery *Am. E.;* pools *Br. E.* **2.** (boleto) sports lottery ticket *Am. E.;* pools coupon *Br. E.*

quinientos, -tas [kinjéntos] *adj. num. card.* five hundred.

quinto, -ta [kínto] *adj. num. ord.* **1.** fifth; five. ‖ *adj. num. ord.* **2.** fifth.

quiosco [kjósko] *s. m.* kiosk; newsstand.

quirófano [kirófano] *s. m.* operating room *Am. E.;* operating theatre *Br. E.*

quisquilla [kiskíʎa] *s. f., Zool.* shrimp.

quiste [kíste] *s. m., Med.* cyst.

quitaesmalte [kitaesmálte] *s. m.* nail polish remover.

quitamanchas [kitamántʃas] *s. m. inv.* (sacamanchas) stain remover.

quitar [kitár] *v. tr.* **1.** to remove. **2.** (apartar) to take away.

quizá o quizás [kiθá] *adv. dud.* maybe; perhaps.

R

r [ére] *s. f.* (letra) r.

rábano [rábano] *s. m.*, *Bot.* (planta) radish.

rabia [rábja] *s. f.* **1.** *Med.* rabies sing. **2.** *fig.* (ira) rage; anger.

rabiar [raβjár] *v. intr.* **1.** *Med.* to have rabies. **2.** (enfadarse) to rage; to get angry. || **– por** (desear) to be dying for.

rabo [rábo] *s. m.* **1.** *Zool.* (cola) tail. **2.** *Bot.* stalk.

racha [rátʃa] *s. f.* **1.** (de viento) gust of wind; squall. **2.** *fig. y fam.* (temporada) spell.

racimo [raθímo] *s. m.* bunch.

raciocinio [raθjoθínjo] *s. m.* **1.** reason. **2.** (razonamiento) reasoning.

ración [raθjón] *s. f.* portion.

racionar [raθjonár] *v. tr.* (restringir) to ration.

radiador [raðjaðór] *s. m.* radiator.

radiar [raðjár] *v. tr.* **1.** (por radio) to broadcast; to radio. **2.** *Med.* to X-ray.

radicar [raðikár] *v. intr.* **1.** to take root. **2.** (estar situado) to be situated.

radio¹ [ráðjo] *s. m.* **1.** *Mat.* radius. **2.** (de una rueda) spoke. **3.** *Anat.* radius.

radio² [ráðjo] *s. f.* (aparato) radio.

radio³ [ráðjo] *s. m.*, *Quím.* radium.

raer [raér] *v. tr.* to scrape (off).

ráfaga [ráfava] *s. f.* **1.** (de viento) gust. **2.** (de luz) flash.

raíl [raíl] *s. m.* (de tren) rail.

raíz [raíθ] *s. f.* **1.** *Bot.* root. **2.** (origen) origin.

raja [ráxa] *s. f.* **1.** (grieta) crack; split. **2.** (trazo de fruta) slice.

rajar [raxár] *v. tr.* **1.** to split; to cleave. **2.** (agrietar) to crack. || *v. intr.* **3.** *fig. y fam.* (hablar mucho) to babble on. || **rajarse** *v. prnl.* **4.** to split; to cleave.

rallar [rakár] *v. tr.*, *Gastr.* to grate.

rama [ráma] *s. f.* branch.

ramal [ramál] *s. m.* **1.** (cuerda) strand. **2.** *Geogr.* branch.

ramo [rámo] *s. m.* **1.** (de árbol, ciencia) branch. **2.** (de flores) bouquet.

rampa [rámpa] *s. f.* ramp.

rana [rána] *s. f.*, *Zool.* frog.

rancho [rántʃo] *s. m.* **1.** *Mil.* (comida) mess; food. **2.** (granja) ranch *Am. E.*

rango [rángo] *s. m.* **1.** (categoría) status. **2.** *Mil.* rank.

ranura [ranúra] *s. f.* **1.** groove. **2.** (de una máquina) slot.

rapar [rapár] *v. tr.* to shave.

rape [rápe] *s. m.*, *Zool.* (pescado) goosefish *Am. E.*; monkfish.

rápido, -da [rápiðo] *adj.* **1.** fast; quick. || *adv.* **2.** quickly.

rapiña [rapíɲa] *s. f.* (pillaje) robbery; pillage.

raposo, -sa [Ṛapóso] *s. m. y f., fam., Zool.* (zorro) fox.

raptar [Ṛaptár] *v. tr.* (secuestrar) to kidnap; to abduct.

rapto [Ṛápto] *s. m.* (secuestro) kidnapping; abduction.

raqueta [Ṛakéta] *s. f., Dep.* racket.

raro, -ra [Ṛáro] *adj.* **1.** rare. **2.** (extraño) weird; odd.

ras [Ṛás] *s. m.* level.

rascacielos [Ṛaskaθjélos] *s. m. inv.* (edificios muy altos) sky-scraper.

rascar [Ṛaskár] *v. tr.* **1.** to scratch. **2.** (raspar) to scrape.

rasgar [Ṛasɣár] *v. tr.* to tear; to rip.

rasgo [Ṛásɣo] *s. m.* characteristic.

rasguño [Ṛasɣúɲo] *s. m.* scratch.

raspa [Ṛáspa] *s. f.* **1.** (trigo) beard. **2.** (pescado) backbone.

raspar [Ṛaspár] *v. tr.* **1.** to scrape. **2.** (arañar) to scratch.

rastrear [Ṛastreár] *v. tr.* **1.** (seguir el rastro) to trail; to track. **2.** (averiguar algo) to trace; to find out.

rastro [Ṛástro] *s. m.* **1.** (herramienta) rake. **2.** (huella) trace; sign.

rastrojo [Ṛastróχo] *s. m.* stubble.

rata [Ṛáta] *s. f., Zool.* rat.

ratificar [Ṛatifikár] *v. tr.* to ratify.

ratón [Ṛatón] *s. m.* **1.** *Zool.* mouse. **2.** *Inform.* mouse.

ratona [Ṛatóna] *s. f., Zool.* female mouse.

raya¹ [Ṛája] *s. f.* **1.** (línea) line. **2.** (de color) stripe. **3.** (del pelo) part *Am. E.;* parting *Br. E.*

raya² [Ṛája] *s. f., Zool.* (pez) skate; ray; rayfish.

rayar [Ṛajár] *v. tr.* **1.** (un papel) to line. **2.** (en tela) to stripe. **3.** (estropear) to scratch.

rayo [Ṛájo] *s. m.* **1.** (del sol) ray; beam. **2.** *Meteor.* lightning.

raza [Ṛáθa] *s. f.* **1.** race. **2.** (de animal) breed.

razón [Ṛaθón] *s. f.* **1.** reason. **2.** (motivo) motive; cause.

razonar [Ṛaθonár] *v. intr.* (argumentar) to reason.

re [Ṛé] *s. m., Mús.* **1.** (nota) D. **2.** (solfeo) ray.

reaccionar [Ṛeakθjonár] *v. intr.* (ante un problema) to react.

real¹ [Ṛeál] *adj.* (verdadero) real.

real² [Ṛeál] *adj.* (del rey) royal.

realce [Ṛeálθe] *s. m.* **1.** (relieve) relief. **2.** *fig.* (esplendor) splendor.

realidad [Ṛealiðáð] *s. f.* **1.** reality. **2.** (verdad) truth.

realizar [Ṛealiθár] *v. tr.* **1.** (llevar a cabo) to carry out; to execute. **2.** (cumplir) to fulfill; to realize.

realzar [Ṛealθár] *v. tr.* **1.** to raise. **2.** *fig.* (embellecer) to enhance; to heighten.

reanimar [Ṛeanimár] *v. tr.* (avivar) to revive.

reanudar [r̄eanuðár] *v. tr.* (retomar) to resume.

rebanada [r̄eβanáða] *s. f.* slice.

rebañar [r̄eβaɲár] *v. tr.* **1.** (limpiar) to wipe clean. **2.** *fam.* (comida) to mop up; to finish off.

rebaño [r̄eβáɲo] *s. m.* **1.** herd. **2.** *Zool.* (de ovejas) flock.

rebasar [r̄eβasár] *v. tr.* (exceder) to exceed; to go beyond.

rebatir [r̄eβatír] *v. tr.* to refute.

rebelarse [r̄eβelárse] *v. prnl.* (insubordinarse) to rebel; to revolt; to rise up.

rebelde [r̄eβélde] *adj.* **1.** rebellious. **2.** (niño) unruly. || *s. m. y f.* **3.** rebel.

reblandecer [r̄eβlandeθér] *v. tr.* **1.** to soften. || **reblandecerse** *v. prnl.* **2.** (ablandarse) to soften; to become soft.

reborde [r̄eβórðe] *s. m.* flange.

rebosar [r̄eβosár] *v. intr.* **1.** (líquido) to overflow. **2.** (abundar) to abound.

rebotar [r̄eβotár] *v. intr.* (botar) to bounce.

rebozar [r̄eβoθár] *v. tr., Gastr.* (empanar) to cover with batter.

rebuscar [r̄eβuskár] *v. tr.* to search.

rebuznar [r̄eβuθnár] *v. intr.* (el burro) to bray.

recado [r̄ekáðo] *s. m.* **1.** mensaje. **2.** (encargo) errand.

recaer [r̄ekaér] *v. intr., Med.* (empeorar) to relapse.

recalcar [r̄ekalkár] *v. tr.* (acentuar) to stress; to emphasize.

recámara [r̄ekámara] *s. f., Amér.* bedroom.

recambio [r̄ekámbjo] *s. m.* (repuesto) spare part.

recapacitar [r̄ekapaθitár] *v. tr.* (reflexionar) to reconsider.

recapitular [r̄ekapitulár] *v. tr.* (revisar) to recapitulate.

recargar [r̄ekarvár] *v. tr.* **1.** (volver a cargar) to reload. **2.** (sobrecargar) to overload.

recaudar [r̄ekawðár] *v. tr.* (recolectar) to collect.

recelar [r̄eθelár] *v. tr.* to suspect.

receta [r̄eθéta] *s. f.* **1.** *Gastr.* recipe. **2.** *Med.* prescription.

recetar [r̄eθetár] *v. tr., Med.* (prescribir) to prescribe.

rechazar [r̄etʃaθár] *v. tr.* **1.** (repeler) to repel. **2.** (rehusar) to refuse.

rechazo [r̄etʃáθo] *s. m.* rejection.

rechinar [r̄etʃinár] *v. intr.* **1.** to creak; to squeak. **2.** (dientes) to grind; to gnash.

recibidor [r̄eθiβiðór] *s. m.* (vestíbulo) entrance hall.

recibir [r̄eθiβír] *v. tr.* to receive.

recibo [r̄eθíβo] *s. m.* receipt.

reciente [r̄eθjénte] *adj.* **1.** recent. **2.** (fresco) fresh.

recipiente [reθipjénte] *s. m.* container.

recíproco, -ca [reθíproko] *adj.* (mutuo) reciprocal.

recitar [reθitár] *v. tr.* to recite.

reclamar [reklamár] *v. tr.* **1.** to claim; to demand. || *v. intr.* **2.** (quejarse) to complaint.

reclamo [reklámo] *s. m.* (señuelo) lure; decoy.

reclinar [reklinár] *v. tr.* to recline.

recluir [rekluír] *v. tr.* **1.** (en la cárcel) to imprison. **2.** (en un psiquiátrico) to confine.

recluta [reklúta] *s. m. y f., Mil.* (soldado) recruit.

reclutar [reklutár] *v. tr.* (enrolar) to recruit.

recobrar [rekoβrár] *v. tr.* **1.** (recuperar) to recover. **2.** (rescatar) to get back. || **recobrarse** *v. prnl.* **3.** (recuperarse) to recover.

recoger [rekoxér] *v. tr.* **1.** (levantar) to pick up. **2.** (reunir) to collect.

recolectar [rekolektár] *v. tr.* **1.** (reunir) to collect. **2.** *Agr.* (cosecha) to harvest.

recomendar [rekomendár] *v. tr.* **1.** to recommend. **2.** (aconsejar) to advise.

recompensa [rekompénsa] *s. f.* (premio) reward; recompense.

recomponer [rekomponér] *v. tr.* (arreglar) to repair; to mend.

reconciliar [rekonθiljár] *v. tr.* **1.** to reconcile. || **reconciliarse** *v. prnl.* **2.** (contentarse) to be reconciled; to make up.

recóndito, -ta [rekóndito] *adj.* (secreto) hidden; innermost.

reconfortar [rekomfortár] *v. tr.* (aliviar) to comfort.

reconocer [rekonoθér] *v. tr.* **1.** to recognize; to identify. **2.** (admitir) to admit.

reconquistar [rekonkistár] *v. tr.* (recuperar) to reconquer; to recapture; to regain.

reconstruir [rekonstruír] *v. tr.* (recomponer) to reconstruct; to rebuild.

recopilar [rekopilár] *v. tr.* (reunir) to compile.

récord [rékor] *s. m. inv.* record.

recordar [rekorðár] *v. tr.* **1.** (rememorar) to remember. **2.** (a otro) to remind.

recorrer [rekořér] *v. tr.* (atravesar) to traverse.

recortar [rekortár] *v. tr.* (cortar) to cut out.

recrear [rekreár] *v. tr.* (divertir) to entertain; to amuse.

recriminar [rekriminár] *v. tr.* (echar en cara) to recriminate.

rectángulo [rektángulo] *s. m., Mat.* rectangle.

rectificar [rektifikár] *v. tr.* (enmendar) to rectify.

recto, -ta [rékto] *adj.* **1.** (derecho) straight. **2.** *fig.* (honesto) upright; honest.

recuadro [rekwáðro] *s. m.* box.

recuento [rekwénto] *s. m.* (cómputo) recount.

recuerdo [rekwérðo] *s. m.* (memoria) memory; remembrance.

recuperar [rekuperár] *v. tr.* (recobrar) to recover; to regain.

recurrir [rekurír] *v. intr., Der.* (apelar) to appeal.

recurso [rekúrso] *s. m.* resort.

red [réð] *s. f.* **1.** net. **2.** (de comunicación) network; system.

redactar [reðaktár] *v. tr.* **1.** (escribir) to write. **2.** (un acuerdo) to draw up.

redimir [reðimír] *v. tr.* to redeem.

redondear [reðondeár] *v. tr.* **1.** to round. **2.** (una cantidad) to round off.

redondel [reðondél] *s. m.* ring.

redondo, -da [reðóndo] *adj.* **1.** (circular) round. **2.** *fig.* (perfecto) perfect.

reducir [reðuθír] *v. tr.* to reduce.

reembolsar [reembolsár] *v. tr.* **1.** to reimburse. **2.** (una deuda) to pay back.

reemplazar [reemplaθár] *v. tr.* (sustituir) to replace.

reestreno [reestréno] *s. f.* revival.

referencia [refereénθja] *s. f.* (mención) reference.

referéndum [referéndun] *s. m.,* *Polít.* referendum.

referir [referír] *v. tr.* **1.** (contar) to recount. **2.** (relacionar) to refer; to relate. || **referirse** *v. prnl.* (a algo) **3.** (aludir) to refer to.

reflejar [refleχár] *v. tr.* to reflect.

reflexionar [reflexsjonár] *v. intr.* (recapacitar) to reflect.

reformar [reformár] *v. tr.* **1.** to reform. **2.** *Albañ.* to renovate.

reforzar [reforθár] *v. tr.* (fortalecer) to reinforce; to strengthen.

refrán [refrán] *s. m.* (dicho) proverb; saying.

refrescar [refreskár] *v. tr.* to refresh; to cool.

refresco [refrésko] *s. m.* (bebida) soft drink.

refrigerar [refriχerár] *v. tr.* (enfriar) to refrigerate; to cool.

refuerzo [refwérθo] *s. m.* reinforcement.

refugiar [refuχjár] *v. tr.* **1.** to shelter. || **refugiarse** *v. prnl.* **2.** (esconderse) to take refuge; to shelter.

refugio [refúχjo] *s. m.* **1.** refuge. **2.** (protección) shelter.

refutar [refutár] *v. tr.* to refute.

regadera [reγaðéra] *s. f.* **1.** watering can. **2.** *Amér.* (ducha) showering

regalar [reγalár] *v. tr.* to give.

regalo [reγálo] *s. m.* gift.

regañar [r̄eɣaɲár] *v. tr.* **1.** *fam.* to scold. ‖ *v. intr.* **2.** to quarrel.

regar [r̄eɣár] *v. tr.* to water.

regazo [r̄eɣáθo] *s. m.*, *Anat.* lap.

régimen [r̄éximen] *s. m.* **1.** *Polít.* regime; system. **2.** (dieta) diet.

región [r̄exjón] *s. f.* region.

regir [r̄exír] *v. tr.* (gobernar) to govern; to rule.

registrar [r̄existrár] *v. tr.* **1.** (examinar) to examine. **2.** (buscar) to search; to inspect.

regla [r̄éɣla] *s. f.* **1.** (para medir) ruler. **2.** (norma) rule.

regocijarse [r̄eɣoθixárse] *v. prnl.* (alegrarse) to rejoice; to be delighted.

regocijo [r̄eɣoθíxo] *s. m.* **1.** (alegría) joy. **2.** (júbilo) rejoicing.

regresar [r̄eɣresár] *v. intr.* (volver) to return.

reguero [r̄eɣéro] *s. m.* trickle.

regular[1] [r̄eɣulár] *adj.* regular.

regular[2] [r̄eɣulár] *v. tr.* **1.** (medir) to regulate. **2.** (ajustar) to adjust.

rehacer [r̄eaθér] *v. tr.* **1.** (volver a hacer) to redo. **2.** (reformar) to make over.

rehén [r̄eén] *s. m. y f.* hostage.

rehuir [r̄euír] *v. tr.* **1.** (rechazar) to shun. **2.** (eludir) to shirk.

rehusar [r̄eusár] *v. tr.* to refuse.

reinar [r̄ejnár] *v. intr.* to reign.

reincidir [r̄ejŋθiðír] *v. intr.* (recaer) to relapse; to fall back.

reino [r̄éjno] *s. m.* kingdom.

reintegrar [r̄ejnteɣrár] *v. tr.* (reponer) to reinstate; to restore.

reír [r̄eír] *v. intr.* **1.** to laugh. ‖ **reírse** *v. prnl.* **2.** to laugh.

reiterar [r̄ejterár] *v. tr.* (repetir) to reiterate.

reivindicar [r̄ejβindikár] *v. tr.* (pedir) to claim; to demand.

reja[1] [r̄éxa] *s. f.*, *Agr.* plowshare *Am. E.*

reja[2] [r̄éxa] *s. f.* (en ventana) grille.

relación [r̄elaθjón] *s. f.* **1.** relation; relationship. **2.** (conexión) connection.

relacionar [r̄elaθjonár] *v. tr.* **1.** to relate; to connect. ‖ **relacionarse** *v. prnl.* **2.** (con algo) to be related. **3.** (con alguien) to get acquainted.

relajar [r̄elaxár] *v. tr.* **1.** to relax. ‖ **relajarse** *v. prnl.* **2.** to relax.

relámpago [r̄elámpaɣo] *s. m.*, *Meteor.* flash (of lighting).

relatar [r̄elatár] *v. tr.* **1.** (narrar) to relate; to narrate. **2.** (hacer relación) to report.

relativo, -va [r̄elatíβo] *adj.* (referente) relative.

relato [r̄eláto] *s. m.* (cuento) story; tale.

relevar [r̄eleβár] *v. tr.* to relieve.

relieve [r̄eljéβe] *s. m.* **1.** (arte) relief. **2.** *fig.* (importancia) prominence.

religión [řeliχjón] *s. f.* religion.

relinchar [řelintʃár] *v. intr.* (caballos) to neigh; to whinny.

reliquia [řelíkja] *s. f.* relic.

rellano [řeʎáno] *s. m.* landing.

rellenar [řeʎenár] *v. tr.* **1.** (volver a llenar) to refill; to top up. **2.** *Gastr.* to stuff.

reloj [řelóχ] *s. m.* **1.** (de pulsera) watch. **2.** (de pared) clock.

relucir [řeluθír] *v. intr.* (brillar) to shine; to shimmer; to glitter.

relumbrar [řelumbrár] *v. intr.* (resplandecer) to shine brightly; to gleam.

remachar [řematʃár] *v. tr.* **1.** to rivet. **2.** (clavos) to clinch.

remar [řemár] *v. intr., Dep.* (bote) to row.

remediar [řemeðjár] *v. tr.* to remedy.

remendar [řemendár] *v. tr.* (zurcir) to mend.

remitir [řemitír] *v. tr.* **1.** to remit; to send. **2.** (referir) to refer.

remo [řémo] *s. m.* (instrumento) oar; paddle.

remojar [řemoχár] *v. tr.* to soak.

remolacha [řemolátʃa] *s. f., Bot.* beet *Am. E.*; beetroot *Br. E.*

remolcar [řemolkár] *v. tr.* (un vehículo) to tow.

remolino [řemolíno] *s. m.* **1.** eddy. **2.** (de agua) whirlpool. **3.** (de polvo) whirl.

remoto, -ta [řemóto] *adj.* remote.

remover [řemoβér] *v. tr.* to stir.

remunerar [řemunerár] *v. tr.* (pagar) to pay; to remunerate *frml.*; to reward

renacuajo [řenakwáχo] *s. m., Zool.* (de rana) tadpole.

rencor [řenkór] *s. m.* **1.** rancor. **2.** (resentimiento) resentment.

rendija [řendíχa] *s. f.* **1.** (grieta) crack; crevice. **2.** (hueco) gap.

rendir [řendír] *v. tr.* **1.** (cansar) to exhaust. **2.** (vencer) to conquer. **3.** (producir) to yield.

Renfe [řémfe] *sigla* (Red Nacional de Ferrocarriles Españoles) Spanish National Railroad.

renovar [řenoβár] *v. tr.* **1.** to renew. **2.** *Arq.* to renovate. ‖ **renovarse** *v. prnl.* **3.** to be renewed.

renta [řénta] *s. f.* **1.** (beneficio) income. **2.** (alquiler) rent.

renunciar [řenunθjár] *v. tr.* **1.** to renounce. ‖ *v. intr.* **2.** to resign.

reñir [řeɲír] *v. tr.* **1.** (regañar) to scold. ‖ *v. intr.* **2.** (discutir) to quarrel.

reo [řéo] *s. m. y f.* **1.** (culpable) culprit. **2.** *Der.* (inculpado) accused; defendant.

reorganizar [řeorɣaniθár] *v. tr.* (reajustar) to reorganize.

reparar [řeparár] *v. tr.* **1.** to repair; to mend. **2.** (compensar) to compensate.

reparo [r̄epáro] *s. m.* **1.** (arreglo) repair. **2.** (objeción) objection.

repartir [r̄epartír] *v. tr.* **1.** to deliver. **2.** (distribuir) to distribute.

repasar [r̄epasár] *v. tr.* (revisar) to review *Am. E.;* to revise *Br. E.;* to go over.

repaso [r̄epáso] *s. m.* (revisión) review *Am. E.;* revision *Br. E.*

repeler [r̄epelér] *v. tr.* to repel.

repente, de [r̄epénte] *loc. adv. t.* suddenly; all at once.

repercutir [r̄eperkutír] *v. intr.* **1.** (resonar) to resound; to echo. **2.** (rebotar) to rebound.

repertorio [r̄epertórjo] *s. m.* (catálogo) repertoire.

repetir [r̄epetír] *v. tr. e intr.* (reiterar) to repeat.

repicar [r̄epikár] *v. tr.* (las campanas) to peal; to ring out.

repisa [r̄epísa] *s. f.* ledge; shelf.

replicar [r̄eplikár] *v. tr.* **1.** (contestar) to retort; to reply. **2.** (poner objeciones) to answer back.

repoblar [r̄epoβlár] *v. tr.* **1.** to repopulate. **2.** (río) to restock. **3.** (de árboles) reforest *Am. E.*

repollo [r̄epóʎo] *s. m., Bot.* (verdura) cabbage.

reponer [r̄eponér] *v. tr.* (restituir) to replace; to restore.

reportaje [r̄eportáxe] *s. m.* **1.** (en periódicos, revistas) article. **2.** (en televisión) report.

reposar [r̄eposár] *v. intr.* (descansar) to rest; to repose.

reprender [r̄eprendér] *v. tr.* (regañar) to scold; to tell off *coll.*

represalia [r̄epresálja] *s. f.* (venganza) reprisal.

representar [r̄epresentár] *v. tr.* **1.** to represent. **2.** *Teatr.* (una obra) to perform..

reprimir [r̄eprimír] *v. tr.* (contener) to repress.

reprobar [r̄eproβár] *v. tr.* **1.** (cosa) to condemn. **2.** (persona) to reprove.

reprochar [r̄eprotʃár] *v. tr.* (recriminar) to reproach.

reproducir [r̄eproðuθír] *v. tr.* to reproduce.

reptil [r̄eptíl] *adj.* **1.** *Zool.* reptile. ‖ *s. m.* **2.** *Zool.* reptile.

república [r̄epúβlika] *s. f., Polít.* republic.

repudiar [r̄epuðjár] *v. tr.* (repeler) to repudiate.

repuesto [r̄epwésto] *s. m.* (recambio) spare part.

repugnar [r̄epugnár] *v. tr.* **1.** to repel. **2.** (asquear) nauseate. ‖ *v. intr.* **3.** to be repugnant.

repulsa [r̄epúlsa] *s. f.* (rechazo) rebuff; rejection.

repulsión [r̄epulsjón] *s. f.* (aversión) repulsion.

reputación [r̄eputaθjón] *s. f.* (nombre) reputation.

requerir [r̄ekerír] *v. tr.* **1.** (necesitar) to require. **2.** (solicitar) to request.

requesón [r̄ekesón] *s. m., Gastr.* curd cheese; cottage cheese.

requisar [r̄ekisár] *v. tr.* (confiscar) to requisition.

requisito [r̄ekisíto] *s. m.* (condición) requirement; requisite.

res [r̄és] *s. f.* **1.** (animal) beast. **2.** (vaca) head of cattle.

resaca [r̄esáka] *s. f.* **1.** *Náut.* undercurrent. **2.** (por exceso de alcohol) hangover.

resaltar [r̄esaltár] *v. intr.* (acentuarse) to stand out; to jut (out).

resarcir [r̄esar̄θír] *v. tr.* (compensar) to compensate.

resbalar [r̄esβalár] *v. intr.* **1.** (deslizarse) to slide. **2.** (caerse) to slip.

rescatar [r̄eskatár] *v. tr.* **1.** (liberar) to rescue. **2.** (recuperar un objeto) to recover.

rescate [r̄eskáte] *s. m.* **1.** (liberación) rescue; salvage. **2.** (dinero) ransom.

rescindir [r̄esθindír] *v. tr.* (cancelar) to rescind; to cancel.

reseco, -ca [r̄eséko] *adj.* parched.

resentimiento [r̄esentimjénto] *s. m.* (resquemor) resentment.

reseña [r̄eséɲa] *s. f.* review.

reserva [r̄esérβa] *s. f.* **1.** (repuesto) reserve. **2.** (reservación) reservation.

reservar [r̄eserβár] *v. tr.* **1.** (guardar) to keep; to set by; to save. **2.** (billete, habitación) to reserve; to book.

resfriado [r̄esfriáðo] *s. m.* cold.

resfriar [r̄esfriár] *v. tr.* (enfriar) to cool. ‖ **resfriarse** *v. prnl.* **2.** to catch a cold.

resguardar [r̄esɣwar̄ðár] *v. tr.* (defender) to protect; to shield.

residencia [r̄esiðénθja] *s. f.* **1.** (domicilio) residence. **2.** (de estudiantes) dormitory *Am. E.*; hall of residence *Br. E.*

residir [r̄esiðír] *v. intr.* (habitar, vivir) to live; to reside *frml.*

residuo [r̄esíðwo] *s. m.* residue.

resignarse [r̄esignárse] *v. prnl.* to resign oneself [Resígnate a perder el juego. *Resign yourself to losing the game.*]

resistir [r̄esistír] *v. tr.* **1.** to resist. **2.** (soportar) to bear. ‖ *v. intr.* **3.** to resist.

resolver [r̄esolβér] *v. tr.* **1.** to solve; to resolve. **2.** (decidir) to decide; to resolve.

resonar [r̄esonár] *v. intr.* **1.** (retumbar) to resound. **2.** (haber eco) to echo.

resoplar [r̄esoplár] *v. intr.* **1.** (por cansancio) to puff. **2.** (por enfado) to snort.

resorte [r̄esórte] *s. m.* (muelle) spring.

respaldar [r̃espaldár] *v. tr., fig.* (apoyar) to back; to support.

respetar [r̃espetár] *v. tr.* (acatar) to respect.

respirar [r̃espirár] *v. intr.* to breathe.

respiro [r̃espíro] *s. m.* breath.

resplandecer [r̃esplandeθér] *v. intr.* (brillar) to shine.

resplandor [r̃esplandór] *s. m.* **1.** brilliance. **2.** (de fuego) glow; blaze.

responder [r̃espondér] *v. tr.* (contestar) to answer.

respuesta [r̃espwésta] *s. f.* (contestación) answer; reply.

resta [r̃ésta] *s. f., Mat.* (sustracción) subtraction.

restablecer [r̃estaβleθér] *v. tr.* **1.** to reestablish. ‖ **restablecerse** *v. prnl.* **2.** (curarse) to recuperate; to recover.

restar [r̃estár] *v. tr.* **1.** (deducir) to deduct. **2.** *Mat.* to subtract.

restaurante [r̃estawránte] *s. m.* (mesón) restaurant.

restaurar [r̃estawrár] *v. tr.* to restore.

restituir [r̃estituír] *v. tr.* **1.** (devolver algo) to return. **2.** (restablecer) to restore.

restringir [r̃estriɲxír] *v. tr.* (acotar) to restrict.

resucitar [r̃esuθitár] *v. tr., Med.* (revivir) to resuscitate.

resultar [r̃esultár] *v. intr.* **1.** to result. **2.** (llegar a ser) to turn out to be.

resumen [r̃esúmen] *s. m.* summary.

resumir [r̃esumír] *v. tr.* (compendiar) to sum up.

retablo [r̃etáβlo] *s. m.* (arte) altarpiece; reredos *sing.*

retaguardia [r̃etaɣwárðja] *s. f., Mil.* (trasera) rearguard.

retar [r̃etár] *v. tr.* **1.** to challenge. **2.** (desafiar) to defy; to dare.

retardar [r̃etarðár] *v. tr.* (demorar) to retard; to delay.

retazo [r̃etáθo] *s. m.* **1.** (retal) remnant. **2.** (pedazo) scrap.

retener [r̃etenér] *v. tr.* to retain; to keep.

retirar [r̃etirár] *v. tr.* **1.** (quitar) to take away. **2.** (jubilar) to retire. **3.** (retractar) to retract.

retoño [r̃etóɲo] *s. m.* **1.** *Bot.* shoot; sprout. **2.** *fig.* (niño) child.

retoque [r̃etóke] *s. m.* (modificación) retouching.

retorcer [r̃etorθér] *v. tr.* to twist.

retornable [r̃etornáβle] *adj.* (envase) returnable.

retornar [r̃etornár] *v. tr.* **1.** (devolver) to return. ‖ *v. intr.* **2.** (volver) to return; to go back.

retozar [r̃etoθár] *v. intr.* (coretear) to gambol; to frolic.

retractar [r̄etraktár] *v. tr.* **1.** to retract. ‖ **retractarse** *v. prnl.* **2.** (desdecirse) to retract.

retraer [r̄etraér] *v. tr.* (encoger) to retract.

retrasar [r̄etrasár] *v. tr.* to delay; to retard.

retratar [r̄etratár] *v. tr.* **1.** (en un cuadro) to paint a portrait of. **2.** (en foto) to photograph.

retroceder [r̄etroθeðér] *v. intr.* (dar marcha atrás) to go back.

retroceso [r̄etroθéso] *s. m.* (movimiento) backward movement; retirement.

retumbar [r̄etumbár] *v. intr.* **1.** (tronar) to rumble. **2.** (resonar) to resound.

reúma o reuma [r̄éuma] *s. m., Med.* rheumatism.

reunión [r̄ewnjón] *s. f.* **1.** meeting. **2.** (fiesta) party.

reunir [r̄ewnír] *v. tr.* **1.** (juntar) to join. **2.** (volver a unir) to reunite. ‖ **reunirse** *v. prnl.* **3.** (juntarse) to gather.

revelar [r̄eβelár] *v. tr.* **1.** to reveal. **2.** (secreto) to disclose; to unveil *fig.* **3.** *Fot.* to develop.

reventa [r̄eβénta] *s. f.* **1.** resale. **2.** (de entradas) touting.

reventar [r̄eβentár] *v. tr. e intr.* (estallar) to burst; to explode.

reverencia [r̄eβerénθja] *s. f.* (inclinación) bow.

reversible [r̄eβersíβle] *adj.* reversible.

revés [r̄eβés] *s. m.* **1.** back; wrong side. **2.** *fig.* (contrariedad) reverse.

revisar [r̄eβisár] *v. tr.* **1.** to check; to revise. **2.** (hacer una revisión) to service.

revista [r̄eβísta] *s. f.* (publicación) magazine.

revivir [r̄eβiβír] *v. intr.* to revive.

revocar [r̄eβokár] *v. tr., Der.* (una ley) to revoke.

revolcar [r̄eβolkár] *v. tr.* (derribar) to knock down.

revolotear [r̄eβoloteár] *v. intr.* (mariposear) to flutter; to hover.

revoltoso, -sa [r̄eβoltóso] *adj.* **1.** (travieso) naughty. **2.** (rebelde) unruly.

revolucionar [r̄eβoluθjonár] *v. tr.* (alterar) to revolutionize.

revolver [r̄eβolβér] *v. tr.* **1.** (mezclar) to jumble; to mix. **2.** (desordenar) to disturb.

revólver [r̄eβólβer] *s. m.* revolver.

rey [r̄éj] *s. m.* (monarca) king.

rezar [r̄eθár] *v. tr., Rel.* to pray.

ría [r̄ía] *s. f., Geogr.* ria; estuary.

riada [r̄jáða] *s. f.* flood.

ribera [r̄iβéra] *s. f.* **1.** (de río) bank. **2.** (de mar) shore.

rico, -ca [r̄íko] *adj.* **1.** (con dinero) rich; well-off. **2.** (comida) delicious; nice.

ridiculizar [řiðikuliθár] *v. tr.* (mofarse) to ridicule; to mock.

ridículo [řiðíkulo] *adj.* (absurdo) ridiculous.

riego [řjéɣo] *s. m.* **1.** *Agr.* irrigation. **2.** (aspersión) watering.

rienda [řjénda] *s. f.* rein.

riesgo [řjésɣo] *s. m.* risk; danger.

rifar [řifár] *v. tr.* to raffle.

rígido [říxiðo] *adj.* **1.** rigid; stiff. **2.** *fig.* (severo) strict; inflexible.

rigor [řiɣór] *s. m.* rigor; strictness.

rima [říma] *s. f.* rhyme.

rincón [řiŋkón] *s. m.* corner; nook.

riña [říɲa] *s. f.* **1.** (pelea) brawl. **2.** (discusión) quarrel; dispute.

riñón [řiɲón] *s. m.*, *Anat.* kidney.

río [řío] *s. m.*, *Geogr.* river.

riqueza [řikéθa] *s. f.* (fortuna) wealth; riches *pl.*

risa [řísa] *s. f.* laugh; laughter.

risco [řísko] *s. m.*, *Geogr.* (peñasco) crag; cliff.

risueño, -ña [řiswéɲo] *adj.* **1.** (alegre) cheerful. **2.** (sonriente) smiling.

ritmo [řítmo] *s. m.* rhythm.

rival [řiβál] *adj.* **1.** rival. || *s. m. y f.* **2.** (adversario) rival.

rizar [řiθár] *v. tr.* (pelo) to curl.

robar [řoβár] *v. tr.* **1.** (atracar) to rob. **2.** (un objeto) to steal. **3.** (en casa) to burgle.

roble [řóβle] *s. m.* **1.** *Bot.* (madera) oak. **2.** *Bot.* (árbol) oak tree.

robusto, -ta [řoβústo] *adj.* (fuerte) robust; strong.

roca [řóka] *s. f.* rock.

roce [řóθe] *s. m.* **1.** (fricción) rubbing; friction. **2.** (rasguño) graze.

rocío [řoθío] *s. m.*, *Meteor.* dew.

rodar [řoðár] *v. intr.* **1.** to roll. **2.** *Auton.* (coche) to run.

rodear [řoðeár] *v. tr.* **1.** to surround; to encircle. || *v. intr.* **2.** to go around.

rodeo [řoðéo] *s. m.* (desvío) detour *Am. E.*; diversión.

rodilla [řoðíʎa] *s. f.*, *Anat.* knee.

rodillo [řoðíʎo] *s. m.* roller.

roer [řoér] *v. tr.* to gnaw.

rogar [řoɣár] *v. tr.* **1.** (suplicar) to beg; to implore. || *v. intr.* **2.** *Rel.* (rezar) to pray.

rojo, -ja [řóχo] *adj.* **1.** red. || *s. m.* **2.** (color) red.

rollo [řóʎo] *s. m.* **1.** roll. **2.** (de papel) scroll.

romance [řománθe] *adj.* **1.** *Ling.* Romance. || *s. m.* **2.** (aventura amorosa) romance.

rombo [řómbo] *s. m.*, *Mat.* rhombus.

romero [řoméro] *s. m.*, *Bot.* (especia) rosemary.

romper [řompér] *v. tr.* **1.** to break. **2.** (tela, papel) to tear. **3.** (en pedazos) to smash.

roncar [r̄oŋkár] *v. intr.* to snore.

ronco, -a [r̄óŋko] *adj.* hoarse.

ronquera [r̄oŋkéra] *s. f.* (carraspera) hoarseness.

ronquido [r̄oŋkíðo] *s. m.* snore; snoring.

roña [r̄óɲa] *s. f.* (porquería) dirt; filth; grime.

ropa [r̄ópa] *s. m.* (indumentaria) clothes *pl.*; clothing.

rosa [r̄ósa] *s. f.* **1.** *Bot.* (flor) rose. ‖ *s. m.* **2.** (color) pink.

rosal [r̄osál] *s. m.* **1.** (árbol) rose-tree. **2.** *Bot.* (arbusto) rosebush; rose.

rosario [r̄osárjo] *s. m., Rel.* (sarta de cuentas) rosary.

rosca [r̄óska] *s. f.* **1.** (espiral) coil; spiral. **2.** *Gastr.* (bollo) ring-shaped roll.

rosquilla [r̄oskíʎa] *s. f., Gastr.* (dulce) kind of donut.

rostro [r̄óstro] *s. m., Anat.* (cara) face.

rotación [r̄otaθjón] *s. f.* rotation.

roto, -ta [r̄óto] *adj.* **1.** broken. **2.** (papel, tela) torn.

rotonda [r̄otónda] *s. f.* traffic circle *Am. E.*; roundabout *Br. E.*

rotulador [r̄otulaðór] *s. m.* felt-tip pen.

rótulo [r̄ótulo] *s. m.* **1.** (título) title. **2.** (etiqueta) label.

roturar [r̄oturár] *v. tr.* to plow up.

rozar [r̄oθár] *v. tr.* **1.** (tocar) to touch. **2.** (frotar) to rub.

rubí [r̄uβí] *s. m., Miner.* ruby.

rubio, -bia [r̄úβjo] *adj.* (pelo) fair-haired.

ruborizar [r̄uβoriθár] *v. tr.* (avergonzar) to blush; to flush.

rudimento [r̄uðiménto] *s. m.* rudiment.

rudo, -da [r̄úðo] *adj.* **1.** (tosco) rough; coarse. **2.** (necio) dull.

rueda [r̄wéða] *s. f.* wheel.

ruego [r̄wéɣo] *s. m.* request.

rugido [r̄uχíðo] *s. m.* roar.

rugoso [r̄uɣóso] *adj.* rough.

ruido [r̄wíðo] *s. m.* **1.** noise. **2.** (sonido) sound.

ruin [r̄wín] *adj.* (vil) vile; base.

ruina [r̄wína] *s. f.* ruin.

ruiseñor [r̄wiseɲór] *s. m., Zool.* (pájaro) nightingale.

ruleta [r̄uléta] *s. f.* roulette.

rumbo [r̄úmbo] *s. m.* (dirección) direction; course.

rumiar [r̄umjár] *v. tr.* (masticar) to chew.

rumor [r̄umór] *s. m.* **1.** (chisme) rumor. **2.** (murmullo) murmur.

ruptura [r̄uptúra] *s. f.* rupture.

rural [r̄urál] *adj.* rural; country.

rústico, -ca [r̄ústiko] *adj.* rustic.

ruta [r̄úta] *s. f.* route; way.

rutina [r̄utína] *s. f.* **1.** routine. **2.** (hábito) habit.

S

s [ése] *s. f.* (letra) s.

sábado [sáβaðo] *s. m.* Saturday.

sábana [sáβana] *s. f.* sheet.

saber¹ [saβér] *s. m.* knowledge.

saber² [saβér] *v. tr.* **1.** to know. **2.** (ser habil) to be able to; to know how. **3.** (enterarse) to learn.

sable [sáβle] *s. m.* saber.

sabor [saβór] *s. m.* flavor; taste.

sabroso, -sa [saβróso] *adj.* (apetitoso) tasty.

saca [sáka] *s. f.* sack.

sacacorchos [sakakórtʃos] *s. m. inv.* (descorchador) corkscrew.

sacar [sakár] *v. tr.* **1.** to take out. **2.** (obtener) to get.

sacerdote [saθerðóte] *s. m.* (cura) priest.

saciar [saθjár] *v. tr.* to satiate.

saco [sáko] *s. m.* sack; bag.

sacrificar [sakrifikár] *v. tr.* **1.** (inmolar) to sacrifice. **2.** *fig.* (animal) to slaughter.

sacrilegio [sakriléɣjo] *s. m.* (profanación) sacrilege.

sacristán [sakristán] *s. m., Rel.* verger; sexton.

sacudir [sakuðír] *v. tr.* **1.** to shake. **2.** (golpear) to beat.

saeta [saéta] *s. f.* **1.** (dardo) dart. **2.** (flecha) arrow.

sagaz [saɣáθ] *adj.* **1.** (astuto) astute; shrewd. **2.** (listo) clever.

sagrado, -da [saɣráðo] *adj., Rel.* (santo) holy; sacred.

sagrario [saɣrárjo] *s. m.* **1.** *Rel.* tabernacle. **2.** *Rel.* (capilla) side chappel.

sal [sál] *s. f.* salt.

sala [sála] *s. f.* **1.** room. **2.** (para conferencias) hall. **3.** (de estar) sitting room.

salado, -da [saláðo] *adj.* **1.** (con sal) salted. **2.** (con mucha sal) salty.

salar [salár] *v. tr.* to salt.

salario [salárjo] *s. m.* (sueldo) wage; salary.

salazón [salaθón] *s. m.* salting.

salchicha [saltʃitʃa] *s. f., Gastr.* sausage.

salchichón [saltʃitʃón] *s. m., Gastr.* (similar al salami) seasoned sausage .

saldar [saldár] *v. tr.* (finiquitar) to settle; to pay.

salero [saléro] *s. m.* salt shaker *Am. E.*; saltcellar *Br. E.*

salida [salíða] *s. f.* **1.** (partida) departure. **2.** (de un lugar) exit; way out.

salina [salína] *s. f.* **1.** (mina) salt mine. **2.** (marisma) salt marsh.

salir [salír] *v. intr.* **1.** (personas) to go out. **2.** (transportes) to leave. **3.** (aparecer) to appear.

saliva [salíβa] *s. f.* saliva; spittle.

salmo [sálmo] *s. m., Rel.* psalm.

salmón [salmón] adj. **1.** (color) salmon. ‖ s. m. **2.** Zool. y Gastr. (pez) salmon.

salobre [salóβre] adj. **1.** (agua) brackish. **2.** (gusto) briny.

salón [salón] s. m. (en una casa) setting room; parlor Am. E.; lounge Br. E.

salpicar [salpikár] v. tr. **1.** to splash. **2.** (esparcir) to spatter.

salsa [sálsa] s. f. **1.** Gastr. sauce. **2.** (para carne) gravy.

saltamontes [saltamóntes] s. m. inv., Zool. grasshopper.

saltar [saltár] v. intr. to jump.

salud [salúð] s. f., Med. health.

saludar [saluðár] v. tr. (decir hola) to greet; to say hello.

salvaje [salβáχe] adj. **1.** (animal, planta) wild. **2.** (tribu) savage; uncivilized. ‖ s. m. y f. **3.** (primitivo) savage.

salvar [salβár] v. tr. **1.** to save; to rescue. **2.** (dificultad) to overcome. ‖ **salvarse** v. prnl. **3.** (de un peligro) to escape.

salvavidas [salβaβíðas] s. m. inv. (flotador) lifebelt. ‖ **chaleco ~** life jacket.

salvo [sálβo] prep. except.

san [sán] adj. saint.

sanar [sanár] v. tr. **1.** to cure. **2.** (herida) to heal.

sancionar [sanθjonár] v. tr. (castigar) to sanction.

sandalia [sandálja] s. f. sandal.

sandía [sandía] s. f., Bot. (fruta) watermelon.

sándwich [sángwitʃ] s. m., Gastr. (emparedado) sandwich.

sangrar [sangrár] v. tr., Med. to bleed.

sangre [sángre] s. f. blood.

sanidad [saniðáð] s. f. **1.** sanitation. **2.** (calidad de sano) health.

santificar [santifikár] v. tr., Rel. (beatificar) to sanctify.

santo, -ta [sánto] adj. **1.** Rel. holy; sacred. ‖ s. m. y f. **2.** saint.

santuario [santuárjo] s. m. (templo) sanctuary; shrine.

sapo [sápo] s. m., Zool. toad.

saquear [sakeár] v. tr. (asaltar) to sack; to plunder.

sardina [sarðína] s. f., Zool. (pez) sardine.

sarta [sárta] s. f. string.

sartén [sartén] s. f. fry pan Am. E.; frying pan Br. E.

sastre [sástre] s. m. tailor.

satélite [satélite] s. m. satellite.

sátira [sátira] s. f., Lit. satire; skit.

satisfacción [satisfakθjón] s. f. (contento, orgullo) satisfaction.

satisfacer [satisfaθér] v. tr. e intr. to satisfy.

saturar [saturár] v. tr. to saturate.

sauce [sáwθe] s. m., Bot. willow.

sauna [sáwna] s. f. sauna.

savia [sáβja] *s. f., Bot.* sap.

saxofón [saɣsofón] *s. m., Mús.* (instrumento) saxophone.

sazón [saθón] *s. f.* **1.** (madurez) ripeness. **2.** (época) season.

sazonar [saθonár] *v. tr.* **1.** *Gastr.* (condimentar) to season; to flavor. **2.** (madurar) to ripen.

se [sé] *pron. pers. refl.* **1.** (él) himself. **2.** (ella) herself. **3.** (cosa, animal) itself. **4.** (usted) yourself. **5.** (impersonal) oneself. **6.** (ellos) themselves. **7.** (ustedes) yourselves. ‖ *pron. pers. recípr.* **8.** each other. ‖ *pron. pers. 3ª sing.* **9.** (impersonal) you.

sebo [séβo] *s. m.* grease; fat.

secador [sekaðór] *s. m.* (de pelo) hair-dryer.

secar [sekár] *v. tr.* **1.** to dry. ‖ **secarse** *v. prnl.* **2.** to dry.

seccionar [sekθjonár] *v. tr.* **1.** (fraccionar) to section. **2.** (cortar) to cut; to sever.

seco, -ca [séko] *adj.* **1.** (árido) dry. **2.** (fruto) dried.

secretaría [sekretaría] *s. f.* **1.** (puesto) secretariat. **2.** (oficina) secretary's office.

secretario, -ria [sekretárjo] *s. m. y f.* secretary.

secreto, -ta [sekréto] *adj.* **1.** secret. ‖ *s. m.* **2.** secret.

secta [sékta] *s. f.* sect.

sector [sektór] *s. m.* sector.

secuestrar [sekwestrár] *v. tr.* (raptar) to kidnap.

secundar [sekundár] *v. tr.* (apoyar) to second; to support.

sed [séð] *s. f.* thirst.

seda [séða] *s. f.* silk.

sede [séðe] *s. f.* **1.** (del gobierno) seat. **2.** *Rel.* see.

sedición [seðiθjón] *s. f.* sedition.

sediento, -ta [seðjénto] *adj.* thirsty.

seducir [seðuθír] *v. tr.* **1.** (conquistar) to seduce. **2.** (fascinar) to captivate.

segar [seɣár] *v. tr., Agr.* to reap.

seguido, -da [seɣíðo] *adj.* **1.** (continuo) continuous. **2.** (consecutivo) consecutive.

seguir [seɣír] *v. tr.* **1.** to follow. **2.** (perseguir) to pursue. **3.** (continuar) to continue. ‖ *v. intr.* **4.** (proseguir) to go on.

según [seɣún] *prep.* **1.** according to; on; from; to.

segundo, -da [seɣúndo] *adj. num. ord.* **1.** second; two. ‖ *s. m.* **2.** second.

seguridad [seɣuriðáð] *s. f.* (protección) security.

seguro, -ra [seɣúro] *adj.* **1.** (sin peligro) safe. **2.** (cierto) sure; certain. ‖ *s. m.* **3.** *Econ.* insurance.

seis [séjs] *adj. num. card. inv.* (también *pron. num. y s. m.*)

1. six. || *adj. num. ord. inv.* (también pron. num.) **2.** sixth; six.

seiscientos, -tas [sejsθjéntos] *adj. num. card. inv.* (también pron. num., s. m. y adj. num. ord.) six hundred.

seleccionar [selekθjonár] *v. tr.* (elegir) to select; to choose.

sello [séʎo] *s. m.* **1.** (de correos) stamp. **2.** (precinto) seal.

selva [sélβa] *s. f.* **1.** (bosque) woods *pl.* **2.** (jungla) jungle.

semáforo [semáforo] *s. m.*, *Autom.* traffic lights.

semana [semána] *s. f.* week.

semblante [semblánte] *s. m.* (cara) face.

sembrar [sembrár] *v. tr.* **1.** to sow. **2.** (con semillas) to seed.

semejante [semeχánte] *adj.* **1.** similar. || *s. m.* **2.** (prójimo) fellow man.

semejanza [semeχánθa] *s. f.* **1.** similarity. **2.** (parecido) resemblance; likeness.

semen [sémen] *s. m.*, *Biol.* (esperma) semen.

semestre [seméstre] *s. m.* (seis meses) semester.

semilla [semíʎa] *s. f.* seed.

senado [senáðo] *s. m.*, *Polít.* senate.

sencillo, -lla [senθíʎo] *adj.* **1.** simple; plain. **2.** (natural) artless.

senda [sénda] *s. f.* path; track.

sendos, -das [séndos] *adj.* **1.** (cada uno) each. **2.** (ambos) both.

sensación [sensaθjón] *s. f.* **1.** sensation. **2.** (sentimiento) feeling; sense.

sensato, -ta [sensáto] *adj.* (cauto) sensible.

sensible [sensíβle] *adj.* **1.** sensitive. **2.** (perceptible) perceptible.

sentar [sentár] *v. tr.* to sit; to seat.

sentencia [senténθja] *s. f.* (decisión) judgment.

sentido, -da [sentíðo] *adj.* **1.** (sensible) sensitive. || *s. m.* **2.** sense. **3.** (significado) meaning.

sentimental [sentimentál] *adj.* sentimental.

sentimiento [sentimjénto] *s. m.* **1.** feeling. **2.** (dolor) sorrow.

sentir[1] [sentír] *s. m.* **1.** (sentimiento) feeling. **2.** (opinión) opinion; judgment.

sentir[2] [sentír] *v. tr.* **1.** to feel. **2.** (lamentar) to regret. **3.** (oír) to hear.

seña [séɲa] *s. f.* **1.** sign. || **señas** *s. f. pl.* **2.** address *sing.*

señal [seɲál] *s. f.* **1.** sign. **2.** (indicio) indication.

señalar [seɲalár] *v. tr.* **1.** to mark. **2.** (indicar) to point out.

señor, -ra [seɲór] *s. m.* **1.** (caballero) gentleman. **2.** (amo) master; owner. **3.** (cortesía) Mr. **4.** (respeto) sir. ‖ **señora** s. f. **5.** (dama) lady. **6.** (dueña) mistress. **7.** (cortesía) Mrs. **8.** (respeto) madam. **9.** (esposa) wife.

separar [separár] v. tr. **1.** to separate. **2.** (destituir) to dismiss.

septiembre [septjémbre] s. m. (mes del año) September.

séptimo, -ma [séptimo] adj. num. ord. (también pron. num.) **1.** seventh; seven. ‖ adj. num. fracc. **2.** seventh.

sepultar [sepultár] v. tr. to bury.

sequía [sekía] s. f. drought.

séquito [sékito] s. m. (de un rey) retinue; entourage.

ser[1] [sér] s. m. being.

ser[2] [sér] v. intr. (origen, nacionalidad, profesión, etc.) to be.

serenar [serenár] v. tr. to calm.

serenidad [sereniðáð] s. f. (calma) serenity; calm.

serie [sérje] s. f. **1.** series. **2.** (cadena) sequence.

serio, -ria [sérjo] adj. serious.

sermón [sermón] s. m., Rel. (predicación) sermon.

serpiente [serpjénte] s. f., Zool. (reptil) snake.

serrar [serár] v. tr. to saw.

serrín [serín] s. m. sawdust.

servidumbre [serβiðúmbre] s. f. **1.** (esclavitud) servitude. **2.** (sirvientes) servants pl.; staff pl.

servilleta [serβiʎéta] s. f. napkin; serviette.

servir [serβír] v. tr. **1.** to serve. ‖ v. intr. **2.** to serve. **3.** (ser útil) to be useful.

sesenta [sesénta] adj. num. card. inv. (también pron. num. y s. m.) **1.** sixty. ‖ adj. num. ord. inv. (también pron. num.) **2.** sixty; sixtieth

sesión [sesjón] s. f. **1.** session. **2.** (fotográfica) sitting.

seso [séso] s. m., Anat. (cerebro) brain.

seta [séta] s. f., Bot. mushroom.

setecientos, -tas [seteθjéntos] adj. num. card. inv. (también pron. num., s. m. y adj. num. ord.) seven hundred.

setenta [seténta] adj. num. card. inv. (también pron. y s. m.) **1.** seventy. ‖ adj. num. ord. inv. (también pron. num.) **2.** seventieth; seventy.

seto [séto] s. m. hedge.

seudónimo [sewðónimo] s. m. (alias) pseudonym.

severidad [seβeriðáð] s. f. **1.** severity. **2.** (rigurosidad) strictness.

severo, -ra [seβéro] adj. **1.** severe; stern. **2.** (riguroso) strict.

sevillanas [seβiʎánas] s. f. pl., Mús. (baile tradicional) sevillanas (four-part popular dance which originated in Seville).

sexo [séÿso] *s. m.* sex.

sexto, -ta [sésto] *adj. num. ord.* (también pron. num.) **1.** sixth; six. ‖ *adj. num. fracc.* (también s.m. y f.) **2.** sixth.

si[1] [sí] *conj.* **1.** (condicional) if. **2.** (disyuntivo) whether.

si[2] [sí] *s. m.* **1.** *Mús.* (nota) B. **2.** *Mús.* (solfeo) ti.

sí[1] [sí] *adv.* **1.** yes. ‖ *s. m.* **2.** yes.

sí[2] [sí] *pron. pers. refl. 3ª pers.* (detrás de prep) **1.** (él) himself. **2.** (ella) herself. **3.** (cosa, animal) itself. **4.** (ellos) themselves. **5.** (usted) yourself. **6.** (ustedes) yourselves. **7.** (impersonal) oneself.

sidra [síðra] *s. f.* (bebida) cider.

siega [sjéÿa] *s. f.* **1.** *Agr.* (acción) reaping. **2.** *Agr.* (temporada) harvest.

siempre [sjémpre] *adv. t.* **1.** always; forever. **2.** (en todo caso) always.

sien [sjén] *s. f., Anat.* temple.

sierra [sjéřa] *s. f.* **1.** *Tecnol.* saw. **2.** *Geogr.* mountain range.

siesta [sjésta] *s. f.* siesta; nap.

siete [sjéte] *adj. num. card. inv.* (también pron. num. y s. m.) **1.** seven. ‖ *adj. num. ord. inv.* (también pron. num.) **2.** seven; seventh.

sigilo [sixílo] *s. m.* **1.** (cautela) stealth. **2.** (secreto) secrecy.

sigla [síɣla] *s. f.* abbreviation.

siglo [síɣlo] *s. m.* century.

signatura [siɣnatúra] *s. f.* **1.** (marca) signature. **2.** (en bibliotecas) catalog number.

significado [siɣnifikáðo] *s. m.* (valor, concepto) meaning.

significar [siɣnifikár] *v. tr.* to mean.

signo [síɣno] *s. m.* **1.** sign. **2.** *Ling.* mark.

siguiente [siɣjénte] *adj.* (posterior) following; next.

sílaba [sílaβa] *s. f., Ling.* syllable.

silbar [silβár] *v. intr.* **1.** to whistle. **2.** (con un silbato) to blow.

silbato [silβáto] *s. m.* whistle.

silbido [silβíðo] *s. m.* **1.** whistle. **2.** (abucheo) hiss.

silencio [silénθjo] *s. m.* silence.

silla [síʎa] *s. f.* chair.

sillín [siʎín] *s. m.* (de bicicleta) saddle.

sillón [siʎón] *s. m.* (butacón) armchair; easy chair.

silueta [silwéta] *s. f.* **1.** (contorno) silhouette. **2.** (figura) figure.

silvestre [silβéstre] *adj.* wild.

sima [síma] *s. f., Geogr.* (abismo) chasm.

símbolo [símbolo] *s. m.* symbol.

similar [similár] *adj.* similar.

simio [símjo] *s. m., Zool.* ape.

simpatía [simpatía] *s. f.* liking.

simpático, -ca [simpátiko] *adj.* (agradable) nice; pleasant.

simple [símple] *adj.* simple. |

simplificar [simplifikár] *v. tr.* (facilitar) to simplify.

simulacro [simulákro] *s. m.* (simulación) sham; pretense.

simular [simulár] *v. tr.* **1.** to simulate. **2.** (fingir) to feign.

sin [sín] *prep.* without.

sinagoga [sinaɣóɣa] *s. f., Rel.* synagogue.

sinceridad [sinθeriðáð] *s. f.* (franqueza) sincerity; frankness.

sincero, -ra [sinθéro] *adj.* (franco) sincere.

síncope [sínkope] *s. m.* syncope.

sindicato [sindikáto] *s. m.* **1.** (junta) labor union *Am. E.*; trade union *Br. E.* **2.** *Econ.* syndicate.

síndrome [síndrome] *s. m., Med.* (síntoma) syndrome.

sinfín [simfín] *s. m.* endless number.

singular [siŋgulár] *adj.* **1.** *Ling.* singular. **2.** (único) unique. **3.** (raro) odd.

siniestro, -tra [sinjéstro] *adj.* (perverso) sinister.

sino[1] [síno] *s. m.* fate; destiny.

sino[2] [síno] *conj.* but.

sinónimo, -ma [sinónimo] *adj.* **1.** *Ling.* synonymous. || *s. m.* **2.** *Ling.* synonym.

sintaxis [sintáɣsis] *s. f. inv., Ling.* (resumen) syntax.

síntesis [síntesis] *s. f. inv.* synthesis.

síntoma [síntoma] *s. m., Med.* (indicio) symptom.

sinvergüenza [simberɣwénθa] *adj.* **1.** *fam.* (descarado) brazen. || *s. m. y f.* **2.** *fam.* scoundrel. **3.** (pícaro) rascal.

siquiera [sikjéra] *adv.* **1.** at least. || *conj.* **2.** even if.

sirena [siréna] *s. f.* **1.** (alarma) siren. **2.** *Mit.* mermaid.

sirviente [sirβjénte] *s. m. y f.* servant.

sistema [sistéma] *s. m.* system.

sitiar [sitjár] *v. tr., Mil.* (cercar) to surround; to besiege.

sitio [sítjo] *s. m.* **1.** (lugar) place; spot. **2.** (espacio) room; space.

situar [situár] *v. tr.* **1.** to place. **2.** (ubicar) to situate; to locate. || **situarse** *v. prnl.* **3.** to be placed.

slip [eslíp] *s. m.* briefs *pl.*

sobaco [soβáko] *s. m., Anat.* (axila) armpit.

sobar [soβár] *v. tr.* to finger.

soberanía [soβeranía] *s. f.* sovereignty.

soberbio, -bia [soβérβjo] *adj.* **1.** (orgulloso) proud. **2.** (arrogante) arrogant. **3.** (magnífico) superb. || **soberbia** *s. f.*

4. (orgullo) pride. **5.** (arrogancia) arrogance; haughtiness.

sobornar [soβornár] *v. tr.* (cohechar) to bribe.

sobra [sóβra] *s. f.* **1.** (abundancia) excess; surplus. || **sobras** *s. fl. pl.* **2.** (de comida) scraps.

sobrar [soβrár] *v. tr.* **1.** to exceed; to surpass. || *v. intr.* **2.** (quedar) to remain.

sobrasada [soβrasáða] *s. f.*, Gastr. spicy pork sausage.

sobre[1] [sóβre] *prep.* **1.** (indicando posición) on; upon; above; over. **2.** (acerca de) on; about. || ~ **todo** above all; specially.

sobre[2] [sóβre] *s. m.* **1.** (de una carta) envelope. **2.** (envase) pack Am. E.; sachet Br. E.

sobrecargar [soβrekarʃár] *v. tr.* **1.** to overload. **2.** *fig.* (con trabajo, preocupaciones) to overburden.

sobrecoger [soβrekoʃér] *v. tr.* **1.** (coger desprevenido) to surprise. || **sobrecogerse** *v. prnl.* **2.** (asustarse) to be scared.

sobrehumano, -na [soβrewmáno] *adj.* superhuman.

sobrellevar [soβreʎeβár] *v. tr.*, *fig.* (soportar) to bear; to endure.

sobremesa [soβremésa] *s. f.* after-lunch conversation.

sobrenatural [soβrenaturál] *adj.* (poderes, energía) supernatural.

sobrepasar [soβrepasár] *v. tr.* (exceder) to exceed; to surpass.

sobresalir [soβresalír] *v. intr.* **1.** Arq. to project. **2.** *fig.* (destacar) to outstand.

sobresaltar [soβresaltár] *v. tr.* **1.** (asustar) to frighten; to startle. || **sobresaltarse** *v. prnl.* **2.** (asustarse) to be startled.

sobrevenir [soβreβenír] *v. intr.* **1.** (ocurrir) to happen. **2.** (resultar) to ensue.

sobrevivir [soβreβiβír] *v. intr.* to survive.

sobrino [soβríno] *s. m.* **1.** nephew. || **sobrina** *s. f.* **2.** niece.

sobrio [sóβrjo] *adj.* **1.** (estilo) sober. **2.** (persona) moderate.

sociable [soθjáβle] *adj.* sociable.

social [soθjál] *adj.* social.

sociedad [soθjeðáð] *s. f.* society.

socio, -cia [sóθjo] *s. m. y f.* **1.** member. **2.** Econ. partner. **3.** *fam.* (colega) mate.

socorrer [sokořér] *v. tr.* to help.

socorro [sokóřo] *s. m.* **1.** help. || ¡ ~ ! *interj.* **2.** ¡auxilio!) help!

soez [soéθ] *adj.* rude; crude.

sofá [sofá] *s. m.* sofa; couch.

sofocar [sofokár] *v. tr.* **1.** (ahogar) to suffocate. **2.** (apagar) to smother.

sofrito [sofríto] *s. m.*, Gastr. lightly fried onions and tomato.

soga [sóγa] *s. f.* rope.

soja [sóχa] *s. f., Bot.* soy *Am. E.*

sol [sól] *s. m.* **1.** (astro) sun. **2.** (luz del sol) sunshine.

solar[1] [solár] *s. m.* (terreno) lot *Am. E.*; plot *Br. E.*

solar[2] [solár] *adj.* solar.

soldado [soldáðo] *s. m.* soldier.

soldar [soldár] *v. tr.* **1.** (metales) to solder; to weld. || **soldarse** *v. prnl.* **2.** *Med.* (huesos) to knit together.

soledad [soleðáð] *s. f.* **1.** (estado) solitude. **2.** (con pesar) loneliness.

solemne [solénne] *adj.* solemn.

soler [solér] *v. intr.* **1.** (en presente) to be accustomed to. **2.** (en pasado) to use to.

solicitar [soliθitár] *v. tr.* **1.** (requerir) to ask for; to request. **2.** (un puesto) to apply for.

solidaridad [soliðariðáð] *s. f.* (apoyo) solidarity.

solidario, -ria [soliðárjo] *adj.* joint.

sólido, -da [sóliðo] *adj.* **1.** solid. **2.** *fig.* (firme) firm. || *s. m.* **3.** solid.

solitario, -ria [solitárjo] *adj.* **1.** (está sólo) solitary. **2.** (se siente sólo) lonely.

sollozar [soλoθár] *v. intr.* to sob.

solo, -la [sólo] *adj.* **1.** (único) single; sole. **2.** (sin compañía) alone.

sólo [sólo] *adv.* only.

solomillo [solomíλo] *s. m., Gastr.* (filete) sirloin; filet.

soltar [soltár] *v. tr.* **1.** (desatar) to untie; to loosen. **2.** (dar libertad) to release; to let go of.

soltero, -ra [soltéro] *adj.* **1.** single; unmarried. || *s. m.* **2.** bachelor. || **soltera** *s. f.* **3.** spinster.

soltura [soltúra] *s. f.* looseness.

soluble [solúβle] *adj.* soluble.

solución [soluθjón] *s. f.* solution.

solucionar [soluθjonár] *v. tr.* **1.** (problema) to solve. **2.** (asunto) to resolve.

sombra [sómbra] *s. f.* **1.** (falta de luz) shade. **2.** (imagen) shadow.

sombrero [sombréro] *s. m.* hat.

sombrilla [sombríλa] *s. f.* **1.** (de mano) parasol. **2.** (de playa) sunshade.

someter [sometér] *v. tr.* **1.** (dominar) to subdue. **2.** (exponer) to subject.

somnolencia [sonnoléŋθja] *s. f.* (amodorramiento) sleepiness; drowsiness.

son [són] *s. m.* sound.

sonar [sonár] *v. intr.* **1.** to sound. **2.** (teléfono, timbre) to ring.

sonido [soníðo] *s. m.* sound.

sonreír [sonřeír] *v. intr.* to smile.

sonrojar [sonřoχár] *v. tr.* **1.** to make blush. || **sonrojarse** *v. prnl.* **2.** (ponerse colorado) to blush; to flush.

soñar [soɲár] *v. tr.* **1.** to dream. ‖ *v. intr.* **2.** to dream.

sopa [sópa] *s. f., Gastr.* soup.

sopapo [sopápo] *s. m., fam.* (bofetada) slap.

soplar [soplár] *v. intr.* to blow.

sopor [sopór] *s. m.* sleepiness.

soportar [soportár] *v. tr.* (sostener) to bear; to support.

soporte [sopórte] *s. m.* support.

soprano [sopráno] *s. f., Mús.* soprano.

sorber [sorβér] *v. tr.* to sip.

sorbo [sórβo] *s. m.* sip.

sordera [sorðéra] *s. f., Med.* deafness.

sordo, -da [sórðo] *adj., Med.* deaf.

sorprender [sorprendér] *v. tr.* **1.** to surprise. ‖ **sorprenderse** *v. prnl.* **2.** (asombrarse) to be surprised.

sortear [sorteár] *v. tr.* **1.** to draw lots for. **2.** (rifar) to raffle (off). **3.** *fig.* (obstáculos) to avoid; to overcome.

sortija [sortíχa] *s. f.* (anillo) ring.

sosegar [soseγár] *v. tr.* to calm.

sospechar [sospetʃár] *v. tr.* (desconfiar) to suspect.

sostén [sostén] *s. m.* (apoyo) support.

sostener [sostenér] *v. tr.* **1.** to hold up; to support. **2.** (sujetar) to hold.

sota [sóta] *s. f.* (naipes) jack.

sotana [sotána] *s. f., Rel.* (del cura) cassock; soutane.

sótano [sótano] *s. m.* basement.

sport [espór] *adj. angl.* (ropa) casual; sports.

su [sú] *adj. pos. 3ª sing.* **1.** (de él) his. **2.** (de ella) her. **3.** (de ellos) their. **4.** (de cosa, animal) its. **5.** (de usted) your.

suave [swáβe] *adj.* **1.** soft. **2.** (liso) smooth.

subasta [suβásta] *s. f.* auction.

subdesarrollado, -da [suβðesaɾoʎáðo] *adj.* (atrasado) underdeveloped.

súbdito, -ta [súβðito] *adj.* **1.** subject. ‖ *s. m. y f.* **2.** subject.

subir [suβír] *v. tr.* **1.** (levantar) to raise; to lift up. **2.** (ascender) to ascend; to climb. **3.** (una cuesta) to go up. ‖ *v. intr.* **4.** (aumentar) to rise.

subjuntivo [subχuntíβo] *s. m., Ling.* (modo verbal) subjunctive.

sublevar [suβleβár] *v. tr.* **1.** to stir up. ‖ **sublevarse** *v. prnl.* **2.** to revolt; to rise.

sublime [suβlíme] *adj.* sublime.

submarino, -na [submaríno] *adj., Náut.* submarine; underwater.

subordinar [suβorðinár] *v. tr.* (someter) to subordinate.

subrayar [suβraȷ́ár] v. tr. (recalcar) to underline.

subsidio [subsíðjo] s. m. benefit.

subsistir [subsistír] v. intr. **1.** to subsist. **2.** (vivir) to exist.

subsuelo [subswélo] s. m., Geogr. (terreno) subsoil.

subtítulo [subtítulo] s. m. subtitle.

suburbio [suβúrβjo] s. m. suburb.

subyugar [suβ́ȷ́uɣár] v. tr. to subjugate.

suceder [suθeðér] v. intr. **1.** (ocurrir) to happen; to occur. **2.** (seguir) to follow; to succeed.

suceso [suθéso] s. m. event.

suciedad [suθjeðáð] s. f. **1.** (porquería) dirt. **2.** (estado) dirtiness.

sucio, -cia [súθjo] adj. (mugriento) dirty.

sucumbir [sukumbír] v. intr. (rendirse) to succumb.

sucursal [sukursál] s. f. branch.

sudar [suðár] v. tr. to sweat.

sudeste [suðéste] adj. y s. m., Geogr. (sureste) southeast.

sudor [suðór] s. m. sweat.

suegro [swéɣro] s. m. **1.** father-in-law. ‖ **suegra** s. f. **2.** mother-in-law.

suela [swéla] s. f. sole.

sueldo [swéldo] s. m. salary; pay.

suelo [swélo] s. m. **1.** (tierra) ground. **2.** (de una casa) floor.

sueño [swéɲo] s. m. **1.** (acto) sleep. **2.** (imágenes) dream.

suero [swéro] s. m. **1.** Med. serum. **2.** (de la leche) whey.

suerte [swérte] s. f. **1.** (fortuna) luck. **2.** (casualidad) chance.

suficiente [sufiθjénte] adj. (bastante) enough; sufficient.

sufijo [sufíχo] s. m., Ling. suffix.

sufragar [sufraɣár] v. tr. (ayudar) to defray; to help.

sufrir [sufrír] v. tr. **1.** to suffer. **2.** (tolerar) to stand. ‖ v. intr. **3.** to suffer.

sugerir [suχerír] v. tr. to suggest.

sujetador [suχetaðór] s. m. (ropa interior femenina) bra; brassiere.

sujetar [suχetár] v. tr. **1.** (fijar) to fasten. **2.** (dominar) to hold down; to subdue.

sultán [sultán] s. m. sultan.

suma [súma] s. f. **1.** (cantidad) sum. **2.** (total) sum.

sumar [sumár] v. tr., Mat. (añadir) to add; to add up.

sumergir [sumerχír] v. tr. **1.** to submerge. ‖ **sumergirse** v. prnl. **2.** (zambullirse) to submerge.

suministrar [suministrár] v. tr. (proveer) to provide; to supply.

sumir [sumír] v. tr. to sink.

sumo, -ma [súmo] adj. **1.** great. **2.** (mayor) utmost.

superar [superár] v. tr. **1.** (ser superior) to surpass; to exceed. **2.** (vencer) to overcome.

superficie [superfiθje] *s. f.* **1.** surface. **2.** *Mat.* area.

superfluo, -flua [supérflwo] *adj.* (innecesario) superfluous.

superlativo, -va [superlatíβo] *adj. y s. m., Ling.* superlative.

supermercado [supermerkáδo] *s. m.* supermarket.

superstición [supersti θjón] *s. f.* (extraña creencia) superstition.

suplantar [suplantár] *v. tr.* (usurpar) to replace.

suplemento [supleménto] *s. m.* (complemento) supplement.

suplicar [suplikár] *v. tr.* (rogar) to beg; to implore.

suplir [suplír] *v. tr.* **1.** (compensar) to make up for. **2.** (reemplazar) to stand in for.

suponer [suponér] *v. tr.* to suppose.

suprimir [suprimír] *v. tr.* (anular) to suppress.

supuesto, -ta [supwésto] *adj.* **1.** (falso) false. **2.** (hipotético) supposed. ‖ *s. m.* **3.** supposition; assumption. **4.** (hipótesis) hypothesis. ‖ **¡por ~ !** of course!; by all means.

sur [súr] *adj.* **1.** *Geogr.* southern. ‖ *s. m.* **2.** *Geogr.* south.

surco [súrko] *s. m., Agr.* furrow.

surgir [surxír] *v. intr.* **1.** (emerger) to arise; to emerge. **2.** (brotar) to sprout.

surtir [surtír] *v. tr.* (proveer) to supply; to provide.

suscitar [susθitár] *v. tr.* to cause.

suscribir [suskriβír] *v. tr.* **1.** to subscribe. **2.** (firmar) to sign.

suspender [suspendér] *v. tr.* **1.** (suprimir) to suspend. **2.** (colgar) to hang. ‖ *v. intr.* **3.** (un examen) to fail.

suspirar [suspirár] *v. intr.* to sigh.

sustancia [sustánθja] *s. f.* substance.

sustantivo [sustantíβo] *s. m., Ling.* noun; substantive *frml.*

sustentar [sustentár] *v. tr.* **1.** (sostener) to support. **2.** (alimentar) to sustain.

sustituir [sustituír] *v. tr.* **1.** (permanentemente) to replace. **2.** (transitoriamente) to substitute.

susto [sústo] *s. m.* fright; scare.

sustraer [sustraér] *v. tr.* **1.** (restar) to subtract. **2.** (robar) to steal.

susurro [susúro] *s. m.* whisper.

sutil [sutíl] *adj.* **1.** subtle. **2.** (inteligencia) keen; sharp.

suyo, -ya [sújo] *adj. pos.* **1.** (de él) his; of his. **2.** (de ella) her; of hers. **3.** (de ellos) their; of theirs. **4.** (de usted) your; of yours. ‖ *pron. pos. 3ª sing.* **5.** (de él) his. **6.** (de ella) hers. **7.** (de ellos) theirs. **8.** (cosa, animal) its. **9.** (impersonal) one's. **10.** (de usted) yours.

T

t [té] *s. f.* (letra) t.

tabaco [taβáko] *s. m.* tobacco.

tabarra [taβára] *s. f., fam.* (molestia) nuisance; pest.

taberna [taβérna] *s. f.* bar; saloon *Am. E.*

tabique [taβíke] *s. m.* (pared) partition wall.

tabla [táβla] *s. f.* board.

tablao [taβláo] *s. m.* tablao (bar or club where flamenco is performed.).

tableta [taβléta] *s. f.* (de chocolate) bar; slab.

tablón [taβlón] *s. m.* (de madera) plank; board.

tabú [taβú] *s. m.* taboo.

taburete [taβuréte] *s. m.* stool.

tacha [tátʃa] *s. f.* (defecto) defect; fault.

tachar [tatʃár] *v. tr.* to cross out.

taco [táko] *s. m.* **1.** (de madera) plug. **2.** (de comida) cue.

tacón [takón] *s. m.* heel.

táctica [táktika] *s. f.* tactics *pl.*

tacto [tákto] *s. m.* touch.

tahona [taóna] *s. f.* **1.** (molino) flourmill. **2.** (panadería) bakery.

tajada [taxáða] *s. f.* **1.** (molino) slice. **2.** (corte) cut.

tal [tál] *adj.* **1.** such; such a. ‖ *pron. indef.* **2.** such.

taladro [taláðro] *s. m.* (herramienta) drill.

talar [talár] *v. tr.* to fell.

talco [tálko] *s. m., Miner.* talc.

talento [talénto] *s. m.* **1.** talent. **2.** (aptitud) ability.

talla [táʎa] *s. f.* **1.** size. **2.** (estatura) height; stature.

tallar [taʎár] *v. tr.* **1.** (madera) to carve. **2.** (piedras preciosas) to cut.

talle [táʎe] *s. m.* **1.** *Anat.* (cintura) waist. **2.** (de mujer) figure; shape.

taller [taʎér] *s. m.* **1.** *Autom.* garage; repair shop *Am. E.* **2.** *Tecnol.* workshop.

tallo [táʎo] *s. m., Bot.* stem; stalk.

talón [talón] *s. m., Anat.* heel.

tamaño, -ña [tamáɲo] *s. m.* size.

tambalear [tambaleár] *v. intr.* **1.** (bambolear) to sway; to wobble. ‖ **tambalearse** *v. prnl.* **2.** (una persona) to stagger.

también [tambjén] *adv.* **1.** too; as well; also. **2.** so. **3.** (enfático) then.

tambor [tambór] *s. m., Mús.* (instrumento) drum.

tamiz [tamíθ] *s. m.* sieve.

tampoco [tampóko] *adv. neg.* **1.** neither; nor. **2.** (en frases negativas) either.

tan [tán] *adv.* (comparativo) so.

tanda [tánda] *s. f.* **1.** (turno) turn; shift. **2.** (grupo) gang.

tanque [táŋke] *s. m.* (depósito) tank.

tanto, -ta [tánto] *adj.* **1.** (incontables) so much *sing.* **2.** (contables) so many *pl.* ‖ *pron.* **3.** (incontables) so much *sing.* **4.** (contables) so many *sing.* ‖ *adv.* **5.** as. **6.** (con adj. o adv.) so. ‖ *s. m.* **7.** (punto) point.

tañer [tapér] *v. tr.* **1.** to toll. ‖ *v. intr.* **2.** (campana) to peal.

tapa [tápa] *s. f.* **1.** lid. **2.** (de una botella) top.

tapadera [tapaðéra] *s. f.* lid.

tapar [tapár] *v. tr.* **1.** to cover. **2.** (encubrir) to conceal. ‖ **taparse** *v. prnl.* **3.** (cubrirse) to cover oneself.

tapia [tápja] *s. f.* (muro) wall.

tapiz [tapíθ] *s. m.* tapestry.

tapón [tapón] *s. m.* **1.** stopper. **2.** (de corcho) cork. **3.** (de una botella) cap.

taponar [taponár] *v. tr.* to plug.

taquilla [takíʎa] *s. f.* **1.** ticket office; box office. **2.** (armario) locker.

tara [tára] *s. f.* (defecto) defect.

tarántula [tarántula] *s. f., Zool.* (araña grande) tarantula.

tararear [tarareár] *v. tr.* to hum.

tardar [tarðár] *v. intr.* **1.** (demorar) to delay. **2.** (tomarse tiempo) to take time.

tarde [tárðe] *adv.* **1.** late. ‖ *s. f.* **2.** (antes de oscurecer) afternoon. **3.** (de noche) evening.

tarea [taréa] *s. f.* task; job.

tarifa [tarífa] *s. f.* **1.** (precio) rate; tariff. **2.** (en transporte) fare.

tarima [taríma] *s. f.* dais.

tarjeta [tarχéta] *s. f.* card.

tarro [táro] *s. m.* jar.

tarta [tárta] *s. f., Gastr.* cake; tart.

tartamudear [tartamuðeár] *v. intr.* (balbucear) to stutter.

tartera [tartéra] *s. f.* (fiambrera) lunch pail *Am. E.*; lunch box.

tarugo [tarúvo] *s. m.* (de madera, pan) piece.

tasar [tasár] *v. tr.* **1.** (poner precio) to fix a price for. **2.** (valorar) to value.

tatuar [tatuár] *v. tr.* to tattoo.

tauromaquia [táwromakja] *s. f.* bullfighting; tauromachy.

taxi [táysi] *s. m.* taxi; cab.

taza [táθa] *s. f.* **1.** cup. **2.** (de té) mug.

te [té] *pron. pers.* *2ª sing.* **1.** (objeto) you. ‖ *pron. pers. refl.* **2.** yourself.

té [té] *s. m.* **1.** (infusión) tea. **2.** (reunión) tea party. .

teatro [teátro] *s. m.* theater.

tebeo [teβéo] *s. m.* comic.

techo [tétʃo] *s. m.* **1.** (interior) ceiling. **2.** (tejado) roof.

tecla [tékla] *s. f.* key.

técnico, -ca [tékniko] *adj.* **1.** technical. ‖ *s. m. y f.* **2.** (experto) technician. ‖ **técnica** *s. f.* **3.** (ciencia) technics.

tedio [téðjo] *s. m.* boredom.

teja [téχa] *s. f.* tile.

tejer [teχér] *v. tr.* **1.** to weave. **2.** (hacer punto) to knit.

tejido [teχíðo] *s. m.* (tela) fabric.

tela [téla] *s. f.* fabric; cloth.

telaraña [telaráɲa] *s. f.* spiderweb *Am. E.*

tele [téle] *s. f., fam.* TV.

telediario [teleðjárjo] *s. m.* news.

telefilme [telefílme] *s. m.* (película) TV movie.

teléfono [teléfono] *s. m.* telephone; phone. || ~ **portatil** mobile telephone.

telegrama [teleɣráma] *s. m.* telegram.

telenovela [telenoβéla] *s. f.* soap opera.

telepatía [telepatía] *s. f.* (percepción) telepathy.

telescopio [teleskópjo] *s. m., Astron.* telescope.

telesilla [telesíʎa] *s. m.* chair lift.

teletexto [teletésto] *s. m.* teletext.

teletipo [teletípo] *s. m.* (aparato) tele-typewriter *Am. E.;* teleprinter *Br. E.*

televisar [teleβisár] *v. tr.* to televise.

televisión [teleβisjón] *s. f.* television.

televisor [teleβisór] *s. m.* television set.

telón [telón] *s. m., Teatr.* curtain.

tema [téma] *s. m.* (asunto) subject; topic. || ~ **de discusión** issue.

temblar [temblár] *v. intr.* **1.** (de frío) to shiver. **2.** *fig.* (miedo) to tremble. **3.** (agitarse) to shake.

temer [temér] *v. tr. e intr.* (tener miedo) to fear; to be afraid of.

temor [temór] *s. m.* fear.

temperamento [temperaménto] *s. m.* (naturaleza) temperament.

temperatura [temperatúra] *s. f.* temperature.

tempestad [tempestáð] *s. f., Meteor.* (tormenta) storm.

templar [templár] *v. tr.* **1.** to temper. **2.** (enfriar) to chill.

templo [témplo] *s. m.* temple.

temporada [temporáða] *s. f.* **1.** (estación) season. **2.** (período) period.

temprano, -na [tempráno] *adj.* **1.** (anticipado) early. || *adv.* **2.** (pronto) early.

tenaz [tenáθ] *adj.* tenacious.

tenaza [tenáθa] *s. f.* **1.** *Tecnol.* pincers; pliers. **2.** *Zool.* pincers. •Chiefly in pl.

tender [tendér] *v. tr.* **1.** (extender) to spread. **2.** (la ropa) to hang out.

tendón [tendón] *s. m., Anat.* (ligamento) tendon.

tenebroso, -sa [teneβróso] *adj.* **1.** dark; gloomy. **2.** (siniestro) sinester.

tenedor, -dora [teneðór] s. m. (cubierto) fork.

tener [tenér] v. tr. **1.** to have; to have got. **2.** (edad, medidas, sensaciones) to be. **3.** (sujetar) to hold. **4.** (poseer) to possess.

tenis [ténis] s. m., Dep. tennis.

tenor [tenór] s. m., Mús. tenor.

tensión [tensjón] s. f. **1.** tension. **2.** (estrés) stress.

tentáculo [tentákulo] s. m., Zool. (de calamar, pulpo) tentacle.

tentar [tentár] v. tr. **1.** (inducir) to tempt. **2.** (tocar) to touch.

tentativa [tentatíβa] s. f. attempt.

tentempié [tentempjé] s. m. (piscolabis) snack.

tenue [ténwe] adj. **1.** (débil) faint. **2.** (delgado) slender; thin.

teñir [teɲír] v. tr. **1.** (cambiar el color) to dye. **2.** (manchar) to stain.

teología [teoloχía] s. f., Rel. theology.

teoría [teoría] s. f. theory.

terapia [terápja] s. f. therapy.

tercer [terθér] adj. num. ord. third. • Apocopated form of "tercero", used before a m. n.

tercero, -ra [terθéro] adj. num. ord. (también pron. num.) **1.** third. || adj. y s. m. y f. **2.** mediator. || s. m. **3.** third party.

terciar [terθjár] v. intr. (interceder) to intercede.

terciopelo [terθjopélo] s. m. velvet.

terco, -ca [térko] adj. (testarudo) stubborn; obstinate; headstrong.

tergiversar [terχiβersár] v. tr. **1.** (hechos) to distort. **2.** (palabras) to twist.

terminar [terminár] v. tr. **1.** to finish. || v. intr. **2.** (acabar) to end.

término [término] s. m. **1.** (fin) end; finish. **2.** (límite) limit.

termo [térmo] s. m. (recipiente) thermos; flask.

termómetro [termómetro] s. m. (para medir la temperatura) thermometer.

ternera [ternéra] s. f., Gastr. (carne) veal.

ternero, -ra [ternéro] s. m. y f., Zool. (becerro) calf.

terraplén [teraplén] s. m. (desnivel) embankment; bank.

terremoto [teremóto] s. m. (seísmo) earthquake.

terrible [teříβle] adj. terrible.

territorio [teritórjo] s. m. (lugar) territory.

terrón [teřón] s. m. lump.

terror [teřór] s. m. terror.

terso, -sa [térso] adj. smooth.

tertulia [tertúlja] s. f. **1.** (reunión) gathering. **2.** (grupo) circle.

tesis [tésis] s. f. inv. thesis.

tesón [tesón] s. m. tenacity.

tesoro [tesóro] *s. m.* treasure.

test [tést] *s. m.* test.

testamento [testaménto] *s. m.,* *Der.* will; testament *frml.*

testículo [testíkulo] *s. m.,* *Anat.* testicle.

testificar [testifikár] *v. tr.* to testify.

testigo [testíγo] *s. m. y f.* witness.

testimoniar [testimonjár] *v. tr.* (declarar) to testify.

testimonio [testimónjo] *s. m.* testimony.

teta [téta] *s. f.* **1.** *Anat., vulg.* (de mujer) tit; boob. **2.** *Zool.* (de animal) teat. **3.** *Zool.* (de vaca) udder.

tetera [tetéra] *s. f.* **1.** teapot. **2.** (para hervir) kettle.

tetilla [tetíʎa] *s. f.* **1.** *Anat.* nipple. **2.** *Zool.* (y de biberón) teat.

textil [testíl] *adj. y s. m.* textile.

texto [tésto] *s. m.* text.

tez [téθ] *s. f.* complexion; skin.

ti [tí] *pron. pers. prep. 2ª sing.* you; yourself.

tibia [tíβja] *s. f., Anat.* (hueso) shinbone; tibia.

tibio, -bia [tíβjo] *adj.* (templado) lukewarm; tepid.

tiburón [tiβurón] *s. m.* shark.

tic [tík] *s. m., Med.* tic.

tiempo [tjémpo] *s. m.* **1.** time. **2.** (época) epoch. **3.** *Meteor.* weather.

tienda [tjénda] *s. f.* (establecimiento) store *Am. E.;* shop *Br. E.*

tierno, -na [tjérno] *adj.* tender.

tierra [tjéra] *s. f.* **1.** (planeta) earth. **2.** (superficie) land. **3.** (suelo) ground.

tieso, -sa [tjéso] *adj.* **1.** (rígido) rigid; stiff. **2.** (tenso) tense.

tiesto [tjésto] *s. m.* flowerpot.

tigre [tíγre] *s. m., Zool.* tiger.

tigresa [tiγrésa] *s. f., Zool.* tigress.

tijera [tiχéra] *s. f.* scissors *pl.*

tila [tíla] *s. f.* **1.** *Bot.* (flor) lime blossom. **2.** (infusión) lime blossom tea.

tildar [tildár] *v. tr.* to brand.

tilde [tílde] *s. m.* **1.** (acento) accent. **2.** *Ling.* (virgulilla) tilde.

tilo [tílo] *s. m., Bot.* (árbol) lime tree; linden *Am. E.;* lime.

timar [timár] *v. tr.* to swindle; to cheat.

timbrar [timbrár] *v. tr.* to stamp.

timbrazo [timbráθo] *s. m.* ring.

timbre [tímbre] *s. m.* **1.** bell; doorbell. **2.** (de un sonido) timbre. **3.** (sello) stamp.

tímido, -da [tímiðo] *adj.* shy.

timón [timón] *s. m., Náut.* rudder.

tímpano [tímpano] *s. m., Anat.* eardrum.

tinaja [tináχa] *s. f.* (vasija) large earthen jar.

tiniebla [tinjéβla] *s. f.* **1.** (oscuridad) darkness. **2.** *fig.* (desconocimiento) ignorance. •Chiefly in pl.

tino [tíno] *s. m.* (acierto) aim.

tinta [tínta] *s. f.* ink.

tinte [tínte] *s. m.* (colorante) dye.

tintero [tintéro] *s. m.* inkpot.

tintorería [tintorería] *s. f.* drycleaner's.

tío [tío] *s. m.* **1.** (familiar) uncle. **2.** *col.* (individuo) guy. ‖ **tía** *s. f.* **3.** (familiar) aunt.

tipo [típo] *s. m.* **1.** type; kind. **2.** (de mujer) figure. ‖ *s. m. y f.* **3.** (individuo) guy; fellow.

tique o ticket [tíke] *s. m.* **1.** (billete) ticket. **2.** (recibo) receipt.

tira [tíra] *s. f.* **1.** (banda) strip. **2.** (lazo) ribbon.

tirano, -na [tiráno] *adj.* **1.** tyrannical. ‖ *s. m. y f.* **2.** tyrant.

tirante [tiránte] *adj.* **1.** tight; taut. **2.** *fig.* (situación) tense. ‖ **tirantes** *s. m. pl.* **3.** suspenders *Am. E.;* braces *Br. E.*

tirar [tirár] *v. tr.* **1.** to throw. **2.** (a la basura) to throw away. **3.** (derrochar) to squander. **4.** (derribar) to knock down. ‖ *v. intr.* **5.** to pull. **6.** (chimenea) to draw. ‖ **tirarse** *v. prnl.* **7.** (lanzarse) to hurl oneself.

tirita [tiríta] *s. f.* bandaid *Am. E.;* sticking plaster *Br. E.*

tiritona [tiritóna] *s. f., fam.* shiver.

tiro [tíro] *s. m.* **1.** (lanzamiento) throw. **2.** (disparo) shot.

tirotear [tiroteár] *v. tr.* to snipe at.

títere [títere] *s. m.* puppet.

titubear [tituβeár] *v. intr.* (vacilar) to hesitate; to vacillate.

titular[1] [titulár] *s. m. y f.* **1.** (de un pasaporte) holder. ‖ *s. m.* **2.** (de un periódico) headline.

titular[2] [titulár] *v. tr.* (poner título) to title; to entitle.

título [título] *s. m.* **1.** title. **2.** (de un periódico) headline.

tiza [tíθa] *s. f.* chalk.

toalla [toáλa] *s. f.* towel.

tobillera [toβiλéra] *s. f., Med.* (venda) ankle support.

tobillo [toβíλo] *s. m., Anat.* ankle.

tobogán [toβoγán] *s. m.* slide.

tocadiscos [tokaðískos] *s. m. inv.* record player.

tocar [tokár] *v. tr.* **1.** to touch. **2.** (timbre) to ring. **3.** *Mús.* to play.

tocino [toθíno] *s. m.* **1.** pork fat. **2.** (para freir) bacon.

todavía [toðaβía] *adv.* still; yet.

todo, -da [tóðo] *adj. indef.* **1.** all; all of; whole; every. ‖ *s. m.* **2.** whole. ‖ *pron. indef.* **3.** everything; all.

toldo [tóldo] *s. m.* **1.** awning. **2.** (para la playa) sunshade.

tolerar [tolerár] *v. tr.* **1.** to tolerate. **2.** (soportar) to stand for.

tomar [tomár] *v. tr.* to take.

tomate [tomáte] *s. m., Bot.* (fruto) tomato.

tómbola [tómbola] *s. f.* tombola.

tomillo [tomíʎo] *s. m., Bot.* thyme.

tomo [tómo] *s. m.* volume.

tonel [tonél] *s. m.* barrel.

tonelada [toneláða] *s. f.* ton.

tono [tóno] *s. m.* tone.

tontería [tontería] *s. f.* **1.** foolishness. ‖ **tonterías** *s. f. pl.* **2.** rubbish *sing.*

tonto, -ta [tónto] *adj.* **1.** silly; dumb. ‖ *s. m. y f.* **2.** fool; idiot.

topo [tópo] *s. m., Zool.* mole.

tórax [tóraxs] *s. m., Anat.* thorax.

torbellino [torβeʎíno] *s. m.* (remolino de viento) whirlwind.

torcer [torθér] *v. tr.* **1.** to twist. **2.** (esquina) to turn. **3.** *Med.* to sprain. ‖ *v. intr.* **4.** (girar) to turn.

torear [toreár] *v. tr. e intr., Taur.* to fight.

tormenta [torménta] *s. f., Meteor.* (tempestad) storm.

tornillo [torníʎo] *s. m.* screw.

torno [tórno] *s. m.* (de carpintero) lathe.

toro [tóro] *s. m., Zool.* bull.

torpe [tórpe] *adj.* clumsy.

torpedo [torpéðo] *s. m.* torpedo.

torre [tóře] *s. f.* tower.

torrente [tořénte] *s. m.* torrent.

torreón [tořeón] *s. m., Mil.* fortified tower.

tórrido, -da [tóřiðo] *adj.* torrid.

torrija [toříχa] *s. f., Gastr.* (dulce) French toast.

torta [tórta] *s. f.* **1.** *Gastr.* sponge cake. **2.** *fam.* (bofetada) slap.

tortilla [tortíʎa] *s. f.* **1.** *Gastr.* omelet. **2.** *Méx.* tortilla.

tórtola [tórtola] *s. f., Zool.* (pájaro) turtledove.

tortuga [tortúγa] *s. f., Zool.* turtle *Am. E.;* tortoise *Br. E.*

torturar [torturár] *v. tr.* to torture.

tos [tós] *s. f.* cough.

tosco [tósko] *adj.* **1.** (basto) rough. **2.** (bruto) rude.

toser [tosér] *v. intr.* to cough.

tostada [tostáða] *s. f.* toast.

tostar [tostár] *v.* **1.** (pan) to toast. **2.** (café) to roast.

total [totál] *adj.* **1.** total; whole. ‖ *s. m.* **2.** (todo) whole. **3.** (suma) sum.

traba [tráβa] *s. f.* (enlace) tie; bond.

trabajar [traβaχár] *v. tr.* **1.** to work. ‖ *v. intr.* **2.** to work.

trabajo [traβáχo] *s. m.* **1.** work. **2.** (tarea) job. **3.** (empleo) employment.

trabalenguas [traβaléŋgwas] *s. m. inv.* tongue twister.

trabar [traβár] *v. tr.* to join; to unite.

tradición [traðiθjón] *s. f.* tradition.

traducir [traðuθír] *v. tr.* to translate.

traductor, -tora [traðuktór] *s. m. y f.* translator.

traer [traér] *v. tr.* **1.** to bring. **2.** (llevar) to carry. **3.** (causar) to cause.

traficar [trafikár] *v. intr.* **1.** to deal; to trade. **2.** (algo ilegal) to traffic.

tragaluz [tragalúθ] *s. m., Arq.* (claraboya) skylight.

tragar [tragár] *v. tr.* **1.** (ingerir) to swallow. **2.** (humo) to inhale.

tragedia [traxéðja] *s. f.* tragedy.

trágico, -ca [tráxiko] *adj.* tragic.

trago [trágo] *s. m.* (sorbo) gulp; swallow.

traicionar [trajθjonár] *v. tr.* (engañar) to betray.

traje [tráxe] *s. m.* **1.** (de mujer) dress. **2.** (de hombre) suit.

trama [tráma] *s. f.* **1.** (malla) weft. **2.** (intriga) intrigue.

tramar [tramár] *v. tr.* to plot.

trámite [trámite] *s. m.* **1.** (etapa) step; stage. **2.** *Der.* transaction.

tramo [trámo] *s. m.* **1.** (de carretera) stretch; section. **2.** (de una escalera) flight.

trampa [trámpa] *s. f.* **1.** (para animales) trap. **2.** (engaño) cheat.

trampolín [trampolín] *s. m., Dep.* (natación) springboard.

tranquilizar [traŋkiliθár] *v. tr.* to tranquilize; to calm.

transacción [transakθjón] *s. f., Econ.* transaction.

transbordar [transβorðár] *v. tr.* (transferir) to transfer.

transbordo [transβórðo] *s. m.* (traslado) transfer.

transcribir [transkriβír] *v. tr.* to transcribe.

transcurrir [transkuřír] *v. intr.* (pasar el tiempo) to pass; to go by; to lapse.

transcurso [transkúrso] *s. m.* (curso) passing; course.

transeúnte [transeúnte] *s. m. y f.* (peatón) passerby.

transferir [transferír] *v. tr.* to transfer.

transformar [transformár] *v. tr.* **1.** to transform. **2.** (convertir) to convert.

transitar [transitár] *v. intr.* to travel.

transitorio, -ria [transitórjo] *adj.* transitory; transient.

transmitir [transmitír] *v. tr.* **1.** to transmit. **2.** (programa) to broadcast. **3.** *Med.* (enfermedad) to pass on.

transparente [transparénte] *adj.* (claro) transparent; diaphanous.

transpirar [transpirár] *v. intr.* **1.** (sudar) to perspire. **2.** *Bot.* to transpire.

transportar [transportár] *v. tr.* **1.** to transport. **2.** (llevar) to carry.

transversal [transβersál] *adj.* transverse; cross.

tranvía [trambía] *s. m.* (vehículo) streetcar *Am. E.*; tram *Br. E.*

trapecio [trapéθjo] *s. m.* **1.** (espectáculo) trapeze. **2.** *Mat.* trapezoid *Am. E.*

trapo [trápo] *s. m.* **1.** (bayeta) cloth. **2.** (tela) rag. **3.** (para el polvo) dust cloth *Am. E.*; duster *Br. E.*

tras [trás] *prep.* **1.** after; behind. **2.** (después de) after.

trasero, -ra [traséro] *adj.* back.

trasladar [traslaðár] *v. tr.* **1.** to move. **2.** (a una persona) to transfer. ‖ **trasladarse** *v. prnl.* **3.** to move.

trasluz, al [traslúθ] *loc. adv.* against the light.

trasnochar [trasnotʃár] *v. intr.* (velar) to keep late hours.

traspapelar [traspapelár] *v. tr.* to mislay.

traspasar [traspasár] *v. tr.* **1.** (atravesar) to go through. **2.** (perforar) to pierce.

trastada [trastáða] *s. f., fam.* dirty trick.

trastero [trastéro] *s. m.* (desván) lumber room *Am. E.*; junk room

trastienda [trastjénda] *s. f.* backshop; back room (of a shop).

trasto [trásto] *s. m.* piece of junk.

trastornar [trastornár] *v. tr.* **1.** (alterar) to upset. **2.** *fig.* (perturbar) to disturb.

tratado [tratáðo] *s. m.* **1.** (acuerdo) treaty. **2.** (libro) treatise.

tratar [tratár] *v. tr.* **1.** to treat. **2.** (manejar) to handle. ‖ *v. intr.* **3.** (tener relación con) to deal.

través [traβés] *s. m.* (contratiempo) reverse.

travesía [traβesía] *s. f.* **1.** (viaje) crossing. **2.** (calle) side street.

travieso, -sa [traβjéso] *adj.* (revoltoso) naughty; mischievous.

trayecto [trajékto] *s. m.* **1.** (viaje) journey. **2.** (recorrido) haul.

trayectoria [trajektórja] *s. f.* (dirección) path.

trazar [traθár] *v. tr.* **1.** (dibujar) to draw. **2.** *Arq.* (esbozar) to plan; to design.

trébol [tréβol] *s. m., Bot.* (planta) clover; trefoil.

trece [tréθe] *adj. num. card. inv.* (también pron. num. y s. m.) **1.** thirteen. ‖ *adj. num. ord. inv.* (también pron. num.) **2.** thirteenth; thirteen.

trecho [trétʃo] *s. m.* stretch.

tregua [tréɣwa] *s. f.* **1.** *Mil.* truce. **2.** *fig.* respite.

treinta [tréjnta] *adj. num. card. inv.* (también pron. num. y s. m.) **1.** thirty. ‖ *adj. num. ord. inv.* (también pron. num.) **2.** thirtieth; thirty.

tren [trén] *s. m.* train.

trenza [tréṇθa] *s. f.* (en el pelo) braid *Am. E.*; plait *Br. E.*

trepar [trepár] *v. tr.* **1.** to climb. ‖ *v. intr.* **2.** (con dificultad) to clamber; scramble.

tres [trés] *adj. num. card. inv.* (también pron. num. y s. m.) **1.** three. ‖ *adj. num. ord. inv.* (también pron. num.) **2.** third; three.

trescientos, -tas [tresθjéntos] *adj. y s. m.* three hundred. •Also pron.

triángulo [triáŋgulo] *s. m., Mat.* triangle.

tribu [tríβu] *s. f.* tribe.

tribulación [tríβulaθjón] *s. f.* (angustia) tribulation.

tribuna [tríβúna] *s. f.* (plataforma) platform.

tribunal [tríβunál] *s. m., Der.* (juzgado) court.

tributo [tríβúto] *s. m.* tax.

triciclo [tríθíklo] *s. m.* tricycle.

trienio [tríéṇjo] *s. m.* triennium.

trigo [tríɣo] *s. m., Bot.* wheat.

trillar [triʎár] *v. tr., Agr.* to thresh.

trimestre [triméstre] *s. m.* **1.** three months. **2.** term.

trinar [trinár] *v. intr., Mús.* (pájaro) to trill; to warble.

trinchar [trintʃár] *v. tr.* to carve.

trineo [trinéo] *s. m.* sled *Am. E.*; sledge *Br. E.*

trino [tríno] *s. m.* trill; warble.

trío [trío] *s. m.* trio.

tripa [trípa] *s. f., Anat.* gut.

triple [tríple] *adj.* **1.** triple. ‖ *s. m.* **2.** (tríplice) triple.

triplicar [triplikár] *v. tr.* **1.** (ventas) to treble. **2.** (cifra) to triple.

triptongo [triptóŋgo] *s. m., Ling.* (fonética) triphthong.

tripulación [tripulaθjón] *s. f.* crew.

trisílabo, -ba [trisílaβo] *adj.* **1.** *Ling.* trisyllabic. ‖ *s. m.* **2.** *Ling.* trisyllable.

triste [tríste] *adj.* sad.

triturar [triturár] *v. tr.* to grind.

triunfar [trjuɱfár] *v. intr.* to triumph.

trivial [triβjál] *adj.* trivial; banal.

trocear [troθeár] *v. tr.* (desmenuzar) to cut sth into pieces.

trofeo [troféo] *s. m.* trophy.

trombón [trombón] *s. m., Mús.* (instrumento) trombone.

trompa [trómpa] *s. f.* **1.** *Mús.* (instrumento) horn. **2.** *Zool.* (de elefante) trunk.

trompeta [trompéta] *s. f., Mús.* (instrumento) trumpet. ‖ *s. m. y f.* **2.** *Mil.* (persona) trumpeter.

tronar [tronár] *v. intr., Meteor.* to thunder.

tronchar [trontʃár] *v. tr.* to snap.

tronco [tróŋko] *s. m.* **1.** (de persona, árbol) trunk. **2.** *Bot.* (de una planta) stem.

trono [tróno] *s. m.* throne. |

tropa [trópa] *s. f.* troop.

tropel [tropél] *s. m.* crowd.

tropezar [tropeθár] *v. intr.* (chocar) to trip; to stumble.

trópico [trópiko] *s. m.* tropic.

trote [tróte] *s. m.* trot.

trozo [tróθo] *s. m.* piece; bit.

trucha [trútʃa] *s. f., Zool.* trout.

trueno [trwéno] *s. m., Meteor.* thunder.

tu [tú] *adj. pos. 2ª pers. sing.* (antes del s.) your.

tú [tú] *pron. pers. nomin. 2ª sing.* you.

tubería [tuβería] *s. f. sing.* (tubos) pipes *pl.*; piping.

tubo [túβo] *s. m.* tube; pipe.

tuerca [twérka] *s. f., Mec.* nut.

tuerto, -ta [twérto] *adj.* **1.** one-eyed. ‖ *s. m. y f.* **2.** one-eyed person.

tufo [túfo] *s. m.* **1.** (emanación) fume. **2.** *pey.* (mal olor) stink.

tulipán [tulipán] *s. m., Bot.* tulip.

tumba [túmba] *s. f.* grave; tomb.

tumbona [tumbóna] *s. f.* (para la playa) sun lounger; deck chair.

tumor [tumór] *s. m., Med.* tumor.

tumulto [tumúlto] *s. m.* **1.** (jaleo) tumult. **2.** *Polít.* (motín) riot.

túnel [túnel] *s. m.* tunnel.

túnica [túnika] *s. f.* tunic.

tupido, -da [tupído] *adj.* (espeso) thick; dense.

turbante [turβánte] *s. m.* turban.

turbar [turβár] *v. tr.* **1.** (molestar) to disturb. **2.** (desconcertar) to perplex.

turbio, -bia [túrβjo] *adj.* **1.** turbid. **2.** (agua) muddy.

turbulento, -ta [turβulénto] *adj.* (revuelto) turbulent.

turismo [turísmo] *s. m.* tourism.

turista [turísta] *s. m. y f.* (visitante) tourist. ‖ **clase ~** tourist class.

turrón [turón] *s. m.* a type of nougat made of almonds and honey (eaten at Christmas).

tutear [tuteár] *v. tr.* to address sb using the "tú" form.

tutela [tutéla] *s. f., Der.* guardianship; tutelage.

tutor, -ra [tutór] *s. m. y f.* **1.** *Der.* guardian. **2.** *Educ.* tutor.

tuyo, -ya [tújo] *adj. pos. 2ª pers. sing.* **1.** your; of yours. ‖ *pron. pos.* **2.** yours.

U

u¹ [ú] *s. f.* (letra) u.

u² [ú] *conj. advers.* (used instead of o before words beginning by o) or. •Used before words beginning with "o" or "ho".

ubicar [uβikár] *v. tr.* **1.** to place; to locate. ‖ **ubicarse** *v. prnl.* **2.** to be situated.

ubre [úβre] *s. f., Zool.* udder.

úlcera [úlθera] *s. f., Med.* ulcer. ‖ **~ de estómago** *Med.* stomach ulcer.

ultimar [ultimár] *v. tr.* **1.** to finish. **2.** (concluir) to finalize.

ultimátum [ultimátun] *s. m.* (resolución) ultimatum.

último, -ma [último] *adj.* **1.** last. **2.** (más reciente) latest.

ultrajar [ultraχár] *v. tr.* **1.** to outrage. **2.** (insultar) to insult.

ultramar, de [ultramár] *s. m.* overseas.

umbral [umbrál] *s. m.* threshold.

un, una [ún] *art. indef.* a; an.

unción [unθjón] *s. f., Rel.* unction.

undécimo, -ma [undéθimo] *adj. num. ord.* (también pron. num.) **1.** eleventh; eleven. ‖ *adj. num. fracc.* (también *s. m.*) **2.** eleventh.

ungir [unχír] *v. tr., Rel.* to anoint.

ungüento [uŋgwénto] *s. m.* (pomada) ointment.

único, -ca [úniko] *adj.* **1.** (solo) only; sole. **2.** (exclusivo) unique.

unicornio [unikórnjo] *s. m., Mit.* (caballo con un cuerno) unicorn.

unidad [uniðáð] *s. f.* **1.** *Econ.* unit. **2.** (unión) unity.

unifamiliar [unifamiljár] *adj.* (casa) of one family.

unificar [unifikár] *v. tr.* to unify.

uniformar [uniformár] *v. tr.* **1.** (regularizar) to standardize; to unify. **2.** (alumnos, militares) to uniform.

uniforme [unifórme] *adj.* **1.** (igual) uniform. ‖ *s. m.* **2.** uniform.

unilateral [unilaterál] *adj.* (parcial) unilateral.

unión [unjón] *s. f.* **1.** (alianza) union. **2.** (unidad) unity.

unir [unír] *v. tr.* **1.** to join; to unite. ‖ **unirse** *v. prnl.* **2.** (juntarse) to join; to unite.

unísono, -na [unísono] *adj.* **1.** unisonous. ‖ *s. m.* **2.** unison.

universal [uniβersál] *adj.* (general) universal.

universidad [uniβersiðáð] *s. f.* university.

universitario, -ria [uniβersitárjo] *adj.* **1.** university. ‖ *s. m. y f.* **2.** (estudiante) university student. **3.** (licenciado) university graduate.

universo [uniβérso] *s. m.* (cosmos) universe.

uno, -na [úno] *adj. num. card. inv.* (también pron. num. y s. m.) **1.** one. ‖ *adj. num. ord. inv.* (también pron. num.) **2.** first; one. ‖ *pron. indef.* **3.** col. one. **4.** you. ‖ *adj. indef. pl.* (también pron. indef.) **5.** some. •La forma apocopada "un" se utiliza ante un s. m. o un s. f. que empieza por "a" o "ha" acentuada.

untar [untár] *v. tr.* **1.** (de grasa) to grease. **2.** *fig. y fam.* (sobornar) to suborn.

unto [únto] *s. m.* **1.** (grasa) grease; fat. **2.** (ungüento) ointment.

uña [úɲa] *s. f.* **1.** *Anat.* nail. **2.** *Zool.* (garra) claw.

urbanización [urβaniθaθjón] *s. f.* **1.** (proceso) urbanization. **2.** (núcleo residencial) housing estate.

urbano, -na [urβáno] *adj.* (ciudadano) urban.

urbe [úrβe] *s. f.* large city; metropolis.

urdir [urðír] *v. tr.* **1.** (tramar) to plot. **2.** (hilos) to warp.

urgencia [urχénθja] *s. f.* **1.** urgency. **2.** (emergencia) emergency.

urgente [urχénte] *adj.* urgent.

urgir [urχír] *v. intr.* to be urgent.

urna [úrna] *s. f.* **1.** (cofre) urn. **2.** (para votar) ballot box.

urogallo [uroɣáʎo] *s. m., Zool.* (ave) capercaillie.

urraca [uřáka] *s. m., Zool.* (pájaro) magpie.

usado, -da [usáðo] *adj.* **1.** used. **2.** (gastado) old.

usar [usár] *v. tr.* **1.** to use. **2.** (ropa) to wear.

uso [úso] *s. m.* **1.** use. **2.** (costumbre) usage; custom.

usted [ustéð] *pron. pers. nomin. 3ª sing.* **1.** *form.* you. ‖ *pron. pers. prep.* **2.** (+ prep) you. ‖ ~ **mismo** yourself. **ustedes mismos** yourselves.

usual [uswál] *adj.* usual; normal; habitual.

usurpar [usurpár] *v. tr.* to usurp.

utensilio [utensíljo] *s. m.* **1.** utensil. **2.** (herramienta) tool.

útero [útero] *s. m., Anat.* womb.

útil [útil] *adj.* useful.

utilidad [utiliðáð] *s. f.* utility; usefulness.

utilizar [utiliθár] *v. tr.* (usar) to use; to utilize *frml.*

utopía [utopía] *s. f.* Utopia.

uva [úβa] *s. f.* grape.

V

v [úβe] *s. f.* (letra) v.

vaca [báka] *s. f.* **1.** *Zool.* (animal) cow. **2.** *Gastr.* (carne) beef.

vacaciones [bakaθjónes] *s. f. pl.* holidays.

vaciar [baθiár] *v. tr.* **1.** (desocupar) to empty. **2.** (verter) to pour.

vacilar [baθilár] *v. intr.* **1.** to hesitate. **2.** (balancearse) to wobble.

vacío, -a [baθío] *adj.* **1.** empty. **2.** (hueco) hollow.

vagar [baɣár] *v. intr.* to wander.

vagina [baxína] *s. f.*, *Anat.* vagina.

vago, -ga [báɣo] *adj.* **1.** lazy; idle. **2.** (indefinido) vague. ‖ *s. m. y f.* **3.** (gandul) idler.

vagón [baɣón] *s. m.* **1.** (de pasajeros) car *Am. E.*; coach *Br. E.* **2.** (de mercancías) freight car *Am. E.*; wagon *Br. E.* *Bot.*

vaho [báo] *s. m.* vapor; moisture.

vaina [bájna] *s. f.* **1.** (funda) sheath. **2.** (de guisantes) pod.

vainilla [bajníʎa] *s. f.* vanilla.

vajilla [baxíʎa] *s. f. sing.* dishes *pl.*

vale [bále] *s. m.* voucher.

valentía [balentía] *s. f.* courage.

valer [balér] *v. tr.* **1.** (tener un valor) to be worth. **2.** (costar) to cost.

validez [baliðéθ] *s. f.* validity.

válido, -da [báliðo] *adj.* valid.

valiente [baljénte] *adj.* (valeroso) brave; valiant; gallant.

valija [balíxa] *s. f.* **1.** case. **2.** *Amér.* suitcase.

valla [báʎa] *s. f.* (cerca) fence.

valle [báʎe] *s. m.*, *Geogr.* valley.

valor [balór] *s. m.* **1.** (valía) value; worth. **2.** (precio) price. **3.** (coraje) valor.

válvula [bálβula] *s. f.* valve.

vampiro [bampíro] *s. m.* vampire.

vandalismo [bandalísmo] *s. m.* (salvajada) vandalism.

vanguardia [baŋgwárðja] *s. f.* vanguard.

vanidad [baniðáð] *s. f.* vanity.

vano, -na [báno] *adj.* vain.

vapor [bapór] *s. m.* vapor; steam.

vaquero [bakéro] *s. m.* **1.** cowboy. ‖ **vaqueros** *s. m. pl.* **2.** jeans.

vara [bára] *s. f.* stick.

variedad [barjeðáð] *s. f.* variety.

varilla [baríʎa] *s. f.* rod.

vario, -ria [bárjo] *adj.* various.

varón [barón] *s. m.* man; male.

varonil [baroníl] *adj.* manly.

vaso [báso] *s. m.* glass.

vasto, -ta [básto] *adj.* vast.

váter [báter] *s. m.* **1.** *fam.* (cuarto de baño) bathroom. **2.** (retrete) toilet.

vecindario [beθindárjo] *s. m.* **1.** neighborhood. **2.** (vecinos) inhabitants *pl.*

vecino, -na [beθíno] *s. m. y f.* **1.** neighbor. **2.** (habitante) inhabitant.

vegetación [bexetaθjón] *s. f.*, *Bot.* (flora) vegetation.

vegetariano, -na [bexetarjáno] *adj. y s. m. y f.* vegetarian.

vehículo [beíkulo] *s. m.* vehicle.

veinte [béjnte] *adj. num. card. inv.* (también pron. num. y *s. m.*) **1.** twenty. ‖ *adj. num. ord. inv.* (también pron. num.) **2.** twentieth; twenty.

veintena [bejnténa] *s. f.* **1.** (veinte) twenty. **2.** (cerca de los veinte) about twenty.

veintiún [bejntiún] *adj. num. card.* twenty-one. •Apocopated form of "veintiuno", used before a m. n.

veintiuno, -na [bejntiúno] *adj. num. card.* twenty-one. •Before a m. n., it is used the apocopated form "veintiún"

vejez [beχéθ] *s. f.* old age.

vejiga [beχíɣa] *s. f.* **1.** *Anat.* bladder. **2.** (ampolla) blister.

vela[1] [béla] *s. f.* **1.** (de cera) candle. **2.** (desvelo) wakefulness.

vela[2] [béla] *s. f.*, *Náut.* sail.

velero [beléro] *s. m.*, *Náut.* (barco) sailboat *Am. E.*

veleta [beléta] *s. f.* weather vane.

vello [béʎo] *s. m.* **1.** (pelo) hair. **2.** *Bot.* (pelusa) bloom.

velo [bélo] *s. m.* veil.

velocidad [beloθiðáð] *s. f.* (celeridad) speed.

veloz [belóθ] *adj.* fast; swift.

vena [béna] *s. f.* vein.

venado [benáðo] *s. m.* **1.** *Zool.* deer *inv.*; stag. **2.** *Gastr.* venison.

vencer [benθér] *v. tr.* **1.** (derrotar) to defeat. **2.** (superar) to surpass.

venda [bénda] *s. f.* bandage.

vendar [bendár] *v. tr.* to bandage.

vendaval [bendaβál] *s. m.*, *Meteor.* gale; strong wind.

vender [bendér] *v. tr.* **1.** to sell. ‖ **venderse** *v. prnl.* **2.** to be on sale. **3.** (dejarse sobornar) to sell out.

vendimia [bendímja] *s. f.* **1.** (cosecha) grape harvest. **2.** (tiempo en que se hace) vintage; year.

vendimiar [bendimjár] *v. tr.* (uvas) to pick; to harvest.

veneno [benéno] *s. m.* (sustancia) poison.

venenoso, -sa [benenóso] *adj.* poisonous.

venganza [benɡánθa] *s. f.* revenge.

vengar [benɡár] *v. tr.* **1.** to avenge. ‖ **vengarse** *v. prnl.* **2.** to take revenge.

venir [benír] *v. intr.* **1.** to come. **2.** (llegar) to arrive.

ventaja [bentáχa] *s. f.* advantage.

ventana [bentána] *s. f.* window.

ventilar [bentilár] *v. tr.* (airear) to ventilate; to air.

ventisca [bentíska] *s. f.* **1.** *Meteor.* snowstorm. **2.** *Meteor.* (con mucho viento) blizzard.

ventosa [bentósa] *s. f.* **1.** suction cup. **2.** *Zool.* sucker.

ver [bér] *v. tr.* **1.** to see. **2.** (mirar) to watch; to view.

veracidad [beraθiðáð] *s. f.* truthfulness.; veracity *frml.*

veraneo [beranéo] *s. m.* summer holiday.

verano [beráno] *s. m.* summer.

veraz [beráθ] *adj.* (sincero) truthful; veracious.

verbal [berβál] *adj.* verbal.

verbena [berβéna] *s. f.* street party.

verbo [bérβo] *s. m.*, *Ling.* verb.

verdad [berðáð] *s. f.* truth.

verde [bérðe] *adj.* **1.** green. **2.** (fruta) unripe. ‖ *s. m.* **3.** (color) green.

verdor [berðór] *s. m.* greenness.

verdugo [berðúyo] *s. m.* **1.** executioner. **2.** (en la horca) hangman.

verdura [berðúra] *s. f.* vegetable.

vereda [beréða] *s. f.* path.

vergüenza [berɣwénθa] *s. f.* **1.** shame. **2.** (bochorno) embarrassment. **3.** (timidez) shyness.

verificar [berifikár] *v. tr.* **1.** to verify. **2.** (comprobar) to check.

verja [bérҳa] *s. f.* **1.** iron gate. **2.** (cerca) railing.

verruga [berúɣa] *s. f.*, *Med.* wart.

versión [bersjón] *s. f.* **1.** version. **2.** (traducción) translation.

verso [bérso] *s. m.* verse.

vértebra [bérteβra] *s. f.*, *Anat.* vertebra.

verter [bertér] *v. tr.* **1.** to pour. **2.** (derramar) to spill. ‖ *v. intr.* **3.** (desembocar) to flow; to run into.

vertical [bertikál] *adj.* **1.** vertical. **2.** (posición) upright.

vértigo [bértiɣo] *s. m.* vertigo.

vestíbulo [bestíβulo] *s. m.* hall.

vestido [bestíðo] *s. m.* **1.** (de mujer) dress. **2.** (ropa) clothing; clothes *pl.*

vestigio [bestíҳjo] *s. m.* **1.** trace; vestige. **2.** (señal) sign.

vestir [bestír] *v. tr.* **1.** (llevar puesto) to wear. **2.** (a alguien) to dress.

veterano, -na [beteráno] *adj. y s. m. y f.* veteran.

veterinario, -ria [beterinárjo] *adj.* **1.** veterinary. ‖ *s. m. y f.* **2.** veterinarian *Am. E.*; vet; veterinary surgeon. ‖ **veterinaria** *s. f.* **3.** veterinary science.

vez [béθ] *s. f.* time. ‖ **a la ~** at the same time. **a veces** sometimes.

vía [bía] *s. f.* **1.** (calle) road. **2.** (camino) way. **3.** (raíl) rail.

viajar [bjaҳár] *v. intr.* to travel.

viaje [bjáҳe] *s. m.* **1.** trip. **2.** (largo) voyage. ‖ **agencia de viajes** tourist agency.

víbora [bíβora] *s. f.*, *Zool.* viper.

vibrar [biβrár] *v. tr.* **1.** to vibrate. **2.** (la voz) to quaver. ‖ *v. intr.* **3.** (oscilar) to vibrate.

viciar [biθjár] *v. tr.* **1.** (corromper) to pervert. **2.** *Der.* to vitiate.

vicio [bíθjo] *s. m.* vice.

víctima [bíktima] *s. f.* **1.** victim. **2.** (en un accidente) casualty.

victoria [biktórja] *s. f.* victory.

vid [bíð] *s. f.*, *Bot.* vine.

vida [bíða] *s. f.* life.

vídeo [bíðeo] *s. m.* video.

vidrio [bídrjo] *s. m.* glass.

viejo, -ja [bjéχo] *adj.* **1.** old. ǁ *s. m.* **2.** old man. ǁ **vieja** *s. f.* **3.** old woman.

viento [bjénto] *s. m.* wind.

vientre [bjéntre] *s. m., Anat.* (barriga) belly.

viernes [bjérnes] *s. m.* Friday.

viga [bíɣa] *s. f.* **1.** beam. **2.** (de madera) joist. **3.** (de hierro) girder.

vigésimo, -ma [biχésimo] *adj. num. ord.* (también pron. num. y s. m.) twenty; twentieth.

vigilar [biχilár] *v. intr.* to watch.

vigor [biɣór] *s. m.* **1.** vigor. **2.** (fuerza) strength.

vil [bíl] *adj.* vile; base.

villa [bíʎa] *s. f.* (casa de campo) villa.

villancico [biʎaɲθiko] *s. m., Mús.* carol; Christmas carol.

vinagre [bináɣre] *s. m.* vinegar.

vinagrera [bináɣrera] *s. f.* **1.** vinegar bottle. ǁ **vinagreras** *s. f. pl.* **2.** cruet *sing.*

vínculo [bíŋkulo] *s. m.* link.

vino [bíno] *s. m.* wine.

viña [bíɲa] *s. f.* vineyard.

viñeta [biɲéta] *s. f.* **1.** vignette. **2.** (dibujo) cartoon.

violación [bjolaθjón] *s. f.* **1.** violation. **2.** (sexual) rape.

violar [bjolár] *v. tr.* **1.** to violate. **2.** (sexualmente) to rape.

violencia [bjolénθja] *s. f.* (brusquedad) violence.

violeta [bjoléta] *s. f.* **1.** *Bot.* (flor) violet. ǁ *s. m.* **2.** (color) violet.

violín [bjolín] *s. m., Mús.* violin.

virgen [bírχen] *s. m. y f.* virgin.

viril [biríl] *adj.* virile; manly.

virtud [birtúð] *s. f.* virtue.

virus [bírus] *s. m. inv., Med.* virus.

visado [bisáðo] *s. m.* visa.

víscera [bísθera] *s. f., Anat.* (entrañas) viscus (pl. viscera).

visera [biséra] *s. f.* **1.** (de una gorra) peak. **2.** (de plástico) eyeshade. **3.** (de un casco) visor.

visible [bisíβle] *adj.* visible.

visión [bisjón] *s. f.* **1.** vision. **2.** (vista) sight.

visita [bisíta] *s. f.* **1.** visit. **2.** (persona) visitor.

visitar [bisitár] *v. tr.* to visit.

vislumbrar [bislumbrár] *v. tr.* (entrever) to glimpse.

visón [bisón] *s. m., Zool.* mink.

víspera [bíspera] *s. f.* day before.

vista [bísta] *s. f.* **1.** view. **2.** (visión) sight; vision.

vistazo [bistáθo] *s. m.* glance.

visual [biswál] *adj.* visual.

vital [bitál] *adj.* vital.

vitamina [bitamína] *s. f.* vitamin.

vitrina [bitrína] *s. f.* **1.** (para exposición) showcase. **2.** (armario) (glass) cabinet.

viudo, -da [bjúðo] *adj.* **1.** widowed. ǁ *s. m.* **2.** widower. ǁ **viuda** *s. f.* **3.** widow.

vivaz [biβáθ] *adj.* lively.

vivero [biβéro] *s. m.* (criadero) nursery garden.

viveza [biβéθa] *s. f.* vivacity.

vivienda [biβjénda] *s. f.* **1.** (alojamiento) housing. **2.** (casa) house; home.

vivir[1] [biβír] *s. m.* life; living.

vivir[2] [biβír] *v. intr.* **1.** to live. **2.** (residir) to reside. **3.** (existir) to be; to exist.

vivo, -va [bíβo] *adj.* living; alive.

vocabulario [bokaβulárjo] *s. m.* (léxico) vocabulary.

vociferar [boθiferár] *v. intr.* **1.** (chillar) to shout; to yell. || *v. tr.* **2.** (vocear) to shout.

volar [bolár] *v. intr.* to fly.

volcán [bolkán] *s. m.*, *Geol.* volcano.

volcar [bolkár] *v. tr.* **1.** to upset; to overturn. || *v. intr.* **2.** (coche) to overturn.

voluble [bolúβle] *adj.* fickle.

voluntario, -ria [boluņtárjo] *adj.* **1.** voluntary. || *s. m. y f.* **2.** volunteer; voluntary worker.

volver [bolβér] *v. tr.* **1.** to turn. **2.** to return. || *v. intr.* **3.** (regresar) to return; to get back.

vomitar [bomitár] *v. intr.* to vomit; to be sick *Br. E.*

voraz [boraθ] *adj.* voracious.

vos [bós] *pron. pers.* *2ª sing.* **1.** *arc.* thou *arch.* **2.** *Amér.* you.

vosotros, -tras [bosótros] *pron. pers. nomin. 2ª pl.* **1.** you. || *pron. pers.* **2.** (+ prep.) you. || ~ **mismos** yourselves.

votante [botaņte] *s. m. y f.* voter.

votar [botár] *v. intr.* to vote.

voto [bóto] *s. m.* vote.

voz [bóθ] *s. f.* **1.** (sonido) voice. **2.** *Ling.* (palabra) word.

vuelo [bwélo] *s. m.* flight.

vuelta [bwélta] *s. f.* **1.** turn. **2.** (giro) whirl. **3.** (regreso) return.

vuestro [bwéstro] *adj. pos. 2ª pl.* **1.** your; of yours. || *pron. pos. 2ª pl.* **2.** yours.

vulgar [bulɣár] *adj.* **1.** (ordinario) vulgar; coarse. **2.** (común) common.

W

w [úβeðóβle] *s. f.* (letra) w.

walkie-talkie [gwalkitálki] *s. m.* walkie-talkie [Le regalaron un walkie-talkie. *They gave him a walkie-talkie.*]

walkman [gwálman] *s. m.* Walkman (marca registrada).

wáter [báter] *s. m.* *váter.

waterpolo [gwaterpólo] *s. m., Dep.* water polo.

waterpolista [gwaterpolísta] *s. m. y f., Dep.* water polo player.

WC [úβeθé] *s. m. WC.*

web [gwéb] *s. f.* (www) web.

weekend [gwikén] *s. m., angl.* weekend [Fuimos a pasar el weekend a Cuenca. *We went to Cuenca on the weekend.*]

western [gwéster] *s. m., angl.* (género de cine) Western.

whiskería [gwiskeña] *s. m.* bar (selling whiskies).

whisky [gwíski] *s. m.* whiskey [Solía beber un vaso de whisky con soda todas las noches. *He used to drink a glass of whiskey and soda every night.*] ‖ **~ con hielo** whisky on the rocks. **~ de malta** malt whisky

windsurf [gwínsurf] *s. m., Dep.* wind-surfing.

wolframio [bolfrámio] *s. m.* wolfram.

X

x [ékis] *s. f.* (letra) x.

xenofobia [senofóβja] *s. f.* xenophobia [Hubo una campaña contra la xenofobia. *There was a campaign against xenofobia.*]

xenófobo, -ba [senófoβo] *adj.* **1.** xenophobic. ‖ *s. m. y f.* **2.** xenofobe.

xenón [senón] *s. m., Quím.* (gas noble) xenon [El símbolo químico del xenón es "xe" o "x". *The chemical symbol for xenon is "xe" or "x".*]

xerocopia [serokópja] *s. f.* (fotocopia) photocopy.

xerocopiar [serokopjár] *v. tr.* to photocopy.

xerófilo, -la [serófilo] *adj.*, *Zool. y Bot.* xerophilous.

xerografía [seroɣrafía] *s. f.* (fotocopia) xerography.

xilofonista [silofonísta] *s. m. y f., Mús.* xylofonista.

xilófono [silófono] *s. m., Mús.* xylophone [Rompió su xilófono en el concierto. *He brokes his xylophone in the concert.*]

xilografía [siloɣrafía] *s. f.* **1.** (arte) xilography. **2.** *Impr.* xylograph.

xilógrafo [silóɣrafo] *s. m.* xilographer.

Y

y¹ [i] *conj. copul.* and.

y² [íɣrjéɣa] *s. f.* (letra) y.

ya [já] *adv.* already [Ya lo he hecho. *I've already done it.*] ‖ ~ **no** no longer [Ya no existe. *It no longer exists.*] ~ **que** inasmuch as [No le conoces ya que no lo has reconocido. *You don't know him inasmuch as you haven't recognized him.*]

yacer [jaθér] *v. intr.*, *form.* (echarse) to lie.

yacimiento [jaθimjénto] *s. m.*, *Geol.* (explotación) bed; deposit.

yarda [járða] *s. f.* (medida) yard.

yate [játe] *s. m.*, *Náut.* yacht. ‖ **ir en ~** *Náut.* to yacht.

yedra [jéðra] *s. f.*, *Bot.* ivy.

yegua [jéɣwa] *s. f.*, *Zool.* mare.

yelmo [jélmo] *s. m.* helmet.

yema [jéma] *s. f.* **1.** *Bot.* leaf bud. **2.** (de huevo) yolk. **3.** (del dedo) fingertip.

yerba [jérβa] *s. f.*, *Bot.* grass.

yermo, -ma [jérmo] *adj.* **1.** (despoblado) deserted. **2.** (estéril) barren. ‖ *s. m.* **3.** *Geogr.* wasteland.

yerno [jérno] *s. m.* son-in-law.

yerro [jéro] *s. m.*, *arc.* (equivocación) error; mistake.

yesca [jéska] *s. f.* tinder.

yeso [jéso] *s. m.* **1.** *Alban.* plaster. **2.** *Miner.* gypsum.

yo [jó] *pron. pers. nomin. 1ª sing.* I [No te preocupes, yo lo hago. *Don' worry, I will do it.*] ‖ ~ **mismo** (enfático) myself [Lo prepararé yo mismo. *I'll prepare it myself.*]

yodo [jóðo] *s. m.*, *Quím.* iodine.

yoga [jóɣa] *s. m.* yoga.

yogur [joɣúr] *s. m.*, *Gastr.* (postre) yoghurt.

yóquey [jókej] *s. m. y f.*, *Equit.* (jinete) yockey.

yoyó [jojó] *s. m.* yo-yo.

yuca [júka] *s. f.*, *Gastr.* cassava.

yudo [júðo] *s. m.*, *Dep.* judo.

yudoca [juðóka] *s. m. y f.*, *Dep.* judoka.

yugo [júɣo] *s. m.* yoke.

yugular¹ [juɣulár] *adj.* **1.** *Anat.* jugular. ‖ *s. f.* **2.** *Anat.* (vena) jugular (vein).

yugular² [juɣulár] *v. tr.* **1.** (degollar) to slit the throat. **2.** *fig.* to nip something in the bud.

yunque [júŋke] *s. m.* anvil.

yunta [júnta] *s. f.* (de animales) yoke; team (of oxen).

yupi [júpi] *s. m. y f.* yuppie.

yuxtaponer [justaponér] *v. tr.* (poner al lado) to juxtapose.

Z

z [θéta] *s. f.* (letra) z.

zafarse [θafárse] *v. prnl.* (escaparse) to get away.

zaga [θáɣa] *s. f.* rear.

zaguán [θaɣwán] *s. m.* hallway.

zambomba [θambómba] *s. f.*, *Mús.* drumlike instrument.

zambullir [θambuʎír] *v. tr.* **1.** (persona) to duck. **2.** (cosa) to dive; to plunge. ‖ **zambullirse** *v. prnl.* **3.** (en el agua) to dive; to plunge.

zampar [θampár] *v. tr.* (tragar) to gobble.

zanahoria [θanaórja] *s. f.*, *Bot.* carrot.

zanca [θáŋka] *s. f.* leg.

zancadilla [θaŋkaðíʎa] *s. f.* trip.

zángano [θáŋgano] *s. m.* **1.** *Zool.* (macho de la abeja) drone. ‖ *m. y f.* **2.** *fig. y fam.* (gandúl) lazybones.

zanja [θáŋxa] *s. f.* ditch; trench.

zanjar [θaŋxár] *v. tr.* **1.** (hacer una zanja) to ditch. **2.** *fig.* (un asunto) to settle.

zapatear [θapateár] *v. tr.* (en baile) to tap one's feet.

zapatería [θapatería] *s. f.* shoe store *Am. E.*; shoe shop *Br. E.*

zapatero, -ra [θapatéro] *s. m. y f.* shoemaker; cobbler.

zapatilla [θapatíʎa] *s. f.* slipper.

zapato [θapáto] *s. m.* shoe.

zapping [θápin] *s. m.*, *col.* (TV) zapping.

zarpa [θárpa] *s. f.* paw; claw.

zarpar [θarpár] *v. intr.*, *Náut.* (levar anclas) to weigh anchor.

zarza [θárθa] *s. f.*, *Bot.* bramble; blackberry bush.

zarzamora [θarθamóra] *s. f.*, *Bot.* (fruto) bramble; blackberry.

zarzaparrilla [θarθaparíʎa] *s. f.* (refresco) sarsaparilla.

zigzag [θiɣθáɣ] *s. m.* zigzag.

zona [θóna] *s. f.* zone; area.

zodíaco [θoðíako] *s. m.* zodiac.

zoo [θóo] *s. m.* (zoológico) zoo.

zoología [θooloxía] *s. f.* zoology.

zorro [θóro] *s. m.* **1.** *Zool.* fox. ‖ **zorra** *s. f.* **2.** *Zool.* fox.

zozobra [θoθóβra] *s. f.* **1.** *Náut.* capsizing. **2.** *fig.* anxiety.

zozobrar [θoθoβrár] *v. intr.*, *Náut.* (naufragar) to capsize.

zueco [θwéko] *s. m.* clog.

zumbar [θumbár] *v. intr.* **1.** to buzz; to hum. ‖ *v. tr.* **2.** (pegar) to thrash.

zumo [θúmo] *s. m.* juice.

zurcir [θurθír] *v. tr.* to darn.

zurdo, -da [θúrðo] *adj.* **1.** (persona) left-handed. **2.** (mano) left.

zurra [θúra] *s. f.*, *fig. y fam.* (paliza) beating; hiding.

zurrar [θurár] *v. tr.*, *fig. y fam.* (azotar) to thrash.

EVEREST
PUNTO

DICTIONARY
ENGLISH-SPANISH

DPAJHLY
WGQXVI
KROCTN

A····Z

EVEREST
DICCIONARIOS

INTRODUCTION

The edition of the new Everest bilingual dictionaries is the result of an ambitious project called INTERLEX, partly financed by the European Union. This project allows us to create bilingual databases in collaboration with other institutions such us Alfonso X El Sabio University, and companies which have created specific computer programs for its development. Initiated some years ago, INTERLEX is composed of a team of lexicographers, proofreaders and editors of several nationalities, who ensure the reliability and quality of the text.

The 30 000 terms gathered in the *Dictionary Punto Español-Inglés/English-Spanish* were selected mainly based on the most general and frequently used words. The most common meanings, expressions and phrases have been chosen as well as some Latin American words, localisms, neologisms and technical terms, as well as some terms related to gastronomy and basic communicative situations. As additional information, we offer the grammatical category, phonetic transcription (International Phonetic Alphabet) of all entries, explanatory notes, matters, usage examples with translations in both directions, etc. We also include pronunciation tables, number tables and abbreviations used in the dictionary, always in both languages.

In spite of its reduced size, this should not be considered as a small dictionary with telegraphic information (term-translation) but rather as useful dictionary, indispensable for trips and ideal for concise and quick queries, useful for any Spanish or English speaker no matter the degree of knowledge of the other language.

EDITORIAL EVEREST

ENGLISH PHONETIC TRANSCRIPTION

The phonetic transcription is based on the International Phonetic Alphabet (IPA) although it is adapted to make the interpretation of the transcription to all readers easy, offering enough information about the correct pronunciation of the words, using the standard rules as reference.

Information about pronunciation is shown in brackets ([...]) after the entries. The place for the accent inside the word is shown with a written accent (') before the nucleus. The correspondences between the phonetic symbols used in this dictionary and the graphic symbols are gathered in the following table:

SYMBOL	GRAPHIC	EXAMPLE
Vowels		
[ɑː]	a, al, ar	father ['fɑːðər], start [stɑːrt]
[æ]	a, ai	cat [kæt], plait [plæt]
[ʌ]	o, u	love [lʌv], cup [kʌp]
[ɜː]	ir, or, ur	bird [bɜːrd], word [wɜːrd]
[e]	e, ei	ten [ten], friend [frend]
[iː]	ee, ea	see [siː], sea [siː]
[ɪ]	i	city ['sɪti]
[ɔː]	al, aw, or	all [ɔːl], law [lɔː], horse [hɔːrs]
[ɒ]	o	dog [dɒg],
[uː]	oo, oe, u	food [fuːd], shoe [ʃuː], rude [ruːd]
[ʊ]	oo, u	foot [fʊt], full [fʊl]
[ə]	o, a	color ['kʌlər], about [[ə'baʊt]
Diphthongs		
[aɪ]	i, y	fly ['flaɪ], time [taɪm]
[aʊ]	ou, ow	house [haʊs], how [haʊ]
[eɪ]	a, ai, ay, ei	day [deɪ]
[ɔɪ]	oi, oy	boil [bɔɪl], boy [bɔɪ]
[oʊ]	o, oa	note[noʊt], goat [goʊt]

SYMBOL	GRAPHIC	EXAMPLE
Consonants		
[p]	p, pp	pen [pen], happen ['hæpən]
[t]	t, tt	tea [ti:], button ['bʌtn]
[k]	c , k	cat [kæt], lock [lɒk]
[b]	b, bb	bill [bɪl], lobby ['lɒbi:]
[d]	d, dd	desk [desk], ladder [['lædər]
[g]	g, gg	dog [dɒg], goal [goul], goggle ['gɒgəl]
[dʒ]	g, gg, dg, j	age [eɪdʒ], judge ['dʒʌdʒ]
[tʃ]	ch	rich [rɪtʃ]
[f]	f, ff, ph	father [['fɑːðər], photography ['fətɒgrəfi:]
[v]	v	vain [veɪn]
[θ]	th	think [θɪŋk]
[ð]	th	this [ðɪs], there [ðer]
[s]	s, c	sell [sel], ice [aɪs]
[z]	s, z	rose [rouz], zoo [zu:]
[ʃ]	sh, ch, s, ti	shoe [ʃu:], machine [məˈʃiːn], sure [ʃur], station ['steɪʃən]
[ʒ]	s, si	measure ['meʒər], vision ['vɪʒən]
[h]	h	hair [her]
[m]	m, mm	man [mæn], hammer ['hæmər]
[n]	n, nn	name [neɪm], dinner ['dɪnər]
[ŋ]	ng, nk	finger ['fɪŋgər], pink [pɪŋk]
[l]	l, ll	lass [læs], valley ['væli:]
[r]	r, rr	read [ri:d], sorry [['sɒri:]
[j]	y, u	yellow ['jelou], use [ju:z]
[w]	w, ua, wh	water ['wɔːtər], when [wen]

ABBREVIATION USED IN ENGLISH

abbrev.	abbreviation	*der.*	derogative
adj.	adjetive	*dial.*	dialectal
adv.	adverb	*disj.*	disjunctive
adv. phr.	adverbial phrase	*dist .*	distributive
advers.	adversative		
Aeron.	Aeronautical	Ecol.	Ecology
affirm.	affirmative	Econ.	Economics
Agr.	Agricultural	Electron.	Electronics
Am.	America	*emph.*	emphatic
amb.	ambiguous	*excl.*	exclamative
Anat.	Anatomy	*ext.*	by extensión
Archit.	Architecture		
art.	article	*f.*	femenine
Astrol.	Astrology	*fam.*	familiar
Astron.	Astronomy	*fig.*	figurative
aux.	auxiliar	Film	Film
		form	formula
Biol.	Biology	*frml.*	formal
Bot.	Botany		
		Gastr.	Gastronomy
C. Am.	Central America	Geogr.	Geography
Car	Car	Geol.	Geology
card.	cardinal		
caus.	causative	Hist.	History
Chem.	Chemistry	Horse	Horsemanship
coll.	colloquial		
Comp.	Computing		
compar.	comparative	*idm.*	idiom
conces.	concessive	*impers.*	impersonal
cond.	conditional	*indef.*	indefinite
conj.	conjunction	*indefin.*	indefinite
consec.	consecutive	*int.*	interrogative
contr.	contraction	*interj.*	interjection
copul.	copulative	*intr.*	intransitive
		inv.	invariable
def.	definite		
dem.	demonstrative	Law	Law

learn. exp.	learned expression	*pl.*	plural
Ling.	Linguistics	*p.n.*	proper noun
Lit.	Literature	*Polit.*	Politics
loc.	locution	*poss.*	possessive
		prep.	preposition
m.	masculine	*Print.*	Printing
Math.	Mathematics	*prnl.*	pronominal
Mec.	Mechanical Engineering	*pron.*	pronoun
Med.	Medicine		
Meteor.	Meteorology	*quant.*	quatifier
Mil.	Military		
Miner.	Mineralogy	*rare*	rare
mod.	modal	*Rel.*	Religion
Mus.	Music	*rel.*	relative
Myth	Mythology		
		S. Am.	South America
n.	noun	*Sculp.*	Sculpture
N. Am.	North America	*sing.*	singular
Nav.	Navigation	*slang*	slang
neg.	negative	*Sp.*	Spain
num.	numeral	*Sports*	Sports
		t.	of time
of doubt	of doubt	*Taur.*	Tauromachy
offens.	offensive	*Tech*	Technology
of place	of place	*Theat.*	Theatre
ord.	ordinal	*tr.*	transitive
p.	participle		
Paint.	Painting	*v.*	verb
pers.	person	*Vet.*	Veterinary
Pharm	Pharmacy	*vulg.*	vulgar
phras.	phrase		
Phot.	Photography	*Zool.*	Zoology
Phys.	Physics		

NUMERALS

0	zero	cero		
1	one	uno	first	primer, primero
2	two	dos	second	segundo
3	three	tres	third	tercer, tercero
4	four	cuatro	fourth	cuarto
5	five	cinco	fifth	quinto
6	six	seis	sixth	sexto
7	seven	siete	seventh	séptimo
8	eight	ocho	eighth	octavo
9	nine	nueve	ninth	noveno
10	ten	diez	tenth	décimo
11	eleven	once	eleventh	undécimo
12	twelve	doce	twelfth	duodécimo
13	thirteen	trece	thirteenth	decimotercero
14	fourteen	catorce	fourteenth	decimocuarto
15	fifteen	quince	fifteenth	decimoquinto
16	sixteen	dieciséis	sixteenth	decimosexto
17	seventeen	diecisiete	seventeenth	decimoséptimo
18	eighteen	dieciocho	eighteenth	decimoctavo
19	nineteen	diecinueve	nineteenth	decimonoveno
20	twenty	veinte	twentieth	vigésimo
21	twenty-one	veintiuno	twenty-first	vigésimo primero
22	twenty-two	veintidós	twenty-second	vigésimo segundo
23	twenty-three	veintitrés	twenty-third	vigésimo tercero
24	twenty-four	veinticuatro	twenty-fourth	vigésimo cuarto
25	twenty-five	veinticinco	twenty-fifth	vigésimo quinto
26	twenty-six	veintiséis	twenty-sixth	vigésimo sexto
27	twenty-seven	veintisiete	twenty-seventh	vigésimo séptimo
28	twenty-eight	veintiocho	twenty-eighth	vigésimo octavo
29	twenty-nine	veintinueve	twenty-ninth	vigésimo noveno
30	thirty	treinta	thirtieth	trigésimo
40	forty	cuarenta	fortieth	cuadragésimo
50	fifty	cincuenta	fiftieth	quincuagésimo
60	sixty	sesenta	sixtieth	sexagésimo
70	seventy	setenta	seventieth	septuagésimo
80	eighty	ochenta	eightieth	octogésimo
90	ninety	noventa	ninetieth	nonagésimo
100	a hundred	cien	hundredth	centésimo
200	two hundred	doscientos	two hundredth	ducentésimo
300	three hundred	trescientos	three hundredth	tricentésimo
400	four hundred	cuatrocientos	four hundredth	cuadringentésimo
500	five hundred	quinientos	five hundredth	quingentésimo
600	six hundred	seiscientos	six hundredth	sexcentésimo
700	seven hundred	setecientos	seven hundredth	septingentésimo
800	eight hundred	ochocientos	eight hundredth	octingentésimo
900	nine hundred	novecientos	nine hundredth	noningentésimo
1 000	a thousand	mil	thousandth	milésimo
10 000	ten thousand	diez mil	ten thousandth	diezmilésimo

A [eɪ] *n.*, *Mus.* la *m.*

a¹ [eɪ] *n.* (letter) a *f.*

a² [əɪə] *art. indefin.* **1.** un. **2.** (per) por, a. • Before vowel "an"

abandon [əˈbændən] *v. tr.* **1.** abandonar. **2.** (give up) renunciar (a algo). **3.** (job) dejar (un trabajo).

abbess [ˈæbes] *n.*, *Rel.* abadesa *f.*

abbey [ˈæbi:] *n.*, *Rel.* abadía *f.*

abbot [ˈæbət] *n.*, *Rel.* abad *m.*

abbreviate [əˈbri:vi:ˌeɪt] *v. tr.* (shorten) abreviar.

abdomen [ˈæbdəmən æbˈdəumen] *n.*, *Anat.* abdomen *m.*

abhor [æbˈhɔːr] *v. tr.*, *frml.* (detest) aborrecer; detestar.

abide [əˈbaɪd] *v. tr.* (tolerate) tolerar; soportar.

ability [əˈbɪləti:] *n.* **1.** (faculty) habilidad *f.*; capacidad *f.* **2.** (talent) talento *m.*

able [ˈeɪbəl] *adj.* capaz. ‖ **to be ~ to** poder; saber.

aboard [əˈbɔːrd] *adv.* **1.** (on ship, aircraft) a bordo. ‖ *prep.* **2.** a bordo de.

abolition [ˌæbəˈlɪʃən] *n.* (cancellation) abolición *f.*

abominable [əˈbɒmənəbəl] *adj.* **1.** abominable. **2.** *fam.* (behavior, taste) pésimo.

abort [əˈbɔːrt] *v. tr. & intr.* **1.** *Med.* abortar. **2.** *Comp.* cancelar.

abortion [əˈbɔːrʃən] *n.*, *Med.* aborto *m.* (provocado).

about [əˈbaʊt] *prep.* **1.** sobre; acerca de. ‖ *adv.* **2.** (approximately) aproximadamente.

above [əˈbʌv] *prep.* **1.** (over) encima de; por encima de; sobre. ‖ *adv.* **2.** (on top) encima; arriba. ‖ *adj. &* **n. 3.** anterior; antedicho.

abreast [əˈbrest] *adv.* (side by side) al lado.

abroad [əˈbrɔːd] *adv.* (in other countries) al/en el extranjero; fuera; al exterior.

abrupt [əˈbrʌpt] *adj.* (rough) brusco; duro.

absence [ˈæbsəns] *n.* **1.** ausencia *f.* **2.** (of sth.) falta *f.* (de algo).

absent [ˈæbsənt] *adj.* (not present) ausente.

absent-minded [ˌæbsəntˈmaɪndɪd] *adj.* distraído.

absolute [ˈæbsəluːt æbsəˈluːt] *adj.* absoluto.

absorb [əbˈsɔːrb, əbˈzɔːrb] *v. tr.* (liquid, power) absorber.

abstain [əbˈsteɪn] *v. intr.* (refrain) abstenerse.

abstract [ˈæbstrækt, æbˈstrækt] *adj.* abstracto; genérico.

absurd [əbˈsɜːrd, əbˈzɜːrd] *adj.* (ridiculous) absurdo; disparatado.

abundance [əˈbʌndəns] *n.* abundancia *f.*; gran cantidad.

abundant [əˈbʌndənt] *adj.* (plentiful) abundante.

abuse [əˈbjuːs] *n.* **1.** abuso *m.* **2.** (insulting speech) insultos *m. pl.* ‖ *v. tr.* **3.** (misuse) abusar

academy [ə'kædəmi:] *n.* (school, society) academia *m.*

accelerate [ık'seləreıt] *v. tr.* **1.** acelerar; apresurar. ‖ *v. intr.* **2.** *Car* acelerar.

accent ['æksent] *n.* acento *m.*

accept [ık'sept] *v. tr.* **1.** aceptar. **2.** (recognize) admitir; reconocer.

access ['ækses] *n.* acceso *m.*

accessory [ık'sesəri:] *n.* accesorio *m.;* abalorio *m.*

accident ['æksədənt] *n.* **1.** accidente *m.;* siniestro *m.* **2.** (chance) casualidad *f.*

accidental [æksə'dentl] *adj.* (by chance) accidental; fortuito.

acclimatize, acclimatise (BrE) [ə'klaımətaız] *v. intr.* aclimatarse.

accommodate [ə'kɒmədeıt] *v. tr.* **1.** (guests) alojar; hospedar. **2.** (adapt) acomodar.

accommodations [ə'kɒmə'deıʃən] *n., Am. E.* (lodging) alojamiento *m.;* hospedaje *m.*

accompany [ə'kʌmpəni:, ə'kʌmpni:] *v. tr.* (go with) acompañar.

according to [ə'kɔ:rdıŋ] *prep.* según; conforme a.

account [ə'kaʊnt] *n.* **1.** *Econ.* cuenta *f.* **2.** (report) informe *m.*

accumulate [ə'kjʊmjə,leıt] *v. tr.* **1.** acumular. ‖ *v. intr.* **2.** acumularse; amontonarse.

accuracy ['ækjərəsi:] *n.* (correctness, precision) exactitud *f.;* precisión *f.*

accurate ['ækjərıt] *adj.* **1.** (instrument) preciso; exacto. **2.** (weapon) certero.

accusation [ækjə'zeıʃən] *n.* acusación *f.;* denuncia *f.*

accuse [ə'kju:z] *v. tr.* acusar.

accustom [ə'kʌstəm] *v. tr.* habituar. ‖ **to ~ oneself** (to sth) acostumbrarse (a algo)

accustomed [ə'kʌstəmd] *adj.* acostumbrado; habituado.

ace [eıs] *n.* **1.** (games) as *m.* **2.** *fig.* (champion) as *m.*

ache [eık] *n.* **1.** (pain) dolor *m.* ‖ *v. intr.* **2.** doler.

achieve [ə'tʃi:v] *v. tr.* **1.** (attain) lograr; conseguir. **2.** (finish) llevar a cabo.

achievement [ə'tʃi:vmənt] *n.* **1.** (success) logro *m.* **2.** (feat) hazaña *f.;* logro *m.*

acid ['æsıd] *adj.* **1.** (taste) ácido. **2.** *fig.* (reply) agrio; mordaz.

acknowledge [ık'nɒlıdʒ] *v. tr.* **1.** (mistake, fault) admitir; reconocer. **2.** (favor) agradecer.

acne ['ækni:] *n., Med.* acné *m.*

acorn ['eıkɔ:rn] *n., Bot.* bellota *f.*

acquaint [ə'kweınt] *v. tr.* (sb with sth) informar (a algn de algo)

acquire [ə'kwaır] *v. tr.* adquirir.

acquisition [ækwə'zıʃən] *n.* adquisición *f.*

acrobatics [ækrə'bætıks] *n. pl.* acrobacia *f. sing.*

across [ə'krɒs] *adv.* **1.** (from one side to the other) de un lado a otro. **2.** al otro lado. ‖ *prep.* **3.** de un lado a otro de. **4.** al otro lado de. **5.** a través de.

act [ækt] *n.* **1.** (action) acto *m.;* acción *f.* **2.** *Theat.* acto *m.* ‖ *v. intr.* **3.** actuar; obrar.

acting ['æktɪŋ] *adj.* **1.** interino; en funciones. ‖ *n.* **2.** *Film & Theatr.* interpretación *f.;* actuación *f.*

action ['ækʃən] *n.* **1.** acción *f.* **2.** (deed) acto *m.* **3.** (measures) actuación *f.;* medida *f.*

active ['æktɪv] *adj.* (energetic) activo; enérgico.

activity [æk'tɪvəti:] *n.* actividad *f.*

actor ['æktər] *n.* actor *m.*

actress ['æktrɪs] *n.* actriz *f.*

actual ['æktʃəwəl] *adj.* **1.** real; verdadero. **2.** (very) mismo.

adapt [ə'dæpt] *v. tr.* **1.** adaptar. ‖ *v. intr.* (to sth) **2.** adaptarse a algo); ajustarse.

adaptation [ædəp'teɪʃən] *n.* (adjustment) adaptación *f.*

add [æd] *v. tr.* **1.** añadir; agregar. **2.** *Math.* sumar [Add (on) 20. Suma 20.]

addict [ə'dɪkt] *n.* adicto *m.*

addiction [ə'dɪkʃən] *n.* adicción *f.*

addition [ə'dɪʃən] *n.* **1.** adición *f.* **2.** *Math.* suma *f.*

additional [ə'dɪʃənəl] *adj.* adicional; accesorio.

address [ˈædres, əˈdres] *n.* dirección *f.;* señas *f. pl.*

adept [ə'dept] *adj.* **1.** experto (en algo); hábil. ‖ *n.* **2.** experto *m.*

adequate ['ædəkwət] *adj.* **1.** aceptable. **2.** (enough) suficiente.

adhesive [əd'hi:sɪv] *adj.* **1.** adhesivo. ‖ *n.* **2.** pegamento *m.* ‖ **~ tape** celo *m.*

adjourn [ə'dʒɜːrn] *v. tr.* aplazar.

adjust [ə'dʒʌst] *v. tr.* **1.** (instrument) ajustar. ‖ *v. intr.* (to sth) **2.** adaptarse; ajustarse.

administer [əd'mɪnəstər] *v. tr.* **1.** (manage) administrar. **2.** *frml.* (medicine, punishment) administrar (algo a algn).

administration [əd͵mɪnəs'treɪʃən] *n.* **1.** (government) administración *f.;* gobierno *m.* **2.** (business) administración *f.*

administrative [əd͵mɪnəs͵treɪtɪv] *adj.* administrativo.

admirable ['ædmərəbl] *adj.* admirable; digno de admiración.

admire [æ'dmaɪr] *v. tr.* admirar.

admissible [ə'dmɪsəbəl] *adj.* (acceptable) admisible; aceptable.

admission [ə'dmɪʃən] *n.* **1.** admisión *f.;* entrada *f.*

admit [əd'mɪt] *v. tr.* **1.** dejar entrar; admitir. **2.** (confess) admitir; reconocer.

admittance [əd'mɪtəns] *n.* (entry) entrada *f.*

adolescent [ædl'esənt] *adj.* **1.** adolescente. ‖ *n.* **2.** (teenager) adolescente *m. y f.*

adopt [ə'dɒpt] *v. tr., Law* adoptar.

adoption [ə'dɒpʃən] *n.* (children, country) adopción *f.*

adoptive [ə'dɒptɪv] *adj.* adoptivo.

adorable [ə'dɒrəbəl] *adj.* (lovable) adorable.

adore [ə'dɔ:r] *v. tr.* **1.** (love) adorar. **2.** *fam.* (like very much) encantar; gustar.

adorn [ə'dɔ:rn] *v. tr.* adornar.

adult [ə'dʌlt, 'ædʌlt] *adj. & n.* adulto *m.*; mayor *m.*

adultery [ə'dʌltəri:, ə'dʌltri:] *n.* adulterio *m.*; infidelidad *f.*

advance [əd'væns] *n.* **1.** avance *m.*; progreso *m.* **2.** *Econ.* (payment) anticipo *m.* ǁ *v. tr.* **3.** avanzar. **4.** (money) anticipar.

advanced [əd'vænst] *adj.* avanzado; adelantado.

advantage [æd'væntɪdʒ] *n.* ventaja *f.*; provecho *m.*; beneficio *m.*

advantageous [ædvən'teɪdʒəs, æd-væn'teɪdʒəs] *adj.* (profitable) favorable; ventajoso.

adventure [æd'ventʃə:r] *n.* aventura *f.*; andanza *f.*

adverb ['ædvɜ:rb] *n., Ling.* adverbio *m.*

adversary ['ædvərseri:] *n.* adversario *m.*; contrario *m.*

advertisement [əd'vɜ:rtɪzmənt] *n.* anuncio *m.*

advertize, advertise (Br.E) ['ædvərtaɪz] *v. tr.* **1.** anunciar; promocionar. ǁ *v. intr.* **2.** poner un anuncio.

advice [əd'vaɪs] *n.* **1.** consejo *m.* (also in pl.). **2.** (notification) aviso *m.*; notificación *f.*

advise [əd'vaɪz] *v. tr.* **1.** (give advice) aconsejar; asesorar. **2.** (notify) informar.

aerial ['erɪəl] *n. Br. E.* (radio and TV) antena *f.*

aerobics ['eroʊbɪks] *n., Sports* aeróbic *m.*

aeroplane ['erəpleɪn] *n., Br. E.* avión *m.*; aeroplano *m.*

affair [ə'fɜ:r] *n.* **1.** asunto *m.* **2.** (love) amorío *m.*; aventura *f.*

affect [ə'fəkt] *v. tr.* **1.** afectar (a algo/algn). **2.** (move) conmover; impresionar; emocionar.

affection [ə'fəkʃən] *n.* (love) cariño *m.*; afecto *m.*; amor *m.*

affirmation [æfɜ:'meɪʃən] *n.* afirmación *f.*; asentimiento *m.*

afflict [ə'flɪkt] *v. tr.* afligir.

affliction [ə'flɪkʃən] *n.* **1.** (suffering) aflicción *f.* **2.** (cause) desgracia *f.*

affluence ['æfluəns] *n.* (prosperity) prosperidad *f.*; riqueza *f.*

affluent ['æfluənt] *adj.* (person) rico; próspero.

afford [ə'fɔ:rd] *v. tr.* **1.** permitirse. **2.** *frml.* (give, supply) proporcionar; brindar.

afraid [ə'freɪd] *adj.* (frightened) asustado. ǁ **to be ~ of** tener miedo a/de; temer.

after ['æftər] *adv.* **1.** (later) después; más tarde. ǁ *prep.* **2.** (time) después de; tras. **3.** (behind) tras; detrás de. ǁ **~ all** después de todo.

afternoon ['æftərnu:n] *n.* tarde *m.* || **good ~ !** ¡buenas tardes!

afterward,   afterwards (Br.E.) ['æftərwərdz] *adv.* (after) después.

again [ə'gen] *adv.* de nuevo; otra vez. || **~ and ~** una y otra vez.

against [ə'genst] *prep.* **1.** contra. **2.** (opposed to) en contra de. **3.** (position) contra.

age [eɪdʒ] *n.* **1.** (of a person) edad *f.* **2.** (epoch) era *f.*; época *f.* || *v. tr.* **3.** envejecer. || *v. intr.* **4.** envejecer.

agency ['eɪdʒənsi:] *n.* **1.** agencia *f.* **2.** (branch) sucursal *f.*

agenda [ə'dʒendə] *n.* (list of items to be attended to) orden del día; agenda *f.*

aggravate ['ægrə,veɪt] *v. tr.* (make worse) agravar; empeorar.

aggregate ['ægrəgɪt] *n.*, *frml.* (whole) conjunto *m.*; total *m.*

agile ['ædʒəl] *adj.* ágil.

agility [ə'dʒɪləti:] *n.* agilidad *f.*

agitate ['ædʒə,teɪt] *v. tr.* **1.** (liquid, solution) agitar. **2.** (excite) inquietar; alborotar; perturbar.

ago [ə'gou] *adv.* hace.

agony ['ægəni:] *n.* **1.** (pain) dolor *m.* (agudo). **2.** (before death) agonía *f.*

agree [ə'gri:] *v. tr.* **1.** decidir. || *v. intr.* **2.** (with sth/algn) estar de acuerdo (con algo/algn). **3.** (about/on sth) ponerse de acuerdo (en algo); quedar (en algo).

agreeable [ə'griəbəl] *adj.* **1.** agradable; placentero. **2.** (to sth) (willing) dispuesto (a algo).

agreed [ə'gri:d] *adj.* (prearranged) convenido; acordado.

agreement [ə'gri:mənt] *n.* **1.** acuerdo *m.* **2.** (contract) contrato *m.*; convenio *m.*

agriculture ['ægrɪkʌltʃər] *n.* agricultura *f.*

ahead [ə'hed] *adv.* **1.** delante. **2.** (before) antes.

aid [eɪd] *n.* **1.** ayuda *f.* || *v. tr.* **2.** (help) ayudar.

aim [eɪm] *n.* **1.** (goal) objetivo *m.*; meta *f.* **2.** (marksmanship) puntería *f.* **3.** (good sense) tino *m.* || *v. tr.* **4.** (a weapon) apuntar (con un arma).

aimless ['eɪmləs] *adj.* sin rumbo.

air [er] *n.* **1.** aire *m.* **2.** (look) aire *m.*; aspecto *m.* **3.** (atmosphere) ambiente *m.* || *v. tr.* **5.** (clothes, room) airear; ventilar. || **~ conditioning** aire acondicionado.

airline ['er,laɪn] *n.* compañía aérea; aerolínea *f.*

airmail ['ermeɪl] *n.* correo aéreo.

airplane ['er,pleɪn] *n.*, *Am. E.* (aircraft) avión *m.*

airport ['er,pɔ:rt] *n.* aeropuerto *m.*

alarm [ə'lɑ:rm] *n.* **1.** (device, warning) alarma *f.* **2.** (fear) temor. || *v. tr.* **3.** alarmar; inquietar. || **~ clock** despertador *m.*

album ['ælbəm] *n.* álbum *m.*

alcohol [ˈælkəhɔ:l ˈælkəhɒl] n.
1. Chem. alcohol m. **2.** (drink)
alcohol m.

alcoholic [ˌælkəˈhɒlɪk ˌælkəˈhɔ:-
lɪk] adj. & n. alcohólico m.

ale [eɪl] n. cerveza f.

alert [əˈlɜ:rt] adj. **1.** alerta; vigilante. ‖ n. **2.** alerta f.; alarma f.

alfalfa [ælˈfælfə] n., Bot. alfalfa f.

alga [ˈælgə] n., Bot. alga f.

alias [ˈeɪliəs] adv. **1.** alias. ‖ n.
2. alias m.; apodo m.

alien [ˈeɪliən] adj. **1.** (foreign) extranjero. **2.** (in science fiction) extraterrestre. **3.** (strange) extraño.

alike [əˈlaɪk] adj. **1.** parecido;
igual. ‖ adv. **2.** igual.

alive [əˈlaɪv] adj. vivo.

all [ɔ:l] adj. indef. **1.** todo. ‖ pron.
indef. **2.** (everything) todo.
3. (everybody) todos .

allege [əˈledʒ] v. tr. alegar.

allegiance [əˈli:dʒəns] n. (loyalty) lealtad f.

allergy [ˈælərdʒi:] n. alergia f.

alleviate [əˈli:vɪeɪt] v. tr. aliviar.

alley [ˈæli:] n. (lane) callejuela f.;
callejón m.

alliance [əˈlaɪəns] n. alianza f.

allied [əˈlaɪd, ˈælˌaɪd] adj. aliado.

allocate [ˈæləkeɪt] v. tr. **1.** (give)
asignar; adjudicar. **2.** (distribute)
distribuir; repartir.

allow [əˈlaʊ] v. tr. **1.** (permit)
permitir. **2.** (grant) conceder.

allude [əˈlu:d] v. intr. (refer to)
aludir; referirse (a algo).

allusion [əˈlu:ʒən] n. (reference)
alusión f.; referencia f.

ally [ˈælaɪ] n. aliado m.

almond [ˈɑ:mənd] n., Bot. (nut)
almendra f.

almost [ˈɔ:lmoʊst] adv. **1.** casi;
por poco. **2.** (circa) cerca de.

alone [əˈloʊn] adj. **1.** solo. ‖ adv.
2. sólo; solamente.

along [əˈlɒŋ] prep. **1.** (the length
of) a lo largo de. ‖ adv. **2.** (forward) adelante. ‖ ~ **with** junto
con.

alongside [əˌlɒŋˈsaɪd] prep. junto
a; a lo largo de.

aloud [əˈlaʊd] adv. en voz alta.

alphabet [ˈælfəbet] n. alfabeto
m.; abecedario m.

alphabetical [ˌælfəˈbetɪkəl] adj.
alfabético.

alpine [ˈælpaɪn] adj. alpino.

already [ɔ:lˈredi:] adv. ya.

also [ˈɔ:lsoʊ] adv. **1.** también.
2. (moreover) además.

altar [ˈɔ:ltər] n., Rel. altar m.

alter [ˈɔ:ltər] v. tr. alterar; cambiar.

alternate [ɒlˈtɜ:rnɪt] adj. **1.** alter-
no. ‖ v. tr. **2.** alternar.

although [ɔ:lˈðoʊ] conj. aunque;
a pesar de que .

altitude [ˈælˌtətu:d] n. (elevation)
altitud f.; altura f.

altogether [ˌɔ:ltəˈgeðər] adv.
1. (completely) del todo. **2.** (in
sum) en total .

aluminum, aluminium (Br.E)
[əˈlʊmənəm] n. aluminio m.

always ['ɔ:lweɪz, ɔ:lwi:z] *adv.* (forever) siempre.

amass [ə'mæs] *v. tr.* **1.** (fortune) amasar. **2.** (information) acumular; reunir.

amateur ['æmətər (æmət'ʒ:r] *n.* aficionado *m.*; amateur *m. y f.*

amaze [ə'meɪz] *v. tr.* (astonish) asombrar; dejar atónito; pasmar.

amazed [ə'meɪzd] *adj.* atónito.

amazing [ə'meɪzɪŋ] *adj.*, *coll.* alucinante; asombroso.

ambassador [æm'bæsədər] *n.* (diplomacy) embajador *m.*

ambassadress [æm'bæsədrɪs] *n.* (diplomacy) embajadora *f.*

amber ['æmbər] *n.* ámbar *m.*

ambiguity [,æmbə'gjuəti:] *n.* ambigüedad *f.*; doble sentido.

ambition [æm'bɪʃən] *n.* ambición *f.*; aspiración *f.* ‖ **to have ~** tener ambición; ambicionar.

ambitious [əm'bɪʃəs] *adj.* **1.** (person) ambicioso. **2.** (plan) grandioso.

ambulance ['æmbjələns] *n.* ambulancia *f.*

amen [eɪ'men, 'ɑ:,men] *interj.* & *n.*, *Rel.* amén *m.*

amend [ə'mend] *v. tr.* **1.** (mistake) corregir. **2.** *Law* enmendar.

American [ə'merəkən] *adj.* & *n.* estadounidense *m. y f.*; norteamericano *m.*

amicable ['æmɪkəbəl] *adj.* (friendly) amigable; amistoso; afable.

amid, amidst [ə'mɪdst] *prep.* en medio de; entre.

ammonia [ə'mounjə] *n.*, *Chem.* amoníaco *m.*

amnesia [əm'nesɪə] *n.*, *Med.* amnesia *f.*

amnesty ['æmnəsti:] *n.*, *Polit.* amnistía *f.*

among or amongst [ə'mʌŋst] *prep.* entre.

amorous ['æmərəs] *adj.* cariñoso.

amount [ə'maunt] *n.* **1.** cantidad *f.* **2.** (sum of money) importe *m.*

amphibian [æm'fɪbɪən] *n.*, *Zool.* (frog, toad) anfibio *m.*

amphitheater, amphitheatre (Br.E.) ['æmfəˌθɪətər] *n.* anfiteatro *m.*

ample ['æmpəl] *adj.* **1.** (large) amplio. **2.** (abundant) abundante; suficiente.

amplify ['æmpləfaɪ] *v. tr.* **1.** aumentar. **2.** (sound) amplificar.

amputate ['æmpjəteɪt] *v. tr.*, *Med.* (limb) amputar.

amulet ['æmjələt] *n.* amuleto *m.*

amuse [ə'mju:z] *v. tr.* **1.** divertir. **2.** (distract) entretener; distraer.

an [æn, ən, n] *art. indef.* un. •A form of the article "a" used before an initial vowel sound.

analogy [ə'nælədʒi:] *n.* analogía *f.*

analysis [ə'næləsəs](pl.: -ses) *n.* análisis *m. inv.*

analyze, analyse (Br.E) ['ænəlaɪz] *v. tr.* (examine) analizar; examinar.

anarchy ['ænərki:] *n., Polit.* anarquía *f.*

anatomy [ə'nætəmi:] *n.* anatomía *f.*

ancestry ['ænsestri:] *n.* (origin) ascendencia *f.*; linaje *m.*

anchor ['æŋkər] *n.* **1.** *Nav.* ancla *f.* ‖ *v. intr.* **2.** *Nav.* anclar.

anchovy ['æntʃovi:] *n.* anchoa *f.*

ancient ['eɪnʃənt] *adj.* antiguo.

and [ənd, ən, nd, n, ŋ] *conj.* y; e (before "i" or "hi").

anecdote ['ænəkdout] *n.* anécdota *f.*; suceso *m.*

anemia, anaemia (Br.E) [ə'ni:mɪə] *n., Med.* anemia *f.*

anesthetic [ænəs'θetɪk] *n., Med.* (substance) anestesia *f.*

angel ['eɪndʒəl] *n., Rel.* ángel *m.*

anger ['æŋgər] *n.* **1.** (rage) ira *f.*; cólera *f.* ‖ *v. tr.* **2.** (make angry) enfadar; enojar.

angina [æn'dʒaɪnə] *n., Med.* (pectoris) angina *f.* (de pecho).

angry ['æŋgri:] *adj.* (furious) enfadado; enojado.

anguish ['æŋgwɪʃ] *n.* (agony) angustia *f.*; agonía *f.*

animal ['ænəməl] *adj.* **1.** animal. ‖ *n.* **2.** animal *m.*

animate ['ænəmeɪt] *v. tr.* animar.

animation [ˌænə'meɪʃən] *n.* (liveliness) animación *f.*

aniseed ['ænəsi:d] *n., Bot.* anís *m.*

ankle ['æŋkəl] *n., Anat.* tobillo *m.*

annex, annexe Br.E ['æneks] *n.* **1.** (document) anexo *m.*

‖ *v. tr.* **2.** anexionar. **3.** (document) adjuntar.

annihilate [ə'naɪəleɪt] *v. tr.* (wipe out) aniquilar.

anniversary [ænɪ'vɜ:rsəri:] *n.* aniversario *m.*

annotation [ænə'teɪʃən] *n.* (note) anotación *f.*

announce [ə'naʊns] *v. tr.* (proclaim) anunciar; dar a conocer.

announcement [ə'naʊnsmənt] *n.* (statement) anuncio *m.*

announcer [ə'naʊnsər] *n.* (radio, TV) locutor *m.*; comentarista *m. y f.*

annoy [ə'nɔɪ] *v. tr.* (bother) fastidiar; cabrear *col.*

annoying [ə'nɔɪŋ] *adj.* (tiresome) fastidioso; pesado; molesto; cargante.

annual ['ænjʊəl] *adj.* anual.

annul [ə'nʌl] *v. tr.* anular.

anomalous [ə'nɒmələs] *adj., frml.* (abnormal) anómalo; anormal; raro.

anomaly [ə'nɒməli:] *n.* anomalía *f.*; irregularidad *f.*

anonymous [ə'nɒnəməs] *adj.* anónimo; desconocido.

anorak ['ænəræk] *n., Br. E.* (waterproof) anorak *m.*

anorexia [ænə'reksɪə] *n., Med.* anorexia (nerviosa) *f.*

another [ə'nʌðər] *adj.* **1.** otro. ‖ *pron.* **2.** otro.

answer ['ænsər] *n.* **1.** (reply) respuesta *f.*; contestación *f.* ‖ *v. tr.*

& *intr.* **2.** (question) responder; contestar.

ant [ænt] *n., Zool.* hormiga *f.*

antagonist [æn'tægənəst] *n.* (opponent) antagonista *m. y f.*; adversario *m.*

antecedent [æntə'si:dənt] *n.* antecedente *m.*; precursor *m.*

antenna [æn'tenə] *n.* **1.** *Zool.* (pl: -nae) antena *f.* **2.** (radio, TV) (pl: -nas) antena *f.*

anterior [æn'tɪriər] *adj., frml.* (previous) precursor .

anthem ['ænθəm] *n., Mus.* (song) himno *m.*; canción *f.*

anthology [æn'θɒlədʒi:] *n.* antología *f.*; recopilación *f.*

antibiotic [æntibai'ɒtɪk] *adj.* & *n., Pharm.* antibiótico *m.*

anticipate [æn'tɪsəpeɪt] *v. tr.* **1.** (foresee) prever. **2.** (expect) esperar. **3.** (forestall) anticiparse a; adelantarse.

anticyclone [æntɪ'saɪkloʊn] *n., Meteor.* anticiclón *m.*

antidote ['æntədoʊt] *n., Med.* antídoto *m.*

antiquated ['æntəkweɪtɪd] *adj.* (old-fashioned) anticuado; antiguo; obsoleto.

antique [æn'ti:k] *adj.* **1.** antiguo. ‖ *n.* **2.** antigüedad *f.*

antithesis [æn'tɪθəsɪs] (pl.: -ses) *n.* antítesis *f. inv.*; oposición *f.*

antler ['æntlər] *n.* cuerno *m.*

anus ['eɪnəs] *n., Anat.* ano *m.*

anvil ['ænvəl] *n.* yunque *m.*

anxiety [æŋ'zaɪəti:] *n.* **1.** (concern) inquietud *f.* **2.** (worry) preocupación *f.*

anxious ['æŋkʃəs] *adj.* **1.** (concerned) preocupado. **2.** (worried) inquieto.

any ['eni] *adj.* **1.** (in interrog. or condit. sentences with count. n.) alguno. **2.** (in interrog. or condit. sentences with uncount. n.) algo de. **3.** (in negat. sentences) ninguno. **4.** (whatever) cualquiera; cualquier (before n.). ‖ *pron.* **5.** (in interrog. or condit. sentences) alguno. **6.** (in negat. sentences) ninguno.

anybody ['enibɒdi:] *pron.* **1.** cualquiera. **2.** (in interrog. or condit. sentences) alguien. **3.** (in neg. sentences) nadie.

anyhow ['enihaʊ] *adv.* de todos modos.

anyone ['eniwʌn] *pron.* **1.** cualquiera. **2.** (in interrog. or condit. sentences) alguien. **3.** (in neg. sentences) nadie.

anything ['eniθɪŋ] *pron.* **1.** (in interrog. or condit. sentences) algo. **2.** (in neg. sentences) nada.

anyway ['eniˌweɪ] *adv.* de todos modos.

anywhere ['eniwer] *adv.* **1.** (position) en cualquier parte. **2.** (direction) a cualquier parte.

apart [ə'pɑːrt] *adj.* & *adv.* **1.** (separately) por separado; aparte.

2. (at a distance) alejado.
‖ ~ **from** excepto; aparte de.

apartment [əˈpɑːrtmənt] n.,
Am. E. apartamento m.; piso m.

apathy [ˈæpəθiː] n. apatía f.

ape [eɪp] n. **1.** Zool. (monkey)
mono m.; simio m. ‖ v. tr.
2. (imitate) imitar.

apex [ˈeɪpeks] n. ápice m.; cima f.

apiece [əˈpiːs] adv. (each) por cabeza; cada uno.

apologize, apologise (Br.E)
[əˈpɒlədʒaɪz] v. intr. (say sorry)
pedir perdón; disculparse.

apology [əˈpɒlədʒiː] n. disculpa f.

apostle [əˈpɒsəl] n., Rel. apóstol m.

apostrophe [əˈpɒstrəfiː] n., Ling.
(diacritical mark) apóstrofo m.

appall, appal (Br.E) [əˈpɔːl]
v. tr. (horrify) horrorizar; espantar; aterrar.

apparatus [æpəˈreɪtəs] (pl.: -tus
or -tuses) n. **1.** (structure) aparato m. **2.** Sports aparatos m. pl.;
equipo m.

apparent [əˈpærənt] adj. (evident) aparente.

appeal [əˈpiːl] n. **1.** Law apelación f. **2.** (request) llamamiento m. ‖ v. intr. **3.** Law apelar.

appealing [əˈpiːlɪŋ] adj. atractivo.

appear [əˈpɪr] v. intr. **1.** aparecer. **2.** (seem) parecer.

appearance [əˈpɪrəns] n. **1.** aparición f. **2.** (look) apariencia f.;
aspecto m.

appease [əˈpiːz] v. tr. **1.** aplacar;
apaciguar. **2.** (curiosity) satisfacer.

appendicitis [əpendɪˈsaɪtɪs] n.,
Med. apendicitis f.

appendix [əˈpendɪks] (pl.: -dixes
or -dices) n. **1.** (in books) apéndice m. **2.** Anat. apéndice m.

appetite [ˈæpətaɪt] n. apetito m.

appetizer, appetiser (Br.E)
[ˈæpətaɪzər] n. aperitivo m.

applaud [əˈplɔːd] v. tr. & intr.
(clap) aplaudir.

applause [əˈplɔːz] n. aplauso m.

apple [ˈæpəl] n., Bot. (fruit) manzana f.

appliance [əˈplaɪəns] n. (device)
aparato m.

applicant [ˈæplɪkənt] n. (candidate) aspirante m. y f.; candidato m.

application [æplɪˈkeɪʃən] n.
1. (use) aplicación f. **2.** (request)
solicitud f.

apply [əˈplaɪ] v. tr. **1.** (lotion,
paint) aplicar. ‖ v. intr. **2.** (be
applicable) aplicarse.

appoint [əˈpɔɪnt] v. tr. **1.** nombrar. **2.** (date) señalar; fijar.

appreciable [əˈpriːʃəbəl] adj.
(easily noticed) apreciable; sensible; perceptible.

appreciate [əˈpriːʃeɪt] v. tr.
1. (be grateful) agradecer.
2. (value) apreciar.

appreciation [əpriːʃiˈeɪʃən] n.
(gratitude) agradecimiento m.;
gratitud f.

apprehend [æprəˌhend] v. tr.
1. frml. (arrest) detener; apresar. **2.** (be aware) percibir.

approach [əˈproutʃ] n. **1.** (aproximation) acercamiento m.
2. (access) acceso m.

appropriate [əˈproupriːt] adj.
1. apropiado; adecuado. ‖ v. tr.
2. (take ilegally) apropiarse (de algo). **3.** (allocate) asignar.

approve [əˈpruːv] v. tr. aprobar.

approximate [əˈprɒksəmɪt] adj.
1. aproximado. ‖ v. intr. (to sth)
2. acercarse (a algo); aproximarse (a algo).

apricot [ˈæprəl] n., Bot. (fruit) albaricoque m.

april [ˈæprɪˌkɒt] n. abril m.

apron [ˈeɪprən] n. (pinafore) delantal m.; mandil m.

apt [æpt] adj. **1.** (suitable) oportuno; acertado. **2.** (student) inteligente.

aptitude [ˈæptɪtuːd] n. (for sth) (flair) aptitud f. (para algo).

aquarium [əˈkweriəm](pl.: -riums or -ria) n. acuario m.

aquatic [əˈkwætɪk] adj. acuático.

arbitrate [ˈɑːrbətreɪt] v. tr. & intr. (adjudicate) arbitrar.

arc [ɑːrk] n., Math. arco m.

arcade [ɑːrˈkeɪd] n. **1.** Archit. arcada f. **2.** (along street) soportales m. pl.

arch [ˈɑːrtʃ] n. **1.** Archit. arco m.
‖ v. tr. & intr. **2.** arquear.

archaic [ɑːrˈkeɪk] adj. arcaico.

archeology, archaeology (Br.E) [ɑːrkiˈɒlədʒi] n. arqueología f.

archipelago [ɑːrkəˈpeləgou] n., Geogr. (group of islands) archipiélago m.

architecture [ˈɑːrkəˌtektʃər] n. arquitectura f.

archive [ˈɑːrkaɪv] n. archivo m.

archpriest [ɑːrtʃˈpriːst] n., Rel. (a senior priest) arcipreste m.

ardor, ardour (Br.E) [ˈɑːrdər] n. (fervor) ardor m.; fervor m.; entusiasmo m.

arduous [ˈɑːrdʒuəs] adj. arduo.

area [ˈeriə] n. **1.** zona f.; área f.
2. Math. área f.; superficie f.

arena [əˈriːnə] n. **1.** (stadium) estadio m. **2.** (field) ámbito m.

argue [ˈɑːrgjuː] v. intr. **1.** discutir; pelearse. **2.** (reason) argumentar.

argument [ˈɑːrgjəmənt] n. **1.** (reason) argumento m. **2.** (quarrel) discusión f.; riña f.

arid [ˈærɪd, ˈerɪd] adj. árido.

arise [əˈraɪz](p.t. arose ; p.p. arisen) v. intr. (emerge) presentarse; surgir; aparecer.

aristocracy [ærəsˈtɒkrəsiː] n. aristocracia f.; nobleza f.

ark [ɑːrk] n., dial. arca f.

arm¹ [ɑːrm] n. **1.** Anat. brazo m.
2. (of a chair) brazo m.

arm² [ɑːrm] n. **1.** (weapon) arma f. ‖ v. tr. **2.** armar (a algn de/con algo); dar armas.

armchair [ˈɑːrmˌtʃər] n. sillón m.

armpit ['ɑ:rmpɪt] *n., Anat.* sobaco *m.*; axila *f.*

army ['ɑ:rmi] *n.* ejército *m.*

aroma [ə'roumə] *n.* aroma *f.*

around [ə'raund] *adv.* **1.** alrededor; a la redonda. ‖ *prep.* **2.** (surrounding) alrededor de. **3.** (undetermined place) por. **4.** (approximately) alrededor de; en torno a/de.

arrange [ə'reɪndʒ] *v. tr.* **1.** disponer; arreglar. **2.** (plan in advance) organizar.

arrangement [ə'reɪndʒmənt] *n.* **1.** disposición *f.*; arreglo *m.* **2.** (agreement) acuerdo *m.*

arrest [ə'rest] *v. tr.* (detain) arrestar; detener.

arrival [ə'raɪvəl] *n.* llegada *f.*

arrive [ə'raɪv] *v. intr.* llegar; venir.

arrow ['ærou] *n.* flecha *f.*

arsenal ['ɑ:rsənəl] *n.* arsenal *m.*

art [ɑ:rt] *n.* **1.** arte *amb.* ‖ **arts** *n. pl.* letras *f. pl.*

artery ['ɑ:rtəri] (pl.: -ries) *n.* **1.** *Anat.* arteria *f.* **2.** *Car.* (road) arteria *f.*; carretera *f.*

artful ['ɑ:rtful] *adj.* astuto.

artichoke ['ɑ:rtətʃouk] *n., Bot.* (vegetable) alcachofa *f.*

article ['ɑ:rtɪkəl] *n.* **1.** (item) artículo *m.* **2.** (in newspaper) crónica *f.*; artículo *m.*; reportaje *m.*

articulate [ɑ:rtɪkjəlɪt] *adj.* **1.** (person) elocuente. **2.** (distinct) claro. ‖ *v. tr. & intr.* **3.** articular.

artifact, artefact (Br.E) ['ɑ:rtəfækt] *n.* artefacto *m.*

artifice ['ɑ:rtəfɪs] *n.* artificio *m.*

artificial [ɑ:rtə'fɪʃəl] *adj.* artificial.

artist ['ɑ:rtɪst] *n.* artista *m. y f.*

artless ['ɑ:rtləs] *adj.* **1.** (natural) sencillo. **2.** (ingenious) ingenuo; simple.

as [æz, əz, z] *conj.* **1.** (when) cuando. **2.** (comparison) como. **3.** (since) como. ‖ *adv.* **4.** tanto. **5.** (for example) como. ‖ ~ ... ~ tan ... como. ~ **if** como si (+ subj.).

ascend [ə'send] *v. tr.* **1.** (steps, mountain) subir. ‖ *v. intr.* **2.** (rise) ascender.

ascent [ə'sent] *n.* **1.** (of prices) subida *f.* **2.** (rise) ascenso *m.* **3.** (slope) cuesta *f.*

ascribe [əs'kraɪb] *v. tr.* atribuir.

ash[1] [æʃ] *n.* **1.** ceniza *f.* ‖ **ashes** *n. pl.* **2.** cenizas *f.*

ash[2] [æʃ] *n., Bot.* (tree) fresno *m.*

ashamed [ə'ʃeɪmd] *adj.* (embarrassed) avergonzado.

ashtray ['æʃ,treɪ] *n.* cenicero *m.*

aside [ə'saɪd] *adv.* (apart) aparte; a un lado.

ask [æsk] *v. tr.* **1.** (question) preguntar. **2.** (request) pedir.

asleep [ə'sli:p] *adj.* **1.** (person) dormido. **2.** (limb) adormecido.

asparagus [əs'pærəgəs] *n., inv. Bot.* (vegetable) espárrago *m.*

aspect ['æspekt] *n.* **1.** (feature) aspecto *m.* **2.** *frml.* (appearance) aspecto *m.*

asphalt ['æsˌfɔlt] *n.* **1.** asfalto *m.* ‖ *v. tr.* **2.** asfaltar.

asphyxia [æsˈfɪksɪə] *n., Med.* asfixia *f.;* ahogo *m.*

asphyxiate [æsˈfɪksiˌeɪt] *v. tr.* (suffocate) asfixiar.

aspirant ['æspərənt, əsˈpaɪərənt] *n.* (candidate) aspirante *m. y f.*

aspire [əsˈpaɪr] *v. intr.* **1.** (to sth) aspirar (a algo); ambicionar.

aspirin ['æsprɪn, 'æspərɪn] *n., Pharm.* aspirina *f.*

ass[1] [æs] *n.* **1.** *Zool.* asno *m.;* burro *m.* **2.** *coll.* (fool) idiota *m. y f.;* burro *m.*

ass[2] [æs] *n., Am. E., vulg.* culo *m.*

assail [əˈseɪl] *v. tr., frml.* **1.** atacar. **2.** *fig.* asaltar.

assault [əˈsɔːlt] *n.* **1.** agresión *f.;* violencia *f.* ‖ *v. tr.* **2.** agredir. **3.** *Mil.* atacar; asaltar.

assemble [əˈsembəl] *v. tr.* (gather) reunir; juntar (gente).

assembly [əˈsemblɪ] *n.* (meeting) reunión *m.;* asamblea *f.*

assert [əˈsɜːrt] *v. tr.* afirmar.

assess [əˈses] *v. tr.* **1.** valorar. **2.** (property) tasar.

assign [əˈsaɪn] *v. tr.* **1.** (allocate) asignar; adjudicar. **2.** (resources) destinar; dar.

assignment [əˈsaɪnmənt] *n.* **1.** (allocation) asignación *f.* **2.** (task) tarea *f.*

assimilate [əˈsɪməˌleɪt] *v. tr.* **1.** (information, food) asimilar. **2.** (asemejar) asimilar.

assist [əˈsɪst] *v. tr.* asistir; ayudar.

assistance [əˈsɪstəns] *n.* (support) ayuda *f.;* asistencia *f.;* auxilio *m.*

assistant [əˈsɪstənt] *n.* auxiliar *m. y f.;* ayudante *m. y f.*

associate [əˈsoʊʃɪt, əˈsoʊʃɪet] *n.* **1.** socio *m.;* asociado *m.* ‖ *v. tr.* **2.** asociar; vincular.

association [əˌsoʊsɪˈeɪʃən] *n.* (fellowship) asociación *f.*

assume [əˈsuːm] *v. tr.* **1.** (suppose) suponer. **2.** (responsabilities) asumir.

assure [əˈʃʊr] *v. tr.* (insure) asegurar; garantizar.

asterisk ['æstəˌrɪsk] *n., Ling.* asterisco *m.*

asthma ['æzmə] *n., Med.* asma *m.*

astonish [əsˈtɒnɪʃ] *v. tr.* (amaze) asombrar; maravillar; pasmar.

astound [əsˈtaʊnd] *v. tr.* (astonish) dejar atónito; pasmar; asombrar.

astray [əsˈtreɪ] *adv.* extraviado.

astrology [əsˈtrɒlədʒiː] *n.* astrología *f.*

astronomy [əsˈtrɒnəmiː] *n.* astronomía *f.*

astute [əsˈtjuːt] *adj.* astuto; sagaz.

asylum [əˈsaɪləm] *n.* asilo *m.*

at [æt] *prep.* **1.** (position) en; a. **2.** (time) a. **3.** (night) por; de. **4.** *Comput.* (@) arroba.

atheist ['eɪθɪɪst] *n.* ateo *m.*

athlete ['æθliːt] *n., Sports* atleta *m. y f.*

athletics [æθˈletɪks] *n. pl., Sports* atletismo *m. sing.*

atlas ['ætləs] *n.* atlas *m. inv.*

atmosphere ['ætməsˌfɪr] *n.* **1.** *Astron.* atmósfera *f.* **2.** *fig.* (ambience) ambiente *m.*

atom ['ætəm] *n.* átomo *m.*

atonic [əˈtɒnɪk] *adj., Ling.* átono.

atrocious [əˈtrouʃəs] *adj.* atroz.

atrocity [əˈtrɒsəti] *n.* (barbarity) atrocidad *f.*; barbaridad *f.*

attach [əˈtætʃ] *v. tr.* **1.** (tie) atar. **2.** (letter, document) adjuntar.

attached [əˈtætʃt] *adj.* (enclosed) adjunto; anexo.

attachment [əˈtætʃmənt] *n.* **1.** (tool) accesorio *m.* **2.** (affection) cariño *m.*

attack [əˈtæk] *n.* **1.** asalto *m.*; ataque *m.* **2.** (terrorist) atentado *m.* ‖ *v. tr. & intr.* **3.** agredir.

attain [əˈteɪn] *v. tr.* **1.** (goal) lograr; conseguir. **2.** (arrive at) alcanzar; llegar a.

attempt [əˈtempt] *n.* **1.** intento *m.*; tentativa *f.* ‖ *v. tr.* **2.** (try) intentar; tratar de.

attend [əˈtend] *v. tr. & intr.* **1.** (be present) asistir. **2.** (take care of) atender; cuidar.

attendance [əˈtendəns] *n.* (presence) asistencia *f.*

attention [əˈtenʃən] *n.* (notice, care) atención *f.*

attentive [əˈtentɪv] *adj.* **1.** (concentrated) atento. **2.** (helpful) solícito; servicial.

attest [əˈtest] *v. tr.* atestiguar.

attic [(ætɪk] *n., Am. E.* (loft) desván *m.*; buhardilla *f.*

attitude [əˈtætəˌtuːd] *n.* actitud *f.*

attorney [əˈtɜːrniː] *n., Am. E., Law* abogado *m.*

attract [əˈtrækt] *v. tr.* atraer.

attraction [əˈtrækʃən] *n.* **1.** atracción *f.* **2.** (feature) atractivo *m.*; seductor *m.*

attribute [ˈætrəbjuːt] *n.* **1.** atributo *m.* ‖ *v. tr.* **2.** atribuir.

aubergine [ˈoʊbərdʒiːn] *n., Br. E., Bot.* (vegetable) berenjena *f.*

auburn [ˈɔːbərn] *adj. & n.* (color) caoba *m.*; castaño rojizo.

auction [ˈɔːkʃən] *n.* **1.** (public sale) subasta *f.* ‖ *v. tr.* **2.** subastar.

audience [ˈɔːdjəns] *n.* **1.** (spectators) público *m.*; audiencia *f.* **2.** (meeting) audiencia *f.*

audition [ɔːˈdɪʃən] *n.* audición *f.*

auditor [ˈɔːdətər] *n., Am. E.* (occasional student) oyente *m. y f.*

auditorium [ˌɔːdəˈtɔːrɪəm] *n., Theat.* (room) auditorio *m.*; salón de actos.

augment [ˈɔːgmənt] *v. tr.* (increase) incrementar; aumentar.

augury [ˈɔːgjəri] *n.* (omen) presagio *m.*; augurio *m.*

August [ˈɔːgəst] *n.* agosto *m.*

aunt [ænt, ɑːnt] *n.* tía *f.*

aureole [ˈɔːrioʊl] *n.* aureola *f.*

aurora [e'rɔːrə](pl.: -ras or -rae) n. (dawn) aurora f.

austere [ɔːˈstɪr] adj. austero.

authentic [ɔːˈθentɪk] adj. (genuine) auténtico.

author [ˈɔːθər] n. autor m.

authority [ɔːˈθɒrətiː] n. **1.** autoridad f. **2.** (permission) autorización f.

authorize, authorise (Br.E) [ˈɔːθəraɪz] v. tr. autorizar.

autobiography [ˌɔːtəbaɪˈɒɡrəfiː] n. autobiografía f.

autograph [ˈɔːtəɡræf] n. autógrafo m.

automatic [ˌɔːtəˈmætɪk] adj. automático; mecánico.

automobile [ˈɔːtəmoʊbiːl] n., Am. E. (car) automóvil m.

autonomy [ɔːˈtɒnəmiː] n. autonomía f.; independencia f.

autumn [ˈɔːtəm] n. otoño m.

autumnal [ɔːˈtʌmnəl] adj. otoñal.

auxiliary [ɔːˈɡzɪljeriː] adj. **1.** auxiliar. ‖ n. **2.** (helper) auxiliar m.

available [əˈveɪləbəl] adj. disponible; libre.

avalanche [ˈævəlæntʃ] n., Meteor. avalancha f.; alud m.; desprendimiento m.

avarice [ˈævərɪs] n., frml. (greed) avaricia f.; codicia f.

avenge [əˈvendʒ] v. tr. vengar.

avenue [ˈævənuː] n. avenida f.

average [ˈævərɪdʒ, ˈævrɪdʒ] adj. **1.** medio. ‖ n. **2.** (mean) media f.; promedio m.

aviation [ˌeɪviˈeɪʃən] n. aviación f.

avocado [ˌævəˈkɑːdoʊ] n., Bot. (tree, fruit) aguacate m.

avoid [əˈvoɪd] v. tr. **1.** evitar. **2.** (question, responsibility) evadir; eludir.

await [əˈweɪt] v. tr. (wait for) aguardar; esperar.

awake [əˈweɪk] adj. **1.** despierto. ‖ v. tr. **2.** (wake up) despertar. ‖ v. intr. **3.** despertarse.

award [əˈwɔːrd] n. **1.** (prize) premio m. ‖ v. tr. **2.** (grant) conceder; otorgar.

aware [əˈwer] adj. consciente.

awareness [əˈwernəs] n. conciencia f.; conocimiento m.

away [əˈweɪ] adv. **1.** (far) lejos. **2.** (absent) fuera; ausente. ‖ **- from** lejos de.

awful [ˈɔːfəl] adj. atroz; horrible.

awkward [ˈɔːkwərd] adj. **1.** (clumsy) torpe. **2.** (embarrassing) embarazoso.

awning [ˈɔːnɪŋ] n. toldo m.

awry [əˈraɪ] adj. torcido.

ax, axe (Br.E) [æks] n. **1.** hacha f. ‖ v. tr. **2.** (employee) despedir. **3.** (costs) recortar (gastos).

B

B [bi:] *n., Mus.* si *m.*

b [bi:] *n.* (letter) b *f.*

BA [bi:ei] *abbrev.* (Arts) licenciado *m.* (en letras)

baa [ba:] *n.* **1.** (of sheep, lambs) balido *m.* ‖ *v. intr.* **2.** balar.

babble ['bæbəl] *n.* **1.** (of a child) balbuceo *m.* **2.** (of stream) murmullo *m.* ‖ *v. intr.* **3.** (child) balbucear. **4.** (person) parlotear.

babe [beib] *n.* **1.** (baby) bebé *m.* **2.** *Am. E.* (young girl) nena *f.*

baby ['beibi] *n.* bebé *m.;* nene *m.*

babysitter ['beibi,sitər] *n.* canguro *m.* y *f. fam.*

bachelor ['bætʃələr 'bætʃlər] *n.* **1.** soltero *m.* **2.** (Arts) licenciado *m.* (en la universidad).

bacillus [bə'siləs](pl: -cilli) *n., Biol.* bacilo *m.;* microorganismo *m.*

back [bæk] *n.* **1.** *Anat.* (human) espalda. **2.** *Anat.* (animal) lomo. **3.** (object) reverso *m.;* dorso *m.* ‖ *adj.* **4.** posterior; trasero. ‖ *v. tr.* **5.** respaldar; apoyar. ‖ *adv.* **6.** (backward) atrás; hacia atrás. **7.** (time) allá.

backbite ['bækbait] *v. intr.* (criticize) murmurar; criticar.

backbone ['bækbon] *n.* **1.** *Anat.* espinazo *m.* **2.** (fish) raspa *f.*

backpack ['bækpæk] *n., Am. E.* (rucksack) mochila *f.*

backstreet ['bæk,sti:t] *n.* (alley) callejuela *f.*

backward ['bæk,wərd] *adv.* (or "backwards") **1.** atrás; hacia atrás. **2.** al revés.

bacon ['beikən] *n.* beicon *m.*

bad [bæd] *adj.* malo; mal.

badge [bædʒ] *n.* **1.** insignia *f.* **2.** (of police) placa *f.*

bad-mannered ['bæd,mænərd] *adj.* maleducado; grosero.

badness ['bædnəs] *n.* (of behavior) maldad *f.;* malicia *f.*

bad-tempered ['bæd,tempərd] *adj.* (irritable) malhumorado.

bag [bæg] *n.* **1.** bolsa *f.* **2.** (handbag) bolso *m.* **3.** (sack) saco *m.*

baggage ['bægidʒ] *n., Am. E.* equipaje *m.*

bagpipes ['bæg,paips] *n. pl., Mus.* gaita *f. sing.*

baguette [bæ'get] *n.* (bread) barra *f.* (de pan).

bail [beil] *n., Law* fianza *f.*

bain-marie ['beim,mɜ:ri:] *n., Gastr.* baño María.

bait [beit] *n.* **1.** cebo *m.;* gancho *m.* ‖ *v. tr.* **2.** cebar.

bake [beik] *v. tr.* **1.** cocer; hervir. **2.** (in oven) hornear.

baker ['beikər] *n.* panadero *m.*

balaclava [bælə'klɑ:va] *n.* (woollen hat) pasamontañas *m. inv.*

balance ['bæləns] *n.* **1.** (scales) balanza *f.* **2.** *Econ.* balance. **3.** (equilibrium) equilibrio *m.*

balcony ['bælkəni:] *n.* balcón *m.*

bald [bɔ:ld] *adj.* (person) calvo; pelado.

bale [beɪl] *n.* **1.** (of cotton) bala *f.* **2.** (of goods) fardo *m.* ‖ *v. tr.* **3.** (hay, goods) embalar.

ball [bɔ:l] *n.* **1.** bola *f.*; pelota *f.* **2.** (football) balón. **3.** (party) baile (de etiqueta) *m.*

ballast [ˈbæləst] *n.*, *Nav.* lastre *m.*

ballet [ˈbæleɪ] *n.* ballet *m.*

balloon [bəˈlu:n] *n.* globo *m.*

ballpoint or ballpoint pen [ˈbɔ:lpɔɪnt] *n.* bolígrafo *m.*

balsam [ˈbɔlsəm] *n.* bálsamo *m.*

baluster [ˈbæləstər] *n.* balaustre *m.*

ban [bæn] *n.* **1.** prohibición *f.* ‖ *v. tr.* **2.** (forbid) prohibir.

banana [bəˈnænə] *n. Bot.* (fruit) plátano *m.*; banana *f.*

band [bænd] *n.* **1.** (of musicians) banda. **2.** (gang) cuadrilla. **3.** (strip) banda.

bandage [ˈbændɪdʒ] *n.* **1.** venda *f.*; vendaje *m.* ‖ *v. tr.* **2.** vendar.

bandaid [ˈbændeɪd] *n.*, *Am. E.* (sticking plaster) tirita *f.*

bandit [ˈbændɪt] *n.* bandido *m.*

bang [bæŋ] *n.* **1.** golpe *m.* **2.** (explosion) detonación *f.*

banish [ˈbænɪʃ] *v. tr.* desterrar.

banishment [ˈbænɪʃmənt] *n.* (exile) destierro *m.*; exilio *m.*

banister [ˈbænəstər] *n.* baranda *f.*

bank¹ [bæŋk] *n. Econ.* banco *m.*

bank² [bæŋk] *n.* (of river) orilla *f.*

banknote [ˈbæŋknout] *n.* **1.** *Am. E.* pagaré. **2.** *Br. E.* billete de banco.

banquet [ˈbæŋkwɪt] *n.* banquete *m.*

banter [ˈbæntər] *v. intr.* bromear.

baptism [ˈbæptɪzəm] *n.*, *Rel.* bautizo *m.*

bar [bɑ:r] *n.* **1.** (of gold, metal) barra *f.* **2.** (of chocolate) tableta *f.* **3.** (of soap) pastilla *f.* **4.** (pub) bar *m.* **5.** (in a pub) mostrador.

barb [bɑ:rb] *n.* **1.** (of wire) púa *f.* **2.** (of arrow) lengüeta *f.*

barbecue [ˈbɑ:rbɪkju:] *n.* **1.** barbacoa *f.* **2.** (food) parrillada *f.*

bare [ber] *adj.* **1.** (naked) desnudo. **2.** (style) escueto.

barefoot [ˈberfut] *adj.* descalzo.

barely [ˈberli] *adv.* apenas.

bareness [ˈbernɪs] *n.* **1.** desnudez *f.* **2.** *fig.* (of style) sencillez *f.*

bargain [ˈbɑ:rgɪn] *n.* **1.** trato *m.* **2.** (deal) negocio *m.*

bark¹ [bɑ:rk] *n.* **1.** (of dog) ladrido *m.* ‖ *v. intr.* **2.** (dog) ladrar.

bark² [bɑ:rk] *n.*, *Bot.* (of tree) corteza *f.*

barley [ˈbɑ:rli:] *n.*, *Bot.* cebada *f.*

barman [ˈbɑ:rmən] *n.* camarero *m.*

barn [bɑ:rn] *n.* **1.** granero *m.* **2.** (for cattle) establo *m.*

barn owl [ˈbɑ:rnaʊl] *n.*, *Zool.* (bird) lechuza *f.*

baron [ˈbærən] *n.* **1.** barón *m.* ‖ **baroness** *n.* **2.** baronesa *f.*

barracks [ˈbærəks] *n. pl.*, *Mil.* cuartel *m. sing.*

barrel ['bærəl] n. 1. (of beer) barril. 2. (of wine) tonel m.; cuba f. 3. (of a gun) cañón m.

barren ['bærən] adj. estéril.

barrier ['bæriər] n. 1. barrera f. 2. (obstacle) obstáculo m.

barring ['bɑːrɪŋ] prep. excepto.

barrister ['bærəstər] n., Br. E. abogado m.

barrow ['bærou] n. carretilla f.

base [beɪs] n. 1. base f. 2. (foot) pie. ‖ v. tr. 3. basar; fundar.

baseball ['beɪsbɔːl] n., Sports béisbol m.

basement ['beɪsmənt] n. sótano m.

bashful ['bæʃfəl] adj. (timid) vergonzoso; tímido; cortado.

basic ['beɪsɪk] adj. básico.

basin ['beɪsən] n. 1. palangana f. 2. (sink) pilón m.

basis ['beɪsɪs](pl.: -ses) n. base f.; fundamento m.

basket ['bæskɪt] n. 1. cesta f. 2. (with handle) canasta f.

basketball ['bæskətbɔːl] n., Sports baloncesto m.

bass [beɪs] n., Mus. bajo m.

bastard ['bæstərd] adj. 1. bastardo. ‖ n. 2. (illegitinate child) bastardo m.; ilegítimo m.

bat[1] [bæt] n. (in baseball) bate m.

bat[2] ['bæt] n., Zool. murciélago m.

batch [bætʃ] n. 1. (of bread, cakes) hornada f.; tanda f 2. (of goods) lote m.

bath [bæθ] n. 1. (wash) baño m. 2. (bathtub) bañera f. ‖ v. tr. 3. Br. E. bañar.

bathe ['beɪð] v. intr. 1. bañarse. ‖ v. tr. 2. (sea, river) bañar.

bathing suit ['beɪðɪŋsuːt] sust. phr., Am. E. bañador m.

bathrobe ['bæθroub] n. albornoz m.

bathroom ['bɑːθruːm] n. cuarto de baño.

bathtub ['bæθtʌb] n. bañera f.

batter ['bætər] v. tr. (beat) apalear.

battery ['bætəri] n., Electron. batería f.; pila f.

battle ['bætəl] n. 1. (combat) batalla f.; combate m. ‖ v. intr. 2. Mil. batallar.

bawl [bɔːl] v. tr. 1. gritar. ‖ v. intr. 2. (shout) gritar; vociferar.

bay[1] [beɪ] n., Geogr. bahía f.

bay[2] ['beɪ] n. 1. (dog) aullido m. ‖ v. intr. 2. (dog) aullar.

bazaar ['bəˈzɑːr] n. bazar m.

be [biː](pres. am are is ; p.t. was were ; p.p. been) v. intr. 1. (origin, nationality, occupation, quality, etc.) ser. 2. (temporary state, location, etc) estar; andar. 3. (age, feeling) tener. 4. (age) cumplir. 5. (occur) haber. 6. (climate) hacer. 7. (exist) haber.

beach [biːtʃ] n. playa f.

beacon ['biːkən] n., Nav. (lighthouse) faro m.

bead [biːd] n. cuenta f.

beak [biːk] *n.*, *Zool.* pico *m.*

beam [biːm] *n.* **1.** (in building) viga *f.* **2.** (ray) rayo *m.*

bean [biːn] *n.*, *Bot.* alubia *f.*

bear¹ [ber] *v. tr.* **1.** cargar. **2.** (support, endure) aguantar.

bear² [ber] *n.*, *Zool.* oso *m.*

beard [bɪrd] *n.* barba *f.*

beast [biːst] *n.* **1.** (animal) bestia; animal. **2.** *fig.* bruto *m.*

beat [biːt] *v. tr.* **1.** (hit) golpear. **2.** (eggs) batir. ‖ *v. intr.* **3.** (heart) latir. ‖ *n.* **4.** (heart) latido *m.*

beating [ˈbiːtɪŋ] *n.* paliza *f.*

beautiful [bijuːtəfəl] *adj.* (pretty) hermoso; precioso; bonito.

beauty [ˈbjuːtiː] *n.* (belle) hermosura *f.*; belleza *f.*

because [brˈkɔːz] *conj.* porque.

become [brˈkʌm] *v. intr.* llegar a ser.

bed [bed] *n.* **1.** cama *f.* **2.** *Geogr.* (of river) cauce *m.*

bedroom [ˈbedˌruːm] *n.* dormitorio *m.*; habitación *f.*; recámara *f. Amér.*

bedside [ˈbedˌsaɪd] *n.* cabecera *f.*

bee [biː] *n.*, *Zool.* abeja *f.*

beech [biːtʃ] *n.*, *Bot.* haya *f.*

beef [biːf] *n.*, *Gastr.* (meat) carne vacuna.

beehive [ˈbiːˌhaɪv] *n.* colmena *f.*

beeper [ˈbiːˌpər] *n.*, *Am. E.* busca *m.*

beer [bɪr] *n.* cerveza *f.*

beet [biːt] *n.*, *Am. E.*, *Bot.* (vegetable) remolacha *m.*

beetle [ˈbiːtəl] *n.*, *Zool.* (insect) escarabajo *m.*

before [brˈfɔːr] *adv.* **1.** antes. ‖ *prep.* **2.** delante de; ante. **3.** (preceding in time) antes de. ‖ *conj.* **4.** antes de que + subj; antes de + inf. **5.** (rather than) antes que.

beforehand [brˈfɔːrˌhænd] *adv.* de antemano; con antelación.

beg [ˈbeɡ] *v. tr.* **1.** (money, alms) pedir. **2.** (beseech) rogar.

beget [ˈbɪɡet] *v. tr.* (father) engendrar; procrear.

beggar [ˈbeɡər] *n.* mendigo *m.*; pobre *m. y f.*

begin [brˈɡɪn] *v. tr. & intr.* (start) empezar; comenzar.

beginner [brˈɡɪnər] *n.* (novice) novato *m.*; principiante *m. y f.*

begonia [brˈɡoʊnjə] *n.*, *Bot.* (plant) begonia *f.*

behalf [bəˈhæf] **in/on ~ of** *adv. phr.* **1.** (in the interest of) en/a favor de; a beneficio de. **2.** (as representative of) en nombre de.

behave [brˈheɪv] *v. intr.* comportarse; portarse.

behavior, behaviour (Br.E) [brˈheɪvjər] *n.* (manner of conducting) comportamiento *m.*

behind [brˈhaɪnd] *adv.* **1.** detrás; por detrás; atrás. **2.** con retraso; a la zaga. ‖ *prep.* **3.** detrás de; tras. **4.** (+ pronoun) a sus/mis espaldas.

being ['bi:ɪŋ] *n.* **1.** (person) ser *m.* **2.** (existence) existencia *f.*

belch [beltʃ] *v. intr.* eructar.

belfry ['belfri:] *n.* campanario *m.*

belie [bɪ'laɪ] *v. tr.* desmentir.

believing [bɪ'li:vɪŋ] *adj.* creyente.

belittle [bɪ'lɪtl] *v. tr.* despreciar.

bell [bel] *n.* **1.** campana *f.* **2.** (on toy, cat) cascabel *m.* **3.** (of door) timbre *m.*

bellboy ['bel,bɔɪ] *n., Am. E.* (bell hop) botones *m. inv.*

bellflower ['bel,flaʊər] *n., Bot.* (campanula) campanilla *f.*

bellow ['beloʊ] *n.* **1.** *Zool.* (of animal) bramido *m.* **2.** (of person) bramido *m.* ‖ *v. intr.* **3.** *Zool.* (roar) bramar.

belly ['beli] *n., Anat.* vientre *m.;* barriga *f. fam.;* panza *f. Amér.*

belong [bɪ'lɒŋ] *v. intr.* (property) pertenecer.

beloved [bɪ'lʌvɪd] *adj.* amado.

below [bɪ'loʊ] *adv.* **1.** (position) abajo; debajo. **2.** a continuación. ‖ *prep.* **3.** (under) debajo de; bajo. **4.** (less than) inferior a.

belt [belt] *n.* (clothing) cinturón *m.*

bench [bentʃ] *n.* (seat) banco *m.;* escaño *m.*

bend [bend] *n.* **1.** (in road) curva *f.;* recodo *m.* ‖ *v. tr.* **2.** doblar.

beneath [bɪ'ni:θ] *adv.* **1.** debajo. ‖ *prep.* **2.** debajo de; bajo.

beneficent [bɪ'nefɪsənt] *adj.* **1.** (act) benéfico. **2.** (person) bienhechor.

beneficial [,benɪfɪʃəl] *adj.* (useful) beneficioso.

benefit ['benɪfɪt] *n.* **1.** beneficio *m.;* ventaja *f.;* provecho *m.* ‖ *v. tr.* **2.** beneficiar. ‖ *v. intr.* **3.** beneficiarse; sacar provecho.

benevolence [bə'nevələns] *n.* benevolencia *f.;* bondad *f.*

benign [bɪ'naɪn] *adj.* benigno.

bequeath [bɪ'kwi:θ] *v. tr., Law* (inheritance) legar.

beret [bə'reɪ] *n.* boina *f.*

berry ['beri:] *n., Bot.* baya *f.*

berth [bɜ:θ] *n.* **1.** (in ship, train) litera *f.* ‖ *v. tr. & intr.* **2.** atracar.

beside [bɪ'saɪd] *adv.* **1.** al lado. ‖ *prep.* **2.** al lado de; junto a.

besides [bɪ'saɪdz] *adv.* **1.** además. ‖ *prep.* **2.** (following a positive) además de; amén de. **3.** (following a negative) aparte de.

besiege [bɪ'si:dʒ] *v. tr.* **1.** *Mil.* asediar; sitiar. **2.** *fig.* (person) acosar; asediar.

best [best] *adj. sup.* **1.** mejor. ‖ *adv. sup.* **2.** mejor.

best man ['best mæn] *n.* (wedding) padrino (de boda) *m.*

bestow [bɪ'stoʊ] *v. tr.* otorgar.

bet [bet] *n.* **1.** (wager) apuesta *f.* ‖ *v. tr.* **2.** apostar. ‖ *v. intr.* **3.** (gamble) apostar.

betray [bɪ'treɪ] *v. tr.* traicionar.

better ['betər] *adj.* compar. **1.** mejor. ‖ *adv. comp.* (comp. of "well") **2.** mejor. ‖ *v. tr.* **3.** (improve) mejorar.

between [bɪ'twi:n] *prep.* **1.** entre. **2.** entre. ‖ *adv.* (also "in between") **3.** en medio.

beverage ['bevərɪdʒ] *n.* bebida *f.*

bevy ['bevi:] *n.* bandada *f.*

beware [bɪ'wer] *v. intr.* (be careful) tener cuidado.

beyond [bɪ'jɒnd] *adv.* **1.** a lo lejos; más allá. ‖ *prep.* **2.** al otro lado de; más allá de. **3.** (outside the limits) fuera de.

bib [bɪb] *n.* **1.** babero *m.* **2.** (on dress) pechera *f.*

bibliography [bɪblɪ'ɒgrəfi:] *n.* bibliografía *m.*

bicarbonate [baɪ'kɑːrbənɪt] *n., Chem.* bicarbonato *m.*

bicycle ['baɪsɪkəl] *n.* bicicleta *f.*

bid [bɪd] *n.* **1.** (at auction) oferta *f.* ‖ *v. intr.* **2.** pujar.

bidet ['bɪːdeɪ] *n.* bidé *m.*

big [bɪg] *adj.* grande.

bike [baɪk] *n., fam.* bici *f. fam.*

bikini [bɪ'kiːni:] *n.* biquini *m.*

bill [bɪl] *n.* **1.** (account) cuenta *f.*; nota *f.* **2.** *Econ.* factura *f.*

billboard ['bɪl,bɔːrd] *n., Am. E., Film & Theatr.* cartelera *f.*

billfold ['bɪl,foʊld] *n., Am. E.* (wallet) billetero *m.*; billetera *f.*

bin [bɪn] *n.* cubo de la basura.

bind [baɪnd] *v. tr.* **1.** atar; trincar; liar; ligar. **2.** (book) encuadernar.

binder ['baɪndər] *n.* carpeta *f.*

binge [bɪndʒ] *n.* juerga *f.*

biography [baɪ'ɒgrəfi:] *n.* biografía *f.*

biology [baɪ'ɒlədʒi:] *n.* biología *f.*

birch [bɜːrtʃ] *n. Bot.* abedul *m.*

bird [bɜːrd] *n., Zool.* pájaro *m.*

birth [bɜːrθ] *n.* nacimiento *m.*

birthday ['bɜːrθ,deɪ] *n.* cumpleaños *m. inv.*

biscuit ['bɪskɪt] *n., Br. E.* (sweet) galleta *f.*

bishop ['bɪʃəp] *n.* **1.** *Rel.* obispo *m.* **2.** (in chess) alfil *m.*

bit [bɪt] *n.* (fragment) trozo *m.*

bitch [bɪtʃ] *n.* **1.** *Zool.*(prostituta) perra *f.* **2.** *vulg.* zorra *f. fam.*

bite [baɪt] *n.* **1.** (wound) mordedura *f.* **2.** (act) mordisco *m.* **3.** (insect, reptile) picadura *f.* ‖ *v. tr.* **4.** (insect, reptile) morder; picar. ‖ *v. intr.* **5.** morder.

bitter ['bɪtər] *adj.* (taste) amargo.

bittersweet ['bɪtər,swiːt] *adj.* (flavor) agridulce.

black ['blæk] *adj.* **1.** (color) negro. **2.** (race) moreno. ‖ *n.* **3.** (color) negro *m.*

black pudding ['blæk 'pʊdɪŋ] *sust. phr., Br. E., Gastr.* morcilla *f.*

blackberry ['blæk,bəri:] *n., Bot.* (fruit) mora *f.*; zarzamora *f.*

blackbird ['blæk,bɜːrd] *n., Zool.* (bird) mirlo *m.*

blackboard ['blæk,bɔːrd] *n.* (chalkboard) encerado *m.*; pizarra *f.*

blackmail ['blæk,meɪl] *n.* chantaje *m.*; extorsión *f.*

blacksmith's ['blæk,smɪθs] *n.* herrería *f.*

blade [bleɪd] *n.* (of razor, saw, ice skate) cuchilla *f.*

blank [blæŋk] *adj.* **1.** en blanco. ‖ *n.* **2.** blanco.

blanket [ˈblæŋkɪt] *n.* manta *f.*

blast [blæst] *n.* **1.** (of explosives) explosión *f.* **2.** (of wind) bocanada *f.*

blaze [bleɪz] *n.* **1.** (flames) llamarada *f.* **2.** (fierce fire) incendio *m.*

bleach [bliːtʃ] *n.* **1.** lejía *f.* ‖ *v. tr.* **2.** (linen) blanquear.

bleat [bliːt] *n.* **1.** (of sheep, goat) balido *m.* ‖ *v. intr.* **2.** *Zool.* (sheep, goat) balar.

bleed [bliːd] *v. tr.*, *Med.* sangrar.

blemish [ˈblemɪʃ] *n.* **1.** mancha *f.* ‖ *v. tr.* **2.** (honor) manchar.

blend [blend] *v. tr.* (mix) mezclar.

bless [bles] *v. tr.*, *Rel.* bendecir.

blight [blaɪt] *n.*, *Agr.* plaga *f.*

blind [blaɪnd] *adj.* **1.** ciego. ‖ *n.* **2.** (window) persiana *f.* ‖ *v. tr.* **3.** (sight) cegar.

blink [blɪŋk] *v. tr.* parpadear.

blister [ˈblɪstər] *n.* ampolla *f.*

block [blɒk] *n.* **1.** bloque *m.* **2.** (group of buildings) manzana *f.*; cuadra *f. Amér.*

blood [blʌd] *n.* (gore) sangre *f.*

bloody [ˈblʌdi] *adj.* sangriento.

blossom [ˈblɒsəm] *n.*, *Bot.* **1.** flor *f.* ‖ *v. intr.* **2.** florecer.

blot [blɒt] *n.* **1.** (of ink) borrón *m.* ‖ *v. tr.* **2.** (of ink) emborronar.

blotch [blɒtʃ] *n.* **1.** (on skin) mancha *f.* **2.** (of ink) borrón.

blouse [blauz] *n.* blusa *f.*

blow [bloʊ] *n.* **1.** (knock) golpe *m.* ‖ *v. intr.* **2.** soplar. **3.** (with a whistle) pitar.

blue [bluː] *adj. & n.* azul *m.*

blur [blɜːr] *v. tr.* **1.** empañar; hacer borroso. **2.** *fig.* (vision) enturbiar.

blush [blʌʃ] *n.* **1.** (from shame, guilt) rubor *m.* ‖ *v. tr.* **2.** ruborizar. ‖ *v. intr.* **3.** ponerse colorado; ruborizarse.

boa [ˈboʊə] *n.*, *Zool.* boa *f.*

boar [bɔːr] *n.*, *Zool.* verraco *m.*

board [bɔːrd] *n.* **1.** tabla *f.* **2.** (of chess) tablero *m.*

board and lodging [ˈbɔːrd ænd lɒdʒɪŋ] *sust. phr.* (pensión completa) comida y alojamiento.

boarder [ˈbɔːrdər] *n.* **1.** (in hotel, etc) huésped *m. y f.* **2.** (pupil) interno *m.*

boast [boʊst] *n.* **1.** fanfarronada *f.* ‖ *v. intr.* **2.** alardear; fardar.

boat [boʊt] *n.* **1.** (big) barco *m.* **2.** (small, open) barca *f.*; bote *m.*

bobbin [ˈbɒbɪn] *n.* carrete *m.*

bobby [ˈbɒbi] *n.*, *Br. E.*, *fam.* (policeman) policía *m.*

bodice [ˈbɒdɪs] *n.* corpiño *m.*

body [ˈbɒdi] *n.* **1.** *Anat.* cuerpo *m.* **2.** (corpse) cadáver *m.*

bodyguard [ˈbɒdiɡɑːrd] *n.* guardaespaldas *m. y f. inv.*

bohemian [boʊˈhiːmjən] *adj. & n.* (unconventional) bohemio *m.*

boil [bɔɪl] *v. tr.* **1.** hervir. **2.** (food) cocer. ‖ *v. intr.* **3.** *Gastr.* cocer.

boiler ['bɔɪlər] *n.* olla *f.*; caldera *f.* ‖ steam ~ caldera de vapor.

bold [boʊld] *adj.* (daring, shameless) osado; audaz.

boldness ['boʊldnɪs] *n.* **1.** audacia *f.*; temeridad *f.* **2.** (impudence) atrevimiento *m.*

bolster ['boʊlstər] *n.* travesaño; cabezal.

bolt [boʊlt] *n.* (lock) cerrojo *m.*;

bomb [bɒm] *n.*, *Mil.* bomba *f.*

bond [bɒnd] *n.* (link) vínculo *m.*

bone [boʊn] *n.* **1.** *Anat.* hueso *m.* **2.** (of fishes) espina *f.* ‖ *v. tr.* **3.** (fish) quitar las espinas a.

bonfire ['bɒnfaɪər] *n.* hoguera *f.*

bonnet ['bɒnɪt] *n.* **1.** (for baby) gorro *m.* **2.** *Br. E.*, *Car* capó.

bonsai ['bɒnsaɪ] *n.*, *Bot.* bonsái *m.*

bonus ['boʊnəs] *n.* (extra) prima *f.*; gratificación *f.*

book [bʊk] *n.* **1.** *Lit.* libro *m.* ‖ *v. tr.* **2.** (room, ticket) reservar.

bookcase [bʊkkeɪs] *n.* (piece of furniture) biblioteca *f.*; librería *f.*

bookkeeping ['bʊkkiːpɪŋ] *n.*, *Econ.* contabilidad *f.*

booklet ['bʊklɪt] *n.* folleto *m.*

bookshop ['bʊkʃɒp] *n.*, *Br. E.* librería *f.*

bookstore [bʊkstɔːr] *n.*, *Am. E.* librería *f.*

boot [buːt] *n.* bota *f.*

booth [buːθ] *n.* **1.** (phone) cabina. **2.** (at fair) barraca *f.*

bootleg ['buːtleg] *adj.* pirata.

booty ['buːti] *n.* botín *m.*

border ['bɔːrdər] *n.* **1.** borde *m.*; margen *amb.* **2.** *Geogr.* frontera *f.*

bore ['bɔːr] *n.* **1.** (person) pelma *m.* *y f.*; pelmazo *m.* **2.** (thing) aburrimiento *m.* ‖ *v. tr.* **3.** aburrir.

bored [bɔːrd] *adj.* (person) aburrido. ‖ to get ~ aburrirse.

boredom [bɔːrdəm] *n.* aburrimiento *m.*

boring [bɔːrɪŋ] *adj.* aburrido.

born [bɔːrn] *adj.* nacido.

borrow ['bɒroʊ] *v. tr.* (have on loan) prestar.

boss [bɒs] *n.* **1.** (person in charge) jefe *m.* **2.** (employer) patrón.

bossy ['bɒsiː] *adj.* mandón *fam.*

botany ['bɒtəniː] *n.* botánica *f.*

botch [bɒtʃ] *n.* **1.** *fam.* (mess) chapuza *f.*; churro *m.* ‖ *v. tr.* **2.** *coll.* chapucear.

both [boʊθ] *adj.* (also as pron.) ambos *pl.*

bother ['bɒðər] *n.* **1.** molestia *f.* ‖ *v. tr.* **2.** (annoy) molestar. ‖ *v. intr.* **3.** (trouble) molestarse.

bottle ['bɒtl] *n.* **1.** (container) botella *f.* **2.** (of perfume, medicine) frasco *m.* ‖ *v. tr.* **3.** embotellar.

bottle opener ['bɒtl,oʊpənər] *n.* abrebotellas *f. inv.*

bottling ['bɒtəlɪŋ] *n.* envase *m.*

bottom ['bɒtəm] *n.* **1.** fondo *m.* **2.** *Anat.*, *coll.* (buttocks) trasero *m.*; culo *m.* ‖ *adj.* **3.** de abajo; inferior.

bough [baʊ] *n.* (of tree) rama.

bounce [baʊns] *n.* **1.** bote *m.* ‖ *v. intr.* **2.** botar; rebotar. ‖ *v. tr.* **3.** (a ball) botar.

bound [baʊnd] *n.* (jump) brinco *m.*

boundary ['baʊndəri] *n.* (limit) frontera *f.*; límite *m.*

boundless ['baʊndlɪs] *adj.* (unlimited) infinito; ilimitado; sin límites.

bouquet [buːˈkeɪ] *n.* **1.** (of flowers) ramo *m.* **2.** (small) ramillete *m.* **3.** (of wine) aroma *f.*

bourgeoisie [bʊəʒwɒˈziː] *n.*, *Polít.* burguesía *f.*

boutique [buːˈtiːk] *n.* boutique *f.*

bovine ['bəʊvaɪn (bʊvɪn] *adj.* & *n.*, *Zool.* bovino *m.*; vacuno *m.*

bow [bəʊ] *n.* **1.** (knot) lazo *m.* **2.** *Mus.* (weapon) arco *m.* **3.** (with head) reverencia *f.* ‖ *v. intr.* **4.** inclinarse.

bowel ['baʊəl] *n.* **1.** *Anat.* intestino *m.* ‖ **bowels** *n. pl.* **2.** *Anat.* entrañas *f.*

bowl [bəʊl] *n.* cuenco *m.*; tazón *m.*

bowlegged ['bəʊˌlegɪd 'bəʊlegd] *adj.* zambo; patizambo.

bowling ['bəʊlɪŋ] *n.* bolos *m. pl.*

bow-window ['bəʊˈwɪndəʊ] *n.* (viewpoint) mirador *m.* balcón *m.*

box[1] [bɒks] *n.* **1.** caja *f.* **2.** (for jewels) estuche *m.* **3.** (for money) cofre *m.* **4.** *Theat.* palco *m.* ‖ *v. tr.* **5.** encajonar.

box[2] [bɒks] *v. tr.* & *intr.*, *Sports* boxear.

boy [bɔɪ] *n.* niño *m.*; chico *m.*

boycott ['bɔɪˌkɒt] *n.* boicot *m.*

boyfriend ['bɔɪˌfrend] *n.* novio *m.*

bra [brɑː] *n.* sujetador *m.*; sostén *m.*

bracelet ['breɪslɪt] *n.* brazalete *m.*; pulsera *f.*; brasier *m. Amér.*

brag [bræg] *v. tr.* & *intr.* alardear.

braid [breɪd] *n.* **1.** *Am. E.* trenza *f.* **2.** (ribbon) galón *m.* ‖ *v. tr.* **3.** *Am. E.* (plait) trenzar.

brain [breɪn] *n.* **1.** *Anat.* cerebro *m.*; sesom. ‖ **brains** *n. pl.* **2.** *Gastr.* sesos *m. pl.*

braise ['breɪz] *v. tr.*, *Gastr.* estofar.

brake [breɪk] *n.* **1.** *Car* freno *m.* ‖ *v. tr.* **2.** *Car* frenar.

bramble ['bræmbəl] *n.*, *Bot.* zarza *f.*; zarzamora *f.*

bran [bræn] *n.*, *Bot.* salvado *m.*

branch [bræntʃ] *n.* **1.** rama *f.* **2.** (of tree, science) ramo *m.*

brand [brænd] *n.*, *Econ.* (for cattle) marca *f.*

brassiere ['bræziːr] *n.* (bra) sujetador *m.*; brasier *m. Amér.*

brave [breɪv] *adj.* **1.** valiente; valeroso. ‖ *v. tr.* **2.** (challenge) desafiar.

bravery ['breɪvəriː] *n.* (courage) valentía *f.*; valor *m.*

brawl [brɔːl] *n.* riña *f.*; pelea *f.*

brazier ['breɪʒɪər] *n.* brasero *m.*

breach [briːtʃ] *n.* **1.** (in wall) brecha *f.* **2.** (violation) infracción *f.* ‖ *v. tr.* **3.** (contract) incumplir.

bread [bred] *n.* **1.** pan *m.* ‖ *v. tr.* **2.** empanar. rebozar.

breadth [bredθ] *n.* (width) anchura *f.*

break [breɪk] *n.* **1.** (in transmission) interrupción *f.* **2.** (pause) descanso *m.*; pausa. ‖ *v. tr.* **3.** romper; quebrar *Amér.*

breakable ['breɪkəbəl] *adj.* (fragile) frágil.

breakdown ['breɪkdaʊn] *n.* **1.** avería. **2.** (in communications) fracaso *m.* **3.** *Med.* colapso *m.*

breakfast ['brekfəst] *n.* **1.** desayuno *m.* ‖ *v. intr.* **2.** desayunar.

breaking ['breɪkɪŋ] *n.* rotura *f.*

breast [brest] *n.* *Anat.* seno *m.*; pecho *m.* **2.** (of chicken) pechuga *f.*

breastfeed ['brest,fəd] *v. tr.* amamantar; dar el pecho.

breaststroke ['brest,stroʊk] *n.* (swimming) braza *f.*

breath [breθ] *n.* aliento *m.*

breathe [bri:ð] *v. tr. & intr.* respirar.

breathing ['bri:ðɪŋ] *n.* respiración *f.*

breed [bri:d] *n.* **1.** *Zool.* (of animal) raza *f.* ‖ *v. tr.* **2.** criar. ‖ *v. intr.* **3.** procrear.

breeze [bri:z] *n.* brisa *f.*

brevity ['brevəti:] *n.* (brief time) brevedad *f.*; fugacidad *f.*

brewery ['brʊəri:] *n.* cervecería *f.*

bribe [braɪb] *n.* **1.** soborno *m.*; cohecho *m.* ‖ *v. tr.* **2.** sobornar.

brick [brɪk] *n.* **1.** *Constr.* ladrillo *m.* **2.** (office) bloque *m.*

bricklayer ['brɪk,leɪər] *n.* albañil *m.*

bride [braɪd] *n.* novia *f.*

bridegroom ['braɪdgru:m] *n.* novio *m.*

bridesmaid ['braɪdz,meɪd] *n.* (at a wedding) dama de honor.

bridge [brɪdʒ] *n.* puente *m.*

bridle ['braɪdəl] *n.*, *Horse* brida *f.*; freno *m.*

brief [bri:f] *adj.* breve; conciso *m.*

briefcase ['bri:f,keɪs] *n.* (portable case) portafolio *m.*; cartera *f.*

briefs ['bri:fs] *n. pl.* slip *m. sing.*

brigand ['brɪgənd] *n.* (bandit) bandido *m.*; bandolero *m.*

bright [braɪt] *adj.* **1.** brillante. **2.** (color) vivo. **3.** (clever) listo.

brightness ['braɪtnɪs] *n.* **1.** (of day) claridad *f.* **2.** (of color) viveza *f.* **3.** (cleverness) inteligencia *f.*

brim [brɪm] *n.* **1.** (of a glass) borde *m.* **2.** (of hat) ala *f.*

bring [brɪŋ] *v. tr.* traer.

British ['brɪtɪʃ] *adj.* británico. ‖ **~ person** británico *m.*

Briton ['brɪtən] *n.* británico *m.*

broad [brɔ:d] *adj.* (wide) ancho.

broadcast ['brɔ:d,kæst] *n.* **1.** emisión *f.*; difusión *f.* ‖ *v. tr.* **2.** (radio) emitir. **3.** (TV) transmitir.

broadside ['brɔ:d,saɪd] *n.* **1.** *Nav.* (side of ship) costado *m.* ‖ *adv.* **2.** de lado.

broke [brouk] *adj., fam.* arruinado; sin blanca.

broken ['broukən] *adj.* **1.** roto; quebrado. **2.** (machine) estropeado. **3.** (bone) fracturado.

bronchus ['broŋkəs](pl.: bronchi) *n., Anat.* bronquio *m.*

bronze [bronz] *n.* **1.** bronce *m.* ‖ *adj.* **2.** (skin) bronceado.

brooch [broutʃ] *n.* broche *m.*

brood [bru:d] *n.* **1.** (of birds) cría *f.* ‖ *v. intr.* **2.** (hen) empollar.

brook [bruk] *n., Geogr.* (stream) arroyo *m.*; riachuelo *m.*

broom [bru:m] *n.* escoba *f.*

broth [broθ] *n.* caldo *m.*

brother ['brʌðər] *n.* **1.** hermano *m.* **2.** (colleague) colega *m. y f.*

brotherhood ['brʌðərhud] *n.* **1.** hermandad *f.*; fraternidad *f.* **2.** *Rel.* cofradía *f.*; congregación *f.*

brother-in-law ['brʌðərinlɔ:] *n.* cuñado *m.*; hermano político.

brow [brau] *n.* **1.** *Anat.* frente *f.* **2.** (eyebrow) ceja *f.*

brown [braun] *adj.* **1.** (color) marrón. **2.** (tanned) moreno. **3.** (hair) castaño. ‖ *n.* **4.** (color) marrón *m.*

bruise [bru:z] *n.* **1.** (contusión) cardenal *m.*; hematoma *m.* ‖ *v. tr.* **2.** magullar.

brush [brʌʃ] *n.* **1.** cepillo *m.* **2.** (large paintbrush) brocha *f.* ‖ *v. tr.* **3.** cepillar.

brushwood ['brʌʃwud] *n.* matorral *m.*; arbusto *m.*

brusque [brʌsk] *adj.* brusco; áspero.

bubble ['bʌbəl] *n.* **1.** (of air) burbuja *f.* **2.** (of soap) pompa *f.*

bucket ['bʌkɪt] *n.* cubo *m.*; balde *m.*

buckle ['bʌkəl] *n.* **1.** (fastener) hebilla *f.* ‖ *v. tr.* **2.** (fasten) abrochar.

budget ['bʌdʒɪt] *n., Econ.* presupuesto *m.*

buffalo ['bʌfələu](pl.:-es) *n., Br. E., Zool.* búfalo *m.*

buffet [bəˈfeɪ] *n.* bufé *m.*

buffoon [bəˈfu:n] *n.* (clown) bufón *m.*; payaso *m.*

bug [bʌg] *n.* **1.** *Zool.* chinche *f.* **2.** (any insect) bicho *m.*

bugle ['bju:gəl] *n., Mus.* clarín *m.*

build [bɪld] *n.* **1.** estructura *f.* ‖ *v. tr.* **2.** edificar; construir.

building ['bɪldɪŋ] *n.* **1.** (construction) edificio *m.*; construcción *f.*

bulb [bʌlb] *n.* **1.** *Bot.* bulbo *m.* **2.** *Electron.* bombilla *f.*

bulk [bʌlk] *n.* **1.** bulto *m.* **2.** (mass) mole *f.*

bulky ['bʌlki:] *adj.* voluminoso.

bull[1] [bul] *n., Zool.* toro *m.*

bull's-eye ['bulˌzaɪ] *n.* diana *f.*

bullet ['bulɪt] *n., Mil.* bala *f.*

bulletin ['bulətn] *n.* boletín *m.*

bumblebee ['bʌmblbi:] *n., Zool.* (insecto) abejorro *m.*

bump [bʌmp] *n.* **1.** golpe *m.* **2.** (on road) bache *m.* **3.** (on the head) chichón *m.*

bun [bʌn] *n.* **1.** (small roll) bollo *m.* **2.** (on the head) moño *m.*

bunch [bʌntʃ] *n.* **1.** (of flowers) ramo *m.* **2.** (of keys) manojo *m.* **3.** (of grapes) racimo *m.*

bundle ['bʌndəl] *n.* **1.** lío *m.;* fardo *m.* **2.** (of bills) fajo *m.*

bunion ['bʌnjən] *n.,* Med. (bone) juanete *m.*

bunk [bʌŋk] *n.* (bed) litera *f.*

buoy [bɔɪ] *n. Nav.* boya *f.*

burden ['bɜːrdən] *n.* **1.** (load) carga *f.;* peso *m.* **2.** *fig.* lastre. ‖ *v. tr.* **3.** cargar.

bureau ['bjʊroʊ](pl.:-x) *n.,* Br. E. **1.** (desk) escritorio *m.* **2.** (office) oficina *f.*

burglar ['bɜːrglər] *n.* (of houses) ladrón *m.*

burgle ['bɜːrgəl] *v. tr., fam.* (house) robar.

burial ['berɪəl] *n.* (of a dead body) entierro *m.;* enterramiento *m.*

burn [bɜːrn] *n.* **1.** *Med.* quemadura *f.* ‖ *v. tr.* **2.** quemar. ‖ *v. intr.* **3.** (food, building) quemarse; arder.

burp ['bɜːrp] *n.* **1.** (belch) eructo *m.* ‖ *v. intr.* **2.** (belch) eructar.

burr ['bɜːr] *n. Bot.* erizo *m.*

burrow ['bʌroʊ] *n.* madriguera *f.*

burst [bɜːrst] *n.* **1.** estallido *m.* ‖ *v. tr.* **2.** reventar. ‖ *v. intr.* **3.** (bomb) estallar.

bury ['berɪ] *v. tr.* **1.** enterrar; sepultar. **2.** (hide) esconder.

bus [bʌs] *n.* autobús *m.;* bus *m.*

business ['bɪznɪs] *n.* **1.** (commerce) negocio *m.* **2.** (matter) asunto.

bustle ['bʌsəl] *n.* (hurly-burly) ajetreo *m.;* bullicio *m.*

busy ['bɪziː] *adj.* ocupado.

but [bət] *conj.* **1.** pero; mas *form.* **2.** sino. ‖ *prep.* **3.** excepto; menos. ‖ *n.* **4.** pero *m.;* objeción *f.* ‖ ~ **for** a no ser por.

butane ['bjuːteɪn] *n., Chem.* (gas) butano *m.*

butcher ['bʊtʃər] *n.* **1.** carnicero *m.* ‖ *v. tr.* **2.** (slaughter for meat) matar.

butler ['bʌtlər] *n.* mayordomo *m.*

butter ['bʌtər] *n.* mantequilla *f.*

butterfly ['bʌtərflaɪ] *n., Zool.* (insect) mariposa *f.*

button ['bʌtn] *n.* **1.** botón *m.* ‖ *v. tr.* **2.** abotonar; abrochar.

buttonhole [(bʌtn,hoʊl] *n.* ojal *m.*

buy ['baɪ] *v. tr.* comprar; adquirir.

buzz [bʌz] *n.* **1.** (of bee, wasp) zumbido *m.* **2.** *coll.* telefonaz *m.* ‖ *v. intr.* **3.** (bee) zumbar.

buzzer ['bʌzər] *n.* (bell) timbre *m.*

by [baɪ] *adv.* **1.** cerca. ‖ *prep.* **2.** (indicating agent) por; de. **3.** (through) por. **4.** (beside) cerca de; junto a; al lado de. **5.** (means of transport) en. **6.** (deadline) para. **7.** *Math.* (multiplied by) por.

bye ['baɪ] *interj., fam.* adiós.

bye-bye ['baɪ,baɪ] *interj.* adiós.

C

c [si:] *n.* (letter) c *f.*

cab [kæb] *n., Am. E.* taxi *m.*

cabbage ['kæbɪdʒ] *n., Bot.* col *f.*; (vegetable) repollo *m.*; berza *f.* ‖ red ~ *Bot.* lombarda *f.*

cabin ['kæbɪn] *n.* **1.** cabaña *f.* **2.** (on ship) camarote *m.*

cabinet ['kæbɪnɪt] *n.* **1.** armario *m.* **2.** (glass) vitrina *f.*

cacao [kə'kaʊ] *n., Bot.* cacao *m.*

cache [kæʃ] *n.* **1.** (arms) zulo *m.*; arsenal secreto. **2.** *Comp.* (memory) caché *m.*

cactus ['kæktəs](pl.: -ti or -tuses) *n. inv., Bot.* cactus *m.*

cadence ['keɪdəns] *n.* cadencia *f.*

café ['kæfeɪ] *n.* café *m.*; cafetería *f.*

caffeine ['kæfi:n] *n.* cafeína *f.*

cage [keɪdʒ] *n.* **1.** jaula *f.* ‖ *v. tr.* **2.** (animals) enjaular.

cake [keɪk] *n.* **1.** (sweet) pastel *m.* **2.** *Gastr.* tarta *f.*

calculate ['kælkjəleɪt] *v. tr., Mat.* calcular.

calendar ['kæləndər] *n.* calendario *m.*

calf [kæf](pl.: calves) *n. Zool.* ternero *m.*; becerro *m.*

caliber, calibre (Br.E) ['kælɪbər] *n.* **1.** (of gun) calibre *m.* **2.** *fig.* (of person) calibre *m.*

call [kɔːl] *n.* **1.** llamada *f.* **2.** (appeal) llamamiento *m.* ‖ *v. tr.* **3.** llamar.

callus ['kæləs] *n., Med.* callo *m.*

calm [kɑːm] *adj.* **1.** tranquilo. ‖ *n.* **2.** calma *f.*; serenidad *f.*; tranquilidad *f.* ‖ *v. tr. & intr.* **3.** calmar; tranquilizar.

calorie ['kælərɪ] *n.* caloría *f.*

camel ['kæməl] *n., Zool.* camello *m.*

camera ['kæmərə] *n., Phot.* cámara *f.* (fotográfica)

cameraman ['kæmərəmən, 'kæmərəmæn] *n.* (TV, cinema) cámara *m.*

camomile ['kæməmaɪl] *n., Bot.* (infusion) manzanilla *f.*

camouflage ['kæməflɑːʒ] *v. tr.* camuflar; encubrir.

camp [kæmp] *n.* campamento *m.*

can¹ [kæn](p.t. could) *v. aux.* **1.** (be able to) poder. **2.** (know how to) saber. **3.** (be permitted to) poder.

can² ['kæn] *n.* **1.** *Am. E.* (tin) lata *f.*; bote *m.* **2.** (container) bidón *m.* ‖ *v. tr.* **3.** (fish, fruit) enlatar.

canal [kə'næl] *n., Geogr.* canal *m.*

canary [kə'neri:] *n., Zool.* (bird) canario *m.*

cancel ['kænsəl] *v. tr.* cancelar.

cancer ['kænsər] *n., Med.* cáncer *m.*

candidate ['kændɪdeɪt] *n.* candidato *m.*; aspirante *m. y f.*

candle ['kændəl] *n.* **1.** (of wax) vela *f.*; candela *f. Amér.* **2.** (in church) cirio *m.*

candy ['kændi:] *n., Am. E.* (sweet) caramelo *m.*

cane [keɪn] *n.* **1.** *Bot.* caña *f.* **2.** (stick) bastón *m.*

canker ['kæŋkər] *n. Med.* (of the mouth) llaga *f.;* úlcera *f.*

canning ['kænɪŋ] *n.* envase *m.*

canny ['kæni:] *adj.* astuto.

canoe [kə'nu:] *n.* canoa *f.*

canonize, canonise (Br.E) ['kænənaɪz] *v. tr., Rel.* canonizar.

canteen [kæn'ti:n] *n.* **1.** cantina *f.* **2.** (water bottle) cantimplora *f.*

canvas ['kænvəs] *n.* **1.** (cloth) lona *f.* **2.** (for painting) lienzo *m.*

canvass ['kænvəs] *n., Am. E., Polit.* (votes) escrutinio *m.*

cap [kæp] *n.* **1.** gorra *f.* **2.** (of pen) caperuza *f.* **3.** (of bottle) tapón *m.*

capable ['keɪpəbəl] *adj.* capaz.

capacity [kə'pæsəti:] *n.* **1.** capacidad *f.* **2.** (seating) aforo *m.*

cape [keɪp] *n.* **1.** (clothes) capa *f.* **2.** *Geogr.* cabo *m.*

caper [keɪpər] *n., Bot.* alcaparra *f.*

capital ['kæpətəl] *n.* **1.** (city) capital *f.* **2.** *Econ.* capital *m.*

caprice [kə'pri:s] *n.* capricho *m.*

capsule ['kæpsəl] *n.* cápsula *f.*

captain ['kæptən] *n.* capitán *m.*

capture ['kæptʃər] *v. tr.* (possess) capturar; apresar.

car [kɑ:r] *n.* coche *m.;* automóvil *m.;* carro *m. Amér.*

caramel ['kærəmel] *n.* caramelo *m.*

caravan ['kærəvæn] *n.* **1.** (group) caravana *f.* **2.** *Br. E.* (vehicle) caravana *f.;* roulotte *f.*

caravel ['kærəvel] *n., Nav.* (ship) carabela *f.*

carbine ['kɑ:baɪn] *n., Mil.* (weapon) carabina *f.*

carbon ['kɑ:rbən] *n., Chem.* carbono *m.* ‖ ~ **copy** calco *m.*

carbonated ['kɑ:rbənneɪtəd] *adj.* (drink) gaseoso.

card [kɑ:rd] *n.* **1.** tarjeta *f.* **2.** (playing card) carta *f.*

cardboard ['kɑ:rdbɔ:rd] *n.* **1.** cartón *m.* **2.** (thin) cartulina *f.*

cardigan ['kɑ:rdɪgən] *n.* (knitted jacket) chaqueta de lana; rebeca *f.*

cardinal ['kɑ:rdnəl] *adj.* **1.** (number, point) cardinal. ‖ *n.* **2.** *Rel.* cardenal *m.*

care [(ker] *n.* cuidado *m.*

career [kə'rɪr] *n.* carrera *f.*

careful ['kefəl] *adj.* (prudent) cuidadoso; esmerado; metódico.

careless ['kerlɪs] *adj.* descuidado.

caress [kə'res] *n.* **1.** caricia *f.;* mimo *m.* ‖ *v. tr.* **2.** acariciar.

cargo ['kɑ:rgoʊ] *n.* carga *f.*

caricature ['kærəkətʃər] *n.* (drawing) caricatura *f.*

caries ['keri:z] *n. inv., Med.* (tooth) caries *f.*

carnation [kɑ:r'neɪʃən] *n., Bot.* (plant) clavel *m.*

carnival ['kɑ:rnəvəl] *n.* carnaval *m.*

carnivorous [kɑ:r'nɪvərəs] *adj.,* *Zool.* carnívoro.

carol ['kærəl] *n., Mus.* (Christmas) villancico *m.* (navideño).

carp [kɑːrp] *n.*, *Zool.* carpa *f.*

carpenter ['kɑːrpəntər] *n.* carpintero *m.*

carpet ['kɑːrpɪt] *n.* **1.** alfombra *f.* ‖ *v. tr.* **2.** alfombrar.

carrot ['kærət] *n.*, *Bot.* zanahoria *f.*

carry ['kæriː] *v. tr.* **1.** (people, money) llevar. **2.** (transport) transportar.

cart [kɑːrt] *n.* **1.** carro *m.*; carreta *f.* ‖ *v. tr.* **2.** acarrear.

cartoon [kɑːrˈtuːn] *n.* **1.** viñeta *f.* **2.** (caricature) caricatura *f.*

cartridge ['kɑːrtrɪdʒ] *n.* (container) cartu-cho *m.*

carve [kɑːrv] *v. tr.* **1.** (meat) trinchar. **2.** (wood) tallar; esculpir.

carving ['kɑːrvɪŋ] *n.* (carved object) talla *f.*; escultura *f.*

cascade [kæsˈkeɪd] *n.* cascada *f.*

case[1] [keɪs] *n.* **1.** caso *m.* **2.** *Med.* caso *m.* **3.** *Law* caso *m.*

case[2] [keɪs] *n.* **1.** (suitcase) maleta *f.* **2.** (for jewels) estuche *m.*

cash [kæʃ] *n.* **1.** dinero en efectivo. ‖ *v. tr.* **2.** (a check) cobrar.

casino [kəˈsiːnou] *n.* casino *m.*

cask [kæsk] *n.* barril *m.*

cassava [kæˈsɑːvə] *n.*, *Bot.* (plant) mandioca *f.*

casserole ['kæsəroul] *n.* cazuela *f.*

cassette [kæˈset] *n.* **1.** (tape) casete *amb.* **2.** (recorder) casete *m.*

cassock ['kæsək] *n.*, *Rel.* sotana *f.*

caste [kæst] *n.* casta *f.*

castigate ['kæstɪgeɪt] *v. tr.*, *frml.* (chastise) castigar.

Castilian [kəsˈtɪliən] *adj.* **1.** castellano. ‖ *n.* **2.** (person) castellano *m.* ‖ *n.* **3.** (language) castellano *m.*

castle ['kæsəl] *n.* castillo *m.*

castrate [kæsˈtreɪt] *v. tr.* castrar.

casual ['kæʒuəl] *adj.* **1.** casual; ocasional. **2.** (worker) eventual. **3.** (clothes) sport.

casualty ['kæʒəwɒltiː] *n.* **1.** (in accident) víctima *f.* **2.** *Mil.* baja *f.*

cat [kæt] *n.* gato *m.*

catalog, catalogue (Br.E) ['kætəlɒg] *n.* **1.** catálogo *m.* ‖ *v. tr.* **2.** catalogar.

cataract ['kætərækt] *n.* catarata *f.*

catarrh [kəˈtɑːr] *n.*, *Med.* catarro *m.*

catastrophe [kəˈtæstrəfiː] *n.* (disaster) catástrofe *f.*

catch [kætʃ] (p.t. and p.p. caught) *n.* **1.** (of fish) pesca *f.* **2.** (of lock) pestillo *m.* ‖ *v. tr.* **3.** coger; atrapar. **4.** (bus, train) coger.

category ['kætəgɔːriː] *n.* categoría *f.*; clase *f.*

caterpillar ['kætəpɪlər] *n.*, *Zool.* (insect) oruga *f.*

cathedral [kəˈθiːdrəl] *n.* catedral *f.*

Catholicism [kəˈθɒlɪˌsɪzəm] *n.*, *Rel.* catolicismo *m.*

cauliflower ['kɒlɪflauər] *n.*, *Bot.* (vegetable) coliflor *f.*

cause [kɔːz] *n.* **1.** (reason) causa *f.*; móvil *m.* **2.** (ideal) causa. ‖ *v. tr.* **3.** causar.

caution ['kɔːʃən] *n.* **1.** cautela *f.* ‖ *v. tr.* **2.** advertir; amonestar.

cave [keɪv] *n.* cueva *f.*; caverna *f.*

caviar or caviare ['kævɪɑːr] *n.* caviar *m.*

cavity ['kævəti:] (pl.: -ties) *n.* **1.** (hole) cavidad *f.*; hueco *m.* **2.** (tooth) caries *f. inv.*

caw [kɔː] *n.* (of raven) graznido *m.*

cease ['siːs] *v. intr.* cesar; parar.

ceiling ['siːlɪŋ] *n.* techo *m.*

celebrate ['seləbreɪt] *v. tr.* celebrar; festejar.

celery ['seləri:] *n., Bot.* apio *m.*

celibate ['seləbət] *adj. & n.* (chaste) célibe *m. y f.*; casto *m.*

cell [sel] *n.* **1.** (in prison) celda *f.* **2.** *Biol.* célula *f.*

cellar ['selər] *n.* (underground room) sótano *m.*

cello ['tʃeləʊ] *n., Mus.* (instrument) violonchelo *m.*

cement [sɪ'ment] *n.* cemento *m.*

cemetery ['seməteri:] *n.* (graveyard) cementerio *m.*; camposanto *m.*

censorship ['sensərʃɪp] *n.* censura *f.*

censure ['senʃər] *n.* **1.** censura *f.* ‖ *v. tr.* **2.** censurar; criticar.

census ['sensəs] *n.* censo *m.*

cent [sent] *n.* céntimo *m.*

center, centre (Br.E) ['sentər] *n.* **1.** centro *m.* ‖ *v. tr.* **2.** centrar.

centiliter, centilitre (Br.E) ['senti̩liːtər] *n.* centilitro *m.*

centimeter, centimetre (Br.E) ['senti̩miːtər] *n.* centímetro *m.*

centralize, centralise (Br.E) ['sentrəlaɪz] *v. tr.* centralizar.

century ['sentʃəri:] *n.* siglo *m.*

ceramics [səˈræmɪks] *n. sing.* cerámica *f.*

cereal ['sɪrɪəl] *adj. & n.* **1.** *Bot.* cereal *m.* ‖ *n.* **2.** (for breakfast) cereales *m. pl.*

ceremony ['serəməʊni:] *n.* (formal act) ceremonia *f.*; acto *m.*

certain ['sɜːrtn] *adj.* **1.** seguro. **2.** (correct, particular) cierto.

certainty ['sɜːrtnti:] *n.* (belief) certeza *f.*; certidumbre *f.*

certify ['sɜːrtəfaɪ] *v. tr.* certificar.

ch ['siːeɪtʃ] *n.* (letter of the Spanish alphabet) ch *f.*

chafe ['tʃeɪf] *v. tr.* rozar.

chain [tʃeɪn] *n.* **1.** cadena *f.* ‖ *v. tr.* **2.** encadenar.

chair [tʃer] *n.* **1.** silla *f.* **2.** (at university) cátedra *f.* ‖ *v. tr.* **3.** (meeting) presidir.

chalice ['tʃælɪs] *n., Rel.* cáliz *m.*

chalk [tʃɔːk] *n.* tiza *f.*

challenge ['tʃæləndʒ] *n.* **1.** desafío *m.*; reto *m.* ‖ *v. tr.* **2.** retar.

chamber ['tʃeɪmbər] *n.* cámara *f.*

chameleon [kəˈmiːlɪən] *n., Zool.* camaleón *m.*

champagne [ʃæmˈpeɪn] *n.* champán *m.*

champion ['tʃæmpɪən] *n., Sports* campeón *m.*

championship ['tʃæmpɪənʃɪp] *n., Sports* campeonato *m.*

chance [tʃæns] *n.* **1.** (opportunity) ocasión *f.;* oportunidad *f.* **2.** (coincidence) casualidad *f.* **3.** (luck) suerte *f.*

change [tʃeɪndʒ] *n.* **1.** cambio *m.* **2.** (money) dinero suelto. **3.** (alteration) alteración. || *v. tr.* **4.** cambiar.

channel ['tʃænl] *n.* **1.** canal *m.* || *v. tr.* **2.** canalizar; encauzar.

chaos [keɪɒs] *n.* caos *m.*

chap [tʃæp] *n.* **1.** *Br. E.* tipo *m.* **2.** (in skin) grieta *f.* || *v. intr.* **3.** agrietarse; rajarse.

chapel ['tʃæpəl] *n., Rel.* capilla *f.*

chaplain ['tʃæplɪn] *n., Rel.* capellán *m.*

chapter ['tʃæptər] *n.* capítulo *m.*

character ['kærɪktər] *n.* **1.** carácter *m.;* índole *f.* **2.** *Cinem. y Lit.* personaje *m* (en películas, libros) *m.*

characterize, characterise (Br.E) ['kærɪktəraɪz] *v. tr.* caracterizar.

charge [tʃɑːrdʒ] *n.* **1.** carga *f.* **2.** *Law* acusación *f.* **3.** (responsibility) cargo *m.* || *v. tr.* **4.** *Law* acusar. **5.** (customer) cobrar.

charisma [kə'rɪzmə] *n.* carisma *m.*

charity ['tʃærəti] *n.* caridad *f.*

charm [tʃɑːrm] *n.* **1.** encanto *m.;* atractivo *m.* || *v. tr.* **2.** encantar.

charter ['tʃɑːrtər] *n.* **1.** (of city) fuero *m.* || *v. tr.* **2.** (boat, plane) fletar.

chase [tʃeɪs] *v. tr.* cazar.

chassis ['tʃæsi] *n.* bastidor *m.*

chaste [tʃeɪst] *adj.* casto; puro.

chastity ['tʃæstəti] *n.* castidad *f.*

chat [tʃæt] *n.* **1.** charla *f.;* plática *f. Amér.* || *v. intr.* **2.** charlar.

chauffeur ['ʃoʊfər, 'ʃoʊfɜːr] *n.* (of a private car) chófer *m.*

cheap [tʃiːp] *adj.* **1.** (inexpensive) barato. || *adv.* **2.** barato.

cheat [tʃiːt] *n.* **1.** trampa *f.;* timo *m.* || *v. tr.* **2.** engañar. || *v. intr.* **3.** ser infiel.

check, cheque (Br.E) [tʃek] *n.* **1.** control *m.* **2.** (of facts) comprobación *f.* **3.** *Econ.* talón *m.;* cheque *m.* || *v. tr.* **4.** controlar. **5.** (facts) comprobar.

checkroom ['tʃekruːm] *n., Am. E.* (cloakroom) consigna *f.;* guardarropa *f. inv.*

cheek [tʃiːk] *n., Anat.* carrillo *m.;* mejilla *f.*

cheekbone ['tʃiːkboʊn] *n., Anat.* pómulo *m.*

cheeky ['tʃiːki] *adj., Br. E., coll.* (imprudent) descarado; fresco.

cheerful ['tʃɪrfəl] *adj.* (happy) alegre; animado.

cheese [tʃiːz] *n.* queso *m.*

chemist ['kemɪst] *n.* **1.** (person) químico *m.* || **chemist's** *n.* **2.** *Br. E.* (shop) farmacia *f.*

chemistry ['keməstri] *n.* química *f.*

cherry ['tʃeri] *n., Bot.* cereza *f.*

chess [tʃes] *n.* (game) ajedrez *m.*

chest [tʃest] n. **1.** Anat. (thorax) pecho m. **2.** (box) arca; cofre m.

chestnut ['tʃesnʌt 'tʃesnɒt] n. **1.** Bot. (tree, wood) castaño m. **2.** Bot. (nut) castaña f. **3.** (color) castaño m.

chew ['tʃu:] v. tr. mascar; masticar.

chicken ['tʃɪkən] n. **1.** pollo m. **2.** slang gallina m. y f.; cobarde m.

chickpea ['tʃɪkpi:] n., Bot. garbanzo m.

chief [tʃi:f] n. jefe m.; líder m. y f.

child ['tʃaɪld] n. **1.** niño m. **2.** (son) hijo m. || **children** n. pl. **3.** niños m. **4.** (sons and daughters) hijos m.

childbirth ['tʃaɪld,bɜ:rθ] n., Med. parto m.

childhood ['tʃaɪld,hʊd] n. niñez f.; infancia f.

chili or chilli ['tʃɪli:] n. Bot. guindilla f.; chile m. Amér.

chill [tʃɪl] n. **1.** Med. escalofrío m. || v. tr. **2.** (wine) enfriar.

chimera [kaɪˈmerə] n. quimera f.

chimeric [kaɪˈmerɪk] adj. (fanciful) quimérico.

chimney ['tʃɪmni:] n. chimenea f.

chimpanzee [,tʃɪmpænˈziː] n., Zool. chimpancé m.

chin [tʃɪn] n., Anat. barbilla f.

china ['tʃaɪnə] n. **1.** (ceramic ware) loza f. **2.** (fine) porcelana f.

chink [tʃɪŋk] n. (crack) grieta f.

chip [tʃɪp] n. **1.** (of wood) astilla f. || **chips** n. pl. **2.** Am. E. (in

bag) patatas fritas. **3.** Br. E. (in fry pan) patatas fritas.

chirp ['tʃɜ:rp] v. intr. **1.** (birds) piar. **2.** (insect) chirriar.

chisel ['tʃɪzəl] n. (art) cincelar.

chlorine ['klɔ:,ri:n] n. cloro m.

chock [tʃɒk] v. tr. calzar.

chocolate ['tʃɔ:klɪt, 'tʃɒklɪt] n. **1.** chocolate m. **2.** (candy) bombón m.

choice [tʃɔɪs] adj. **1.** selecto; escogido. || n. **2.** (decision) elección f.; selección f.

choir ['kwaɪər] n., Mus. coro m.

choke [tʃoʊk] v. tr. **1.** ahogar. || v. intr. **2.** atragantarse.

choose [tʃuːz] v. tr. **1.** elegir; escoger. **2.** (player, candidate) seleccionar.

chop [tʃɒp] n. **1.** chuleta f. || v. tr. **2.** tajar; cortar. **3.** (meat) picar.

choral ['kɔ:rəl] adj., Mus. coral.

chorus ['kɔ:rəs] n., Mus. coro m.

christen ['krɪsən] v. tr., Rel. (baptize) bautizar.

christening ['krɪsənɪŋ] n., Rel. **1.** (celebration) bautizo m. **2.** (sacrament) bautismo m.

Christmas ['krɪsməs] n. Navidad f.

chromium ['kroʊmɪəm] n., Chem. cromo m.

chronic ['krɒnɪk] adj. crónico.

chronicle ['krɒnɪkəl] n. crónica f.

chronometer [krəˈnɒmɪtər] n., Tech. cronómetro m.

church ['tʃɜ:rtʃ] n. iglesia f.

churchyard ['tʃɜːrtʃjɑːrd] *n.* (cemetery) cementerio *m.;* camposanto *m.*

cicada [sɪkɑːdæ] *n., Zool.* chicharra *f.;* cigarra *f.*

cicatrize, cicatrise (Br.E) ['sɪkətraɪs] *v. intr., Med.* (to form a scar) cicatrizarse.

cider ['saɪdər] *n.* sidra *f.*

cigar [sɪ'gɑːr] *n.* puro *m.;* cigarro *m.*

cigarette [sɪgə'ret] *n.* cigarrillo *m.;* pitillo *m.*

cinema ['sɪnəmə] *n.* cine *m.*

cinnamon ['sɪnəmən] *n.* canela *f.*

cipher ['saɪfər] *n.* **1.** (number) cifra *f.* **2.** (code) código *m.*

circle ['sɜːrkəl] *n.* **1.** (shape) círculo *m.* **2.** (of people) corro *m.* || *v. tr.* **3.** (encircle) cercar; rodear.

circular ['sɜːrkjələr] *adj.* **1.** circular. || *n.* **2.** (order) circular *f.*

circulate ['sɜːrkjəleɪt] *v. tr. & intr.* circular.

circumstance ['sɜːrkəm,stæns] *n.* circunstancia *f.*

circus ['sɜːrkəs] *n.* circo *m.*

cistern ['sɪstərn] *n.* **1.** (water tank) cisterna *f.* **2.** (lavatory) cisterna *f.*

citizen ['sɪtɪzən] *adj. & n.* ciudadano *m.*

city ['sɪti] *n.* ciudad *f.*

civil ['sɪvəl] *adj.* civil.

civilian [sɪ'vɪljən] *adj.* **1.** civil. || *n.* **2.** *Mil.* civil *m.;* paisano *m.*

civilization [sɪvɪlar'zeɪʃən] *n.* civilización *f.;* cultura *f.;* pueblo *m.*

clairvoyance [klerˈvɔɪəns] *n.* (extrasensory perception) clarividencia *f.*

clam ['klæm] *n., Zool.* almeja *f.*

clamber ['klæmbər] *v. intr.* (climb) trepar; escalar.

clamor, clamour (Br.E) ['klæmər] *v. intr.* clamar.

clan [klæn] *n.* clan *m.*

clandestine [klæn'destɪn] *adj.* (secret and concealed) clandestino; oculto.

clap [klæp] *n.* **1.** (applause) aplauso *m.* **2.** (of hands) palmada *f.* || *v. tr.* **3.** aplaudir.

clarify ['klærəfaɪ] *v. tr.* aclarar.

clash [klæʃ] *n.* **1.** (fight) choque *m.* || *v. intr.* **2.** chocar.

clasp ['klæsp] *n.* broche *m.*

class [klæs] *n.* **1.** clase *f.* || *v. tr.* **2.** clasificar; catalogar.

classify ['klæsə,faɪ] *v. tr.* clasificar.

classroom ['klæsruːm] *n.* (for students) aula *f.;* clase *f.*

clause [klɔːz] *n.* cláusula *f.*

clavicle ['klævɪkəl] *n., Anat.* (collarbone) clavícula *f.*

claw [klɔː] *n.* **1.** *Zool.* (of animal) garra *f.;* zarpa *f.* **2.** *Zool.* (of cat) uña *f.* || *v. tr.* **3.** (scratch) arañar.

clay [kleɪ] *n.* arcilla *f.*

clean [kliːn] *adj.* **1.** (unsoiled) limpio. || *v. tr.* **2.** (remove dirt) limpiar.

clear [klɪr] *adj.* **1.** claro. **2.** (sky) despejado. ‖ *v. tr.* **3.** (weather) despejar.

clef [klef] *n.*, *Mus.* clave *f.*

cleft [kleft] *n.* grieta *f.*

clemency ['klemənsi] *n.* (mercy) clemencia *f.*; perdón *m.*

clench [klentʃ] *v. tr.* apretar.

clergy ['klɜːrdʒi:] *n.*, *Rel.* clero *m.*

clever ['klevər] *adj.* **1.** inteligente; listo. **2.** (skilful) hábil.

click [klɪk] *n.* chasquido *m.*

client ['klaɪənt] *n.* cliente *m. y f.*

cliff [klɪf] *n.*, *Geogr.* (by sea) acantilado *m.*

climate ['klaɪmɪt] *n.* clima *m.*

climb [klaɪm] *n.* **1.** (ascent) ascenso *m.*; subida *f.* ‖ *v. tr.* **2.** (go up) trepar; subir.

climbing ['klaɪmɪŋ] *n.*, *Sports* alpinismo *m.*

clinch [klɪntʃ] *v. tr.* remachar.

clinic ['klɪnɪk] *n.* clínica *f.*

clip [klɪp] *n.* **1.** (for fastening things) clip *m.* ‖ *v. tr.* **2.** cortar.

cloak [klouk] *n.* **1.** capa *f.* ‖ *v. tr.* **2.** (cover) encubrir.

cloakroom ['klouk,ru:m] *n.* (for coats) guardarropa *m.*

clock [klɒk] *n.* (on wall) reloj *m.*

clog [klɒg] *n.* **1.** zueco *m.* ‖ *v. tr.* **2.** atascar.

cloister ['klɔɪstər] *n.* claustro *m.*

close¹ [klouz] *adj.* **1.** (near) cercano; próximo. **2.** *fig.* (link) estrecho. **3.** (friend) entrañable; íntimo. ‖ *adv.* **4.** cerca.

close² [klouzd] *n.* **1.** fin *m.* ‖ *v. tr.* **2.** cerrar. **3.** (terminate) clausurar.

closet ['klɒsət] *n.*, *Am. E.* armario *m.*

closure ['klouʒər] *n.* clausura *f.*; cierre *m.*

clot [klɒt] *n.* **1.** (of blood) grumo *m.*; coágulo *m.* ‖ *v. intr.* **2.** coagularse.

cloth [klɒθ] *n.* **1.** (fabric) paño *m.*; tela *f.* **2.** (rag) trapo *m.*

clothes [klouðz] *n. pl.* ropa *f. sing.*

cloud [klaud] *n.*, *Meteor.* nube *f.*

clove [klouv] *n.* **1.** *Bot.* clavo *m.* **2.** (of garlic) diente *m.* (de ajo).

clover ['klouvər] *n.*, *Bot.* trébol *m.*

clown [klaun] *n.* payaso *m.*

club [klʌb] *n.* club *m.*

cluck [klʌk] *v. intr.* cacarear.

clue [klu:] *n.* pista *f.*; indicio *m.*

coach [koutʃ] *n.* **1.** (bus) autocar. **2.** (of horses) coche *m.* **3.** *Am. E.*, *Sports* entrenador *m.*

coagulate [kou'ægjəleit] *v. tr.* **1.** (blood) coagular. **2.** (milk) cuajar.

coal [koul] *n.*, *Miner.* carbón *m.*

coast [koust] *n.*, *Geogr.* (shoreline, region) costa *f.*; litoral *m.*

coastal ['koustəl] *adj.* litoral.

coat [kout] *n.* **1.** abrigo *m.*; chaquetón *m.* **2.** *Zool.* pelaje *m.* **3.** (of paint) capa *f.*

coax [kouks] *v. tr.* engatusar.

cob [kɒb] *n.* (corn) mazorca *f.*

cobbler ['kɒblər] *n.* zapatero *m.*

cobra ['koubrə] *n., Zool.* cobra *f.*

cobweb ['kob,web] *n.* telaraña *f.*

cock [kɒk] *n. Br. E., Zool.* gallo *m.*

cockle ['kɒkəl] *n., Zool.* (mollusk) berberecho *m.*

cockroach ['kɒk,routʃ] *n., Zool.* (insect) cucaracha *f.*

cocktail ['kɒkteɪl] *n.* cóctel *m.*

cocoa [(koukou] *n.* **1.** cacao *m.* **2.** (drink) chocolate *m.*

coconut ['koukənʌt] *n., Bot.* (fruit) coco *m.*

cod [kɒd] *n., Zool.* bacalao.

code [koud] *n.* código *m.*

codfish ['kɒdfɪʃ] *n., Am. E., Zool.* (fish) bacalao *m.*

coexistence [,kouɪgzɪstəns] *n.* convivencia *f.;* coexistencia *f.*

coffee ['kɒfi:] *n.* café *m.*

coffeepot ['kɒfi:pɒt] *n.* cafetera *f.*

coffer ['kɒfər, 'kɔ:fər] *n.* cofre *m.*

coffin ['kɒfɪn] *n.* ataúd *m.*

coherence or coherency [kou'hɪərəns] *n.* coherencia *f.*

coin [kɔɪn] *n.* (piece) moneda *f.*

coincide [kouɪn'saɪd] *v. intr.* coincidir.

cold [kould] *adj.* **1.** frío. **2.** *Gastr.* (served) fiambre. ∥ *n.* **3.** frío *m.* **4.** *Med.* resfriado *m.*

colic ['kɒlɪk] *n., Med.* cólico *m.*

coliaborate [kə'læbəreɪt] *v. intr.* (cooperate) colaborar; cooperar.

collapse [kə'læps] *n.* **1.** *Med.* colapso *m.* ∥ *v. intr.* **2.** hundirse. **3.** (one building) desplomarse; derrumbarse.

colleague ['kɒli:g] *n.* colega *m. y f.;* compañero *m.*

collect [kə'lekt] *n.* **1.** colecta *f.* ∥ *v. tr.* **2.** (as a hobby) coleccionar. **3.** (donations) recolectar.

collection [kə'lekʃən] *n.* (compilation) colección *f.*

college ['kɒlɪdʒ] *n.* (university) facultad *f.*

collide [kə'laɪd] *v. intr.* chocar.

collision [kə'lɪʒən] *n.* (crash) choque *m.*

colloquy ['kɒləkwi:](pl.: uies) *n.* coloquio *m.;* conference *f.*

cologne [kə'loun] *n.* (a type of perfume) agua de colonia.

colonist ['kɒlənɪst] *n.* colono *m.*

colonize, colonise (Br.E) ['kɒlənaɪz] *v. tr.* colonizar.

colony ['kɒləni:] *n.* colonia *f.*

color, colour (Br.E) ['kʌlər] *n.* color *m.*

colossal [kə'lɒsəl] *adj.* colosal.

colt [koult] *n., Zool.* potro *m.*

column ['kɒləm] *n.* columna *f.*

comb [koum] *n.* **1.** (hair tool) peine *m.* **2.** (of cock) cresta *f.* ∥ *v. tr.* **3.** peinar.

combat ['kɒmbæt] *v. tr.* combatir; luchar contra.

combine ['kɒmbaɪn] *v. tr.* **1.** combinar. **2.** (efforts) aunar.

combustion [kəm'bʌstʃən] *n.* combustión *f.;* ignición *f.*

come [kʌm] *(p.t.: came ; p.p.: come) v. intr.* **1.** venir. **2.** (happen) pasar.

comedy ['kɒmədi:] *n.* comedia *f.*

comet ['kɒ,mət] *n.*, *Astron.* cometa *m.*

comfortable ['kʌmfərtəbəl] *adj.* confortable; cómodo.

comic ['kɒmɪk] *n.* cómic *m.*; tebeo *m.*

coming ['kʌmɪŋ] *n.* venida *f.*; llegada *f.*

command [kə'mɑ:nd] *n.* **1.** mandato *m.*; orden *m.* ‖ *v. tr.* **2.** (order) ordenar.

commentary ['kɒməntəri:] *n.* (analysis) comentario *m.*

commerce ['kɒmɜ:rs] *n.* comercio *m.*

commercial [kə'mɜ:rʃəl] *adj.* **1.** mercantil; comercial. ‖ *n.* **2.** (TV) anuncio *m.*

commissioner [kə'mɪʃənər] *n.* comisario *m.*

commit [kə'mɪt] *v. tr.* cometer.

committee [kə'mɪti:] *n.* comité *m.*

commodity [kə'mɒdəti:] *n.*, *Econ.* (product) mercancía *f.*; producto *m.*

common ['kɒmən] *adj.* común; corriente.

communicate [kɒ'mjunɪkeɪt] *v. tr.* comunicar. ‖ *v. intr.* **2.** comunicarse.

communion [kə'mju:njən] *n.* comunión *f.*

community [kə'mju:nəti:] *n.* **1.** comunidad *f.* **2.** (people) colectividad *f.*

commute [kə'mjut] *v. tr.*, *Law* conmutar.

compact [kəm'pækt] *adj.* (dense) compacto; macizo.

companion [kəm'pænjən] *n.* (mate) compañero *m.*

company ['kʌmpəni:] *n.* **1.** compañía *f.* **2.** (business enterprise) empresa *f.*

compare [kəm'per] *v. tr.* (examine differences) comparar.

compartment [kəm'pɑ:rtmənt] *n.* (in a train) departamento *m.*

compass ['kʌmpəs] *n.* **1.** brújula *f.* ‖ **compasses** *n. pl.* **2.** *Math.* compás *m.*

compassion [kəm'pæʃən] *n.* (pity) compasión *f.*

compel [kəm'pəl] *v. tr.* **1.** obligar. **2.** (espect) imponer.

compendium [kəm'pendɪəm] *n.* compendio *m.*; resumen *m.*

compensate ['kɒmpenseɪt] *v. tr.* compensar; indemnizar.

compete [kəm'pi:t] *v. intr.* competir; pugnar.

competition [,kɒmpə'tɪʃən] *n.* (contest) concurso *m.*; competición *f.*

compile [kəm'paɪl] *v. tr.* recopilar.

complain [kəm'pleɪn] *v. intr.* quejarse; lamentarse.

complaint [kəm'peɪnt] *n.* **1.** queja *f.* **2.** *Law* querella *f.* **3.** *Med.* dolencia *f.*

complement ['kɒmpləmənt] *n.* complemento *m.*

complete [kəm'pli:t] *adj.* **1.** (full) completo; pleno. ‖ *v. tr.* **2.** completar.

complex ['kɒmpleks] *adj.* & *n.* complejo *m.*

complexion [kəm'plekʃən] *n.* (in term of color) tez *f.*; cutis *m.*

complicate ['kɒmpləkeɪt] *v. tr.* complicar; dificultar.

complicated ['kɒmpləkeɪtɪd] *adj.* complejo.

comply [kəm'plaɪ] *v. intr.* **1.** (with sth) cumplir. **2.** (obey) obedecer.

compose [kəm'pəʊz] *v. tr.* (create, form) componer.

composition [kɒmpə'zɪʃən] *n.* **1.** composición *f.* **2.** (essay) redacción *f.*

compound ['kɒmpaʊnd] *v. tr.* componer.

comprehend [kɒmprɪ'hend] *v. tr.* (understand) comprender.

compress [kəm'pres] *n.* **1.** *Med.* compresa *f.* ‖ *v. tr.* **2.** comprimir.

comprise [kəm'praɪz] *v. tr.* (include) incluir; constar de.

compromise ['kɒmprəmaɪz] *n.* **1.** compromiso *m.*; acuerdo *m.* ‖ *v. tr.* **2.** comprometer.

compulsory [kəm'pʌlsəri:] *adj.* (obligatory) forzoso; obligatorio.

compute [kəm'pju:t] *v. tr.* & *intr.* (calculate) calcular.

computer [kəm'pju:tər] *n.*, ordenador *m.*; computadora *m. Amér.*

computing [kəm'pju:tɪŋ] *n.* informática *f.*; computación *f.*

comrade ['kɒmræd] *n.* (companion) camarada *m. y f.*

conceal [kən'si:əl] *v. tr.* **1.** ocultar. **2.** (facts) encubrir.

concede [kən'si:d] *v. tr.* conceder.

conceit [kən'si:t] *n.* (pride) vanidad *f.*

conceive [kən'si:v] *v. tr.* & *intr.* (imagine) concebir.

concentrate ['kɒnsəntreɪt] *v. tr.* **1.** concentrar. ‖ *v. intr.* **2.** concentrarse.

concept ['kɒnsept] *n.* (idea) concepto *m.*; idea *f.*

concern [kən'sɜːrn] *n.* **1.** (business) asunto *m.* **2.** (anxiety) inquietud *f.* **3.** (interest) interés *m.* ‖ *v. tr.* **4.** concernir.

concert ['kɒnsərt] *n.* concierto *m.*

conch ['kɒntʃ] *n.*, *Zool.* caracola *f.*

concierge [kɒn'sɪərʒ] *n.* (superintendent) conserje *m.*

conciseness [kən'saɪsnɪs] *n.* concisión *f.*; brevedad *f.*

conclude [kən'klu:d] *v. tr.* (complete) concluir; terminar.

conclusion [kən'klu:ʒən] *n.* (end) conclusión *f.*; término *m.*

concord ['kɒŋkɔːrd] *n.* (harmony) concordia *f.*; armonía *f.*

concrete [kən'kri:t] *adj.* **1.** concreto. ‖ *n.* **2.** hormigón *m.* **3.** (in loose usage) cemento *m.*

concur [kən'kɜːr] *v. intr.* (coincide) concurrir.

condemn [kən'dem] *v. tr.* (sentence, censure) condenar.

condiment ['kɒndəmənt] *n.*, *Gastr.* condimento *m.*; aliño *m.*

condition [kən'dɪʃən] *v. tr.* (influence) condicionar.

condolences [kən'dəʊlənsɪz] *n. pl.* pésame *m. sing.*

condom ['kɒndəm] *n.* condón *m.*; preservativo *m.*

conduct ['kɒndʌkt] *n. frml.* conducta *f.*; comportamiento *m.*

conduit ['kɒndʊɪt] *n.* conducto *m.*

cone [kəʊn] *n.* cono *m.* ‖ **ice-cream ~** cucurucho *m.* (helado).

confectionery [kən'fekʃənəri:] *n.* confitería *f.*

confederation [kənfedə'reɪʃən] *n.* (alliance) confederación *f.*

confer [kən'fɜːr] *v. tr.* otorgar; conferir; conceder.

confess [kən'fes] *v. tr.* confesar.

confide [kən'faɪd] *v. tr.* **1.** (trust) confiar. ‖ *v. intr.* **2.** confiarse.

confidence ['kɒnfɪdəns] *n.* **1.** (sure feeling) confianza *f.* **2.** (secret) confidencia *f.*

confident ['kɒnfədənt] *adj.* (sure) seguro.

confine [kən'faɪn] *v. tr.* **1.** (restrict) limitar. **2.** (shut up) encerrar.

confirm [kən'fɜːm] *v. tr.* (ratify) confirmar; ratificar.

confiscate ['kɒnfɪskeɪt] *v. tr.* confiscar; incautarse.

conflict ['kɒnflɪkt] *n.* conflicto *m.*

conform [kən'fɔːm] *v. tr.* conformar.

confound [kən'faʊnd] *v. tr.* confundir; desconcertar.

confront [kən'frʌnt] *v. tr.* (deal with) hacer frente a.

confuse [kən'fjuːz] *v. tr.* **1.** (perplex) desconcertar. **2.** (mix up) confundir.

congratulate [kən'grætjʊ,leɪt] *v. tr.* felicitar; dar la enhorabuena a.

congratulations [kəŋgrætʃə'leɪʃəns] *n. pl.* enhorabuena *f. sing.*

congregate ['kɒŋgrɪgeɪt] *v. intr.* (gather) congregarse.

Congress ['kɒŋgres] *n.* Congreso *m.*

conjecture [kən'dʒektʃər] *n.* conjetura *f.*; suposición *f.*

conjugate ['kɒndʒəgeɪt] *v. tr.*, *Ling.* conjugar.

conjunction [kən'dʒʌŋkʃən] *n.* (union) conjunción *f.*

conjurer ['kɒndʒərər] *n.* (sorcerer) ilusionista *m. y f.*; prestidigitador *m.*

connect [kə'nekt] *v. tr.* **1.** *Electron.* conectar. **2.** (join) unir.

conscience ['kɒnʃəns] *n.* conciencia *f.*

conscious ['kɒnʃəs] *adj.* consciente.

consecrate ['kɒnsəkreɪt] *v. tr.*, *Rel.* (declare holy) consagrar.

consent [kən'sent] *v. intr.* consentir; permitir.

consequence ['kɒnsəkwəns] *n.* consecuencia *f.*; resultado *m.*

conserve [kən'sɜ:v] *n.* **1.** conserva *f.* ‖ *v. tr.* **2.** (preserve) conservar; preservar.

consider [kən'sɪdər] *v. tr.* considerar.

considerable [kən'sɪdərəbəl] *adj.* considerable; notable.

considering [kən'sɪdərɪŋ] *prep.* en atención a; teniendo en cuenta.

consignment [kən'saɪnmənt] *n.* **1.** envío *m.* **2.** (sending) alijo *m.*

consist [kən'sɪst] *v. intr.* consistir.

consistency or consistence [kən'sɪstənsi:] *n.* **1.** (thickness) consistencia *f.* **2.** (of action) consecuencia *f.*

consistent [kən'sɪstənt] *adj.* **1.** consistente. **2.** (approving) consecuencia *f.*

consolation [kɒnsə'leɪʃən] *n.* (comfort) consuelo *m.*; aliento *m.*

console [kɒn'səʊl] *v. tr.* **1.** *Tech.* consola *f.* ‖ *v. tr.* **2.** consolar.

consolidate [kən'sɒlɪdeɪt] *v. tr.* **1.** (reinforce) consolidar. ‖ *v. intr.* **2.** consolidarse.

consort [kɒn'sɔ:rt] *n.* **1.** consorte *m.* y *f.* **2.** *frml.* (spouse) cónyuge *m.* y *f.*

conspire [kəns'paɪr] *v. intr.* (plot) conspirar.

constancy ['kɒnstənsi:] *n.* (perseverance) constancia *f.*; perseverancia *f.*

constellation [kɒnstə'leɪʃən] *n.* *Astron.* constelación *f.*

constitute ['kɒnstɪtjuː] *v. tr.* constituir; formar.

constrain [kəns'treɪn] *v. tr.* (compel) forzar; obligar.

construct [kəns'trʌkt] *v. tr.* (build) construir.

consul ['kɒnsəl] *n.*, *Polit.* cónsul *m.* y *f.*

consult [kən'sʌlt] *v. tr.* consultar.

consume [kən'suːm] *v. tr.* (use, eat) consumir.

consummate ['kɒnsəmeɪt] *v. tr.* consumar.

consumption [kən'sʌmpʃən] *n.* (drinking, eating) consumo *m.*

contagion [kən'teɪdʒən] *n.*, *Med.* contagio *m.*; infección *f.*

container [kən'teɪnər] *n.* (receptade) envase *m.*; recipiente *m.*

contaminate [kən'tæmɪneɪt] *v. tr.* (pollute) contaminar.

contemplate ['kɒntəmpleɪt] *v. tr.* (look at) contemplar.

contemporary [kən'tempərəri:] *adj.* & *n.* contemporáneo *m.*

contemptible [kən'temptəbəl] *adj.* despreciable; deleznable.

content ['kɒntent] *n.* *v. tr.* contentar; complacer.

contest ['kɒntest] *n.* **1.** contienda *f.* **2.** (competition) concurso *m.*

continent ['kɒntɪnənt] *adj.* **1.** continente. ‖ *n.* **2.** *Geogr.* continente *m.*

continuation [kəntɪnjʊ'eɪʃən] *n.* continuación *f.*; prolongación *f.*

continue [kən'tɪnju:] *v. tr.* (carry on) continuar; seguir.

contour ['kɒntʊr] *n.* contorno *m.*

contraband ['kɒntrəˌbænd] *n.* (smuggled goods) contrabando *m.*

contraceptive [ˌkɒntrə'septɪv] *adj.* **1.** anticonceptivo. ‖ *n.* **2.** anticonceptivo *m.*

contract ['kɒntrækt] *n.* **1.** contrato *m.* ‖ *v. tr.* **2.** (illness, marriage) contraer.

contradict [ˌkɒntrə'dɪkt] *v. tr.* **1.** (deny) desmentir. **2.** (be contrary to) contradecir.

contrary ['kɒntrəri] *adj.* **1.** contrario; opuesto. ‖ **on the ~** al contrario; por el contrario.

contrast ['kɒntrɑːst] *v. intr.* contrastar; comparar.

contravene [ˌkɒntrə'viːn] *v. tr., Law* contravenir a; infringir.

contribute ['kɒntrɪbjuːt] *v. tr. & intr.* contribuir; aportar.

contrition [kən'trɪʃən] *n.* arrepentimiento *m.*

contrive [kən'traɪv] *v. tr.* idear.

contusion [kən'tjuːʒən] *n.* (bruise) contusión *f.*

conundrum [kə'nʌndrəm] *n.* (riddle) adivinanza *f.;* acertijo *m.*

convalesce [ˌkɒnvə'les] *v. intr.* (recover from illness) convalecer.

convenience [kən'viːnjəns] *n.* (comfort) comodidad *f.;* conveniencia *f.*

convenient [kən'viːnjənt] *adj.* conveniente; oportuno.

convent ['kɒnvənt] *n., Rel.* convento *m.*

convention [kən'venʃən] *n.* **1.** (talk) convención *f.* **2.** (meeting) congreso *m.*

converse ['kɒnvɜːrs] *v. intr.* conversar; charlar; hablar.

convert [kən'vɜːrt] *v. tr.* **1.** convertir. **2.** (alter) transformar. ‖ *v. intr.* **3.** (change into) convertirse.

convex [kɒn'veks] *adj.* convexo.

convey [kən'veɪ] *v. tr.* **1.** (carry) conducir. **2.** (indicate) expresar.

conviction [kən'vɪkʃən] *n.* **1.** condena *f.* **2.** (belief) convicción *f.*

convince [kən'vɪns] *v. tr.* (persuade) convencer; persuadir.

convoy ['kɒnvɔɪ] *n.* convoy *m.*

convulsion [kən'vʌlʃən] *n.* (spasm) convulsión *f.*

cook [kʊk] *n. v. tr.* (prepare food) cocinar; guisar.

cooker ['kʊkər] *n.* (gas, electric) cocina *f.*

cookie ['kʊkiː] *n., Am. E.* (sweet) galleta *f.*

cool [kuːl] *adj.* **1.** fresco. **2.** *coll.* chachi; guay. ‖ *v. tr.* **3.** enfriar.

coolness ['kuːlnɪs] *n.* **1.** frescura *f.* **2.** (calmness) serenidad *f.* **3.** (reserve) *fig.* frialdad *f.*

cooperate [koʊ'ɒpəreɪt] *v. intr.* cooperar; colaborar; contribuir.

coordinate ['kouˈodineɪt] v. tr. coordinar.

cop [kɒp] n., fam. (police officer) poli m. y f. fam.

cope [koup] v. intr. arreglárselas.

copper ['kɒpər] n. cobre m.

copy ['kɒpi:] n. 1. copia f. 2. (book) ejemplar m. ‖ v. tr. 3. copiar; imitar.

coquettish [kɒˈketɪʃ] adj., lit. (cute) coqueto; mono.

coral ['kɒrəl] n. coral m.

cord [kɔrd] n. cuerda f.

cordon ['kɔːrdən] n. cordón m. ‖ **to ~ off** (police) acordonar.

corduroy ['kɔːrdərɔɪ] n. pana f.

core [kɔːr] n. 1. (center) núcleo m. 2. (of fruit) corazón m.

cork [kɔːrk] n. corcho m. ‖ **~ oak** (tree) alcornoque m.

corkscrew ['kɔːrkˌskruː] n. sacacorchos m. inv.; descorchador m.

corn [kɔːrn] n. 1. (cereal crop) grano m. 2. Am. E. (maize) maíz m.

corncob [kɔːrnkɒb] n. mazorca (de maíz); elote m. Amér.

corner ['kɔːnər] n. 1. ángulo. 2. (outside) esquina f. 3. (inside) rincón m. ‖ v. tr. 4. arrinconar.

cornet ['kɔːnɪt] n., Mus. corneta f.

cornice ['kɔːnɪs] n., Archit. (border) cornisa f.

corporation [ˌkɔːrpəreɪʃən] n., Econ. corporación f.

corporeal [kɔːrpɔːriəl] adj. (physical) corpóreo.

corpse [kɔːrps] n. cadáver m.; muerto m.

corpulence ['kɔːrpjuləns] n. corpulencia f. inv.

corpulent ['kɔːrpjulənt] adj. (bulky) corpulento; robusto.

corpuscle ['kɔːrpəsəl] n., Biol. glóbulo m.

corral [kəˈræl] n., Am. E. corral m.

correct [kəˈrekt] v. tr. corregir.

correspond [kɒrəsˈpɒnd] v. intr. corresponder.

corridor ['kɒrədər, ˈkɒrədɔːr] n. (in a building) pasillo m.; corredor m.

corroborate [kəˈrɒbəreɪt] v. tr. (confirm) corroborar.

corrode [kəˈroud] v. tr. 1. (metal) corroer. ‖ v. intr. 2. corroerse.

corrupt [kəˈrʌpt] v. tr. (deprave) corromper.

corset ['kɔːrsɪt] n. (for woman) faja f.

cortex ['kɔːrteks] n. corteza f.

cosmetic [kɒzˈmetɪk] adj. & n. (make-up) cosmético m.; maquillaje m.

cosmopolitan [ˌkɒzməˈpɒlɪtn] adj. & n. cosmopolita m. y f.

cosmos ['kɒzmous, ˈkɒzməs] n., Astron. cosmos m. inv.

cost [kɒst](p.t. and p.p. cost) n. 1. coste m. 2. precio m. ‖ v. intr. 3. valer; costar.

cotton ['kɒtn] n. 1. algodón m. 2. Am. E. algodón m. (hidrófilo).

cotton swab ['kɒtn,swæb] *sust. phr., Am. E.* bastoncillo *m* (para los oídos).

couch [kaʊtʃ] *n.* (sofa) sofá *m.*

cough [kɒf] *n.* **1.** *Med.* tos *f.* ‖ *v. intr.* **2.** toser.

council ['kaʊnsəl] *n.* **1.** concilio *m.* **2.** (board) consejo *m.*; junta *f.*

count [kaʊnt] *n.* **1.** cuenta *f.* ‖ *v. tr.* **2.** contar.

counter ['kaʊntər] *n.* (in casino) ficha *f.*

counterfeit ['kaʊntər,fɪt] *v. tr., frml.* (falsify) falsificar.

counterpart ['kaʊntər,pɑːrt] *n.* (document) copia *f.*; duplicado *m.*

countless ['kaʊntlɪs] *adj.* (innumerable) incontable; innumerable; incalculable.

country ['kʌntri:] *n.* **1.** país *m.* **2.** (native land) patria *f.* **3.** (state) nación *f.*

countryman ['kʌntrimən] *n.* **1.** campesino *m.* **2.** (compatriot) compatriota *m. y f.*

countryside ['kʌntri,saɪd] *n.* campo *m.*

couple ['kʌpəl] *n.* **1.** par *m.* **2.** pareja *f.* ‖ *v. tr.* **3.** juntar.

courage ['kʌrɪdʒ, 'kerɪdʒ] *n.* coraje *m.*; valor *m.*

courageous [kəˈreɪdʒəs, kʌˈreɪdʒəs] *adj.* bravo; valiente.

course [kɔ:rs] *n.* **1.** curso *m.* **2.** (direction) trayectoria.

court [kɔ:rt] *n.* **1.** corte *f.* **2.** *Law* tribunal *m.* **3.** *Sports* cancha *f.*

courteous ['kɔ:rtɪəs] *adj.* **1.** cortés; comedido. **2.** (person) cumplido.

courtesy ['kɔ:rtəsi:] *n.* **1.** cortesía *f.*; gentileza *f.*; galantería *f.* **2.** (polite behavior) urbanidad *f.*

cousin ['kʌzən] *n.* primo *m.*; prima *f.*

cove ['koʊv] *n., Geogr.* ensenada *f.*; cala *f.*

covenant ['kʌvənənt] *n.* (binding agreement) pacto *m.*; cláusula *f.*

cover ['kʌvər] *n.* **1.** cubierta *f.* **2.** (of book, lid) tapa *f.* **3.** (of magazine) portada *f.* ‖ *v. tr.* **4.** cubrir. **5.** (with a lid) tapar.

covering ['kʌvərɪŋ, 'kʌvrɪŋ] *n.* (cover) cubierta *f.*; envoltura *f.*

cow [kaʊ] *n.* **1.** *Zool.* vaca *f.* ‖ *v. tr.* **2.** acobardar; intimidar.

coward ['kaʊərd] *n.* cobarde *m. y f.*; gallina *f. y f. fam.*

cowardice ['kaʊərdɪs] *n.* miedo *m.*; cobardía *f.*

cowboy ['kaʊ,bɔɪ] *n.* vaquero *m.*

cower ['kæʊər] *v. intr.* (crouch) agacharse (por miedo o frío).

crab [kræb] *n., Zool.* cangrejo *m.*

crack [kræk] *n.* **1.** grieta *f.* **2.** (of a whip) chasquido *m.* ‖ *v. tr.* **3.** agrietar; resquebrajar.

cracker [krækər] *n.* (salted) galleta *f.*

cradle ['kreɪdəl] *n.* **1.** (for baby) cuna *f.* ‖ *v. tr.* **2.** acunar.

craft [kræft] *n.* **1.** (skill) arte. **2.** (boat) embarcación *f.*

craftiness ['kræftɪnɪs] *n.* (cunning) astucia *f.*; picardía *f.*

cram ['kræm] *v. tr.* **1.** atiborrar. ‖ *v. intr.* **2.** (study) empollar.

cramp [kræmp] *n., Med.* (contraction) calambre *m.*

crane [kreɪn] *n.* **1.** (for lifting) grúa *f.* **2.** *Zool.* (bird) grulla *f.*

cranium ['kreɪnɪəm](pl.: -ia or -iums) *n., Anat.* cráneo *m.*

crap ['kræp] *n.* **1.** *vulg.* (dirt) mierda *f.* **2.** *fig.* mierda *f.*; birria *f.*

crass [kræs] *adj.* tosco.

crate ['kreɪt] *n.* (container) jaula *f.*

crave [kreɪv] *v. tr.* ansiar.

craving ['kreɪvɪŋ] *n.* **1.** ansia *f.* **2.** (in pregnancy) antojo *m.*

crawl [krɔ:l] *v. intr.* **1.** arrastrarse. **2.** (child) andar a gatas; gatear.

crayfish ['kreɪfɪʃ] *n. inv., Zool.* (of river) cangrejo *m.* (de río).

crazy ['kreɪzi:] *adj.* **1.** loco. **2.** (idea) disparatado.

creak [kri:k] *v. tr.* **1.** (wood) crujir. **2.** (hinge) chirriar; rechinar.

cream [kri:m] *n.* **1.** (of milk) nata *f.* **2.** (lotion) crema *f.*; potingue *m. pey.*

create ['kreɪt] *v. tr.* crear.

creation [krɪ'eɪʃən] *n.* creación *f.*

creature ['kri:tʃər] *n., Zool.* (animal) criatura *f.*

crèche [kreɪʃ] *n.* **1.** *Br. E.* guardería (infantil) *f.* **2.** *Am. E.* (for children) orfanato *m.*

credit ['kredɪt] *n.* crédito *m.* ‖ ~ **card** tarjeta de crédito.

creek [kri:k] *n., Am. E.* (stream) arroyo *m.*

creep [kri:p](p.t. and p.p. crept) *v. intr.* (crawl) arrastrarse.

creeper ['kri:pər] *n., Bot.* (plant) enredadera *f.*

crest [krest] *n.* (of hill, cock, wave) cresta *f.*

crevice ['krevɪs] *n.* grieta *f.*

crew [kru:] *n., Nav.* tripulación *f.*

crib [krɪb] *n.* **1.** (crèche) pesebre *m.* **2.** (for baby) cuna *f.*

crick [krɪk] *n., fam.* (in the neck) calambre *m.*; tortícolis *m. y f.*

cricket ['krɪkɪt] *n.* **1.** *Zool.* grillo *m.* **2.** *Sports* criquet *m.*

crime [kraɪm] *n.* crimen *m.*

criminal ['krɪmənəl] *adj.* **1.** criminal; malhechor. ‖ *n.* **2.** criminal *m. y f.*

crisis ['kraɪsɪs](pl.: ses) *n.* crisis *f. inv.*

crisp [krɪsp] *adj.* **1.** (fresh) fresco; tierno. **2.** (toast) crujiente.

crispy ['krɪspi:] *adj.* crujiente.

criss-cross ['krɪs,krɒs] *adj.* entrelazado; entrecruzado.

criterion [kraɪ'tɪrɪən](pl.: ia) *n.* criterio *m.*

criticize, criticise (Br.E) ['krɪtə,saɪz] *v. tr.* (evaluate) criticar; hacer una crítica.

croak [krouk] *n.* **1.** (of raven) graznido *m.* **2.** (of frog) canto *m.*

crockery ['krɒkəri] *n.* loza *f.*

crocodile ['krɒkə,daɪl] *n., Zool.* cocodrilo *m.*

crop [krɒp] *n.* (harvest) cosecha *f.*

cross [krɒs] *n.* **1.** cruz *m.* **2.** *Biol.* (roads) cruce *m.*

crossbar ['krɒsbɑ:r] *n., Sports* larguero *m.;* travesaño *m.*

crossbow ['krɒsbəʊ] *n.* ballesta *f.*

crossing ['krɒsɪŋ] *n.* **1.** cruce *m.* **2.** (trip) travesía *f.*

crossroads ['krɒsrəʊdz] *n.* (roads) intersección *f.;* cruce *m.*

crossword ['krɒswɜ:rd] *n.* crucigrama *m.*

crouch [kraʊtʃ](down) *v. intr.* agacharse; agazaparse.

crow [krəʊ] *n., Zool.* cuervo *m.*

crowd [kraʊd] *n.* (large group) gentío *m.;* multitud *f.*

crown [kraʊn] *n.* **1.** (of king) corona *f.* **2.** *Anat.* coronilla *f.* ‖ *v. tr.* **3.** coronar.

crucifix ['kru:səfɪks] *n., Rel.* crucifijo *m.*

crucify ['krʊsɪfaɪ] *v. tr.* crucificar.

crudeness or crudity ['kru:dnɪs, 'kru:də:ti] *n.* crudeza *f.*

cruel ['krʊəl] *adj.* (unkind) cruel; desalmado.

cruet ['krʊɪt] *n.* vinagreras *f. pl.*

crumb [krʌm] *n.* (of bread) miga *f.;* migaja *f.*

crumble ['krʌmbəl] *v. tr.* **1.** (bread) desmenuzar. ‖ *v. intr.* **2.** *fig.* (hope) desvanecerse.

crush [krʌʃ] *v. tr.* **1.** aplastar. **2.** (squash) estrujar.

crust [krʌst] *n.* (of bread) corteza *f.*

cry [kraɪ] *n.* **1.** grito *m.* ‖ *v. intr.* **2.** (weep) llorar.

cryptic, cryptical ['krɪptɪk] *adj.* (secret) enigmático; misterioso.

crystal ['krɪstəl] *n.* cristal *m.*

cub [(kʌb] *n.* cachorro *m.*

cube [kju:b] *n., Math.* cubo *m.*

cuckoo ['kʊku:] *n.* (bird) cuco *m.*

cucumber ['kju:kʌmbər] *n., Bot.* (vegetable) pepino *m.*

cuddle ['kʌdəl] *n.* **1.** abrazo *m.* ‖ *v. tr.* **2.** (hold) abrazar.

cudgel ['kʌdʒəl] *n.* **1.** garrote *m.;* porra *f.* ‖ *v. tr.* **2.** aporrear.

cuff [kʌf] *n.* **1.** (of shirt) puño *m.* **2.** (blow) bofetada *f.*

cuirass [kwɪˈræs] *n.* coraza *f.*

cuisine [kwɪˈzi:n] *n.* cocina *f.*

culmination [ˌkʌlməˈneɪʃən] *n.* culminación *f.;* apogeo *m.*

culpable ['kʌlpəbəl] *adj., Law, frml.* (blameworthy) culpable.

cult [kʌlt] *n.* culto *m.*

cultivate ['kʌltəveɪt] *v. tr.* (friendship, field) cultivar.

cultivation [ˌkʌltɪˈveɪʃən] *n., Agr.* cultivo *m.* (de la tierra).

culture ['kʌltʃər] *n.* **1.** cultura *f.* ‖ *v. tr.* **2.** (cultivate) cultivar.

cunning ['kʌnɪŋ] *adj.* **1.** (crafty) astuto. ‖ *n.* **2.** (slyness) astucia *f.*

cup [kʌp] *n.* **1.** taza *f.* **2.** *Sports* (event) copa *f.*

cupboard ['kʌbərd] *n.* armario *m.*

curb [kɜ:rb] *n.* **1.** freno *m.* **2.** *Am. E.* bordillo *m.* (de la acera).

curd [kɜ:rd] *n.*, *Gastr.* cuajada *f.*

curdle ['kɜ:rdəl] *v. intr.* **1.** (milk) cuajar. **2.** (milk) cuajarse.

cure [kjʊr] *n.* **1.** *Med.* cura *f.*; curación *f.* ‖ *v. tr.* **2.** (illness; meat, fish) curar.

curiosity [kjʊrɪ'ɒsəti:] *n.* curiosidad *f.*; interés *m.*

curl [kɜ:rl] *n.* **1.** rizo *m.* ‖ *v. tr.* **2.** (hair) rizar. ‖ *v. intr.* **3.** (hair) rizarse.

currency ['kʌrənsi:] *n.* (type of money) divisa *f.*; moneda *f.*

current ['kʌrənt] *adj.* **1.** actual; corriente. ‖ *n.* **2.** (de aire, etc.) corriente *f.*

curriculum [kə'rɪkjələm] *n.* currículo *m.*

curse [kɜ:rs] *n.* **1.** maldición *f.*; juramento *m.* ‖ *v. tr.* **2.** maldecir. ‖ *v. intr.* **3.** (swear) blasfemar.

cursed [kɜ:rst] *adj.* maldito.

curtail ['kɜ:rteɪl] *v. tr.* acortar.

curtain ['kɜ:rtn] *n.* **1.** cortina *f.* **2.** *Theat.* telón *m.* ‖ *v. tr.* **3.** (house) poner cortinas.

curve [kɜ:rv] *n.* **1.** curva *f.* ‖ *v. intr.* **2.** (bend) encorvarse.

cushion ['kʊʃən] *n.* **1.** cojín *m.* ‖ *v. tr.* **2.** (blow) amortiguar.

custard ['kʌstərd] *n. sing.*, *Gastr.* (dessert) natillas *f. pl.*

custody ['kʌstədi:] *n.* custodia *f.*

custom ['kʌstəm] *n.* (tradition) hábito *m.*; costumbre *f.*

customer ['kʌstəmər] *n.* cliente *m.*

customs ['kʌstəms] *n. pl.* aduana *f. sing.*

cut [kʌt](p.t. and p.p. cut) *n.* **1.** corte *m.* ‖ *v. tr.* **2.** cortar.

cute ['kju:t] *adj.* mono; coqueto.

cutlery ['kʌtləri:] *n.* cubertería *f.* ‖ **piece of ~** cubierto *m.*

cutlet ['kʌtlɪt] *n.* chuleta *f.*

cut-price ['kʌtpraɪz] *adj.*, *Am. E.* de ocasión.

cuttlefisth ['kʌtləfɪʃ] *n.*, *Zool.* (squid) sepia *f.*

cycle ['saɪkəl] *n.* ciclo *m.*

cycling ['saɪkliŋ] *n.*, *Sports* ciclismo *m.*

cyclone ['saɪkloʊn] *n.*, *Meteor.* (storm) ciclón *m.*

cynic ['sɪnɪk] *n.* cínico *m.*

cynical ['sɪnɪkəl] *adj.* cínico.

cypress ['saɪprɪs] *n.*, *Bot.* ciprés *m.*

cyst [sɪst] *n.* quiste *m.*

czar [zɑ:r] *n.* zar *m.*

D

D [di:] *n., Mus.* re *m.*

d [di:] *n.* (letter) d *f.*

dad [dæd] *n., fam.* papá *m.*

daddy ['dædi:] *n., fam.* papá *m.*

dagger ['dægər] *n.* daga *f.*; puñal *m.*

daily ['deili:] *adj.* **1.** diario; cotidiano. ‖ *adv.* **2.** a diario.

dairy ['deiri:] *n.* **1.** lechería *f.* **2.** (on farm) vaquería *f.*

dais ['deiəs] *n.* tarima *f.*

daisy ['deizi:] *n., Bot.* margarita *f.*

dam [dæm] *n.* **1.** presa *f.* **2.** (barrier) dique *m.* ‖ *v. tr.* **3.** represar; estancar.

damage ['dæmidʒ] *n.* **1.** daño *m.* **2.** perjuicio *m.* **3.** (in machine) avería *f.* ‖ *v. tr.* **4.** (things) dañar; estropear.

damn [dæm] *v. tr.* **1.** condenar. **2.** (curse) maldecir.

damp [dæmp] *adj.* **1.** húmedo. ‖ *n.* **2.** humedad *f.*

dampen ['dæmpən] *v. tr.* (moisten) humedecer.

dance [dæns] *n.* **1.** danza *f.*; baile *m.* ‖ *v. tr.* **2.** bailar; danzar.

dancing ['dænsiŋ] *n.* baile *m.*

dandruff ['dændrʌf] *n.* caspa *f.*

danger ['deindʒər] *n.* peligro *m.*; riesgo *m.*

dare [der] *v. tr.* **1.** (challenge) retar. ‖ *v. intr.* **2.** atreverse; osar; arriesgarse.

dark [dɑːrk] *adj.* **1.** oscuro. **2.** (hair, complexion, etc.) moreno. ‖ *n.* **3.** oscuridad *f.*

darken ['dɑːrkən] *v. tr.* oscurecer. ‖ *v. intr.* **2.** (sky) oscurecerse.

darkness ['dɑːrknɪs] *n.* (in a place) oscuridad *f.*

darling ['dɑːrlɪŋ] *adj. &. n.* **1.** querido *m.* ‖ *n.* **2.** (honey) muñeca *f. fam.*

darn [dɑːrn] *v. tr.* (mend) zurcir.

dart [dɑːrt] *n.* (weapon) dardo *m.*

dartboard ['dɑːrtbɔːrd] *n.* diana *f.*

dash [dæʃ] *n.* **1.** gota *f.* ‖ *v. tr.* **2.** (break) quebrar. **3.** (hopes) frustrar; truncar.

date¹ [deit] *n.* **1.** fecha *f.* **2.** (with a friend) cita *f.* ‖ *v. tr.* **3.** fechar.

date² [deit] *n., Bot.* (fruit) dátil *m.*

datum ['dætəm] *n. sing.* dato *m.*

daub [dɔːb] *v. tr.* embadurnar.

daughter ['dɔːtər] *n.* hija *f.*

daughter-in-law ['dɔːtərɪnˌlɔː] *n.* nuera *f.*; hija política.

dawdle ['dɔːdəl] *v. intr.* (lag behind) entretenerse; demorarse.

dawn [dɔːn] *n.* **1.** amanecer *m.*; alba *f.* ‖ *v. intr.* **2.** amanecer.

day [dei] *n.* día *m.*

daybreak ['deibreik] *n.* amanecer *m.*; alba *f.*

daydream ['deidri:m] *n.* **1.** ensueño *m.* **2.** (hope) fantasía *f.*

daytime ['deiˌtaim] *n.* día *m.*

daze [deiz] *v. tr.* aturdir.

dazzle ['dæzəl] *v. tr.* **1.** (light) deslumbrar. ‖ *n.* **2.** resplandor *m.*

dead [ded] *adj.* muerto.

deadly ['dedli:] *adj.* **1.** mortal. **2.** (weapon) mortífero. **3.** (dull) muy aburrido.

deaf [def] *adj., Med.* sordo.

deafen ['dɜ:fən] *v. tr.* ensordecer.

deal [di:l](p.t. and p.p. dealt) *n.* **1.** (business) negocio *m.* **2.** *Polit.* trato *m.* ‖ *v. intr.* **3.** *Econ.* (trade) negociar.

dear [dɪər] *adj.* **1.** (loved) querido. **2.** (expensive) caro.

death [deθ] *n.* muerte *f.*

debase [dɪ'beɪs] *v. tr.* (demean) degradar; rebajar.

debate [dɪ'beɪt] *n.* **1.** debate *m.* ‖ *v. tr.* **2.** debatir; discutir.

debility [də'bɪləti] *n.* debilidad *f.*

debt [det] *n. Econ.* deuda *f.*

debut [deɪ'bju:] *n.* **1.** debut *m.* **2.** (of a person) estreno *m.*

decade ['dekeɪd] *n.* década *f.*

decay [dɪ'keɪ] *n.* **1.** decadencia *f.* ‖ *v. tr.* **2.** pudrir. ‖ *v. intr.* **3.** pudrirse.

deceit [dɪ'si:t] *n.* engaño *m.*

deceive [dɪ'si:v] *v. tr.* engañar.

December [dɪ'sembər] *n.* diciembre *m.*

decency ['di:sənsi:] *n.* (decorum) decencia *f.*; decoro *m.*

deception [dɪ'sepʃən] *n.* engaño *m.*

decide [dɪ'saɪd] *v. tr.* **1.** decidir. **2.** (matter, question) resolve.

decision [dɪ'sɪʒən] *n.* decisión *f.*

decisive [dɪ'saɪsɪv] *adj.* (conclusive) decisivo; concluyente.

deck [dek] *n.* **1.** *Nav.* (of ship) cubierta *f.* **2.** (of bus) piso *m.*

declare [dɪ'kler] *v. tr.* **1.** declarar. **2.** (decision) manifestar.

decline [dɪ'klaɪn] *n.* **1.** decadencia *f.* **2.** (diminution) mengua *f.* ‖ *v. intr.* **3.** decaer.

decode [di:'koʊd] *v. tr.* **1.** (signal) descodificar. **2.** (message) descifrar.

decompose [di:kəm'poʊz] *v. tr.* **1.** (rot) descomponer. ‖ *v. intr.* **2.** descomponerse; pudrirse.

decorate ['dekəreɪt] *v. tr.* **1.** adornar; decorar. **2.** (honor) condecorar.

decorum [dɪ'kɔ:rəm] *n.* decoro *m.*

decrease [(dɪkri:s] *n.* **1.** disminución *f.* ‖ *v. tr.* **2.** disminuir. ‖ *v. intr.* **3.** (reduce) mermar.

dedicate ['dedɪkeɪt] *v. tr.* dedicar.

dedication [dedə'keɪʃən] *n.* **1.** dedicación. **2.** (in book) dedicatoria *f.*

deduce [dɪ'du:s] *v. tr.* deducir.

deduct [dɪ'dʌkt] *v. tr.* restar.

deed [di:d] *n.* **1.** hecho *m.* **2.** (feat) hazaña *f.*

deep [di:p] *adj.* profundo.

deepen ['di:pən] *v. tr.* (to make deep) profundizar; ahondar.

deer [dɪr] *n. inv., Zool.* ciervo *m.*; venado *m.*

defeat [dɪ'fi:t] *v. tr.* derrotar.

defect [dɪ'fekt] *n.* (imperfection) defecto *m.*; imperfección *f.*

defend [dɪˈfend] *v. tr.* defender.

defense, defence (Br.E) [dɪˈfens] *n.* defensa *f.*

defer [dɪˈfɜr] *v. tr.* aplazar.

defiance [dɪˈfaɪəns] *n.* desafío *m.*

deficit [ˈdefəsɪt] *n., Econ.* déficit *m.*

defile [dɪˈfaɪl] *n.* desfiladero *f.*

define [dɪˈfaɪn] *v. tr.* definir.

deflate [dɪˈfleɪt] *v. tr.* (balloon, tire) desinflar; deshinchar.

deflect [dɪˈflekt] *v. tr.* desviar.

defraud [dɪˈfrɔːd] *v. tr.* (swindle) defraudar; estafar.

defray [dɪˈfreɪ] *v. tr.* sufragar.

defrost [dɪˈfrɒst] *v. tr.* **1.** (food) deshelar. **2.** (fridge) descongelar.

defuse [dɪˈfjuːz] *v. tr.* desarmar.

defy [dɪˈfaɪ] *v. tr.* **1.** (challenge) desafiar; retar. **2.** (order, law) contravenir.

degenerate [dɪˈdʒenəreɪt] *v. intr.* degenerar.

degree [dɪˈgriː] *n.* **1.** (level) grado *m.* **2.** (university) licenciatura *f.*

dehydrate [dɪˈhaɪdreɪt] *v. tr.* deshidratar.

deign [ˈdeɪn] *v. intr.* dignarse.

deity [ˈdiːɪti] *n.* divinidad *f.*

delay [dɪˈleɪ] *n.* **1.** demora *f.;* retraso *m.* ‖ *v. tr.* **2.** aplazar.

delegate [ˈdeləgɪt] *n.* **1.** delegado *m.;* representante *m.y f.* ‖ *v. tr.* **2.** delegar.

delete [dɪˈliːt] *v. tr.* borrar.

deliberate [dəˈlɪbərɪt dəˈlɪbrɪt] *v. intr.* deliberar.

delicacy [ˈdeləkəsiː] *n.* **1.** delicadeza *f.* **2.** (tasty dish) manjar *m.*

delight [dɪˈlaɪt] *n.* **1.** (joy) deleite *m.;* placer *m.* ‖ *v. tr.* **2.** deleitar.

delimit [dɪˈlɪmɪt] *v. tr.* delimitar.

delirious [dɪˈlɪrɪəs] *adj.* delirante.

deliver [dəˈlɪvər] *v. tr.* **1.** (distribute) repartir. **2.** (hand over) entregar.

delivery [dəˈlɪvəriː dəˈlɪvriː] *n.* (of goods) entrega *f.;* reparto *m.*

deluge [ˈdeljuːdʒ] *n.* **1.** (rain) diluvio *m.* **2.** (flood) inundación *f.*

delusion [dɪˈluːʒən] *n.* ilusión *f.;* (falsa) falsedad; engaño *m.*

demand [dəˈmænd] *v. tr.* **1.** exigir. **2.** (rights) reclamar.

demean [dəˈmiːn] *v. tr.* degradar.

demolish [dɪˈmɒlɪʃ] *v. tr.* (pull down) demoler; tirar.

demon [ˈdiːmən] *n.* demonio *m.*

demonstrate [ˈdemənstreɪt] *v. tr.* (prove) demostrar; probar.

demoralize [dɪˈmɒrəlaɪz] *v. tr.* (dishearten) desmoralizar.

demur [dɪˈmɜr] *v. tr.* objetar.

den [den] *n.* (of animals) madriguera *f.*

denomination [dənɒməˈneɪʃən] *n.* **1.** *Rel.* confesión *f.* **2.** *Econ.* (valve) valor *m.;* denominación *f.*

denote [dɪˈnoʊt] *v. tr.* indicar.

dense [dens] *adj.* denso; tupido.

density [ˈdensəti] *n.* densidad *f.*

dent [dent] *v. tr.* (metal) abollar.

dental [ˈdentəl] *adj.* dental.

dentist ['dentist] *n.* dentista *m. y f.*

deny [dɪ'naɪ] *v. tr.* **1.** negar. **2.** (charge) rechazar. **3.** (report, rumor) desmentir.

deodorant [diː'oudərənt] *adj.* & *n.* desodorante *m.*

depart [dɪ'pɑːrt] *v. intr.* partir; irse.

department [dɪ'pɑːrtmənt] *n.* **1.** departamento *m.;* sección *f.* **2.** *Am. E., Polit.* ministerio *m.*

departure [diː'pɑːrtʃər] *n.* **1.** partida *f.;* ida *f.* **2.** (of vehicles) salida *f.*

depend [dɪ'pend] *v. intr.* depender; pender.

dependent, dependant Br.E. [dɪ'pendənt] *adj.* (reliant) dependiente.

deplorable [dɪ'plɔːrəbəl] *adj.* (regrettable) lamentable.

deplore [dɪ'plɔːr] *v. tr.* (regret) deplorar; lamentar; dolerse.

deport [dɪ'pɔːrt] *v. tr.* deportar.

depose [dɪ'pouz] *v. tr.* deponer.

deposit [dɪ'pɒzɪt] *v. tr.* **1.** depositar. **2.** (money) ingresar.

depot ['diːpou 'depou] *n.* **1.** almacén *m.* **2.** *Am. E.* (train, bus) estación *f.*

depreciate [dɪpriːʃeɪt] *v. tr.* **1.** depreciar. ‖ *v. intr.* **2.** depreciarse; devaluarse.

depress [dɪvpres] *v. tr.* deprimir; abatir.

depressed [dɪ'prest] *adj.* (dejected) deprimido.

deprive [dɪ'praɪv] *v. tr.* privar.

depth [depθ] *n.* profundidad *f.*

derail [dɪ'reɪl] *v. intr.* descarrilar.

deride [dɪ'raɪd] *v. tr.* (mock) ridiculizar; burlarse; reírse de.

derision [dəʳrɪʒən] *n.* burla *f.*

derive [dɪ'raɪv] *v. tr.* **1.** derivar. ‖ *v. intr.* **2.** derivarse; proceder.

descend [dɪ'send] *v. tr.* & *intr.* descender; bajar.

descent [dɪ'sent] *n.* **1.** descenso *m.* **2.** (origin) descendencia *f.*

describe [dɪs'kraɪv] *v. tr.* describir; definir.

description [dɪs'krɪpʃən] *n.* (of person, event) descripción *f.*

desert ['dezərt] *n.* **1.** desierto *m.* ‖ *v. tr.* **2.** abandonar.

deserve [dɪ'zɜːrv] *v. tr.* merecer; ameritar *Amér.*

deserving [dɪ'zɜːrvɪŋ] *adj.* digno; merecedor; acreedor.

design [dɪ'zaɪn] *v. tr.* diseñar.

designate ['dezɪgneɪt] *v. tr.* (appoint) designar.

designer [dɪ'zaɪnər] *n.* modisto *m.*

desire [dɪ'zaɪr] *n.* **1.** deseo *m.* ‖ *v. tr.* **2.** desear; querer.

desk [desk] *n.* **1.** escritorio *m.* **2.** (for pupil) pupitre *m.*

desolation [desə'leɪʃən] *n.* (devastation) desolación *f.*

despair [dɪs'per] *n.* **1.** desesperación *f.* ‖ *v. intr.* **2.** desesperar.

desperation [despəʳreɪʃən] *n.* desesperación *f.;* angustia *f.*

despise [dəs'paɪz] *v. tr.* despreciar; menospreciar.

despite [dɪs'paɪt] *prep.* a pesar de; no obstante.

despotic [des'pɒtɪk] *adj.* despótico.

dessert [dɪ'zɜ:rt] *n., Gastr.* postre *m.*

destination [ˌdestəˈneɪʃən] *n.* destino *m.*

destine ['destɪn] *v. tr., lit.* destinar.

destiny ['destəni:] *n.* destino *m.*

destroy [dɪs'trɔɪ] *v. tr.* destruir.

destruction [dɪs'trʌkʃən] *n.* destrucción *f.*; devastación *f.*

detach [di:'tætʃ] *v. tr., Tech.* (separate) desprender; separar.

detain [dɪ'teɪn] *v. tr.* **1.** (stop) detener. **2.** (delay) retener.

detect [dɪ'tekt] *v. tr.* **1.** (discover) descubrir. **2.** (notice, radar) detectar; localizar.

detective [dɪ'tektɪv] *n.* detective *m. y f.*; investigador (privado) *m.*

deter [dɪ'tɜ:r] *v. tr.* disuadir.

detergent [dɪ'tɜ:rdʒənt] *adj. &* *n.* (soap) detergente *m.*

deteriorate [dɪ'tɪriəreɪt] *v. intr.* (get worse) deteriorarse.

determine [dɪ'tɜ:rmɪn] *v. tr.* (decide) determinar; decidir.

detest [dɪ'test] *v. tr.* detestar.

detestable [dɪ'testəbəl] *adj.* (hateful) detestable; odioso.

develop [dɪ'veləp] *v. tr.* **1.** desarrollar. **2.** *Phot.* revelar. ǁ *v. intr.* **3.** desarrollarse.

device [dɪ'vaɪs] *n.* dispositivo *m.*

devil ['devəl] *n.* demonio *m.*

devise [dɪ'vaɪz] *v. tr.* idear.

devolution [ˌdi:və'lu:ʃən] *n.* devolución *f.*

devote [dɪ'vout] *v. tr.* dedicar.

devotion [dɪ'vouʃən] *n.* **1.** *Rel.* devoción *f.* **2.** (loyalty) lealtad *f.*

devour [dɪ'vaur] *v. tr.* devorar.

dew [du:] *n., Meteor.* rocío *m.*

dewlap ['du:læp] *n., Zool.* (of animal) papada *f.*

diadem ['daɪədem] *n.* diadema *f.*

diaeresis [daɪ'erɪsɪs] *n., Ling.* (sing) diéresis *f. inv.*

diagnose ['daɪəgnouz] *v. tr.* (prescribe) diagnosticar; prescribir.

diagram ['daɪəgræm] *n.* gráfico *m.*

dial ['daɪəl] *n.* **1.** (of clock, barometer) esfera *f.* **2.** (of radio, time-switch) cuadrante *m.* **3.** (of telephone) disco *m.* ǁ *v. tr.* **4.** (a telephone number) marcar.

dialect ['daɪəlekt] *n.* dialecto *m.*

dialogue ['daɪəlɒg] *n.* diálogo *m.*

diaper ['daɪpər 'daɪəpər] *n., Am. E.* (nappy) pañal *m.*

diarrhea, diarrhoea (Br.E) ['daɪəriːə] *n., Med.* diarrea *f.*; descomposición *f.*

diary ['daɪəri:] *n.* **1.** diario *m.* **2.** *Br. E.* (for appointments) agenda *f.*

dictate ['dɪkteɪt] *v. tr.* dictar.

dictation [dɪk'teɪʃən] *n.* dictado *m.*

diction ['dɪkʃən] *n.* (clarify of speech) dicción *f.*

dictionary ['dɪkʃəneri:] *n.* diccionario *m.*

die¹ [daɪ] *v. intr.* morir; morirse.

die² [daɪ] *n.* (game) dado *m.*

diesel ['di:səl] *n.* gasóleo *m.*

diet ['daɪət] *n.* **1.** dieta *f.* **2.** (selected food) régimen *m.* ‖ **to be on a ~** estar a dieta.

differ ['dɪfɜ:r] *v. intr.* **1.** diferenciarse. **2.** (disagree) discrepar.

difference ['dɪfərəns 'dɪfrəns] *n.* diferencia *f.*; desigualdad *f.*

different ['dɪfrənt 'dɪfərənt] *adj.* (not the same) diferente; distinto.

difficult ['dɪfɪ,kʌlt] *adj.* difícil.

difficulty ['dɪfɪ,kʌlti:] *n.* dificultad *f.*; obstáculo *m.*

diffuse [dɪ'fju:s] *v. tr.* difundir.

dig ['dɪg] *v. tr.* **1.** cavar. ‖ *n.* **2.** excavación *f.*

digest [daɪ'dʒest] *v. tr.* **1.** (food) digerir. **2.** (information) asimilar.

digestion [daɪ'dʒestʃən] *n.* digestión *f.*

digit ['dɪdʒɪt] *n.* **1.** (number) dígito *m.* **2.** *Anat.* dedo *m.*

digital ['dɪdʒɪtəl] *adj.* digital.

dignity ['dɪgnəti:] *n.* dignidad *f.*

dilate [daɪ'leɪt] *v. tr.* **1.** *Med.* dilatar. ‖ *v. intr.* **2.** *Med.* dilatarse.

dilemma [də'lemə] *n.* (difficult situation) dilema *m.*; disyuntiva *f.*

dilute [daɪ'lju:t] *v. tr.* **1.** diluir; disolver. ‖ *v. intr.* **2.** diluirse.

dimension [dɪ'menʃən] *n.* dimensión *f.*; magnitud *f.*

diminish [dɪ'mɪnɪʃ] *v. tr.* **1.** disminuir. **2.** (importance) rebajar.

diminution [,dɪmɪ'nu:ʃən] *n.*, *frml.* disminución *f.*; mengua *f.*

din [dɪn] *n.* ruido *m.*; barullo *m.*

dinner ['dɪnər] *n.* (in the evening) cena *f.*

dinosaur ['daɪnə,sɔ:r] *n.* dinosaurio *m.*

diopter, dioptre (Br.E) [daɪ'ɒptər] *n.*, *Med.* dioptría *f.*

dip [dɪp] *v. tr.* (into liquid) mojar.

diploma [dɪ'ploʊmə] *n.* diploma *m.*

diplomatic [,dɪplə'mætɪk] *adj.* (polite) diplomático; cortés.

direct [daɪ'rekt] *v. tr.* (regulate) dirigir.

direction [də'rekʃən] *n.* dirección *f.*

director [də'rektər] *n.* (of company, department) director *m.*

directory [də'rektəri:] *n.* (publication) guía *f.*; directorio *m.*

dirt [dɜ:rt] *n.* porquería *f.*

dirty [dɜ:rti:] *adj.* **1.** sucio. ‖ *v. tr.* **2.** ensuciar.

disabled [dɪs'eɪbəld] *adj.*, *Med.* minusválido; discapacitado.

disadvantage [,dɪsəd'væntɪdʒ] *n.* (hindrance) desventaja *f.*

disagree [dɪsə'gri:] *v. intr.* (differ in opinion) disentir; discrepar.

disagreeable [,dɪsə'griəbəl] *adj.* (unpleasant) desagradable.

disappear [dɪsə'pɪər] *v. intr.* desaparecer.

disappearance [dɪsəˈpɪrəns] n. desaparición f.; desvanecimiento m.

disappoint [dɪsəˈpɔɪnt] v. tr. **1.** decepcionar; desilusionar. **2.** (hope) defraudar.

disappointment [dɪsəˈpɔɪntmənt] n. decepción f.; chasco m.

disapprove [dɪsəˈpruːv] v. tr., Am. E. rechazar.

disarm [drˈsɑːrm] v. tr. desarmar.

disaster [drˈzæstər] n. desastre m.

disband [dɪsˈbænd] v. tr. (dissolve) disolver.

discern [dɪsˈɜːrn] v. tr. discernir.

discharge [dɪsˈtʃɑːrdʒ] n. **1.** (of duty) desempeño m. **2.** (of debt) descargo m. ǁ v. tr. **3.** (task) cumplir. **4.** Electron. descargar.

disciple [drˈsaɪpəl] n. discípulo m.

discipline [ˈdɪsəplɪn] n. **1.** disciplina f. ǁ v. tr. **2.** disciplinar.

disclose [dɪsˈklouz] v. tr. (secret) revelar.

discomfort [dɪsˈkʌmfərt] n. **1.** incomodidad f. **2.** (physical) malestar m.

disconcert [dɪskənˈsɜːrt] v. tr. (disturb) desconcertar; turbar.

disconnect [dɪskəˈnekt] v. tr. **1.** desconectar. **2.** desenchufar.

discontinuous [ˌdɪskənˈtɪnjuəs] adj. discontinuo; intermitente.

discord [ˈdɪskɔːrd] n. discordia f.

discount [ˈdɪskaʊnt] n. **1.** descuento m.; rebaja f. ǁ v. tr. **2.** descontar.

discourage [dɪsˈkʌrɪdʒ] v. tr. (depress) desalentar; desanimar.

discover [dɪsˈkʌvər] v. tr. **1.** (find) descubrir. **2.** (find out) hallar; encontrar.

discovery [dɪsˈkʌvəriː] n. (finding) descubrimiento m.

discredit [dɪsˈkredɪt] v. tr. desacreditar; desautorizar.

discreet [dɪsˈkriːt] adj. discreto.

discretion [dɪsˈkreʃən] n. (tact) discreción f.; prudencia f.

discriminate [dɪsˈkrɪmənenɪt] v. intr. distinguir.

discuss [dɪsˈkʌs] v. tr. discutir.

discussion [dɪsˈkʌʃən] n. (exchanging opinions) discusión f.

disdain [dɪsˈdeɪn] n. **1.** desdén m. ǁ v. tr. **2.** despreciar; desdeñar.

disease [drˈziːz] n. enfermedad f.

disembark [dɪsəmˈbɑːrk] v. tr. & intr. (land) desembarcar.

disengage [dɪsenˈgeɪdʒ] v. tr. (extricate) desasir; soltar.

disentangle [dɪsenˈtæŋgəl] v. tr. (unravel) desenredar.

disgrace [dɪsˈgreɪs] n. **1.** deshonra f. ǁ v. tr. **2.** deshonrar.

disguise [dɪsˈgaɪz] n. **1.** disfraz m. ǁ v. tr. **2.** disfrazar.

disgust [dɪsˈgʌst] n. asco m.

dish [dɪʃ] n. plato m.

dishearten [dɪsˈhɑːrtn] v. tr. (discourage) desalentar; desanimar.

dishonor, dishonour (Br.E) [dɪsˈɒnər] n. **1.** deshonra f. ǁ v. tr. **2.** deshonrar.

dishwasher ['dɪʃ.wɒʃər] n. lavavajillas m. inv.; lavaplatos m. inv.

disillusion [dɪsəˈluːʒən] v. tr. **1.** desilusionar. || n. **2.** desilusión f.

disinfect [dɪsɪnˈfekt] v. tr. desinfectar; esterilizar.

disintegrate [dɪsˈɪntəɡreɪt] v. intr. (break up) desintegrarse.

disk, disc (Br.E) [dɪsk] n. disco m.

dislike [dɪsˈlaɪk] n. antipatía f.

dislocate ['dɪsləʊ.keɪt] v. tr. **1.** dislocar. || v. intr. **2.** dislocarse.

dislodge [dɪsˈlɒdʒ] v. tr. (remove) desalojar; echar.

disloyal [dɪsˈlɔɪəl] adj. infiel.

disloyalty [dɪsˈlɔɪəlti] n. (unfaithfullness) deslealtad f.

dismantle [dɪsˈmæntəl] v. tr. (take apart) desarmar.

dismiss [dɪsˈmɪs] v. tr. **1.** (worker) despedir. **2.** (executive) destituir.

disobedient [dɪsəˈbiːdɪənt] adj. (naughty) desobediente.

disobey [dɪsəˈbeɪ] v. tr. desobedecer; contravenir.

disorder [dɪsˈɔːrdər] n. **1.** desorden m. **2.** Med. trastorno m.

dispatch or despatch [dɪsˈpætʃ] n. **1.** comunicado m. **2.** Mil. parte m. || v. tr. **3.** enviar.

dispense [dɪsˈpens] v. tr. **1.** dispensar. **2.** Law, fig. (justice) administrar.

disperse [dɪsˈpɜːrs] v. tr. dispersar; esparcir.

displace [dɪsˈpleɪs] v. tr. desplazar; quitar.

display [dɪsˈpleɪ] n. **1.** exhibición f.; alarde m. || v. tr. **2.** mostrar. **3.** (show) exhibir; lucir.

displease [dɪsˈpliːz] v. tr. desagradar; contraria.

disposable [dɪsˈpəʊzəbəl] adj. (non returnable) desechable.

dispose [dɪsˈpəʊz] v. tr. (arrange) disponer.

dispute [dɪsˈpjuːt] n. **1.** disputa f. || v. tr. **2.** disputar. **3.** (matter) discutir.

disqualify [dɪsˈkwɒlɪfaɪ] v. tr. **1.** incapacitar. **2.** Sports. (player) descalificar.

disregard [dɪsrɪˈɡɑːrd] v. tr. (ignore) desatender; descuidar.

disrupt [dɪsˈrʌpt] v. tr. **1.** interrumpir. **2.** (plans) desorganizar.

dissect [dɪˈsekt] v. tr. diseccionar.

disseminate [dɪˈsemɪneɪt] v. tr. **1.** diseminar. **2.** (spread) esparcir; desparramar.

dissent [dɪˈsent] v. intr. disentir.

dissipate ['dɪsɪpeɪt] v. tr. disipar.

dissociate [dɪˈsəʊʃɪeɪt] v. tr. (separate) disociar; disgregar.

dissolve [dɪˈzɒlv] v. tr. disolver.

dissuade [dɪˈsweɪd] v. tr. (discourage) disuadir.

distance ['dɪstəns] n. distancia f.

distant ['dɪstənt] adj. lejano.

distinguish [dɪsˈtɪŋwɪʃ] *v. tr.* distinguir; diferenciar.

distort [dɪsˈtɔːrt] *v. tr.* (reality, the truth) deformar.

distract [dɪsˈtrækt] *v. tr.* distraer.

distraction [dɪsˈtrækʃən] *n.* distracción *f.*

distress [dɪsˈtres] *n.* **1.** angustia *f.* ‖ *v. tr.* **2.** angustiar; afligir.

distribute [dɪsˈtrɪbjut] *v. tr.* **1.** distribuir. **2.** (share out) repartir.

distribution [ˌdɪstrɪˈbjuːʃən] *n.* distribución *f.*; reparto *m.*

district [ˈdɪstrɪk] *n.* **1.** (of country) región *f.* **2.** (of town) barrio *m.*

distrust [dɪsˈtrʌst] *v. tr.* desconfiar; no confiar.

disturb [dɪsˈtɜːrb] *v. tr.* (bother) molestar; incordiar.

disturbance [dɪsˈtɜːrbens] *n.* **1.** alboroto *m.*; disturbio *m.* **2.** (of routine) alteración *f.* **3.** (worry) preocupación *f.*

disuse [dɪsˈjuːs] *n.* desuso *m.*

ditch [dɪtʃ] *n.* **1.** zanja *f.* **2.** (of roadside) cuneta *f.*

divan [dɪˈvæn] *n.* (sofá) diván *m.*

dive [daɪv] *n.* **1.** inmersión *f.* ‖ *v. intr.* **2.** zambullirse.

diverge [dɪˈvɜːrdʒ] *v. intr.* divergir.; separase

divert [dɪˈvɜːrt] *v. tr.* desviar.

divide [dɪˈvaɪd] *v. tr.* **1.** (split up) dividir. ‖ *v. intr.* **2.** dividirse.

divinity [dɪˈvɪnəti] *n.* divinidad *f.*

divorce [dɪˈvɔːrs] *n.* **1.** divorcio *m.* ‖ *v. tr.* **2.** divorciar.

divulge [dɪˈvʌldʒ] *v. tr.* (spread) divulgar; difundir; pregonar.

do¹ [duː] *v. tr.* **1.** hacer. ‖ *v. intr.* **2.** (act) obrar.

do² [duː] *n.*, *Mus.* do *m.*

dock [dɒk] *n.* **1.** *Nav.* muelle *m.* ‖ *v. intr.* **2.** *Nav.* fondear; atracar; anclar.

doctor [ˈdɒktər] *n.* médico *m.*; doctor *m.* ‖ **family ~** médico de cabecera.

doctrine [ˈdɒktrɪn] *n.* doctrina *f.*

document [ˈdɒkjəmənt] *n.* **1.** documento *m.* ‖ *v. tr.* **2.** documentar; acreditar.

dog [dɒg] *n.* perro *m.*; can *m. lit.*

dogma [ˈdɒgmə] *n.* dogma *m.*

doll [dɒl] *n.* muñeca *f.*

dollar [ˈdɒlər] *n.*, *Econ.* (American unit of currency) dólar *m.*

dolphin [ˈdɒlfɪn] *n.*, *Zool.* delfín *m.*

dome [doʊm] *n.*, *Archit.* (roof) cúpula *f.*

domesticate [dəˈmestɪ keɪt] *v. tr.*, *Zool.* domesticar; domar.

dominance [ˈdɒmənəns] *n.* dominación *f.*; dominio *m.*

dominate [ˈdɒmɪneɪt] *v. tr.* dominar.

donate [doʊˈneɪt] *v. tr.* donar.

donkey [ˈdɒŋkiː] *n.* burro *m.*

doom [duːm] *n.* **1.** destino *m.* ‖ *v. tr.* **2.** (condemn) condenar.

door [dɔːr] *n.* **1.** puerta *f.* **2.** *fig.* entrada *f.*

doorbell [ˈdɔːrbel] *n.* timbre *m.*

doorframe ['dɔːfreɪm] *n.* marco *m.*

doorkeeper ['dɔːkiːpər] *n.* (porter) portero *m.*

doormat ['dɔːrmæt] *n.* felpudo *m.*

doorway ['dɔːrweɪ] *n.* entrada *f.*

dope [doʊp] *n.* **1.** *Sports* droga *f.* ‖ *v. tr.* **2.** (an animal) drogar. ‖ *v. intr.* **3.** (person) drogarse.

dormitory ['dɔːmɪtɔːri] *n.* **1.** *Br. E.* dormitorio *m.* **2.** *Am. E.* (hall) residencia *f.*

dote [doʊt] *v. intr.* (on sb) adorar.

double ['dʌbəl] *adj.* **1.** doble. ‖ *n.* **2.** doble *m.* ‖ *adv.* **3.** doble.

doubt [daʊt] *n.* **1.** (uncertainty) duda *f.;* incertidumbre *f.* ‖ *v. tr.* **2.** dudar.

dough [doʊ] *n.* **1.** *Gastr.* (for bread) masa *f.* **2.** *Gastr.* (for cakes) pasta *f.*

doughy ['doʊi] *adj.* (substance) pastoso; espeso.

dove [dʌv] *n., Zool.* paloma *f.*

down¹ [daʊn] *adj.* **1.** decaído. ‖ *adv.* **2.** (position) abajo. **3.** (direction) hacia abajo. **4.** (crossword) vertical. ‖ *v. tr.* **5.** *coll.* abatir. ‖ *prep.* **6.** abajo.

down² [daʊn] *n.* **1.** (fluff) pelusa *f.* **2.** (face) vello *m.;* pelo *m.*

downfall ['daʊnfɔːl] *n.* ruina *f.*

downhill ['daʊnhɪl] *adv.* cuesta abajo.

download ['daʊnloʊd] *v. tr., Comput.* bajar; descargar.

downtown ['daʊntaʊn] *adj.* **1.** *Am. E.* (flat) céntrico. ‖ *n.* **2.** *Am. E.* centro *m.*

dowry ['daʊəri] *n.* dote *f.*

dozen ['dʌzən] *n.* docena *f.*

drab [dræb] *adj.* (humdrum) monótono.

drain [dreɪn] *n.* **1.** desagüe *m.* **2.** (in street) sumidero *m.* ‖ *v. tr.* **3.** (land) desaguar.

drama ['drɑːmə] *n.* drama *m.*

drape [dreɪp] *n., Am. E.* cortina *f.*

draught [drɑːft] *n. f.* **1.** *Br. E.* corriente *f.* (de aire). **2.** *Br. E., Nav.* calado *m.*

draw [drɔː] *n.* **1.** *Br. E., Sports* empate *m.* **2.** (lottery) sorteo *m.* ‖ *v. tr.* **3.** (picture) dibujar.

drawback ['drɔːbæk] *n.* (disadvantage) desventaja *f.;* inconveniente *m.*

drawing ['drɔːɪŋ] *n.* dibujo *m.*

dread [dred] *n.* horror *m.;* pavor *m.*

dreadful ['dredfəl] *adj.* (horrible) pésimo; espantoso.

dream [driːm] *n.* **1.** sueño *m.* ‖ *v. tr. & intr.* **2.** soñar.

dregs [dregz] *n. pl.* (sediment) poso *m. sing.;* sedimento *m. sing.*

drench [drentʃ] *v. tr.* (soak) mojar; empap-r.

dress [dres] *n.* **1.** vestido *f.* **2.** (for women) traje *m.* ‖ *v. tr.* **3.** vestir. **4.** aliñar; aderezar.

dressing ['dresɪŋ] *n.* **1.** (bandage) vendaje *m.* **2.** *Gastr.* aliño *m.*

dribble ['drɪbəl] n. **1.** baba f. ‖ v. intr. **2.** (baby) babear.

drift [drɪft] n. f. **1.** (of sand) montón m. ‖ v. tr. **2.** (snow, sand) amontonar. ‖ v. intr. **3.** (snow, sand) amontonarse.

drill [drɪl] n. **1.** taladro m. ‖ v. tr. **2.** taladrar. **3.** Miner. perforar.

drink [drɪŋk] n. **1.** bebida f. **2.** (alcoholic) copa f. ‖ v. tr. & intr. **3.** beber.

drip [drɪp] v. tr. **1.** gotear. ‖ v. intr. **3.** (liquid) escurrir; escurrirse.

drive [draɪv] n. **1.** paseo en coche. **2.** (energy) energía f. ‖ v. tr. **3.** Car conducir.

drivel ['drɪvəl] n. barbaridad f.; brutalidad f.

driver ['draɪvər] n., Car (of bus, car) conductor m.

drizzle ['drɪzəl] n. inv. **1.** Meteor. llovizna f. ‖ v. intr. **2.** Meteor. gotear; lloviznar.

dromedary ['drɒmədəri] n., Zool. dromedario m.

drool ['druːl] n. **1.** Am. E. (dribble) baba f. ‖ v. intr. **2.** babear.

drop [drɒp] n. **1.** (of water) gota f. **2.** (fall) caída f. **3.** (lessening) baja f. ‖ v. tr. **4.** dejar caer. **5.** (price, voice) bajar.

droppings ['drɒpɪŋz] n. pl. (of animals) excrementos m.

dross [drɒs] n. (rubbish) basura f.

drought [draʊt] n. sequía f.

drown [draʊn] v. tr. **1.** ahogar. ‖ v. intr. **2.** ahogarse.

drowsiness ['draʊzɪnɪs] n. (drowsiness) modorra f.; somnolencia f.

drowsy ['draʊzɪ] adj. (sleepy) soñoliento.

drug [drʌg] n. **1.** droga f. ‖ v. tr. **2.** drogar. ‖ ~ **addict** drogadicto m.

drugstore ['drʌgstɔːr] n. **1.** droguería f. **2.** Am. E. (shop) farmacia f.

drum [drʌm] n. **1.** Mus. tambor m. **2.** (container) bidón m.

drunk [drʌŋk] adj. **1.** borracho; ebrio. ‖ n. **2.** borracho m.

drunken ['drʌŋkən] adj. (drunk) borracho; embriagado.

drunkenness ['drʌŋkənnɪs] n., frml. embriaguez f.; borrachera f.

dry [draɪ] adj. **1.** seco. ‖ v. tr. **2.** secar. **3.** (tears) enjugar.

dry-cleaner's ['draɪˌkliːnərs] n. tintorería f.

dryness ['draɪnɪs] n. **1.** sequedad f. **2.** (dullness) aridez f.

dubious [(du:bɪəs] adj. dudoso.

duck[1] [dʌk] n. **1.** Zool. (male) pato m. **2.** Zool. (female) pata f.

duck[2] ['dʌk] v. tr. **1.** (head) agachar. **2.** (submerge) zambullir.

duel [dʊəl] n. **1.** duelo m. ‖ v. intr. **2.** Br. E. batirse en duelo.

duet [dʊˈet] n., Mus. dúo m.

duffel coat or duffle coat ['dʌfəlˌkoʊt] sust phr. trenca f.

dull [dʌl] adj. **1.** insípido; soso. **2.** (boring) aburrido.

dumb [dʌm] *adj.* mudo; callado.

dump [dʌmp] *n.* (place) basurero *m.*; vertedero *m.*

dune [duːn] *n., Geogr.* duna *f.*

dung [dʌŋ] *n.* (excrement) boñiga *f.*; estiércol *m.*

duplex ['duːpleks] *n., Am. E.* (appartment) dúplex *m. inv.*

duplicate ['duːplɪkeɪt] *n.* **1.** duplicado *m.* ǁ *v. tr.* **2.** duplicar.

duplicator ['duːplɪkeɪtə] *adj. & n.* multicopista *f.*; fotocopiadora *f.*

duration [dʊ'reɪʃən] *n.* duración *f.*

during ['dʊrɪŋ] *prep.* durante.

dusk [dʌsk] *n.* anochecer *m.*

dust [dʌst] *n.* polvo *m.*

dustbin ['dʌstˌbɪn] *n., Br. E.* basura *f.*

duster ['dʌstər] *n.* **1.** *Br. E.* trapo *m.* **2.** (for blackboard) borrador *m.*

dustman ['dʌstmən] *n.* basurero *m.*

dustpan ['dʌstˌpæn] *n.* recogedor *m.*

duty ['duːti] *n.* **1.** (obligation) obligación *f.*; deber *m.* **2.** *Econ.* (tax) impuesto *m.*

duvet ['duːveɪ] *n., Br. E.* (conforter) edredón *m.*

dwarf [dwɔːrf] *adj.* **1.** enano. ǁ *n.* **2.** enano *m.* ǁ *v. tr.* **3.** empequeñecer.

dye [daɪ] *v. tr.* teñir; tintar.

dyke [daɪk] *n., Br. E., Nav.* dike) dique *m.*

dynasty ['daɪnəsti:] *n.* dinastía *f.*

E

E [i] *n., Mus.* mi *m.*

e [i] *n.* (letter) e *f.*

each [i:tʃ] *pron.* **1.** cada uno; sendos. || *adj. inv.* **2.** (individually) cada. || **~ other** el uno al otro; os; se.

eagle ['i:gəl] *n., Zool.* águila *f.*

ear [ɪr] *n.* **1.** *Anat.* oreja *f.* **2.** (sense) oído *m.*

eardrum ['ɪr.drʌm] *n., Anat.* tímpano *m.*

early ['ɜ:rlɪ] *adj.* **1.** temprano. || *adv.* **2.** (before the expected time) temprano; pronto.

earn ['ɜ:rn] *v. tr.* **1.** (money) ganar. || *v. intr.* **2.** (respect) ganarse.

earring ['ɪrɪŋ] *n.* pendiente *m.*; arete *m. Amér.*

earth [ɜ:rθ] *n.* **1.** (planet) tierra *f.* **2.** (world) mundo *m.*

earthquake ['ɜ:rθkweɪk] *n., Geol.* terremoto *m.*; seísmo *m.*

earthworm ['ɜ:rθ.wɜ:rm] *n.* lombriz *f.* (de tierra); gusano *m.*

ease ['i:z] *n.* **1.** facilidad *f.* **2.** (comfort) comodidad *f.*

east [i:st] *n.* este *m.*

Easter ['i:stər] *n.* Pascua *f.*

easy ['i:zi:] *adj.* fácil; sencillo.

easy chair ['i:zi:tʃer] *n.* butaca *f.*

eat [i:t] *v. tr.* comer.

ebony ['ebəni:] *n., Bot.* ébano *m.*

ecclesiastic [ɪˌkli:zi:'æstɪk] *adj., Rel.* eclesiástico.

echo ['ekoʊ](pl.: -es) *n.* **1.** eco *m.* || *v. intr.* **2.** resonar; hacer eco.

eclipse [ɪ'klɪps] *n.* **1.** eclipse (de sol, de luna) *m.* || *v. tr.* **2.** eclipsar.

economize, economise (Br.E) [ɪ'kɒnəmaɪ] *v. tr.* economizar; ahorrar.

economy [ɪ'kɒnəmi:] *n.* economía *f.*

edge [edʒ] *n.* **1.** (cutting part) filo *m.* **2.** (of object) borde *m.* **3.** (of river) orilla *f.*

edict ['i:dɪkt] *n.* edicto *m.*; bando *m.*

edify ['edɪfaɪ] *v. tr.* edificar.

edit ['edɪt] *v. tr.* **1.** (correct, cut) editar. **2.** (film, tape) montar.

edition [ə'dɪʃən] *n.* **1.** edición *f.* **2.** (number printed) tirada *f.*

editor ['edɪtər] *n.* **1.** editor *m.* **2.** (of text) redactor *m.* **3.** (of newspaper) director *m.*

educate ['edʒəkeɪt] *v. tr.* **1.** (teach) educar. **2.** (instruct) instruir.

education [edʒə'keɪʃən] *n.* **1.** educación *f.* **2.** (teaching) magisterio *m.*; enseñanza *f.*

eel [i:l] *n., Zool.* anguila *f.*

effect [ɪ'fekt] *n.* **1.** efecto *m.* || *v. tr.* **2.** efectuar.

effective [ɪ'fektɪv] *adj.* **1.** eficaz; competente. **2.** (real) efectivo.

efficacy ['efɪkæsi:] *n.* eficacia *f.*

efficiency [ə'fɪʃənsi:] *n.* eficacia *f.*

effigy ['efɪdʒi:] *n.* efigie *f.*

effort ['efərt] *n.* esfuerzo *m.*

egg [eg] *n.* huevo *m.*

eggplant ['eg.plænt] *n., Am. E., Bot.* (aubergine) berenjena *f.*

egoism ['i:gəʊɪzəm] *n.* egoísmo *m.*

eight [eɪt] *col. num. det.* (also pron. and n.) **1.** ocho. ‖ *card. num. adj.* **2.** octavo; ocho. ‖ ~ **hundred** (also pron. and n.) ochocientos.

eighteen [eɪti:n] *col. num. det.* (also pron. and n.) **1.** dieciocho. ‖ *card. num. adj.* **2.** dieciocho.

eighteenth [eɪti:nθ] *card. num. adj.* (also n.) dieciocho.

eighth [eɪtθ] *card. num. adj.* (also n.) **1.** octavo; ocho. ‖ *frac. numer. n.* (also adj. and pron.) **2.** octavo.

eightieth [eɪtiəθ] *card. num. adj.* (also n.) ochenta.

eighty ['eɪti] *col. num. det.* (also pron. and n.) **1.** ochenta. ‖ *card. num. adj.* **2.** ochenta.

either ['aɪðər, 'i:ðər] *adj.* **1.** ambos *pl.* ‖ *adv.* **2.** (with a negative) tampoco.

eject [r'dʒəkt] *v. tr.* expulsar.

elaborate [r'læbəreɪt] *v. tr.* (work out) elaborar.

elapse [r'læps] *v. intr.* transcurrir.

elastic [r'læstɪk] *adj. & n.* elástico *m.*

elbow ['elbəʊ] *n., Anat.* codo *m.*

elder ['eldər] *adj.* **1.** (brothers, sons) mayor. ‖ *n.* **2.** *Bot.* (tree) saúco *m.*

elderly ['eldərli] *adj.* anciano.

eldest ['eldɪst] *adj.* mayor.

elect [r'ləkt] *v. tr., Polit.* elegir.

electric [r'lektrɪk] *adj.* eléctrico.

electricity [r'lek'trɪsəti:] *n.* electricidad *f.*

electrify [r'lektrəfaɪ] *v. tr.* **1.** *fig.* electrizar. **2.** (train) electrificar.

elegance ['eləgəns] *n.* (smartness, gracefulness) elegancia *f.*

elegant ['eləgənt] *adj.* elegante.

element ['eləmənt] *n.* elemento *m.*

elementary [elə'mentri:] *adj.* (fundamental) elemental.

elephant ['eləfənt] *n., Zool.* elefante *m.*

elevator ['eləveɪtər] *n., Am. E.* ascensor *m.*; elevator *m. Amér.*

eleven [r'levən] *col. num. det.* (also pron. and n.) **1.** once. ‖ *card. num. adj.* **2.** once; undécimo.

elevenses [r'levənzɪz] *n., Br. E.*, *coll.* (at eleven o'clock) (snack) almuerzo *m.*

eleventh [r'levənθ] *card. num. adj.* (also n.) **1.** once; undécimo. ‖ *numer. n.* (also adj. and pron.) **2.** onceavo *m.*; undécimo.

eliminate [r'lɪmənaɪt] *v. tr.* (take away) eliminar.

elk [elk] *n., Zool.* alce *m.*

elm [elm] *n., Bot.* olmo *m.*

else [els] *adj.* otro; más.

elsewhere ['els,wer] *adv.* en otra parte; a otra parte.

elude [r'lu:d] *v. tr.* **1.** (avoid) eludir. **2.** (blow) esquivar evitar.

elver ['elvər] *n., Zool.* angula *f.*

e-mail [ˈiːmeɪl] *n.*, *Comput.* correo electrónico.

emancipate [ɪˈmænsəpeɪt] *v. tr.* emancipar; independizar.

embankment [emˈbæŋkmənt] *n.* **1.** (slope) terraplén *m.* **2.** (train) malecón *m.*

embargo [emˈbɑːrgoʊ] *v. tr.* embargar; retener.

embark [emˈbɑːrk] *v. tr.* **1.** *Nav.* embarcar. ‖ *v. intr.* **2.** *Nav.* (on plane) embarcarse.

embarrass [emˈbærəs ɪmˈbærəs] *v. tr.* avergonzar.

embarrassed [emˈbærəst ɪmˈbærəst] *adj.* avergonzado.

embassy [ˈembəsi] (diplomacy) *n.* embajada *f.*

embellish [emˈbelɪʃ] *v. tr.* **1.** embellecer. **2.** *fig.* (story) adornar.

embitter [emˈbɪtər] *v. tr.* amargar.

emblem [ˈembləm] *n.* (badge) emblema *m.*; símbolo *m.*

embody [emˈbɒdi] *v. tr.* **1.** (personify) encarnar. **2.** (include) incorporar.

embrace [emˈbreɪs, ɪmˈbreɪs] *n.* **1.** abrazo *m.* ‖ *v. tr.* **2.** abrazar.

embroider [emˈbrɔɪdər,] *v. tr.* (clothes) bordar.

embryo [ˈembrioʊ] *n.* embrión *m.*

emerge [ɪˈmɜːrdʒ] *v. intr.* (appear) emerger; surgir.

emergence [ɪˈmɜːrdʒəns] *n.* (coming out) salida *f.*

emergency [ɪˈmɜːrdʒənsi] *n.* emergencia *f.*; urgencia *f.*

emigrate [ˈemɪgreɪt] *v. intr.* emigrar; expatriarse.

emissary [ˈeməˌseri] *n.* emisario *m.*

emit [ɪˈmɪt] *v. tr.* **1.** (light, signal) emitir. **2.** (smell, gas) despedir.

emotion [ɪˈmoʊʃən] *n.* emoción *f.*

emotional [ɪˈmoʊʃənəl] *adj.* **1.** (sentimental) afectivo. **2.** (moving) emotivo; conmovedor

emotive [ɪˈmoʊtɪv] *adj.* emotivo.

emphasis [ˈemfəsɪs](pl.:-ses) *n.* énfasis *m. inv.*; intensidad *f.*

emphasize, emphasise (Br.E) [ˈemfəsaɪz] *v. tr.* enfatizar; recalcar.

employ [emˈplɔɪ ɪmˈplɔɪ] *v. tr.* (take on) emplear; contratar.

employee [ˌemplɔiˈiː] *n.* (worker) empleado *m.*; trabajador *m.*

employer [ɪmˈplɔɪər emˈplɔɪər] *n.* patrón *m.*; jefe *m.*; empresario *m.*

employment [ɪmˈplɔɪmənt emˈplɔɪmənt] *n.* **1.** empleo *m.* **2.** (work) trabajo *m.*

empty [ˈempti] *adj.* **1.** vacío. ‖ *v. tr.* **2.** vaciar. ‖ *v. intr.* **3.** vaciarse.

emulate [ˈemjʊleɪt] *v. tr.* emular.

enable [enˈeɪbəl] *v. tr.* habilitar.

enamel [ɪˈnæməl] *n.* (for metal, pots) esmalte *m.*

enchant [entˈʃænt] *v. tr.* (charm) encantar; cautivar.

encircle [enˈsɜːrklə] *v. tr.* (surround) cercar; rodear.

enclose [enˈkloʊz] *v. tr.* (a document) adjuntar; incluir.

encounter [en'kaʊntər] *n.* **1.** encuentro *m.* ‖ *v. tr.* **2.** encontrar.

encourage [en'kʌrɪdʒ] *v. tr.* (give support) animar; alentar.

encyclopaedia [en,saɪklə'piːdiːə] *n.* enciclopedia *f.*

end [end] *n.* **1.** fin *m.* **2.** (of thing) final *m.* **3.** (of table) extremo *m.* **4.** (of pointed object) punta *f.* **5.** (conclusion) conclusión *f.* ‖ *v. tr.* **6.** terminar; acabar.

ending [endɪŋ] *n.* **1.** fin *m.* **2.** *Lit. & Film.* desenlace *m.*

endive ['endaɪv] *n.* **1.** *Am. E., Bot.* (vegetable) endibia *f.* **2.** *Br. E., Bot.* (vegetable) escarola *f.*

endure [en'dʊr] *v. tr.* **1.** aguantar; soportar. ‖ *v. intr.* **2.** perdurar.

enemy ['enəmi] *adj.* **1.** enemigo. ‖ *n.* **2.** enemigo *m.*

energy ['enərdʒiː] *n.* energía *f.*

engage [en'geɪdʒ, ɪn'geɪdʒ] *v. tr.* **1.** (attention) atraer; captar. **2.** (hire) contratar.

engaged [en'geɪdʒd, ɪn'geɪdʒd] *adj.* **1.** (a couple) prometido. **2.** (telephone) ocupado.

engagement [en'geɪdʒmənt, ɪn'geɪdʒmənt] *n.* **1.** (appointment) compromiso *m.* **2.** (to marry) noviazgo *m.*

engender [en'dʒendər] *v. tr., frml.* engendrar.

engine ['endʒɪn] *n., Car* máquina *f.*; motor *m.*

English ['ɪŋglɪʃ] *adj.* **1.** inglés. ‖ *n.* **2.** (language) inglés *m.*

Englishman ['ɪŋglɪʃmən] *n.* inglés *m.*

Englishwoman ['ɪŋglɪʃ,wʊmən] *n.* (person) inglesa *f.*

engross [en'groʊs] *v. tr.* absorber.

enhance [en'hæns] *v. tr., fig.* (beauty, taste) realzar; remarcar.

enigma [ɪ'nɪgmə] *n.* enigma *m.*

enjoy [en'dʒɔɪ] *v. tr.* **1.** disfrutar. **2.** (sexual meaning) gozar.

enlarge [en'lɑːrdʒ] *v. tr.* **1.** agrandar. **2.** (broaden) extender.

enlighten [en'laɪtən] *v. tr.* **1.** iluminar. **2.** (instruct) ilustrar *form.*

enmity ['enmɪti](pl.: ties) *n., frml.* enemistad *f.*

enormous [ɪ'nɔːrməs] *adj.* (immense) enorme; desmesurado.

enough [ɪ'nʌf] *adj.* **1.** bastante; suficiente. ‖ *adv.* **2.** bastante. ‖ *pron.* **3.** bastante.

enrage [en'reɪdʒ] *v. tr.* (anger) enfurecer; encolerizar; irritar.

enrich [en'rɪtʃ] *v. tr.* enriquecer.

enroll, enrol (Br.E) [en'roʊl] *v. intr.* **1.** inscribirse. **2.** (course) matricularse.

ensign ['ensən] *n.* estandarte *m.*

enslave [en'sleɪv] *v. tr.* esclavizar.

ensure [ən'ʃʊr] *v. tr.* asegurar.

entail [en'teɪl] *v. tr.* ocasionar.

enter ['entər] *v. tr.* **1.** (register) ingresar. **2.** (go into) acceder. ‖ *v. intr.* **3.** (go in) entrar.

enterprise ['entər,praɪz] *n.* (business) empresa *f.*

entertain [entər'tein] *v. tr.* **1.** (amuse) divertir. **2.** (idea) concebir. || *v. intr.* **3.** recibir (invitados).

entertaining [ˌentər'teiniŋ] *adj.* ameno; divertido; entretenido.

enthusiasm [en'θu:ziˌæzəm] *n.* entusiasmo *m.*; contento *m.*

entice [en'tais] *v. tr.* inducir.

entitle [en'taitl] *v. tr.* titular.

entrance ['entrəns] *n.* entrada *f.*

entry ['entri:] *n.* entrada *f.*

enumeration [ɪˌnu:mə'reiʃən] *n.* enumeración *f.*; listado *m.*

envelop [en'veləp] *v. tr.* envolver.

envelope ['envəˌloup] *n.* sobre *m.*

environment [en'vaironmənt] *n., Ecol.* medio ambiente.

envy ['envi:] *n.* **1.** envidia *f.* || *v. tr.* **2.** envidiar; tener envidia de.

epidemic [ˌepə'demik] *n., Med.* epidemia *f.*

epilog, epilogue (Br.E) ['epəˌlog 'epəˌlɔ:g] *n.* epílogo *m.*

epistle [ɪ'pisəl] *n., Lit.* epístola *f.*

epoch ['epək] *n.* época *f.*; era *f.*

equal ['i:kwəl] *adj.* **1.** igual. || *n.* **2.** igual *m.* y *f.* || **equals** *n. pl.* **3.** iguales *m.* y *f.*

equality [i:'kwoləti] *n.* igualdad *f.*

equalize, equalise (Br.E) ['i:kwəlaiz] *v. tr.* igualar.

equator [ɪ'kweitər] *n., Geogr.* ecuador *m.*

equip [ɪ'kwip] *v. tr.* equipar.

equipment [ɪ'kwipmənt] *n.* **1.** (materials) equipo *m.* **2.** (act) equipamiento *m.*

equivalent [ɪ'kwivələnt] *adj.* **1.** equivalente (a). || *n.* **2.** equivalente *m.* || **to be ~** equivaler (a).

era ['erə] *n.* era *f.*; época *f.*

eradicate ['ræ:dikət] *v. tr.* **1.** erradicar. **2.** *fig.* extirpar.

erase ['reiz] *v. tr.* borrar.

eraser ['reizər] *n.* **1.** goma *f.* **2.** (for blackboard) borrador *m.*

erect ['rekt] *adj.* **1.** erguido. || *v. tr.* **2.** erigir; levantar.

error ['erər] *n.* error *m.*

eruption ['rʌpʃən] *n.* erupción *f.*

escape [ɪs'keip] *n.* **1.** fuga *f.*; huida *f.* **2.** (of gas) escape *m.* **3.** (from hunting) evasión *f.* || *v. intr.* **4.** fugarse.

escort ['eskɔ:rt] *v. tr.* **1.** acompañar. **2.** *Mil.* escoltar.

esophagus, oesophagus (Br.E) ['rsofəgəs] *n., Anat.* esófago *m.*

essay ['esei] *n., Lit.* ensayo *m.*

essence ['esəns] *n.* esencia *f.*

essential ['senʃəl] *adj.* **1.** imprescindible. **2.** (basic) esencial.

establish [ɪs'tæbliʃ] *v. tr.* fijar.

estate [əs'teit] *n.* **1.** finca *f.*; hacienda *f.* **2.** (property) bienes.

esteem [əs'ti:m] *n.* **1.** aprecio *m.*; estima *f.* || *v. tr.* **2.** estimar.

estimate ['estimeit] *n.* **1.** cálculo *m.*; estimación *f.* || *v. tr.* **2.** calcular; estimar.

estuary ['estʃueri:] *n., Geogr.* ría *f.*

eternity [i:'tɜ:məti] *n.* eternidad *f.*

ether ['i:θər] *n., Chem.* éter *m.*

ethics ['eθɪks] *n. pl.* ética *f. sing.*; moral *f. sing.*; moralidad *f. sing.*

etiquette [etə'kɪt] *n.* (protocol) etiqueta *f.*; protocolo *m.*

eucalyptus [ju:kə'lɪptəs] *n., Bot.* (tree) eucalipto *m.*

euro ['jʊroʊ] *n.* (European unit of currency) euro *m.*

European [jʊrə'pɪən] *adj.* & *n.* europeo *m.*

evacuate [ɪ'rækju:eɪt] *v. tr.* **1.** evacuar. **2.** (building) desalojar.

evade [ɪveɪd] *v. tr.* evadir; eludir.

evaluate [ɪ'vælju:eɪt] *v. tr.* (judge) evaluar.

evaporate [ɪ'væpəreɪt] *v. tr.* evaporar.

eve [i:v] *n.* víspera *f.*

even ['i:vən] *adj.* **1.** (flat) liso; llano. **2.** (calm) apacible. **3.** (fair) justo. **4.** *Math.* (number) par. || *adv.* **5.** hasta; incluso. **6.** (with comparative) aún. || *v. tr.* **7.** (surface) igualar; allanar.

evening ['i:vnɪŋ] *n.* **1.** (early) tarde *f.* **2.** (late) noche *f.*

event [ɪvent] *n.* suceso *m.*

ever ['evər] *adv.* **1.** alguna vez. **2.** (+ negative) nunca.

everlasting [,evər'læstɪŋ] *adj.* (eternal) eterno; perpetuo.

every ['evrɪ] *adj.* **1.** (each) cada. **2.** (before a number) cada.

everybody ['evrɪ;bɒdɪ] *pron.* todos; todo el mundo.

everyday ['evrɪ;deɪ] *adj.* (daily) diario; cotidiano.

everyone ['evrɪ;wʌn] *pron.* **1.** cada cual; cada uno. **2.** (everybody) todo el mundo.

everything ['evrɪ;θɪŋ] *pron.* todo.

everywhere ['evrɪ;wer] *adv.* por todas partes; en todas partes.

evidence ['evədəns] *n.* **1.** evidencia *f.* **2.** *Law* pruebas *f. pl.*

evil ['i:vəl] *adj.* **1.** (wicked) malo. || *n.* **2.** (evilness) mal *m.*; maldad *f.*

evoke [ɪvoʊk] *v. tr.* evocar.

ewe [ju:] *n., Zool.* oveja *f.*

exact [ɪg'zækt] *adj.* **1.** (precise) exacto; preciso. || *v. tr.* **2.** exigir.

exactness [ɪg'zæktnɪs] *n.* (precision) exactitud *f.*; precisión *f.*

exaggerate [ɪg'zædʒəreɪt] *v. tr.* (increase) exagerar; inflar.

exam [ɪg'zæm] *n., fam.* examen *m.*

examination [ɪg'zæmə'neɪʃən] *n.* **1.** examen *m.* **2.** *Med.* reconocimiento *m.*

examine [ɪg'sæmɪn] *v. tr.* **1.** examinar. **2.** (customs) registrar.

example [ɪg'zæmpəl] *n.* ejemplo *m.* || **for ~** por ejemplo.

exasperate [ɪg'zæspə,reɪt] *v. tr.* (irritate) exasperar; irritar.

excavate ['ekskəveɪt] *v. tr.* (dig) excavar.

excavation [,ekskə'veɪʃən] *n.* excavación *f.*

exceed [ɪk'si:d] *v. tr.* **1.** exceder; pasar. **2.** (speed limit) sobrepasar. **3.** (limits) rebasar.

excel [ek'sl] *v. tr.* exceder.

excellent ['eksələnt] *adj.* (very good) excelente.

except [ık'sept] *v. tr.* **1.** exceptuar. || *prep.* **2.** (+ for) excepto; salvo. || *conj.* **3.** (+ that) excepto que.

exception [ık'sepʃən] *n.* excepción *f.*

exceptional [ık'sepʃənəl] *adj.* (extraordinary) excepcional.

excess ['ekses, ık'ses] *n.* exceso *m.*

excessive [ık'sesıv] *adj.* excesivo.

exchange [ıks'tʃeındʒ] *n.* **1.** intercambio *m.*; cambio *m.* || *v. tr.* **2.** cambiar; modificar.

excite [ıg'saıt] *v. tr.* **1.** (stimulate) excitar. **2.** (move) ilusionar. **3.** (enthuse) entusiasmar.

excitement [ık'saıtmənt] *n.* **1.** emoción *f.* **2.** (feeling) excitación *f.*; entusiasmo *m.*

exclaim [eks'kleım] *v. tr. & intr.* (cry out) exclamar; gritar.

exclamation [,eksklə'meıʃən] *n.* exclamación *f.*

exclude [ek'sklu:d] *v. tr.* **1.** excluir. **2.** (except) exceptuar.

exclusive [ıks'klu:sıv] *adj.* **1.** exclusivo; peculiar. || *n.* **2.** (in press) exclusiva *f.*

excrement ['ekskrəmənt] *n., frml.* excremento *m.*; deposición *f.*

excursion [ıks'kɜ:rʃən] *n.* (trip) excursión *f.*

excuse [ıks'kju:z] *n.* **1.** excusa *f.*; disculpa *f.* **2.** (pretext) pretexto *m.*

execute ['eksəkju:t] *v. tr.* **1.** (carry out) ejecutar; llevar a cabo. **2.** (person) ajusticiar.

exempt [ıg'zempt] *adj.* **1.** exento. || *v. tr.* **2.** eximir; indultar.

exercise ['eksərˌsaız] *n.* **1.** ejercicio *m.* || *v. tr.* **2.** ejercer.

exert [ıg'sɜ:rt] *v. tr.* ejercer.

exhale [eks'heıl] *v. tr.* **1.** exhalar. || *v. intr.* **2.** (breathe out) espirar.

exhaust [ıg'zɔ:st] *v. tr.* **1.** extenuar. **2.** (consume) agotar.

exhaustion [ıg'zɔ:stʃən] *n.* (fatigue) agotamiento *m.*; cansancio *m..*

exhibit [ıg'zıbıt] *v. tr.* exhibir.

exhibition [,eksə'bıʃən] *n.* (art) exposición *f.*

exile ['egzaıl 'eksaıl] *n.* **1.** (state) destierro *m.* **2.** (person) exiliado *m.* || *v. tr.* **3.** exiliar; desterrar.

exist [ıg'zıst] *v. intr.* existir.

exit [egzıt 'eksıt] *n.* salida *f.*

exodus ['eksədəs] *n.* éxodo *m.*

exorbitant [ıg'zɔ:rbıtənt] *adj.* (excessive) exorbitante.

expand [ıg'spænd] *v. tr.* **1.** (increase) ampliar. **2.** (gas) dilatar.

expect [ıks'pekt] *v. tr.* esperar.

expectation [,ekspek'teıʃən] *n.* expectativa *f.*; espera *f.*

expedition [,ekspə'dıʃən] *n.* expedición *f.*

expel [ıks'pel] *v. tr.* **1.** echar. **2.** (student) expulsar.

expensive [ıks'pensıv] *adj.* (dear) caro.

experience [ɪks'pɪrɪəns] n. **1.** experiencia f.; vivencia f. ‖ v. tr. **2.** (sensation) experimentar.

experiment [ɪks'perəmənt] v. tr. experimentar; probar.

expert ['ekspз:rt] adj. **1.** experto; perito. ‖ n. **2.** experto m.

expire [ɪks'paɪr] v. intr. caducar.

explain [ɪks'pleɪn] v. tr. **1.** explicar. **2.** (clarify) aclarar. **3.** (idea) exponer. ‖ v. intr. **4.** explicarse.

explanation [,eksplə'neɪʃən] n. explicación f.; aclaración f.

explode [ɪks'ploud] v. tr. & intr. hacer explosión; explotar.

exploit ['eksplɔɪt] n. **1.** hazaña f.; proeza f. ‖ v. tr. **2.** explotar.

explore [ɪks'splɔ:r] v. tr. explorar.

explosion [ɪks'plouʒən] n. explosión f.; detonación f.

export [ɪks'pɔ:rt] v. tr. exportar.

expose [ɪks'pouz] v. tr. **1.** (exhibit) exponer. **2.** (unmask) desenmascarar.

exposition [,ekspə'zɪʃən] n. (exhibition) exposición f.

expound [ɪks'paund] v. tr. (explain) exponer; explicar.

express [ɪks'pres] adj. **1.** expreso. ‖ n. **2.** (train) expreso m. ‖ adj. **3.** expreso. ‖ v. tr. **4.** (say) expresar.

expressway [ɪks'pres,weɪ] n., Am. E. (motorway) autopista f.

exquisite ['ekskwɪzɪt 'ɪkskwɪzɪt] adj. (delicious) exquisito; delicioso.

extend [ɪk'stend] v. tr. **1.** extender; prolongar. ‖ v. intr. **2.** (stretch) extenderse.

extent [ɪks'tent] n. **1.** extensión f.; amplitud f. **2.** (scope) alcance m.

exterior [eks'tɪrɪər] adj. **1.** exterior; externo. ‖ n. **2.** exterior m.

exterminate [ɪk'stз:rmɪn] v. tr. (rats, insects) exterminar.

external [ɪks'tз:məl] adj. (outward) externo; exterior.

extinguish [ɪk'stɪŋwɪʃ] v. tr. (put out) extinguir; apagar.

extinguisher [ɪk'stɪŋwɪʃər] n. (fire) extintor m.

extra ['ekstrə] adj. **1.** extra. ‖ adv. **2.** de más. ‖ n. **3.** extra m. y f.

extract [ɪks'trækt] n. extracto m.; fragmento m.

extraordinary [ɪks'trɔ:rdneri:] adj. extraordinario; excepcional; especial.

extravagance [ɪks'trævəgəns] n. (lavishness) derroche m.

extreme [ɪks'tri:m] adj. **1.** extremo. ‖ n. **2.** extremo m.

extremity [ɪks'tremətɪ] n., Anat. (hand, feet) extremidad f.

exuberance [ɪg'zu:bərəns] n. (vigor) exuberancia f.; exceso m.

exude [ɪg'zu:d] v. tr. & intr. sudar; exudar; rezumar.

eye [aɪ] n., Anat. ojo m.

eyebrow ['aɪbrau] n., Anat. ceja f.

eyelash ['aɪlæʃ] n., Anat. pestaña f.

eyesight ['aɪsaɪt] n. vista f.

F

F ['ef] n., Mus. fa m.

f ['ef] n. (letter) f f.

fa or fah [fæ] n., Mus. fa m.

fable ['feɪbəl] n., Lit. fábula f.

fabric ['fæbrɪk] n. tela f.; tejido m.

façade [fəˈsɑːd] n. 1. Archit. fachada f. 2. fam. (appearance) fachada f.; apariencia f.

face [feɪs] n. 1. Anat. cara f.; rostro m. 2. (expression) mueca f.; gesto m. ‖ v. tr. 3. (person) encararse con. ‖ v. intr. 4. (confront) enfrentarse.

facile ['fæsəl] adj. fácil.

facing ['feɪsɪŋ] adv. 1. enfrente. ‖ prep. 2. frente a.

fact [fækt] n. hecho m.

factor ['fæktər] n. factor m.

factory ['fæktəri] n. fábrica f.

faculty ['fækəltɪ] n. facultad f.

fade [feɪd] v. tr. 1. (color) desteñir. ‖ v. intr. 2. (feeling, memories) desvanecerse.

fail [feɪl] n. 1. suspenso m. ‖ v. tr. 2. (exam) suspender; catear col.

failing ['feɪlɪŋ] n. falta f.

failure ['feɪljər] n. 1. fracaso m. 2. (mechanical) avería f.

faint [feɪnt] n., Med. 1. desmayo m. ‖ v. intr. 2. desmayarse.

fair [feər] adj. 1. justo f. 2. (considerable) bueno. 3. (skin) blanco m. ‖ 4. feria f.

fairy ['feri:] n. hada f.

faith [feɪθ] n. 1. Rel. fe f. 2. (trust) confianza f.

faithful ['feɪθfəl] adj. fiel; leal.

faithfulness ['feɪθfəlnɪs] n. (loyalty) fidelidad f.; lealtad f.

fake [feɪk] adj. 1. falso. ‖ n. 2. falsificación f. ‖ v. tr. 3. falsificar. 4. (feign) fingir.

falcon ['fælkən, 'fɔːlkən] n., Zool. (bird) halcón m.

fall [fɔːl] n. 1. caída m. 2. Am. E. (season) otoño m. ‖ v. intr. 3. caer; caerse. 4. (price) bajar.

false [fɔːls] adj. 1. (untrue) falso. 2. (tooth, hair) postizo.

falsehood ['fɔːlshʊd] n., frml. (lie) falsedad f.; mentira f.

falsify ['fɔːlsəfaɪ] v. tr. 1. (documents) falsificar. 2. (truth) falsear.

fame [feɪm] n. fama f.

family ['fæmɪli:] n. familia f.

famous ['feɪməs] adj. famoso.

fan [fæn] n. 1. abanico m. 2. Electron. ventilador m. 3. (admirer) fan m. y f.; hincha m. y f.; aficionado m.

fancy ['fænsi:] n. 1. imaginación f.; fantasía f. ‖ v. tr. 2. imaginarse.

fang [fæŋ] n., Zool. colmillo m.

fantasy ['æntəsi:] n. fantasía f.

far [fɑːr] (comp: farther or further; superl: farthest or furthest) adj. 1. lejano. ‖ adv. 2. lejos. 3. muy; mucho (+ comparative adj./adv.). ‖ **as ~ as** hasta.

farce [fɑːrs] n., Theat. farsa f.

fare [fer] n. 1. (on trains, buses) pasaje m.; billete m. 2. (cost) tarifa f.; coste m.

farewell ['feəˌwel] *n.* adiós *m.*; despedida *f.*

farm [fɑːrm] *n.* **1.** granja *f.* ‖ *v. tr.* **2.** *Agr.* (land) cultivar.

farmhouse ['fɑːrmˌhaʊs] *n.* cortijo *m.*; rancho *m. Amér.*

farther ['fɑːrðər] *adj.* **1.** nuevo. ‖ *adv.* **2.** (at a greater distance) más allá; más lejos. **3.** (furthermore) además.

fascinating ['fæsəˌneɪtɪŋ] *adj.* fascinante; atrayente.

fashion ['fæʃən] *n.* moda *f.*

fast¹ [fæst] *adj.* **1.** rápido; veloz. **2.** (tight) firme. ‖ *adv.* **3.** rápidamente; deprisa.

fast² [fɑːst] *n.* **1.** ayuno *m.*; vigilia *f.* ‖ *v. intr.* **2.** ayunar.

fasten ['fæsən] *v. tr.* **1.** (fix) fijar. **2.** (belt) abrochar. **3.** (laces) atar.

fat [fæt] *adj.* **1.** gordo. ‖ *n.* **2.** grasa *f.*; gordo *m.* **3.** (animal) manteca *f.*

fatal ['feɪtəl] *adj.* **1.** (injury) mortal. **2.** (disastrous) nefasto; funesto. **3.** (important) fatal.

fate [feɪt] *n.* destino *m.*

fateful ['feɪtfəl] *adj.* (disastrous) funesto; desafortunado.

father ['fɑːðər] *n.* **1.** padre *m.* ‖ *v. tr.* **2.** engendrar.

father-in-law ['fɑːðərɪnˌlɔː] *n.* suegro *m.*; padre político.

fatherless ['fɑːðərˌlɪs] *adj.* huérfano (de padre).

fatten ['fætən] *v. tr. & intr.* engordar.

faucet ['fɔːsɪt] *n., Am. E.* grifo *f.*

fault [fɔːlt] *n.* **1.** culpa *f.* **2.** defecto *m.*; falta *f.*

faultless ['fɔːltlɪs] *adj.* irreprochable; intachable.

fauna ['fɔːnə] *n., Zool.* fauna *f.*

favor, favour (Br.E) ['feɪvər] *n.* **1.** favor *m.* ‖ *v. tr.* **2.** favorecer.

fawn [fɔːn] *v. intr., fig.* adular.

fax [fæks] *n.* fax *m.*; telefax *m.*

fear [fɪr] *n.* **1.** temor *m.*; miedo *m.* ‖ *v. tr.* **2.** temer; tener miedo.

fearful ['fɪrfəl] *adj.* (person) temeroso; miedoso; asustadizo.

feast [fiːst] *n.* **1.** banquete *m.* **2.** *Rel.* fiesta *f.* ‖ *v. tr.* **3.** festejar.

feat [fiːt] *n.* hazaña *f.*; proeza *f.*

feather ['feðər] *n., Zool.* pluma *f.*

feature ['fiːtʃər] *n.* **1.** rasgo *m.*; característica *f.* ‖ **features** *n. pl.* **2.** *Anat.* rasgos *m.*; facciones *f.*

February ['februəriː] *n.* febrero *m.*

fed up [fed] *adj. phr.* frito; harto.

feeble ['fiːbəl] *adj.* débil; endeble.

feed [fiːd] *n.* **1.** alimento *m.* **2.** (fodder) pienso *m.* ‖ *v. tr.* **3.** alimentar. **4.** (a baby) dar de comer. ‖ *v. intr.* **5.** (baby) mamar.

feeding ['fiːdɪŋ] *n.* alimentación *f.*

feel [fiːl] *n.* **1.** tacto *m.* ‖ *v. tr.* **2.** (touch) tocar; palpar. ‖ *v. intr.* **3.** (emotion, perceive) sentir.

feeler ['fiːlər] *n., Zool.* (of an animal) antena *f.*

feeling ['fiːlɪŋ] *n.* **1.** (emotion) sentimiento *m.* **2.** (physical) sensación *f.*

feet ['fi:t] *n. pl.* pies *m.*

feign [feɪn] *v. tr.* fingir; aparentar.

felicity [fə'lɪsəti:] *n.* felicidad *f.*

fell [fel] *v. tr.* (tree) talar.

fellow ['feləʊ] *n.* **1.** (guy) tipo. **2.** (companion) compañero *m.*

felt [felt] *n.* fieltro *m.*

female ['fi:meɪl] *adj.* **1.** femenino. **2.** *Zool.* hembra. ‖ *n.* **3.** (woman) mujer *f.* **4.** *Zool.* hembra *f.*

feminine ['femənɪn] *adj.* femenino.

fence [fens] *n.* **1.** (barrier) valla *f.*; cerca *f.* ‖ *v. tr.* **2.** cercar; vallar.

fender ['fendər] *n.*, *Am. E.*, *Car* guardabarros *m. inv.*

fennel ['fenəl] *n.*, *Bot.* hinojo *m.*

fern [fɜ:rn] *n.*, *Bot.* helecho *m.*

ferocious [fə'rəʊʃəs] *adj.* feroz.

ferret ['ferɪt] *n.*, *Zool.* hurón *m.*

fertility [fər'tɪləti:] *n.* **1.** (of woman) fertilidad *f.* **2.** (of mind) fecundidad *f.*

fertilize, fertilise (Br.E) ['fɜ:rtə,laɪz] *v. tr.* **1.** *Biol.* fecundar. **2.** *Agr.* abonar.

fertilizer ['fɜ:rtə,laɪzər] *n.*, *Agr* abono *m.*; fertilizante *m.*

fervor, fervour (Br.E) ['fɜ:rvər] *n.* (ardor) fervor *m.*

festival ['festəvəl] *n.* **1.** *Mus.* festival *m.* **2.** *Rel.* fiesta *f.*; festividad *f.*

festivity [fes'tɪvəti:] *n.* festividad *f.*

fête or fete [feɪt] *v. tr.* agasajar.

fetter ['fetər] *v. tr.* encadenar.

feud [fju:d] *n.* enemistad *f.*

fever ['fi:vər] *n.*, *Med.* fiebre *f.*

few [fju:] *adj.* (also pron.) **1.** (countable nouns) poco. ‖ **fewer** *poss. pron.* **2.** menos.

fiancé [fɪ'ɑ:nseɪ] *n.* **1.** prometido *m.*; novio *m.* ‖ **fiancée** *n.* **2.** prometida *f.*; novia *f.*

fiber, fibre (Br.E) ['faɪbər] *n.* fibra *f.*

fickle ['fɪkəl] *adj.* voluble.

fiction ['fɪkʃən] *n.* **1.** ficción *f.* **2.** *Lit.* novela *f.*; ficción *f.*

fictitious [fɪk'tɪʃəs] *adj.* (imaginary) ficticio; imaginario; irreal.

fiddle ['fɪdəl] *n.*, *Mus.*, *fam.* (instrument) violín *m.*

fidelity [fɪ'delɪti:] *n.* (loyalty) fidelidad *f.*; lealtad *f.*

field [fi:ld] *n.* **1.** campo *m.* **2.** *fig.* (sphere) ámbito *m.*

fiend [fi:nd] *n.* (person) fiera *f.*

fierce [fɪrs] *adj.* (animal) feroz.

fifteen [fɪf'ti:n] *col. num. det.* (also pron. and n.) **1.** quince; decimoquinto. ‖ *card. num. adj.* **2.** quince. ‖ **fifteen-year-old** *adj.* **3.** quinceañero.

fifteenth [fɪf'ti:nθ] *card. num. adj.* (also n.) quince.

fifth [fɪfθ] *card. num. adj.* (also n.) **1.** quinto; cinco. ‖ *frac. numer. n.* (also adj. and pron.) **2.** quinto.

fiftieth ['fɪftɪəθ] *card. num. adj.* (Also n.) cincuenta.

fifty ['fɪfti:] *col. num. det.* (Also pron. and n.) **1.** cincuenta. ‖ *card. num. adj.* **2.** cincuenta.

fig [fɪg] *n., Bot.* (fruit) higo *m.*

fight [faɪt] *n.* **1.** pelea *f.* **2.** (struggle) lucha *f.* **3.** *Sports* combate *m.* ‖ *v. intr.* **4.** luchar; pelear.

figure [ˈfɪgjər] *n.* **1.** figura *f.*; forma *f.* **2.** *Math.* cifra *f.*; número *m.* ‖ *v. intr.* **3.** (appear) figurar.

file [faɪl] *n.* **1.** (tool) lima *f.* **2.** (dossier) archivo *m.* **3.** (row) fila *f.* **4.** (folder) carpeta *f.* ‖ *v. tr.* **5.** limar. **6.** (documents) archivar.

filet, fillet (Br.E) [frleɪ ˈfɪleɪ] *n.* **1.** (of meat, fish) filete *m.* **2.** (of veal) solomillo *m.* (de ternera).

filing cabinet [ˈfaɪlɪŋkæbnɪt] *n.* archivador *m.*; clasificador *m.*

fill [fɪl] *v. tr.* **1.** llenar. **2.** *Med.* (teeth) empastar.

filling [ˈfɪlɪŋ] *n.* **1.** (of a tooth) empaste *m.* **2.** *Gastr.* relleno *m.*

film [fɪlm] *n.* **1.** *Br. E.* película *f.* **2.** carrete *m.* (de fotos). ‖ *v. tr.* **3.** (scene, event) filmar; rodar.

filter [ˈfɪltər] *n.* **1.** filtro *m.*; tamiz *m.* ‖ *v. tr.* **2.** filtrar; colar.

filth [fɪlθ] *n.* mugre *f.*; porquería *f.*

fin [fɪn] *n.* aleta *f.*

final [ˈfaɪnəl] *adj.* **1.** final. ‖ *n.* **2.** *Br. E., Sports* final *f.*

finalize [ˈfaɪnəˌlaɪz] *v. tr.* ultimar.

find [faɪnd] *n.* **1.** hallazgo *m.*; descubrimiento *m.* ‖ *v. tr.* **2.** encontrar; hallar. **3.** (come upon) descubrir; hallar.

fine [faɪn] *adj.* **1.** fino. **2.** *Meteor.* (weather) bueno. ‖ *n.* **3.** multa *f.* ‖ *v. tr.* **4.** multar.

finger [ˈfɪŋgər] *n.* **1.** *Anat.* (of hand) dedo *m.* ‖ *v. tr.* **2.** tocar.

finish [ˈfɪnɪʃ] *n.* **1.** (end) fin *m.* **2.** (polish) acabado *m.* **3.** *Sports* (of race) meta *f.* ‖ *v. tr.* **4.** acabar; concluir. ‖ *v. intr.* **5.** acabar.

fir [fɜːr] *n., Bot.* abeto *m.*

fire [ˈfaɪr] *n.* **1.** fuego *m.* **2.** (accidental) incendio *m.* ‖ *v. tr.* **3.** (a gun) disparar. ‖ *v. intr.* **4.** (shoot) disparar; tirar.

firecracker [ˈfaɪrˌkrækər] *n.* petardo *m.*

fireman [ˈfaɪrˌmən] *n.* bombero *m.*

fireplace [ˈfaɪrˌpleɪs] *n.* **1.** chimenea *f.* **2.** (hearth) hogar *m.*

firewood [ˈfaɪrˌwʊd] *n.* leña *f.*

firm [fɜːrm] *adj.* **1.** firme. ‖ *n.* **2.** *Br. E.* firma *f.*; empresa *f.*

firmament [ˈfɜːrməmənt] *n., Astrol.* firmamento *m.*, *lit.*

first [fɜːrst] *card. num. adj.* (also *n.*) **1.** primero; primer (before a masc. n.); uno. ‖ *adv.* **2.** primero. ‖ **firstly** *adv.* **3.** primero.

first-born [ˈfɜːrstˌbɔːrn] *adj. & n., frml.* primogénito *m.*

fiscal [ˈfɪskəl] *adj.* fiscal.

fish [fɪʃ] *n.* **1.** *Zool.* pez *m.* **2.** (food) pescado *m.* ‖ *v. tr. & intr.* **3.** pescar.

fishbone [ˈfɪʃˌboʊn] *n.* espina *f.*

fisherman [ˈfɪʃərmən] *n.* pescador *m.*

fishhook [ˈfɪʃˌhʊk] *n.* anzuelo *m.*

fishing [ˈfɪʃɪŋ] *n.* pesca *f.*

fishmonger [ˈfɪʃˌmʌŋgər ˈfɪʃˌmɒŋgər] *n.* **1.** *Br. E.* pescadero *m.* ‖ **fishmonger's** *n.* **2.** *Br. E.* pescadería *f.*

fissure [ˈfɪʃər] *n.* **1.** (crack) grieta. **2.** *Anat.* fisura *f.*

fist [fɪst] *n., Anat.* puño *m.*

fit [fɪt] *adj.* **1.** (proper) apropiado; adecuado. ‖ *v. tr.* **2.** acoplar; encajar. **3.** (color, clothes) sentar.

five [faɪv] *col. num. det.* (Also pron. and n.) **1.** cinco. ‖ *card. num. adj.* **2.** cinco; quinto.

fix [fɪks] *n.* **1.** (difficulty) apuro *m.;* aprieto *m.* ‖ *v. tr.* **2.** (fasten) fijar. **3.** (mend) arreglar.

fizzy [ˈfɪzɪ] *adj.,* *Br. E.* gaseoso.

flag [flæg] *n.* **1.** bandera *f.;* insignia *f.* ‖ *v. intr.* **2.** decaer.

flair [fler] *n.* aptitud *f.*

flake [fleɪk] *n.* **1.** (of snow, cereals) copo *m.* (of skin, soap) escama *f.*

flame [fleɪm] *n.* **1.** (of fire) llama *f.* ‖ *v. intr.* **2.** (blaze) flamear.

flamenco [fləˈmeŋkou] *n., Mus.* flamenco *m.*

flammable [ˈflæməbəl] *adj.* (combustible) inflamable.

flank [flæŋk] *n.* **1.** flanco *m.* **2.** (of person) costado *m.*

flannel [ˈflænəl] *n.* franela *f.*

flap [flæp] *n.* **1.** solapa *f.* ‖ *v. tr.* **2.** (wings) batir. ‖ *v. intr.* **3.** agitarse.

flare [fler] *n.* **1.** llamarada *f.* ‖ *v. intr.* **2.** (fire) llamear.

flash [flæʃ] *n.* **1.** (of lighting) relámpago *m.* **2.** *Phot.* flash *m.* ‖ *v. intr.* **3.** (light) relampaguear.

flask [flæsk] *n.* frasco *m.*

flat [flæt] *adj.* **1.** (surface) plano. ‖ *n.* **2.** *Br. E.* piso *m.*

flavor, flavour (Br.E) [ˈfleɪvər] *n.* **1.** sabor *m.* ‖ *v. tr.* **2.** *Gastr.* sazonar; condimentar.

flaw [flɔ:] *n.* desperfecto *m.*

flax [flæks] *n., Bot.* lino *m.*

flea [fli:] *n., Zool.* pulga *f.*

flee [fli:] *v. intr.* huir.

fleece [fli:s] *n.* **1.** vellón *m.* ‖ *v. tr.* **2.** *Zool.* esquilar. **3.** *fam* (cheat) desplumar.

fleet [fli:t] *n.* **1.** *Nav.* flota *f.* **2.** *Mil.* (navy) armada *f.*

flesh [fleʃ] *n.* carne *f.*

flexible [ˈfleksəbəl] *adj.* flexible.

flicker [ˈflɪkər] *v. intr.* parpadear.

flight [flaɪt] *n.* **1.** vuelo *m.* **2.** (escape) fuga *f.;* huida *f.*

fling [flɪŋ] *v. tr.* arrojar.

flip-flop [ˈflɪpˌflɒp] *n.,* *Br. E.* chancla *f.;* (footwear) chinela *f.*

flirt [flɜ:rt] *n.* flirteo *m.;* coqueteo *m.* ‖ *v. intr.* **2.** flirtear.

float [flout] *n.* **1.** flotador *m.* ‖ *v. tr.* **2.** (currency) poner en circulación. ‖ *v. intr.* **3.** (on water) flotar; nadar.

flock [flɒk] *n.* **1.** (of birds) bandada *f.* **2.** (of sheep) rebaño *m.*

flood [flʌd] *n.* **1.** inundación *f.* **2.** *fig.* (people, tears, words) torrente *m.* ‖ *v. tr.* **3.** inundar.

floodgate ['flʌdgeɪt] n., Tech. (sluice) compuerta f.; esclusa f.

floor [flɔːr] n. (storey) piso m.

flora ['flɔːrə] n., Bot. flora f.

flour [flaʊər] n. harina f.

flourish ['flʌrɪʃ] v. intr. florecer.

flourmill ['flæʊərmɪl] n. tahona f.

flout [flaʊt] v. tr. & intr. mofarse.

flow [fləʊ] n. **1.** flujo m. **2.** (of river) caudal m. ‖ v. intr. **3.** fluir.

flower ['flaʊər] n. **1.** Bot. flor f. ‖ v. intr. **2.** Bot. florecer.

flowerpot ['flaʊərˌpɒt] n. maceta f.; tiesto m.; macetero m.

flu [fluː] n., Med. gripe f.

fluent ['fluːənt] adj. fluido.

fluff [flʌf] n. pelusa f.

fluid ['fluːɪd] adj. **1.** fluido. ‖ n. **2.** (liquid) fluido m.; líquido m.

flunk ['flʌŋk] v. tr., Am. E., coll. (students) catear col.; suspender.

flush [flʌʃ] n. **1.** rubor m. ‖ v. intr. **2.** (blush) sonrojarse.

flute [fluːt] n. **1.** Mus. flauta f.

flutter ['flʌtər] n. **1.** revuelo m. ‖ v. intr. **2.** (birds) revolotear.

fly¹ ['flaɪ] n. **1.** bragueta f. ‖ v. intr. **2.** (birds, planes) volar.

fly² ['flaɪ] n., Zool. mosca f.

foam [fəʊm] n. **1.** espuma f. ‖ v. intr. **2.** (bubble) hacer espuma.

focus ['fəʊkəs] n. **1.** Phys. & Math foco m. **2.** fig. enfoque m. ‖ v. tr. **3.** enfocar.

fodder ['fɒdər] n. pienso m.

foe [fəʊ] n. enemigo m.

fog [fɒg] n., Meteor. niebla f.

fold [fəʊld] n. **1.** pliegue m. **2.** (for sheep) redil m. ‖ v. tr. **3.** doblar. ‖ v. intr. **4.** doblarse.

folder ['fəʊldər] n. carpeta f.

folk [fəʊk] adj. **1.** (song, dance) popular. ‖ n. **2.** pueblo m.

follow ['fɒləʊ] v. tr. seguir.

following ['fɒləʊɪŋ] adj. (next) siguiente; próximo.

folly ['fɒliː] n. locura f.; desatino m.

fond [fɒnd] adj. cariñoso.

fondle ['fɒndəl] v. tr. acariciar.

food [fuːd] n. comida f.

fool [fuːl] n. **1.** tonto m.; bobo m. ‖ v. tr. **2.** engañar.

foot [fʊt](pl.: feet) n. **1.** Anat. (of person) pie m. **2.** Zool. pata f.

football ['fʊtbɔːl] n. **1.** balón m. **2.** Br. E., Sports (soccer) fútbol m.

footprint ['fʊtprɪnt] n. (of person, animal) huella f.

footstep ['fʊtˌstep] n. pisada f.; paso m.

for [fɔːr] prep. **1.** para. **2.** (purpose) por. **3.** (questions of purpose) a fam. **4.** (dishes) de. **5.** (in favour of) en/a favor de; pro. **6.** durante. ‖ conj. **7.** porque.

forage ['fɒrɪdʒ] n., Agr. forraje m.

forbid [fərbɪd] v. tr. (not allow) prohibir; privar.

force [fɔːrs] n. **1.** fuerza f. ‖ v. tr. **2.** obligar; forzar.

ford [fɔːrd] n. **1.** Geogr. (of a river) vado m. ‖ v. tr. **2.** Geogr. (cross a river) vadear.

forearm ['fɔːrɑːrm] *n., Anat.* antebrazo *m.*

forecast ['fɔːrkæst] *n.* **1.** (weather) pronóstico *m.* **2.** (prediction) previsión *f.* ‖ *v. tr.* **3.** *Meteor.* pronosticar.

forefather ['fɔːrˌfɑːðər] *n.* (ancestor) antepasado *m.*

forefinger ['fɔːrˌfɪŋgər] *n., Anat.* índice *m.*

forehead ['fɔːrˌhed] *n., Anat.* (brow) frente *f.*

foreign ['fɒrɪn] *adj.* **1.** extranjero. **2.** (policy, trade) exterior.

foreigner ['fɒrənər] *n.* extranjero *m.*

foreman ['fɔːrmən] *n.* capataz *m.*

foresee [fɔːrˈsiː] *v. tr.* prever.

foresight ['fɔːrsaɪt] *n.* previsión *f.*

forest ['fɒrɪst, 'fɔːrɪst] *adj.* **1.** forestal. ‖ *n.* **2.** bosque *m.* ‖ *v. tr.* **3.** *Am. E.* (plant with trees) poblar (de árboles).

forestall [fɔːrˈstɔːl] *v. tr.* (danger) prevenir.

foretaste ['fɔːrteɪst] *n.* anticipo *m.*

foretell [fɔːrˈtel] *v. tr.* pronosticar.; presagiar; predecir.

forever or for ever [fərˈevər] *adv.* **1.** para siempre. **2.** siempre. ‖ ~ **and ever** por siempre jamás.

forfeit ['fɔːrfɪt] *n.* (penalty) multa *f.*

forge [fɔːrdʒ] *n.* **1.** fragua *f.* **2.** *Tech.* (smithy) herrería *f.* ‖ *v. tr.* **3.** falsificar. **4.** (metal) forjar.

forget [fərˈget] *v. tr.* **1.** olvidar. ‖ *v. intr.* **2.** olvidarse de.

forgetfulness [fərˈgetfəlnɪs] *n.* (absentmindedness) olvido *m.*

forgive [fərˈgɪv] *v. tr.* perdonar.

fork [fɔːrk] *n.* tenedor *m.*

form [fɔːrm] *n.* **1.** (shape) forma *f.*; figura *f.* **2.** (document) formulario *m.* ‖ *v. tr.* **3.** (mold) formar.

formidable [fɔːrˈmɪdəbəl 'fɔːrmədəbəl] *adj.* formidable.

forsake [fərˈseɪk] *v. tr.* abandonar.

forswear [fɔːrˈswer] *v. tr., lit.* (give up, abandon) renunciar.

fortieth ['fɔːrtɪəθ] *card. num. adj.* (Also n.) cuarenta.

fortify ['fɔːrtəfaɪ] *v. tr. fig.* (strengthen) fortalecer.

fortnight ['fɔːrtnaɪt] *n.* quince días; quincena *f.*

fortress ['fɔːrtrɪs] *n.* fortaleza *f.*

fortuitous [fɔːrˈtuːətəs] *adj.* (casual) fortuito; casual.

fortunate ['fɔːrtʃənɪt] *adj.* (luchy) afortunado; feliz.

fortune ['fɔːrtʃən] *n.* **1.** suerte *f.* **2.** (money) fortuna *f.*; millonada *f. col.*

forty ['fɔːrtiː] *col. num. det.* (Also pron. and n.) **1.** cuarenta. ‖ *card. num. adj.* **2.** cuarenta.

forward ['fɔːrwərd] *adj.* **1.** (not shy) atrevido. **2.** (front) delantero. ‖ *n.* **3.** *Sports* (player) delantero *m.* ‖ *adv.* (or "forwards") **4.** hacia adelante; adelante.

fossil ['fɒsəl] *adj.* & *n.* fósil *m.*

foster ['fɒstər] *v. tr.* **1.** criar. **2.** (relations) fomentar.

foul [faʊl] *adj.* asqueroso; sucio.

found¹ [faʊnd] *v. tr.* **1.** (establish, construct) fundar. **2.** (base) fundamentar.

found² [faʊnd] *v., Tech.* (metal, glass) fundir; derretir.

foundation [faʊn'deɪʃən] *n.* **1.** fundación *f.* **2.** (basis) fundamento *m.*

founder ['faʊndər] *v. intr., Nav.* irse a pique; zozobrar.

foundry ['faʊndri:] *n.* (factory) fundición *f.*

fountain ['faʊntn] *n.* fuente *f.*

four [fɔ:r] *col. num. det.* (Also pron. and n.) **1.** cuatro. ‖ *card. num. adj.* **2.** cuatro; cuarto.

fourteen [fɔ:'rti:n] *col. num. det.* (Also pron. and n.) **1.** catorce. ‖ *card. num. adj.* **2.** catorce.

fourteenth [fɔ:'rti:nθ] *card. num. adj.* (Also n.) catorce.

fourth [fɔ:rθ] *card. num. adj.* (Also n.) cuarto; cuatro.

fox [fɒks] *n., Zool.* zorro *m.*

fracture ['fræktʃər] *n.* **1.** *Med.* fractura *f.*; rotura *f.* ‖ *v. tr.* **2.** (rupture) fracturar.

fragile ['frædʒəl] *adj.* frágil.

fragrance ['freɪgrəns] *n.* (aroma) fragancia *f.*; aroma *m.*

frail [freɪl] *adj.* frágil.

frame [freɪm] *n.* **1.** armazón *m.* **2.** (of door, picture) marco *m.*

3. (of glasses) montura *f.* **4.** *Tech.* & *Archit.* cuadro *m.* ‖ *v. tr.* **5.** (images) encuadrar.

framework ['freɪmwɜ:rk] *n.* **1.** armazón *amb.* **2.** esqueleto (de una edificación) *m.* **3.** *fig.* (setting) marco *m.*

frank [fræŋk] *adj.* franco.

fraternity [frə'tɜ:nəti:] *n.* (club) fraternidad *f.*; hermandad *f.*

fraud [frɔːd] *n.* fraude *m.*

fray [freɪ] *n.* reyerta *f.*

freak [fri:k] *n.* (unnatural event) fenómeno *m.*

freckle ['frekəl] *n.* peca *f.*

free [fri:] *adj.* **1.** libre. **2.** (not fixed) suelto. **3.** *Econ.* gratis. ‖ *v. tr.* **4.** (a prisoner) liberar.

freedom ['fri:dəm] *n.* libertad *f.*

freeze [fri:z] *n.* **1.** *Meteor.* helada *f.* ‖ *v. tr.* **2.** helar. **3.** (food, salaries, images) congelar.

freezer ['fri:zər] *n.* congelador *m.*

freight [freɪt] *n.* carga *f.*

frenzy ['frenzi:] *n.* frenesí *m.*

frequent ['fri:kwənt] *adj.* **1.** frecuente. ‖ *v. tr.* **2.** frecuentar.

fresh [freʃ] *adj.* **1.** (new) nuevo. **2.** (recent) fresco.

freshness ['freʃnɪs] *n.* frescura *f.*

fret [fret] *v. intr.* impacientarse.

friar ['fraɪər] *n., Rel.* fraile *m.*

Friday ['fraɪdɪ:] *n.* viernes *m.*

friend [frend] *n.* amigo *m.*

fright [fraɪt] *n.* susto *m.*

frighten ['fraɪtn] *v. tr.* **1.** asustar. ‖ *v. intr.* **2.** asustarse.

frivolous ['frɪvələs] *adj.* frívolo.

frog [frɒg] *n.*, *Zool.* rana *f.*

frolic ['frɒlɪk] *v. intr.* juguetear.

from [from, frəm, frʌm] *prep.*
1. (starting point) desde; de.
2. (time) a partir de; desde.
3. (on the basis of) desde; según.
4. de parte de. **5.** (result of) de.

front [frʌnt] *n.* **1.** (front part) delantera *f.* **2.** *Archit.* fachada *f.*
3. *Polit.* & *Mil.* frente *m.*

frontal ['frʌntəl] *adj.* frontal.

frontier ['frʌntɪr] *n.* frontera *f.*

frost [frɒst] *n.* **1.** *Meteor.* (freezing) helada *f.* **2.** *Meteor.* (frozen dew) escarcha *f.*; rocío *m.*

froth [frɒθ] *n.* espuma *f.*

frown [fraʊn] *n.* **1.** ceño *m.*; entrecejo *m.* ‖ *v. intr.* **2.** fruncir el ceño o entrecejo.

frugal ['fruːgəl] *adj.* frugal.

fruit [fruːt] *adj.* **1.** frutero *f.* ‖ *n. inv.* **2.** fruta *f.* **3.** *Bot.* fruto *m.*

frustrate ['frʌstreɪt] *v. tr.* frustrar.

fry[1] [fraɪ] *n.* **1.** frito *m.* ‖ *v. tr.*
2. (cook) freír.

fry[2] [fraɪ] *n.*, *Zool.* alevín *m.*

fuck ['fʌk] *v. tr.*, *vulg.* joder.

fuel [fjʊəl] *n.* combustible *m.*

fugitive ['fjuːdʒɪtɪv] *adj.* **1.** (runaway) fugitivo; prófugo. ‖ *n.*
2. fugitivo *m.*; prófugo *m.*

fulfill, fulfil (Br.E) [fʊl'fɪl] *v. tr.*
1. realizar. **2.** (role, function) desempeñar. **3.** (promise) cumplir.

full [fʊl] *adj.* **1.** (filled) lleno.
2. (complete) completo.

fun [fʌn] *n.* diversión *f.*

function ['fʌŋkʃən] *n.* **1.** *Theat.* función *f.* (teatral) ‖ *v. intr.*
2. (operate) funcionar.

funeral ['fjuːnərəl] *n.* **1.** (burial) entierro *m.* **2.** (ceremony) funeral *m.*; exequias *f. pl.*

fungus ['fʌŋgəs] (pl.: gi) *n.*, *Bot.* hongo *m.*

funicular [fjuː'nɪkjələr] *n.* (train) funicular *m.*; teleférico *m.*

funny ['fʌni] *adj.* divertido.

furnish ['fɜːrnɪʃ] *v. tr.* amueblar.

furniture ['fɜːrnɪtʃər] *n.* mobiliario *m.*; muebles *m. pl.*

furor ['fjʊrɔːr] *n.* furor *m.*

furrow ['fʌroʊ 'fɜːroʊ] *n.* **1.** *Agr.* surco *m.* ‖ *v. tr.* **2.** *Agr.* surcar.

further ['fɜːrðər] *adj.* compar.
1. nuevo. ‖ *adv.* **2.** (furthermore) además. **3.** (to a greater degree) más. **4.** más lejos; más allá; más allá. ‖ *v. tr.* **5.** promocionar; fomentar. ‖ **6.** más adelante.

furtive ['fɜːrtɪv] *adj.* furtivo.

fury ['fjʊri] *n.* furia *f.*

fusion ['fjuːʒən] *n.* fusión *f.*

fuss [fʌs] *n.* alboroto *m.*

futile ['fjuːtaɪl, 'fjuːtl] *adj.* vano.

future ['fjuːtʃər] *adj.* **1.** futuro; venidero. ‖ *n.* **2.** futuro *m.*; mañana *m.* **3.** (prospects) porvenir *m.*

fuze [fjuːz] *n.* **1.** (explosive) mecha *f.* ‖ *v. tr.* **2.** (metal) fundir. **3.** *fig.* fusionar. ‖ *v. intr.*
4. (metals) fundirse. **5.** *fig.* fusionarse.

G

g ['dʒi] n. (letter) g f.

gabardine ['gæbər,di:n] n. gabardina f.

gag [gæg] n. **1.** mordaza f. **2.** chiste m. ‖ v. tr. **3.** amordazar.

gaiety ['geɪəti] n. alegría f.

gain [geɪn] v. tr. ganar.

gala ['gælə] n. (show) gala f.

galaxy ['gæləksi:] n., Astron. galaxia f.

gale [geɪl] n., Meteor. vendaval m.

gallop ['gæləp] n. **1.** Horse. galope m. ‖ v. intr. **2.** Horse. galopar.

gamble ['gæmbəl] n. **1.** apuesta f. ‖ v. intr. **2.** (lay wager) jugar.

game [geɪm] n. **1.** juego m. **2.** (of cards) partida f. **3.** Sports partido m.

gap [gæp] n. **1.** hueco m. **2.** (in trees) claro m. **3.** (distance) intervalo m.

garage [gə'rɑ:dʒ, gə'rɑ:ʒ] n. **1.** (for parking) garaje m. **2.** Car (repair shop) taller m.

garbage ['gɑ:rbɪdʒ] n., Am. E. basura f.

garden ['gɑ:rdn] n. **1.** (for ornamental plants) jardín m. **2.** (for vegetables) huerta f.; huerto m.

gardenia [gɑ:r'di:njə] n., Bot. gardenia f.

gardening ['gɑ:rdnɪŋ] n. **1.** jardinería f. **2.** (vegetable growing) horticultura f.

garlic ['gɑ:rlɪk] n. ajo m.

garnish ['gɑ:rnɪʃ] n. **1.** adorno m. **2.** Gastr. aderezo m.; guarnición f. ‖ v. tr. **3.** adornar. **4.** Gastr. (food) aderezar.

gas [gæs] n. **1.** gas m. **2.** Med. anestesia f.

gas oil ['gæsɔɪl] n. gasóleo m..

gasoline ['gæsəli:n 'gæsəli:n] n., Am. E., Car gasolina f.

gastronomy [gæs'trɒnəmi:] n. gastronomía f.

gate [geɪt] n. puerta f.

gather ['gæðər] v. tr. **1.** coger. **2.** (pick up) recoger. **3.** (cloth) fruncir. ‖ v. intr. **4.** (crowd) reunirse; juntarse.

gay [geɪ] adj. **1.** alegre. ‖ adj. & n. **2.** gay m.; homosexual m.

gaze [geɪz] v. tr. mirar (fijamente).

geese ['gi:s] n. pl. *goose.

gel [dʒel] n. gel m.

gelatin or gelatine ['dʒelətn] n., Gastr. (ingredient) gelatina f.

general ['dʒenərəl] adj. general.

generation [dʒenə'reɪʃən] n. generación f.

genial ['dʒi:njəl] adj. genial.

genital ['dʒenɪtəl] adj. **1.** genital. ‖ **genitals** n. pl. **2.** Anat. (sex) genitales m.

genius ['dʒi:njəs] n. genio m.

genre ['ʒɑ:nrə] n., Lit. género m.

gentleman ['dʒentlmən] n. (man) caballero m.; señor m.

genuine ['dʒenju:ɪn] adj. (authentic) genuino; auténtico.

geography [dʒi:'ɒgrəfi:] n. geografía f.

geology [dʒi:'ɒlədʒi:] n. geología f.

geometry [dʒi'ɒmətri:] n. geometría f.

geranium [dʒə'reɪniəm] n., Bot. (plant) geranio m.

germ [dʒɜ:rm] n. 1. Biol. germen m. 2. Med. microbio m.

gesture ['dʒestʃər] n. 1. gesto m. ‖ v. intr. 2. gesticular.

get [get] v. tr. obtener; conseguir.

getaway ['getəweɪ] n. (quick departure) huida f.; escape m.

ghost [goʊst] n. fantasma m.

giant ['dʒaɪənt] adj. 1. gigante; gigantesco. ‖ n. 2. gigante m. y f.

gift [gɪft] n. 1. regalo m.; obsequio m. 2. (ability) don m.

gill [gɪl] n., Zool. (of fish) branquia f.; agalla f.

gin [dʒɪn] n. (drink) ginebra f.

giraffe [dʒə'ræf] n., Zool. jirafa f.

gird [gɜ:rd] v. tr. 1. ceñir; ajustar. 2. (encircle) rodear.

girl [gɜ:rl] n. 1. (small) niña; cría f. 2. (young) chica f.; joven f.

girlfriend ['gɜ:rlfrənd] n. novia f.

give [gɪv] v. tr. 1. dar. 2. (as a gift) regalar. 3. (help) prestar.

glacial ['gleɪʃəl] adj. glacial.

glacier ['gleɪʃər] n., Geol. glaciar m.

glad [glæd] adj. (happy) alegre; contento; feliz.

glance [glæns] n. vistazo m.

gland [glænd] n., Anat. glándula f.

glass [glæs] n. 1. vidrio m. 2. (for drinking) vaso m. ‖ **glasses** n. pl. 3. (spectacles) gafas f.; lentes m. y f. Amér.

glaze [gleɪz] n. 1. (varnish) barniz m. ‖ v. tr. 2. barnizar.

gleam [gli:m] n. brillo m.

glide ['glaɪd] v. intr. 1. (slide) deslizarse; resbalarse. 2. (plane, bird) planear.

glimpse ['glɪmps] v. tr. 1. vislumbrar; entrever. 2. (perceive) comprender.

glisten ['glɪsən] v. intr. brillar.

glitter ['glɪtər] n. 1. (sparkle) brillo m. ‖ v. intr. 2. brillar; relucir.

globe ['gloʊb] n. globo m.

gloom [glu:m] n. oscuridad f.

gloss [glɒs] n. (shine) brillo m.

glossy ['glɒsi:] adj. brillante.

glove [glʌv] n. guante m.

glow [gloʊ] n. 1. resplandor m. ‖ v. intr. 2. (jewel) brillar.

glue [glu:] n. 1. cola f.; pegamento m. ‖ v. tr. 2. encolar; pegar.

go [goʊ] v. intr. 1. ir. 2. (depart) marcharse. 3. (work) marchar.

goal [goʊl] n. 1. Sports (aim) meta f. 2. Sports (fútbol) gol m.

goat [goʊt] n., Zool. cabra f.

gobble ['gɒbəl] v. tr. (food) engullir; zampar.

god [gɒd] n. 1. dios m. ‖ **goddess** n. 2. diosa f. ‖ **God** p. n. 3. Dios.

godchild ['gɒdtʃaɪld] n. ahijado m.

goddaughter ['gɒd,dɔ:tər] *n.* ahijada *f.*

godfather ['gɒd,fɑ:ðər] *n.*, *Rel.* (christening) padrino *m.*

godmother ['gɒd,mʌðər] *n.*, *Rel.* (christening) madrina *f.*

godson ['gɒd,sʌn] *n.* ahijado *m.*

gold [gəʊld] *n.* oro *m.*

goldfinch ['gəʊld,fɪntʃ] *n.*, *Zool.* (bird) jilguero *m.*

good [gʊd](comp: better, superl: best) *adj.* **1.** (general) bueno; buen (before a masc. n.). **2.** (kind) amable. ‖ *n.* **3.** (benefit) bien *m.* **4.** (value) bien *m.*

goodbye [,gʊd'baɪ] *interj.* **1.** adiós. ‖ *n.* **2.** adiós *m.*

good-looking [,gʊd'lʊkɪŋ] *adj.* (man) apuesto; guapo.

good-natured [,gʊd'neɪtʃərd] *adj.* (kind) bondadoso; bueno.

goods [gʊds] *n.* (commodity) géneros *m. pl.*; mercancías *f. pl.*

goose [gu:s](pl.: geese) *n.*, *Zool.* ganso *m.*; oca *f.*

goosefish ['gu:z,fɪʃ] *n.*, *Zool.* (monkfish) rape *m.*

gorge ['gɔ:rdʒ] *n.* **1.** *Geogr.* desfiladero *m.* ‖ *v. intr.* **2.** (with food) hartarse.

gorgeous ['gɔ:rdʒəs] *adj.* maravilloso; magnífico.

gorilla [gərɪlə] *n.*, *Zool.* gorila *f.*

gossip ['gɒsɪp] *n.* **1.** (rumor) cotilleo *m.* **2.** (person) cotilla *f.*

govern ['gʌvərn] *v. tr.* **1.** gobernar; regir. ‖ *v. intr.* **2.** gobernar.

government ['gʌvərnmənt] *adj.* **1.** gubernamental. ‖ *n.* **2.** *Polit.* gobierno *m.*

governmental [,gʌvərn,mentəl] *adj.* gubernamental.

gown [gaʊn] *n.* (of judge) toga *f.*

grab [græb] *v. tr.* agarrar; asir.

grace [greɪs] *n.* **1.** gracia *f.*; desenvoltura *f.* ‖ *v. tr.* **2.** (adorn) adornar. **3.** (honor) honrar.

grade [greɪd] *n.* **1.** *Am. E.* (degree) grado *m.* **2.** *Am. E.* calificación *f.*; nota *f.*

graduate ['grædju:it] *n.* **1.** licenciado *m.* ‖ *v. intr.* **2.** (from university) licenciarse.

graduation [,grædju:'eɪʃən] *n.* (at university) graduación *f.*

grain [greɪn] *n.* grano *m.*

gram, gramme (Br.E) [græm] *n.* (measure) gramo *m.*

grammar ['græmər] *n.* gramática *f.*

grandchildren ['grænt,tʃɪldrən] *n. pl.* nietos *m.*

granddaughter ['grænd,dɔ:tər] *n.* nieta *f.*

grandfather ['grænd,fɑ:ðər] *n.* **1.** abuelo *m.* ‖ **grandad** *n.* **2.** *fam.* abuelo *m.*

grandmother ['græn,mʌðər] *n.* **1.** abuela *f.* ‖ **grandma** *n.* **2.** *fam.* abuela *f.*

grandparents ['græn,pɜ:rənts] *n. pl.* abuelos *m.*

grandson ['grænsən] *n.* nieto *m.*

granny ['græni:] *n.* abuela *f.*

grant [grænt] *n.* **1.** concesión *f.* **2.** beca *f.* ‖ *v. tr.* **3.** conceder.

grape [greɪp] *n., Bot.* uva *f.*

grapefruit ['greɪp,fruːt] *n., Bot.* (fruit) pomelo *m.*

grape-juice ['greɪp,dʒuːs] *n.* (drink) mosto *m.*

grapevine ['greɪp,vaɪn] *n., Bot.* (plant) parra *f.*

graph ['græf] *n., Math.* gráfico *m.*

graphic ['græfɪk] *adj.* gráfico.

grasp [græsp] *n.* **1.** alcance *m.* ‖ *v. tr.* **2.** asir. **3.** (understand) captar.

grass [græs] *n.* hierba *f.*; yerba *f.*

grasshopper ['græs,hɒpər] *n., Zool.* (insect) saltamontes *m. inv.*

grate [greɪt] *n.* **1.** (of chimney) parrilla *f.* ‖ *v. tr.* **2.** Gastr. rallar.

gratitude ['græti,tuːd] *n.* (gratefulness) gratitud *f.*

gratuitous [grə'tuːətəs] *adj.* (unnecessary) gratuito.

grave [greɪv] *adj.* **1.** (situation) grave. ‖ *n.* **2.** (tomb) tumba *f.*

gravel ['grævəl] *n.* grava *f.*

graveyard ['greɪv,jɑːrd] *n.* cementerio *m.*

gravity ['grævəti:] *n.* gravedad *f.*

gravy ['greɪviː] *n., Gastr.* (for roastbeef) salsa *f.* (para la carne) *f.*

gray, grey (Br.E) [greɪ] *adj.* **1.** (color) gris. **2.** (hair) canoso. **3.** Meteor. nublado. ‖ *n.* **4.** (color) gris *m. y f.*

grease [griːs] *n.* **1.** grasa *f.* ‖ *v. tr.* **2.** (lubricate) engrasar.

greasy ['griːsiː] *adj.* **1.** (oily) grasiento. **2.** (food, hair) graso.

great [greɪt] *adj.* **1.** grande. **2.** gran (it is used before sing. noun). **3.** (excellent) fenomenal.

great-grandchild [,greɪt'grænd,tʃaɪld] *n.* **1.** (boy) bisnieto *m.* **2.** (girl) bisnieta *f.*

great-granddaughter ['greɪt,grændɔːtər] *n.* bisnieta *f.*

great-grandfather [,greɪt'grænd,ɑːðər] *n.* bisabuelo *m.*

great-grandmother [greɪt'græn,mʌðər] *n.* bisabuela *f.*

great-grandparents [greɪt'grænd,pɜːrənts] *n. pl.* bisabuelos *m. pl.*

great-grandson [,greɪt'grænd,sʌn] *n.* bisnieto *m.*

green [griːn] *adj.* **1.** verde. ‖ *n.* **2.** (color) verde *m.* **3.** (grass) césped *m.*

greengage ['griːn,ɡeɪdʒ] *n., Bot.* (fruit) ciruela claudia.

greenhouse ['griːn,haʊs] *n.* (hothouse) invernadero *m.*

greet [griːt] *v. tr.* saludar.

greeting ['griːtɪŋ] *n.* (spoken) saludo *m.*

grid [grɪd] *n.* (pattern) cuadrícula *f.*

grief [griːf] *n.* pena *f.*; dolor *m.*

grieve [griːv] *v. tr.* apenar.

grimace ['grɪməs, grɪ'meɪs] *n.* **1.** (gesture) mueca *f.*; gesto *m.* ‖ *v. intr.* **2.** hacer muecas.

grime [graɪm] *n.* mugre *f.*

grind [graɪnd] *v. tr.* (mill) moler.

groan [grəʊn] *n.* **1.** (pain) gemido *m.*; quejido *m.* ‖ *v. intr.* **2.** (with pain) gemir; llorar.

grocer ['grəʊsər] *n.* tendero *m.*

grocery store ['grəʊsəri:, 'grəʊsri:stɔːr] *n. Am. E.* tienda de ultramarinos.

groin [grɔɪn] *n.*, *Anat.* ingle *f.*

groom [gruːm] *n.* (bridegroom) novio *m.*

groove [gruːv] *n.* **1.** ranura *f.*; estría *f.* **2.** (of a record) surco.

gross [grəʊs] *adj.* **1.** grueso. **2.** (coarse) grosero.

ground [graʊnd] *n.* **1.** tierra *f.*; suelo *m.* **2.** *Geogr.* (land) terreno *m.*

groundless ['graʊndlɪs] *adj.* infundado.

groundnut ['graʊnd,nʌt] *n.*, *Br. E.* (planta) cacahuete *m.*

group [gruːp] *n.* **1.** grupo *m.*; agrupación *f.* ‖ *v. tr.* **2.** agrupar; juntar. ‖ *v. intr.* **3.** agruparse.

grouper ['gruːpər] *n.*, *Zool.* (fish) mero *m.*

grow [grəʊ] *v. tr.* **1.** cultivar. ‖ *v. intr.* **2.** crecer. **3.** (develop skills) cultivarse.

growl [graʊl] *v. intr.* **1.** gruñir. **2.** (person) refunfuñar.

grown-up ['grəʊnʌp] *n.* adulto *m.*

grumble ['grʌmbəl] *n.* **1.** (complaint) queja *f.* ‖ *v. intr.* **2.** refunfuñar.

grunt [grʌnt] *n.* **1.** (of pig) gruñido *m.* ‖ *v. intr.* **2.** gruñir.

guarantee [ˌgærənti:] *n.* **1.** garantía *f.* ‖ *v. tr.* **2.** garantizar.

guard [gɑːrd] *n.* **1.** guardia *m.* y *f.* ‖ *v. tr.* **2.** defender; proteger.

guess [ges] *v. tr. & intr.* adivinar.

guest [gest] *n.* **1.** (at home) invitado *m.* **2.** (in a hotel) huésped *m.* y *f.*

guest house ['gest,haʊs] *sust. phr.* pensión *f.*

guide [gaɪd] *n.* **1.** guía *m.* y *f.* ‖ *v. tr.* **2.** guiar; orientar.

guild [gɪld] *n.* gremio *m.*

guile [gaɪl] *n.* astucia *f.*

guileless ['gaɪllɪs] *adj.* cándido.

guilt [gɪlt] *n.* **1.** (blame) culpa *f.*; falta *f.* **2.** *Law* culpabilidad *f.*

guitar [gɪ'tɑːr] *n.*, *Mus.* guitarra *f.*

gulf [gʌlf] *n.*, *Geogr.* golfo *m.*

gull [gʌl] *n.*, *Zool.* gaviota *f.*

gully ['gʌli] *n.*, *Geogr.* barranco *m.*

gulp [gʌlp] *n.* **1.** trago *m.* ‖ *v. tr.* **2.** *fig.* tragar (saliva).

gun [gʌn] *n.* **1.** (pistol) pistola *f.* **2.** (shotgun) fusil *m.* **3.** (cannon) cañón *m.*

guy [gaɪ] *n.*, *Am. E.*, *pej.* tipo *m.*; tío *m.*

gym [dʒɪm] *n.* gimnasio *m.*

gymnastics [dʒɪm'næstɪks] *n. pl.*, *Sports* gimnasia *f. sing.*

gypsy ['dʒɑːrpsi] *adj.* gitano.

gyrate [dʒaɪ'reɪt] *v. intr.* girar.

H

h ['eɪtʃ] *n.* (letter) h *f.*

haberdashery ['hæbərˌdæʃəri:] *n.*, *Br. E.* (notions store) mercería *f.*

habit ['hæbɪt] *n.* **1.** (routine) hábito *m.*; rutina *f.* **2.** *Rel.* hábito *m.*

habitat ['hæbətæt] *n.* hábitat *m.*

habitual [hə'bɪtʃuəl] *adj.* común.

hack [hæk] *n.* (cut) corte *m.*

haft [hæft] *n.* **1.** (of knife) mango *m.* **2.** (of sword) puño *m.*

hail [heɪl] *n.*, *Meteor.* (ice) granizo *m.*; pedrisco *m.* ‖ *v. impers.* **2.** *Meteor.* granizar.

hailstone ['heɪlˌstoun] *n.*, *Meteor.* pedrisco *f.*; granizo *m.*

hair [her] *n.* **1.** (one) pelo *m.*; cabello *m.* **2.** (in legs) vello *m.* **3.** (mass) cabellera *f.*; cabello *m.*

hairbrush ['hɜːrˌbrʌʃ] *n.* cepillo *m.* (de pelo).

hairdryer ['hɜːrˌdraɪər] *n.* secador *m.* (de pelo).

hairless ['herlɪs] *adj.* (bald) calvo; sin pelo.

hairpin ['herˌpɪn] *n.* **1.** (for hair) horquilla *f.* **2.** *Br. E.* pinza *f.*

hairspray ['herˌspreɪ] *n.* (for hair) laca *f.*

hake [heɪk] *n.*, *Zool.* merluza *f.* ‖ **young** ~ *Zool.* pescadilla *f.*

half [hæf](pl.: halves) *adj.* **1.** medio. ‖ *adv.* **2.** medio. **3.** (partly) medio. **4.** (+ participle) a medio (+ inf.). ‖ *n.* **5.** mitad *f.* **6.** *Math.* medio *m.*

hall [hɔːl] *n.* **1.** vestíbulo *m.*; hall *m.* **2.** (of lectures) sala *f.*

hallucinate [hə'luːsəneɪt] *v. intr.* alucinar; tener alucinaciones.

halo ['heɪloʊ] *n.* **1.** *Astron.* halo *m.* **2.** *Rel.* aureola *f.*; corona *f.*

halt [hɔːlt] *n.* **1.** parada *f.* ‖ *v. tr.* **2.** (stop) parar; detener.

ham [hæm] *n.* jamón *m.*

hamburger ['hæmˌbɜːrgər] *n.*, *Gastr.* hamburguesa *f.*

hamlet ['hæmlɪt] *n.* (small village) caserío *m.*; aldea *f.*

hammer ['hæmər] *n.* **1.** (tool) martillo *m.* ‖ *v. tr.* **2.** martillear.

hammock ['hæmək] *n.* hamaca *f.*

hamper ['hæmpər] *v. tr.* (hinder) obstaculizar.

hamster ['hæmstər] *n.*, *Zool.* (rodent) hámster *m.*

hand [hænd] *n.* **1.** *Anat.* mano *m.* **2.** (of clock) aguja *f.*; manecilla *f.*

handbag ['hændˌbæg] *n.* bolso *m.*

handball ['hændˌbɔːl] *n.*, *Sports* balonmano *m.*

handcuff ['hændˌkʌf] *v. tr.* (manacle) esposar.

handful ['hændˌfʊl] *n.* **1.** manojo *m.* **2.** (of rice, pasta) puñado *m.*

handkerchief ['hæŋkərˌtʃɪf] *n.* (kerchief) pañuelo *m.*

handle ['hændəl] *n.* **1.** (of door) pomo *m.* **2.** (of cup) asa *m.* **3.** (of knife) mango *m.*

handrail ['hændˌreɪl] *n.* barandilla *f.*; pasamanos *m. pl.*

handsaw ['hænd,sɔ:] n. serrucho m.

handsome ['hænsəm] adj. (man) guapo; apuesto; agraciado.

handwriting ['hænd,raɪtɪŋ] n. letra f.; caligrafía f.

hang [hæŋ] v. tr. **1.** colgar. **2.** (criminal) ahorcar; colgar.

hanger ['hæŋər] n. percha f.

hangman ['hæŋmən] n., Law verdugo m.

hangover ['hæŋ,ouvər] n. (for drinking) resaca f.

hank ['hæŋk] n. madeja f.

happen ['hæpən] v. intr. (occur) suceder; ocurrir; acontecer.

happening [('hæpənɪŋ] n. (occurrence) suceso m.

happiness ['hæpɪnɪs] n. (felicity) felicidad f.

happy ['hæpi:] adj. **1.** feliz; contento. **2.** (fortunate) afortunado.

harass [hə'ræs, 'hærəs] v. tr. (persistently annoy) acosar; atosigar.

harbor, harbour (Br.E) ['hɑːrbər] n., Nav. puerto m.

hard [hɑːrd] adj. **1.** duro; recio. **2.** (task) arduo. **3.** (knock) fuerte.

harden ['hɑːrdən] v. tr. (make hard) endurecer.

hardly ['hɑːrdli:] adv. apenas; casi (en frases negativas).

hardness ['hɑːrdnɪs] n. dureza f.

hardworking ['hɑːrd,wɜːrkɪŋ] adj. (industrious) laborioso; hacendoso; trabajador.

hare [her] n., Zool. liebre f.

haricot bean ['hæ:rɪkoutbi:n] n. (legume) alubia f.

harm [hɑːrm] n. **1.** daño m.; perjuicio m. ‖ v. tr. **2.** (person) dañar; hacer daño. **3.** (health) perjudicar.

harmful ['hɑːrmful] adj. (damaging) dañino; nocivo; perjudicial.

harmonize [hɑː'rmənaɪz] v. tr. **1.** Mus. armonizar. ‖ v. intr. **2.** (tendency, style) armonizar.

harmony ['hɑːrməni:] n. **1.** armonía f. **2.** concordia f.

harp [hɑːrp] n., Mus. arpa f.

harry ['hæri:] v. tr. acosar.

harsh [hɑːrʃ] adj. **1.** duro; rígido. **2.** (voice) áspero. **3.** Meteor. crudo.

hart [hɑːrt] n., Zool. ciervo m.

harvest ['hɑːrvɪst] n. **1.** Agr. cosecha f.; siega f. ‖ v. tr. **2.** Agr. cosechar; recoger. **3.** Agr. (grapes) vendimiar.

haste [heɪst] n. prisa f.

hasten ['heɪsən] v. tr. acelerar.

hasty ['heɪsti:] adj. **1.** apresurado. **2.** (rash) precipitado.

hat [hæt] n. sombrero m.

hatch[1] ['hætʃ] n. Nav. escotilla f.

hatch[2] ['hætʃ] v. tr. **1.** (of chicken) nidada f. ‖ v. tr. **2.** (eggs) empollar; incubar. **3.** fig. (plan) tramar.

hatchway ['hætʃ,weɪ] n., Nav. (opening) escotilla f.

hate [heɪt] n. **1.** odio m. ‖ v. tr. **2.** (detest) odiar; detestar.

hatred ['heɪtrɪd] n. odio m.

haughtiness ['hɔ:tɪnɪs] *n.* (arrogance) orgullo *m.*; arrogancia *f.*

haughty ['hɔ:ti] *adj.* (lofty) altivo; altanero.

haul [hɔ:l] *n.* **1.** tirón. **2.** (journey) trayecto *m.* **3.** (loot) botín. ‖ *v. tr.* **4.** tirar. **5.** (drag) arrastrar.

haunt [hɔ:nt, hɒnt] *n.* **1.** (for people) guarida *f.*; escondrijo *m.* ‖ *v. tr.* **2.** *fig.* (an idea) perseguir. **3.** (frequent) frecuentar.

have [hæv] *v. tr.* **1.** (possess, hold) tener. **2.** (breakfast, drink) tomar. ‖ *v. aux.* **3.** (compound) haber.

haversack ['hævərˌsæk] *n.* (knapsack) macuto *m.*; mochila *f.*

hawk [hɔːk] *n.*, *Zool.* halcón *m.*

hawthorn ['hɔ:θɔ:rn] *n.*, *Bot.* espino *m.*

hay [heɪ] *n.*, *Bot.* heno *m.*

hayfork ['heɪˌfɔːrk] *n.*, *Agr.* horca *f.*

haystack ['heɪˌstæk] *n.* (open-air) pajar *m.*

hazard ['hæzərd] *v. tr. frml.* (risk) arriesgar; aventurar.

hazardous ['hæzərdəs] *adj.* (risky) arriesgado.

haze [heɪz] *n.*, *Meteor.* neblina *f.*

hazel ['heɪzəl] *n.*, *Bot.* avellano *m.*

hazelnut ['heɪzəlˌnʌt] *n.*, *Bot.* (nut) avellana *f.*

hazy ['heɪzi] *adj.* **1.** *Meteor.* nebuloso. **2.** *fig.* confuso; vago.

he [hi:] *pron. 3rd. person m. sing.* él.

head [hed] *n.* **1.** *Anat.* cabeza *f.* **2.** (boss) cabeza *m.* ‖ *v. tr.* **3.** (list) encabezar.

headache ['hedeɪk] *n.* dolor de cabeza.

headboard ['hedˌbɔːrd] *n.* cabecera *f.*

headlight ['hedˌlaɪt] *n.*, *Car* faro *m.*

headline ['hedlaɪn] *n.* **1.** encabezamiento *m.* **2.** (of newspaper) título *m.*; titular *m.* ‖ *v. tr.* **3.** poner en titulares.

headphones ['hedˌfəʊnz] *n. m. pl.* auriculares *pl.*; cascos *m.*

headstrong ['hedˌstrɒŋ] *adj.* testarudo; cabezón; cabezota.

heal [hiːl] *v. tr.* **1.** *Med.* (illness) curar. ‖ *v. intr.* **2.** *Med.* (wound) cicatrizar.

health [helθ] *n.*, *Med.* salud *f.*; sanidad *f.*

heap [hiːp] *n.* (of things) montón *m.*; pila *f.*; cúmulo *m.*

hear [hɪər] *v. tr.* **1.** oír. **2.** (get to know) enterarse.

heart [hɑːrt] *n.* **1.** *Anat.* corazón *m.* **2.** *Bot.* (lettuce, cabbage) cogollo *m.*

heartache ['hɑːrteɪk] *n.* congoja *f.*

hearten ['hɑːrtən] *v. tr.* animar; alentar.

hearth [hɑːrθ] *n.* (in home) hogar *m.*; chimenea *f.*

hearty ['hɑːrti] *adj.* campechano.

heat [hiːt] *n.* **1.** calor *m.* **2.** (animal) celo *m.* | *v. tr.* **3.** calentar.

heating ['hi:tɪŋ] n. calefacción f.

heaven ['hevən] n. **1.** cielo m. **2.** Rel. paraíso m.

heaviness ['hevɪnɪs] n. **1.** (weight) peso m. **2.** (quality) pesadez f.

heavy ['hevi:] adj. **1.** (weight) pesado m. **2.** (meal, rain) fuerte.

hectare ['hektɑ:r] n. hectárea f.

hectogram ['hektougræm] n. (unit of weight) hectogramo m.

hedge [hedʒ] n. seto m.

hedgehog ['hedʒhɒg] n., Zool. erizo m.

heel [hi:l] n. **1.** Anat. talón m. **2.** (of shoe) tacón m.

height [haɪt] n. **1.** Geogr. altura f. **2.** (of person) estatura f. **3.** (of mountain) cumbre f.

heighten ['haɪtən] v. tr. **1.** (intensify) realzar. **2.** (increase) elevar.

heinous ['heɪnəs] adj. atroz.

helicopter ['helɪkɒptər] n., Aeron. helicóptero m.

hell [hel] n. infierno m.

hello! [he'lou] interj. ¡hola!

helmet ['helmɪt] n. casco m.

help [help] n. **1.** (aid) ayuda f. ‖ v. tr. **2.** ayudar.

hemisphere ['heməsfɪr] n., Geogr. hemisferio m.

hemorrhage, haemorrhage (Br.E) ['hemrɪdʒ] n., Med. hemorragia f.

hemp [hemp] n., Bot. cáñamo m.

hen [hen] n., Zool. gallina f.

heptagon ['heptægən] n., Math. heptágono m.

her [hɜ:r] poss. adj. 3rd. person f. sing. **1.** su; suyo (detrás del s.). ‖ pron. pers. accus. **2.** la. ‖ pron. pers. dat. **3.** le. ‖ pron. pers. prep. **4.** ella.

herald ['herəld] v. tr. anunciar.

herb [hɜ:rb] n., Gastr. hierba f.

herd [hɜ:rd] n. **1.** Zool. (of cattle) manada f. **2.** Zool. (of goats) rebaño m. **3.** (of pigs) piara f. ‖ v. tr. **4.** Zool. (cattle) arrear.

here [hɪr] adv. aquí; acá.

heresy ['herəsi:] n., Rel. herejía f.

heritage ['herɪtɪdʒ] n. herencia f.

hermitage ['hɜ:rmɪtɪdʒ] n. (chapel) ermita f.

hernia ['hɜ:rnjə] n., Med. hernia f.

hero ['hɪrou] n. héroe m.

heroin ['herouɪn] n. (drug) heroína f.

heroine ['herouɪn] n. (in novel) heroína f.

heroism ['hɪrouɪzəm] n. heroísmo m.

heron ['herən] n., Zool. garza f.

herring ['herɪŋ] n., Zool. (fish) arenque m.

hers [hɜ:rz] poss. pron. 3rd. person f. sing. suyo.

herself [hɜ:r'self] pron. pers. refl. 3rd. person f. sing. **1.** se; sí (detrás de prep.). ‖ pron. pers. emphat. **2.** ella misma.

hesitate ['hesɪteɪt] v. intr. (doubt) vacilar; dudar.

heterogeneous [ˌhetərə'dʒi:njəs] adj. heterogéneo.

hexagon ['heksəgɒn] *n.*, *Math.* hexágono *m.*

heyday ['heɪdeɪ] *n.* apogeo *m.*

hi! [haɪ] *interj.*, *coll.* ¡hola!

hiatus [haɪˈeɪtəs] *n.*, *Ling.* hiato *m.*

hibernate ['haɪbɜːreɪt] *v. intr.*, *Zool.* (bears) hibernar.

hiccuogh ['hɪkʌp] *n.* hipo *m.*

hiccup ['hɪkʌp] *n.* hipo *m.*

hidden ['hɪdən] *adj.* (concealed) oculto; escondido.

hide [haɪd] *n.* **1.** (skin) piel *f.* ‖ *v. tr.* **2.** esconder; ocultar. **3.** (truth) encubrir. ‖ *v. intr.* **4.** esconderse; ocultarse.

hide-and-seek ['haɪdənˌsiːk] *n.* (game) escondite *m.*

hideous ['hɪdɪəs] *adj.* (very unpleasant) horroroso; horrible.

hiding ['haɪdɪŋ] *n.*, *fam.* (beating) paliza; zurra *f.*

hierarchy ['haɪəˌrɑːrkiː] *n.* jerarquía *f.*

hieroglyph [ˌhaɪrəʊˈglɪf] *n.* jeroglífico *m.*

high [haɪ] *adj.* **1.** alto. **2.** (elevated) elevado. **3.** (sonido) agudo. **4.** (culminating) álgido. ‖ *adv.* **5.** alto.

highland ['haɪlænd] *adj.*, *Geogr.* montañoso.

highway ['haɪˌweɪ] *n.*, *Am. E.* carretera *f.*

hijack ['haɪdʒæk] *n.* **1.** (of plain) secuestro *m.* ‖ *v. tr.* **2.** (plain) secuestrar.

hike ['haɪk] *n.* caminata *f.*

hill [hɪl] *n.* **1.** *Geogr.* colina *f.*; loma *f.*; cerro *m.* **2.** (slope) cuesta *f.*

hillock ['hɪlək] *n.* **1.** *Geogr.* (small hill) loma *f.*; collado *m.* **2.** *Geogr.* (mound) montículo *m.*

hillside ['hɪlˌsaɪd] *n.*, *Geogr.* ladera *f.*

him [hɪm] *pron. pers. accus. 3rd. person m. sing.* **1.** lo; le *Esp.* ‖ *pron. pers. dat.* **2.** le. ‖ *pron. pers. prep. 3rd. sing.* **3.** él.

himself [hɪmˈself] *pron. pers. refl. 3rd. person m. sing.* **1.** se; sí (detrás de prep.). ‖ *pron. pers. emphat.* **2.** él mismo.

hinder ['hɪndər] *v. tr.* (obstruct) estorbar; obstruir; obstaculizar.

hindrance ['hɪndrəns] *n.* (impediment) obstáculo *m.*

hinge [hɪndʒ] *n.* bisagra *f.*; gozne *m.*

hinny ['hɪniː] *n.*, *Zool.* mula *f.*

hip [hɪp] *n.*, *Anat.* cadera *f.*

hipflask ['hɪpˌflɑːsk] *n.* (for drinks) petaca *f.* (para bebidas).

hippo ['hɪpəʊ] *n.*, *Zool.*, *coll.* (also frml. hippopotamus) hipopótamo *m.*

hire ['haɪər] *n.* **1.** alquiler *m.*; arriendo *m.* ‖ *v. tr.* **2.** (rent) alquilar; arrendar.

his [hɪz] *poss. adj. 3rd. person m. sing.* **1.** su; suyo. ‖ *pron. poss. m.* **2.** suyo.

hiss [hɪs] *n.* **1.** silbido *m.* ‖ *v. tr.* **2.** (boo) sisear; silbar.

history ['hɪstəriː] *n.* historia *f.*

hit [hɪt] *n.* **1.** golpe. **2.** *coll.* (success) éxito *m.* ‖ *v. tr.* (p.t. and p.p. hit) **3.** golpear; pegar. **4.** (reach) alcanzar.

hitch [hɪtʃ] *v.* atar.

hitchhiking ['hɪtʃˌhaɪkɪŋ] *n.* autostop.

hive [haɪv] *n.* **1.** *Zool.* (home of bee) colmena *f.* **2.** *Zool.* (bee colony) enjambre *m.*

hoard [hɔːrd] *v. tr.* **1.** (objects) acumular; acaparar. **2.** (money) atesorar; amasar.

hoarse ['hɔːrs] *adj.* ronco; afónico.

hoarseness ['hɔːrsnɪs] *n.* ronquera *f.*; carraspera *f.*

hobble ['hɒbəl] *n.* ‖ *v. intr.* cojear.

hobby ['hɒbiː] *n.* (pastime) hobby *m.*

hobgoblin ['hɒbˌɡɒblɪn] *n.* duende *m.*

hoe [hoʊ] *n.*, *Agr.* azada *f.*; azadón *m.*

hog [hɒɡ] *n.*, *Am. E.*, *Zool.* puerco *m.*; cerdo *m.*; marrano *m.*

hoist [hɔɪst] *n.* **1.** (crane) grúa *f.* **2.** (freight lift) montacargas *m. inv.* ‖ *v. tr.* **3.** (lift) levantar.

hold [hoʊld] *n.* **1.** *Nav.* bodega *f.* ‖ *v. tr.* **2.** tener. **3.** (with the hand) agarrar; coger. **4.** (in hand) aguantar; sujetar. **5.** (opinion) sostener. **6.** (position) ocupar; ostentar.

hole [hoʊl] *n.* **1.** (small) agujero *m.* **2.** (large) hoyo *m.*; socavón *m.* **3.** (in road) bache *m.*

holiday ['hɒlədeɪ] *n.* **1.** día de fiesta; día festivo. ‖ **holidays** *n. pl.* **2.** vacaciones *f.*

hollow ['hɒloʊ] *adj.* **1.** hueco; vacío. **2.** (eyes) hundido. ‖ *n.* **3.** (cavity) hueco *m.*

holocaust ['hɒləkɔːst] *n.* holocausto *m.*; hecatombe *f.*

holy ['hoʊliː] *adj.* **1.** *Rel.* sagrado; santo. **2.** (water, bread) bendito.

homage ['hɒmɪdʒ, 'ɒmɪdʒ] *n.* homenaje *m.*

home [hoʊm] *n.* **1.** hogar *m.*; casa *f.* **2.** (for sick and poor persons) asilo *m.* ‖ *adj.* **3.** *Gastr.* casero. ‖ *adv.* **4.** (stay, be) en casa. **5.** (go, arrive) a casa.

homeland ['hoʊmˌlænd] *n.* patria *f.*

homeless ['hoʊmlɪs] *adj.* (without home) sin hogar; sin techo.

homemade ['hoʊmˌmeɪd] *adj.* casero.

homesickness ['hoʊmˌsɪknɪs] *n.* morriña *f. fam.*; añoranza *f.*

homicide ['hɒməˌsaɪd] *n.* **1.** (crime) homicidio *m.* **2.** (criminal) homicida *m. y f.*

homogeneous [ˌhoʊməˈdʒiːnɪəs] *adj.* homogéneo.

homosexual [ˌhoʊməˈsekʃəl] *adj. & n.* homosexual *m. y f.*; gay *m.*

honest ['ɒnɪst] *adj.* (trustworthy) honrado; honesto.

honesty ['ɒnɪstiː] *n.* (probity) honradez *f.*; honestidad *f.*

honey ['hʌnɪ] *n.* **1.** (sweet substance) miel *f.* **2.** *fam.* (loving word) cariño *m.*

honeymoon ['hʌnɪ,muːn] *n.* (for newlyweds) luna de miel.

honey-suckle ['hʌnɪ,sʌkəl] *n.*, *Bot.* (bush) madreselva *f.*

honor, honour (Br.E) ['ɒnər] *n.* **1.** honor *m.*; honra *f.* ‖ *v. tr.* **2.** (respect) honrar.

honorable, honourable (Br.E) ['ɒnərəbəl] *adj.* (person) honrado; honesto.

hood [hʊd] *n.* **1.** capucha *f.* **2.** *Car* (folding roof) capota *f.*

hoof [huːf] *n.* **1.** *Zool.* (of cow) pezuña *f.* **2.** (of horse) casco *m.*

hook [hʊk] *n.* **1.** gancho *m.* **2.** (fishhook) anzuelo *m.* ‖ *v. tr.* **3.** (grasp) enganchar.

hooligan ['huːlɪgən] *n.*, *slang* (vandal) gamberro *m.*; vándalo *m.*

hop¹ [hɒp] *n.* **1.** (jump) brinco *m.*; salto *m.* ‖ *v. intr.* **2.** (animal) brincar; saltar.

hop² ['hɒp] *n.*, *Bot.* lúpulo *m.*

hope [hoʊp] *n.* **1.** esperanza *f.* **2.** (false) ilusión *f.* ‖ *v. tr. & intr.* **3.** esperar; desear.

hopeful ['hoʊpfəl] *adj.* **1.** (person) esperanzado. **2.** (promising) esperanzador.

horde [hɔːrd] *n.* **1.** (of people) horda *f.*; multitud *f.* **2.** (of insects) enjambre *m.*

horizon [həˈraɪzən] *n.*, *Geogr.* horizonte *m.*

horizontal [hɒrɪˈzɒntəl] *adj. & n.* horizontal *m. y f.*

horn [hɔːrn] *n.* **1.** *Zool.* (of bull) cuerno *m.*; asta *m.* **2.** *Car* claxon *m.*; bocina *f.*

horoscope ['hɔːrəs,koʊp] *n.*, *Astrol.* horóscopo *m.*

horrible ['hɒrəbəl 'hɔːrəbəl] *adj.* horrible; horroroso.

horrify [(hɒrɪˌfaɪ] *v. tr.* horrorizar.

horror ['hɒrər, 'hɔːrər] *n.* horror *m.*; pavor *m.*

hors d'oeuvre [ɔːrdɜːrv] *n. m.*, *Gastr.* entremés *m.*; entrante *m.*

horse [hɔːrs] *n.* **1.** *Zool.* caballo *m.* **2.** *Sports* potro *m.*

horsehair ['hɔːrs,her] *n.*, *Horse* crin *f.* (de caballo).

horseman ['hɔːrsmən] *n.* jinete *m.*

horseshoe ['hɔːrs,ʃuː] *n.* (for horse) herradura *f.*

horsewhip ['hɔːrs,wɪp] *n.* **1.** látigo *m.* ‖ *v. tr.* **2.** fustigar; azotar.

horsewoman ['hɔːrs,wʊmən] *n.* amazona *f.*; jinete *f.*

horticulture ['hɔːrtə,kʌltʃər] *n.* (gardening) horticultura *f.*

hose [hoʊz] *n.* (pipe) manguera *f.*; manga *f.*

hospice ['hɒspɪs] *n.* (for the dying people) hospicio *m.*

hospitable [hɒsˈpɪtəbəl] *adj.* hospitalario; acogedor.

hospital ['hɒspɪtəl] *n.* hospital *m.*

hospitality [hɒspɪˈtælɪtɪ] *n.* (kindness) hospitalidad *f.*; amabilidad *f.*

host ['hoʊst] *n.* **1.** (at home) anfitrión *m.* **2.** *Biol. y Zool.* huésped *m. y f.*

hostage ['hɒstɪdʒ] *n.* rehén *m. y f.*

hostel ['hɒstəl] *n.* hostal *m.*

hostelry ['hɒstəlri:] *n.* **1.** (inn) posada *f.;* fonda *f.;* mesón *m.* **2.** (hotel) hostería *f.*

hostess ['hoʊstɪs] *n.* **1.** (at home) anfitriona *f.* **2.** *Aeron.* (at exhibitions) azafata *f.*

hot [hɒt] *adj.* **1.** caliente. **2.** *Meteor.* caluroso. **3.** *Gastr.* (food) picante.

hotel [hoʊ'tel] *n.* hotel *m.*

hound [haʊnd] *n.* **1.** *Zool.* (dog) lebrel *m.;* perro de caza. ‖ *v. tr.* **2.** (prey) acosar.

hour ['aʊər] *n.* hora *f.* |

house [haʊs] *n.* **1.** casa *f.;* vivienda *f.* **2.** (with a garden) chalé *m.;* vivien-da unifamiliar. ‖ *v. tr.* **3.** alojar; albergar.

household ['haʊshoʊld] *n.* casa *f.*

housekeeper ['haʊsˌkiːpər] *n.* ama de llaves; gobernanta *f.*

housemaid ['haʊsˌmeɪd] *n.* (servant) doncella *f.;* chacha *f.;* criada *f.;* mucama *f.* *Amér.*

housewife ['haʊsˌwaɪf] *n.* ama de casa.

housing ['haʊzɪŋ] *n.* alojamiento *m.;* vivienda *f.*

hover ['hʌvər] *v. intr.* revolotear.

how [haʊ] *n.* **1.** cómo *m..* ‖ *adv. int.* **2.** cómo. ‖ *adv. excl.* **3.** qué. ‖ **~ long...?** ¿cuánto tiempo...?; ¿cuánto?; ¿desde cuándo?

¿ **~ many?** ¿cuánto? ¿ **~ much** cuánto? ¿**~ often?** ¿con qué frecuencia?; ¿cuántas veces?

however [haʊ'evər] *adv.* **1.** sin embargo; no obstante. ‖ *adv.* **2.** (+ adjective) por ... que.

howl [haʊl] *n.* **1.** (cry) chillido *m.;* aullido *m.;* berrido *m.* ‖ *v. intr.* **2.** aullar; berrear.

hubbub ['hʌbʌb] *n.* (racket) alboroto *m.;* bulla *f.*

hue [hjuː] *n.* **1.** tinte *m.* **2.** *fig.* color *m.* **3.** (shade) matiz *m.*

hug [hʌg] *n.* **1.** abrazo *m.* ‖ *v. tr.* **2.** abrazar.

huge ['hjuːdʒ] *adj.* (enormous) enorme; inmenso.

hull [hʌl] *n.* **1.** *Nav.* (of a ship) casco *m.* **2.** *Bot.* (shell) cáscara *f.* **3.** *Bot.* (of legume) vaina *f.* ‖ *v. tr.* **4.** (peas) pelar.

hum [hʌm] *n.* **1.** *Zool.* (of bees) zumbido *m.* ‖ *v. tr.* **2.** (song) tararear. ‖ *v. intr.* **3.** *Zool.* (bees, engine) zumbar.

human ['hjuːmən] *adj.* humano.

humane [hjuː'meɪn] *adj.* humano.

humanitarian [hjʊmænə'teriən] *adj.* humanitario; caritativo.

humanity [hjuː'mænəti:] *n.* **1.** (virtue) humanidad *f.* **2.** (mankind) género humano.

humble ['hʌmbəl] *v. intr.* humillar. ‖ **~ oneself** humillarse.

humbleness ['hʌmbəlnɪs] *n.* (modesty) humildad *f.;* modestia *f.*

humid ['hju:mɪd] *adj.*, *Meteor.* (climate) húmedo.

humidity [hju:'mɪdɪtɪ] *n.* humedad *f.*

humiliate ['hju'mɪlɪəɪt] *v. tr.* (humble) humillar.

humility [hju:'mɪlətɪ] *n.* humildad *f.*; modestia *f*

humor, humour (Br.E) ['hju:mər] *n.* **1.** (mood) humor *m.* ǁ *v. tr.* **2.** consentir.

hump [hʌmp] *n.* (on back) chepa *f.*

hundred ['hʌndrɪd] *n.* **1.** *Math.* centena *f.* ǁ **hundreds** *n. pl.* **2.** cientos. ǁ **a/one ~** cien.

hundredth ['hʌndrɪdθ] *card. num. adj.* (also n.) **1.** centésimo; cien. ǁ *frac. numer. n.* (also adj. and pron.) **2.** centésimo; céntimo.

hunger ['hʌŋgər] *n.* hambre *f.*

hungry ['hʌŋgrɪ] *adj.* (starving) hambriento.

hunt [hʌnt] *n.* **1.** caza *f.*; cacería *f.* **2.** (search) búsqueda *f.* ǁ *v. tr.* & *intr.* **3.** cazar. **4.** (search) buscar.

hunting ['hʌntɪŋ] *n.* (hunt) caza *f.*; cacería *f.*

hurl ['hɜːrl] *v. tr.* & *intr.* **1.** (throw) arrojar. **2.** (insults) vomitar.

hurricane ['hʌrəkəɪn] *n.*, *Meteor.* huracán *m.*; ciclón *m.*

hurry ['hʌrɪ:] *n.* **1.** prisa *f.*; precipitación *f.* ǁ *v. intr.* **2.** darse prisa; apresurarse; correr.

hurt [hɜːrt] *n.* **1.** (mental) daño *m.* **2.** (physical) herida *f.* ǁ *adj.* **3.** (mentally) dolorido; resentido. **4.** (physically) herido. ǁ *v. tr.* (p.t. and p.p. hurt) **5.** hacer daño. **6.** (person) dañar; lastimar.

husband ['hʌzbənd] *n.* marido *m.*; esposo *m.*

hush [hʌʃ] *n.* **1.** silencio *m.* ǁ *v. tr.* **2.** hacer callar; acallar; silenciar.

hustle ['hʌsəl] *v. intr.* apresurarse.

hut [hʌt] *n.* choza *f.*; cabaña *f.*

hyacinth ['haɪəsɪnθ] *n.*, *Bot.* (flower) jacinto *m.*

hybrid ['haɪbrɪd] *adj.* & *n.* híbrido *m*

hydrogen ['haɪdrədʒən] *n.*, *Chem.* hidrógeno *m.* ǁ **~ peroxide** agua oxigenada.

hydroplane ['haɪdrəpleɪn] *n.*, *Am. E.*, *Aeron.* hidroavión *m.*

hyena [haɪˈi:nə] *n.*, *Zool.* hiena *f.*

hygiene ['haɪdʒi:n] *n.* higiene *f.*

hymn [hɪm] *n.* himno *m.*

hyphen ['haɪfən] *n.*, *Ling.* guión *m.*

hypnotize, hypnotise (Br.E) ['hɪpnətaɪz] *v. tr.* hipnotizar.

hypocrisy [hɪ'pɒkrəsɪ:] *n.* hipocresía *f.*; falsedad *f.*

hypotenuse [haɪ'pɒtɪnju:z] *n.*, *Math.* hipotenusa *f.*

hypothesis [haɪ'pɒθəsɪs](pl.: -ses) *n.* (conjecture) hipótesis *f. inv.*; conjetura *f.*

hysteria [hɪstɪərɪə] *n.* histerismo *m.*; nerviosismo *m.*

I

I [aɪ] *pron. pers. nomin. 1st. sing.* yo.

i [aɪ] *n.* (letter) i *f.*

ice [aɪs] *n.* hielo *m.*

ice cream ['aɪs̩kri:m] *n.* helado *m.*

iceberg ['aɪsˌbɜːrg] *n.* iceberg *m.*

icebox ['aɪs̩bɒks] *n.* **1.** Br. E. congelador *m.* **2.** Am. E. nevera *f.*; frigorífico *m.*

idea [aɪˈdɪə] *n.* idea *f.*; concepto *m.*

ideal [aɪˈdɪl, aɪˈdɪəl] *adj.* **1.** ideal. ‖ *n.* **2.** (example) ejemplo *m.*

identity [aɪˈdentəti:] *n.* identidad *f.*

idle ['aɪdəl] *adj.* (lazy) vago.

idleness ['aɪdəlnɪs] *n.* (laziness) pereza *f.*

idler ['aɪdələr] *n.* holgazán *m.*

if [ɪf] *n.* **1.** incertidumbre *f.*; duda *f.* ‖ *conj.* **2.** si; cuando; como.

igloo ['ɪɡlu:] *n.* iglú *m.*

ignorance ['ɪɡnərəns] *n.* ignorancia *f.*; desconocimiento *m.*

ignorant ['ɪɡnərənt] *adj.* ignorante.

ignore [ɪɡˈnɔːr] *v. tr.* **1.** desoír; hacer caso omiso. **2.** (snub) ignorar.

ill [ɪl] *adj.* enfermo; malo.

illiterate [ɪˈlɪtərɪt] *adj. & n.* analfabeto *m.*; iletrado *m.*

illness ['ɪlnɪs] *n.*, Med. enfermedad *f.*; mal *m.*; dolencia *f.*

illogical [ɪˈlɒdʒɪkəl] *adj.* ilógico.

ill-treat ['ɪltrɔ:t] *v. tr.* maltratar.

illuminate [ɪˈluːmɪ̩neɪt] *v. tr.* (light) iluminar; alumbrar.

illusion [ɪˈluːʒən] *n.* ilusión *f.*

illustrate ['ɪləstreɪt] *v. tr.* ilustrar.

image ['ɪmɪdʒ] *n.* imagen *f.*

imagination [ɪˌmædʒəˈneɪʃən] *n.* imaginación *f.*; fantasía *f.*

imaginative [ɪˈmædʒənətɪv] *adj.* imaginativo; ensoñador; de gran inventiva.

imagine [ɪˈmædʒɪn] *v. tr.* **1.** imaginar. ‖ *v. intr.* **2.** imaginarsee.

imbalance [ɪmˈbæləns] *n.* (inequality) desfase *m.*

imitate ['ɪmɪteɪt] *v. tr.* imitar.

immaculate [ɪˈmækjuleɪt] *adj.* impecable; inmaculado.

immediate [ɪˈmiːdjət] *adj.* inmediato; próximo.

immense [ɪˈmens] *adj.* inmenso.

immigrate ['ɪməˌɡreɪt] *v. intr.* inmigrar.

immodesty [ɪˈmɒdɪsti:] *n.* **1.** (conceit) inmodestia *f.* **2.** (indecency) indecencia *f.*

immortality [ɪˌmɔːrˈtæltiː] *n.* inmortalidad *f.*; fama *f.*

immortalize, immortalise (Br.E) [ɪˈmɔːrtəlaɪz] *v. tr.* inmortalizar; perpetuar.

impact ['ɪmpækt] *n.* impacto *m.*

impair [ɪmˈper] *v. tr.* (memory, sight, hearing) dañar.

impassable [ɪmˈpæsəbəl] *adj.* impracticable; intransitable.

impassive [ɪmˈpæsɪv] *adj.* impasible; imperturbable; impávido.

impatience [ɪmˈpeɪʃəns] n. (lack of patience) impaciencia f.

impeccable [ɪmˈpekəbəl] adj. (unimpeachable) impecable.

impede [ɪmˈpiːd] v. tr. **1.** impedir. **2.** (hinder) estorbar.

impediment [ɪmˈpedəmənt] n. **1.** impedimento m.; dificultad f. **2.** (obstacle) estorbo m.

impel [ɪmˈpel] v. tr. impulsar.

impenetrable [ɪmˈpenətrəbl] adj. impenetrable; hermético; inaccesible.

imperceptible [ˌɪmpərˈseptəbəl] adj. imperceptible; inapreciable.

imperfection [ˌɪmpərˈfekʃən] n. imperfección f.; defecto m.

imperishable [ɪmˈperɪʃəbəl] adj. imperecedero; perdurable.

impersonal [ˌɪmˈpɜːrsənəl] adj. (objective) impersonal.

impertinence or impertinency [ˌɪmˈpɜːrtənəns] n. (rudeness) impertinencia f.

implacable [ɪmˈplækəbəl] adj. (unappeasable) implacable.

implant [ɪmˈplænt] v. tr. **1.** Med. implantar. **2.** fig. (idea) inculcar.

implicate [ˈɪmpləkeɪt] v. tr. (involve) implicar; involucrar.

implicit [ɪmˈplɪsɪt] adj. implícito.

implore [ɪmˈplɔːr] v. tr. (beg) implorar; suplicar; rogar.

imply [ɪmˈplaɪ] v. tr. **1.** implicar. **2.** (hint) dar a entender.

impoliteness [ˌɪmpəˈlaɪtnɪs] n. descortesía f.; descaro.

import [ˈɪmpɔːrt ɪmˈpɔːrt] n. **1.** Econ. importación f. ‖ v. tr. **2.** (goods) importar.

important [ɪmˈpɔːrtənt] adj. (fundamental) importante; vital.

importation [ˌɪmpɔːrˈteɪʃən] n. (import) importación f.

impose [ɪmˈpouz] v. tr. imponer.

impossible [ɪmˈpɒsəbəl] adj. imposible.

imposter, impostor (Br.E) [ɪmˈpɒstər] n. impostor m.

impracticable [ɪmˈpræktɪkəbəl] adj. (unfeasible) impracticable.

impregnate [ˈɪmpregneɪt] v. tr. (soak) impregnar.

impress [ɪmˈpres] v. tr. **1.** (make impression) impresionar. **2.** (mark) imprimir. **3.** (pattern) estampar; fijar.

imprint [ˈɪmprɪnt] n. **1.** marca f. ‖ v. tr. **2.** (stamp) estampar; imprimir. **3.** (on mind) grabar.

imprison [ɪmˈprɪzən] v. tr. (jail) encarcelar; recluir.

improper [ɪmˈprɒpər] adj. **1.** impropio. **2.** (method) inadecuado.

improve [ɪmˈpruːv] v. tr. **1.** (make better) mejorar. **2.** (knowledge) perfeccionar. ‖ v. intr. **3.** (become better) mejorar.

improvise [ˈɪmprəvaɪs] v. tr. & intr. improvisar.

impugn [ɪmˈpʌn] v. tr., Law, frml. (contest) impugnar; rebatir.

impute [ɪmˈpjut] v. tr. (attribute) imputar; atribuir; achacar.

in [ɪn] *prep.* **1.** en. **2.** (inside) dentro de; en. **3.** (after) dentro de. **4.** (during) en. **5.** (months, years) en. **6.** (morning, afternoon) por. **7.** (seasons) en.

inaccessible [ˌɪnæk'sesəbəl] *adj.* (unapproachable) inaccesible; inalcanzable.

inaccuracy [ɪn'ækjərəsi:] *n.* (imprecision) inexactitud *f.*

inaccurate [ɪn'ækjərɪt] *adj.* **1.** inexacto. **2.** (statement) erróneo.

inadequacy [ɪn'ædɪkwəsi:] *n.* **1.** insuficiencia *f.* **2.** (inability) incompetencia *f.*; ineptitud *f.*

inadmissible [ˌɪnəd'mɪsəbəl] *adj.* inaceptable; inadmisible.

inappropriate [ˌɪnə'prəʊpriət] *adj.* **1.** inoportuno. **2.** (behavior) impropio; inadecuado.

inaugurate [ɪn'ɔ:gjəreɪt] *v. tr.* (place) inaugurar; abrir.

inborn ['ɪn'bɔ:rn] *adj.* innato.

incalculable [ˌɪn'kælkjələbəl] *adj.* incalculable.

incandescent [ˌɪnkən'desənt] *adj.* (red hot) incandescente.

incense¹ [ɪn'sens] *n.* incienso *m.*

incense² [ɪn'sens] *v. tr.* irritar.

incest ['ɪnsest] *n.* incesto *m.*

inch [ɪntʃ] *n.* pulgada *f.*

incident ['ɪnsədənt] *n.* incidente *m.*; episodio *m.*

incidentals [ɪnsɪ'dentəls] *n. pl.* imprevistos *m.*; gastos *m.*

incite [ɪn'saɪt] *v. tr.* incitar.

incline [ɪn'klaɪn] *n.* **1.** *frml.* (slope) pendiente. ‖ *v. tr.* **2.** (body, head) inclinar. ‖ *v. intr.* **3.** (slope) inclinarse.

include [ɪn'klu:d] *v. tr.* **1.** incluir. **2.** (in series) comprender.

incognito [ˌɪn'kɒgni:toʊ] *n.* incógnito *m.*

incoherent [ˌɪnkoʊ'hɪrənt] *adj.* **1.** (unconnected) incoherente. **2.** (unintelligible) ininteligible.

income ['ɪnkʌm] *n.* ingresos *m. pl.*; renta *f.*

incomparable [ɪnkɒm'pərəbəl] *adj.* incomparable; inigualable.

incompatibility [ˌɪnˌkɒmpətə'bɪləti:] *n.* incompatibilidad *f.*

incompatible [ˌɪnkəm'pætəbəl] *adj.* incompatible; opuesto.

incomplete [ˌɪnkəm'pli:t] *adj.* (unfinished) incompleto.

incomprehensible [ˌɪnkɒmprə'hensəbəl] *adj.* incomprensible.

inconceivable [ˌɪnkən'si:vəbəl] *adj.* (unthinkable) inconcebible; inimaginable.

inconsiderable [ˌɪnkən'sɪdərəbəl] *adj.* (insignificant) insignificante.

inconvenience [ˌɪnkən'vi:njəns] *n.* **1.** (annoyance) incomodidad *f.*; inconveniencia *f.*; molestia *f.* ‖ *v. tr.* **2.** (annoy) molestar.

incorporate [ɪn'kɔ:rpəreɪt] *v. tr.* (integrate) incorporar.

incorrectness [ˌɪnkə'rektnɪs] *n.* (mistake) incorrección *f.*; error.

increase ['ınkri:s] *n.* **1.** (in number) incremento *m.* ‖ *v. tr.* **2.** aumentar. ‖ *v. intr.* **3.** aumentar.

incredible [ın'kredəbəl] *adj.* (extraordinable) increíble; inimaginable.

increment ['ınkrəmənt] *n.* (in salary) incremento *m.;* aumento *m.;* subida*f.*

incumbent [ın'kʌmbənt] *n.* (holder) titular *m. y f.*

incurable [ın'kjʊrəbəl] *adj.* **1.** (disease) incurable. **2.** *fig.* (loss) irremediable.

indecency [ın'di:sənsı] *n.* indecencia *f.;* deshonestidad *f.*

indemnify [ın'demnıfaı] *v. tr.* (compensate) indemnizar.

independence [,ındə'pendəns] *n.* independencia *f.*

indescribable [,ındıs'kraıbəbəl] *adj.* indescriptible; inenarrable.

indestructible [,ındəs'trʌktəbəl] *adj.* indestructible; inalterado.

index ['ındeks] (pl.: indexes or índices) *n.* índice *m.*

indicate ['ındəkeıt] *v. tr.* (point out) indicar; designar; señalar.

indigence ['ındıdʒəns] *n., lit.* indigencia *f.;* pobreza *f.*

indigenous [ın'dıdʒənəs] *adj.* (native) nativo; indígena; autóctono.

indiscretion [,ındəs'kreʃən] *n.* indiscreción *f.;* imprudencia *f.*

indiscriminate [,ındəs'krımınıt] *adj.* indistinto; indiferente.

indispensable [,ındəs'pensəbəl] *adj.* indispensable.

indisputable [,ındəs'pju:təbəl] *adj.* indiscutible; irrefutable.

individual [,ındə'vıdʒuəl] *adj.* **1.** individual. ‖ *n.* **2.** individuo *m.*

indomitable [ın'dɒmıtəbəl] *adj., frml.* indómito *lit.;* indomable.

indoors [ın'dɔ:rz] *adv.* **1.** (inside) dentro (de casa). **2.** (at home) en casa.

indubitable [ın'dju:bıtəbəl] *adj., frml.* (undoubted) indudable.

induce [ın'du:s] *v. tr.* inducir.

indulge [ın'dʌldʒə] *v. tr.* consentir; mimar.

indulgence [ın'dʌldʒəns] *n.* indulgencia *f.;* benevolencia *f.*

industry ['ındəstrı] *n.* industria *f.*

inefficacious [,ınefı'keıʃəs] *adj.* (inept) ineficaz; inepto; inútil.

inept [ın'ept] *adj.* inepto; negado.

inequality [,ını'kwɒlətı:] *n.* (disparity) desigualdad *f.*

inert [ın'ɜ:rt] *adj.* inerte.

inertia [ın'ɜ:rʃə] *n.* inercia *f.*

inescapable [,ınəs'keıpəbəl] *adj.* ineludible; forzoso; inevitable.

inestimable [ın'estıməbl] *adj.* **1.** inestimable; inapreciable. **2.** (value) incalculable.

inevitable [ın'evətəbəl] *adj.* (necessary) inevitable; necesario.

inexhaustible [,ınıg'zɔ:stəbəl] *adj.* (endless) inagotable.

inexperienced [,ınıks'pırıənst] *adj.* inexperto; novato; novel.

inexplicable [ˌɪnəksˈplɪkəbəl] *adj.* inexplicable.

infamy [ˈɪnfəmiː] *n.* infamia *f.*

infancy [ˈɪnfənsiː] *n.* infancia *f.;* niñez *f.*

infant [ˈɪnfənt] *n.* **1.** (child) criatura *m. y f.* **2.** *Br. E.* párvulo *m.*

infect [ɪnˈfekt] *v. tr.* **1.** infectar. **2.** (water, food) contaminar. **3.** (an illness) contagiar.

infection [ɪnˈfekʃən] *n., Med.* infección *f.;* contagio *m.*

infer [ɪnˈfɜːr] *v. tr.* inferir.

inferior [ɪnˈfɪriər] *adj.* **1.** inferior. || *n.* **2.** *pej.* inferior *m. y f.*

infidel [ˈɪnfədəl] *adj.* **1.** *Rel.* infiel. || *n.* **2.** *Rel.* infiel *m. y f.*

infiltrate [ˈɪnfəltreɪt] *v. tr.* **1.** infiltrar. || *v. intr.* **2.** infiltrarse.

infinite [ˈɪnfənɪt] *adj.* **1.** (limitless) infinito. || *n.* **2.** infinito *m.*

infinity [ɪnˈfɪnətiː] *n.* **1.** (quantity) infinidad *f.* **2.** *Math.* infinito *m.*

infirm [ɪnˈfɜːrm] *adj.* **1.** (ill) enfermizo. **2.** (weak) enclenque.

infirmary [ɪnˈfɜːrməriː] *n.* (room in a school, prison) enfermería *f.*

inflame [ɪnˈfleɪm] *v. tr.* **1.** encender; enardecer. **2.** *Med.* inflamar.

inflammable [ɪnˈflæməbəl] *adj., Br. E.* (material) inflamable.

inflate [ɪnˈfleɪt] *v. tr.* **1.** inflar; hinchar. || *v. intr.* **2.** inflarse.

inflexible [ɪnˈfleksəbəl] *adj.* inflexible; rígido; intransigente.

inflict [ɪnˈflɪkt] *v. tr.* infligir.

influence [ˈɪnfluəns] *n.* **1.** influencia *f.;* influjo *m.* || *v. tr.* **2.** influir; influenciar.

inform [ɪnˈfɔːrm] *v. tr.* **1.** informar; notificar. **2.** (police) avisar.

information [ˌɪnfərˈmeɪʃən] *n.* información *f.*

infringe [ɪnˈfrɪndʒ] *v. tr., frml.* (law) infringir; quebrantar.

infuriate [ɪnˈfjʊrieɪt] *v. tr.* (anger) enfurecer; encolerizar.

infuse [ɪnˈfjuːs] *v. tr., fig.* (courage) infundir (coraje).

infusion [ɪnˈfjuːʒən] *n.* infusión *f.*

ingenious [ɪnˈdʒiːnjəs] *adj.* (skilful) ingenioso; astuto; sagaz.

ingenuity [ˌɪndʒɪˈnuːɪti] *n.* (inventive talent) ingenio *m.*

ingenuousness [ɪnˈdʒenjuəsnɪs] *n.* ingenuidad *f.;* candidez *f.*

ingot [ˈɪŋɡət] *n.* lingote *m.*

ingratitude [ɪnˈɡrætɪtjuːd] *n.* ingratitud *f.*

ingredient [ɪnˈɡriːdiənt] *n.* **1.** *Gastr.* ingrediente *m.* **2.** *fig.* elemento *m.*

inhabit [ɪnˈhæbɪt] *v. tr., frml.* (live) habitar; ocupar; poblar.

inherit [ɪnˈherɪt] *v. tr. & intr.* (money, properties) heredar.

inheritance [ɪnˈherətəns] *n., Law* herencia *f.;* patrimonio *m.*

inhumane [ˌɪnhjuːˈmeɪn] *adj.* (cruel) inhumano; despiadado; cruel.

initiate [ɪnˈɪʃɪeɪt] *adj. & n.* **1.** iniciado *m.* || *v. tr.* **2.** iniciar.

initiative [ɪˈnɪʃɪətɪv] *n.* iniciativa *f.*

inject [ɪnˈdʒekt] *v. tr.* inyectar.

injury [ˈɪndʒəriː] *n.* **1.** herida *f.*; lesión *f.* **2.** *fig.* (harm) daño *m.*

injustice [ɪnˈdʒʌstɪs] *n.* injusticia *f.*

ink [ɪŋk] *n.* **1.** tinta *f.*; tinte *m.* ‖ **inkpot** *n.* **2.** tintero *m.*

inkblot [ˈɪŋkblɒt] *n.* borrón *m.*

inland [ˈɪnlənd] *adj.*, *Geogr.* interior; del interior.

inlay [ˈɪnleɪ] *v. tr.* **1.** (metal, wood) embutir. **2.** (jewels) incrustar; encajar.

inn [ɪn] *n.* **1.** posada *f.*; fonda *f.* **2.** (in country) venta *f.* **3.** (pub) taberna *f.*

innate [ˈɪneɪt] *adj.* innato.

innermost [ˈɪnəˌmoʊst] *adj.*, *fig.* (thoughts) recóndito.

innocent [ˈɪnəsənt] *n.* (person) inocente *m. y f.*

innumerable [ɪˈnuːmərəbəl] *adj.* innumerable; incalculable.

inoffensive [ɪnəˈfensɪv] *adj.* (harmless) inofensivo.

inopportune [ɪnɒpərˈtjuːn] *adj.* inoportuno; inconveniente.

inorganic [ˌɪnɔːrˈɡænɪk] *adj.* inorgánico.

inquiry [ɪnˈkwaɪriː] *n.* **1.** (question) pregunta *f.* **2.** (investigation) encuesta *f.*

insane [ɪnˈseɪn] *adj.* loco.

insanity [ɪnˈsænɪtiː] *n.*, *Med.* (dementia) locura *f.*; demencia *f.*

insect [ˈɪnsekt] *n.* insecto *m.*

insecticide [ɪnˈsektəˌsaɪd] *adj. & n.* insecticida *m.*

insecurity [ˌɪnsəˈkjʊrəti:] *n.* (of person, situation) inseguridad *f.*

inseparable [ɪnˈsepərəbəl] *adj.* inseparable.

insert [ɪnˈsɜːrt] *v. tr.* **1.** introducir. **2.** (text) insertar; incluir.

inside [ɪnˈsaɪd] *adj.* **1.** interior. ‖ **2.** interior *m.* ‖ *adv.* **3.** (be, stay) adentro; dentro.

insignificant [ˌɪnsɪɡˈnɪfɪkənt] *adj.* (trivial) insignificante.

insinuate [ɪnˈsɪnjʊeɪt] *v. tr.* (suggest) insinuar; sugerir.

insipid [ɪnˈsɪpɪd] *adj.* (bland) insípido; soso; desabrido.

insist [ɪnˈsɪst] *v. intr.* insistir.

insolation [ɪnsoʊˈleɪʃən] *n.*, *Med.* insolación *f.*

insole [ˈɪnsoʊl] *n.* (for shoes) plantilla *f.*

insolent [ˈɪnsələnt] *adj.* (cheek) insolente; descarado.

insolvent [ɪnˈsɒlvənt] *adj.*, *Econ.* insolvente; arruinado.

insomnia [ɪnˈsɒmnɪə] *n.* insomnio *m.*; desvelo *m.*; vigilia *f.*

insomuch [ˌɪnsoʊˈmʌtʃ] *adv.* de tal modo; puesto que.

inspect [ɪnˈspekt] *v. tr.* **1.** inspeccionar. **2.** (luggage) registrar.

inspire [ɪnˈspaɪə] *v. tr.* inspirar.

instability [ˌɪnstəˈbɪləti:] *n.* inestabilidad *f.*; inseguridad *f.*

instal, install (Br.E) [ɪnˈstɔːl] *v. tr.* instalar; colocar.

instance ['ɪnstəns] *n.* **1.** (example) ejemplo *m.* ‖ ~ *v. tr.* **2.** (an example) mencionar.

instant ['ɪnstənt] *adj.* **1.** (immediate) inmediato. ‖ *n.* **2.** instante *m.*

instead [ɪn'sted] *adv.* en cambio. ‖ ~ **of** en lugar de; en vez de.

instep ['ɪnstep] *n.* (foot, shoe) empeine *m.*

instigate ['ɪnstɪɡeɪt] *v. tr.* (provoke) instigar; provocar.

instinct ['ɪnstɪŋkt] *n.* instinto *m.;* olfato *m. fig.;* inclinación *f.*

institute [('ɪnstɪtuːt] *v. tr.* (committee, rule) instituir; crear.

instruct [ɪn'strʌk] *v. tr.* **1.** (order) instruir. **2.** (teach) enseñar.

instrument ['ɪnstrəmənt] *n.* instrumento *m.*

insufficiency [ˌɪnsə'fɪʃənsi:] *n.* insuficiencia *f.;* falta *f.*

insular ['ɪnsələr] *adj., Geogr.* **1.** (climate) insular. **2.** (people) isleño (de una isla).

insulate ['ɪnsəleɪt] *v. tr.* aislar.

insult ['ɪnsʌlt] *n.* **1.** insulto *m.;* improperio *m.* **2.** (action) afrenta *f.* ‖ *v. tr.* **3.** insultar.

insuperable [ɪn'suːpərəbəl] *adj.* insuperable; invencible.

insurance [ɪn'ʃʊrəns] *n., Econ.* seguro *m.*

insure [ɪn'ʃʊr] *v. tr.* asegurar.

insurmountable [ɪnsər'maʊntəbəl] *adj.* **1.** insuperable; insalvable. **2.** (obstacle) infranqueable.

insurrection [ˌɪnsə'rekʃən] *n.* (uprising) insurrección *f.*

intact [ɪn'tækt] *adj.* intacto.

integral ['ɪntəɡrəl] *adj.* **1.** integrante. **2.** (essential) integral, esencial. **3.** (whole) entero

intellect ['ɪntəlekt] *n.* (faculty) intelecto *m.;* inteligencia *f.*

intelligence [ɪn'telədʒəns] *n.* inteligencia *f.;* mente *f.*

intensity [ɪn'tensəti:] *n.* **1.** intensidad *f.* **2.** (of emotion) fuerza *f.*

intent [ɪn'tent] *adj.* **1.** atento. ‖ *n.* **2.** intención *f.;* propósito *m.*

intention [ɪn'tenʃən] *n.* (purpose) intención *f.;* propósito *m.;* intento *m.*

intercede [ɪntər'siːd] *v. intr.* interceder; terciar.

intercept [ɪntər'sept] *v. tr.* (stop) interceptar; atajar.

interchange ['ɪntər.tʃeɪndʒ] *v. tr.* intercambiar.

intercity [ˌɪntə.r'sɪti:] *adj.* (train) interurbano.

intercom ['ɪntər.kɒm] *n.* **1.** interfono *m.* **2.** (building) telefonillo *m.* **3.** (at building entrance) portero automático.

interest ['ɪntrɪst, 'ɪntrəst] *n.* **1.** interés *m.* **2.** (benefit) beneficio *m.* ‖ *v. tr.* **3.** (attract) interesar.

interfere [ˌɪntər'fɪr] *v. tr.* **1.** (telecommunication) interferir. **2.** (get involved) entremeterse.

interference [ˌɪntər'fɪrəns] *n.* **1.** (in telecommunication) interferencia *f.;* cruce *m.* **2.** (meddling) intromisión *f.*

interior [ɪn'tɪrɪər] *adj.* **1.** interior; interno. ‖ *n.* **2.** interior *m.*

interjection [ˌɪntərˈdʒekʃən] *n., Ling.* interjección *f.*

interlocutor [ˌɪntərˈlɒkjətər] *n.* (speaker) interlocutor *m.*

interlude ['ɪntərˌluːd] *n.* **1.** *Theat.* entremés *m.* **2.** (break) intervalo *m.*

intermediary [ˌɪntərˈmiːdɪəri] *adj.* **1.** intermediario. ‖ *n.* **2.** intermediario *m.*

interminable [ˌɪnˈtɜːmənəbəl] *adj.* interminable; inacabable.

intermingle [ˌɪntərˈmɪŋgəl] *v. tr.* **1.** entremezclar. ‖ *v. intr.* **2.** entremezclarse; mezclarse.

intermission [ˌɪntərˈmɪʃən] *n., Am. E., Theat.* entreacto *m.*

intern ['ɪntɜːrn] *n.* **1.** *Am. E., Med.* interno *m.* ‖ *v. tr.* **2.** internar.

international [ˌɪntərˈnæʃənəl] *adj.* internacional.

interrogate [ɪnˈterəgeɪt] *v. tr.* (ask questions) interrogar.

interrogation [ɪnˌterəˈgeɪʃən] *n.* **1.** (questioning) interrogatorio *m.* **2.** *Comput.* interrogación *f.*

interrupt [ˌɪntəˈrʌpt] *v. tr. & intr.* interrumpir; cortar.

intersection [ˌɪntərˈsekʃən] *n.* intersección *f.;* cruce.

interval [[ˈɪntərvəl] *n.* **1.** intervalo *m.* **2.** *Br. E., Film & Theatr.* intermedio *m.;* entreacto *m.*

intervene [ˌɪntərˈviːn] *v. intr.* **1.** intervenir; mediar. **2.** (interrupt) interponerse.

interview [ˈɪntərˌvjuː] *n.* **1.** entrevista *f.* ‖ *v. tr.* **2.** entrevistar.

intestine [ɪnˈtestɪn] *n., Anat.* intestino *m.*

intimate [ˈɪntəmɪt] *adj.* íntimo; entrañable. ‖ *n.* **2.** (friend) amigo íntimo.

intimidate [ɪnˈtɪmədeɪt] *v. tr.* (scare) intimidar; atemorizar.

into [(ɪntu:] *prep.* en; dentro de.

intolerable [ɪnˈtɒlərəbəl] *adj.* intolerable; insoportable.

intolerant [ɪnˈtɒlərənt] *adj.* intolerante; intransigente.

intone [ɪnˈtoun] *v. tr.* entonar.

intoxicate [ɪnˈtɒksəkeɪt] *v. tr.* **1.** *Med.* intoxicar. **2.** (success) embriagar *lit.*

intricate ['ɪntrɪkɪt] *adj.* complicado; enrevesado.

intrigue [ɪnˈtriːg] *n.* **1.** intriga *f.;* trama *f.* ‖ *v. tr. & intr.* **2.** intrigar.

introduce [ˌɪntrəˈdjuːs] *v. tr.* **1.** (bring in) introducir; ensartar. **2.** (people) presentar.

introductory [ˌɪntrəˈdʌktəri] *adj.* preliminar; introductorio.

intrusive [ɪnˈtruːsɪv] *adj.* intruso; entrometido; metomentodo.

intuition [ɪntuˈɪʃən] *n.* intuición *f.*

inundate [ˈɪnəndeɪt] *v. tr.* inundar.

invade [ɪnˈveɪd] *v. tr.* invadir.

invalid[1] [ˈɪnvælɪd] *adj. & n.* inválido *m.*

invalid² [ɪn'vælɪd] *adj.* inválido; nulo.

invalidate [ɪn'vælədeɪt] *v. tr.* (nullify) invalidar.

invaluable [ɪn'væljuəbəl] *adj.* (inestimable) inestimable.

invent [ɪn'vent] *v. tr.* inventar.

invention [ɪn'venʃən] *n.* **1.** (device) invento *m.* **2.** (lie) mentira *f.*

inventive [ɪn'ventɪv] *adj.* (resourceful) ingenioso; inventivo.

inventor [ˌɪn'ventər] *n.* inventor *m.*

inventory ['ɪnventɔːriː] *n.* inventario *m.;* lista *f.*

invert [ɪn'vɜːrt] *v. tr.* invertir.

invertebrate [ɪn'vɜːrtəbreɪt] *adj. & n., Zool.* invertebrado *m.*

invest [ɪn'vest] *v. tr.* (energy, money) invertir.

investigate [ɪn'vestəgeɪt] *v. tr.* investigar; indagar; explorar.

invigorate [ɪn'vɪgəreɪt] *v. tr.* vigorizar; fortalecer.

invisible [ɪn'vɪzəbəl] *adj.* invisible.

invite [ɪn'vaɪt] *v. tr.* invitar.

involuntary [ɪn'vɒlənteriː] *adj.* involuntario; espontáneo.

involve [ɪn'vɒlv] *v. tr.* implicar.

inwards ['ɪnwərdz] *adv.* hacia adentro.

iota [aɪ'outə] *n.* ápice *m.*

ire [(aɪr] *n., lit.* ira *f.;* cólera *f.*

iris ['aɪrɪs] *n.* **1.** *Anat.* iris *m. inv.* **2.** *Bot.* (plant) lirio *m.*

Irishman ['aɪrɪʃmən] *n.* irlandés *m.*

Irishwoman ['aɪrɪʃwʊmən] *n.* irlandesa *f.*

iron ['aɪərn] *n.* **1.** (metal) hie-rro *m.* **2.** (for clothes) plancha *f.* ‖ *v. tr.* **3.** (clothes) planchar.

ironmonger ['aɪərnˌmʌŋgər] *n.* **1.** *Br. E.* ferretero *m.* ‖ **ironmonger's** *n.* **2.** *Br. E.* ferretería *f.*

ironworks ['aɪərnˌwɜːrk] *n.* (forge) herrería *f.*

irony ['aɪrəniː] *n.* ironía *f.*

irrational [ɪ'ræʃənəl] *adj.* irracional; absurdo.

irregular [ɪ'regjələr] *adj.* irregular.

irresistible [ˌɪrə'sɪstəbəl] *adj.* (overpowering) irresistible; incontenible.

irresponsible [ˌɪrəs'pɒnsəbəl] *adj.* (reckless) irresponsable; irreflexivo.

irreverence [ɪ'revərəns] *n.* irreverencia *f.;* impertinencia *f.*

irrigation [ˌɪrə'geɪʃən] *n., Agr.* riego *m.*

irritate ['ɪrɪteɪt] *v. tr.* **1.** (person) enfurecer; encrespar; crispar. **2.** *Med.* irritar.

island ['aɪlənd] *n., Geogr.* isla *f.*

isle ['aɪl] *n., Geogr., lit.* isla *f.*

islet ['aɪlət] *n.* islote *m.*

isolate ['aɪsəleɪt] *v. tr.* aislar.

issue ['ɪʃuː] *n.* **1.** (matter) tema de discusión. **2.** (of stamps) emisión *m.* ‖ *v. tr.* **3.** (book) publicar. **4.** (stamp) emitir. **5.** (passport) expedir.

it [ɪt](pl.: they) *pron. pers. nomin. 3rd. person sing.* **1.** él *m.;* ella *f.;* ello *n.* ‖ *pron. pers.* **2.** (direct object) lo *m.;* la *f.* **3.** (indirect object) le. ‖ *pron. pers. prep.* **4.** él *m.;* ella *f.;* ello *n.*

itch [ɪtʃ] *n.* **1.** picor *m.* **2.** (desire) deseo *m.* ‖ *v. tr.* **3.** picar.

item ['aɪtəm] *n.* artículo *m.*

iterate ['aɪtəreit] *v. tr.* repetir; reiterar.

itinerary [aɪˈtɪnərəri:] *n.* (route) itinerario *m.*

its [ɪts] *adj. poss.* **1.** su. ‖ *pron. poss.* **2.** suyo.]

itself [ɪtˈself] *pron. pers. refl.* se; sí (detrás de prep.)

ivory ['aɪvəri:] *n.* marfil *m.;* hormiguear.

J

j [dʒeɪ] *n.* (letter) j *f.*

jackass [ˈdʒækæs] *n., fam.* (donkey) asno *m.*

jacket [ˈdʒækɪt] *n.* **1.** chaqueta *f.* **2.** (short coat) cazadora *f.*

jackknife [ˈdʒæknaɪf] *n.* navaja *f.*

jail [dʒeɪl] *n.* **1.** (prison) cárcel *f.;* prisión *f.;* calabozo *m.* ‖ *v. tr.* **2.** (imprison) encarcelar; enjaular *fam.*

jam¹ [dʒæm] *n.* (of fruits) mermelada *f.*

jam² [dʒæm] *n.* **1.** (traffic) atasco *m.* **2.** *fam.* (fix) aprieto *m.;* atolladero *m.*

janitor [ˈdʒænətər] *n., Am.E.* (porter) portero *m.;* conserje *m.*

January [ˈdʒænʊərɪ] *n.* enero *m.*

jar [dʒɑːr] *n.* **1.** tarro *m.;* bote *m.* **2.** (jug) jarra *f.*

jasmine [ˈdʒæzmɪn] *n., Bot.* (plant) jazmín *m.*

jauntiness [ˈdʒɔːntinɪs] *n.* (poise) garbo *m.;* desenvoltura *f.*

javelin [ˈdʒævlɪn] *n., Sports* jabalina *f.*

jaw [dʒɔː] *n.* **1.** *Anat.* mandíbula *f.;* quija-da *f.* **2.** *Tech.* mordaza *f.*

jawbone [ˈdʒɔːbəʊn] *n., Anat.* mandíbula *f.*

jazz [dʒæz] *n., Mus.* jazz *m.*

jealous [ˈdʒeləs] *adj.* celoso.

jealousy [ˈdʒeləsɪ] *n.* **1.** celos *m. pl.* **2.** (envy) envidia *f.*

jeans [dʒiːns] *n. pl.* vaqueros *m.*

jeer [dʒɪr] *n.* **1.** *fam.* mofa *f.* ‖ *v. intr.* **2.** (boo) abuchear. **3.** (mock) burlarse.

jelly [ˈdʒelɪ] *n.* **1.** (as dessert) gelatina *f.* **2.** (clear jam) jalea *f.*

jellyfish [ˈdʒelɪfɪʃ] *n., Zool.* medusa *f.*

jeopardize, jeopardise (Br.E) [ˈdʒɛːpərdaɪz] *v. tr.* arriesgar.

jersey [ˈdʒɜrzɪ] *n.* jersey *m.*

jet [dʒet] *n.* **1.** (stream) chorro *m.* **2.** (spout) surtidor *m.* ‖ *v. intr.* **3.** (spurt) brotar en chorro. ‖ **~ engine** *Aeron.* reactor *m.*

jewel [ˈdʒuːəl] *n.* **1.** joya *f.;* alhaja *f.* **2.** *fig.* (person) perla *f.*

jeweler, jeweller (Br.E) [ˈdʒuːələr] *n.* joyero *m.*

jigsaw [ˈdʒɪɡ.sɔː] *n.* (game) puzzle *m.;* rompecabezas *m. inv.*

jilt [dʒɪlt] *v. tr., fam.* (somebody) plantar; dar calabazas.

jinx [dʒɪŋks] *n.* gafe *m.*

job [dʒɒb] *n.* **1.** trabajo *m.;* faena *f.* **2.** (post) colocación *f.;* empleo *m.;* ocupación *f.*

jocular [ˈdʒɒkjələr] *adj.* jocoso.

jogging suit [ˈdʒɒɡɪŋsuːt] *sust. phr.* chándal *m.*

join [dʒɔɪn] *v. tr.* **1.** juntar; unir. **2.** (organization, firm) ingresar. **3.** (meet) reunir. ‖ *v. intr.* **4.** unirse.

joiner [ˈdʒɔɪnər] *n., Br. E.* carpintero *m.* (de obra)

joint [dʒɔɪnt] *n.* **1.** juntura *f.* **2.** *Tech.* articulación *f.* **3.** *coll.* (place) antro *m.*

joist [dʒɔɪst] *n.*, *Archit.* (of wood) viga *f.*; madera *f.*

joke [dʒouk] *n.* **1.** (verbal) chiste *m.* **2.** (practical joke) broma *f.*; gracia *f.* ‖ *v. intr.* **3.** bromear; vacilar.

jostle [ˈdʒɒsəl] *v. tr.* empujar.

jot [dʒɒt] *n.* ápice *m.*; jota *f.*

jota [dʒɒtə] *n.*, *Mus.* (Spanish dance and music) jota *f.*

joule [dʒoul] *n.*, *Phys.* julio *m.*

journalist [ˈdʒɜːrnlɪst] *n.* (reporter) periodista *m. y f.*

journey [ˈdʒɜːmiː] *n.* **1.** (trip) viaje *m.* **2.** (distance) trayecto *m.*; desplazamiento *m.* ‖ *v. intr.* **3.** *lit.* (travel) viajar.

jovial [ˈdʒouvɪəl] *adj.* jovial.

joy [dʒɔɪ] *n.* (delight) alegría *f.*; regocijo *m.*; felicidad *f.*

joyful [ˈdʒɔɪfəl] *adj.* (happy) alegre; go-zoso.

jubilee [ˈdʒuːbɪliː] *n.* jubileo *m.*

judge [dʒʌdʒ] *n.* **1.** *Law* juez *m.*; magistrado *m.* ‖ *v. tr.* **2.** juzgar; enjuiciar.

judicial [dʒuːˈdɪʃəl] *adj.* judicial.

judo [ˈdʒuːˌdoʊ] *n.*, *Sports* judo; yudo *m.*

jug [dʒʌg] *n.* *Br.E.* (pitcher) jarra *f.*; pote *m.*; jarro *m.*

juggling [ˈdʒʌglɪŋ] *n.* malabarismo *m.*; juegos malabares.

jugular [ˈdʒuːgjələr] *adj.* **1.** *Anat.* yugular. ‖ *n.* **2.** *Anat.* yugular *f.*

juice [dʒuːs] *n.* (of fruits) zumo *m.*; jugo *m.* *Amér.*

July [dʒuˈlaɪ] *n.* julio *m.*

jumble [ˈdʒʌmbəl] *n.* **1.** revoltijo *m.*; amasijo *m.*; cajón de sastre. ‖ *v. tr.* **2.** hacer un revoltijo; mezclar

jump [dʒʌmp] *n.* **1.** salto *m.* ‖ *v. tr.* **2.** saltar; brincar. ‖ *v. intr.* **3.** saltar; botar.

jumper [ˈdʒʌmpər] *n.*, *Br. E.* (sweater) jersey *m.*

June [ˈdʒuːn] *n.* junio *m.*

jungle [ˈdʒʌŋgəl] *n.* **1.** *Geogr.* selva *f.*; jungla *f.* **2.** *fig.* (confusion) maraña *f.*

junk [dʒʌŋk] *n.* **1.** chatarra *f.*; cachivaches *m. pl.* **2.** *Nav.* junco *m.* ‖ ~ **food** comida basura.

juridical [dʒuˈrɪdɪkəl] *adj.* jurídico.

jurisdiction [ˌdʒuːrəsˈdɪkʃən] *n.* jurisdicción *f.*; fuero *m.*

juror [ˈdʒurər] *n.*, *Law* (individual) jurado *m.*; miembro de un jurado

jury [ˈdʒuriː] *n.* (group) jurado *m.*

just [dʒʌst] *adj.* **1.** (fair) justo. ‖ *adv.* **2.** justo; justamente. ‖ ~ **as** tal como.

justice [ˈdʒʌstɪs] *n.* justicia *f.*

justify [ˈdʒʌstəfaɪ] *v. tr.* justificar.

jut [dʒʌt] *v. intr.* (stand out) resaltar; destacar.

K

k [kei] *n.* (letter) k *f.*

kangaroo [ˌkæŋɡəˈruː] *n.*, *Zool.* (Australian animal) canguro *m.*

keen [kiːn] *adj.* **1.** (eager) entusiasta; aficionado. **2.** (sharp) afilado; puntiagudo.

keep [kiːp] *v. tr.* **1.** (set by) guardar. **2.** (a promise) cumplir. ‖ *v. intr.* **3.** (remain) mantenerse.

kennel [ˈkenəl] *n.* perrera *f.*

kernel [ˈkɜːnəl] *n.* **1.** *Bot.* (of fruit, nut) pepita *f.*; almendra *f.* **2.** *Bot.* (of corn) grano *m.*

ketchup [ˈketʃəp] *n.* ketchup *m.*

kettle [ˈketəl] *n.* tetera *f.*

key [kiː] *n.* **1.** llave *f.* **2.** (of a mystery) clave *f.* **3.** *Mus.* (of computer) tecla *f.*

kick [kɪk] *n.* **1.** (from person) patada *f.*; puntapié *m.* **2.** (from animal) coz *f.* ‖ *v. intr.* **3.** (person) dar patadas a.

kid¹ [kɪd] *n.* **1.** *Zool.* (goat) cabrito *m.*; chivo *m.* **2.** *fam.* (child) niño *m.*; chiquillo *m.*

kid² [kɪd] *v. intr.* (joke) bromear.

kidnap [ˈkɪdˌnæp] *v. tr.* raptar.

kidney [ˈkɪdniː] *n.*, *Anat.* riñón *m.*

kill [kɪl] *v. tr.* matar.

kilo [ˈkiːlou] *n.* kilo *m.*

kilometer, kilometre (Br.E) [kɪˈlɒmɪtər, ˈkɪləmiːtər] *n.* kilómetro *m.*

kind¹ [kaɪnd] *n.* clase *f.*; especie *f.*

kind² [kaɪnd] *adj.* amable; afable.

kindergarten [ˈkɪndərˌɡɑːrtn] *n.* jardín de infancia.

kindness [ˈkaɪndnɪs] *n.* (goodness) bondad *f.*; amabilidad *f.*

king [kɪŋ] *n.* rey *m.*

kingdom [ˈkɪŋdəm] *n.* reino *m.*

kiosk [ˈkɪɒsk] *n.* quiosco *m.*

kiss [kɪs] *n.* **1.** beso *m.* **2.** (touch lightly) roce *m.* ‖ *v. tr.* **3.** besar.

kitchenware [ˈkɪtʃənˌwer] *n.* batería de cocina.

kite [kaɪt] *n.* (toy) cometa *f.*

kiwi [ˈkiːwiː] *n.*, *Zool.* kiwi *m.*

knapsack [ˈnæpˌsæk] *n.* (backpack) mochila *f.*; morral *m.*

knee [niː] *n.*, *Anat.* rodilla *f.*

kneel [niːl] *v. intr.* (rest on one's kneels) arrodillarse.

knickers [(nɪkərz] *n. pl.* braga *f.*

knife [naɪf] *n.* **1.** cuchillo *m.* **2.** (large) cuchilla *f.*

knight [naɪt] *n.*, *Hist.* caballero.

knit [nɪt] *v. intr.* **1.** hacer punto; tejer. **2.** (one's brows) fruncir.

knob [nɒb] *n.* **1.** (on door) pomo *m.*; perilla *f.* *Amér.* **2.** (on drawers) tirador *m.* **3.** (lump) bulto *m.* **4.** (small) trozo *m.*

knock [nɒk] *n.* **1.** golpe *m.* ‖ *v. tr.* **2.** golpear. ‖ *v. intr.* **3.** (on door) llamar.

knot [nɒt] *n.* **1.** nudo *m.* **2.** (ribbon) lazo *m.* ‖ *v. tr.* **3.** anudar.

know [nou] *v. tr. & intr.* saber.

knowledge [ˈnɒlɪdʒ] *n.* (understanding) conocimiento *m.*

koala or koala bear [kouˈɑːlə] *n.*, *Zool.* koala *m.*

L

l [el] *n.* l *f.*

la or lah [lɑ:] *n., Mus.* la *m.*

lab [læb] *n., coll.* laboratorio *m.*

label ['leɪbəl] *n.* etiqueta *f.*; rótulo *m.*; letrero *m.*

labor, labour (Br.E) ['leɪbər] *n.* **1.** mano de obra. **2.** (task) tarea *f.* **3.** *Med.* parto *m.* ‖ *v. intr.* **4.** (work) trabajar.

laboratory ['læbrətɔ:ri] *n.* laboratorio *m.*

laborer, labourer (Br.E) ['leɪbərər] *n.* (in physical work) peón *m.*; obrero *m.*

labyrinth ['læbərɪnθ] *n.* (maze) laberinto *m.*

lac [læk] *n.* (resin) laca *f.*

lace [leɪs] *n.* **1.** encaje *m.* **2.** (for shoes) cordón *m.* ‖ *v. intr.* **3.** (shoes) atarse.

lack [læk] *n.* **1.** carencia *f.*; falta *f.*; deficiencia *f.* ‖ *v. tr.* **2.** carecer; necesitar. ‖ *v. intr.* **3.** faltar.

lacking ['lækɪŋ] *adj.* falto; carente. ‖ **to be ~** faltar.

laconic [ləˈkɒnɪk] *adj.* lacónico.

lacquer ['lækər] *n.* **1.** (varnish) laca *f.*; charol *m.* ‖ *v. tr.* **2.** lacar; poner laca.

lad [læd] *n. Br. E.* (boy) muchacho *m.*; chico *m.*; chaval *m.*

ladder ['lædər] *n.* escalera *f.*

lade [leɪd] *v. tr.* cargar.

ladle ['leɪdəl] *n.* cucharón *m.*

lady ['leɪdi:] *n.* (refined woman) dama *f. form.*; señora *f.*

ladybird ['leɪdə,bɜ:rd] *n., Br. E.* (insect) mariquita *f.*

ladybug ['leɪdə,bʌg] *n., Am. E.* (insect) mariquita *f.*

lagoon [ləˈgu:n] *n., Geogr.* (salted water) laguna *f.*; albufera *f.*

lair [ler] *n.* (for animals, criminals) guarida *f.*; madriguera *f.*

lake [leɪk] *n., Geogr.* lago *m.*

lamb [læm] *n.* **1.** *Zool.* cordero *m.* **2.** *Gastr.* (meat) carne.

lament [ləˈment] *n.* **1.** (sorrow) lamento *m.* ‖ *v. tr.* **2.** lamentar.

lamentable [ləˈmentəbəl] *adj.* (deplorable) lamentable; penoso.

lamp [læmp] *n.* **1.** lámpara *f.* **2.** (light) farol *m.*

lance [læns] *n.* (weapon) lanza *f.*

land [lænd] *n.* **1.** *Geogr.* tierra *f.* **2.** *Geogr.* (ground) terreno *m.* **3.** (country) país *m.* ‖ *v. tr.* **4.** desembarcar. ‖ *v. intr.* **5.** (plane) aterrizar.

landing ['lændɪŋ] *n.* **1.** (of plane) aterrizaje *m.* **2.** (stairs) descansillo *m.*; rellano *m.*

landlady ['lænd,leɪdi] *n.* (of rented dwelling) dueña *f.*

landlord ['lænd,lɔ:rd] *n.* **1.** (of rented dwelling) dueño *m.*; casero *m.* **2.** *Br. E.* (of pub, hostel) patrón *m.*

landscape ['lænd,skeɪp] *n.* (scene) paisaje *m.*

lane [leɪn] *n.* **1.** sendero *m.;* camino *m.* **2.** (in town) callejón *m.* **3.** (in road) carril *m.* **4.** *Sports* calle *f.*

language ['læŋgwɪdʒ] *n.* **1.** lenguaje *m.* **2.** *Ling.* (particular tongue) lengua *f.;* idioma *m.* **3.** (speech) habla *f.*

languish ['læŋgɪʃ] *v. intr.* languidecer; debilitarse.

lank [læŋk] *adj.* (hair) lacio.

lantern ['læntərn] *n.* **1.** (light) farol *m.* **2.** *Archit.* linterna *f.*

lap¹ [læp] *n., Anat.* regazo *m.*

lap² [læp] *n.* **1.** *Sports* etapa *f.* ‖ *v. tr.* **2.** (splash against) lamer.

lapel [lə'pel] *n.* (jacket) solapa *f.*

lapse [læps] *n.* **1.** lapso *m.* **2.** (error) error *m.* ‖ *v. intr.* **3.** transcurrir. **4.** *Law* (contract) caducar; prescribir.

lard ['lɑːrd] *n.* (using in cooking) manteca *f.* (de cerdo).

larder ['lɑːrdər] *n.* despensa *f.*

large [lɑːrdʒ] *adj.* **1.** grande. **2.** (sum) considerable. **3.** (wide) amplio; espacioso.

largeness ['lɑːrdʒnɪs] *n.* grandeza *f.*

lark [lɑːrk] *n., Zool.* alondra *f.*

larva ['lɑːrvə] *n., Zool.* larva *f.*

lash [læʃ] *n.* **1.** *Anat.* (eyelash) pestaña *f.* **2.** (with a whip) azote *m.;* latigazo *m.* ‖ *v. tr.* **3.** azotarr.

lass [læs] *n. Br. E.* muchacha *f.*

last¹ [læst] *adj.* **1.** último; final. ‖ *v. intr.* **2.** durar; perdurar.

last² [læst] *n.* (of shoe) horma *f.*

latch [lætʃ] *n.* picaporte *m.;* pestillo *m.;* pasador *m.*

late [leɪt] *adj.* **1.** tardío. ‖ *adv.* **2.** tarde.

latent ['leɪtənt] *adj.* latente.

later ['leɪtər] *adv.* más tarde; luego; después. ‖ **~ on** más tarde; más adelante; después; luego. **no ~ than** a más tardar. **see you ~** ¡hasta luego!

lateral ['lætərəl] *adj.* lateral.

latest ['leɪtɪst] *adj.* (superl. of "late") último. ‖ **at the ~** a más tardar.

lather ['læðər] *n.* **1.** (of soap) espuma *f.* ‖ *v. tr.* **2.** (with soap) enjabonar.

latitude ['lætɪtuːd] *n., Geogr.* latitud *f.*

latrine [lə'triːn] *n.* letrina *f.*

laud [lɔːd] *v. tr.* alabar; elogiar.

laugh [læf] *n.* **1.** risa *f.* **2.** cachondeo *m. col.* ‖ *v. intr.* **3.** reír.

laughter ['læftər] *n.* risa *f.*

launch [lɔːntʃ] *v. tr.* **1.** (a ship) botar. **2.** (product) lanzar.

launder ['lɔːndər] *v. tr.* **1.** lavar y planchar. **2.** *fig. Econ.* (money) blanquear; lavar (dinero).

laundromat ['lɔːndrəmæt] *n., Am. E.* (automatic) lavandería *f.*

laundry ['lɔːndri] *n.* **1.** lavandería *f.* **2.** *fam.* (dirty clothes) ropa sucia; colada *f.* **3.** (washed clothes) ropa limpia.

laurel ['lɒrəl] *n., Bot.* laurel *m.*

lava ['lɑ:və] *n.* lava *f.*

lavatory ['lævətɔ:ri:] *n., Br. E.* (washroom) lavabo *m.*

lavender ['lævəndər] *n., Bot.* (bush) espliego *m.;* lavanda *f.*

lavish ['lævɪʃ] *v. tr.* (attention) prodigar; derrochar.

law [lɔ:] *n.* **1.** *Law* ley *f.* **2.** (subject) derecho *m.* **3.** (profession) abogacía *f.*

lawful ['lɔ:fəl] *adj.* legal; lícito.

lawn [lɔ:n] *n.* césped *m.*

lawsuit ['lɔ:su:t] *n.* pleito *f.*

lawyer ['lɔ:jər] *n.* abogado *m.*

lay¹ [leɪ] *adj.* **1.** *Rel.* laico; seglar. **2.** (non-expert) profano.

lay² [leɪ] *v. tr.* **1.** (place) poner; colocar. **2.** (cable) tender. **3.** (eggs, carpet) poner.

laying ['leɪɪŋ] *n.* **1.** (eggs) puesta *f.* **2.** (of cable) tendido *m.*

layman ['leɪmən] *n.* **1.** *Rel.* laico *m.;* seglar *m.* **2.** (inexpert) profano *m.;* ignorante *m.*

layoff ['leɪˌɒf] *n.* despido *m.*

laywoman ['leɪˌwʊmən] *n.* **1.** *Rel.* seglar *f.;* laica *f.* **2.** (inexpert) profana *f.*

laziness ['leɪzɪnɪs] *n.* (idleness) pereza *f.;* flojedad *f.;* desidia *f.*

lazy ['leɪzi] *adj.* perezoso; vago.

lead¹ [led] *n.* **1.** (metal) plomo *m.* **2.** (in pencil) mina *f.*

lead² [li:d] *n.* **1.** (position) delantera *f.* **2.** (cards) mano *m.* ‖ *v. tr.* **3.** llevar; conducir. **4.** (go first) liderar.

leader ['li:dər] *n.* líder *m.* y *f.*

leadership ['li:dərʃɪp] *n.* dirección *f.;* jefatura *f.;* mando *m.*

leaf [li:f] *n.* **1.** *Bot.* hoja *f.* **2.** (of book) hoja *f.;* página *f.*

leaflet ['li:flət] *n.* **1.** (brochure) folleto *m.* **2.** (one sheet) octavilla *f.;* prospecto *m.*

league [li:g] *n.* **1.** liga *f.* **2.** (measure) legua *f.* .

leak [li:k] *n.* **1.** (in roof) gotera *f.* **2.** (of water, gas) fuga *f.;* escape *m.* ‖ *v. tr.* **3.** (information) filtrar. ‖ *v. intr.* **4.** (a pipe) tener escapes. **5.** (liquid, gas) irse.

lean¹ [li:n] *adj.* **1.** (meat) seco; magro. **2.** (person) chupado; flaco. **3.** (short of) escaso. ‖ *n.* **4.** (pork meat) magro *m.*

leap [li:p] *n.* **1.** salto *m.;* brinco *m.* ‖ *v. tr.* **2.** saltar; brincar.

learn [lɜ:rn] *v. tr.* **1.** aprender. **2.** (get to know) saber; enterarse.

learned ['lɜ:rnɪd] *adj.* culto.

learning ['lɜ:rnɪŋ] *n.* (knowledge) saber *m.;* ciencia *f.*

lease [li:s] *v. tr.* **1.** (grant use of) arrendar. **2.** (hold under lease) arrendar; alquilar.

leash ['li:ʃ] *n., Am.E.* correa *f.* (de perro).

least [li:st](superl. of "little") *adj.* **1.** menos. ‖ *adv.* **2.** (preceded by "the") menos.

leather ['leðər] *n.* **1.** cuero *m.;* piel *f.* ‖ *adj.* **2.** de cuero; de piel.

leave¹ [li:v] *v. tr.* **1.** dejar.
2. (abandon) abandonar.

leave² [li:v] *n.* **1.** licencia *f.*; permiso *m.* ‖ *n.* **2.** (from job) baja *f.*

lectern ['lektərn] *n.* atril *m.*

lecture ['lektʃər] *n.* **1.** (talk) conferencia *f.*; charla *f.* ‖ *v. intr.*
2. dar una conferencia.

lecturer ['lektʃərər] *n.* **1.** *Br. E.*
(university teacher) profesor *m.* (universitario) *m.*

ledge [ledʒ] *n.* repisa *f.*; alféizar *m.*

leek [li:k] *n., Bot.* puerro *m.*

left [left] *adj.* **1.** izquierdo.
2. (hand) zurdo.

leg [leg] *n.* **1.** *Anat.* pierna *f.*
2. *Zool.* (piece of furniture) pata *f.* **3.** *Gastr.* zanca *f.* **4.** (of trousers) pernera *f.*

legacy ['legəsi:] *n., Law* legado *m.*; herencia *f.*; patrimonio *m.*

legal ['li:gəl] *adj.* **1.** legal. **2.** *Law* jurídico.

legalize, legalise (Br.E)
['li:gə,laɪz] *v. tr.* legalizar; despenalizar.

legend ['ledʒənd] *n.* leyenda *f.*

legendary ['ledʒən'deri:] *adj.*
(mythical) legendario; mítico.

legion ['li:dʒən] *n.* legión *f.*

legislate ['ledʒəs'leɪt] *v. intr.* legislar; promulgar.

legislation [ledʒɪs'leɪʃən] *n.* legislación *f.*

legitimate [lə'dʒɪtəmɪt] *adj.* **1.** legítimo. ‖ *v. tr.* **2.** legitimar.

legitimize [lə'dʒɪtəmeɪt] *v. tr.* legitimar.

legume [(le,gju:m] *n., Bot.* legumbre *f.*

leisure ['leʒər] *n.* ocio *m.*; tiempo libre.

lemon ['lemən] *n., Bot.* limón *m.*

lemonade [,lemə'neɪd] *n.* **1.** (with fresh lemons) limonada *f.*
2. *Br. E.* (fizzy drink) gaseosa *f.*

lend [lend] *v. tr.* (loan) prestar; dejar (prestado).

length [lenθ] *n.* **1.** extensión *f.*; longitud *f.* **2.** (duration) duración *f.*

lengthen ['lenθən] *v. tr.* **1.** alargar; prolongar. ‖ *v. intr.* **2.** (meeting) prolongarse.

lens [lenz] *n.* **1.** (of eye) cristalino *m.* **2.** (of glasses) lente *m. y f.*

lentil ['lentl] *n., Bot.* lenteja *f.*

leopard ['lepərd] *n.* **1.** *Zool.* leopardo *m.* ‖ **leopardess** *n.*
2. *Zool.* leopardo hembra.

lesion ['li:ʒən] *n., Med.* lesión *f.*

less [les] (comp. of "little") *adj.*
(also as pron.) **1.** menos. ‖ *adv.*
2. menos.

lessen ['lesən] *v. tr.* disminuir.

lesson ['lesən] *n.* (class) lección *f.*; clase *f.*

let [let] (p.t. and p.p. let) *v. tr.*
1. (allow) permitir; dejar.
2. (rent) alquilar; rentar *Amér.*

lethal ['li:θəl] *adj.* letal; mortal.

lethargy ['leθərdʒi:] *n.* letargo *m.*

letter ['letər] *n.* **1.** (of alphabet) letra *f.* **2.** (message) carta *f.* ‖ **capital ~** letra mayúscula.

letterhead ['letər,hed] *n.* (heading) membrete *m.*

lettuce ['letəs] *n., Bot.* lechuga *f.*

level ['levəl] *adj.* **1.** plano; llano. ‖ *n.* **2.** nivel *m.*; ras *m.* ‖ *v. tr.* **3.** igualar; nivelar.

lever ['li:vər] *n.* palanca *f.*

levity ['levəti:] *n.* ligereza *f.*

lexicon ['leksɪ,kɒn] *n.* (dictionary) léxico *m.*

liaison [li:'eɪzɒn] *n.* **1.** (coordination) enlace *m.*; contacto *m.* **2.** (love affair) lío *m.*

liar ['laɪər] *n.* mentiroso *m.*

libel ['laɪbəl] *n.* **1.** difamación *f.*; calumnia *f.* ‖ *v. tr.* **2.** difamar.

liberal ['lɪbərəl] *adj.* **1.** liberal. **2.** (generous) generoso; espléndido.

liberality [,lɪbə'ræləti:] *n.* (generosity) liberalidad *f.*

liberty ['lɪbərti:] *n.* libertad *f.*

library ['laɪ,brəri:] *n.* biblioteca *f.*

lice ['laɪs] *n. pl., Zool.* piojos *m.*

license, licence (Br.E) ['laɪsəns] *n.* **1.** licencia *f.*; permiso *m.* ‖ *v. tr.* **2.** autorizar.

licentious [laɪ'senʃəs] *adj.* (dissoluto) licencioso; disoluto.

lichen ['laɪkən] *n., Bot.* liquen *m.*

lick [lɪk] *n.* **1.** lametón *m.* ‖ *v. tr.* **2.** (an-ice-cream) lamer.

licorice, liquorice (Br.E) ['lɪkərɪs, 'lɪkərɪʃ] *n.* regaliz *m.*

lid [lɪd] *n.* **1.** tapa *f.*; tapadera *f.* **2.** *Anat.* (of eye) párpado *m.*

lie¹ [laɪ](pt. and pp. lied) *n.* **1.** mentira *f.*; bola *f.*; trola *f. fam.* ‖ *v. intr.* **2.** mentir.

lie² [laɪ] (p.t. lay; p.p. lain) *v. intr.* **1.** echarse; tumbarse. **2.** (bury) yacer. **3.** (be situated) estar.

life [laɪf](pl.: lives) *n.* vida *f.*

lifebelt ['laɪf,belt] *n.* salvavidas *m. inv.*

lift [lɪft] *n.* **1.** alzamiento *m.* **2.** *Br.E.* ascensor. ‖ *v. tr.* **3.** alzar.

light¹ [laɪt] *n.* **1.** luz *f.* **2.** (lamp) lámpara *f.* **3.** (flame) lumbre *f.* ‖ *adj.* **4.** claro. ‖ *v. tr.* **5.** encender. **6.** (illuminate) iluminar; alumbrar. ‖ *v. intr.* **7.** encenderse.

light² [laɪt] *adj.* **1.** (weight) ligero; leve. **2.** (cloth) fresco.

lighten ['laɪtən] *v. tr.* **1.** (weight) aligerar. **2.** *fig.* (mitigate) aliviar. ‖ *v. intr.* **3.** aligerarse.

lighter ['laɪtər] *n.* encendedor *m.*; mechero *m.*

lighthouse ['laɪt,haʊs] *n., Nav.* (tower) faro *m.*

lighting ['laɪtɪŋ] *n.* **1.** (illumination) iluminación *f.* **2.** (on streets) alumbrado *m.*

lightness ['laɪtnɪs] *n.* (of weight) ligereza *f.*

lightning ['laɪtnɪŋ] *n., Meteor.* rayo *m.*

like¹ [laɪk] *adj.* **1.** (equal) igual. **2.** (similar) parecido; semejante.

‖ *adv.* **3.** como. ‖ *conj.* **4.** (as if) como.

like² [laɪk] *v. tr.* **1.** (want) querer; gustar de. **2.** (take pleasure in) gustar; agradar.

likewise ['laɪkwaɪz] *adv.* **1.** (also) asimismo. **2.** (the same) igualmente.

liking ['laɪkɪŋ] *n.* **1.** (for things) gusto *m.*; afición *f.* **2.** (for people) agrado *m.*; simpatía *f.*

lilac ['laɪlək, 'laɪlæk] *n.*, *Bot.* lila *f.*

lily ['lɪli] *n.*, *Bot.* lirio *m.*

limb [lɪm] *n.* **1.** *Anat.* miembro *m.* **2.** *Bot.* (of tree) rama *f.*

limber ['lɪmbər] *adj.* ágil.

lime¹ [laɪm] *n.*, *Chem.* cal *f.*

lime² [laɪm] *n.*, *Br.E.*, *Bot.* (linden) tilo *m.*

lime³ [laɪm] *n.*, *Bot.* lima *f.*

limelight ['laɪmˌlaɪt] *n.* foco *m.*

limit ['lɪmɪt] *n.* **1.** límite *m.* ‖ *v. tr.* **2.** limitar; restringir.

limp¹ [lɪmp] *n.* **1.** (lameness) cojera *f.* ‖ *v. intr.* **2.** (hobble) cojear.

limp² [lɪmp] *adj.* flojo; fofo.

limpet ['lɪmpət] *n.*, *Zool.* lapa *f.*

limpid ['lɪmpɪd] *adj.*, *lit.* límpido *lit.*; claro.

linden ['lɪndən] *n.*, *Am. E.*, *Bot.* tilo *m.*

line¹ [laɪn] *n.* **1.** línea *f.*; fila *f.* **2.** (draw-ed) raya *f.*; trazo *m.* **3.** (wrinkle) arruga *f.* **4.** (of text) renglón *m.* **5.** *Am. E.* (queue) cola *f.* ‖ *v. tr.* **6.** (rule) rayar.

line² [laɪn] *v. tr.* (clothes) forrar. ‖ **to ~ up** alinear; ponerse en fila. **to stand in ~** hacer cola.

lineage ['lɪnɪdʒ] *n.* (descent) linaje *m.*; estirpe *f.*

linen ['lɪnən] *n.* **1.** (textile) lino *m.*; lienzo *m.* **2.** (for bed) ropa blanca.

liner ['laɪnər] *n.* (lining) forro *m.*

ling [lɪŋ] *n.*, *Bot.* brezo *m.*

linger ['lɪŋgər] *v. intr.* (take too long) entretenerse; tardar.

lingerie [ˌlænʒəˌriː] *n.* (for women) lencería *f.*

linguistics [lɪŋˈgwɪstɪks] *n. sing.* (study of language) lingüística *f.*

liniment ['lɪnəmənt] *n.*, *Med.* (to relieve pain) linimento *m.*

lining ['laɪnɪŋ] *n.* **1.** (of clothes) forro *m.* **2.** *Tech.* revestimiento (interior) *m.*

link [lɪŋk] *n.* **1.** (of chain) eslabón *m.* **2.** (connection) enlace *m.*; vínculo *m.*; nexo *m.* ‖ *v. tr.* **3.** enlazar; conectar. **4.** (jewels) engarzar. **5.** *fig.* vincular.

lion ['laɪən] *n.*, *Zool.* león *m.*

lip [lɪp] *n.*, *Anat.* labio *m.*

lipstick ['lɪpstɪk] *n.* pintalabios *m. inv.*

liqueur [lɪˈkɜr] *n.* (sweet) licor *m.*

liquid ['lɪkwɪd] *adj.* **1.** líquido. ‖ *n.* **2.** líquido *m.*

liquidate ['lɪkwədeɪt] *v. tr.*, *Econ.* (debts) liquidar; saldar.

liquidize ['lɪkwədaɪz] *v. tr.*, *Gastr.* licuar.

liquor ['lıkər] *n., Am.E.* bebidas alcoholicas; licor *m.*

list [lıst] *n.* **1.** (of numbres, names) lista *f.*; enumeración *f.*; listín *m.* ‖ *v. tr.* **2.** enumerar.

listen ['lısən] *v. intr.* escuchar.

litany ['lıtəni:] *n., Rel.* letanía *f.*

liter, litre (Br.E) ['li:tər] *n.* (measure) litro *m.*

literal ['lıtərəl] *adj.* literal.

literary ['lıtə,reri:] *adj.* literario.

literature ['lıtərə,tʃər] *n.* literatura *f.*

litigation [,lıtə'geıʃən] *n., Law* (lawsuit) litigio *m.*; pleito *m.*

litter ['lıtər] *n.* **1.** (rubbish) basura *f.* **2.** *Zool.* camada *f.* **3.** *Med.* (stretcher) camilla *f.*

little ['lıtəl] *adj.* (comp: littler, superl: littlest) **1.** pequeño. ‖ *indef. adj.* (comp: less, superl: least) **2.** (with uncount. n.) poco. ‖ **a ~** un poco; algo.

littoral ['lıtərəl] *adj.* **1.** *Geogr.* litoral. ‖ *n.* **2.** *Geogr.* litoral *m.*

liturgy ['lıtərdʒi:] *n., Rel.* liturgia *f.*

live¹ [lıv] *v. tr.* **1.** (an adventure) vivir. ‖ *v. intr.* **2.** vivir; existir. **3.** (reside) residir; habitar.

live² [laıv] *adj.* **1.** (alive) vivo. **2.** (radio, TV) en directo.

liver ['lıvər] *n., Anat.* hígado *m.*

livestock ['laıv,stɒk] *n.* (cattle) ganado *m.*

livid ['lıvıd] *adj.* lívido; pálido.

living ['lıvıŋ] *adj.* **1.** vivo. ‖ *n.* **2.** vida *f.*

lizard ['lızərd] *n., Zool.* lagarto *m.* ‖ **wall ~** *Zool.* lagartija *f.*

llama ['lɑ:mə] *n., Zool.* llama *f.*

load [loud] *n.* **1.** carga *f.*; peso *m.* **2.** (of a lorry) cargamento *m.* ‖ *v. tr.* **3.** cargar.

loader [loudər] cargador.

loading [loudıŋ] *n.* carga *f.*

loaf¹ [louf](pl.: loaves) *n.* pan *m.*

loaf² [louf] *v. intr.* holgazanear.

loafer ['loufər] *n.* gandul *m.*

loan [loun] *n.* **1.** préstamo *m.* ‖ *v. tr. & intr.* **2.** prestar.

loathe ['louð] *v. tr.* aborrecer.

lobe [loub] *n., Anat.* (earlobe) lóbulo *m.*; perilla *f.* (de la oreja).

lobster ['lɒbstər] *n., Zool.* (crustacean) langosta *f.*; bogavante *m.*

local ['loukəl] *adj.* local.

locality [lou'kæləti:] *n.* (town) localidad *f.*; ciudad *f.*

localize, localise (Br.E) ['loukə,laız] *v. tr., frml.* localizar.

locate ['loukeıt] *v. tr.* **1.** *frml.* localizar. **2.** (situate) ubicar; situar.

lock¹ [lɒk] *n.* **1.** (on door) cerradura *f.* **2.** (on canal) esclusa *f.* ‖ *v. tr. & intr.* **3.** cerrar con llave.

lock² ['lɒk] *n., lit.* (of hair) mechón *m.*

locker ['lɒkər] *n.* (small closet) taquilla *f.*

locomotive [,loukə'moutıv] *n.* (railway engine) locomotora *f.*

locust ['loukəst] *n.* **1.** *Zool.* (insect) langosta *f.* **2.** *Bot.* (tree) acacia blanca.

locution [loʊˈkjuːʃən] *n., Ling.* locución (phrase) *f.*

lode [loʊd] *n., Miner.* filón *m.*

lodge [lɒdʒ] *n.* **1.** *Br.E.* casa de guarda. **2.** (of porter) portería *f.*; garita *f.* **3.** (of beaver) madriguera *f.* ‖ *v. tr.* **4.** (accommodate) alojar; hospedar. ‖ *v. intr.* **5.** (live) alojarse; hospedarse.

lodger [ˈlɒdʒər] *n.* (in hotel, etc.) huésped *m. y f.*; inquilino *m.*

lodging [ˈlɒdʒɪŋ] *n.* alojamiento *m.*; hospedaje *m.*

loft [lɒft] *n.* **1.** desván *m.*; buhardilla *f.* **2.** *Agr.* (hayloft) pajar *m.* **3.** *Am.E.* (appartment) ático *m.*

log [lɒg] *n.* **1.** tronco *m.*; leño *m.* **2.** *Nav.* barquilla *f.*

logic [ˈlɒdʒɪk] *n.* lógica *f.*

loin [lɔɪn] *n.* **1.** *Gastr.* (pork) lomo *m.* **2.** (pork meat) magro *m.*

lollipop [ˈlɒlɪpɒp] *n.* **1.** (flat) piruleta *f.* **2.** (elongated and pointed) pirulí *m.*

loneliness [ˈloʊnliːnɪs] *n.* soledad *f.*; aislamiento *m.*

lonely [loʊnliː] *adj.* **1.** (person) solo; solitario. **2.** (place) aislado.

long[1] [lɒŋ] *adj.* (size, distance) largo.

long[2] [lɒŋ] *v. intr.* (for, after, to) **1.** añorar. **2.** (yearn) anhelar.

longing [ˈlɒŋɪŋ] *n.* **1.** (desire) anhelo *m.*; deseo *m.*; ansia *f.* **2.** (nostalgia) añoranza *f.*

longitude [ˈlɒŋdʒəˌtuːd] *n., Geogr.* longitud *f.*

look [lʊk] *n.* **1.** (glance) mirada *f.*; vistazo *m.* **2.** (appearance) aspecto *m.*; facha *f. fam.*; pinta *f.* **3.** (expression) cara *f.* ‖ *v. intr.* **4.** mirar. **5.** (seem) parecer.

lookout [ˈlʊkaʊt] *n.* **1.** vigía *m. y f.* **2.** (place) atalaya *f.*

loose [luːs] *adj.* **1.** flojo; holgado. **2.** (not secure) suelto. ‖ *v. tr.* **3.** (wrath, violence) desatar.

loosen [ˈluːsən] *v. tr.* **1.** aflojar; soltar. **2.** (untie) desatar. ‖ *v. intr.* **3.** aflojarse. **4.** (become untied) desatarse.

looseness [ˈluːsənɪs] *n.* **1.** soltura *f.* **2.** (clothing) holgura *f.*

loot [luːt] *n.* botín *m.*

lop [lɒp] *v. tr.* podar.

loquacious [ləˈkweɪʃəs] *adj., frml.* (talkative) hablador.

lord [lɔːrd] *n.* (nobleman) lord *m.*

lordship [ˈlɔːrdʃɪp] *n.* señoría *f.*

lorry [ˈlɒriː] *n., Br. E.* camión *m.*

lose [luːz] *v. tr.* perder.

loss [lɒs] *n.* **1.** pérdida *f.*; extravío *m.* **2.** (of hair) caída *f.*

lost [lɒst] *adj.* perdido.

lot [lɒt] *n.* **1.** (in an auction) lote *m.* **2.** *Am.E.* (plot) solar *m.*; parcela *f.* ‖ **a ~** mucho.

lotion [ˈloʊʃən] *n.* loción *f.*

lottery [ˈlɒtəriː] *n.* lotería *f.*

lotus [loʊtəs] *n., Bot.* loto *m.*

loud [laʊd] *adj.* **1.** (voice) alto. **2.** (noise) fuerte. **3.** (noisy) ruidoso. **4.** (color, clothes) vistoso; llamativo; estridente.

loudspeaker ['laʊdˌspiːkər] *n.* altavoz *m.*; megáfono *m.*

lounge [laʊndʒ] *n. Br. E.* salón *m.*

louse [laʊs] (pl.: lice) *n., Zool.* piojo *m.*

love [lʌv] *n.* **1.** amor *m.*; cariño *m.* **2.** (in tennis) cero. ‖ *v. tr.* **3.** amar; querer.

lovely ['lʌvliː] *adj.* **1.** hermoso. **2.** (charming) encantador.

lover ['lʌvər] *n.* **1.** amante *m.*; enamorado *m.* **2.** (fan) aficionado *m.*; amigo *m.*

low[1] [loʊ] *adj.* **1.** bajo. **2.** (figure) pequeño. **3.** (price) ajustado. ‖ *adv.* **4.** bajo. **5.** (speak) bajo.

low-calorie ['loʊˌkæləriː] *adj.* (food) light; bajo en calorías.

lower ['loʊər] *adj.* (comp. of "low") **1.** inferior. ‖ *v. tr.* **2.** (reduce) bajar; rebajar. **3.** (blind, flag, music) bajar.

lowest ['loʊɪst] *adj.* (super. of "low") ínfimo *form.*; mínimo.

loyal ['lɔɪəl] *adj.* leal; fiel.

loyalty ['lɔɪəltiː] *n.* lealtad *f.*

lubricate ['luːbrɪkeɪt] *v. tr.* **1.** lubricar. **2.** (engine) engrasar.

lucid ['luːsɪd] *adj.* lúcido.

luck [lʌk] *n.* suerte *f.*; fortuna *f.*

lucky ['lʌkiː] *adj.* (person) afortunado; feliz.

ludo ['luːdoʊ] *n., Br.E.* (game) parchís *m.*

luggage ['lʌgɪdʒ] *n., Br.E.* equipaje *m.*

lull [lʌl] *n.* **1.** calma *f.* ‖ *v. tr.* **2.** calmar; sosegar.

lullaby ['lʌləbaɪ] *n.* nana *f.*

lumber ['lʌmbər] *n.* **1.** *Br. E.* trastos viejos. **2.** *Am. E.* (timber) madera *f.*

lump [lʌmp] *n.* **1.** (of sugar) terrón *m.* **2.** *Med.* bulto *m.*; hinchazón *m.* **3.** (on the head) chichón *m.* **4.** (in sauce) grumo *m.*

lunar ['luːnər] *adj.* lunar.

lunch [lʌntʃ] *n.* **1.** comida *f.*; almuerzo *m.* ‖ *v. intr.* **2.** almorzar.

lung [lʌŋ] *n., Anat.* pulmón *m.*

lure [lʊr] *n.* **1.** anzuelo *m.*; cebo *m.* **2.** (for birds) reclamo *m.*

lurk [lɜːrk] *v. intr.* **1.** acechar. **2.** (hidden) esconderse.

lust [lʌst] *n.* **1.** (sexual desire) lujuria *f.* **2.** (greed) codicia *f.* ‖ *v. intr.* **3.** codiciar; desear.

luster, lustre (Br.E) ['lʌstər] *n.* (gloss) lustre *m.*; brillo *m.*

lute [luːt] *n., Mus.* laúd *m.*

lluxury ['lʌkʃəriː] *n.* lujo *m.*

lycra ['lɪkrə] *n. f.* licra *f.*; lycra *f.*

lynx [lɪŋks] *n., Zool.* lince *m.*

lyre ['laɪr] *n., Mus.* lira *f.*

lyrical ['lɪrɪkəl] *adj.* lírico.

M

m [em] *n.* (letter) m *f.*

macabre [məˈkɑːbrə, məˈkɑːbər] *adj.* (sinister) macabro; siniestro.

macaque [məˈkæk] *n., Zool.* (monkey) macaco *m.*; mono *m.*

macaroni [ˌmækəˈrouniː] *n., Gastr.* (pasta) macarrón *m.*

machine [məˈʃiːn] *n.* máquina *f.*

machinery [məˈʃiːnəriː] *n.* **1.** (machine) maquinaria *f.*; artilugio *f.* **2.** (working) mecanismo *m.*

macho [ˈmætʃou] *adj.* (virile) macho; viril; varonil.

mackerel [ˈmækərəl] *n., Zool.* (fish) caballa *f.*

mad [mæd] *adj.* loco.

madam [ˈmædəm] *n.* (crazy) señora *f.*

madden [ˈmædən] *v. tr.* (drive crazy) enloquecer; volver loco.

madhouse [ˈmædhaus] *n., coll.* manicomio *m.*; casa de locos.

madness [ˈmædnəs] *n., Med.* locura *f.*; delirio *m.*; demencia *f.*

magazine [ˌmægəˈziːn] *n.* revista *f.*

magic [ˈmædʒɪk] *adj.* **1.** (powers, numbers) mágico. ‖ *n.* **2.** magia *f.*

magician [məˈdʒɪʃən] *n.* **1.** (wizard) mago *m.* **2.** (conjurer) prestidigitador *m.*

magisterial [ˌmædʒəˈstɪriəl] *adj., frml.* (attitude, tone) magistral.

magistrate [ˈmædʒəstreɪt] *n. Law* (justice of peace) magistrado *m.*; juez *m.*

magnate [ˈmægneɪt, ˈmægnɪt] *n.* magnate *m. y f.*; potentado *m.*

magnet [ˈmægnɪt] *n.* imán *m.*

magnetism [ˈmægnətɪzəm] *n.* magnetismo *m.*; fuerza *f.*

magnetize, magnetise (Br.E) [ˈmægnətaɪz] *v. tr.* magnetizar; imantar.

magnificent [mægˈnɪfəsənt] *adj.* (impresive) magnífico; grandioso.

magnitude [ˈmægnətuːd] *n.* magnitud *f.*; grandeza *f.*

magpie [ˈmægpaɪ] *n.* **1.** *Zool.* (bird) urraca *f.* **2.** *Am. E., fig.* (chatterbox) cotorra *f.*

mahogany [məˈhɒgəni] *n.* **1.** *Bot.* caoba *f.* **2.** (wood) caoba. **3.** (color) caoba *m.*

maid [meɪd] *n.* **1.** asistenta; criada; sirvienta. **2.** *lit.* (young girl) doncella *f.*

maiden [ˈmeɪdən] *n.* (young girl) doncella *f.*; muchacha *f.*

mail[1] [meɪl] *n.* **1.** *Am. E.* correo *m.*; correspondencia *f.* ‖ *v. tr.* **2.** (sent) enviar por correo.

mail[2] [meɪl] *n.* (of armor) malla *f.*

mailbox [ˈmeɪlbɒks] *n., Am. E.* buzón *m.* ‖ **voice** ~ buzón de voz (en el teléfono movil).

mailman [ˈmeɪlmən] *n., Am. E.* (postman) cartero *m.*

main [meɪn] *adj.* **1.** (idea, door) principal; esencial. **2.** (street) mayor.

maintain [meɪn'teɪn] v. tr.
1. mantener. 2. (in good condition) conservar; guardar.
‖ v. intr. 3. mantenerse.

maize [meɪz] n., Br. E., Bot.
maíz m.

make [meɪk] n. 1. (brand) marca. ‖ v. tr. 2. (produce) hacer.
3. (manufacture) confeccionar.
4. (friends, money) hacer.

makeup ['meɪkʌp] n. 1. maquillaje m.; cosmético m. 2. (composition) composición f. ‖ ~ remover desmaquillador m.

male [meɪl] adj. 1. (person) varonil. 2. Zool. (animal) macho.
3. Biol.masculino. ‖ n. 4. (man)
varón m. 5. Zool. (animal) macho m.

malediction [mælə'dɪkʃən] n.
(curse) maldición f.

malevolent [mə'levələnt] adj.
perverso; malvado.

malfunction [mæl'fʌŋkʃən] n.
fallo m.; mal funcionamiento.

malice ['mælɪs] n., malicia f.

malign [mə'laɪn] adj. 1. (influence) maligno. ‖ v. tr. 2. calumniar.

malignant [mə'lɪgnənt] adj.
1. (person) malvado. 2. (influence) perverso. maligno;

mall [mɔːl] n. 1. Am. E. (for shopping) centro comercial.
2. (avenue) bulevar m.

mallet ['mælɪt] n. (tool) mazo m.

mallow ['mæloʊ] n., Bot. malva f.

malnutrition [mælnuː'trɪʃən]
n., Med. (undernourishment)
desnutrición f.

malt [mɔlt] n. (cereal) malta m.

mammal ['mæməl] n., Zool. mamífero m.

mammalian [mæ'meliən] adj.
mamífero.

man [mæn](pl.: men) n. varón
m.; hombre m.

manage ['mænɪdʒ] v. tr. 1. dirigir; gestionar. 2. (property) administrar. 3. (money) manejar.
‖ v. intr. 4. componérselas.

management ['mænədʒmənt] n.
1. (of an enterprise) dirección;
administración; gerencia f.
2. (people in charge) gobierno m.

manager ['mænədʒər] n. 1. gerente m.; manager m. y f. angl.
2. Sports director m.

mandarin ['mændərɪn] n., Bot.
(fruit) mandarina f.

maneuver, manoeuvre
(Br.E) [mə'nuːvər] n. 1. maniobra f. ‖ v. tr. 2. maniobrar.

mange [meɪndʒ] n., Vet. sarna f.;
roña f. (del ganado).

manger ['meɪndʒər] n. (trough)
pesebre m.; comedero m.

mango ['mæŋgoʊ] n., Bot. (fruit)
mango m.

manipulate [mə'nɪpjəleɪt] v. tr.
(handle) manipular; manejar.

mankind [mæn'kaɪnd] n. humanidad f.; género humano.

manly ['mænli:] *adj.* varonil.

mannequin ['mænɪkɪn] *n.* (in shop window, model) maniquí *m. y f.;* modelo *m.*

manner ['mænər] *n.* **1.** (way of behaving) trato *m.* **2.** (way) manera *f.;* modo *m.* ‖ **manners** *n. pl.* **3.** maneras *f. pl.*

mansion ['mænʃən] *n.* (house) mansión *f.;* palacio *m.*

manslaughter ['mæn,slɔːtər] *n., Law* (involuntary) homicidio *m.;* asesinato *m.* (involuntario).

mantilla [,mæn'tɪlə] *n.* (for woman) mantilla *f.;* chal *m.*

mantle ['mæntl] *n.* manto *m.*

manual ['mænjʊəl] *adj.* **1.** manual. ‖ *n.* **2.** (handbook) manual *m.*

manufacture [,mænjə'fæktʃər] *n.* **1.** fabricación *f.;* manufactura *f.* **2.** (of clothes) confección *f.* **3.** (production) fábrica *f.* ‖ *v. tr.* **4.** fabricar; manufacturar.

manure [mə'njʊr] *n.* **1.** estiércol *m.* ‖ *v. tr.* **2.** (field) estercolar; abonar.

manuscript ['mænjəskrɪpt] *adj.* **1.** *frml.* manuscrito. ‖ *n.* **2.** (handwritten) manuscrito *m.*

many ['meni:] *adj.* **1.** (count. n.) (sometimes preceded by "a great" or "a good") mucho. ‖ *pron.* **2.** mucho.

map [mæp] *n.* **1.** (of a country, city) mapa *m.* **2.** (of tube) plano *m.*

marble ['mɑːrbəl] *n.* **1.** mármol *m.* **2.** (game) canica *f.*

March [mɑːrtʃ] *n.* marzo *m.*

march [mɑːrtʃ] *n.* **1.** marcha *f.* ‖ *v. intr.* **2.** *Mil.* marchar.

mare [mer] *n., Zool.* yegua *f.*

margarine ['mɑːrdʒərɪn] *n., Gastr.* margarina *f.*

margarita [,mɑːrgə'riːtə] *n.* (cocktail) margarita *f.*

margin ['mɑːrdʒɪn] *n.* **1.** (of paper) margen *amb.* **2.** *fig.* límite *m.*

marginalize, marginalise (Br.E) ['mɑːrdʒənəlaɪz] *v. tr.* marginar; excluir.

marguerite [,mɑːrgə'riːt] *n., Bot.* (big daisy) margarita *f.*

marine [mə'riːn] *adj.* marino.

mark [mɑːrk] *n.* **1.** marca *f.* **2.** (stain) mancha. **3.** (imprint) huella *f.* **4.** (sign) señal *f.* **5.** *Ling.* signo *m.* **6.** *Br. E.* nota *f.;* puntuación *f.;* calificación *f.* ‖ *v. tr.* **7.** marcar; señalar. **8.** *Br. E.* (an exam) puntuar; calificar.

market ['mɑːrkɪt] *n.* **1.** mercado *m.* **2.** (stock market) bolsa *f.* (de valores). **3.** (square) plaza *f.* (del mercado). ‖ *v. tr.* **4.** vender.

marketplace ['mɑːrkɪtpleɪs] *n.* (exchange) lonja *f.;* mercado *m.*

marmalade ['mɑːrməleɪd] *n.* mermelada de naranja (cítricos).

marriage ['mærɪdʒ] *n.* **1.** (institution) matrimonio *m.* **2.** (wedding) boda *f.;* enlace *m.*

marrow ['mærou] n. **1.** Anat. médula f. **2.** (nature) esencia f.

marry ['mæri] v. tr. **1.** (couple) casarse. **2.** (perform the ceremony) casar. ‖ v. intr. **3.** contraer matrimonio.

marsh [mɑ:rʃ] n. **1.** Geogr. pantano m. **2.** Geogr. (on coast) marisma f.

mart [mɑ:rt] n. mercado m.

martial ['mɑ:rʃəl] adj. marcial.

martin ['mɑ:rtɪn] n., Zool. (bird) vencejo m.; avión m.

martyr ['mɑ:rtər] n. mártir m. y f.

martyrdom ['mɑ:rtərdəm] n. (death) martirio m.; tortura f.

marvel ['mɑ:rvəl] n. **1.** maravilla f.; prodigio m. ‖ v. intr. **2.** maravillarse; admirarse.

marvelous, marvellous (Br.E) ['mɑ:rvələs] adj. maravilloso; estupendo.

marzipan ['mɑ:rzpæn] n., Gastr. (sweet) mazapán m.

mascot ['mæskɒt] n. (amulet) mascota f.

masculine ['mæskjəlɪn] adj. **1.** masculino. ‖ n. **2.** Ling. masculino m.

mash [mæʃ] n. **1.** Br.E., coll. puré de patatas. ‖ v. tr. **2.** triturar.

mask [mæsk] n. **1.** máscara f. **2.** Med. (cosmetics) mascarilla f. **3.** (disguise) careta f.; antifaz. ‖ v. tr. **4.** enmascarar.

mason ['meɪsən] n. (bricklayer) albañil m.

mass[1] [mæs] n., Rel. misa f.

mass[2] [mæs] n. **1.** masa f. **2.** (bulk) mole f. ‖ v. intr. **3.** concentrarse; agruparse.

massage ['mæsɑ:ʒ] n. **1.** masaje m.; fricción f. ‖ v. tr. **2.** dar masaje; friccionar.

mast [mæst] n. **1.** Nav. mástil m.; palo m. **2.** (radio, TV) árbol de transmisión.

master ['mɑ:stər] n. **1.** amo m. **2.** (of a house) señor m. **3.** (of animal, servant) dueño m. **4.** (teacher) maestro m.; profesor m. ‖ v. tr. **5.** dominar.

masterly ['mæstərli:] adj. (performance, book) magistral.

masterpiece ['mæstərpi:s] n. (film, painting, book) obra maestra.

masthead ['mæst,hed] n. (of a journal) cabecera f.

masticate ['mæstɪ,keɪt] v. tr. & intr., frml. (chew) masticar.

mastodon ['mæstə,dɒn] n. (giant) mastodonte m.; gigante m.

mat[1] [mæt] n. **1.** (rushmat) estera f. **2.** (doormat) felpudo m. **3.** Sports colchoneta f. **4.** (for glass) posavasos m. inv.

mat[2] [mæt] adj. (color) mate.

match[1] [mætʃ] n. (for fire) cerilla f.; fósforo m.

match[2] [mætʃ] n. **1.** Sports partido m. ‖ v. tr. **2.** (equal) igualar. **3.** (colors) pegar; casar. **4.** (socks, gloves) emparejar.

mate[1] [meɪt] n. **1.** fam. compañero m. ‖ v. tr. **2.** Zool. aparear.

mate[2] [meɪt] n. (chess) mate m.

material [mətɪrɪəl] adj. **1.** material. ‖ n. **2.** Econ. material m.; género m. **3.** Tech. materia f.

materialize, materialise (Br.E) [mətɪrɪəlaɪz] v. tr. materializar.

maternal [mətɜːnəl] adj. **1.** (motherly) maternal. **2.** (on mother's side) materno.

maternity [mətɜːrəti:] n. maternidad f.

math, maths (BrE) [mæθ] n., coll. matemática f.

mathematics [mæθəˈmætɪks] n. matemática f. (often in pl.).

matrimony [ˈmætrəmoʊni] n. (marriage) matrimonio m.

matt [mæt] adj. (color) mate.

matter[2] [ˈmætər] n. **1.** (substance) materia f.; substancia f. **2.** (question) cuestión f.; asunto. .

mattress [ˈmætrɪs] n. colchón m.

mature [mətʃʊr] adj. **1.** (developed, sensible) maduro. **2.** (wine) añejo. ‖ v. tr. & intr. **3.** (people) madurar.

maturity [mətʃʊrəti: mətʃʊrəti:] n. (physical, mentality) madurez f.

mausoleum [mɔːsəˈliəm] n., Archit. (pantheon) panteón m.

mauve [moʊv] adj. **1.** (color) malva inv. ‖ n. **2.** (color) malva m.

maxim [ˈmæksɪm] n. (saying) máxima f.; sentencia f.

maximum [ˈmæksəməm] adj. **1.** máximo. ‖ n. **2.** máximo m.

May [meɪ] n. mayo m.

may [meɪ](p.t. might) v. aux. (possibility, probability, permission) poder; ser posible.

maybe [ˈmeɪbi] adv. quizá.

mayonnaise [ˈmeɪəˌneɪz] n., Gastr. (sauce) mahonesa f.

mayor [ˈmeɪər] n. alcalde m.

maze [meɪz] n. laberinto m.

me [miː] pron. pers. accus. 1st. sing. **1.** me. **2.** (+ prep.) mí.

meadow [ˈmedoʊ] n., Geogr. pradera f.; prado m.

meal[1] [miːl] n. (oats or corn flour) harina f.

meal[2] [miːl] n. (food) comida f.

mean[1] [miːn] v. tr. querer decir.

mean[2] [miːn] adj. **1.** mezquino; tacaño. **2.** (despicable) vil.

mean[3] [miːn] adj. **1.** (average) medio. ‖ n. **2.** (average) media f.

meaning [ˈmiːnɪŋ] n. **1.** significado m.; significación f.; sentido m. **2.** (in dictionary) acepción f.

means [miːnz] n. pl. **1.** (method) medio m. sing. **2.** (resources) medios m. (de vida). **3.** (of people) posibles f.; recursos m.

meantime [ˈmiːnˌtaɪm] adv. mientras tanto; entretanto.

meanwhile [ˈmiːnˌwaɪl] adv. mientras tanto; entretanto.

measure ['meʒər] n. **1.** medida f. **2.** Mus. compás m.

measurement ['meʒərmənt] n. (dimension) medida f.

measuring ['meʒərɪŋ] n. medida f.

meat [mi:t] n. carne f.

meatball ['mi:tbɔ:l] n., Gastr. albóndiga f.

mechanics [məˈkænɪks] n. sing. (science) mecánica f.

mechanism ['mekənɪzəm] n. mecanismo m.; maquinaria f.

medal ['medəl] n. medalla f.

mediator [mi:dreɪtər] n. (intermediary) mediador m.

medication [ˌmedɪˈkeɪʃən] n., Med. medicación f.; tratamiento m.

medicine ['medəsən] n. **1.** (substance, science) medicina f. **2.** (substance) medicamento m.

mediocre ['mi:dɪˌoʊkər] adj. (ordinary) mediocre; mediano.

meditate ['medɪteɪt] v. tr. & intr. (ponder) meditar; reflexionar.

medium ['mi:dɪəm] adj. **1.** mediano. ‖ n. **2.** (means) medio m.

meet [mi:t] v. tr. **1.** (by chance) encontrar. **2.** (know people) conocer. **3.** (hold formal meeting) entrevistarse con.

meeting ['mi:tɪŋ] n. **1.** encuentro m. **2.** (of group) reunión f.; junta f.

megaphone ['megəˌfoʊn] n. (loud-hailer) megáfono m.

melancholic [melənˈkɒlɪk] adj. melancólico; triste; afligido.

melancholy ['melənˌkɒli:] n. melancolía f.; tristeza f.

melodrama ['melədrɑːmə] n., Film melodrama m.

melody ['melədi:] n. melodía f.

melon ['melən] n., Bot. melón m.

melt [melt] v. tr. **1.** derretir. **2.** (metals) fundir. ‖ v. intr. **3.** derretirse. **4.** (metals) fundirse.

member ['membər] n. miembro m.

membership ['membərˌʃɪp] n. conjunto de socios.

membrane ['membreɪn] n. membrana f.

memorable ['memərəbəl] adj. (unforgettable) memorable.

memory ['meməri:] n. **1.** memoria f. **2.** (remembrance) recuerdo m.

menace ['menəs] n. **1.** (threat) amenaza f. ‖ v. tr. **2.** amenazar.

mend [mend] n. **1.** remiendo m.; apaño m. ‖ v. tr. **2.** (clothes) remendar; repasar.

mendicant ['mendɪkənt] n. (beggar) mendigo m.; pobre m. y f.

menhir [menhɪr] n. menhir m.

menstruation [menstrʊˈeɪʃən] n., Med. menstruación f.; regla f.

mental ['montəl] adj. mental.

mentality [menˈtæləti:] n. mentalidad f.; creencia f.

mention ['menʃən] n. **1.** mención f. ‖ v. tr. **2.** mencionar.

menu ['menju:] *n.* **1.** *Gastr.* menú *m.*; carta *f.* **2.** *Comput.* menú *m.*

mercantile ['mɜ:rkəntaɪl] *adj.* (commercial) mercantil.

merchandise ['mɜ:rtʃəndaɪz] *n.* mercancías *f. pl.*; género *m.*

mercy ['mɜ:rsi:] *n.* (compassion) piedad *f.*; misericordia *f.*

mere [mɪr] *adj.* simple; mero.

merge ['mɜ:rdʒ] *v. tr.* **1.** unir. **2.** *Econ.* (firms) fusionar.

meringue [məˈræŋ] *n., Gastr.* (sweet) merengue *m.*

merit ['merɪt] *n.* **1.** mérito *m.*; merecimiento *m.* ‖ *v. tr.* **2.** (deserve) merecer.

mermaid [ˈmɜ:rmeɪd] *n., Myth.* sirena *f.*

merriment ['merɪmənt] *n.* (jovial) júbilo *m.*; alborozo *m.*

mesh [meʃ] *n.* (of net) malla *f.*

mesmerize, **mesmerise** (Br.E) ['mezməraɪz] *v. tr.* hipnotizar; magnetizar; sugestionar.

mess [mes] *n.* **1.** (disorder) desorden; tinglado *m.* **2.** (mix) revoltijo *m.*; lío *m.*

message ['mesɪdʒ] *n.* **1.** mensaje *m.*; recado *m.* **2.** (communication) embajada *f.*

mestizo [mesˈti:zoʊ] *n.* mestizo *m.*

metabolism [məˈtæbəˌlɪzəm] *n., Med.* metabolismo *m.*

metal ['metəl] *n.* metal *m.*

metallurgy ['metlɜ:rdʒi:] *n.* metalurgia *f.*

metaphor ['metəfɔ:r] *n., Lit.* metáfora *f.*

meteorology [ˌmi:tɪəˈrɒlədʒi:] *n.* meteorología *f.*

meter, **metre (Br.E)** ['mi:tər] *n.* **1.** contador *m.* **2.** *Br. E.* (measure) metro *m.*

method ['meθəd] *n.* **1.** método *m.* **2.** (procedure) procedimiento *m.*

meticulous [meˈtɪkjələs] *adj.* minucioso; meticuloso.

metropolis [məˈtrɒpəlɪs] *n.* (large city) urbe *f.*; metrópoli *m.*

mew [mju:] *n.* **1.** (of cat) maullido *m.* ‖ *v. intr.* **2.** (cat) maullar.

mewl [mju:] *v. intr.* **1.** (baby) gimotear; lloriquear. **2.** (tomcat) maullar.

mi or me [mi:] *n., Mus.* mi *m.*

miaow [mi:aʊ] *n.* **1.** (of cat) maullido *m.* ‖ *v. intr.* **2.** (cat) maullar.

microbe [maɪkroʊb] *n., Biol.* microbio *m.*; microorganismo *m.*

microphone ['maɪkrəfoʊn] *n.* (mic) micrófono *m.*

microscope ['maɪkrəskoʊp] *n.* microscopio *m.*

microscopic [ˌmaɪkrəˈskɒpɪk] *adj.* (tiny) diminuto.

microwave ['maɪkrəweɪv] *n.* (oven) microondas *m.*

mid- [mɪd] *adj. pref.* medio.

midday ['mɪdˌdeɪ] *n.* (noon) mediodía *m.*

middle ['mɪdəl] *n.* **1.** (centre) centro *m.*; medio *m.* **2.** (halfway point) mitad *f.*

middleman ['mɪdəl‚mæn] *n.*, *Econ.* intermediario *m.*

midnight ['mɪd‚naɪt] *n.* medianoche *f.*

mien [mi:n] *n.* (disposition) semblante *m. lit.*; humor *m.*

migrate ['maɪ‚greɪt] *v. intr.* emigrar; expatriarse.

mild [maɪld] *adj.* apacible.

mildew ['mɪl‚du:] *n.*, *Bot.* (on bread, fruit) moho *m.*

mildness ['maɪldnɪs] *n.* (of character) templanza *f.*

mile [maɪl] *n.* (measure) milla *f.*

militia [mə'lɪʃə] *n.* milicia *f.*

milk [mɪlk] *adj.* **1.** lechero. ‖ *n.* **2.** leche *f.* ‖ *v. tr.* **3.** ordeñar.

mill [mɪl] *n.* **1.** molino *m.* **2.** (coffee) molinillo *m.* ‖ *v. tr.* **3.** (grind) moler.

millennium [mɪ'lenɪəm] *n.* (thousand years) milenio *m.*

milligram or milligramme ['mɪlɪ‚græm] *n.* miligramo *m.*

milliliter, millilitre (Br.E) ['mɪlə‚li:tər] *n.* mililitro *m.*

millimeter, millimetre (Br.E) ['mɪlə‚mi:tər] *n.* milímetro *m.*

million ['mɪljən] *n.* **1.** *Math.* millón *m.* **2.** (often pl.) millón *m.*

mime [maɪm] *n.* **1.** *Theat.* mímica *f.* **2.** *Theat.* (person) mimo *m.* y *f.* ‖ *v. tr.* **3.** imitar; emular.

mimesis [maɪmsɪs] *n.*, *Biol.* (mimicry) mimetismo *m.*

mince ['mɪns] *adj.* **1.** (meat) picado. ‖ *n.* **2.** *Gastr.* carne picada. ‖ *v. tr.* **3.** (meat) picar.

mind [maɪnd] *n.* **1.** mente *f.*; entendimiento *m.* ‖ *v. tr.* **2.** hacer caso. ‖ *v. intr.* **3.** (be careful) tener cuidado.

mine[1] [maɪn] *poss. pron. 1st. sing.* mío. ‖ **of ~** mío.

mine[2] [maɪn] *n.* **1.** *Miner.* mina *f.* ‖ *v. tr.* **3.** *Mil.* minar.

mineral ['mɪnərəl] *adj.* **1.** mineral. ‖ *n.* **2.** mineral *m.*

minimum ['mɪnəməm] *adj.* **1.** mínimo. ‖ *n.* **2.** mínimo *m.*

miniskirt ['mɪni‚skɜ:rt] *n.* (clothing) minifalda *f.*

minister ['mɪnəstər] *n.* **1.** *Polit.* ministro *m.* **2.** *Rel.* pastor *m.*

ministry ['mɪnɪstri:] *n.* **1.** *Br. E.*, *Polit.* ministerio *m.* **2.** *Rel.* sacerdocio *m.*

mink [mɪŋk] *n.*, *Zool.* visón *m.*

minor ['maɪnər] *adj.* **1.** menor; más pequeño. ‖ *n.* **2.** (child) menor de edad.

minority [maɪ'nɒrəti:] *n.* minoría *f.*

mint [mɪnt] *n.* **1.** *Bot.* menta *f.* **2.** *Bot.* (peppermint) hierbabuena *f.*

minus ['maɪnəs] *n.* **1.** *Math.* negativo *m.* ‖ *prep.* **2.** menos.

minuscule ['mɪnə‚skʌl] *adj.* minúsculo.

minute ['mɪnɪt] *adj.* **1.** (tiny) diminuto. ‖ *n.* **2.** (of time) minuto *m.*

miracle ['mɪrɪkəl] *n.* milagro *m.*

mire ['maɪr] *n.* fango *m.*

mirror ['mɪrər] *n.* espejo *m.*

misadvise [ˌmɪsədˈvaɪz] *v. tr.* aconsejar mal; malaconsejar.

misappropriate [ˌmɪsəˈprouprɪət] *v. tr.* (funds) malversar (fondos).

misbehave [ˌmɪsbɪˈheɪv] *v. intr.* portarse mal; comportarse mal.

miscalculate [ˌmɪsˈkælkjəleɪt] *v. tr. & intr.* calcular mal.

miscarriage [mɪsˈkærɪdʒ] *n.*, *Med.* (spontaneous) aborto *m.*

miscarry [mɪsˈkæri] *v. intr.* **1.** *Med.* abortar (espontáneamente). **2.** (goods, letter) extraviarse.

mischievous ['mɪstʃɪvəs] *adj.* **1.** travieso. **2.** (arch) malicioso.

misdeed ['mɪsdiːd] *n.* fechoría *f.*; delito *m.*; infracción *f.*

miserable ['mɪzərəbəl] *adj.* **1.** triste. **2.** (nasty) desgraciado.

miserly ['maɪzərli] *adj.* **1.** (mean) tacaño. **2.** (vile) mezquino.

misery ['mɪzəri] *n.* **1.** (poverty) miseria *f.* **2.** (misfortune) desdicha *f.*; desgracia *f.*

misfortune [mɪsˈfɔːrtʃən] *n.* infortunio *m.*; desgracia *f.*

miss[1] [mɪs] *n.* **1.** (beauty contest) miss *f.* ‖ **Miss** *n.* **2.** señorita *f.*

miss[2] [mɪs] *n.* **1.** (lack of success) fracaso *m.* ‖ *v. tr.* **2.** (fail) errar.

3. (bus, train, opportunity) perder. **4.** (feel the loss of) echar de menos; extrañar.

mission ['mɪʃən] *n.* misión *f.*

misspend ['mɪspɛnd] *v. tr.* **1.** (money) malgastar; derrochar. **2.** (youth) disipar.

mist [mɪst] *n.* **1.** *Meteor.* (fog) niebla *f.* **2.** *Meteor.* (thinner) bruma *f.*; neblina *f.*

mistake [mɪsˈteɪk] *n.* **1.** error *m.*; fallo *m.*; equivocación *f.* **2.** (oversight) descuido *m.* ‖ *v. tr.* **3.** (confuse) confundir.

mistaken [mɪsˈteɪkən] *adj.* equivocado; incorrecto.

mister ['mɪstər] *n.* míster *m.*

mistletoe ['mɪsəltou] *n.* *Bot.* muérdago *m.*

mistress ['mɪstrɪs] *n.* **1.** (of house) ama; señora *f.* **2.** (lover) querida *f.*

misunderstand [ˌmɪsʌndərˈstænd] *v. tr. & intr.* entender mal; comprender mal.

misunderstanding [ˌmɪsʌndərˈstændɪŋ] *n.* **1.** malentendido *m.* **2.** (mistake) equivocación *f.*; equívoco *m.*

misuse [mɪsˈjuːs] *n.* **1.** mal uso. **2.** (of power) abuso *m.* (de poder). ‖ *v. tr.* **3.** usar mal.

mitigate ['mɪtəgeɪt] *v. tr.* mitigar; aliviar.

mitten ['mɪtən] *n.* manopla *f.*

mix [mɪks] *n.* **1.** mezcla *f.* ‖ *v. tr.* **2.** mezclar. **3.** (paste) amasar.

mixture ['mɪkstʃər] *n.* (blend) mezcla *f.*; mejunje *m. pey.*

moan [moʊn] *n.* **1.** gemido *m.*; lamento *m.*; quejido *m.* **2.** (complaint) queja *f.* || *v. intr.* **3.** *Br. E.* (with pain, grief) lamentarse.

mob [mɒb] *n.* **1.** muchedumbre *f.*; gentío *m.* **2.** (populace) populacho *m.*; chusma *f.*

mobile ['moʊbiːl, 'moʊbiːl] *adj.* **1.** móvil. || *n.* **2.** (phone) movil *m.*

mobilize, mobilise (Br.E) ['moʊbəlaɪz] *v. tr.* movilizar.

moccasin ['mɒkəsɪn] *n.* (shoe) mocasín *m.*

mock [mɒk] *adj.* **1.** fingido; simulado. || *v. tr.* **2.** escarnecer; ridiculizar. || *v. intr.* **3.** burlarse.

mockery ['mɒkəri:](pl.: ries) *n.* burla *f.*; mofa *f.*; escarnio *m.*

mode [moʊd] *n.* **1.** (way) modo *m.* **2.** (fashion) moda *f.*

model ['mɒdəl] *n.* **1.** (example) modelo *m.* **2.** (sample) muestra *f.* **3.** (person) modelo *m. y. f.* || *v. tr.* **4.** modelar.

moderate[1] ['mɒdəreɪt] *adj.* **1.** moderado. **2.** (price) módico.

moderate[2] ['mɒdəreɪt] *v. tr.* **1.** moderar. || *v. intr.* **2.** moderarse.

modernize, modernise (Br.E) ['mɒdər̩naɪz] *v. tr.* **1.** modernizar; actualizar. || *v. intr.* **2.** modernizarse.

modesty ['mɒdəsti:] *n.* **1.** modestia *f.*. **2.** (purity) pudor *m.*

moisten ['mɔɪsən] *v. tr.* humedecer; mojar (ligeramente).

moisturize ['mɔɪstʃəraɪz] *v. tr.* **1.** (skin) hidratar. **2.** (environment) humedecer.

mold, mould (Br.E) [moʊld] *n., Bot.* (on bread) moho *m.*

mold [moʊld] *n.* **1.** molde *m.* **2.** (shoes) horma *f.*; forma *f.* || *v. tr.* **3.** moldear.

mole[1] [moʊl] *n.* (on skin) lunar *m.*

mole[2] [moʊl] *n., Zool.* topo *m.*

mollify ['mɒlɪfaɪ] *v. tr.* (pacify) apaciguar; mitigar; aplacar; calmar.

mollusk, molusc (Br.E) ['mɒləsk] *n., Zool.* molusco *m.*

mom [mɒm] *n., Am.E.* mamá *f.*

moment ['moʊmənt] *n.* momento *m.*; ocasión *f.*; instante *m.*

monarchy ['mɒnərki:] *n.* monarquía *f.*

monastery ['mɒnəsteri:] *n., Rel.* monasterio *m.*

Monday ['mʌndeɪ 'mʌndi:] *n.* (day of the week) lunes *m. inv.*

money ['mʌni:] *n.* **1.** dinero *m.*; plata *f. Amér.* **2.** (currency) moneda *f.* **3.** *fig.* metal *m.*

moneybox ['mʌnɪbɒks] *n.* hucha *f.*

monitor ['mɒnətər] *n.* **1.** (person) monitor *m.* **2.** (screen) monitor *m.*; pantalla *f.*

monk [mʌŋk] *n., Rel.* monje *m.*; religioso *m.*; fraile *m.*

monkey ['mʌŋki:] *n*. **1.** *Zool.* (male) mono *m*. **2.** (female) mona *f*. **3.** (naughty person) bicho *m*.

monkfish ['mɒŋkfiʃ] *n*., *Zool.* rape *m*.

monolog, monologue (Br.E) ['mɒnəlɒg] *n*. monólogo *m*.

monopolize, monopolise (Br.E) [mə'nɒpəlaɪz] *v. tr.* **1.** monopolizar; centralizar. **2.** (attention) acaparar.

monopoly [mə'nɒpəli:] *n*. monopolio *m*.; acaparamiento *m*.; exclusiva *f*.

monotony [mə'nɒtni:] *n*., *fig.* (routine) monotonía *f*.; rutina *f*.

monster ['mɒnstər] *n*. monstruo *m*.

monstrous ['mɒnstrəs] *adj.* **1.** (huge) enorme. **2.** (horrendous) monstruoso.

month [mʌnθ] *n*. mes *m*.

monument ['mɒnju:mənt] *n*. monumento *m*.; estatua *f*.

moo [mu:] *n*. **1.** (of cow) mugido *m*. || *v. intr.* **2.** (cow) mugir.

mood[1] [mu:d] *n*., *Ling.* modo *m*.

mood[2] [mu:d] *n*. humor *m*.

moon [mu:n] *n*., *Astrol.* luna *f*.

moor [mʊr] *n*. **1.** *Geogr.* páramo *m*. || *v. tr.* **2.** *Nav.* amarrar.

moose ['mu:s] *n. inv.*, *Zool.* (American species) alce *m*.

mop [mɒp] *n*. **1.** (tangle of hair) pelambrera *f*. **2.** (for floor) fregona *f*. || *v. tr.* **3.** (floor) fregar.

moral ['mɒrəl] *adj.* **1.** moral. || *n*. **2.** (of a fable) moraleja *f*. || **morals** *n. pl.* **3.** (morality) moral *f. sing.*

morbid ['mɔ:rbɪd] *adj.* **1.** morboso. **2.** (curiosity) malsano.

more [mɔ:r](comp. of "much" & "many") *adj.* compar. (also as pron.) **1.** más. || *adv.* **2.** más. || ~ **or less** más o menos.

moreover [mɔ:'rouvər] *adv.* (besides) además; por otra parte.

morgue [mɔ:rg] *n*., *Am. E.* tanatorio *m*.; depósito de cadáveres.

morning ['mɔ:rnɪŋ] *n*. mañana *f*.

mortadella [mɔ:rtə'delə] *n*., *Gastr.* mortadela *f*.

mortal ['mɔ:təl] *adj.* **1.** mortal; fatal. || *n*. **2.** mortal *m. y f.*

mortar ['mɔ:rtər] *n*. **1.** *Archit.* mortero *m*.; argamasa *f*. **2.** (basin) almirez *m*.

mortgage ['mɔ:rgɪdʒ] *n*. **1.** *Econ.* hipoteca *f*. || *v. tr.* **2.** hipotecar.

mortify ['mɔ:rtəfaɪ] *v. tr.* **1.** mortificar. || *v. intr.* **2.** mortificarse.

mortuary ['mɔ:rtʃʊeri:] *adj.* **1.** mortuorio; fúnebre. || *n*. **2.** tanatorio *m*.; depósito de cadáveres.

Moslem ['mɒsləm] *adj.* & *n*., *Rel.* musulmán *m. y f.*

mosque [mɒsk] *n*., *Rel.* (building for praying) mezquita *f*.

mosquito [məs'kitou](pl.: toes or tos) *n*., *Zool.* mosquito *m*.

moss [mɒs] *n*., *Bot.* musgo *m*.

most [moʊst](superl. of "much" and "many") *adj.* (also as pron.) **1.** la mayoría de; la mayor parte de. **2.** más. ‖ *adv.* **3.** más.

mote [moʊt] *n.* (speck) mota *f.*

moth [mɔθ] *n., Zool.* polilla *f.*

mother ['mʌðər] *n.* **1.** madre *f.* ‖ *adj.* **2.** (language) materno. ‖ *v. tr.* **3.** mimar.

motherhood ['mʌðər,hʊd] *n.* (maternity) maternidad *f.*

mother-in-law ['mʌðərɪn,lɔː] *n.* suegra *f.*

motherless ['mʌðərlɪs] *adj.* huérfano (de madre).

motivate ['moʊtəveɪt] *v. tr.* motivar; causar.

motive ['moʊtɪv] *n.* **1.** (reason) motivo *m.*; razón *f.* **2.** móvil *m.*

motocross ['moʊtə,krɒs] *n., Sports* motocross *m.*

motor ['moʊtər] *n.* motor *m.*

motorcycle ['moʊtər,saɪkəl] *n., Car* moto *f.*; motocicleta *f.*

motoring ['moʊtərɪŋ] *n., Car* automovilismo *m.*

motorway ['moʊtə,weɪ] *n., Br. E.* (highway) autopista *f.*

mound [maʊnd] *n.* **1.** *Geogr.* montículo *m.* **2.** *fig.* montón *m.*

mount [maʊnt] *n.* **1.** *Geogr.* monte *m.* **2.** (horse for riding) montura *f.*; caballería *f.* **3.** (of jewels) montaje *m.* ‖ *v. tr.* **4.** *Horse* montar (a caballo)

mountain ['maʊntn] *adj., Geogr.* **1.** montañoso. ‖ *n.* **2.** montaña.

mountaineer [,maʊntə'nɪr] *n.* montañero *m.*; alpinista *m. y f.*

mountainous ['maʊntənəs] *adj.* (rocky) montañoso; rocoso.

mourn [mɔːrn] *v. tr.* llorar.

mourning ['mɔːrnɪŋ] *n.* luto *m.*; duelo *m.*

mouse [maʊs](pl : mice) *n.* **1.** *Zool.* ratón *m.* **2.** *Comput.* ratón *m.* ‖ **female ~** *Zool.* ratona *f.*

mousse [muːs] *n.* **1.** *Gastr.* mousse *f.* **2.** (for hair) espuma *f.*

mouth [maʊθ] *n.* **1.** *Anat.* boca *f.* **2.** *fig.* (of tunnel, etc) boca *f.* **3.** (of a river) desembocadura *f.*

mouthful ['maʊθfʊl] *n.* **1.** (of food) bocado *m.* **2.** (of air) bocanada *f.* **3.** (of liquid) sorbo *m.*

movable ['muːvəbəl] *adj.* movible; móvil.

move [muːv] *n.* **1.** (movement) movimiento. **2.** (removal) mudanza *f.*; traslado *m.* **3.** (in games) jugada *f.* ‖ *v. tr.* **4.** mover. **5.** (change position) trasladar. **6.** (emotionally) conmover. ‖ *v. intr.* **7.** desplazarse; moverse.

movement ['muːvmənt] *n.* movimiento *m.*; gesto *m.*; maniobra *f.*

movie ['muːviː] *n. Am.E.* (film) película *f.*; filme *m.*

mow [moʊ] *v. tr.* cortar la hierba.

M.P. ['empiː] *abbrev.* (Member of Parliament), *Br.E.* parlamentario *m.*

Mr ['mɪstər] *abbrev.* señor *m.*; don *m.*

Mrs ['mɪsɪz] *abbrev.* señora *f.*; doña *f.*

much [mʌtʃ] *adj.* **1.** (uncount. n.) (esp. in negat. and interrogat. sentences) mucho. ‖ *pron.* **2.** mucho. ‖ *adv. quant.* **3.** mucho.

mucus ['mjʊkəs] *n.* mucosidad *f.*; moco *m.*; secreción *f.*

mud [mʌd] *n.* **1.** barro *m.*; lodo *m.*; fango *m.* ‖ *v. tr.* **2.** embarrar.

muddle ['mʌdəl] *n.* **1.** (mix-up) enredo *m.*; embrollo *m.* ‖ *v. tr.* **2.** (jumble) embarullar *fam.*

muddy ['mʌdi] *adj.* **1.** fangoso; pantanoso. **2.** (water) turbio. ‖ *v. tr.* **3.** enfangar; enlodar. **4.** (water) enturbiar.

mudguard ['mʌdgɑːrd] *n., Br. E., Car* guardabarros *m. inv.*

muffin ['mʌfɪn] *n., Gastr.* magdalena *f.* ‖ **square** ~ *Gastr.* mantecada *f.*

muffle ['mʌfəl] *v. tr.* (deaden) amortiguar; ensordecer.

mulberry ['mʌlˌberi] *n.* **1.** (fruit) mora *f.* **2.** (color) morado *m.*

mule¹ [mjuːl] *n., Zool.* mula *f.*

mule² [mjuːl] *n.* (slipper) pantufla *f.*; zapatilla (para estar en casa) *f.*

multicolored, multicoloured (Br.E) ['mʌltɪˌkʌlərd] *adj.* multicolor.

multiform [ˌmʌltɪfɔːrm] *adj.* multiforme; diverso.

multiple ['mʌltəpəl] *adj.* **1.** múltiple. ‖ *n.* **2.** *Math.* múltiplo *m.*

multiplication [ˌmʌltəpləˈkeɪʃən] *n., Math.* multiplicación *f.*

multiply ['mʌltəplaɪ] *v. tr.* **1.** *Math.* multiplicar. ‖ *v. intr.* **2.** (procreate) multiplicarse.

multitude ['mʌltətuːd] *n.* (crowd) multitud *f.*; muchedumbre *f.*

mum [mʌm] *n., Br. E.* mamá *f.*

mumble ['mʌmbəl] *v. tr.* hablar entre dientes; mascullar.

mummy¹ ['mʌmi:] *n.* momia *f.*

mummy² ['mʌmi:] *n.* mamá *f.*

mumps ['mʌmps] *n. pl., Med.* (illness) paperas *f.*

municipality [mjuˌnɪsəˈpæləti] *n.* municipio *m.* consistorio *m.*

murder ['mɜːrdər] *n.* **1.** (killing) asesinato *m.*; homicidio *m.* ‖ *v. tr.* **2.** (kill) asesinar; matar.

murderer ['mɜːdərər] *n.* (killer) asesino *m.*; homicida *m.*

murky ['mɜːrki] *adj.* lóbrego.

murmur ['mɜːrmər] *n.* **1.** murmullo *m.*; rumor *m.* ‖ *v. tr. & intr.* **2.** (whisper) murmurar.

muscatel [ˌmʌskəˈtel] *adj. & n.* (grape) moscatel *m.*

museum [mjuˈzɪəm] *n.* museo *m.*

mushroom ['mʌʃˌruːm] *n.* **1.** *Bot.* hongo *m.*; seta *f.* **2.** *Gastr.* champiñón *m.*

music ['mjuːzɪk] *n.* música *f.*

muslin ['mʌzlɪn] *n.* muselina *f.*

mussel ['mʌsəl] *n., Zool.* mejillón *m.*

must [mʌst] *v. aux.* **1.** (obligation, necessity) deber; tener que. **2.** (probability) deber. **3.** (defectivo) haber de/que. ‖ *v. tr.* **4.** (present and future sentences) deber.

mustache, moustache (Br.E) ['mʌstæʃ məs'tæʃ] *n.* bigote *m.*

mustard ['mʌstərd] *n., Gastr. & Bot.* mostaza *f.*

mute [mju:t] *adj.* **1.** *Ling.* mudo. ‖ *n.* **2.** (dumb person) mudo *m.*

mutter ['mʌtər] *v. tr.* **1.** mascullar; murmurar. ‖ *n.* **2.** murmullo *m.*

mutton ['mʌtən] *n., Gastr.* carne de cordero.

mutual ['mju:tʃʊəl] *adj.* mutuo.

muzzle ['mʌzəl] *n.* **1.** (snout) hocico *m.;* morrom. **2.** (for dog's mouth) bozal *m.* ‖ *v. tr.* **3.** (dog) amordazar.

my [maɪ] *poss. adj. 1st. sing.* mi; mío (detrás del s.)

myopia [maɪ'oʊpɪə] *n., Med.* (short-sightedness) miopía *f.*

myself [maɪ'self] *pron. pers. refl. 1st. person sing.* **1.** me; mí (detrás de prep.). ‖ *pron. pers. emphat. 1st. person sing.* **2.** yo mismo.

mysterious [mɪs'tɪrɪəs] *adj.* misterioso.

mystery ['mɪstəri] *n.* misterio *m.;* incógnita *f.;* secreto *m.*

mystic ['mɪstɪk] *adj.* **1.** místico. ‖ *n.* **2.** místico *m.*

mystical ['mɪstəkəl] *adj.* místico.

myth [mɪθ] *n.* mito *m.*

mythological [mɪθɒlə'dʒi:kəl] *adj.* mitológico.

mythology [mɪ'θɒlədʒi:] *n.* mitología *f.*

N

n [en] *n.* (letter) n *f.*

nacre ['neɪkər] *n.* nácar *m.*

nag [næg] *v. tr.* (annoy) importunar; fastidiar; molestar.

nail [neɪl] *n.* **1.** *Anat.* uña *f.* **2.** *Tech.* clavo *m.*; punta *f.*

naive or naïve [narˈiːv] *adj.* (person) cándido; ingenuo.

namby-pamby ['næmbɪˌpæmbɪ] *adj.* & *n.* ñoño *m.*; sosom.

name [neɪm] *n.* **1.** nombre *m.* **2.** (reputation) fama *f.*; reputación *f.* ‖ *v. tr.* **3.** (call) llamar; denominar. **4.** (appoint) nombrar. **5.** (indicate) designar.

nanny ['næni:] *n.* niñera *f.*

nap [næp] *n.* **1.** siesta *f.* ‖ *v. intr.* **2.** (in afternoon) dormir la siesta.

nape [neɪp] *n.*, *Anat.* (back of the neck) nuca *f.*; cogote *m.*

napkin ['næpkɪn] *n.* (table napkin) servilleta *f.*

nappy ['næpi:] *n.*, *Br. E.* pañal *m.*

narcissus [nɑːrˈsɪsəs] *n.*, *Bot.* (plant) narciso *m.*

narcotic [nɑːrˈkɒtɪk] *adj.* & *n.*, *Pharm.* narcótico *m.*

narrate [næˈreɪt] *v. tr.* narrar.

narration [næˈreɪʃən] *n.*, *Lit.* narración *f.*; relato *m.*; cuento *m.*

narrator [nəˈreɪtər] *n.* narrador *m.*

narrow ['næroʊ] *adj.* **1.** estrecho; angosto. ‖ *v. tr. e intr.* **2.** (road) estrechar.

nasty ['næsti:] *adj.* **1.** desagradable. **2.** (dirty) asqueroso.

natal ['neɪtəl] *adj.* natal.

nation ['neɪʃən] *n.* nación *f.*

nationalist ['næʃənəˌlɪst] *adj.* & *n.* nacionalista *m. y f.*

nationality [ˌnæʃəˈnælətiː] *n.* (citizenship) nacionalidad *f.*

native ['neɪtɪv] *adj.* **1.** autóctono; originario; nativo. **2.** (country) natal. ‖ *n.* **3.** (inhabitant) natural *m. y f.*

natural ['nætʃərəl] *adj.* **1.** natural. **2.** (normal) normal.

naturalize ['nætʃərəˌlaɪz] *v. tr.* (person) naturalizar.

naturalness ['nætʃərəlnɪs] *n.* naturalidad *f.*; llaneza *f.*

nature ['neɪtʃər] *n.* **1.** naturaleza *f.* **2.** (kind) índole *f.*

naughty ['nɔːtiː] *adj.* (child) travieso; revoltoso.

nausea ['nɔːsɪə 'nɔːzɪə 'nɔːʃə 'nɔːʒə] *n.*, *Med.* náusea *f.*

nauseate ['nɔːʃɪət] *v. tr.*, *coll.* **1.** asquear; repugnar. **2.** (disgust) dar asco a.

navel ['neɪvəl] *n.*, *Anat.* ombligo *m.*

navigate ['nævəˌgeɪt] *v. tr.* & *intr.*, *Nav.* navegar; conducir.

navy ['neɪviː] *adj.* **1.** (blue) marino. ‖ *n.* **2.** *Mil.* armada *f.*; marina *f.*

near [nɪr] *adj.* **1.** próximo; cercano. **2.** (relative) allegado. ‖ *adv.* (Often followed by "to") **3.** cerca. ‖ *prep.* **4.** cerca de.

nearby ['nɪrbaɪ] *adj.* cercano.

nearly ['nɪrlɪ] *adv.* **1.** casi; por poco. **2.** (circa) cerca de.

nearness ['nɪrnɪs] *n.* (place) cercanía *f.;* proximidad *f.*

neat [niːt] *adj.* **1.** (tidy) arreglado. **2.** (person) pulcro; aseado. **3.** (nice) chulo.

neatness ['niːtnɪs] *n.* (tidiness) pulcritud *f.;* limpieza *f.;* esmero *m.*

necessary ['nesəsərɪ] *adj.* necesario; preciso; forzoso.

necessity [nə'sesətɪ] *n.* necesidad *f.*

neck [nek] *n.* **1.** *Anat.* cuello *m.* **2.** (of animal) pescuezo *m. fam.*

necklace ['neklɪs] *n.* (ornament) collar *m.;* gargantilla *f.*

neckline ['neklaɪn] *n.* (of dress) escote *m.*

necktie ['nektaɪ] *n.* corbata *f.*

nectar ['nektər] *n.* néctar *m.*

nectarine ['nektəriːn] *n., Bot.* (fruit) nectarina *f.*

need [niːd] *n.* **1.** necesidad *f.;* falta *f.* ‖ *v. tr.* **2.** necesitar; precisar.

needle ['niːdəl] *n.* aguja *f.*

needless ['niːdlɪs] *adj.* innecesario; inútil; superfluo.

needy ['niːdɪ] *adj.* (poor) necesitado; pobre; indigente.

negation [nə'ɡeɪʃən] *n.* (refusal) negación *f.;* negativa *f.*

neglect [nɪ'ɡlekt] *n.* **1.** descuido *m.* ‖ *v. tr.* **2.** descuidar.

negotiate [nɪɡoʊʃeɪt] *v. tr. & intr.* **1.** negociar; tratar. ‖ *v. tr.* **2.** (loan) gestionar.

neigh [neɪ] *n.* **1.** (horse) relincho *m.* ‖ *v. intr.* **2.** (horse) relinchar.

neighbor, neighbour (Br.E) ['neɪbər] *n.* **1.** vecino *m.* ‖ *v. tr.* **2.** estar junto a; estar cerca de.

neighborhood, neighbourhood (Br.E) ['neɪbərhʊd] *n.* **1.** (vicinity) vecindad *f.;* vecindario *m.;* inmediaciones *m. pl.* **2.** (district) barrio *m.*

neither ['niːðər, 'naɪðər] *pron. indef.* (also as adj.) **1.** (of two) ninguno. ‖ *conj. copul.* **2.** tampoco.

nephew ['nefjuː] *n.* sobrino *m.*

nerve [nɜːrv] *n.* **1.** *Anat.* nervio *m.* **2.** *fam.* (cheek) atrevimiento *m.*

nervous ['nɜːrvəs] *adj.* nervioso.

nervy ['nɜːrviː] *adj.* **1.** *Br. E.* nervioso. **2.** *Am. E., fam.* (bold) chulo; fresco.

nest [nest] *n.* **1.** (for birds) nido *m.* **2.** (hideout) guarida *f.* ‖ *v. intr.* **3.** (birds) anidar.

nettle ['netəl] *n.* **1.** *Bot.* ortiga *f.* ‖ *v. tr.* **2.** *fam.* irritar; fastidiar.

network ['netwɜːrk] *n.* red *f.*

neuter ['nuːtər] *adj.* **1.** *Ling. & Biol.* neutro. ‖ *v. intr.* **2.** castrar.

neutral ['nuːtrəl] *adj.* **1.** (impartial) neutral. **2.** (color) neutro.

never ['nevər] *adv.* nunca; jamás *intens.* ‖ **~ again** nunca más.

never-ending ['nevər,endɪŋ] *adj.* interminable; inacabable.

nevertheless [nevərðə'les] *adv.* sin embargo; no obstante.

new [nu:] *adj.* nuevo.

newcomer ['nu:kʌmər] *n.* (recently arrived) recién llegado.

newness ['nu:nɪs] *n.* novedad *f.*

news [nu:z] *n.* **1.** noticias *f. pl.*; novedades *f. pl.* **2.** (on TV) noticiario *m.*; telediario *m. Esp.*

newsagent ['nu:z,eɪdʒənt] *n., Br. E.* vendedor de periódicos.

newspaper ['nu:z,peɪpər] *n.* periódico *m.*; diario *m.*

newsstand ['nu:z,stænd] *n.* (kiosk) quiosco *m.*

next [nekst] *adj.* **1.** próximo; siguiente. **2.** (contiguous) contiguo. || *adv.* **3.** luego; después.

nibble ['nɪbəl] *n.* **1.** (bite) mordisco *m.* || *v. tr.* **2.** (person) mordisquear. || *v. intr.* **3.** (eat) picotear.

nice [naɪs] *adj.* **1.** simpático; amable; majo. **2.** (pleasant) agradable; bueno. **3.** (beautiful) bonito; mono. **4.** (delicious) rico.

niche [nɪtʃ] *n.* nicho *m.*

nick [nɪk] *n.* **1.** (cut) muesca *f.*; mella *f.* || *v. tr.* **2.** (steal) afanar.

nickname ['nɪk,neɪm] *n.* **1.** apodo *m.*; mote *m.* || *v. tr.* **2.** poner motes.

niece [ni:s] *n.* sobrina *f.*

niggard ['nɪgərd] *adj.* (stingy) mezquino; miserable.

night [naɪt] *n.* **1.** noche *f.* || *adj.* **2.** nocturno.

nightawk ['naɪt,hɔ:k] *adj. Am. E.* noctámbulo. || *n.* **2.** *Am.E.* noctámbulo *m.*

nightdress ['naɪt,dres] *n.* camisón *m.* || **short ~** picardías *m. inv.*

nightfall ['naɪt,fɔ:l] *n.* (dusk) anochecer.

nightgown ['naɪt,gaʊn] *n.* camisón *m.*

nightie ['naɪti:] *n., coll.* camisón *m.*

nightingale ['naɪt,ŋgeɪl] *n., Zool.* (bird) ruiseñor *m.*

nightmare ['naɪt,mer] *n.* pesadilla *f.*

nimble ['nɪmbəl] *adj.* ágil; ligero.

nimbleness ['nɪmblənɪs] *n.* (of person) agilidad *f.*; ligereza *f.*

nine [naɪn] *col. num. det.* (also pron. and n.) **1.** nueve. || *card. num. adj.* **2.** nueve; noveno.

nineteen [naɪn'ti:n] *col. num. det.* (also pron. and n.) **1.** diecinueve. || *card. num. adj.* **2.** diecinueve.

nineteenth [,naɪn'ti:nθ] *card. num. adj.* (also n.) diecinueve.

ninetieth ['naɪntɪəθ] *card. num. adj.* (also n.) noventa.

ninety ['naɪnti] *col. num. det.* (also pron. and n.) **1.** noventa. || *card. num. adj.* **2.** noventa.

ninth ['naɪnθ] *card. num. adj.* (also n.) **1.** noveno; nueve. || *frac. numer. n.* (also adj. and pron.) **2.** noveno.

nip [nɪp] *n.* **1.** (pinch) pellizco *m.* **2.** (bite) mordisco *m.* || *v. tr.* **3.** (pinch) pellizcar.

nipple ['nɪpəl] n. **1.** Anat. (female) pezón m. **2.** Anat. (male) tetilla f.

nitrogen ['naɪtrədʒən] n., Chem. (gas) nitrógeno m.

no [nou](pl.: noes or nos) adj. **1.** ningún; ninguno. ‖ n. **2.** (answer) no.] **3.** (often in pl.) (vote) no. ‖ adv. neg. **4.** (+ comp.) no. ‖ interj. **5.** no.

no one ['nouwʌn] pron. pers. nadie.

nobility [nouˈbɪləti:] n. nobleza f.

noble ['noubəl] adj. noble.

nobody ['noubədi:, ˈnoubʌdi:, ˈnoubɒdi:] pron. nadie.

nocturne ['nɒktɜːrn] n., Mus. (romantic style) nocturno m.

nod [nɒd] n. **1.** inclinación de cabeza. **2.** (nap) cabezada f. ‖ v. intr. **3.** dormitar; cabecear. **4.** (one's head) asentir.

noise [nɔɪz] n. **1.** ruido m. **2.** (racket) estrépito m.

noisy ['nɔɪzi:] adj. ruidoso.

none [nʌn] pron. **1.** (with countable nouns) ninguno. **2.** (with uncountable nouns) nada.

nonetheless [ˌnʌnðəˈles] adv. no obstante; sin embargo.

nonexistent [ˌnɒnɪgˈzɪstənt] adj. inexistente; imaginario.

nonsense ['nɒnsəns] n. (rubbish) tonterías f. pl.

nonstop [nɒnˈstɒp] adj. **1.** (journey, flight) directo. ‖ adv. **2.** sin parar; sin paradas.

noodle ['nuːdəl] n., Gastr. fideo m.

nook [nʊk] n. rincón m.

noon [nuːn] n. (midday) mediodía m.

nor [nɔːr nə] conj. copul. tampoco.

norm [nɔːrm] n. norma f.; pauta f.

normal ['nɔːrməl] adj. normal.

north [nɔːrθ] n. **1.** Geogr. norte m. ‖ adv. **2.** Geogr. (in the north) al norte.

northeast [ˌnɔːrθiˈist] n., Geogr. nordeste m.; noreste m.

northern ['nɔːrðən] adj. Geogr. norte; nórdico; septentrional.

northwest [ˌnɔːrθˈwest] n., Geogr. noroeste m.

nose [nouz] n. **1.** Anat. nariz f.; napia f. col. **2.** Zool. hocico m.; morro m. ‖ v. intr. **3.** entrometerse; olisquear.

nostril ['nɒstrəl] n., Anat. ventana f. (nasal); orificio nasal.

not [nɒt] adv. neg. no.

notary ['noutəri:] n. notario m.; escribano m.; certificador m.

notch [nɒtʃ] n. muesca f.; mella f.

note [nout] n. **1.** (annotation) nota f.; apunte m.; anotación f. **2.** Econ. billete m. **3.** Mus. nota f. ‖ v. tr. **4.** anotar; apuntar.

notebook ['noutbʊk] n. **1.** (for shorthand) libreta f.; bloc m. **2.** (exercise note) cuaderno m.

noted ['noutɪd] adj. célebre.

notepad ['noutpæd] n. **1.** bloc m. (de notas). **2.** cuaderno m.

nothing ['nʌθɪŋ] *pron. indef.* nada. || **~ but** nada más que.

nothingness ['nʌθɪŋnɪs] *n.* nada *f.*

notice ['noutɪs] *n.* **1.** aviso *m.* || *v. tr.* **2.** notar; observar; advertir. || *v. intr.* **3.** fijarse; reparar.

notification [noutəfə'keɪʃən] *n.* notificación *f.*; convocatoria *f.*

notify ['noutəfaɪ] *v. tr.* (tell) avisar; notificar; comunicar.

notion ['nouʃən] *n.* noción *f.*

noun [naun] *n., Ling.* nombre *m.*; sustantivo *m.*

nourish ['nʌrɪʃ] *v. tr.* **1.** nutrir; alimentar. **2.** *fig.* (hopes) abrigar.

nourishment ['nʌrɪʃmənt] *n.* **1.** (nutrition) alimentación *f.*; nutrición *f.* **2.** (food) alimento *m.*

novel ['nɒvəl] *n., Lit.* novela *f.*

novelist ['nɒvəlɪst] *n., Lit.* novelista *m. y f.*

November [nou'vembə] *n.* noviembre *m.*

novelty ['nɒvəlti] *n.* novedad *f.*

novice ['nɒvɪs] *n.* **1.** novato *m.*; principiante *m. y f.* **2.** *Rel.* novicio *m.*

now [nau] *adv.* **1.** ahora. **2.** (nowadays) ahora.

nowadays ['nauədeɪz] *adv.* hoy en día; en la actualidad.

nowhere ['nouwer] *adv.* en ninguna parte; a ninguna parte.

noxious ['nɒkʃəs] *adj.* nocivo.

nozzle ['nɒzəl] *n.* (of pastry bag, blowtorch) boquilla *f.*

nucleus ['nu:klɪəs] *n.* núcleo *m.*

nude [nu:d] *adj.* **1.** (naked) desnudo. || *n.* **2.** (art) desnudo *m.*

nuisance ['nu:səns] *n.* **1.** molestia *f.*; estorbo *m.* **2.** (person) pegote *m.*; moscardón *m. fam.*

nullify ['nʌləfaɪ] *v. tr.* anular.

numb [nʌm] *adj.* **1.** entumecido. || *v. tr.* **2.** entumecer. **3.** (with a substance) adormecer.

number ['nʌmbər] *n.* **1.** *Math.* número *m.*; cifra *f.* || *v. tr.* **2.** numerar. || **numbers** *n. pl.* **3.** numeración *f. sing.*

numeral ['nu:mərəl, 'nu:mrəl] *n., Math.* número *m.*

nuptial ['nʌpʃəl] *adj.* **1.** nupcial. || **nuptials** *n. pl.* **2.** (wedding) boda *f. sing.*

nurse [nɜːrs] *n.* **1.** enfermero *m.*; enfermera *f.* **2.** (nanny) niñera *f.* || *v. tr.* **3.** *Med.* cuidar.

nursemaid ['nɜːrsɪmeɪd] *n.* , *Am. E.* (child's nurse) niñera *f.*

nursery ['nɜːrsəri:, 'nɜːrsri:] *n.* **1.** (at home) cuarto de los niños. **2.** (breeding ground) criadero *m.* **3.** (crèche) guardería *f.*

nut [nʌt] *n.* **1.** fruto seco. **2.** *Mec.* tuerca *f.* || **pistachio ~** *Bot.* pistacho *m.* **tiger ~** *Bot.* chufa *f.*

nutriment ['nu:trəmənt] *n.* alimento *m.*

nutrition [nʌ'trɪʃən] *n.* nutrición *f.*

nylon ['naɪlɒn] *n.* (fabric) nailon *m.*

O

o [oʊ] *n*. (letter) o *f*.

oak [oʊk] *n*., *Bot*. (wood) roble *m*. ‖ **holm ~** (tree) encina *f*. **~ tree** *Bot*. roble *m*.

oar [ɔ:r] *n*. (of boat) remo *m*.

oasis [oʊˈeɪsɪs] *n*. oasis *m. inv*.

oat [oʊt] *n*. **1.** *Bot*. (plant) avena *f*. ‖ **oats** *n. pl*. **2.** (seeds) avena *f*.

oath [oʊθ] *n*., *Law* juramento *m*.

obedience [əˈbi:dɪənsv, oʊˈbi:dɪəns] *n*. obediencia *f*.; sumisión *f*.

obedient [əˈbi:dɪənt, oʊˈbi:dɪənt] *adj*. obediente; dócil.

obese [oʊˈbi:s] *adj*. (fat) obeso.

obey [oʊˈbeɪ] *v. tr*. & *intr*. (comply) obedecer; acatar.

object[1] [ˈɒbdʒɪkt, ˈɒbdʒekt] *n*. **1.** (thing) objeto *m*. **2.** (aim) propósito *m*. **3.** *Ling*. complemento.

object[2] [ˈɒbdʒekt] *v. tr*. **1.** objetar. ‖ *v. intr*. **2.** (disapprove) oponerse.

objection [əbˈdʒekʃən] *n*. **1.** objeción *f*.; reparo *m*. **2.** (drawback) inconveniente *m*.; pero.

objective [əbˈdʒektɪv] *adj*. **1.** objetivo. ‖ *n*. **2.** (aim) objetivo *m*.; fin *m*.; meta *f*.

obligate [ˈɒbləgeɪt] *v. tr*. obligar.

obligation [ˌɒbləˈgeɪʃən] *n*. **1.** obligación *f*. **2.** (commitment) compromiso *m*.

oblige [əˈblaɪdʒ] *v. tr*. (compel) obligar; forzar.

obliterate [əˈblɪtəreɪt] *v. tr*. (destroy) borrar; obliterar; suprimir.

oblivion [əˈblɪvɪən] *n*. **1.** olvido *m*. **2.** *Med*. (unconsciousness) inconsciencia *f*.

oboe [ˈoʊboʊ] *n*., *Mus*. (instrument) oboe *m*.

oboist [ˈoʊboʊəst] *n*., *Mus*. (person) oboe *m. y f*.

obscene [əbˈsi:n] *adj*. (indecent) indecente; obsceno; atrevido.

obscure [əbˈskjʊr] *adj*. **1.** oscuro; obscuro. **2.** (vague) confuso; vago *m*. ‖ *v. tr*. **3.** oscurecer.

observatory [əbˈzɜ:rvətɔ:ri:] *n*., *Astron*. observatorio *m*.

observe [ɒbˈzɜ:rv] *v. tr*. observar.

observer [əbˈzɜ:rvər] *n*. observador *m*.; mirón *m*.

obsession [əbˈseʃən] *n*. (mania) manía *f*.; obsesión *f*.; fijación *f*.

obstacle [ˈɒbstəkəl] *n*. obstáculo *m*.; impedimento *m*.

obstinacy [ˈɒbstənəsi:] *n*. obstinación *f*.; terquedad *f*.

obstinate [ˈɒbstənɪt] *adj*. (stubborn) obstinado; terco; tozudo.

obstruct [əbˈstrʌkt] *v. tr*. **1.** (block) obstruir. **2.** (hinder) estorbar. **3.** (make difficult) dificultar.

obtain [əbˈteɪn] *v. tr*. (gain) obtener; conseguir; lograr.

obtuse [əbˈtu:s] *adj*. obtuso; lento.

obverse [ˈɒbvɜ:rs] *n*., *frml*. (of a coin) anverso *m*.

obvious [ˈɒbvɪəs] *adj*. (clear) obvio; evidente; notorio; patente.

occasion [əˈkeɪʒən] *n*. **1.** (moment) ocasión *f*. **2.** (opportunity) oportunidad *f*. **3.** (cause) motivo *m*. ‖ *v. tr*. **4.** causar.

accident ['ɒksədənt] *n*., *Geogr*. occidente *m*.

occidental [ˌɒksəˈdentəl] *adj*., *lit*., *Geogr*. occidental.

occupation [ˌɒkjəˈpeɪʃən] *n*. **1.** ocupación *f*. **2.** (profession) oficio *m*.; trabajo *m*.

occupied ['ɒkjuːpaɪd] *adj*. (seat) ocupado; reservado.

occupy ['ɒkjuːpaɪ] *v. tr*. **1.** ocupar. **2.** (use) emplear.

occur [əˈkɜːr] *v. intr*. (happen) ocurrir; suceder.

occurrence [əˈkʌrəns] *n*. **1.** acontecimiento *m*. **2.** (incidence) incidencia *f*.

ocean ['oʊʃən] *n*. océano *m*.

ocher, ochre (Br.E) ['oʊkər] *n*., *Miner*. (color) ocre *m*.

October [ɒkˈtoʊbə] *n*. octubre *m*.

octopus ['ɒktəpəs] *n*., *Zool*. (mollusk) pulpo *m*.

oculist ['ɒkjəlɪst] *n*., *Med*. (ophthalmologist) oculista *m. y f*.

odd [ɒd] *adj*. **1.** raro. **2.** *Math*. (number) impar. **3.** (approximately) y pico.

odor, odour (Br.E) ['oʊdər] *n*. (smell) olor *m*.

of [ʌv, əv, ə] *prep*. **1.** (relationship, material, content) de. **2.** (superlative) de. **3.** (reason) de. **4.** de.

off [ɒf] *adv*. **1.** a distancia. ‖ *adj*. **2.** (gas cooker) apagado. **3.** (cancelled) suspendido.

offend [əˈfend] *v. tr*. ofender.

offense, offence (Br.E) [əˈfens] *n*. **1.** *Law* delito *m*. **2.** (insult) ofensa *f*.; injuria *f*.

offer ['ɒfər] *n*. **1.** oferta *f*. **2.** (proposal) propuesta *f*.; ofrecimiento *m*. ‖ *v. tr*. **3.** ofrecer. **4.** (propose) proponer.

office ['ɒfɪs] *n*. **1.** despacho *m*. **2.** (building) oficina *f*. **3.** (position) cargo *m*. **4.** (task) oficio *m*. **5.** (of lawyer, doctor) gabinete *m*.

officer ['ɒfəsər] *n*., *Mil*. oficial *m*.

official [əˈfɪʃəl] *adj*. **1.** oficial. ‖ *n*. **2.** (government official) funcionario *m*.; administrativo *m*.

offset ['ɒfset] *v. tr*. contrarrestar.

offspring ['ɒfsprɪŋ] *n*. **1.** vástago *m*.; descendiente *m. y f*. **2.** (descendants) descendencia *f*.

often ['ɒfən] *adv*. a menudo.

ogre ['oʊgər] *n*. ogro *m*.

oil [ɔɪl] *n*. **1.** aceite *m*. **2.** (petroleum) petróleo *m*. **3.** (gas oil) gasóleo *m*. **4.** (art) óleo *m*.

oilcloth ['ɔɪlklɒθ] *n*. (material) hule *m*.

oilskin ['ɔɪlskɪn] *n*. **1.** (waterproof clothes) hule *m*. ‖ **oilskins** *n*, *pl*. **2.** (raincoat) impermeable *m*.

ointment ['ɔɪntmənt] *n*., *Pharm* ungüento *m*.; pomada *f*.

o.k. [oʊˈkeɪ] *interj*. de acuerdo.

old [oʊld] *adj*. **1.** viejo. **2.** (wine) añejo. **3.** (former) antiguo.

older ['oʊldər] *adj*. (compar. of "old") (person) mayor.

oldest ['ouldəst] *adj.* (super. of "old") (person) mayor.

old-fashioned [ˌould'fæʃənd] *adj.* **1.** (not modern) pasado de moda. **2.** (ideas) anticuado; retrógrado.

olive ['ɒlɪv] *n.*, *Bot.* aceituna *f.*; oliva *f.* ‖ ~ **oil** aceite de oliva.

Olympic [ə'lɪmpɪk] *adj.*, *Sports* olímpico. ‖ ~ **Games** *Sports* olimpiada *f.* (often in pl.).

omelet, omelette (Br.E) ['ɒmlɪt] *n.*, *Gastr.* tortilla *f.* ‖ **Spanish** ~ *Gastr.* tortilla de patata.

omen ['oumen] *n.* agüero *m.*

omit [ə'mɪt] *v. tr.* omitir.

on [ɒn] *prep.* **1.** (in contact with) sobre; encima de; a. **3.** (by means of) a. **4.** (about) sobre. **5.** *Econ.* sobre. **6.** (according to) según. **7.** (week days) en. ‖ *adj.* **8.** (functioning) encendido.

once [wʌns] *adv.* **1.** una vez. **2.** antiguamente. ‖ *conj.* **3.** una vez que. ‖ **all at** ~ de repente. **at** ~ ahora mismo; ya.

one [wʌn] *col. num. det.* (also pron. & n.) **1.** uno. ‖ *card. num. adj.* **2.** primero; uno. ‖ *pron.* **3.** uno.

one-armed [ˌwʌn'ɑːrmd] *adj.* manco.

one-eyed [ˌwʌn'aɪd] *adj.* tuerto.

oneself [wʌn'self] *pron. pers. emphat.* **1.** (impersonal) uno mismo. ‖ *pron. pers. refl.* **2.** se; sí (detrás de prep.)

onion ['ʌnjən] *n.*, *Bot.* cebolla *f.*

onlooker ['ɒnˌlukər] *n.* (of an event) espectador *m.*; mirón *m.*

only ['ounli:] *adj.* **1.** único. ‖ *adv.* **2.** sólo; solamente. ‖ *conj.* **3.** pero.

onslaught ['ɒnˌslɔːt] *n.* (attack) embestida *f.*; ataque *m.*

onward ['ɒnˌwərd] *adj.* **1.** hacia adelante. ‖ *adv.* (or "onwards") **2.** adelante.

ooze² [uːz] *n.* lodo *m.*; cieno *m.*

open ['oupən] *adj.* **1.** abierto. ‖ *v. tr.* **2.** abrir; destapar. **3.** (inaugurate) inaugurar.

opening ['oupənɪŋ] *n.* **1.** abertura *f.* **2.** (beginning) apertura *f.* **3.** (exhibition) inauguración *f.*

opera ['ɒprə, 'ɒpərə] *n.*, *Mus.* ópera *f.*

operate ['ɒpəˌreɪt] *v. tr.* **1.** (machine) manipular. ‖ *v. intr.* **2.** *Med.* operar.

operating room ['ɒpəˌreɪtɪŋˈruːm] *n.*, *Am. E.* quirófano *m.* ‖ **operating theatre** *Br. E.* quirófano *m.*

operation [ˌɒpəˈreɪʃən] *n.* **1.** (functioning) funcionamiento *m.* **2.** *Med.* intervención *f.* (quirúrgica). **3.** *Mil.* maniobra *f.*

operator ['ɒpəˌreɪtər] *n.* (telecommunication) operador *m.*

opinion [əˈpɪnjən] *n.* opinión *f.*; sentir *m.*; parecer *m.* ‖ **in my** ~ a mi juicio.

opponent [əˈpounənt] *n.* adversario *m.*; oponente *m.*

opportune [ˌɒpərˈtuːn] *adj.* oportuno; apropiado.

opportunity [ˌɒpərˈtuːnətiː] *n.* oportunidad *f.*; ocasión *f.*

oppose [əˈpouz] *v. tr.* **1.** oponer. ‖ *v. intr.* **2.** (disagree with) oponerse a.

opposing [əˈpouzɪŋ] *adj.* adversario; contrario.

opposite [ˈɒpəzɪt] *adj.* **1.** (contrary) contrario; opuesto. ‖ *n.* **2.** lo contrario. ‖ *adv.* **3.** enfrente.

opposition [ˌɒpəˈzɪʃən] *n.* **1.** oposición *f.* **2.** (contrast) contradicción *m.*

oppress [əˈpres] *v. tr.* **1.** oprimir. **2.** *fig.* (heat, anxiety) agobiar.

oppression [əˈpreʃən] *n.* **1.** opresión *f.* **2.** *fig.* (feeling) agobio *m.*; angustia *f.*

opt [ɒpt] *v. intr.* optar.

optician [ɒpˈtɪʃən] *n.* **1.** óptico *m.* ‖ **optician's** *n. f.* **2.** (shop) óptica *f.*

optimism [ˈɒptəˌmɪzəm] *n.* optimismo *m.*

option [ˈɒpʃən] *n.* opción *f.*

optional [ˈɒpʃənəl] *adj.* (subject) optativo; facultativo; opcional.

opulence [ˈɒpjələns] *n.* opulencia *f.*; abundancia *f.*

or [ɔːr ər] *conj.* **1.** o; u (before "o" or "ho"). **2.** (in negative) ni. **3.** (approximation) de...a...

oral [ˈɔːrəl] *adj.* **1.** oral. **2.** (hygiene) bucal.

orange [ˈɒrɪndʒ ˈɔːrɪndʒ] *n.* **1.** *Bot.* naranja *f.* ‖ *adj. & n.* **2.** (color) naranja *m.*

orangeade [ˌɒrɪnˈdʒeɪd ˌɔːrɪnˈdʒeɪd] *n.* (natural) naranjada *f.*; zumo *m.*

orang-utan [əˈrænətæn] *n., Zool.* (large monkey) orangután *m.*

oratory [ˈɒrətɔːriː] *n.* (public speaking) oratoria *f.*; elocuencia *f.*

orbit [ˈɔːrbɪt] *n., Astron.* órbita *f.*

orchard [ˈɔːrtʃərd] *n.* (of fruit trees) huerta *f.*; huerto *m.*

orchestra [ˈɔːrkəstrə] *n.* **1.** *Mus.* orquesta *f.* **2.** *Am. E.* Film & *Theatr.* platea *f.*

orchid [ˈɔːrkɪd] *n., Bot.* orquídea *f.*

ordainment [ɔːrˈdeɪnmənt] *n., Rel.* ordenación (sacerdotal) *f.*

order [ˈɔːrdər] *n.* **1.** orden *f.*; mandato *m.* **2.** orden *f.*; pedido *m.* **3.** (layout) orden *m.* **4.** *Rel.* orden *f.* ‖ *v. tr.* **5.** ordenar; mandar. **6.** (organize) ordenar. **7.** encargar. **8.** (restaurant) pedir.

ordinal [ˈɔːrdɪnəl] *adj.* ordinal.

ordinary [ˈɔːrdˌneriː] *adj.* (common) ordinario; común. ‖ **out of the ~** fuera de lo normal.

oregano [ɒˈregənou] *n., Bot.* orégano *m.*

organ [ˈɔːrgən] *n., Mus. & Anat.* órgano *m.*

organism [ˈɔːrgənɪzəm] *n., Biol.* organismo (de un ser vivo) *m.*

organize, organise (Br.E) [ˈɔːrgənaɪz] *v. tr.* organizar.

orgy ['ɔːrdʒiː] *n.* orgía *f.*

orient ['ɔːrɪənt] *n.* **1.** oriente *m.* ‖ *v. tr.* **2.** orientar.

oriental [ˌɔːrɪˈentəl] *adj.* **1.** oriental. ‖ **Oriental** *n.* **2.** oriental *m. y f.*

orientate ['ɔːrɪənteɪt] *v. tr.* orientar.

orifice ['ɒrɪfɪs, 'ɔːrəfɪs] *n.* orificio *m.*

origami [ˌɒrɪˈɡɑːmiː] *n.* papiroflexia *f.*

origin ['ɒrɪdʒɪn] *n.* (source) origen *m.;* procedencia *f.;* patria *f.*

original [əˈrɪdʒənəl] *adj.* **1.** original. **2.** (first) originario. ‖ *n.* **3.** original *m.*

originate [ɒˈrɪdʒəneɪt] *v. tr.* **1.** originar. ‖ *v. intr.* **2.** provenir (de).

orphan ['ɔːrfən] *adj.* **1.** huérfano; falto; desamparado. ‖ *n.* **2.** huérfano *m.*

orphanage ['ɔːrfənɪdʒ] *n.* (institution) orfanato *m.;* hospicio *m.*

orthography [ɔːˈrθɒɡrəfiː] *n., frml., Ling.* ortografía *f.*

orthopedic, orthopaedic (Br.E) [ˌɔːrθəˈpiːdɪk] *adj.* ortopédico.

oscillate ['ɒsθəleɪt] *v. intr.* oscilar.

osier ['oʊʒər] *n.* (branch) mimbre *m.*

ostrich ['ɒstrɪtʃ] *n., Zool.* (bird) avestruz *m.*

other ['ʌðər] *adj. indef.* **1.** otro. ‖ *pron. indef.* **2.** otro. **the ~ one** el otro.

otherwise ['ʌðərˌwaɪz] *adv.* de otro modo; si no. **2.** (apart from that) por lo demás.

otter ['ɒtər] *n., Zool.* nutria *f.*

ought to [ɔːt tuː] *v.* deber.

our ['aʊər] *poss. adj. 1st. pl* nuestro.

ours ['aʊərz] *poss. pron. 1st. pl* nuestro. ‖ **of** ~ nuestro.

ourselves [aʊərˈselvz] *pron. pers. refl. 1st. pl* **1.** nos. ‖ *pron. pers. emphat. 1st. pl* **2.** nosotros mismos.

out [aʊt] *adv.* **1.** fuera; afuera. **2.** gastado. ‖ *adj.* **3.** apagado. **4.** estropeado. **5.** (unconscious) inconsciente. ‖ ¡ ~ ! *interj.* **6.** ¡fuera!

outbreak ['aʊtbreɪk] *n.* **1.** (of violence) estallido *m.* **2.** *Med.* (of infection) brote *m.* **3.** (spots) erupción *f.*

outburst ['aʊtbɜːrst] *n.* **1.** (of anger, joy) explosión *f.;* arrebato *m.* **2.** (of generosity) arranque *m.*

outcome ['aʊtkʌm] *n.* resultado *m.;* consecuencia *f.;* producto *m.*

outcry ['aʊtkraɪ] *n.* **1.** (protest) protesta *f.* **2.** (clamor) clamor *m.*

outdoor ['aʊtdɔːr] *adj.* **1.** al aire libre; de exterior. **2.** (clothes) de calle.

outdoors [ˌaʊtˈdɔːrz] *adv.* **1.** al aire libre; a la intemperie. ‖ *n.* **2.** aire libre.

outer ['aʊtər] *adj.* exterior.

outlaw ['aʊtlɔː] n. **1.** bandido m. ‖ v. tr. **2.** (prohibit) prohibir. **3.** (habit) proscribir.

outlay ['aʊtleɪ] n. **1.** desembolso m.; pago m. ‖ v. tr. **2.** (pay) desembolsar; pagar.

outlet ['aʊtlet] n. **1.** salida f. **2.** (of water) desagüe m. **3.** Econ. mercado m.

outline ['aʊtlaɪn] n. **1.** bosquejo m.; boceto m. **2.** (contour) contorno m. **3.** (profile) perfil m. ‖ v. tr. **4.** resumir. **5.** (shape) perfilar. **6.** (an idea) esbozar.

outlive [aʊt'lɪv] v. tr. sobrevivir a.

outlook ['aʊtlʊk] n. **1.** (point of view) punto de vista. **2.** (prospect) perspectiva f.; panorama f.

outrage ['aʊtreɪdʒ] n. **1.** (person) ultraje m. **2.** (cruel act) atrocidad f. ‖ v. tr. **3.** ultrajar.

outrageous [aʊtœreɪdʒəs] adj. **1.** atroz. **2.** fig. (scandalous) inaudito.

outside [aʊt'saɪd] n. **1.** exterior m. ‖ adv. **2.** fuera; afuera. ‖ prep. (sometimes with "of") **3.** (out of) fuera de. **4.** (apart from) aparte de. ‖ adj. **5.** remoto.

outsider [aʊt'saɪdər] n. **1.** extranjero m.; forastero m. **2.** (intruder) intruso m.

outskirts ['aʊtskɜːrts] n. pl. (of city) alrededores m.; afueras f.; cercanías f.

outstand [aʊt'stænd] v. intr., fig. sobresalir; destacar; resaltar.

outward ['aʊtwərd] adj. **1.** exterior; externo. **2.** (voyage) de ida.

oval ['oʊvəl] adj. **1.** oval; ovalado. ‖ n. **2.** óvalo m.

ovary ['oʊvəri:] n., Anat. ovario m.

ovation [oʊ'veɪʃən] n. ovación f.

oven ['ʌvən] n. horno m. ‖ **microwave** ~ microondas m.

over ['oʊvər] adv. **1.** (above) por encima. **2.** (there) allá. ‖ prep. **3.** (above) sobre; encima de; por encima de. **4.** (accross) al otro lado de. **5.** (during) durante; en. **6.** (through) por. **7.** (by the medium of) por.**8.** (more than) más de.

overall [oʊvər'ɔːl] adj. **1.** global. ‖ n. **2.** (protective garment) bata f.

overbearing [oʊvər'berɪŋ] adj. (imperious) dominante; autoritario.

overboard ['oʊvərbɔːrd] adj., Nav. por la borda.

overburden [oʊvər'bɜːrdən] v. tr., fig. (job, worries) sobrecargar.

overcharge [oʊvərt'ʃɑːrdʒ] v. tr. **1.** cobrar demasiado; clavar. **2.** (batteries) sobrecargar.

overcoat ['oʊvərkoʊt] n. (coat) abrigo m.

overcome [oʊvə'kʌm] v. tr. **1.** vencer. **2.** (difficulties) salvar.

overdo [oʊvər'duː] v. tr. **1.** exagerar. **2.** Gastr. cocer demasiado.

overdose [‚ouvər'dous 'ouvər‚dous] *n.* (drugs) sobredosis *f. inv.*

overflow ['ouvər‚flou] *n.* **1.** desbordamiento *m.* ‖ *v. tr.* **2.** desbordar. **3.** (liquid) rebosar. ‖ *v. intr.* **4.** desbordarse.

overhead ['ouvər‚hed] *adv.* **1.** en lo alto. **2.** por encima de (la cabeza).

overhear [‚ouvər'hır] *v. tr.* oír por casualidad; oír sin querer.

overheat [‚ouvər'hi:t] *v. tr.* **1.** recalentar. ‖ *v. intr.* **2.** recalentarse.

overleaf [‚ouvər'li:f] *adv.* al dorso.

overload [‚ouvər'loud] *n.* **1.** sobrecarga *f.* ‖ *v. tr.* **2.** (device) sobrecargar; recargar.

overlook [‚ouvər'luk] *v. tr.* **1.** pasar por alto. **2.** (ignore) no hacer caso de.

overpower [‚ouvər'pauər] *v. tr.* **1.** dominar. **2.** (affect greatly) abrumar; agobiar.

override [‚ouvər'raid] *v. tr.* anular.

overripe [‚ouvər'raip] *adj.* (fruit) pasado; pachucho; pocho.

overrule [‚ouvər'u:l] *v. tr.* anular.

overseas [‚ouvər'si:z] *adj.* de ultramar; ultramarino. ‖ **to go ~** ir al extranjero.

overstock [‚ouvər'stɒk] *v. tr.* (pack) abarrotar; atestar.

overtake [‚ouvər'teik] *v. tr.* adelantar; sobrepasar; exceder.

overthrow [‚ouvər'θrou] *v. tr.* (a government) derribar; derrocar.

overtime ['ouvər‚taim] *n.* (of work) horas extras. ‖ **to do ~** (of work) hacer horas extras

overturn [‚ouvər'tɜ:rn] *v. tr.* **1.** (car) volcar. ‖ *v. intr.* **2.** (of car) volcar.

overwhelm [‚ouvər'welm] *v. tr.* **1.** arrollar. **2.** (overpower) agobiar. **3.** (flood) inundar.

ovum ['ouvəm] (pl.: ova) *n.*, *Biol.* óvulo *m.*; huevo *m.*; embrión *m.*

owe [ou] *v. tr.* deber.

owing ['ouıŋ] *adj.* adeudado. ‖ **~ to** debido a; a/por causa de.

owl [aul] *n.*, *Zool.* (bird) búho *m.* ‖ **little ~** *Zool.* mochuelo *m.*

own [oun] *adj.* **1.** propio. ‖ *v. tr.* **2.** poseer; tener. ‖ **of my ~** de mi propiedad.

owner ['ounər] *n.* dueño *m.*; propietario *m.*; amo *m.*

ownership ['ounər‚ʃıp] *n.* propiedad *f.*

ox [ɒks] (pl.: oxen) *n.*, *Zool.* buey *m.*

oxide ['ɒksaid] *n.*, *Chem.* óxido *m.*

oxidize, oxidise (Br.E) ['ɒksə‚daız] *v. tr.* **1.** *Chem.* (metal) oxidar. ‖ *v. intr.* **2.** *Chem.* oxidarse.

oxygen ['ɒksı‚dʒən] *n.*, *Chem.* (gas) oxígeno *m.*

oyster ['ɔıstər] *n.* *Zool.* ostra *f.*

ozone ['ou‚zoun] *n.*, *Chem.* ozono *m.*

P

P [pi:] *n.* (letter) p *f.*

pacifier ['pæsəfaɪər] *n.*, *Am.E.* (dummy) chupete *m.*

pacify ['pæsəfaɪ] *v. tr.* **1.** (appease) apaciguar; calmar; sosegar. **2.** (restore peace) pacificar.

pack [pæk] *n.* **1.** (of clothes) fardo *m.* **2.** *Am.E.* (of cigarettes) paquete *m.*; cajetilla *f.* **3.** (of cards) baraja *f.* ‖ *v. tr.* **4.** empaquetar; embalar. **5.** (fill) atestar. ‖ *v. intr.* **6.** hacer la maleta.

package ['pækɪdʒ] *v. tr.* **1.** empaquetar; embalar. ‖ *n.* **2.** paquete *m.*

packet ['pækɪt] *n.* **1.** (small) paquete *m.* **2.** *Br.E.* (of cigarettes) cajetilla *f.*

pact [pækt] *n.* (between two people) pacto *m.*

padlock ['pædlɒk] *n.* candado *m.*

paella [paɪ'elə] *n.*, *Gastr.* (Spanish dish) paella *f.*

page¹ [peɪdʒ] *n.* **1.** (servant) paje *m.* **2.** (pageboy) botones *m. inv.*

page² [peɪdʒ] *n.* **1.** página *f.* **2.** (of book) hoja *f.* ‖ **front ~** (of newspaper) portada *f.* **title ~** (of book) portada *f.*

pageboy ['peɪdʒbɔɪ] *n.* **1.** paje *m.* **2.** (in a hotel) botones *m. inv.*

pail [peɪl] *n.* cubo *m.*; balde *m.*

pain [peɪn] *n.* **1.** dolor *m.* **2.** (sadness) pena *f.* **3.** (sorrow) sufri-

miento *m.* **4.** (children language) pupa *f.* ‖ *v. tr.* **5.** doler.

painful ['peɪnfəl] *adj.* **1.** doloroso. **2.** (mentally) penoso.

painkiller ['peɪnkɪlər] *n.* calmante *m.*

paint [peɪnt] *n.* **1.** pintura *f.* ‖ *v. tr.* **2.** pintar. ‖ *v. intr.* **3.** pintar.

paintbrush ['peɪntbrʌʃ] *n.* (art) brocha *f.*; pincel *m.*

painting ['peɪntɪŋ] *n.* **1.** pintura *f.* **2.** (picture) cuadro *m.*

pair [per] *n.* **1.** (of shoes, gloves, etc.) par *m.* **2.** (couple) pareja *f.* ‖ *v. tr.* **3.** (people) emparejar.

pajamas, pyjamas (Br.E) [pə'dʒɑːməz] *n. pl.*, *Am.E.* (friend) pijama *m.*

pal [pæl] *n. fam.* compañero *m.*; compinche *m.*; colega *m. y f.*

palace ['pælɪs] *n.* palacio *m.*

palate ['pælɪt] *n.*, *Anat.* paladar *m.*

pale [peɪl] *adj.* (pallid) pálido.

palliate ['pælɪeɪt] *v. tr.* mitigar.

palm¹ [pɑːm] *n.*, *Bot.* (tree) palmera *f.*

palm² [pɑːm] *n.*, *Anat.* palma *f.*

palpitate ['pælpəteɪt] *v. intr.* palpitar; latir.

paltry ['pɔːltri] *adj.* mezquino.

pamper ['pæmpər] *v. tr.* (spoil) mimar; consentir; malcriar.

pamphlet ['pæmflɪt] *n.* **1.** (informative) folleto *m.* **2.** (political) panfleto *m.*

pan [pæn] *n.* **1.** (casserole) cacerola *f.* **2.** (of scales) platillo *m.* ‖ **fry ~** *Am.E.* sartén *f.*

pane [peɪn] *n.* cristal *m.*; vidrio *m.*

panel ['pænəl] *n*. **1.** panel *m*. **2.** (of control) tablero *m*. **3.** (in a skirt) tabla *f*.

panic ['pænɪk] *n*. pánico *m*.

pant [pænt] *n*. **1.** jadeo *m*.; resoplido *m*. ‖ *v. intr*. **2.** jadear.

pantheon ['pænθɪən] *n*., *Archit*. (temple) panteón *m*.

panties ['pæntiːz] *n. pl*. braga *f*. ‖ **a pair of ~** unas bragas.

pantry ['pæntri:] *n*. despensa *f*.

pantyhose or pantihose ['pæntɪˌhouz] *n. pl*. **1.** *Am.E.* medias *f*.; panty *m*. **2.** *Am.E.* (thick) leotardo *m*.

paper ['peɪpər] *n*. **1.** papel *m*. **2.** (newspaper) periódico *m*. ‖ *v. tr*. **3.** (wall) empapelar.

paperback ['peɪpərˌbæk] *n*. (book) en rústica. ‖ **~ edition** edición rústica.

paperknife ['peɪpərˌnaɪf] *n*. (letter-opener) abrecartas *m. inv*.

papyrus [pə'paɪrəs] *n*. **1.** (paper) papiro *m*. **2.** *Bot*. papiro *m*.

parachute ['pærəˌʃuːt] *n*. paracaídas *m. inv*.

parade [pə'reɪd] *n*. **1.** (procession) desfile *m*.; cabalgata *f*.

paradise ['pærəˌdaɪs] *n*. paraíso *m*.

parador ['pærəˌdɔːr] *n*. (state-owned hotel) parador *m*.

paragraph ['pærəˌgræf] *n*., *Ling*. párrafo *m*.

parallel ['pærəlel] *adj*. **1.** paralelo. ‖ *n*. **2.** *Geogr*. paralelo *m*.

Paralympics [ˌpærə'lɪmpɪks] *n*., *Sports* paraolimpiada *f*.

paralyze, paralise (Br.E) ['pærəˌlaɪz] *v. tr*. paralizar.

parapente ['pærəˌpent] *n*., *Sports* parapente *m*.

parapet ['pærəˌpɪt] *n*. (breastwork) parapeto *m*.

parasite ['pærəˌsaɪt] *n*. parásito *m. y f*.

parasol ['pærəˌsɒl 'pærəˌsɔːl] *n*. (hand) quitasol *m*.; sombrilla *f*.

parcel ['pɑːrsəl] *n*. **1.** (big) paquete *m*. **2.** (of land) parcela *f*.

parcheesi [pɑːrtʃi'ziː] *n*., *Am. E*., (game) parchís *m*.

parchment ['pɑːrtʃmənt] *n*. pergamino *m*. ‖ **~ paper** papel pergamino.

pardon ['pɑːrdən] *n*. **1.** perdón *m*. **2.** *Law* indulto *m*. ‖ *v. tr*. **3.** (forgive) perdonar; disculpar. **4.** *Law* indultar. ‖ **pardon?** *phras*. **5.** ¿cómo dice?

parent ['perənt 'pærənt] *n*. **1.** (father or mother) padre *m*. ‖ **parents** *n*. (both) padres *m. pl*.

parenthesis [pə'renθəsɪs] *n*., *Ling*. paréntesis *m. inv*.

parish ['pærɪʃ] *n*., *Rel*. parroquia *f*. ‖ **~ church** *Rel*. parroquia *f*.

park [pɑːrk] *n*. **1.** parque *m*. ‖ *v. tr*. **2.** *Car* aparcar; estacionar.

parking ['pɑːrkɪŋ] *n*., *Car* (action) aparcamiento *m*.; estacionamiento *m*.

parley ['pɑ:rleɪ] v. intr. (enemies) parlamentar; dialogar.

parliament ['pɑ:rləmənt] n. sing., Polit. parlamento m.; cortes f. pl.

parlor, parlour (Br.E) ['pɑ:rlər] n., Am. E. salón m. ‖ **beauty** ~ salón de belleza. **funeral** ~ funeraria f.

parody ['pærədɪ] n. **1.** parodia f. ‖ v. tr. **2.** parodiar f.

parquet [pɑ:rkeɪ] n. parqué m.

parrot ['pærət] n., Zool. (bird) papaga-yo m.; loro m.; cotorra f.

parsley ['pɑ:rslɪ] n., Bot. perejil m.

part [pɑ:rt] n. **1.** parte f. **2.** Tech. pieza f. **3.** (of publications) fascículo m. **4.** Film & Theatr. papel m.

participate [pɑ:rˈtɪsəpeɪt] v. intr. participar; tomar parte.

participation [pɑ:rˌtɪsəˈpeɪʃən] n. participación f.; intervención f.

participle ['pɑ:rtəˌsəpəl (pɑ:rtəˌsɪpəl] n., Ling. participio m.

particle ['pɑ:rtɪkəl] n. partícula f.

particular [pərˈtɪkjələr pərˈtɪkjələr] adj. **1.** particular; especial. ‖ n. **2.** (detail) pormenor m.; detalle m.

particularity [pərˌtɪkjəˈlærətɪ pəˌtɪkjəˈlæ-rətɪ:] n. particularidad f.

partition [pɑ:rˈtɪʃən] n. **1.** partición f. **2.** (wall) tabique m. ‖ v. tr. **3.** dividir.

partner ['pɑ:rtnər] n. **1.** compañero m. **2.** (in game, dance) pareja f. **3.** (in couple) cónyuge m. y f.

partnership ['pɑ:rtnərˌʃɪp] n., Econ. asociación f.; sociedad f.

partridge ['pɑ:rtrɪdʒ] n., Zool. (bird) perdiz f. ‖ **young** ~ Zool. (bird) perdigón m.

party ['pɑ:rtɪ] n. **1.** fiesta f.; reunión f. **2.** Polit. partido m.

pass [pæs] n. **1.** (permission) pase m. **2.** (in exam) aprobado m. **3.** Geogr. desfiladero m. ‖ v. tr. **4.** pasar. **5.** (an exam) aprobar. ‖ v. intr. **6.** (go by) pasar.

passage ['pæsɪdʒ] n. **1.** pasaje m. **2.** (movement) paso m. **3.** (hallway) pasillo m.; pasadizo m.

passenger ['pæsəndʒər] n. **1.** pasajero m.; viajero m. ‖ **passengers** n. pl. **2.** Aeron. pasaje m.

passer-by [ˌpæsərˈbaɪ] n. transeúnte m. y f.; peatón m. y f.

passing ['pæsɪŋ] adj. **1.** pasajero. ‖ n. **2.** paso m. **3.** (course) transcurso m. **4.** (of a law, proyect) aprobación f.

passion ['pæʃən] n. **1.** pasión f. **2.** (frenzy) furor m.; vehemencia f.

passionate ['pæʃənɪt] adj. **1.** apasionado. **2.** (vehement) ardiente; vehemente.

passport ['pæsˌpɔ:rt] n. pasaporte m.

password ['pæsˌwɜ:rd] n. contraseña f.; santo y seña m.; consigna f.

past [pɑːst] *adj.* **1.** pasado. **2.** *Ling.* pretérito. ‖ *prep.* **3.** más allá de; después de. ‖ *n.* **4.** pasado *m.*; ayer *m.*

pasta [pæsta] *n., Gastr.* (for spaghetti) pasta *f.*

pastry ['peɪstri] *n.* masa *f.*

pasture ['pæstʃər] *n.* **1.** (field) pasto *m.* ‖ *v. tr.* **2.** apacentar. ‖ *v. intr.* **3.** (animals) pastar; pacer.

pasty¹ ['peɪsti] *adj.* **1.** (substance) pastoso. ‖ *n.* **2.** *Gastr.* empanada *f.*; pastel de carne.

pasty² ['peɪsti] *adj.* (complexion) pálido; demacrado.

pat [pæt] *n.* **1.** palmadita *f.* ‖ *v. tr.* **2.** dar una palmadita.

patch [pætʃ] *n.* **1.** parche *m.*; remiendo *m.* ‖ *v. tr.* **2.** remendar. **3.** (couple) reconciliarse.

pâté ['pɑːteɪ 'pæteɪ] *n., Gastr.* paté *m.*

patent ['pætnt] *n.* charol *m.* ‖ ~ **leather** (shoes) charol *m.*

path [pæθ] *n.* **1.** senda *f.*; sendero *m.*; camino *m.* **2.** (of missile) trayectoria *f.*

pathetic [pəˈθetɪk] *adj.* patético.

patience ['peɪʃəns] *n.* (tolerance) paciencia *f.*; aguante *m.*

patient ['peɪʃənt] *adj.* **1.** (tolerant) paciente; sufrido; tolerante. ‖ *n.* **2.** *Med.* paciente *m. y f.*

patio ['pætɪoʊ] *n.* patio *m.*

patrimony ['pætrəˌmoʊni] *n.* **1.** (heritage) patrimonio *m.* **2.** (inheritance) herencia *f.*

patriot ['peɪtrɪət] *n.* patriota *m. y f.*

patron ['peɪtrən] *n.* **1.** (sponsor) patrón *m.* **2.** *Econ.* (customer) cliente *m. y f.* (habitual)

patronage ['peɪtrənɪdʒ] *n.* (clientele) clientela *f.* (habitual)

pattern ['pætən] *n.* (model) patrón *m.*; modelo *m.*

pauper ['pɔːpər] *n.* pobre *m. y f.*; indigente *m. y f.*; mendigo *m.*

pause [pɔːz] *n.* pausa *f.*

pave [peɪv] *v. tr.* adoquinar; empedrar.

paved [peɪvd] *adj.* empedrado.

pavement ['peɪvmənt] *n.* **1.** *Br. E.* piso *m.*; acera *f.* **2.** *Am. E.* (roadway) calzada *f.*; pavimento *m.*

pavilion [pəˈvɪljən] *n., Archit.* (for exhibition) pabellón *m.*

paving stone ['peɪvɪŋstoʊn] *n.* adoquín *m.*; baldosa *f.*

paw [pɔː] *n., Zool.* pata *f.*; garra *f.*

pay [peɪ] *n.* **1.** sueldo *m.*; paga *f.*; remuneración *f.* ‖ *v. tr.* **2.** pagar. **3.** (expenses) saldar. **4.** (attention) prestar. ‖ *v. intr.* **5.** pagar.

payment ['peɪmənt] *n.* **1.** pago *m.*; abono *m.*; paga *f.* **2.** (expense) desembolso *m.*

payslip ['peɪslɪp] *n.* (receipt of payment) nómina (de sueldo) *f.*

pea [piː] *n., Bot.* guisante *m.*

peace [piːs] *n.* paz *f.*; tranquilidad *f.*; quietud *f.*

peaceful ['piːsfəl] *adj.* (non violent) pacífico; tranquilo.

peach [piːtʃ] *n.*, *Bot.* (fruit) melocotón *m.* ‖ ~ **tree** *Bot.* melocotonero *m.*

peacock ['piːkɒk] *n.*, *Zool.* (bird) pavo real.

peak [piːk] *n.* **1.** *Geogr.* (of a mountain) pico *m.*; cima *f.* **2.** *fig.* (highest point) cúspide *f.* **3.** (of a cap) visera *f.*

peanut ['piːnʌt] *n.*, *Bot.* cacahuete *m.*; maní *m.*

pear [per] *n.*, *Bot.* (fruit) pera *f.*

pearl [pɜːrl] *n.* perla *f.*

peasant ['pezənt] *n.* (farmer) campesino *m.*; labriego *m.*

pebble ['pebəl] *n.* guijarro *m.*

peck [pek] *n.* **1.** (of bird) picotazo *m.* ‖ *v. tr.* **2.** (of bird) picar.

peculiar [prkjuːljər] *adj.* (exclusive) peculiar; propio.

peculiarity [prkjuːlɪˈærəti] *n.* particularidad *f.*; peculiaridad *f.*

pedal ['pedəl] *n.* pedal *m.*

pedestrian [pəˈdestrɪən] *adj.* **1.** pedestre. ‖ *n.* **2.** peatón *m.*

pee [piː] *n.* **1.** *fam.* (is *fam.*; pipí *m.* ‖ *v. intr.* **2.** *vulg.* mear.

peel [piːl] *n.* **1.** (of fruit) piel *f.*; monda *f.* **2.** (of lemon, orange) corteza *f.* ‖ *v. tr.* **3.** (fruit) mondar; pelar.

peep[1] [piːp] *n.* **1.** (glance) ojeada *f.* ‖ *v. intr.* **2.** (look) espiar.

peep[2] [piːp] *n.* (of bird) pío *m.*

peephole ['piːphoʊl] *n.* mirilla *f.*

peer [pɪr] *n.* par *m.*; igual *m.*

peg [peg] *n.*, *Tech.* clavija *f.*

pelican ['pelɪkən] *n.*, *Zool.* (bird) pelícano *m.*

pen [pen] *n.* **1.** pluma *f.* **2.** (ballpoint) bolígrafo *m.*

penalize, penalise (Br.E) ['piːnəlaɪz] *v. tr.* (punish) penar.

penalty ['penəlti:] *n.* **1.** (punishment) pena *f.* **2.** *Sports* castigo *m.*; condena *m.*

pence [pens] *n. pl.*, *Econ.* (English unit of currency) peniques *m.*

pencil ['pensəl] *n.* lápiz *m.*; lapicero *m.* ‖ ~ **case** estuche *m.*

penetrate ['penətreɪt] *v. tr.* **1.** penetrar. ‖ *v. intr.* **2.** (get inside) internarse; meterse.

penguin ['peŋgwɪn] *n.*, *Zool.* (bird) pingüino *m.*

peninsula [pɪˈnɪnsjələ] *n.*, *Geogr.* península *f.*

penis ['piːnɪs] *n.*, *Anat.* pene *m.*

penitence ['penətəns] *n.* (remorse) arrepentimiento *m.*

penknife ['pennaɪf] *n.* (clasp knife) navaja *f.*

penniless ['penlɪs] *adj.* (broke) sin blanca; sin un céntimo.

penny ['peni] (pl.: -nies or pence) *n.*, *Econ.* (English unit of currency) penique *m.*

pennyroyal ['penɪrɔɪəl] *n.*, *Bot.* (infusion) poleo *m.*

pension ['penʃən] *n.* (money) jubilación *f.*; pensión *f.*; retiro *m.*

pensioner ['penʃənər] *n.* (old age) pensionista *m. y f.*; jubilado *m.*

penthouse ['pent.haus] *n.* ático *m.*

people ['pi:pəl] *n. pl.* **1.** pueblo *m. sing.*; gente *f. sing.* ‖ *v. tr.* **2.** poblar.

pepper ['pepər] *n.* **1.** (spice) pimienta *f.* **2.** *Bot.* (plant, fruit) pimiento *m.* ‖ *v. tr.* **3.** *Gastr.* echarle pimienta a.

per [pɜːr] *prep.* por.

perceive [pərsi:v] *v. tr.* (see, hear) percibir; conocer; ver.

percent or per cent [pərsent] *adj. and adv.* **1.** por ciento; por cien. ‖ *n.* **2.** porcentaje *m.*

percentage [pərsentidʒ] *n.* (proportion) porcentaje *m.*

peregrination [ˌperəgrɪ'neɪʃən] *n., lit.* peregrinación *f.*

perennial [pərenjəl] *adj.* **1.** *Bot.* perenne. **2.** (everlasting) perenne.

perfect ['pɜːrfikt] *adj.* **1.** perfecto. **2.** (ideal) ideal; idóneo. ‖ *v. tr.* **3.** (knowledge) perfeccionar.

perfection [pərfekʃən] *n.* perfección *f.*

perforate ['pɜːrfəˌreɪt] *v. tr.* (pierce) perforar; horadar.

perform [pərfɔːrm] *v. tr.* **1.** ejecutar; cumplir; llevar a cabo. ‖ *v. intr.* **2.** (act) actuar. **3.** *Theat.* representar (una obra).

performance [pərfɔːrməns] *n.* **1.** ejecución *f.*; cumplimiento *m.* **2.** *Mus.* (of an actor) interpretación *f.* **3.** *Theat.* función *f.*

perfume ['pɜːrˌfjuːm] *n.* **1.** perfume *f.* ‖ *v. tr.* **2.** perfumar.

perhaps [pərhæps] *adv.* quizá; quizás; tal vez.

period ['pɪriəd] *n.* **1.** período *m.* **2.** (in school) hora *f.* **3.** *Med.* regla *f.*; menstruación *f.*

periodical [ˌpɪriˈɒdɪkəl] *adj.* **1.** periódico; regular. ‖ *n.* **2.** publicación periódica.

perm [pɜːrm] *n.* (hair) permanente *f.*; moldeado *m.*

permeate ['pɜːrmiˌeɪt] *v. tr.* **1.** (substance) penetrar. **2.** (soak) calar; empapar.

permit ['pɜːrmɪt] *n.* **1.** (license) permiso *m.* ‖ *v. tr.* **2.** permitir.

pernicious [pɜːrnɪʃəs] *adj., Med.* pernicioso; perjudicial.

perpetrate ['pɜːrpəˌtreɪt] *v. tr.* (crime) perpetrar; cometer.

perpetual [pərpetʃʊəl] *adj.* (eternal) perpetuo; perenne.

perpetuate [pə'petʃʊət] *v. tr.* perpetuar; continuar; alargar.

perplex [pərpleks] *v. tr.* dejar perplejo.

perplexity [pərpleksəti:] *n.* (confusion) perplejidad *f.*

persecute ['pɜːrsɪˌkjuːt] *v. tr.* perseguir; acorralar.

persevere [ˌpɜːrsəˈvɪr] *v. intr.* perseverar; persistir; continuar.

person ['pɜːrsən] *n.* persona *f.*

personal ['pɜːrsənəl] *adj.* **1.** (private) personal; particular. **2.** (friend) íntimo.

personality [ˌpɜːrsəˈnælətiː] n. (nature) personalidad f.; carácter m.

personnel [ˌpɜːrsəˈnəl] n. (staff) personal m.

perspective [pərˈspektɪv] n. perspectiva f.

persuade [pərˈsweɪd] v. tr. persuadir; convencer.

perturb [pərˈtɜːrb] v. tr. 1. alborotar; inquietar. 2. (mentally) perturbar.

pervert [pərˈvɜːrt] n. 1. pervertido m. ‖ v. tr. 2. pervertir.

pessimism [ˈpesəˌmɪzəm] n. pesimismo m.; desilusión f.

pest [pest] n. 1. Agr. plaga f. 2. fig. (person, thing) moscón m.; tabarra f.; peste f.

pet [pet] adj. 1. favorito. ‖ n. 2. mascota f.; animal doméstico. ‖ v. tr. 3. (animal) mimar.

petal [ˈpetəl] n., Bot. pétalo m.

petrify [ˈpetrɪˌfaɪ] v. tr. petrificar.

petrol [ˈpetrɒl] n., Car gasolina f. ‖ ~ **station** Br.E. gasolinera f.

pharmacy [ˈfɑːrməsiː] n. 1. frml. (shop) farmacia f. 2. (subject) farmacia f.

phase [feɪz] n. fase f.

pheasant [ˈfezənt] n., Zool. (bird) faisán m.

phenomenon [fəˈnɒmənɒn fəˈnɒmənən] n. fenómeno m.

philanthropy [fɪˈlænθrəpiː] n. (altruism) filantropía f.; altruismo f.

philately [fəˈlætəliː] n. filatelia f.

philosophy [fəˈlɒsəfiː] n. filosofía f.

phone [foʊn] n. 1. (telephone) teléfono m. ‖ v. tr. & intr. 2. telefonear. ‖ **mobile** ~ celular m. Amér.

photocopier [ˈfoʊtoʊˌkɒpiər] n. fotocopiadora f.

photocopy [ˈfoʊtəˌkɒpiː] n. 1. fotocopia f. ‖ v. tr. 2. fotocopiar.

photograph [ˈfoʊtəˌgræf] n. 1. (picture) fotografía f.; retrato m. ‖ v. tr. 2. fotografiar; retratar.

photography [fəˈtɒgrəfiː] n. (art) fotografía f.

phrase [freɪz] n., Ling. (expression) frase f.; locución f.

physical [ˈfɪzɪkəl] adj. físico.

physics [ˈfɪzɪks] n. física f.

physiognomy [ˌfɪziˈɒnemiː] n. lit. fisonomía f.; facciones f. pl.

physique [fɪˈziːk] n. (appearance) físico m.; apariencia f.

piano [piˈænoʊ] n., Mus. piano m.

pick [pɪk] v. tr. 1. (choose) escoger. 2. (gather) coger; recoger. 3. (teeth, ears) escarbar.

picnic [ˈpɪknɪk] n. 1. picnic m.; jira f. 2. (snack) merienda f.

picture [ˈpɪktʃər] n. 1. (painting) cuadro m. 2. (art) grabado m. 3. (TV, mental imagen) imagen f.

pie [paɪ] n. 1. (fruit) pastel m. 2. (meat) empanada f.

piece [pi:s] *n.* **1.** pedazo *m.* **2.** *Mus.* & *Lit.* pieza *f.* **3.** (of bread) cacho *m.* **4.** (in board games) ficha *f.*

pier [pɪr] *n.* **1.** *Nav.* muelle *m.*; embarcadero *m.* **2.** *Archit.* (of bridge) estribo *m.*

pierce [pɪrs] *v. tr.* **1.** (ear) agujerear. **2.** (with a drill) taladrar.

piety [ˈpaɪəti] *n.*, *Rel.* (devoutness) piedad *f.*; devoción *f.*

pig [pɪg] *n.* **1.** *Zool.* cerdo *m.*; gorrino *m.*; *Amér.* puerco *m.* **2.** *fig.* (person) marrano *m.*; guarro *m.*

pigeon [ˈpɪdʒən] *n.* **1.** *Zool.* (bird) paloma *f.* **2.** *Gastr.* pichón *m.*

pigeonhole [ˈpɪdʒənˌhoʊl] *n.* **1.** casilla *f.* ‖ *v. tr.* **2.** encasillar.

pigsty [ˈpɪgˌstaɪ] *n.* pocilga *f.*

pigtail [ˈpɪgˌteɪl] *n.* **1.** (of bullfighter's) coleta *f.* **2.** (plait) trenza *f.*

pile [paɪl] *n.* **1.** (of books, things) pila *f.*; montón *m.*; montaña *f.* *fig.* **2.** *fam.* (money) fortuna *f.* ‖ *v. tr.* **3.** apilar; amontonar.

pilgrim [ˈpɪlgrəm] *n.* peregrino *m.*

pilgrimage [ˈpɪlgrəmədʒ] *n.*, *Rel.* peregrinación *f.*; romería *f.*

pill [pɪl] *n.*, *Pharm.* píldora *f.*; gragea *f.*; pastilla *f.*

pillow [ˈpɪloʊ] *n.* almohada *f.*

pillowcase [ˈpɪloʊˌkeɪs] *n.* (pillowslip) funda de almohada.

pilot [ˈpaɪlət] *adj.* **1.** piloto. ‖ *n.* **2.** *Aeron.* (plane, ship) piloto *m.*; aviador *m.* ‖ *v. tr.* **3.** pilotar.

pimple [ˈpɪmpəl] *n.*, *Med.* grano *m.*

pin [pɪn] *n.* **1.** alfiler *m.* **2.** *Tech.* clavija *f.* **3.** *Am.E.* (brooch) alfiler *m.* ‖ *v. tr.* **4.** (with needle) prender.

pinafore [ˈpɪnəfɔ:r] *n.* (apron) delantal *m.* ‖ ~ **dress** pichi *m.*

pincers [ˈpɪnsərs] *n. pl.* **1.** *Tech.* tenaza *f. sing.* **2.** *Zool.* tenaza *f.*

pinch [pɪnʃ] *n.* **1.** (nip) pellizco *m.* **2.** (bit) pizca *f.* ‖ *v. tr.* **3.** (nip) pellizcar.

pine[1] [paɪn] *n.*, *Bot.* (wood) pino *m.* ‖ ~ **cone** *Bot.* piña *f.*

pineapple [ˈpaɪnˌæpəl] *n.*, *Bot.* (fruit) piña *f.*; ananás *m.*

pinewood [ˈpaɪnˌwʊd] *n.* pinar *m.*

pink [pɪŋk] *n.* **1.** *Bot.* clavel *m.* **2.** (color) rosa *m.*

pint [paɪnt] *n.* (measure) pinta *f.*

pioneer [ˌpaɪəˈnɪr] *n.* **1.** pionero *m.* **2.** (forerunner) precursor *m.*

pip [pɪp] *n.* **1.** *Br.E.* (of fruit) pepita *f.* **2.** (of sunflower) pipa *f.*

pipe [paɪp] *n.* **1.** (for gas) tubo *m.*; conducto *m.* **2.** (for smoking) pipa *f.*

piping [ˈpaɪpɪŋ] *n.* **1.** (for water, gas) cañería *f.* **2.** (sew) ribete *m.*

piquancy [ˈpiːkənsiː] *n.*, *Gastr.* (taste) picante *m.*

pirate [ˈpaɪrɪt] *n.* pirata *m.*

pirogue [ˈpaɪroʊg] *n.* piragua *f.*

pistachio [pɪsˈtæʃɪoʊ] *n.*, *Bot.* (fruit) pistacho *m.*

pistol [ˈpɪstəl] *n.* pistola *f.*

pit¹ [pɪt] n. **1.** (hole) hoyo m.; foso m. **2.** (large) hoya f.; fosa f. **3.** Anat. (of stomach) boca f.

pit² [pɪt] n., Am.E. (of fruit) hueso m.

pitch¹ [pɪtʃ] n. **1.** Sports (in baseball) tiro m.; lanzamiento m. ‖ v. tr. **2.** (throw) lanzar. **3.** Nav. cabecear.

pitcher ['pɪtʃər] n., Am.E. (container) cántaro m.; jarro m.

pity ['pɪtɪ] n. **1.** piedad f.; compasión f. **2.** (regret) misericordia f.; lástima f. ‖ v. tr. **3.** compadecer.

pizza ['pi:tsə] n., Gastr. pizza f.

pizzeria ['pi:tsəˌrɪə] n. pizzería f.

placard ['plækəˌrd] n. cartel m.; letrero m.; pancarta f.

placate [plə'keɪt] v. tr. (appease) aplacar; apaciguar; calmar.

place [pleɪs] n. **1.** sitio m.; puesto m.; lugar m. **2.** (building) local m. ‖ v. tr. **3.** (put) colocar; poner.

placid ['plæsɪd] adj. plácido.

plagiarize, plagiarise (Br.E) ['pleɪdʒəˌraɪz] v. tr. plagiar; copiar.

plain [pleɪn] adj. **1.** claro. **2.** (simple) sencillo. **3.** (no colors) liso. **4.** (person) llano. ‖ n. **5.** Geogr. llano m.; llanura f.

plait [plæt] n. **1.** Br.E. (in hair) trenza f. ‖ v. tr. **2.** trenzar.

plan [plæn] n. **1.** plan m.; proyecto m. **2.** (scheme) esquema m. ‖ v. tr. **3.** planear; proyectar.

plane [pleɪn] n., Aeron. avión m.

planet ['plænɪt] n., Astron. planeta m.

planetarium [ˌplænə'terɪəm] n., Astron. planetario m.

plant¹ [plænt] n. **1.** Bot. planta f.; vegetal m. ‖ v. tr. **2.** Bot. plantar; colocar.

plant² [plænt] n. (factory) fábrica f.

plantation [plæn'teɪʃən] n., Agr. (for crops) plantación f.

plaster ['plæstər] n. **1.** yeso m. **2.** Med. escayola f. ‖ v. tr. **3.** enlucir; enyesar.

plastic ['plæstɪk] adj. **1.** plástico; maleable. ‖ n. **2.** plástico m. ‖ ~ **art** plástica f.

plate [pleɪt] n. **1.** (dish) plato m. **2.** (of metal) plancha f.; chapa f. **3.** Print. lámina f. **4.** (sheet) placa f. ‖ v. tr. **5.** (with gold, silver) bañar.

plateau ['plætoʊ] n., Geogr. meseta f.

platform ['plætfɔːrm] n. **1.** plataforma f. **2.** (tais) estrado m.; tarima f. **3.** (in train station) andén m. ‖ **portable ~** Rel. andas f. pl.

play [pleɪ] n. **1.** (game) juego m. **2.** (maneuver) jugada f. **3.** Theat. pieza f. ‖ v. tr. **4.** jugar. **5.** Mus. tocar. ‖ v. intr. **6.** (children) jugar.

player ['pleɪər] n. **1.** Theat. actor m. **2.** Sports jugador m.

playground ['pleɪɡraʊnd] n. (in school) patio de recreo.

playtime ['pleɪˌtaɪm] n. (school) hora de recreo m.

plea [pli:] *n.* súplica *f.;* ruego *m.*

pleasant ['plezənt] *adj.* **1.** agradable. **2.** (person) simpático.

please [pli:z] *form.* **1.** por favor. ‖ *v. tr.* **2.** agradar; gustar.

pleasure ['pleʒər] *n.* placer *m.;* gozo *m.;* deleite *m.*

pleat [pli:t] *n.* **1.** (on clothes) pliegue *m.* ‖ *v. tr.* **2.** plisar.

plentiful ['plentəfəl] *adj.* abundante; copioso.

plenty ['plenti] *n.* **1.** abundancia *f.;* exuberancia *f.* ‖ **~ of money** dinero de sobra.

pliers ['plaɪərz] *n. pl.* (tool) alicates *m. pl.;* tenaza *f. sing.*

plot[1] [plɒt] *n.* **1.** complot *m.;* conspiración *f.* **2.** *Theat. & Lit.* argumento; trama *f.;* acción *f.* ‖ *v. tr.* **3.** tramar; maquinar.

plot[2] [plɒt] *n., Br.E., Agr.* (lot) solar *m.;* parcela *f.;* terreno *m.*

plow, plough (Br.E) [plaʊ] *n.* **1.** *Agr.* arado *m.* ‖ *v. tr. & intr.* **2.** *Agr.* arar.

plug [plʌg] *n.* **1.** tapón *m.* **2.** *Electron.* enchufe *m.;* clavija *f.*

plum [plʌm] *n., Bot.* ciruela *f.*

plumage ['plu:mɪdʒ] *n.* (of birds) plumaje *m.;* plumas *f. pl.*

plumber ['plʌmər] *n.* fontanero *m.*

plumbing ['plʌmɪŋ] *n.* **1.** (profession) fontanería *f.* **2.** (system) cañería *f.*

plump[1] [plʌmp] *adj.* (person) rechoncho; rollizo.

plump[2] [plʌmp] *v. tr.* (cushion) ahuecar (cojines, almohadas).

plunder ['plʌndər] *n.* **1.** pillaje *m.* **2.** (loot) botín *m.* ‖ *v. tr.* **3.** pillar; saquear.

plunge [plʌndʒ] ‖ *v. tr.* **1.** sumergir. ‖ *v. intr.* **2.** zambullirse.

plush [plʌʃ] *n.* felpa *f.;* peluche *m.*

pneumonia [nu:'məʊnjə] *n., Med.* neumonía *f.;* pulmonía *f.*

poach [pəʊtʃ] *v. tr., Gastr.* (eggs) escalfar.

pocket ['pɒkɪt] *n.* **1.** bolsillo *m.* **2.** (of air) bolsa *f.* ‖ *v. tr.* **3.** (money) embolsar.

pockmark ['pɒkmɑːrk] *n.* **1.** (hole) hoyo *m.* **2.** *Med.* (mark) viruela *f.*

pod [pɒd] *n., Bot.* (of peas, beans) vaina *f.*

poem ['pəʊəm] *n., Lit.* poema *m.*

poet ['pəʊɪt] *n., Lit.* poeta *m.*

poetry ['pəʊɪtri] *n., Lit.* poesía *f.*

point [pɔɪnt] *n.* **1.** punto *m.* **2.** (sharp end) punta *f.* **3.** *Sports* tanto. ‖ *v. tr.* **4.** (a gun) apuntar.

pointer ['pɔɪntər] *n.* **1.** indicador *m.* **2.** (for pointing) puntero *m.* **3.** (piece of advice) consejo *m.*

poison ['pɔɪzən] *n.* **1.** veneno *m.;* tóxico *m.* ‖ *v. tr.* **2.** envenenar; intoxicar.

poke [pəʊk] *v. tr.* **1.** (with finger, stick) hurgar. **2.** (fire) atizar.

polar ['pəʊlər] *adj.* polar.

422

pole¹ ['pɔul] *n.* **1.** palo *m.;* poste *m.* **2.** *Sports* pértiga *f.* **3.** (for lever) palanca *f.*

pole² ['pɔul] *n., Phys. & Geogr.* polo *m.*

polemic [pə'lemɪk] *n., frml.* (controversy) polémica *f.*

police [pə'liːs] *adj.* **1.** policiaco. ‖ *n. pl.* **2.** (force) policía *f. sing.*

policy ['pɔləsiː] *n.* **1.** *Polit.* política *f.* **2.** (insurance) póliza *f.*

polish ['pɔlɪʃ] *v. tr.* **1.** *Tech.* pulir; enlucir. **2.** (shoes) dar betún.

polite [pə'laɪt] *adj.* (courteous) cortés; educado; fino.

politeness [pə'laɪtnɪs] *n.* cortesía *f.;* urbanidad *f.;* educación *f.*

political [pə'lɪtɪkəl] *adj.* político.

politics ['pɔlətɪks] *n. sing.* política *f.*

poll [pɔul] *n.* **1.** (ballot) votación *f.* **2.** (survey) encuesta *f.;* sondeo *m.*

pollen ['pɔlən] *n., Bot.* polen *m.*

pollute [pə'luːt] *v. tr.* contaminar.

pollution [pə'luːʃən] *n.* polución *f.;* contaminación *f.*

polo ['pɔulɔu] *n., Sports* polo *m.*

polo shirt ['pɔulɔu,ʃɜːrt] *sust. phr.* niqui *m.;* polo *m.;* camiseta *f.*

polyphony [pə'lɪfəniː] *n., Mus.* polifonía *f.*

pomegranate ['pɔməgrænɪt] *n., Bot.* (fruit) granada *f.* ‖ ~ **tree** *Bot.* granado *m.*

pomp [pɔmp] *n.* pompa *f.*

poncho ['pɔntʃɔu] *n.* poncho *m. Amér.*

pond [pɔnd] *n.* (pool) estanque *m.*

ponder ['pɔndər] *v. tr. & intr.* considerar con cuidado; meditar.

pony ['pɔuniː] *n., Zool.* poni *m.*

ponytail ['pɔuniːteɪl] *n.* coleta *f.*

pool [puːl] *n.* **1.** (puddle) charco *m.* **2.** (pond) balsa *f.;* estanque *m.* **3.** (billards) billar americano.

pools [puːlz] *n., Br. E.* quiniela *f.*

poop [puːp] *n., Nav.* popa *f.*

poor [pur] *adj.* **1.** pobre. **2.** (quality) de mala calidad.

pop [pɔp] *n.* **1.** *Mus.* pop *m. inv.* **2.** *Am.E.* (dad) papá *m.*

popcorn ['pɔp,kɔːrn] *n.* palomitas de maíz.

poplar ['pɔplər] *n., Bot.* álamo *m.*

poppy ['pɔpiː] *n., Bot.* amapola *f.*

popular ['pɔpjələr] *adj.* popular.

population [pɔpjæˈleɪʃən] *n.* (inhabitants) población *f.;* ciudad *f.*

porcelain ['pɔːrslɪn 'pɔːrsəlɪn] *n.* porcelana *f.*

porch [pɔːrtʃ] *n.* **1.** (of a house) porche *m.* **2.** (in street) soportal *m.*

pore [pɔːr] *n., Anat.* poro *m.*

pork [pɔːrk] *n.* (meat) cerdo *m.;* carne de cerdo. ‖ ~ **chop** *Gastr.* chuleta de cerdo. ‖ ~ **fat** tocino *m.*

pornography [pɔːrˈnɔgrəfiː] *n.* (porn) pornografía *f.*

port [pɔːrt] *n., Nav.* puerto *m.*

portend [pɔrtend] v. tr., frml. (predict) augurar; presagiar.

porter [ˈpɔːrtər] n. **1.** (superintendent) conserje m. **2.** (in hotel) portero m. **3.** Br.E. (in hall of students) bedel m.

portion [ˈpɔːrʃən] n. **1.** (part) porción f. **2.** (of food) ración f.

portrait [ˈpɔːrtrɪt] n. retrato m.

portray [pɔːrtreɪ] v. tr. **1.** retratar. **2.** (describe) describir.

pose [pouz] n. **1.** postura f. ‖ v. tr. **2.** (questions) formular. ‖ v. intr. **3.** (as model) posar.

posh [pɒʃ] adj. fam. pijo col.

position [pəˈzɪʃən] n. **1.** posición f. **2.** (job) puesto m.; colocación f.

possess [pəˈzes] v. tr. **1.** poseer; tener. **2.** (take over) adueñarse de.

possessed [pəˈzest] adj. poseído; endemoniado.

possession [pəˈzeʃən] n. posesión f.; propiedad f.

possible [ˈpɒsəbəl] adj. **1.** posible. **2.** (chance) eventual.

post¹ [poust] n. poste m.

post² [poust] n. **1.** (mail) correo m. ‖ v. tr. **2.** echar al correo.

post³ [poust] n. (job) puesto m.; cargo m.; empleo m.

postal [ˈpoustəl] adj. postal.

postbox [ˈpoustbɒks] n., Br.E. buzón m.

postcard [ˈpoustkɑːrd] n. tarjeta postal.

poster [ˈpoustər] n. póster m.

postman [ˈpoustmən] n. cartero m.

postmark [ˈpoustmɑːrk] n. (mark) matasellos m. inv.

postpone [poustpoun] v. tr. aplazar; posponer; postergar.

posture [ˈpɒstʃər] n. **1.** (of body) postura f. **2.** (attitude) actitud f.

pot [pɒt] n. **1.** pote m. **2.** (for cooking) olla f.; puchero m. **3.** (for flowers) maceta f.; tiesto m. ‖ v. tr. **4.** (food) conservar en tarros.

potato [pəˈteɪtou, pəˈteɪtə] n. patata f.; papa f., Amér.

potion [ˈpouʃən] n. pócima f.; poción f.

potter [ˈpɒtər] n. alfarero m.

pottery [ˈpɒtəri:] n. cerámica f.

pouch [pautʃ] n., Zool. (of a kangaroo) bolsa f.

poultry [ˈpoultri:] n. **1.** (live) aves de corral. **2.** (food) pollos m. pl.

pound¹ [paund] v. tr. **1.** golpetear; machacar. ‖ v. tr. **2.** fig. (noise) martillear.

pound² [paund] n. (measure, coin) libra f. ‖ **half a ~** (currency) media libra.

pour [pɔːr] v. tr. **1.** verter; volcar. **2.** (spill) derramar. **3.** (liquid, salt, etc.) echar.

poverty [ˈpɒvərti:] n. indigencia f.; pobreza f.; miseria f.

powder [ˈpaudər] n. **1.** Gastr. & Chem. polvo m. ‖ v. tr. **2.** empolvar.

power ['paʊər] *n.* **1.** poder *m.* **2.** (nation) potencia *f.* **3.** *fig.* (energy) energía *f.*

powerful ['paʊərfəl] *adj.* **1.** (person) poderoso. **2.** (machine) potente.

practical ['præktɪkəl] *adj.* **1.** práctico. **2.** (useful) útil. **3.** (person) realista.

practice ['præktɪs] *n.* **1.** práctica *f.;* costumbre *f.* **2.** (exercise) ejercicio *m.*

practice, practise (Br.E) ['præktɪs] *v. tr.* **1.** practicar. **2.** (profession) ejercer.

praise [preɪz] *n.* **1.** (approval) alabanza *f.;* elogio *m.;* exaltación *f.* ‖ *v. tr.* **2.** alabar; elogiar.

prank [præŋk] *n.* travesura *f.*

prawn [prɔːn] *n.* **1.** *Zool.* (large) langostino *m.* **2.** *Zool.* (medium) gamba *f.*

pray [preɪ] *v. tr. Rel.* orar; rezar.

prayer [prer] *n. Rel.* oración *f.;* plegaria *f.;* rezo *m.*

precaution [prɪˈkɔːʃən] *n.* precaución *f.;* cuidado *m.*

precede [prɪˈsiːd] *v. tr. & intr.* preceder (a); ir delante.

precious [ˈpreʃəs] *adj.* precioso.

precipitation [prɪˌsɪpɪˈteɪʃən] *n., Meteor.* (rain) precipitación *f.*

precipitous [prɪˈsɪpətəs] *adj.* (hasty) precipitado; apresurado.

precise [prɪˈsaɪs] *adj.* **1.** (exact) preciso. **2.** (meticulous) meticuloso.

predator [ˈpredətər ˈpredəˌtɔːr] *n., Zool.* (animal) depredador *m.*

predecessor [ˈpredəˌsesər] *n.* predecesor *m.;* antecesor *m.*

predestinate [priːˈdestəneɪt] *v. tr.* (predestine) predestinar.

predicate [ˈpredɪˌkeɪt] *n.* **1.** *Ling.* predicado *m.* ‖ *v. tr.* **2.** afirmar.

predict [prɪˈdɪkt] *v. tr.* (portend) predecir; pronosticar; vaticinar.

predispose [ˌprɪdɪˈspoʊz] *v. tr.* predisponer; inclinar.

predominate [prɪˈdɒməˌneɪt] *v. intr.* (prevail) predominar.

preface [ˈprefɪs] *n.* **1.** *Lit.* prólogo *m.* ‖ *v. tr.* **2.** prologar.

prefer [prɪˈfɜːr] *v. tr.* preferir.

preference [ˈprefərəns] *n.* **1.** preferencia *f.* **2.** (priority) prioridad *f.*

pregnancy [ˈpregnənsiː] *n.* embarazo *m.*

pregnant [ˈpregnənt] *adj.* **1.** (woman) embarazada; encinta. **2.** (animal) preñada.

prehistory [priːˈhɪstəriː] *n.* prehistoria *f.*

prejudice [ˈpredʒədɪs] *n.* **1.** prejuicio *m.;* preocupación *f.* ‖ *v. tr.* **2.** perjudicar; dañar.

preliminary [prɪˈlɪmənəriː] *adj.* **1.** preliminar. ‖ *n.* **2.** preliminar *m.*

prelude [ˈpreljuːd ˈpreɪluːd] *n.* preludio *m.;* comienzo *m.*

premature [ˌpriːməˈtʃʊr ˈpriːməˌtʊr] *adj.* prematuro; temprano.

premeditate [pri:'medə,teit] *v. tr.* (crime) premeditar.

premiere ['premɪr] *n.* **1.** *Film & Theatr.* (of a movie) estreno *m.* ‖ *v. tr.* **2.** *Film & Theatr.* estrenar.

premises ['premɪsɪz] *n. pl.* (building) local *m.*; nave *f.*

prepare [prɪ'per] *v. tr.* **1.** preparar. ‖ *v. intr.* **2.** prepararse.

preposition [,prepə'zɪʃən] *n.*, *Ling.* preposición *f.*

prescribe [prɪ'skraɪb] *v. tr.* **1.** *Med.* recetar. **2.** (set down) prescribir; concluir.

prescription [prɪ'skrɪpʃən] *n.* *Med.* receta *f.*

presence ['prezəns] *n.* presencia *f.*

present[1] ['prezənt] *adj.* **1.** presente. **2.** (current) actual. ‖ *n.* **3.** *Ling.* presente *m.* **4.** (current moment) presente *m.*

present[2] ['prezənt] *n.* **1.** *Br.E.* regalo *m.*; obsequio *m. form.*; dádiva *f.*, *form.* ‖ *v. tr.* **2.** regalar.

presentation [,prezən'teɪʃən] *n.* (act of presenting) presentación *f.*

preservative [prɪ'zɜ:rvətɪv] *n.*, *Gastr.* conservante *m.*

preserve [prɪ'zɜ:rv] *n.* **1.** *Gastr.* conserva *f.* ‖ *v. tr.* **2.** (protect) preservar. **3.** (keep) conservar.

preside [prɪ'zaɪd] *v. intr.* presidir.

press [pres] *n.* **1.** apretón. **2.** (newspaper) prensa *f.* **3.** (printing press) imprenta *f.* ‖ *v. tr.* **4.** apretar; presionar.

pressure ['preʃər] *n.* **1.** presión *f.* ‖ *v. tr.* **2.** *Am.E.*, *fig.* (constrain) presionar.

prestige [pres'ti:ʒ] *n.* prestigio *m.*

presume [prɪ'zu:m] *v. tr.* **1.** presumir; suponer. ‖ *v. intr.* **2.** (suppose) presumir.

pretend [prɪ'tend] *v. tr.* (feign) fingir; aparentar; simular.

pretense, pretence (Br.E) [prɪ'tens] *n.* **1.** simulacro *m.* **2.** (pretext) pretexto *m.* **3.** (claim) pretensión *f.*

pretext ['pri:tekst] *n.* pretexto *m.*

pretty ['prɪti:] *adj.* **1.** bonito; precioso. **2.** (baby, woman) guapo. ‖ *adv.* **3.** *fam.* bastante.

prevail [prɪ'veɪl] *v. intr.* **1.** prevalecer. **2.** (predominate) predominar; destacar.

prevent [prɪ'vent] *v. tr.* **1.** impedir. **2.** (accident) evitar; esquivar. **3.** (illness) prevenir.

preview ['pri:vju:] *n.* **1.** anticipo *m.*; avance *m.* **2.** (cinema) preestreno *m.*

prey [preɪ] *n.* **1.** *Zool.* presa *f.* ‖ *v. intr.* **2.** cazar.

price [praɪs] *n.* **1.** precio *m.*; valor *m.* ‖ *v. tr.* **2.** poner precio.

prick [prɪk] *n.* **1.** pinchazo *m.*; punzada *f.* **2.** *vulg.* (penis) pijo *m.* ‖ *v. tr.* **3.** (puncture) pinchar.

prickle ['prɪkəl] *n.* **1.** *Bot.* (thorn) espina *f.* **2.** (spike) pincho *m.* ‖ *v. intr.* **3.** (beard, skin) picar.

pride [praɪd] *n.* **1.** orgullo *m.* **2.** (conceit) soberbia *f.* ‖ *v. tr.* **3.** enorgullecer.

priest [priːst] *n.*, *Rel.* sacerdote *m.*

priesthood ['priːsthʊd] *n.* **1.** *Rel.* clero *m.* **2.** *Rel.* (office) sacerdocio *m.*

primary ['praɪməriː] *adj.* **1.** (main) fundamental. **2.** (basic) primario.

prince [prɪns] *n.* príncipe *m.*

princess ['prɪnses] *n.* princesa *f.*

principal ['prɪnsəpəl] *adj.* **1.** principal; capital. ‖ *n.* **2.** director *m.*; principal *m.*

print [prɪnt] *n.* **1.** (of finger) estampa *f.*; huella. **2.** *Art* grabado *m.* **3.** (fabric) estampado. ‖ *v. tr.* **4.** *Print.* (texts) imprimir.

printer ['prɪntər] *n.*, *Comput.* impresora *f.*

prior[1] ['praɪər] *adj.* previo.

prior[2] ['praɪər] *n.*, *Rel.* prior *m.*

priority [praɪˈɒrətiː] *n.* prioridad *f.*

prison ['prɪzən] *n.* (jail) cárcel *f.*

privacy ['praɪvəsiː] *n.* intimidad *f.*

private ['praɪvɪt] *adj.* **1.** privado; particular. **2.** (personal) íntimo. **3.** (confidential) confidencial.

privilege ['prɪvlɪdʒ 'prɪvəlɪdʒ] *n.* **1.** (prerogative) privilegio *m.*; fuero *m.* **2.** (distiction) distinción *f.*

prize [praɪz] *n.* **1.** premio *m.* ‖ *v. tr.* **2.** tener en gran estima.

pro [proʊ] *prep.* en pro de.

probability [ˌprɒbəˈbɪlətiː] *n.* probabilidad *f.*; posibilidad *f.*

probe [proʊb] *n.* **1.** sonda *f.* **2.** (investigation) exploración *f.*

problem ['prɒbləm] *n.* problema *m.*

procedure [prəˈsiːdʒər] *n.* (way) procedimiento *m.*; forma *f.*

proceed [prəˈsiːd] *v. intr.* (go) proceder; avanzar.

process ['proʊses 'prɒses] *n.* **1.** proceso *m.* ‖ *v. tr.* **2.** *Comp.* procesar. **3.** (food) tratar.

procession [prəˈseʃən] *n.* **1.** desfile *m.* **2.** *Rel.* procesión *f.*

proclaim [prəˈkleɪm] *v. tr.* proclamar; divulgar.

prodigal ['prɒdɪgəl] *adj.* & *n.* despilfarrador *m.*; derrochador *m.*

prodigious [prəˈdɪdʒəs] *adj.* (memory) prodigioso; portentoso; asombroso.

prodigy ['prɒdədʒiː] *n.* prodigio *m.*

produce [prəˈduːs] *n.* **1.** *Agr.* producto *m.* ‖ *v. tr.* **2.** producir. **3.** (manufacture) fabricar.

product ['prɒdʌkt] *n.*, *Econ.* producto *m.*; producción *f.*; género *m.*

production [prəˈdʌʃən] *n.* producción *f.*; fabricación *f.*

profane [proʊˈfeɪn] *adj.* **1.** (secular) profano. ‖ *v. tr.* **2.** profanar.

profess [prəˈfes] *v. tr.* & *intr.*, *Rel.* (faith) profesar (fé).

profession [prəˈfeʃən] *n.* profesión *f.*; ocupación *f.*

professor [prəˈfesər] *n.* **1.** (holding a chair) catedrático *m.* **2.** (university teacher) profesor *m.*

profile [ˈproufail] *n.* **1.** *Anat.* (of face) perfil *m.* ‖ *v. tr.* **2.** perfilar.

profit [ˈprɒfit] *n.* **1.** *Econ.* provecho *m.*; beneficio *m.*; ganancia *f.*

profound [prəˈfaund] *adj.* (deep, intense) profundo; hondo.

profundity [prəˈfʌndeti] *n., fig.* (of thought) profundidad *f.*

profusion [prəˈfjuːʒən] *n.* profusión *f.*; exuberancia *f.*

prognosis [prɒɡˈnousis] *n., Med.* (diagnosis) pronóstico *m.*

program, programme (Br.E) [ˈprougrəm, ˈprougræm] *n.* **1.** programa *m.*; plan *m.* ‖ *v. tr.* **2.** programar.

progress [ˈprɒɡres] *n.* **1.** progreso *m.*; marcha *f.* **2.** (advance) avance *m.* ‖ *v. intr.* **3.** avanzar.

prohibit [prouˈhibit] *v. tr.* (forbid) prohibir; negar; vedar.

prohibition [prouəˈbiʃən] *n.* (ban) prohibición *f.*; veda *f.*

project [ˈprɒdʒekt] *n.* **1.** proyecto *m.* **2.** (plan) plan *m.*

prolog, prologue (Br.E) [ˈproulɒg] *n., Lit.* prólogo *m.*

prolong [prəˈlɒg] *v. tr.* (extend) alargar; prolongar.

prominence [ˈprɒmənəns] *n.* **1.** prominencia *f.* **2.** *fig.* (importance) relieve *m.*

promise [ˈprɒmis] *n.* **1.** promesa *f.* ‖ *v. tr.* **2.** (pledge) prometer. ‖ *v. intr.* **3.** comprometerse.

promote [prəˈmout] *v. tr.* **1.** (encourage) promover; fomentar. **2.** (in job) ascender; promocionar.

promotion [prəˈmouʃən] *n.* **1.** (in job) ascenso *m.* **2.** (of products) promoción *f.*

prompt [prɒmpt] *adj.* **1.** (quick) pronto. ‖ *n.* **2.** (note) apunte *m.* ‖ *v. tr.* **3.** incitar; sugerir.

pronoun [ˈprounaun] *n., Ling.* pronombre *m.*

pronounce [prəˈnauns] *v. tr., Ling.* (sounds) pronunciar.

proof [pruːf] *n.* **1.** prueba *f.* **2.** (evidence) evidencia *f.*

propagate [ˈprɒpəɡeit] *v. tr.* (spread) propagar; divulgar.

propel [prəˈpel] *v. tr.* propulsar.

proper [ˈprɒpər] *adj.* **1.** apropiado; adecuado. **2.** (characteristic) propio. **3.** (behavior) decente.

property [ˈprɒpərti] *n.* **1.** propiedad *f.* **2.** (estate) finca *f.*

prophet [ˈprɒfit] *n.* profeta *m.*

proportion [prəˈpɔːrʃən] *n.* **1.** proporción *f.* ‖ *v. tr.* **2.** proporcionar; dotar.

proposal [prəˈpouzəl] *n.* (offer) oferta *f.*; propuesta *f.*

proposition [prɒpəˈziʃən] *n.* (proposal) proposición *f.*

propriety [prəˈpraiəti] *n.* (decorum) decoro *m.*; decencia *f.*

proscribe [prou'skraib] *v. tr.*, *frml.* proscribir; desterrar.

prose [prouz] *n. Lit.* prosa *f.*

prospect ['prɒskpekt] *n.* **1.** perspectiva *f.*; expectativa *f.* ‖ *v. tr.* **2.** explorar.

prosper ['prɒspər] *v. tr. & intr.* (thrive) prosperar; medrar.

prosperity [prɒs'peroti:] *n.* prosperidad *f.*; bonanza *f.*

prostitute ['prɒstɑtuːt] *n.* **1.** prostituta *f.*; zorra *f.*; ramera *f.* ‖ *v. intr.* **2.** prostituirse.

protagonist [prou'tægonist] *n. Film & Lit* protagonista *m. y f.*

protect [prə'tekt] *v. tr.* **1.** proteger; defender. **2.** (preserve) preservar; conservar.

protection [prə'tekʃən] *n.* protección *f.*

protein ['prouti:n] *n.* proteína *f.*

protest ['prou,test] *n.* **1.** protesta *f.* ‖ *v. tr. & intr.* **2.** protestar.

proud [praud] *adj.* (satisfied) orgulloso; satisfecho.

prove [pru:v] *v. tr.* probar.

proverb ['prɒvɜ:rb] *n.* (saying) proverbio *m.*; refrán *m.*

provide [prə'vaid] *v. tr.* **1.** (supply) proveer; suministrar. **2.** (evidence) aportar.

provided [prə'vaidid] *conj.* a condición de que; siempre que.

province ['prɒvɪns] *n.* provincia *f.*

provision [prə'vɪʒən] *n.* **1.** provisión *f.* **2.** (supply) suministro

m. ‖ **provisions** *n. pl.* **3.** víveres *m.*; provisiones *f.*

provisional [prə'vɪʒənəl] *adj.* interino; provisional; temporal.

provoke [prə'vouk] *v. tr.* provocar.; causar

prow [prau] *n.*, *Nav.* proa *f.*

proximity [prɒk'sɪməti:] *n.* proximidad *f.*; cercanía *f.*

prudence ['pru:dns] *n.*, *frml.* (discretion) discreción *f.*

prune[1] [pru:n] *n. Bot.* (fruit) ciruela pasa.

prune[2] [pru:n] *v. tr.*, *Agr.* (plants) podar (un árbol).

pruning [pru:nɪŋ] *n.* poda *f.*

pry [prai] *v. intr.* **1.** fisgar. **2.** (into sb's affairs) curiosear.

psalm [sɑ:m] *n.*, *Rel.* salmo *m.*

pseudonym ['su:dənɪm] *n.* seudónimo *m.*; pseudónimo *m.*

psychiatry [sə'kaɪətri:] *n.*, *Med.* psiquiatría *f.*

puberty ['pju:bɜːti:] *n.* pubertad *f.*; adolescencia *f.*

public ['pʌblɪk] *adj.* **1.** público. ‖ *n.* **2.** público *m.*

publication [pʌblə'keɪʃən] *n.*, *Print.* publicación *f.*; edición *f.*

publicity [pʌb'lɪsəti:] *n.* publicidad *f.*; propaganda *f.*

publish ['pʌblɪʃ] *v. tr.* publicar.

publisher ['pʌblɪʃ] *n.* editor *m.*

publishing ['pʌblɪʃɪŋ] *adj.* (trade) editorial. ‖ ~ **company** editorial *f.*

puddle ['pʌdl] *n.* charco *m.*

puff [pʌf] *n.* **1.** (of air) soplo *m.*
2. *coll.* (of cigarette) calada *f.;*
bocanada *f.* ‖ *v. intr.* **3.** resoplar.

pull [pul] *n.* **1.** (tug) tirón *m.*
‖ *v. tr.* **2.** tirar; arrastrar.

pullover [puloυvər] *n.* jersey *m.*

pulsate [pυl'seɪt] *v. intr.* pulsar.

pulse [pʌls] *n.*, *Anat.* pulso *m.*

pulverize, pulverise (Br.E)
['pʌlvə,raɪz] *v. tr.* pulverizar.

puma ['pju:mə 'pu:mə] *n.*, *Zool.*
(mountain lion) puma *m.*

pumice stone ['pʌmɪs] *sust.*
phr. piedra pómez.

pump [pʌmp] *n.* **1.** (for air, gas)
bomba *f.* ‖ *v. tr.* **2.** bombear.

pumpkin ['pʌmpkɪn] *n. Bot.*
(fruit) calabaza *f.*

punch[1] [pʌntʃ] *n.* **1.** *Tech.* punzón *m.* ‖ *v. tr.* **2.** (make a hole)
taladrar; agujerear.

punch[2] [pʌntʃ] *n.* (blow) puñetazo *m.;* mamporro *m.*

punch[3] [pʌntʃ] *n.* (drink) ponche *m.*

punctuality [,pʌŋktʃu:'æləti:] *n.*
puntualidad *f.;* precisión *f.*

punctuate ['pʌŋktʃυeɪt] *v. tr.*
Ling. (calificar) puntuar.

puncture ['pʌŋktʃər] *n.* **1.** (of
tire) pinchazo *m.* ‖ *v. tr.* **2.** (tire)
pinchar. **3.** *Med.* punzar.

punish [pʌnɪʃ] *v. tr.* castigar.

punishment ['pʌnɪʃmənt] *n.* **1.**
castigo *m.;* pena *f.*

pupil[1] ['pju:pəl] *n.* (in school)
alumno *m.*

pupil[2] ['pju:pəl] *n.*, *Anat.* (of eye)
pupila *f.*

puppy ['pʌpi:] *n.*, *Zool.* (dog) cachorro *m.;* cría *f.*

purchase ['pɜ:rtʃəs] *n.* **1.** compra *f.;* adquisición *f.* ‖ *v. tr.*
2. (buy) comprar.

purée [pjυreɪ 'pjυreɪ] *n.*, *Gastr.*
puré *m.*

purification [pjərəfə'keɪʃən] *n.*
purificación *f.;* depuración *f.*

purify ['pjυrə,faɪ] *v. tr.* (depurate)
purificar; depurar.

purity ['pjυrəti:] *n.* pureza *f.*

purple ['pɜ:rpəl] *adj.* **1.** (color)
morado *m.* ‖ *n.* **2.** (color) púrpura *f.*

purpose ['pɜ:rpəs] *n.* **1.** (intention) intención *f.;* objeto *m.;* fin
m. ‖ *v. tr.* **2.** proponer.

purse [pɜ:rs] *n.* **1.** *Br. E.* monedero *m.;* portamonedas *m. inv.*
2. *Am. E.* (handbag) bolso *m.*

pursue [pər'su:] *v. tr.* **1.** perseguir; seguir. **2.** (carry out) llevar
a cabo.

pursuit [pər'su:t] *n.* persecución *f.*

pus [pʌs] *n.* pus *m.*

push [pυʃ] *n.* **1.** empujón *m.*
‖ *v. tr.* **2.** empujar.

put [pυt] *n.* (p.t. and p.p. put) *v. tr.*
1. poner. **2.** (place) colocar; depositar.

pyjamas [pə'dʒɑ:məz] *n. pl.,*
Br. E. pijama *m. sing.*

pyramid ['pɪrəmɪd] *n.* pirámide *f.*

Q

q [kju:] *n.* (letter) q *f.*

quagmire ['kwægmaɪr] *n.* (land) cenagal *m.;* lodazal *m.*

quail [kweɪl] (pl.: quail or quails) *n., Zool.* (bird) codorniz *f.*

qualify ['kwɒlɪfaɪ] *v. tr.* **1.** capacitar. ‖ *v. intr.* **2.** clasificarse.

quality ['kwɒlɪti] *n.* **1.** (degree of excellence) calidad *f.* **2.** (attribute) cualidad *f.*

quantity ['kwɒntɪti] *n.* cantidad *f.*

quarantine ['kwɒrənti:n] *n., Med.* cuarentena *f.*

quarrel ['kwɒrəl] *n.* **1.** riña *f.;* pelea *f.* ‖ *v. intr.* **2.** reñir; pelear.

quart [kwɔ:rt] *n.* (measurement) cuarto de galón (0,94 litros).

quarter ['kwɔ:rtər] *numer. n.* **1.** cuarto. *n.* **2.** *Econ.* trimestre *m.* **3.** (district) barrio. ‖ *v. tr.* **4.** (cut into quarters) cuartear.

quaver ['kweɪvər] *n.* **1.** temblor *m.* ‖ *v. intr.* **2.** (voice) temblar.

queen [kwi:n] *n.* **1.** reina *f.* **2.** (in chess, cards) dama *f.*

queer [kwɪr] *n. offens.* (homosexual) marica *m.;* mariquita *m.*

quench [kwentʃ] *v. tr.* **1.** (put out) apagar. **2.** (thirst) matar.

quest [kwest] *n.* **1.** búsqueda *f.;* busca *f.* ‖ *v. intr.* **2.** buscar.

question ['kwestʃən] *n.* pregunta *f.;* cuestión *f.*

questionnaire [kwestʃəˈnər] *n., Gal.* cuestionario *m.*

queue [kju:] *n.* **1.** *Br. E.* (of people) cola *f.;* fila *f.* ‖ *v.* **2.** *Br. E.* hacer cola.

quick [kwɪk] *adj.* **1.** rápido; pronto. **2.** (clever) listo.

quicken ['kwɪkən] *v. tr.* acelerar.

quickness ['kwɪknɪs] *n.* rapidez *f.*

quiet ['kwaɪət] *adj.* **1.** (peaceful) tranquilo; tranquilo *col.;* sosegado. **2.** (silent) callado; silencioso. ‖ *n.* **3.** (calm) sosiego *m.;*

quieten ['kwaɪətn] *v. tr.* callar.

quietness ['kwaɪətnɪs] *n.* paz *f.;* tranquilidad *f.;* sosiego.

quill [kwɪl] *n., Zool.* (on hedgehog) púa *f.*

quilt [kwɪlt] *n.* (duvet) edredón *m.*

quince [kwɪns] *n., Bot.* (fruit) membrillo *m.* ‖ ~ **jelly** *Gastr.* dulce de membrillo.

quip [kwɪp] *n.* ocurrencia *f.*

quit [kwɪt] *v. tr.* **1.** (free) dejar; abandonar. ‖ *v. intr.* **2.** (go) irse.

quite [kwaɪt] *adv.* **1.** (absolutely) completamente; del todo. **2.** (fairly) bastante; más bien.

quiver ['kwɪvər] *n.* **1.** (movement) estremecimiento *m.;* temblor *m.* ‖ *v. intr.* **2.** estremecerse.

quota ['kwəʊtə] *n.* (proportional share) cuota *f.;* cupo *m.*

quotation [kwəʊˈteɪʃən] *n.* **1.** (Stock Exchange) cotización *f.* **2.** *Lit.* (from a text) cita *f.*

quote [kwəʊt] *v. tr., Lit.* (from a text) citar.

R

r [ɑːr] *n.* (letter) r *f.*

rabbit ['ræbɪt] *n., Zool.* conejo *m.*

rabble ['ræbəl] *n. pej.* chusma *f.*; gentuza *f.*; muchedumbre *f*

race[1] [reɪs] *n.* (people) raza *f.*; casta *f.*; estirpe *f.*

race[2] [reɪs] *n.* **1.** *Sports* carrera *f.* ‖ *v. tr.* **2.** *Sports* competir en una carrera. ‖ *v. intr.* **3.** (run) correr.

racetrack ['reɪstræk] *n., Am. E., Horse.* (stadium) hipódromo *m.*

rack [ræk] *n.* **1.** (shelf) estante *m.* **2.** (hanger) percha *f.*

racket[1] ['rækɪt] *n.* alboroto *m.*

racket[2] ['rækɪt] *n., Sports* raqueta *f.*

radiator ['reɪdɪeɪtər] *n.* radiador *m.*

radio ['reɪdɪoʊ] *n.* **1.** (receiver) radio *f.* ‖ *v. tr.* **2.** radiar.

radius ['reɪdɪəs] *n.* **1.** *Math.* radio *m.* **2.** *Anat.* radio *m.*

raffle ['ræfəl] *n.* **1.** rifa *f.*; sorteo *m.* ‖ *v. tr.* **2.** rifar; sortear.

rag [ræg] *n.* **1.** harapo *m.*; andrajo *m.* **2.** (for cleaning) trapo *m.*

rage [reɪdʒ] *n.* **1.** (anger) rabia *f.* **2.** furor *m.* ‖ *v. intr.* **3.** rabiar.

raid [reɪd] *v. tr.* asaltar.

rail [reɪl] *n.* **1.** barra *f.* **2.** (barrier) baranda *f.*; barandilla *f.* **3.** (train) carril *m.*; raíl *m.*

railroad ['reɪlroʊd] *n. Am. E.* (railway) ferrocarril *m.*

rain [reɪn] *n.* **1.** *Meteor.* lluvia *f.* ‖ *v. impers.* **2.** *Meteor.* llover.

rainbow ['reɪnboʊ] *n.* arco iris.

raincoat ['reɪnkoʊt] *n.* impermeable *m.*; chubasquero *m.*

raise [reɪz] *n.* **1.** *Am. E.* (of salary) aumento *m.* ‖ *v. tr.* **2.** levantar; subir. **3.** (move upwards) alzar. **4.** (increase) elevar.

raisin ['reɪzən] *n., Bot.* pasa *f.*

rake [reɪk] *n.* **1.** (tool) rastro *m.*; rastrillo *m.* **2.** (libertine) calavera *m. fig.*

rally ['ræli:] *n.* **1.** (meeting) concentración *f.* **2.** *Sports* rally *m.*

ram [ræm] *n. Zool.* carnero *m.*

ranch [ræntʃ] *n., Am. E.* rancho *m.*; hacienda *f.*; finca *f.*

random ['rændəm] *adj.* fortuito.

range [reɪndʒ] *n.* **1.** ámbito *m.* **2.** *Am. E.* (pasture) dehesa *f.* **3.** (of colors, prices...) escala *f.*; gama *f.*

ransom ['rænsəm] *n.* **1.** (amount) rescate *m.* ‖ *v. tr.* **2.** rescatar; liberar.

rape [reɪp] *n.* **1.** (sexual violation) violación *f.* ‖ *v. tr.* **2.** (sexually) violar; forzar.

rapine ['ræpaɪn] *n., lit.* rapiña *f.*

rare [rer] *adj.* raro; poco común.

rarefy ['rerɪfaɪ] *v. tr.* **1.** enrarecer. ‖ *v. intr.* **2.** (air) enrarecerse.

rascal ['ræskəl] *n.* (scoundrel) granuja *m.*; pillo *m.*; bribón *m.*

rash [ræʃ] *n., Med.* erupción *f.* (cutánea); sarpullido *m.*

raspberry ['ræzˌbɔːri:] *n., Bot.* (fruit) frambuesa *f.*

rat [ræt] *n.* **1.** *Zool.* rata *f.* **2.** (person) ruin *m.* || ~ **poison** matarratas *m. inv.*

rate [reɪt] *n.* **1.** tasa *f.* **2.** (level) grado *m.* **3.** (price) tarifa *f.*

rather ['ræðər] *adv.* **1.** (somewhat) algo. **2.** (quite) bastante. **3.** (sentence connector) al contrario.

ratify ['rætə͵faɪ] *v. tr., frml.* ratificar; confirmar; corroborar.

ration ['ræʃən] *n.* **1.** (allowance) ración *f.;* porción *f.* || *v. tr.* **2.** racionar. || ~ **book** cartilla de racionamiento.

rational ['ræʃənəl] *adj.* racional.

rattle ['rætəl] *n.* **1.** traqueteo *m.* **2.** (for a baby) sonajero *m.*

ravage ['rævɪdʒ] *n.* **1.** estrago *m.* || *v. tr.* **2.** (plunder) devastar.

rave [reɪv] *v. intr.* **1.** desvariar; delirar. **2.** (be angry) enfadarse.

raving ['reɪvɪŋ] *adj.* **1.** desvariado; delirante. || *n.* **2.** desvarío *m.*

raw [rɔː] *adj.* **1.** (uncooked) crudo. **2.** (unprocessed) sin pulir. **3.** (inexperienced) novato.

rawness ['rɔːnɪs] *n.* (of food, weather) crudeza *f.;* dureza *f.*

ray[1] [reɪ] *n.* (beam) rayo *m.*

ray[2] [reɪ] *n., Zool.* (fish) raya *f.*

ray or re [reɪ] *n., Mus.* re *m.*

rayfish ['reɪfɪʃ] *n., Zool.* raya *f.*

raze [reɪz] *v. tr.* arrasar.

reach [riːtʃ] *n.* **1.** alcance *m.* || *v. tr.* **2.** llegar; alcanzar.

react [riːækt] *v. intr.* reaccionar.

reaction [riːækʃən] *n.* reacción *f.*

read [riːd] *v. tr.* **1.** leer. **2.** *frml.* (at university) estudiar. || *n.* **3.** lectura *f.*

reader ['riːdər] *n.* **1.** lector *m.* **2.** (book) cartilla *f.* (de lectura).

reading ['riːdɪŋ] *n.* lectura *f.*

ready ['redi] *adj.* listo.

real [rɪl] *adj.* **1.** verdadero; real. **2.** (genuine) auténtico; genuino.

realism ['rɪlɪzəm] *n.* realismo *m.*

realist ['rɪlɪst] *n.* realista *m. y f.*

realistic [rɪlɪstɪk] *adj.* realista.

reality [riːæləti:] *n.* (real existence) realidad *f.*

realize, realise (Br.E) ['rɪə͵laɪz] *v. tr.* **1.** realizar. **2.** (become aware of) darse cuenta de; caer en la cuenta.

really ['rɪli] *adv.* en realidad.

reap [riːp] *v. tr. & intr.* **1.** *Agr.* segar. **2.** *Agr.* (gain) cosechar.

rear[1] [rɪr] *adj.* trasero; posterior. || *n.* **2.** retaguardia *f.*

rear[2] [rɪr] *v. tr.* **1.** (raise) criar. **2.** (lift up) levantar. **3.** (build) erigir.

rearguard ['rɪər͵gɑːrd] *n., Mil.* retaguardia *f.;* trasera *f.*

reason ['riːzən] *n.* **1.** (good sense) razón *f.;* entendimiento *m.* **2.** (cause) motivo *m.;* porqué *m.;* causa *f.* || *v. intr.* **3.** razonar.

reasonable [riːzənəbəl] *adj.* **1.** razonable; racional. **2.** (price) asequible.

rebel ['rebəl] *n.* **1.** rebelde *m. y f.* ‖ *v. intr.* **2.** rebelarse.

rebellion [rə'beljən] *n.* rebelión *f.;* motín *m.;* sublevación *m.*

rebuff [rɪ'bʌf] *n.* **1.** (slight) rechazo *m.;* desaire *m.;* repulsa *f.* ‖ *v. tr.* **2.** (snub) rechazar; desairar.

rebuke [rɪ'bjuːk] *n.* **1.** reprensión *f.;* reprimenda *f.* ‖ *v. tr.* **2.** reprender; reñir.

recall [rɪ'kɔːl] *n.* **1.** (revocation) revocación *f.* ‖ *v. tr.* **2.** retirar. **3.** *frml.* (past) evocar; rememorar.

recede [rɪ'siːd] *v. intr.* retroceder; retirarse; dar marcha atrás.

receipt [rɪ'siːt] *n.* recibo *m.*

receive [rɪ'siːv] *v. tr.* **1.** recibir. **2.** (welcome) acoger.

recent ['riːsənt] *adj.* reciente.

reception [rə'sepʃən] *n.* **1.** recepción *f.* **2.** (welcome) recibimiento *f.*

recess [rɪ'ses] *n.* **1.** (hole) hueco *m.* **2.** (remote) lugar apartado. **3.** (rest) descanso *m.* **4.** (secret) escondrijo *m.*

recharge [riː'tʃɑːrdʒ] *v. tr.,* *Electron.* (battery) recargar.

recipe ['resəpi] *n., Gastr.* receta *f.*

reciprocal [rə'sɪprəkəl] *adj.* (mutual) mutuo; recíproco.

recital [rə'saɪtl] *n.* **1.** *Mus.* recital *f.* **2.** *Lit.* (reading) recital *f.*

recite [rɪ'saɪt] *v. tr. & intr.* (a text, poem) recitar; declamar.

reckon ['rekən] *v. tr.* **1.** (calculate) calcular. **2.** (consider) calcular; reflexionar.

reckoning ['rekənɪŋ] *n.* cálculo *m.;* cómputo *m.*

recline [rɪ'klaɪn] *v. tr.* **1.** reclinar. ‖ *v. intr.* **2.** reclinarse; recostarse.

recluse [rɪ'kluːs] *n., frml.* ermitaño *m.;* solitario *m.;* recluso *m.*

recognition [ˌrekəɡ'nɪʃən] *n.* (identification, acceptance) reconocimiento *m.*

recognize, recognise (Br.E) ['rekəɡˌnaɪz] *v. tr.* reconocer.

recommend [ˌrekə'mend] *v. tr.* (advise) recomendar; aconsejar.

recompense ['rekəmˌpens] *n.* **1.** recompensa *f.;* gratificación *f.;* premio *m.* ‖ *v. tr.* **2.** (reward) recompensar; premiar.

reconcile [ˌrekən'saɪl] *v. tr.* reconciliar.

reconquer [riː'kɒŋkər] *v. tr.* (country) reconquistar.

reconsider [ˌriːkən'sɪdər] *v. tr.* recapacitar; reconsiderar.

reconstruct [ˌriːkən'strʌkt] *v. tr.* reconstruir; reconstruyar.

record ['rekɔːrd] *n.* **1.** *Sports* récord *m.;* marca *f.;* plusmarca *f.* **2.** (document) acta *m.;* documento *m.* **3.** *Mus.* disco *m.* ‖ *v. tr.* **4.** inscribir; registrar. **5.** (records) grabar.

recount [rɪ'kaʊnt] *n.* **1.** recuento *m.* ‖ *v. tr.* **2.** (tell) relatar; referir.

recover [rɪˈkʌvər] v. tr. **1.** recuperar; rescatar. **2.** Med. (conciousness) recobrar. ‖ v. intr. **3.** recuperarse; recobrarse.

recreate [ˌriːkriːˈeɪt] v. tr. recrear.

recriminate [rɪˈkrɪmɪneɪt] v. tr. (reproach) recriminar; reprobar.

recruit [rɪˈkruːt] n. **1.** Mil. recluta m. y f. ‖ v. tr. **2.** Mil. (soldiers) reclutar; enrolar.

rectangle [ˈrektæŋɡəl] n., Math. rectángulo m.

rectify [ˈrektɪfaɪ] v. tr. (correct) rectificar; corregir; enmendar.

recuperate [rɪˈkuːpəreɪt] v. intr. restablecerse; recuperarse.

recur [rɪˈkɜːr] v. intr. (occur again) volver a ocurrir; repetirse.

recycle [rɪˈsaɪkl] v. tr. reciclar.

red [red] adj. **1.** rojo; encarnado; colorado. ‖ n. **2.** (color) rojo m.

redcurrant [redˈkʌrənt] n., Bot. (fruit) grosella f.

redden [ˈredn] v. tr. **1.** (make red) enrojecer; colorear. ‖ v. intr. **2.** (blush) ruborizarse.

redeem [rɪˈdiːm] v. tr. **1.** (sinners) redimir. **2.** (jewels) desempeñar.

redouble [riːˈdʌbl] v. tr. (intensify) redoblar; duplicar.

redress [rɪˈdres] n. **1.** reparación f. ‖ v. tr. **2.** reparar; enmendar.

reduce [rɪˈduːs] v. tr. **1.** reducir. **2.** (prices) rebajar. **3.** (speed) aminorar.

redundant [rɪˈdʌndənt] adj. (superfluous) redundante; reiterado.

reed [riːd] n. caña f.; junco m.

reef [riːf] n. **1.** Geogr. arrecife m.; escollo m. ‖ v. tr. **2.** arrizar.

reel [riːl] n. **1.** carrete m.; bobina f. **2.** (fishing) carrete m.

refer [rɪˈfɜːr] v. tr. (information) remitir. ‖ to ~ to referirse; aludir. I (mention) hacer referencia a. I (concern) concernir.

referee [ˌrefəˈriː] n. **1.** Sports árbitro m. ‖ v. tr. & intr. **2.** Sports arbitrar; pitar.

reference [ˈrefərəns] n. **1.** recomendación f.; referencia f. **2.** (allusion) alusión f. **3.** (consultation) consulta f.

referendum [ˌrefəˈrendəm] n., Polit. referéndum m.; votación f.

refill [ˈriːfɪl] v. tr. rellenar.

refine [rɪˈfaɪn] v. tr. refinar.

reflect [rɪˈflekt] v. tr. **1.** reflejar. ‖ v. intr. **2.** reflexionar; meditar.

reflection [rɪˈflekʃən] n. **1.** reflexión f. **2.** (in a mirror) reflejo m.

reflex [ˈriːfleks] n. sing. reflejos m. pl.

reform [rəˈfɔːrm] n. **1.** reforma f. ‖ v. tr. **2.** reformar.

refrain [rɪˈfreɪn] n., Mus. & Lit. estribillo m.

refresh [rɪˈfreʃ] v. tr. refrescar.

refrigerate [rɪˈfrɪdʒəreɪt] v. tr. refrigerar; refrescar.

refrigerator [rɪˈfrɪdʒəreɪtər] n. (fridge) nevera f.; frigorífico m.

refuel [riːˈfjuːəl] v. tr. & intr. repostar.

refuge ['refju:dʒ] *n.* refugio *m.;* guarida *f.;* asilo *m.*

refund [rɪ'fʌnd] *v. tr.* (payment) devolver; reembolsar.

refusal [rə'fju:zəl] *n.* negativa *f.*

refuse[1] ['refju:z] *n.* basura *f.;* desperdicios *m. pl.;* residuos *m. pl.*

refuse[2] ['refju:z] *v. tr.* **1.** (decline) rechazar; rehusar. **2.** (deny) denegar; negar.

regard [rə'gɑ:rd] *n.* **1.** consideración *f.* ‖ *v. tr.* **2.** considerar. ‖ **regards** *n. pl.* **3.** recuerdos *m.*

regarding [rə'gɑ:rdɪŋ] *prep.* respecto a.

regenerate [ri:'dʒenəreɪt] *v. tr., Biol.* regenerar; recomponer.

regiment ['redʒəmənt] *n., Mil.* regimiento *m;* destacamento *m.*

region ['ri:dʒən] *n.* región *f.*

register ['redʒəstər] *n.* **1.** registro *m.;* matrícula *f.* ‖ *v. tr.* **2.** (at school) matricular. ‖ *v. intr.* **3.** inscribirse.

registration [,redʒəs'treɪʃən] *n.* **1.** (of trademark) registro *m.* **2.** (enrollment) matrícula *f.* **3.** (luggage) facturación *f.*

regret [rɪ'gret] *n.* **1.** (remorse) arrepentimiento *m.* **2.** (sadness) pena *f.* ‖ *v. tr.* **3.** arrepentirse.

regular ['regjələr] *adj.* regular.

regulate ['regjə,leɪt] *v. tr.* regular.

regulation [,regjə'leɪʃən] *n.* **1.** reglamentación *f.;* regulación *f.* **2.** (rule) norma *f.*

rehabilitate [ri:hə'bɪlə,teɪt] *v. tr.* rehabilitar; restituir.

rehearse [rɪ'hɜ:rs] *v. tr., Theat.* ensayar.

reign [reɪn] *n.* **1.** reinado *m.;* reino *m.* ‖ *v. intr.* **2.** reinar.

reject [rɪ'dʒekt] *v. tr.* denegar.

rejoice [rɪ'dʒɔɪz] *v. tr.* **1.** alegrar. ‖ *v. intr.* **2.** alegrarse; regocijarse.

rejuvenate [rɪ'dʒʌvəneɪt] *v. tr.* rejuvenecer.

relapse [rɪ'læps] *n.* **1.** *Med.* recaída *f.;* retroceso. **2.** *frml.* reincidencia *f.* ‖ *v. intr.* **3.** *Med.* recaer.

relate [rə'leɪt] *v. tr.* **1.** relatar. **2.** (refer) referir. **3.** (connect) relacionar.

relation [rɪ'leɪʃən] *n.* **1.** relación *f.;* conexión *f.* **2.** (family) pariente *m. y f.*

relationship [rɪ'leɪʃənʃɪp] *n.* **1.** relación *f.* **2.** (kinship) parentesco *m.*

relative ['relətɪv] *n.* pariente *m. y f.;* familiar *m. .*

relax [rə'læks] *v. tr.* **1.** relajar. **2.** (loosen) aflojar. ‖ *v. intr.* **3.** esparcirse; relajarse.

relay ['ri:leɪ] *n.* **1.** *Sports* relevo *m.* **2.** (radio, TV) retransmisión *f.*

release [rɪ'li:s] *v. tr.* **1.** (from prison) liberación *f.* ‖ *v. tr.* **2.** (from prison) soltar. **3.** (feelings) descargar. **4.** *Film* estrenar.

reliable [rə'laɪəbəl] *adj.* **1.** (person) de confianza. **2.** (information) fidedigno.

relief [rəˈliːf] *n.* **1.** (rest) alivio *m.*; descanso *m.* **2.** (aid) ayuda *f.*; auxilio *f.* **3.** Geogr. relieve *m.*

relieve [rɪˈliːv] *v. tr.* **1.** (pain) aliviar; aligerar. **2.** (pain) mitigar. **3.** (substitute) relevar.

religion [rəˈlɪdʒən] *n.* religión *f.*

reload [rɪˈloʊd] *v. tr.* **1.** (program) recargar. || *v. intr.* **2.** recargarse.

reluctant [rəˈlʌktənt] *adj.* reacio.

rely [rɪˈlaɪ] *v. intr.* (trust) contar.

remain [rɪˈmeɪn] *v. intr.* **1.** quedarse; permanecer. **2.** (be left) quedar; sobrar.

remark [rəˈmɑːrk] *n.* **1.** comentario *m.*; observación *f.* || *v. tr.* **2.** observar.

remarkable [rəˈmɑːrkəbəl] *adj.* (notable) extraordinario.

remedy [ˈremədiː] *v. tr.* remediar; corregir.

remember [rɪˈmembər] *v. tr.* **1.** (recall) recordar; acordarse. || *v. intr.* **2.** hacer memoria de.

remind [rɪˈmaɪnd] *v. tr.* (cause to remember) recordar.

remit [rɪˈmɪt] *v. tr.* **1.** (send) remitir. **2.** (pardon) perdonar.

remnant [ˈremnənt] *n.* **1.** remanente. **2.** (textile) retal *m.*; retazo *m.*

remorse [rəˈmɔːrs] *n.* remordimiento *m.*; cargo de conciencia *m.*

remote [rəˈmoʊt] *adj.* remoto.

removal [rəˈmuːvəl] *n.*, Br. E. (from a house) traslado *m.*

remove [rəˈmuːv] *v. tr.* **1.** (take off) sacar; quitar. **2.** (eliminate, get rid of) eliminar. || *v. intr.* **3.** Br. E., frml. (move) mudarse.

remunerate [rɪˈmjuːnəreɪt] *v. tr.*, frml. remunerar; retribuir.

rend [ˈrend] *v. tr.* desgarrar.

render [ˈrendər] *v. tr.* **1.** (give) prestar. **2.** frml. (homage) rendir.

renew [rɪˈnjuː] *v. tr.* **1.** (reinvigorate) renovar; rehacer. **2.** (activity) reanudar.

renounce [rɪˈnaʊns] *v. tr.*, frml. (give up) renunciar.

renovate [ˈrenoʊveɪt] *v. tr.* **1.** (restore) rehabilitar; reformar. **2.** Archit. renovar.

renown [rəˈnaʊn] *n.* (fame) renombre *m.*; fama *f.*

rent [rent] *n.* **1.** alquiler *m.*; renta *f.* **2.** (of land) arriendo *m.* || *v. tr.* **3.** (used paying) alquilar.

reorganize [rɪˈɔːrɡənaɪz] *v. tr.* reorganizar; reordenar.

repair [rəˈper] *n.* **1.** reparación *f.*; arreglo *m.* || *v. tr.* **2.** reparar.

repass [rɪˈpæs] *v. tr.* repasar.

repay [rɪˈpeɪ] *v. tr.* **1.** (money) reembolsar; devolver. **2.** (debt, favor) pagar; corresponder.

repayment [riːˈpeɪmənt] *n.* reembolso *m.*; pago *m.*

repeal [rəˈpiːl] *n.* **1.** revocación *f.*; derogación *f.* || *v. tr.* **2.** revocar; derogar.

repeat [rəˈpiːt] *n.* **1.** repetición *f.* || *v. tr. & intr.* **2.** repetir.

repel [rɪ'pel] v. tr. **1.** repeler; rechazar. **2.** (disgust) repugnar.

repent [rɪ'pent] v. tr. & intr. arrepentirse (de); lamentar.

repertoire ['repərtwɑ:r] n. repertorio m.

replace [rɪ'pleɪs] v. tr. **1.** (put back) reponer. **2.** (substitute) reemplazar; sustituir.

replacement [rə'pleɪsmənt] n. reposición f.; sustitución f.

reply [rɪ'plaɪ] n. **1.** respuesta f.; contestación f. ‖ v. intr. **2.** (letter) contestar.

report [rə'pɔ:rt] n. **1.** informe m. **2.** (piece of news) noticia f. **3.** (on TV, radio) reportaje m. **4.** (in newspaper) crónica f. ‖ v. tr. & intr. **5.** informar. **6.** (relate) relatar. **7.** (tell) denunciar.

reporter [rə'pɔ:rtər] n. reportero m.; periodista m. y f.

repose [rɪ'pouz] n. **1.** reposo m.; descanso m. ‖ v. intr. **2.** lit. descansar; reposar.

represent [rɪ'prezent] v. tr. representar.

repress [rɪ'pres] v. tr. reprimir.

reprimand ['reprəmænd] n. **1.** reprimenda f.; regañina f. ‖ v. tr. **2.** reprender; amonestar.

reprisal [rə'praɪzəl] n. represalia f.

reproach [rə'proutʃ] v. tr. reprochar; recriminar.

reproduce [rɪ'predju:z] v. tr. **1.** reproducir. ‖ v. intr. **2.** reproducirse.

reptile ['reptaɪl] n., Zool. reptil m.

republic [rə'pʌblɪk] n. república f.

repudiate [rə'pju:dɪət] v. tr., frml. repudiar; repeler.

repugnance [rə'pʌgnəns] n. repugnancia f.; asco m.

reputation [repjə'teɪʃən] n. reputación f.; nombre m.; fama f.

request [rə'kwest] v. n. **1.** petición f.; pedido m.; solicitud f. ‖ v. tr. **2.** (ask) pedir; solicitar.

require [rɪ'kwaɪər] v. tr. **1.** requerir; necesitar. **2.** (demand) pedir; exigir.

requirement [rɪ'kwaɪrmənt] n. **1.** necesidad f. **2.** (demand) requisito m.

requisite ['rekwəzɪt] n. requisito m.

requisition [rekwə'zɪʃən] v. tr. requisar; incautar.

rescind [rɪ'sɪnd] v. tr., Law, frml. rescindir; anular.

rescue ['reskju:] n. **1.** rescate m.; salvación f. **2.** (salvage) salvamento m. ‖ v. tr. **3.** salvar; rescatar.

research [rə'sɜ:rtʃ] n. **1.** (scientific) investigación f. ‖ v. tr. & intr. **2.** investigar; indagar.

resemblance [rə'zembləns] n. **1.** semejanza f.; parecido m. **2.** (point of likeness) similitud f.

resemble [rə'zembəl] v. tr. parecerse a.

resentment [rə'zentmənt] n. resentimiento m.; rencor m.

reserve [rəˈzɜːrv] n. **1.** reserva f. **2.** (land) coto m. ‖ v. tr. **3.** (book) reservar.

reservoir [ˈrezəˌvwɑːr] n. **1.** embalse m.; alberca f. **2.** (tank) depósito m.

reside [rɪˈsaɪd] v. intr. residir.

residence [ˈrezədəns] n., frml. residencia f.; domicilio m.

residue [ˈrezəduː] n. residuo m.

resign [rɪˈsaɪn] v. tr. **1.** (give up) dimitir. ‖ v. intr. **2.** renunciar.

resignation [ˌrezəɡˈneɪʃən] n. renuncia f.; dimisión f.

resist [rəˈzɪst] v. tr. & intr. **1.** resistir; contrarrestar. ‖ v. intr. **2.** (oppose) oponerse; resistirse.

resolve [rɪˈzɒlv] n. **1.** resolución f. ‖ v. tr. **2.** solucionar; resolver.

resort [rəˈzɔːrt] n. **1.** (holiday place) centro turístico. **2.** (recourse) recurso m.

resource [rɪˈsɔːrs] n. recurso m.

respect [rəsˈpekt] n. **1.** (aspect) respecto m. **2.** (esteem) estima f.; respeto m. ‖ v. tr. **3.** respetar.

respectful [rɪsˈpektfʌl] adj. respetuoso; educado; cortés.

respecting [rɪsˈpektɪŋ] prep. con respecto a; en cuanto a.

respiration [ˌrespəˈreɪʃən] n., Med. respiración f.

responsibility [rɪsˌpɒnsəˈbɪlətiː] n. responsabilidad f.; obligación f.

responsible [rɪsˈpɒnsəbəl] adj. responsable.

rest¹ [rest] n. **1.** descanso m.; reposo m. **2.** (of dead people) paz f. ‖ v. tr. **3.** (take a break) descansar. **4.** (lean) apoyar.

rest² [rest] n. **1.** (remainder) resto m. ‖ v. intr. **2.** quedar.

restaurant [ˈrestərɑːnt ˈrestərənt] n. restaurante m.

restlessness [ˈrestləsnɪs] n. inquietud f.; intranquilidad f.

restoration [ˌrestəˈreɪʃən] n. **1.** restauración f. **2.** (giving back) restitución f.

restore [resˈtɔːr] v. tr. **1.** devolver; restituir. **2.** (reestablish) reestablecer.

restrain [resˈtreɪn] v. tr. contener.

restraint [resˈtreɪnt] n. **1.** traba f. **2.** (moderation) moderación f.

restrict [rɪsˈtrɪkt] v. tr. restringir.

restriction [rɪsˈtrɪkʃən] n. restricción f.; limitación f.

result [rəˈzʌlt] n. **1.** (outcome) resultado m. **2.** (consequence) consecuencia f.; conclusión f. ‖ v. intr. **3.** resultar.

resume [rəˈsjuːm] v. tr. reanudar.

resuscitate [rɪˈsʌsɪteɪt] v. tr., Med. resucitar; revivir.

retain [rɪˈteɪn] v. tr. retener.

retaliate [rəˈtælɪeɪt] v. intr. tomar represalias; vengarse.

retard [rɪˈtɑːrd] v. tr. retardar; retrasar, posponer.

reticence [ˈretəsəns] n. reserva f.; reticencia f.; desconfianza f.

retina [ˈretənə] n., Anat. retina f.

retire [rɪ'taɪər] v. tr. **1.** jubilar; retirar. ‖ v. intr. **2.** jubilarse.

retired [rə'taɪrd] adj. jubilado; retirado.

retirement [rɪ'taɪrmənt] n. retiro m.; jubilación f.

retort [rɪ'tɔːrt] n. **1.** réplica f. ‖ v. intr. **2.** replicar.

retrace [rɪ'treɪz] v. tr. (go back over) desandar.

retract [rɪ'trækt] v. tr. **1.** frml. retirar. **2.** (draw in) retraer. **3.** (a promise) retractar. ‖ v. intr. **4.** (withdraw statement) retractarse.

retreat [rɪ'triːt] n. **1.** Mil. retirada f. **2.** Rel. retiro m. ‖ v. intr. **3.** retirarse; retroceder. **4.** (shelter) refugiarse.

retrench [rɪ'trentʃ] v. tr. (expenses) reducir (gastos).

retrieve [rə'triːv] v. tr. (recover) recuperar; recobrar.

return [rə'tɜːrn] n. **1.** retorno m.; vuelta f.; regreso m. **2.** (giving back) devolución f. **3.** (ticket) de ida y vuelta. ‖ v. tr. **4.** devolver; restituir. ‖ v. intr. **5.** volver.

reunite [rʌjuː'naɪt] v. tr. **1.** reunir. **2.** (reconcile) reconciliar.

reveal [rɪ'viːəl] v. tr. **1.** revelar; exteriorizar. **2.** (show) desvelar.

revel ['revəl] v. intr. disfrutar.

revenge [rə'vendʒ] n. venganza f.

revengeful [rə'vendʒfəl] adj. (vindictive) vengativo.

reverence ['revərəns] v. tr. reverenciar; adorar.

reverse [rɪ'vɜːrs] adj. **1.** inverso. ‖ n. **2.** (other side) revés m. **3.** fig. (setback) contratiempo m.; través m. **4.** (of a page) envés m. ‖ v. tr. **5.** (direction) invertir; dar marcha atrás.

review [rɪ'vjuː] n. **1.** Am. E. (for an exam) repaso m. **2.** (article) reseña f. ‖ v. tr. **3.** Am. E. (for an exam) repasar. **4.** (a book) reseñar.

revision [rə'vɪʒən] n. **1.** Br. E. (for an exam) revisión f.; repaso m. **2.** (of proofs) corrección f.

revive [rɪ'vaɪv] v. tr. **1.** reavivar. **2.** (conversation) reanimar. **3.** (a fashion) resucitar. **4.** Theat. reestrenar. **5.** (hopes) revivir.

revolt [rɪ'voʊlt] n. **1.** sublevación m.; revuelta f.; rebelión f. ‖ v. intr. **2.** rebelarse; sublevarse.

revolutionize [rɪvə'ljuːʃəneɪt] v. tr. revolucionar; alzar.

reward [rə'wɔːrd] n. **1.** premio m.; recompensa f.; gratificación f. ‖ v. tr. **2.** premiar.

rheumatism ['ruːmətɪsəm] n., Med. reúma m.; reumatismo m.

rhinoceros [raɪ'nɒsərəs] n., Zool. rinoceronte m.

rhyme [raɪm] n. **1.** rima f. ‖ v. intr. **2.** rimar.

rhythm ['rɪðəm] n. ritmo m.

ria ['riə] n., Geogr. ría f.

rib [rɪb] n. **1.** Anat. costilla f. **2.** Bot. nervio m. **3.** (of an umbrella) varilla f.

ribbon ['rɪbən] *n.* **1.** cinta *f.*; tira *f.* **2.** (of cloth) listón *m.*

rice [raɪs] *n.* arroz *m.*

rich [rɪtʃ] *adj.* **1.** (wealthy) rico. **2.** (soil) fértil.

richness ['rɪtʃnɪs] *n.* **1.** riqueza *f.*; fortuna *f.* **2.** (of land) fertilidad *f.*

rid [rɪd] *v. tr.* librar. || **to get ~ of** deshacerse de; librarse.

riddle ['rɪdəl] *n.* **1.** (mistery) enigma *m.*; misterio *m.* **2.** (puzzle) adivinanza *f.*

ride [raɪd] *n.* **1.** (by bicycle, horse) paseo *m.* **2.** (at a funfair) atracción *f.* || *v. tr. & intr.* **3.** (on animal) montar; cabalgar.

ridicule ['rɪdɪkjuːl] *n.* **1.** ridículo *m.* || *v. tr.* **2.** burlarse; ridiculizar.

riding ['raɪdɪŋ] *n.* equitación *f.*

rifle[1] ['raɪfəl] *n.* (gun) rifle *m.*

rifle[2] ['raɪfəl] *v. tr.* saquear.

rig [rɪg] *n.* **1.** *Nav.* aparejo *m.* || *v. tr.* **2.** *Nav.* aparejar.

right [raɪt] *adj.* **1.** derecho. **2.** (just) justo. **3.** (correct) exacto; correcto. **4.** (right-handed) diestro. || *adv.* **5.** (immediately) inmediatamente. **6.** (correctly) bien. || *n.* **7.** derecho *m.* **8.** (place) derecha *f.* || *v. tr.* **9.** corregir. || *interj.* **10.** (connector) bien.

righteousness ['raɪtʃəsnɪs] *n.* rectitud *f.*; honestidad *f.*

rigid ['rɪdʒɪd] *adj.* **1.** rígido; tieso. **2.** (strict) severo; estricto.

rigor, rigour (Br.E) ['rɪgər] *n.* rigor.

rigorous ['rɪgərəs] *adj.* riguroso.

rim [rɪm] *n.* **1.** borde *m.* **2.** *Car.* (of wheel) llanta *f.* **3.** (of glasses) montura *f.*

ring[1] [rɪŋ] *n.* **1.** (bell) toque *m.* **2.** (doorbell) timbrazo *m.* **3.** (call) llamada *f.* || *v. tr.* **4.** (bell) pulsar; tocar. || *v. intr.* **5.** (bell) sonar. **6.** (call) llamar.

ring[2] [rɪŋ] *n.* **1.** (hoop) aro *m.* **2.** (for finger) anillo *m.*; sortija *f.* **3.** (circle) círculo *m.*; cerco *m.*

ringleader ['rɪŋliːdər] *n.* cabecilla *m. y f.*; líder *m.*

rinse [rɪns] *v. tr.* **1.** enjuagar. **2.** (remove soap) aclarar. || *n.* **3.** enjuague *m.*

riot ['raɪət] *n.* **1.** (disturbance) disturbio *m.*; motín *m.*; tumulto *m.* || *v. intr.* **2.** alborotarse. **3.** (prisoners) amotinarse.

rip [rɪp] *n.* **1.** rasgón *m.*; desgarrón *m.* || *v. tr.* **2.** rasgar; desgarrar.

ripe [raɪp] *adj.* **1.** (fruit) maduro. **2.** (ready) preparado; listo.

ripen ['raɪpən] *v. tr. & intr.* (fruit) madurar.

ripeness ['raɪpnɪs] *n.* madurez *f.*; sazón *f.*

ripple ['rɪpəl] *n.* **1.** (water) rizo *m.*; ondulación *f.* || *v. tr.* **2.** (water) ondular; ondear; rizar. || *v. intr.* **3.** rizarse.

rise [raɪz] *n.* **1.** (of slope, temperature, price) subida *f.* **2.** (of hill) elevación *f.* **3.** (in status, job) ascenso *m.* **4.** (price) alza *m.;* aumento *m.* ‖ *v. intr.* **5.** (mountain) elevarse. **6.** (waters) crecer. **7.** (level) subir. **8.** (from bed, wind) levantarse. **9.** (river) nacer. **10.** (sun, moon) salir.

risk [rɪsk] *n.* **1.** riesgo *m.;* peligro *m.* ‖ *v. tr.* **2.** arriesgar; aventurar. **3.** (life) exponer. ‖ *v. intr.* **4.** (oneself) arriesgarse.

risky ['rɪskiː] *adj.* arriesgado.

rite [raɪt] *n., Rel.* rito *m.*

rival ['raɪvəl] *adj.* **1.** rival. ‖ *n.* **2.** rival *m. y f.;* competidor *m.;* contrincante *m. y f.* ‖ *v. tr.* **3.** competir; rivalizar.

river ['rɪvər] *n., Geogr.* río *m.*

riverside ['rɪvərsaɪd] *n., Geogr.* (of river) margen *amb.;* ribera *f.*

rivulet ['rɪvjələt] *n.* riachuelo *m.;* arroyo *m.;* arroyuelo *m.*

roach [routʃ] *n., Zool.* cucaracha *f.*

road [roud] *n.* **1.** carretera *f.* **2.** (minor) camino *m.*

roadway ['roud,weɪ] *n.* calzada *f.*

roam [roum] *v. intr.* vagar; errar.

roar [rɔːr] *n.* **1.** (of animal) rugido *m.* **2.** (sea, wind) bramido *m.* **3.** (of traffic, engine) estruendo *m.* ‖ *v. intr.* **4.** (animal) rugir. **5.** (people, sea, wind) bramar.

roast [roust] *n.* **1.** *Gastr.* asado *m.* ‖ *v. tr.* **2.** *Gastr.* (meat) asar. **3.** (coffee) tostar. ‖ *v. intr.* **4.** (people) asarse; achicharrarse.

rob [rɒb] *v. tr.* robar; atracar.

robber ['rɒbər] *n.* ladrón *m.*

robbery ['rɒbəriː] *n.* robo *m.*

robe [roub] *n.* **1.** (of judge) toga *f.* **2.** (of woman) bata *f.* ‖ **bath ~** albornoz *m.*

robust [rouˈbʌst] *adj.* (strong) robusto; recio; fornido.

rock [rɒk] *n.* **1.** roca *f.;* peña *f.* **2.** (stone) piedra *f.* ‖ *v. tr.* **3.** mecer; balancear. **4.** (baby) acunar.

rocket ['rɒkɪt] *n.* **1.** cohete *m.* ‖ *v. intr.* **2.** alcanzar gran altura rápidamente.

rocking chair ['rɒkɪŋtʃɜːr] *n.* mecedora *f.;* balancín *m.*

rod [rɒd] *n.* **1.** (metal) barra *f.* **2.** (stick) vara *f.* **3.** (fishing rod) caña *f.*

roebuck ['roubʌk] *n., Zool.* corzo *m.*

rogue [roug] *n.* **1.** bribón *m.;* pillo *m.* **2.** *Lit.* pícaro *m.*

role [roul] *n., Film & Theatr.* papel *m.;* rol *m.*

roll [roul] *n.* **1.** rollo *m.* **2.** (of bread) bollo *m.;* panecillo *m.* **3.** (list) matrícula *f.* ‖ *v. tr.* **4.** (a cigarette) liar. ‖ *v. intr.* **5.** rodar. **6.** (thunder) retumbar.

roller ['roulər] *n.* **1.** rodillo *m.* **2.** (hair) rulo *m.*

roller skate ['roulərˌskeɪt] *n.* **1.** patines de ruedas. ‖ *v. intr.* **2.** patinar sobre ruedas.

rolling ['roulɪŋ] *adj.* (stone) rodante. ‖ **a rollingstone** un vagabundo.

romance [roʊˈmæns] *n.* (love affair) romance *m.*

roof [ruːf] *n.* **1.** *Archit.* techo *m.* ‖ *v. tr.* **2.** (a house) cubrir.

room [rʊm] *n.* **1.** habitación *f.;* cuarto *m.;* sala *f.* **2.** (space) espacio *m.;* plaza *f.;* sitio *m.* ‖ *v. intr.* **3.** *Am. E.* alojarse.

roomy [ˈruːmiː] *adj.* espacioso; desahogado; amplio.

roost [ruːst] *n.* **1.** percha *f.;* palo *m.* ‖ *v. intr.* **2.** posarse. **3.** (rest) descansar.

rooster [ˈruːstər] *n.,* *Am. E.* gallo *m.*

root [ruːt] *n.* **1.** *Bot.* (hair) raíz *f.* **2.** *Ling.* & *Mat.* radical *m.* ‖ *v. intr.* **3.** *Bot.* (plant) arraigar.

rope [roʊp] *n.* **1.** (big) soga *f.* **2.** (small) cuerda *f.* **3.** *Nav.* cabo *m.* ‖ *v. tr.* **4.** (tie) atar.

rose [roʊz] *n.* **1.** *Bot.* (color) rosa *f.* **2.** *Bot.* (bush) rosal *m.* **3.** (watering can, shower) alcachofa *f.*

rosebush [ˈroʊzbʊʃ] *n.,* *Bot.* (plant) rosal *m.*

rosemary [ˈroʊzməriː] *n.,* *Bot.* (plant) romero *m.*

rot [rɒt] *n.* **1.** (decay) podredumbre *f.* ‖ *v. tr.* **2.** pudrir; corromper. ‖ *v. intr.* **3.** pudrirse; corromperse.

rotation [roʊˈteɪʃən] *n.* rotación *f.*

rotten [ˈrɒtən] *adj.* (fruit) podrido; descompuesto.

rouge [ruːʒ] *n.* **1.** colorete *m.* ‖ *v. intr.* **2.** darse de colorete.

rough [rʌf] *adj.* **1.** áspero; rugoso. **2.** (rude) tosco; brusco. **3.** (voice, sound) bronco. **4.** (life) rudo; duro.

roughness [ˈrʌfnɪs] *n.* **1.** (of skin) aspereza *f.* **2.** (of manners) rudeza *f.;* tosquedad *f.* **3.** (of terrain) aspereza *f.*

roulette [ruːˈlet] *n.* ruleta *f.*

round [raʊnd] *adj.* **1.** redondo. ‖ *n.* **2.** *Gastr.* (of beef) redondo *m. Esp.* **3.** (circle) círculo *m.* **4.** (drinks) ronda *f.* ‖ *adv.* **5.** alrededor. ‖ *prep.* **6** alrededor de; en torno a/de. ‖ *v. tr.* **7.** redondear.

route [ruːt] *n.* **1.** itinerario *m.;* ruta *f.* ‖ *v. tr.* **2.** encaminar.

routine [ruːˈtiːn] *adj.* **1.** rutinario; habitual. ‖ *n.* **2.** rutina *f.;* hábito *m.*

row[1] [roʊ] *n.* fila *f.;* hilera *f.*

row[2] [roʊ] *n.* **1.** (quarrel) riña *f.;* pelotera *f.;* camorra *f. fam.* ‖ *v. intr.* **2.** (quarrel) pelearse.

row[3] [roʊ] *v. tr.* & *intr.* remar.

rowboat [ˈroʊboʊt] *n.,* *Am. E.,* *Nav.* bote de remos.

royal [ˈrɔɪəl] *adj.* real.

rub [rʌb] *n.* **1.** friega *f.;* fricción *m.* ‖ *v. tr.* **2.** frotar. **3.** (massage) friccionar. **4.** (hard) restregar. **5.** (scrub) fregar.

rubber [ˈrʌbər] *n.* **1.** caucho *m.* **2.** (eraser) goma *f.* (de borrar).

rubbish [ˈrʌbɪʃ] *n.* **1.** basura *f.* **2.** (nonsense) disparate *m.*

ruby [ˈruːbiː] *n.,* *Miner.* rubí *m.*

ruck [rʌk] *n.* (in clothes) arruga *f.*

rucksack ['rʌksæk] *n.*, *Br. E.* (backpack) mochila *f.*

rude [ru:d] *adj.* **1.** tosco; rústico. **2.** (bad- mannered) maleducado; grosero; descortés. **3.** (vulgar) soez; malsonante.

rue [ru:] *n.* **1.** *Bot.* (planta) ruda *f.* ‖ *v. intr.* **2.** arrepentirse.

ruffle ['rʌfəl] *v. tr.* **1.** (sb's hair) despeinar. **2.** (clothes) arrugar. **3.** (feathers) erizar.

rug [rʌg] *n.* **1.** alfombra *f.* **2.** (on travels) manta *f.*

rugged ['rʌgid] *adj.* **1.** (rocks, mountains) escarpado. **2.** (construction) fuerte. **3.** (rough) rudo.

ruin ['ruin] *n.* **1.** ruina *f.* ‖ *v. tr.* **2.** (bankrupt) arruinar. **3.** (destroy) arruinar; destruir. **4.** (spoil) estropear; echar a perder.

rule [ru:l] *n.* **1.** regla *f.*; precepto *m.*; ley *m.*; norma *f.* ‖ *v. tr.* **2.** gobernar; regir.

rum [rʌm] *n.* (drink) ron *m.*

rumble ['rʌmbəl] *n.* **1.** (of thunder) estruendo *m.* ‖ *v. intr.* *Br. E.*, *coll.* (catch) calar. ‖ *v. intr.* **3.** (thunder) retumbar.

ruminate ['rʌməneit] *v. tr.*, *Zool.* rumiar; masticar.

rumor, rumour (Br.E) ['ru:mər] *n.* **1.** rumor *m.*; chisme *m.* ‖ *v. tr.* **2.** rumorear.

rumple ['rʌmpəl] *v. tr.*, *fam.* arrugar; encoger; fruncir.

rumpus ['rʌmpəs] *n.* gresca *f.* *col.*

run [rʌn] *n.* **1.** carrera *f.* ‖ *v. tr.* **2.** correr. ‖ *v. intr.* **3.** correr. **4.** (with wheels) rodar. **5.** (manage) administrar.

runaway ['rʌnəwei] *n.* (person) fugitivo *m.*

rung [rʌŋ] *n.* peldaño *m.*

runner ['rʌnər] *n.* **1.** corredor *m.* **2.** (messenger) mensajero *m.*

running ['rʌnɪŋ] *adj.* **1.** corredor. **2.** (water) corriente. **3.** (movie, show) en cartelera. ‖ *n.* **4.** (race) corrida *f.*

run-up ['rʌnʌp] *n.* carrerilla *f.*

runway ['rʌnwei] *n.*, *Am. E.* (models) pasarela *f.*

rupture ['rʌptʃər] *n.* **1.** *fig.* (break) ruptura *f.* **2.** *Med.* (hernia) hernia *f.* ‖ *v. tr.* **3.** romper.

rural ['rʊrəl] *adj.* rural.

rush¹ [rʌʃ] *n.*, *Bot.* (plant) junco *m.*

rush² [rʌʃ] *n.* **1.** prisa *f.*; precipitación *f.* ‖ *v. intr.* **2.** (go quickly) ir deprisa.

rust [rʌst] *n.* **1.** (on metal) óxido *m.* ‖ *v. tr.* **2.** oxidar. ‖ *v. intr.* **3.** oxidarse.

rustic ['rʌstik] *adj.* **1.** rústico. ‖ *n.* **2.** (hick) paleto *m.*; aldeano *m.*

rustle ['rʌsəl] *n.* **1.** (of paper, leaves) crujido *m.* ‖ *v. intr.* **2.** (leaves, paper) crujir.

rut [rʌt] *n.* **1.** surco *m.*; carril *m.* **2.** rodada *f.* **2.** (animal) celo *m.* ‖ *v. intr.* **3.** *Zool.* estar en celo.

rye [rai] *n.*, *Bot.* centeno *m.*

S

s [es] *n.* (letter) s *f.*

saccharin ['sækəˌraɪn] *n.* sacarina *f.*; edulcorante *m.*

sachet ['sætʃeɪ] *n.*, *Br. E.* (sugar, gel) sobre *m.*; bolsita *f.*

sack [sæk] *n.* **1.** saco *m.*; costal *m.* **2.** *Am. E.* bolsa de papel. || *v. tr.* **3.** (from job) despedir.

sacking ['sækɪŋ] *n.* **1.** (layoff) despido *m.* **2.** (plundering) saqueo *m.*; pillaje *m.*

sacrament ['sækrəmənt] *n.*, *Rel.* (ceremony) sacramento *m.*

sacred ['seɪkrɪd] *adj.* sagrado.

sacrifice ['sækrəˌfaɪs] *n.* **1.** sacrificio *m.* || *v. tr.* **2.** sacrificar.

sad [sæd] *adj.* (unhappy) triste.

sadden ['sædən] *v. tr.* apenar; entristecer; apesadumbrar.

saddle ['sædəl] *n.* **1.** *Horse.* montura *f.*; silla de montar. **2.** (of bicycle) sillín *m.*

sadness ['sædnɪs] *n.* tristeza *f.*

safari [səˈfɑːriː] *n.* safari *m.*

safe [seɪf] *adj.* **1.** seguro; salvo. || *n.* **2.** (for money, jewels) caja fuerte/de caudales.

safety ['seɪftiː] *n.* seguridad *f.*

saffron ['sæfrən] *n.*, *Gastr. & Bot.* (seasoning) azafrán.

sag [sæg] *n.* **1.** combadura *f.* **2.** *Econ.* (of prices) baja *f.* || *v. intr.* **3.** combarse. **4.** *Econ.* (prices) bajar.

sagacity [səˈgæsəti:] *n.* (shrewdness) sagacidad *f.*; astucia *f.*

sage [seɪdʒ] *adj.* **1.** (wise) sabio *m.* || *n.* **2.** (wise person) sabio *m.*

sail [seɪl] *n.* **1.** *Nav.* vela *f.* **2.** (of mill) aspa *m.* || *v. intr.* **3.** (ship) navegar.

sailboat ['seɪlˌbout] *n.*, *Am. E.*, *Nav.* (yacht) velero *m.*

sailing ['seɪlɪŋ] *n.* navegación *f.*

sailor ['seɪlər] *n.* marinero *m.*

saint [seɪnt] *n.* **1.** santo *m.* || *adj.* **2.** san.

salad ['sæləd] *n.*, *Gastr.* ensalada *f.*

salary ['sæləri:] *n.* (wage) sueldo *m.*; paga *f.*; salario *m.*

sale [seɪl] *n.* **1.** *Econ.* venta *f.* **2.** (clearance) rebajas *f. pl.*; liquidación *f.* || **sales** *n.* **3.** *Econ.* rebajas *f. pl.*

salesclerk ['seɪlzˌklɜːrk] *n.*, *Am. E.* dependiente *m. y f.*

saliva [səˈlaɪvə] *n.* saliva *f.*

salmon ['sæmən] *adj.* **1.** (color) salmón. || *n.* **2.** *Zool.* (fish) salmón.

saloon [səˈluːn] *n.*, *Am. E.* (pub) taberna *f.*

salt [sɔːlt] *n.* **1.** sal *f.* || *v. tr.* **2.** salar. || **bath ~** sal de baño.

salty ['sɔːlti:] *adj.* salado.

salvage ['sælvɪdʒ] *n.* **1.** (rescue) salvamento *m.*; rescate *m.* || *v. tr.* **2.** (rescue) salvar; rescatar.

same [seɪm] *adj.* **1.** mismo; igual. || *pron.* **2.** mismo.

sameness ['seɪmnɪs] *n.* **1.** igualdad *f.*; identidad *f.* **2.** (monotory) monotonía *f.*

sample ['sæmpəl] *n.* **1.** (specimen) muestra *f.*; ejemplo *m.* ‖ *v. tr.* **2.** (dish, wine) degustar.

sanatorium [,sænə'tɔːrɪəm] *n.* (hospital) sanatorio *m.*; clínica *f.*

sanction ['sæŋkʃən] *n.* **1.** autorización *f.*; permiso *m.* **2.** (penalty) sanción *f.* ‖ *v. tr.* **3.** *Law* sancionar.

sand [sænd] *n.* arena *f.*

sandal ['sændəl] *n.* sandalia *f.*

sandpaper ['sænd,peɪpər] *n.* **1.** *Tech.* lija *f.* ‖ *v. tr.* **2.** lijar.

sandwich ['sændwɪtʃ] *n.*, *Gastr.* sándwich *m.*; emparedado *m.*

sane [seɪn] *adj.* cuerdo.

sangria [sæŋ'grɪə] *n.* (drink of red wine and fruit) sangría *f.*

sanitary ['sænɪtəri] *adj.* **1.** (concerning health) sanitario. **2.** (hygienic) higiénico. ‖ **~ napkin** *Am. E.* compresa femenina.

sanitation [,sænə'teɪʃən] *n.* **1.** sanidad *f.* (pública). **2.** (system) saneamiento *m.*

sanity ['sænəti] *n.* cordura *f.*

sap[1] [sæp] *n.*, *Bot.* savia *f.*

sapphire ['sæfaɪər] *n.*, *Miner.* (jewel) zafiro *m.*

sarcophagus [sɑː'kɒfəgəs] *n.* (stone coffin) sarcófago *m.*

sardine [sɑː'diːn] *n.*, *Zool.* (fish) sardina *f.*

sarsaparilla [,sæspə'relə] *n.* (drink) zarzaparrilla *f.*

sassy ['sæsi] *adj.*, *Am. E.*, *coll.* (cheeky) caradura *fam.*; fresco.

satchel [sætʃəl] *n.* cartera *f.*

satellite ['sætəlaɪt] *n.* satélite *m.* ‖ **~ dish** (TV) parabólica *f.*

satiate ['seɪʃɪeɪt] *v. tr.* hartar.

satire ['sætaɪər] *n.* sátira *f.*

satisfy ['sætɪsˌfaɪ] *v. tr.* **1.** satisfacer. **2.** (comply with) llenar.

saturate ['sætjʊrət] *v. tr.* saturar.

Saturday ['sætərdi:] *n.* sábado *m.*

sauce [sɔːs] *n.* *Gastr.* salsa *f.* ‖ **white ~** *Gastr.* besamel *f.*

saucepan ['sɔːsˌpæn] *n.* cacerola *f.*

saucer ['sɔːsər] *n.* platillo *m.*

sauna ['sɔːnə 'saʊnə] *n.* sauna *f.*

sausage ['sɒsɪdʒ] *n.* **1.** *Gastr.* salchicha *f.* **2.** *Gastr.* (spicy) embutido *m.* ‖ **blood ~** *Am. E.*, *Gastr.* morcilla *f.*

savage ['sævɪdʒ] *adj.* **1.** (tribe) salvaje; primitivo. **2.** (violent) brutal. ‖ *n.* **3.** salvaje *m. y f.*

savagery ['sævɪdʒəˌriː] *n.* **1.** (cruel act) barbarie *f.*; salvajada *f.* **2.** (primitiveness) salvajismo *m.*

savanna or savannah [sə'vænə] *n.*, *Geogr.* sabana *f.*

save [seɪv] ‖ *v. tr.* **1.** (rescue) salvar; rescatar. **2.** (money) ahorrar.

saving ['seɪvɪŋ] *n.* **1.** ahorro *m.*; economía *f.* ‖ **savings** *n. pl.* **2.** ahorros *m.*

savor, savour (Br.E) ['seɪvər] *n.* **1.** sabor *m.* ‖ *v. tr.* **2.** saborear.

saw [sɔː] (p.p. sawn) *n.* **1.** *Tech.* sierra *f.* ‖ *v. tr. & intr.* **2.** serrar.

sawdust ['sɔːˌdʌst] *n.* serrín *m.*

say [seɪ] *v. tr.* decir.

saying ['seɪŋ] *n.* refrán *m.*; dicho *m.*

scab [skæb] *n., Med.* costra *f.*

scabrous ['skeɪbrəs] *adj.* (obscene) escabroso; obsceno.

scald [skɔ:ld] *v. tr.* (with hot water) escaldar.

scale[1] [skeɪl] *n.* **1.** *Zool.* escama *f.* ‖ *v. tr.* **2.** *Zool.* (a fish) escamar; quitar las escamas.

scale[2] [skeɪl] *n.* **1.** (graduated line) escala *f.* **2.** *Mus.* gama *f.* **3.** (for weighting) peso *m.*

scales [skeɪlz] *n. pl.* balanza *f. sing.*

scalpel ['skælpəl] *n., Med.* bisturí *m.*

scandal ['skændəl] *n.* escándalo *m.*

scandalize, scandalise (Br.E) ['skændəlaɪz] *v.* (shock) escandalizar.

scant [skænt] *adj.* escaso; corto.

scanty ['skænti:] *adj.* escaso.

scar [skɑ:r] *n.* **1.** cicatriz *f.* ‖ *v. tr.* **2.** marcar con cicatriz.

scarce [skers] *adj.* **1.** (scant) contado. **2.** (rare) raro. ‖ **to be ~** escasear.

scarcely ['skersli:] *adv.* apenas.

scarcity ['skersəti:] *n.* escasez *f.*

scare [sker] *n.* **1.** susto *m.*; espanto *m.* ‖ *v. tr.* **2.** asustar.

scarf [skɑ:rf] *n.* **1.** (square) pañuelo *m.* **2.** (of wood) bufanda *f.* **3.** (of silk) fular *m.*

scarlet ['skɑ:rlɪt] *adj.* **1.** escarlata. ‖ *n.* **2.** (color) escarlata *f.*; rojo *m.*

scatter ['skætər] *v. tr.* **1.** esparcir; desparramar. **2.** (disperse) dispersar. ‖ *v. intr.* **3.** dispersarse.

scene [si:n] *n.* **1.** escena *f.* **2.** (place) escenario *f.* **3.** (view) panorama *f.*

scent [sent] *n.* **1.** perfume *f.*; aroma *m.*; fragancia *f.* **2.** (trail) rastro *m.*; pista *f.* **3.** (sense) olfato *m.*

schedule ['skedʒu:l] *n.* **1.** *Am. E.* programa *m.*; agenda *f.*; horario *m.* ‖ *v. tr.* **2.** (plan) programar.

scheme [ski:m] *n.* **1.** esquema *m.* **2.** (plan) plan *m.*; programa *m.* **3.** (trick) ardid *m.* **4.** (plot) intrigar. ‖ *v. intr.*

scholar ['skɒlər] *n.* **1.** (pupil) alumno *m.* **2.** (holder of scholarship) becario *m.* **3.** (learned person) erudito *m.*; estudioso *m.*

scholarship ['skɒlərʃɪp] *n.* **1.** erudición *f.* **2.** (grant) beca *f.* (por méritos).

school [sku:l] *n.* **1.** escuela *f.*; colegio *m.* **2.** (drama) academia *f.* ‖ *v. tr.* **3.** (teach) enseñar. **4.** (train) instruir.

science ['saɪəns] *n.* ciencia *f.*

scientist ['saɪəntɪst] *n.* científico *m.*

scintillate ['sɪntɪləɪt] *v. intr.* (sparkle) centellear; brillar.

scion ['saɪən] *n., Bot.* (from plant) esqueje *m.*

scission ['sɪʒən] *n.* escisión *f.*

scissors ['sɪˌsɜːrs] *n. pl.* tijera *f. sing.*

scold ['skʊld] *v. tr. & intr.* (tell off) regañar; reñir.

scone [skoʊn] *n., Br. E., Gastr.* (bun) bollo *m.*

scoop ['skuːp] *n.* **1.** (for flour) pala *f.* **2.** (for ice-cream) cuchara *f.* ‖ *v. tr.* **3.** (with money) forrarse.

scope [skoʊp] *n.* **1.** (range) alcance *m.* **2.** (of influence) esfera *f.*

scorch ['skɔːrtʃ] *n.* **1.** quemadura *f.* ‖ *v. tr.* **2.** (singe) chamuscar.

score [skɔːr] *n.* **1.** *Sports* tanteo *m.* **2.** (notch) muesca *f.* **3.** (account) cuenta *f.* **4.** (in test) puntuación *f.* **5.** *Mus.* partitura *f.* ‖ *v. tr.* **6.** *Sports* (goal) anotar.

scorn [skɔːrn] *n.* **1.** desprecio *m.*; menosprecio *m.*; desdén *m.* ‖ *v. tr.* **2.** despreciar; desdeñar.

scorpion ['skɔːrpɪən] *n., Zool.* escorpión *m.*; alacrán *m.*

scotch [skɒtʃ] *v. tr.* **1.** (efforts) frustrar. **2.** (rumours) acallar.

Scotch tape ['skɒtʃ 'teɪp] *n., Am. E.* celo *m.*; cinta adhesiva.

scoundrel ['skaʊndrəl] *n.* sinvergüenza *m. y f.*; granuja *m.*

scourer ['skaʊrər] *n.* (scouring pad) estropajo *m.*

scourge ['skɜːrdʒ] *n.* **1.** azote *m.* ‖ *v. tr.* **2.** (whip) azotar; flagelar.

scout [skaʊt] *n. Mil.* explorador *m.* ‖ **boy ~** explorador *m.*

scowl [skaʊl] *n.* **1.** ceño. ‖ *v. intr.* **2.** fruncir el ceño.

scrabble ['skræbəl] *v. intr.* (scratch) escarbar.

scrap [skræp] *n.* **1.** trozo *m.* **2.** (cutting) recorte *m.* **3.** (waste material) chatarra *f.* ‖ *v. tr.* **4.** desechar.

scratch [skrætʃ] *n.* **1.** arañazo *m.*; rasguño *m.* ‖ *v. tr.* **2.** arañar; raspar. **3.** (surface) rayar. **4.** (ground) escarbar.

scrawl [skrɔːl] *n.* **1.** (mark) garabato *m.* ‖ *v. tr. & intr.* **2.** garabatear.

scream [skriːm] *n.* **1.** grito *m.*; alarido *m.* ‖ *v. intr.* **2.** chillar.

screech ['skriːtʃ] *n.* **1.** chillido *m.*; alarido *m.* ‖ *v. intr.* **2.** chillar.

screen [skriːn] *n.* **1.** *Film* pantalla *f.* **2.** (folding) biombo *m.*; mampara *f.* ‖ *v. tr.* **3.** proteger. **4.** (conceal) ocultar; tapar. **5.** (film) proyectar.

screw [skruː] *n.* **1.** tornillo *m.* ‖ *v. tr.* **2.** atornillar.

screwball ['skruːˌbɒl] *n., Am. E.* (eccentric) estrafalario *m.*

screwdriver ['skruːˌdraɪvər] *n., Tech.* destornillador *m.*

scribble ['skrɪbəl] *v. tr. & intr.* garabatear.

script [skrɪpt] *n. Film* guión *m.*

scrub¹ [skrʌb] *n.* (bush) maleza *f.*

scrub² [skrʌb] *v. tr.* **1.** (rub) fregar. **2.** (clothes) lavar (ropa).

scruple ['skruːpəl] *n.* **1.** escrúpulo *m.*; reparo *m.* ‖ *v. intr.* **2.** tener escrúpulos.

scrutinize, scrutinise (Br.E) ['skru:tınaız] v. tr. **1.** (examine) escudriñar. **2.** (votes) escrutar.

sculptor ['skʌlptər] n. escultor m.

sculpture ['skʌlptʃər] n. **1.** escultura f. ‖ v. tr. **2.** (art) esculpir.

scythe [saıð] n. **1.** guadaña f. ‖ v. tr. **2.** segar (con guadaña).

sea [si:] n., Geogr. mar amb.

sea bass [si:bæs] sust. phr., Zool. (fish) lubina f.

sea bream ['si:bri:m] n., Zool. (fish) besugo m.

sea urchin ['si:ˌɜ:rtʃɪn] sust. phr., Zool. erizo de mar.

seafood ['si:ˌfu:d] n., Gastr. (shellifsh) marisco m.

seagull [('si:gəl] n., Zool. (bird) gaviota f.

seal¹ [si:l] n., Zool. foca f.

seal² [si:l] n. **1.** (official) sello m. ‖ v. tr. **2.** sellar. **3.** (with wax) lacrar. **4.** (bottle) precintar.

seam [si:m] n. **1.** (joint) costura f. **2.** Med. (scar, suture) sutura f. **3.** Geol. grieta f.

seaman ['si:mən] n. marinero m.

search [sɜ:rtʃ] n. **1.** búsqueda f.; busca f.; rastreo m. ‖ v. tr. & intr. **2.** rebuscar. **3.** (files) registrar.

seashore ['si:ʃɔ:r] n., Geogr. **1.** (littoral) costa f. **2.** (beach) playa f.

seasickness ['si:ˌsɪknɪs] n. mareo m. (en un barco).

seaside ['si:saɪd] n. (for holidays) playa f.; costa f.

season¹ ['si:zən] n. **1.** (division of year) estación f. **2.** (for sport) temporada f.

season² ['si:zən] v. tr., Gastr. sazonar; condimentar; aderezar.

seasoning ['si:zənɪŋ] n., Gastr. condimento m.; aliño m.

seat [si:t] n. **1.** asiento m. **2.** Film & Theatr. localidad f.; butaca f. ‖ v. tr. **3.** sentar; acomodar en asientos. **4.** (fix) asentar.

seating ['si:tɪŋ] n. asientos m. pl. ‖ ~ **capacity** aforo m.

seaweed ['si:ˌwi:d] n., Bot. alga f.

secluded [sɪˈklu:dɪd] adj. (place) aislado; retirado; apartado.

second ['sekənd] card. num. adj. (also n.) **1.** segundo; dos. ‖ n. **2.** segundo m. ‖ adv. **3.** en segundo lugar. ‖ v. tr. **4.** secundar; apoyar. ‖ **second-hand** adj. & adv. **5.** de segunda mano.

secrecy ['si:krəsi:] n. secreto m. ‖ **in** ~ en secreto.

secret ['si:krɪt] adj. **1.** secreto. ‖ n. **2.** secreto m.

secretariat [sekrəˈterɪət] n. (office) secretaría f.

secretary ['sekrəteri:] n. secretario m.

section ['sekʃən] n. **1.** sección f. **2.** (of community) sector m. **3.** (stretch) tramo m.

sector ['sektər] n. sector m.

secure [sɪˈkjʊr] adj. **1.** seguro. ‖ v. tr. **2.** asegurar. **3.** (obtain) obtener; conseguir.

sedate [sə'deɪt] *v. tr., Med.* sedar.

sediment ['sedəmənt] *n.* **1.** sedimento *m.* **2.** (of wine, coffee) poso *m.*

seduce [sɪ'dju:z] *v. tr.* seducir.

see [si:] *v. tr.* ver.

seed [si:d] *n.* **1.** *Bot.* semilla *f.;* grano *m.* **2.** *Bot.* (of fruit) pepita *f.* ‖ *v. tr.* **3.** sembrar. **4.** (grapes) despepitar.

seem ['si:m] *v. intr.* parecer.

seesaw ['si:,sɔ:] *n.* **1.** balancín *m.* ‖ *v. intr.* **2.** columpiarse.

seethe ['si:z] *v. intr.* hervir; cocer.

segment ['segmənt] *n.* **1.** segmento *m.;* segmento *m* **2.** (orange, lemon) gajo *m.*

segregate ['segrəgeɪt] *v. tr.* segregar; desmembrar.

seize [si:z] *v. tr.* **1.** asir; prender; coger. **2.** *fig.* apoderarse.

seldom ['seldəm] *adv.* rara vez.

select [sə'lekt] *adj.* **1.** selecto; escogido. **2.** (of society) granado; florido. ‖ *v. tr.* **3.** (choose) elegir; optar; escoger.

selection [sə'lekʃən] *n.* **1.** selección *f.* **2.** (choosing) elección *f.*

self [self] (pl.: selves) *n.* **1.** sí mismo. ‖ *n.* **2.** personalidad *f.*

self-confidence [,self'kɒnfɪdənt] *n.* desenfado *m.;* desparpajo *m.*

self-esteem [,self'es'ti:m] *n.* (pride) amor propio.

selfish ['selfɪʃ] *adj.* egoísta.

selfishness ['selfɪʃnɪs] *n.* egoísmo *m.*

self-respect [,selfrəs'pekt] *n.* amor propio: orgullo *m.*

sell [sel] *v. tr.* vender.

sell-by date ['selbaɪdeɪt] *n., Br. E.* fecha de caducidad.

sellotape ['seləteɪp] *n., Br. E.* celo *m.;* cinta adhesiva.

semantics [sə'mæntɪks] *n., Ling.* semántica *f.*

semen ['si:mən] *n., Biol.* semen *m.;* esperma *amb.*

semester [sə'mestər] *n.* semestre *m.*

semidetached [,semɪd'tæʃt] *adj. & n.* (house) adosado *m.*

senate ['senɪt] *n., Polit.* senado *m.*

send ['send] *v. tr.* **1.** enviar; mandar. **2.** (dispatch) despachar.

senile ['si:naɪl] *adj.* senil.

senior ['si:njər] *adj.* **1.** (in age) de mayor edad. **2.** (in rank) superior.

seniority [si:nɪ'ɒrəti:] *n.* (in a job) antigüedad *f.*

sensation [sen'seɪʃən] *n.* (feeling) sensación *f.*

sense [sens] *n.* **1.** sentido *m.* **2.** sensación *f.* **3.** (head) mollera *f.*

sensibility [,sensə'bɪləti:] *n.* (feeling) sensibilidad *f.;* delicadeza *f.*

sensible ['sensəbəl] *adj.* sensato; juicioso; cuerdo; cauto.

sensitive ['sensətɪv] *adj.* **1.** sensible; sentido. **2.** (touchy) susceptible.

sentence ['sentəns] *n., Ling.* oración *f.;* frase *f.*

sentimental [sentə'mentəl] *adj.* sentimental; emotivo.

separate ['sepərit] *adj.* **1.** separado. **2.** (apart) apartado. Il *v. tr.* **3.** separar. **4.** (ideas) deslindar *form.* Il *v. intr.* **5.** (move apart) separarse.

separation [sepə'reiʃən] *n.* **1.** separación *f.*; rotura *f.* **2.** (of couple) ruptura *f.*

sepia ['si:piə] *n., Zool.* sepia *f.*

September [sep'tembər] *n.* (month of year) septiembre *m.*

sequence ['si:kwəns] *n.* **1.** secuencia *f.* **2.** (series) serie *f.*

sequin ['si:kwin] *n.* lentejuela *f.*

serenade [serə'neid] *n.* **1.** *Mus.* serenata *f.*; ronda *f.* Il *v. intr.* **2.** *Mus.* rondar; dar una serenata.

serial ['siriəl] *adj.* **1.** consecutivo; sucesivo. **2.** *Comput.* en serie. Il *n.* **3.** (novel) publicado por entregas.

series ['siri:z] *n. inv.* serie *f. sing.*

serious ['siriəs] *adj.* serio.

serum ['sirəm] *n., Med.* suero *m.*

servant ['sɜ:rvənt] *n.* sirviente *m.*

servants ['sɜ:rvənts] *n. pl.* servidumbre *f. sing.*; criados *m. pl.*

serve [sɜ:rv] *v. tr.* **1.** servir. **2.** (provide with) abastecer. Il *v. intr.* **3.** servir.

service ['sɜ:rvis] *n.* **1.** servicio *m.* **2.** (maintenance) mantenimiento *m.*

serviette [sɜ:rvi'et] *n., Br. E.* servilleta *f.* Il **~ ring** servilletero *m.*

servitude ['sɜ:rvətu:d] *n.* servidumbre *f.*; criados *m. pl.*

session ['seʃən] *n.* sesión *f.*

set [set] *n.* **1.** juego *m.* **2.** (TV, cinema) plató *m.* **3.** (group) grupo *m.* Il *adj.* **4.** (wage, price) fijo; establecido. Il *v. tr.* **5.** poner; colocar. **6.** (a date, price, etc.) fijar. **7.** (locate) situar.

setback ['setbæk] *n.* revés *m.*

setting ['setiŋ] *n.* **1.** *Lit.* marco *m.* **2.** (of jewels) montura *f.* **3.** *Astron.* puesta *f.*

settle[1] ['setəl] *n.* (of wood) escaño *m.*; banco *m.*

settle[2] ['setəl] *v. tr.* **1.** colocar. **2.** (a date) acordar; fijar. **3.** (debts) saldar; solventar. **4.** (land) poblar; colonizar.

settlement ['setəlmənt] *n.* **1.** acuerdo *m.* **2.** (of debt) saldo *m.* **3.** (of account) liquidación *f.* **4.** (of people) establecimiento *m.*

seven ['sevən] *col. num. det.* (also pron. and n.) **1.** siete. Il *card. num. adj.* **2.** siete; séptimo. Il **~ hundred** setecientos.

seventeen [sevən'ti:n] *col. num. det.* (also pron. and n.) **1.** diecisiete. Il *card. num. adj.* **2.** diecisiete.

seventeenth [sevən'ti:nθ] *card. num. adj.* (also n.) diecisiete.

seventh ['sevənθ] *card. num. adj.* **1.** siete; séptimo. Il *frac. numer. n.* (also adj. and pron.) **2.** séptimo.

seventieth ['sevəntɪəθ] *card. num. adj.* (also n.) setenta.

seventy ['sevəntɪ] *col. num. det.* (also pron. and n.) **1.** setenta. ‖ *card. num. adj.* **2.** setenta.

several ['sevrəl] *adj.* (some) varios *pl.*; diversos *pl.*

severe [sə'vɪr] *adj.* **1.** severo. **2.** (discipline) estricto. **3.** (style) austero; sobrio.

sevillanas [ˌsevɪ'ljænæs] *n., Mus.* (four-part popular dance which originated in Seville) sevillanas.

sew ['sju:] *v. tr.* & *intr.* coser.

sewer ['suər] *n.* alcantarilla *f.*

sewing ['souɪŋ] *n.* costura *f.*

sex [seks] *n.* sexo *m.*

sexism ['seksɪzəm] *n.* sexismo *m.*

sexton ['sekstən] *n., Rel.* sacristán *m.*

sexual ['sekʃuəl] *adj.* sexual.

shabby ['ʃæbɪ] *adj.* raído.

shade [ʃeɪd] *n.* **1.** (dark place) sombra *f.* **2.** (hue) matiz *m.* **3.** (of lamp) pantalla *f.*

shadow ['ʃædoʊ] *n.* **1.** (image) sombra *f.* ‖ *v. tr.* **2.** oscurecer.

shaggy ['ʃægɪ] *adj.* peludo.

shake [ʃeɪk] *n.* **1.** sacudida *f.* **2.** (violent) zarandeo *m.* ‖ *v. tr.* **3.** sacudir. **4.** (liquid) agitar. **5.** (building) hacer temblar. ‖ *v. intr.* **6.** temblar.

shallow ['ʃæloʊ] *adj.* **1.** (not deep) poco profundo. **2.** *fig.* frívolo; superficial.

sham [ʃæm] *n.* **1.** (pretense) farsa *f.*; comedia *f.* ‖ *v. tr.* **2.** fingir.

shame [ʃeɪm] *n.* **1.** (embarrassment) vergüenza *f.*; bochorno *m.* ‖ *v. tr.* **2.** avergonzar.

shameless ['ʃeɪmlɪs] *adj.* desvergonzado; descarado.

shampoo [ʃæm'pu:] *n.* **1.** champú *m.* ‖ *v. tr.* **2.** lavar el pelo (con champú).

shandy ['ʃændɪ] *n., Br. E.* clara *f.* (cerveza con gaseosa).

shape [ʃeɪp] *n.* **1.** forma *f.*; talle *m.*; figura *f.* ‖ *v. tr.* **2.** dar forma. **3.** (clay) modelar. **4.** (character) conformar.

share [ʃer] *n.* **1.** parte *f.*; porción *f.*; cuota *f.* **2.** *Econ.* acción. **3.** *Br. E., Econ.* interés *m.*; participación *f.* ‖ *v. tr.* **4.** dividir.

shark [ʃɑ:rk] *n., Zool.* tiburón *m.*

sharp [ʃɑ:rp] *adj.* **1.** afilado. **2.** (knife) puntiagudo. **3.** (pain) agudo; penetrante. **4.** (abrupt) brusco; rudo.

sharpen ['ʃɑ:rpən] *v. tr.* afilar.

sharpener ['ʃɑ:rpənərə] *n.* afilador *m.* ‖ **pencil ~** sacapuntas *m. inv.*

shave [ʃeɪv] *n.* **1.** afeitado *m.* ‖ *v. tr.* **2.** afeitar. **3.** (hair) rapar. **4.** (wood) acepillar. ‖ *v. intr.* **5.** afeitarse.

shaver ['ʃeɪvər] *n.* máquina de afeitar.

shawl [ʃɔ:l] *n.* (garment) chal *m.*; mantón *m.*

she [ʃiː] *pron. pers. nomin. 3rd. person f. sing.* ella.

sheath [ʃiːθ] *n.* **1.** (for a sword) vaina *f.*; estuche *m.* **2.** (condom) preservativo *m.*; condón *m.*

sheathe [ʃeð] *v. tr.* (a blade) envainar; enfundar.

shed¹ [ʃed] *n.* cobertizo *m.*

shed² [ʃed] *v. tr.* **1.** (tears, blood) derramar. **2.** (light) emitir.

sheep [ʃiːp] *n. inv., Zool.* oveja *f.*

sheepskin [ʃiːpˌskɪn] *n.* (coat) vellón *m.*; zamarro *m.*

sheer¹ [ʃɪr] *adj.* **1.** (pure) puro. **2.** (cliff) escarpado; empinado.

sheer² [ʃɪr] *v. intr., Nav.* (a ship) desviarse; alejarse.

sheet [ʃiːt] *n.* **1.** (of bed) sábana *f.* **2.** (of paper) folio *m.*; hoja *f.* ‖ **~ of paper** folio *m.*; cuartilla *f.*

shelf [ʃelf] *n.* **1.** (in cupboard, bookcase) estante *m.* **2.** (on wall) balda; repisa *f.* ‖ **shelves** *n. pl.* **3.** estantería *f. sing.*

shell [ʃel] *n.* **1.** *Zool.* (of turtle) concha *f.*; caparazón *m.* **2.** (of egg) cáscara *f.*; cascarón *m.*

shellfish [ʃelˌfɪʃ] *n. inv.* marisco *m.*

shelter [ʃeltər] *n.* **1.** (refuge) refugio *m.*; albergue *m.* **2.** (protection) protección *f.*; amparo. ‖ *v. tr.* **3.** refugiar; amparar. **4.** (criminal) encubrir. ‖ *v. intr.* **5.** (take refuge) refugiarse; cobijarse.

shepherd [ʃepərd] *n.* (of sheep) pastor *m.*

shift [ʃɪft] *n.* **1.** cambio *m.* **2.** (work period) turno *m.*; tanda *f.* ‖ *v. tr.* **3.** (change) cambiar. ‖ *v. intr.* **4.** (move) mover.

shinbone [ʃɪnˌboun] *n., Anat.* (tibia) tibia *f.*

shine [ʃaɪn] *n.* **1.** brillo *m.*; lustre *m.* ‖ *v. intr.* **2.** resplandecer; brillar. **3.** (metal) relucir. **4.** lucir.

ship [ʃɪp] *n. Nav.* barco *m.*; navío *m.*; buque *m.* ‖ *v. tr.* **2.** (take on board) embarcar. **3.** (goods) transportar. **4.** (send by ship) enviar.

shipwreck [ʃɪprek] *n.* **1.** *Nav.* naufragio *m.* ‖ *v. tr.* **2.** *Nav.* (sink) irse a pique.

shirt [ʃɜːrt] *n.* camisa *f.* ‖ **to lose one's ~** perder hasta la camisa.

shit [ʃɪt] *n.* mierda *f.*

shiver [ʃɪvər] *n.* **1.** escalofrío *m.*; repelús *m.* **2.** (caused by fever) tiritona *f.* ‖ *v. intr.* **3.** tiritar. **4.** (with fear) estremecerse.

shock [ʃok] *n.* **1.** (jar) choque *m.*; colisión *f.* **2.** (emotional) conmoción *f.*; golpe *m. fig.* **3.** (scare) susto *m.* ‖ *v. tr.* **4.** causar fuerte impresión.

shoe [ʃuː] *n.* **1.** zapato *m.* **2.** (for horse) herradura *f.* **3.** *Mec.* (of brakes) zapata *f.* ‖ *v. tr.* **4.** calzar. **5.** (horses) herrar.

shoeblack [ʃuːˌblæk] *n.* limpiabotas *m. y f. inv.*

shoehorn [ʃuːˌhɔːrn] *n.* calzador *m.*

shoelace ['ʃuːˌleɪs] n. cordón m.

shoemaker ['ʃuːˌmeɪkər] n. zapatero m.

shoot [ʃuːt] n. **1.** Bot. brote m.; vástago m. || v. tr. **2.** disparar. **3.** (a film) filmar. || v. intr. **4** disparar. **5.** Bot. (plant) brotar.

shop [ʃɒp] n. Br. E. tienda f.

shopkeeper ['ʃɒpˌkiːpər] n., Br. E. tendero m.; comerciante m. y f.

shore [ʃɔːr] n. **1.** orilla f. **2.** Am. E. (beach) playa f. **3.** (coast) costa f.

short [ʃɔːrt] adj. **1.** corto. **2.** (not tall) bajo. **3.** (small) pequeño. **4.** (brief) breve. **5.** (brusque) brusco. || n. **6.** Film cortometraje m.

shortage [(ʃɔːrtɪdʒ] n. (lack) escasez f.; pobreza f.; carencia f.

shorten ['ʃɔːrtən] v. tr. **1.** acortar. **2.** Ling. (word) abreviar.

shorts ['ʃɔːrts] n. pl. **1.** Am. E. calzoncillos m. pl. **2.** Sports calzón m.

shot [ʃɒt] n. **1.** tiro m.; disparo m. **2.** (drink) trago m.

shotgun ['ʃɒtgʌn] n. escopeta f.

shoulder ['ʃoʊldər] n. **1.** Anat. hombro m. **2.** (of road) arcén m.

shout [ʃaʊt] n. **1.** grito m.; exclamación f. || v. tr. & intr. **2.** gritar; vocear.

shove [ʃʌv] n. **1.** fam. empujón m. || v. tr. & intr. **2.** empujar.

show [ʃoʊ] n. **1.** demostración f. **2.** (art) exposición f. **3.** (theatre & TV) espectáculo m.; show m. || v. tr. **4.** mostrar; exhibir. **5.** (facts, paintings) exponer.

shower ['ʃaʊər] n. **1.** Meteor. chubasco m.; chaparrón m. **2.** fig. (presents) lluvia f. **3.** (bath) ducha f.; regadera f., Amér. || v. intr. **4.** ducharse; fastuosa.

showy ['ʃoʊi] adj. **1.** llamativo; vistoso; chillón. **2.** (person) ostentoso.

shred [ʃred] n. **1.** triza f. **2.** (of fabric) jirón m. **3.** (of paper) tira f. || v. tr. **4.** desmenuzar.

shrew [ʃruː] n. **1.** Zool. musaraña f. **2.** fig. (woman) arpía f.

shrewd [ʃruːd] adj. **1.** sagaz; pillo; astuto. **2.** (perceptive) perspicaz; penetrante.

shrimp [ʃrɪmp] n., Zool. (prawn) gamba f.; quisquilla f.

shrink [ʃrɪŋk] n. **1.** encogimiento m. || v. tr. **2.** (clothes) encoger. || v. intr. **3.** (clothes) encogerse; mermar.

shrivel ['ʃrɪvəl] v. tr. **1.** encoger. **2.** (skin) arrugar. **3.** (flowers) marchitar. || v. intr. **4.** encogerse. **5.** (skin) arrugarse. **6.** (flowers) marchitarse.

shroud [ʃraʊd] n. **1.** mortaja f.; sudario m. || v. tr. **2.** amortajar.

shrub [ʃrʌb] n., Bot. arbusto m.

shrug [ʃrʌg] n. encogimiento de hombros.

shut [ʃʌt] adj. **1.** cerrado. || v. tr. **2.** cerrar. || v. intr. **3.** cerrarse.

shutdown ['ʃʌtdaʊn] *n.* **1.** cierre *m.* **2.** (of company) paro *m.*

shutter ['ʃʌtər] *n.* (of window) contraventana *f.;* postigo *m.*

shuttle ['ʃʌtəl] *n.* **1.** (space) lanzadera *f.* ‖ *v. tr.* **2.** trasladar; transportar. ‖ ~ **service** *Aeron.* puente aéreo.

shy [ʃaɪ] *adj.* tímido; vergonzoso.

shyness ['ʃaɪnɪs] *n.* timidez *f.*

sick [sɪk] *adj.* **1.** enfermo. **2.** (queasy) mareado.

sicken ['sɪkən] *v. tr.* **1.** (disgust) dar asco. **2.** (weary) fastidiar. **3.** *fig.* hartar; cansar.

sickle ['sɪkəl] *n., Agr.* hoz *f.*

sickly ['sɪkli:] *adj.* **1.** enfermizo. **2.** (taste, smell) empalagoso.

sickness ['sɪknɪs] *n.* **1.** *Med.* náusea *f.;* mareo *m.* **2.** *Med.* (illness) enfermedad *f.*

side [saɪd] *n.* **1.** lado *m.* **2.** (of body) costado *m.* **3.** (of road) margen *amb.* **4.** (of a coin) cara *f.* ‖ *v. tr.* **5.** estar al lado de.

sideburn ['saɪdbɜ:rn] *n.* patilla *f.*

sidestep ['saɪdstəp] *v. tr.* (avoid) esquivar; eludir.

sidewalk ['saɪdwɔ:k] *n., Am. E.* (pavement) acera *f.;* piso *m.*

siege [si:dʒ] *n., Mil.* sitio *m.*

siesta [sɪ'estə] *n.* siesta *f.*

sigh [saɪ] *n.* **1.** suspiro *m.;* exhalación *f.* ‖ *v. intr.* **2.** suspirar.

sight [saɪt] *n.* **1.** vista *f.* **2.** (vision) visión *f.;* espectáculo *m.* **3.** (on gun) mira *f.* ‖ *v. tr.* **4.** avistar.

sign [saɪn] *n.* **1.** signo *m.* **2.** (gesture) seña *f.* **3.** (signal) señal *f.* **4.** (indication) indicación *f.* ‖ *v. tr.* **5.** firmar; suscribir.

signal ['sɪgnəl] *n.* **1.** señal *f.* ‖ *v.* **2.** (indicate) señalar. **3.** *Am. E.* (gesture) hacer señas.

signature ['sɪgnətʃər] *n.* (signing) firma *f.*

significance [sɪg'nɪfɪkəns] *n.* **1.** significado *m.* **2.** (importance) importancia *f.*

significative [sɪg'nɪfɪkətɪv] *adj.* **1.** simbólico. **2.** (meaningful) significativo.

signify ['sɪgnəfaɪ] *v. tr.* significar.

signing ['saɪnɪŋ] *n.* (act) firma *f.*

signpost ['saɪnpoʊst] *n.* **1.** señal *f.;* poste indicador. ‖ *v. tr.* **2.** (point) señalizar.

silence ['saɪləns] *n.* silencio *m.*

silent ['saɪlənt] *adj.* **1.** (night) silencioso. **2.** (person) callado.

silk [sɪlk] *n.* seda *f.*

silliness ['sɪlɪnɪs] *n.* **1.** estupidez *f.* **2.** (act) tontería *f.;* bobada *f.*

silly ['sɪli:] *adj.* tonto; bobo.

silver ['sɪlvər] *n.* **1.** *Chem.* plata *f.* ‖ *v. tr.* **2.** platear.

similar ['sɪmələr] *adj.* (alike) similar; semejante; parecido.

simple ['sɪmpəl] *adj.* **1.** simple; sencillo; fácil. **2.** (foolish) memo.

simpleness ['sɪmpəlnɪs] *n.* sencillez *f.;* naturalidad *f.*

simplify ['sɪmpləfaɪ] *v. tr.* simplificar; facilitar.

simulate ['sɪmjuˌleɪt] *v. tr.* simular; fingir.

simultaneous [ˌsaɪməl'teɪnjəs] *adj.* simultáneo.

sin [sɪn] *n.* **1.** *Rel.* pecado *m.;* culpa *f.* ‖ *v. tr.* **2.** *Rel.* (a sin) cometer. ‖ *v. intr.* **3.** *Rel.* pecar.

since [sɪns] *adv.* **1.** desde entonces. ‖ *prep.* **2.** desde. ‖ *conj.* **3.** (in time) desde que.

sincere [sɪn'sɪr] *adj.* sincero.

sincerity [sɪn'serəti:] *n.* sinceridad *f.;* franqueza *f.*

sing ['sɪŋ] *v. tr. & intr.* cantar.

singe ['sɪŋə] *v. tr.* chamuscar.

singer ['sɪŋər] *n.* cantante *m. y f.*

singing ['sɪŋɪŋ] *n.* **1.** (act, art) canto *m.* **2.** (in ears) zumbido *m.*

single ['sɪŋɡəl] *adj.* **1.** solo. **2.** (unmar-ried) soltero; mozo. **3.** (ticket) sencillo. ‖ ~ **room** habituación individual.

singular ['sɪŋɡjələr] *adj.* (unusual) curioso; singular.

singularity [ˌsɪŋɡjə'lærəti:] *n.* (peculiarity) rareza *f.*

sinister ['sɪnəstər] *adj.* siniestro.

sink[1] [sɪŋk] *n.* fregadero *m.;* pila *f.*

sink[2] [sɪŋk] *v. tr.* **1.** *Nav.* hundir. **2.** (immerse) sumir. **3.** (excavate) excavar. ‖ *v. intr.* **4.** hundirse; irse a pique. **5.** *Econ.* (sun, prices) bajar.

sip ['sɪp] *n.* **1.** sorbo *m.;* trago *m.* ‖ *v. tr.* **2.** sorber; beber a sorbos.

sir [sɜ:r] *n.* (tittle) señor *m.*

siren ['saɪərən] *n.* sirena *f.*

sirloin ['sɜ:rlɔɪn] *n., Gastr.* solomillo *m.*

sister ['sɪstər] *n.* **1.** hermana *f.* **2.** *Rel.* sor *f.;* monja *f.*

sisterhood ['sɪstərhud] *n.* (association of women) hermandad *f.;* congregación *f.*

sister-in-law ['sɪstərˌɪnlɔ:] *n.* cuñada *f.*

sit [sɪt] *v. tr.* **1.** sentar. **2.** *Br. E.* (exams) presentarse (a un examen). ‖ *v. intr.* **3.** sentarse.

situate ['sɪtʃueɪt] *v. tr., frml.* (site) situar; ubicar.

situation [ˌsɪtʃuˈeɪʃən] *n.* **1.** (position) situación *f.;* ubicación *f.* **2.** (job) posición *f.*

six [sɪks] *col. num. det.* (also pron. and n.) **1.** seis. ‖ *card. num. adj.* **2.** seis; sexto. ‖ ~ **hundred** seiscientos.

sixteen [ˌsɪks'ti:n] *col. num. det.* (also pron. and n.) **1.** dieciséis. ‖ *card. num. adj.* **2.** dieciséis.

sixteenth [sɪks'ti:nθ] *card. num. adj.* (also n.) dieciséis.

sixth ['sɪksθ] *card. num. adj.* (also n.) **1.** sexto; seis. ‖ *frac. num. adj.* (also adj. and pron.) **2.** sexto.

sixtieth ['sɪkstɪəθ] *card. num. adj.* (also n.) sesenta.

sixty ['sɪksti:] *col. num. det.* (also pron. and n.) **1.** sesenta. ‖ *card. num. adj.* **2.** sesenta.

size [saɪz] *n.* **1.** medida *f.;* tamaño *m.* **2.** (of clothes) talla *f.*

3. (of shoes, etc.) número m. ‖ v. tr. **4.** (cloth) aprestar.

skate [skeɪt] n. **1.** patín m. ‖ v. intr. **2.** patinar.

skateboard ['skeɪtbɔːrd] n. (without handlebars) monopatín m.

skeleton ['skelətən] n. **1.** Anat. esqueleto m. **2.** Constr. (of building, vehicle) armazón m.

sketch [sketʃ] n. **1.** croquis m. inv. **2.** (brief outline) boceto m.; esbozo m. ‖ v. tr. **3.** (draw) dibujar. **4.** (outline) esbozar.

ski [ski:] n. **1.** Sports esquí m. ‖ v. intr. **2.** Sports esquiar.

skid [skɪd] n. **1.** Car patinazo m. ‖ v. intr. **2.** Car patinar.

skiing ['ski:ɪŋ] n., Sports esquí m.

skill [skɪl] n. **1.** habilidad f.; destreza f. **2.** (talent) maestría f. **3.** (technique) arte.

skillful, skilful (Br.E) ['skɪlfəl] adj. hábil; mañoso fam.; diestro.

skim [skɪm] v. tr. (milk) desnatar.

skimmer ['skɪmər] n. (spoon for skimming) espumadera f.

skin [skɪn] n. **1.** Anat. & Zool. piel f. **2.** (of face) cutis m. inv. **3.** (complexion) tez f. **4.** Zool. (of animal) pellejo m. **5.** (hide) cuero m. **6.** Bot. (of fruit) cáscara. **7.** (on boiled milk) nata f.

skinny ['skɪni] adj. (thin) flaco.

skip [skɪp] n. **1.** salto m.; brinco m. ‖ v. intr. **2.** (jump) saltar; brincar. ‖ v. tr. **3.** (classes) saltarse (clases).

skipping ['skɪpɪŋ] n. comba f.

skirt [skɜːrt] n. **1.** falda f. ‖ v. tr. & intr. **2.** (coast) bordear.

skit [skɪt] n. Lit. sátira f.

skull [skʌl] n., Anat. cráneo m.

sky [skaɪ] (pl.:skies) n. cielo m.

skylark ['skaɪlɑːrk] n., Zool. (bird) alondra f.

skylight ['skaɪlaɪt] n., Archit. tragaluz m.; claraboya f.

skyscraper ['skaɪskreɪpər] n. (building) rascacielos m. inv.

slab [slæb] n. **1.** losa f. **2.** (of chocolate) tableta f. **3.** (of cake) pedazo m.; trozo m.

slacken ['slækən] v. tr. **1.** (rope) aflojar. **2.** (pace) aflojar (el paso). ‖ v. intr. **3.** aflojarse. **4.** Meteor. (storm) amainar.

slam [slæm] n. **1.** portazo m. ‖ v. tr. **2.** (a door) cerrar de golpe.

slander ['slændər] n. **1.** calumnia f.; difamación f. ‖ v. tr. **2.** (defame) calumniar; difamar.

slang [slæŋ] n. **1.** jerga f.; argot m. ‖ v. tr. **2.** insultar.

slap [slæp] n. **1.** fam. (on face) bofetada f.; guantada f.; torta f. **2.** (on back) palmada f.; manotazo m. ‖ v. tr. **3.** abofetear; dar una bofetada.

slash [slæʃ] n. **1.** cuchillada f. ‖ v. tr. **2.** (with a knife) acuchillar.

slate [sleɪt] n., Miner. pizarra f.

slaughter ['slɔːtər] n. **1.** matanza f. ‖ v. tr. **2.** (kill) matar. **3.** (animal) sacrificar.

slaughterhouse [(slɔ:tərˌhaʊs] n., Am. E. matadero m.

slave [sleɪv] adj. **1.** esclavo. ‖ n. **2.** esclavo m.; siervo m.

slaver [sleɪvər] n. **1.** (saliva) baba f. ‖ v. intr. **2.** babear.

slavery ['sleɪvəri] n. esclavitud f.

sled ['sled] n. **1.** Am. E. trineo m. ‖ v. intr. **2.** Am. E. (sledge) viajar en trineo.

sleek [sli:k] adj. **1.** (hair) liso. ‖ v. tr. **2.** alisarse el pelo.

sleep [sli:p] n. **1.** sueño m. **2.** (in eyes) legaña f. ‖ v. intr. **3.** dormir; descansar.

sleepiness ['slipinəs] n. (drausiness) somnolencia f.

sleepwalker ['sli:pˌwɔːkər] n. (somnambulist) sonámbulo m.

sleepy ['sli:pi:] adj. (drowsy) soñoliento.

sleet [sli:t] n., Meteor. aguanieve f.

sleeve [sli:v] n. **1.** (of shirt) manga f. **2.** Tech. manguito m.

slender ['slendər] adj. **1.** delgado; esbelto. **2.** (means) escaso.

slice [slaɪs] n. **1.** (of bread) rebanada f.; tajada f. **2.** (of orange, lemon) rodaja f. **3.** (of ham, cheese) loncha f.; lonja f. **4.** (of watermelon) raja f. ‖ v. tr. **5.** (food) cortar; rajar.

slide [slaɪd] n. **1.** deslizamiento m. **2.** (slip) resbalón m. **3.** (for children) tobogán m. ‖ v. tr. **4.** deslizar. **5.** (furniture) correr. ‖ v. intr. **6.** resbalar; deslizarse.

slight [slaɪt] adj. **1.** ligero. **2.** (insignificant) leve. **3.** (person) menudo. ‖ n. **4.** (snub) desaire m. ‖ v. tr. **5.** desairar.

slightest ['slaɪtəst] adj. alguno.

slim [slɪm] adj. **1.** delgado; esbelto. ‖ v. tr. **2.** adelgazar. ‖ v. intr. **3.** (diet) hacer régimen.

sling [slɪŋ] n. **1.** (weapon) honda f. ‖ v. tr. **2.** (throw) tirar; lanzar.

slingshot ['slɪŋˌʃɒt] n., Am. E. tirachinas m. inv.; tirador m.

slip [slɪp] n. **1.** (slide) resbalón m. **2.** (trip) traspié m. **3.** (mistake) error m.; tropiezo m.; desliz m. ‖ v. tr. **4.** deslizar. ‖ v. intr. **5.** (slide) resbalar. **6.** (move quickly) escurrirse; deslizarse. **7.** (hand, foot) irse.

slipper ['slɪpər] n. zapatilla f.

slippery ['slɪpəri:] adj. **1.** (surface) resbaladizo. **2.** (elusive) escurridizo.

slit [slɪt] n. **1.** corte m. **2.** (in a skirt) abertura f. ‖ v. tr. **3.** cortar.

slither ['slɪðər] v. intr., Zool. (snail, snake) deslizarse; reptar.

slobber ['slɒvər] v. intr. babear.

slogan ['sloʊgən] n., Polit. (motto) eslogan m.; lema m.

slope [sloʊp] n. **1.** Geogr. cuesta f.; pendiente f. **2.** (up) subida f. **3.** (down) declive m. **4.** Geogr. (of mountain) falda f.; ladera f. **5.** (incline) inclinación f. ‖ v. intr. **6.** inclinarse.

slot [slɒt] *n.* **1.** ranura *f.* **2.** (groove) muesca *f.*

sloth [sloʊθ] *n.* **1.** *Zool.* perezoso *m.* **2.** *frml.* (laziness) pereza *f.*

slow [sloʊ] *adj.* **1.** lento. **2.** (stupid) retrasado. ‖ *v. tr.* **3.** (pace) aflojar (el paso).

slowly ['sloʊli] *adv.* despacio.

slowness ['sloʊnɪs] *n.* **1.** lentitud *f.*; pachorra *f.* *col.* **2.** (stupidity) torpeza *f.*

slug [slʌg] *n., Zool.* babosa *f.*

sluice [sluːs] *n.* **1.** (waterway) canal *m.* **2.** (gate) compuerta *f.* ‖ *v. tr.* **3.** (arenas auríferas) lavar.

slut [slʌt] *n. pej.* (woman) perra *f. pey.*; pendón *m.*; ramera *f.*

slyness ['slaɪnɪs] *n.* **1.** (cunning) astucia *f.* **2.** (roguishness) malicia *f.*; picardía *f.*

smack [smæk] *n.* **1.** bofetada *f.*; sopapo *m.* ‖ *v. tr.* **2.** abofetear.

small [smɔːl] *adj.* **1.** pequeño; chico. **2.** (in height) menudo. **3.** (insignificant) insignificante.

smallpox ['smɔːlpɒks] *n., Med.* (illness) viruela *f.*

smart [smɑːrt] *adj.* **1.** elegante; arreglado. **2.** (clever) listo. **3.** (sharp) hábil.

smartness ['smɑːrtnɪs] *n.* **1.** elegancia *f.* **2.** (cleverness) inteligencia *f.*; viveza *f.*

smash [smæʃ] *n.* **1.** estrépito *m.* ‖ *v. tr.* **2.** (in pieces) romper; destrozar. **3.** (destroy) destripar. ‖ *v. intr.* **4.** (in pieces) romperse.

smear [(smɪr] *n.* **1.** mancha *f.* **2.** *fig.* calumnia *f.* ‖ *v. tr.* **3.** untar. **4.** (with chocolate, grease) embadurnar.

smell [smel] *n.* **1.** olor *m.* **2.** (sense) olfato *m.* ‖ *v. tr.* **3.** oler; olfatear. ‖ *v. intr.* **4.** oler. **5.** (stink) apestar.

smelt ['smelt] *v. tr.* (ore) fundir.

smelting ['smeltɪŋ] *n.* (works) fundición (de metales) *f.*

smile [smaɪl] *n.* **1.** sonrisa *f.* ‖ *v. intr.* **2.** sonreír.

smiling ['smaɪlɪŋ] *adj.* risueño.

smithereens [ˌsmɪðə'riːnz] *n. pl.* (pieces) añicos *m.*; pedazos *m.*

smock [smɒk] *n.* **1.** blusón *m.* **2.** (overall) bata *f.* ‖ **child's ~** babi *m.*

smoke [smoʊk] *n.* **1.** humo *m.* ‖ *v. tr.* **2.** (cigarette) fumar. **3.** (fish) ahumar. ‖ *v. intr.* **4.** (chimney, bonfire) humear; echar humo.

smoking ['smoʊkɪŋ] *adj.* **1.** humeante. ‖ *n.* **2.** fumar *m.* ‖ **"no ~"** prohibido fumar.

smooth [smuːð] *adj.* **1.** liso. **2.** (skin) suave; terso. **3.** (even) llano. **4.** (sticky) meloso *fig.* **5.** (style) fluido. ‖ *v. tr.* **6.** (down/out) alisar; suavizar.

smoothness ['smuːðnɪs] *n.* **1.** llanura *f.*; suavidad *f.* **2.** (peacefulness) tranquilidad *f.*

smudge ['smʌdʒ] *n.* **1.** (of ink) borrón *m.* ‖ *v. tr.* **2.** manchar; ensuciar. **3.** (text) emborronar.

smuggling ['smʌglɪŋ] *n.* contrabando *m.*

smut [smʌt] *n.* **1.** (dirt) mancha *f.*; suciedad *f.* **2.** (indecency) obscenidad *f.* ‖ *v. tr.* **3.** manchar.

snack [snæk] *n.* piscolabis *m.*; tentempié *m.* ‖ **afternoon ~** merienda *f.*

snail [sneɪl] *n., Zool.* caracol *m.*

snake [sneɪk] *n.* **1.** *Zool.* (big) serpiente *f.* **2.** *Zool.* (small) culebra *f.*

snap [snæp] *n.* **1.** (sound) chasquido *m.* **2.** (on clothes) automático *m.* ‖ *v. tr.* **3.** partir.

snare [sner] *n.* **1.** trampa *f.*; cepo *m.* ‖ *v. tr.* **2.** atrapar; prender.

snatch [snætʃ] *n.* **1.** arrebatamiento *m.* **2.** *fam.* (theft) robo *m.* ‖ *v. tr.* **3.** arrebatar.

sneak [sni:k] *n.* chivato *m.*

sneer [snɪr] *n.* **1.** burla *f.* ‖ *v. intr.* **2.** (mock) decir con burla. ‖ *v. tr.* **3.** expresar con desprecio.

sneeze [sni:z] *n.* **1.** estornudo *m.* ‖ *v. intr.* **2.** estornudar.

sniff [snɪf] *n.* **1.** olor *m.* **2.** (by animal) olfateo *m.* ‖ *v. tr.* **3.** oler. **4.** (with suspicious) olfatear.

snipe ['snaɪp] *n.* **1.** *Zool.* (bird) agachadiza *f.* ‖ *v. intr.* **2.** criticar. **3.** (shoot) disparar. ‖ **~ at** tirotear.

snivel ['snɪvəl] *v. intr. Br. E.* (whimper) lloriquear; gimotear.

snooker ['snu:kər] *n.* billar *m.*

snoop ['snu:p] *n.* **1.** fisgón *m.* ‖ *v. intr.* **2.** *fam.* fisgar; hurgar.

snore [snɔ:r] *n.* **1.** (when you sleep) ronquido *m.* ‖ *v. intr.* **2.** roncar.

snort [snɔ:rt] *n.* **1.** bufido *m.*; resoplido *m.* ‖ *v. intr.* **2.** bufar; resoplar.

snout [snaʊt] *n., Zool.* (of animal) hocico *m.*; morro *m.*; jeta *f.*

snow [snoʊ] *n.* **1.** *Meteor.* nieve *f.* ‖ *v. intr.* **2.** *Meteor.* nevar.

snowfall ['snoʊfɔ:l] *n., Meteor.* nevada *f.*

snowflake ['snoʊfleɪk] *n.* copo de nieve.

snowplow ['snoʊplaʊ] *n., Am. E.* quitanieves *m. inv.*

snowstorm ['snoʊstɔ:rm] *n., Meteor.* ventisca *f.*

snub [snʌb] *n.* **1.** desaire *m.*; desprecio *m.* ‖ *v. tr.* **2.** desairar.

snuggle ['snʌgəl] *v. intr.* arrimarse.

so [soʊ] *adv.* **1.** tan; tanto. **2.** (in this way) así; de esta manera. **3.** (too) también. **4.** (intensifier) más. ‖ *conj.* **5.** pues bien. **6.** (result) así que; de modo que. ‖ *interj.* **7.** bueno. ‖ **~ far** hasta aquí.

soak [soʊk] *v. tr.* **1.** empapar; calar. ‖ *v. intr.* **2.** (clothes, foood) estar en remojo.

so-and-so [(soʊən,soʊ] *n., fam.* fulano *m.*; mengano *m.*; zutano *m.*

soap [soʊp] *n.* **1.** jabón *m.* ‖ *v. tr.* **2.** enjabonar; dar jabón.

soar [so:r] v. intr. **1.** (birds, planes) remontarse. **2.** (morale, building) elevarse; erguirse.

sob [sɒb] n. **1.** sollozo m. ‖ v. intr. **2.** sollozar. ‖ **- story** tragedia f.

sober ['soubər] adj. sobrio.

soccer [(sɒkər] n., Am. E., Sports fútbol m.; balompié m.

social ['souʃəl] adj. **1.** social. ‖ n. **2.** acto social.

socialize, socialise (Br.E) ['souʃə,laɪz] v. tr. & intr. alternar (con gente).

society [sə'saɪəti:] n. **1.** (association) sociedad f. **2.** (community) comunidad f. **3.** (company) compañía f.

sock¹ [sɒk] n. **1.** calcetín m. **2.** Am. E. (stocking) media f.

sock² [sɒk] n. **1.** (blow) puñetazo m. ‖ v. tr. **2.** pegar; golpear.

socket ['sɒkɪt] n. **1.** (of eye) órbita f.; cuenca f. **2.** Electron. (power point) enchufe m.

soda ['soudə] n., Am. E. (drink) gaseosa f.

sodden ['sɒdən] adj. mojado.

sofa ['soufə] n. sofá m.

soft [sɒft] adj. **1.** blando; mullido. **2.** (flabby) fofo. **3.** (food) tierno. **4.** (skin) suave. **5.** (consonant, person) débil. **6.** (indulgent) blando. **7.** (muscle) flojo.

soften ['sɒftən] v. tr. **1.** ablandar; reblandecer. **2.** (skin) suavizar. **3.** (knock) amortiguar. ‖ v. intr. **4.** ablandarse.

soil [sɔɪl] n. **1.** Agr. tierra f. ‖ v. tr. **2.** ensuciar; manchar. ‖ v. intr. **3.** (clothes) ensuciarse.

solar ['soulər] adj. solar.

solder ['sɒldər] v. tr. soldar; unir.

soldier [(souldʒər] n. **1.** Mil. soldado m. **2.** militar m. y f.

sole¹ [soul] n. **1.** (of foot) planta f. **2.** (of shoe) suela f. ‖ v. tr. **3.** (shoes) poner suelas a.

sole² [soul] adj. (only) solo.

sole³ [soul] n., Zool. (fish) lenguado m.

solemn ['sɒləm] adj. solemne.

solicit [sə'lɪsɪt] v. tr. solicitar.

solid ['sɒlɪd] adj. **1.** sólido; macizo. **2.** (firm) firme. ‖ n. **3.** sólido m.

solidarity [sɒlə'dærəti:] n. solidaridad f.; apoyo m.

solidify [sɒ'lɪdəfaɪ] v. tr. solidificar; cuajar.

solitaire ['sɒlɪter] n. solitario m.

solitary ['sɒlɪtəri:] adj. **1.** (alone) solitario. **2.** (person) retraído.

solitude ['sɒlɪtu:d] n. soledad f.

solution [sə'lu:ʃən] n. solución f.

solve [sɒ:lv] v. tr. **1.** (mystery) resolver. **2.** (difficulties) solventar. **3.** (problem) solucionar; aclarar.

some [sʌm] adj. **1.** (with countable nouns) alguno; uno. **2.** (with uncountable nouns) algo de. **3.** (unspecified person or thing) alguno. **4.** algún. ‖ pron. **5.** alguno.

somebody ['sʌmbədi:] *pron.* alguien.

someday ['sʌmdeɪ] *adv.* algún día.

somehow ['sʌmhaʊ] *adv.* de algún modo; en cierto modo.

someone ['sʌmwʌn] *pron.* alguien.

somersault ['sʌmərˌsɔːlt] *n.* (tumble) voltereta *f.*

something ['sʌmθɪŋ] *pron.* algo.

sometime ['sʌmtaɪm] *adv.* en algún momento.

sometimes ['sʌmtaɪmz] *adv.* algunas veces; a veces.

somewhat ['sʌmwɒt] *adv.* algo.

somewhere ['sʌmwer] *adv.* en alguna parte; por ahí.

son [sʌn] *n.* **1.** hijo *m.* ‖ **son-in-law 2.** hijo político; yerno *m.*

song [sɒŋ] *n.* **1.** canción *f.* **2.** (of bird) canto *m.* **3.** (popular) copla *f.*; cantar *m.*

songbook ['sɒŋbʊk] *n.*, *Mus.* (songs and poetry) cancionero *m.*

sonnet ['sɒnɪt] *n.*, *Lit.* soneto *m.*

soon [suːn] *adv.* pronto. ‖ **sooner** (comp. of "soon") *adv.* antes. ‖ **as ~ as** tan pronto como.

soothe [suːð] *v. tr.* **1.** (pain) aliviar; calmar. **2.** (rage) aplacar.

soprano [sə'prɑːnoʊ] *n.*, *Mus.* soprano *f.*

sorcery ['sɔːsəri:] *n.* (witchcraft) hechicería *f.*; brujería *f.*

sore [sɔːr] *adj.* **1.** dolorido. **2.** (eyes) irritado. ‖ *n.* **3.** llaga *f.* ‖ **cold ~** (on lips) pupa *f.*

sorrow ['sɒroʊ] *n.* **1.** dolor *m.*; pesar *m.*; pena *f.* **2.** *fig.* (grief) luto *m.*

sorry ['sɒri:] *adj.* **1.** (sad) triste. ‖ *interj.* **2.** (apology) ¡perdón!

sort [sɔːrt] *n.* **1.** (kind) género *m.*; especie *f.* ‖ *v. tr.* **2.** (classify) clasificar. **3.** (mend) arreglar.

so-so ['soʊˌsoʊ] *adv. fam.* así así.

soul [soʊl] *n.* **1.** *Rel.* alma. **2.** (spirit) espíritu *m.* **3.** (person) alma *f.*

sound¹ [saʊnd] *n.* **1.** sonido *m.* **2.** (noise) ruido *m.* ‖ *v. tr.* **3.** tocar. **4.** *Med.* auscultar. ‖ *v. intr.* **5.** sonar.

sound² [saʊnd] *adj.* **1.** (healthy) sano. **2.** (sleep) profundo.

soundness ['saʊndnɪs] *n.* solidez *f.*

soundtrack ['saʊndˌtræk] *n.*, *Film* banda sonora.

soup [suːp] *n.*, *Gastr.* sopa *f.* ‖ **~ dish** plato llano. **~ spoon** cuchara sopera.

sour ['saʊər] *adj.* **1.** (sharp) ácido; agrio. **2.** *fig.* (character) avinagrado. ‖ *v. tr.* **3.** (milk) agriar. **4.** *fig.* (a day) amargar.

source [sɔːrs] *n.* **1.** fuente *f.*; principio *m.* **2.** (of infection) foco.

sourness ['saʊənɪs] *n.* acidez *f.*

souse [saʊs] *n.* **1.** *Gastr.* escabeche *m.* ‖ *v. tr.* **2.** *Gastr.* (tuna) escabechar.

south ['saυθ] *n., Geogr.* sur *m.*

souvenir [,su:və'nır] *n.* souvenir *m.*; recuerdo *m.*

sovereign ['sɒvrın 'sɒvərın] *adj.* **1.** soberano. ‖ *n.* **2.** (king) soberano *m.*; monarca *m.*

sovereignty ['sɒvrəntı:] *n.* soberanía *f.*

sow[1] ['sɔ:] *v. tr.* (seeds) sembrar.

sow[2] ['sɔ:] *n., Zool.* (female pig) cerda *f.*

sowing ['sɔυıη] *n., Agr.* siembra *f.*

soy [sɔı] *n., Am. E., Bot.* soja *f.*

space [speıs] *n.* **1.** espacio *m.* **2.** (room) sitio. **3.** (gap) claro. **4.** (capacity) cabida *f.* ‖ *v. tr.* **5.** espaciar.

spacious ['speıʃəs] *adj.* (roomy) espacioso; amplio.

spade [speıd] *n.* (for digging) pala *f.*

spaguetti [spə'getı] *n. pl., Gastr.* (pasta) espaguetis *m.*

span [spæn] *n.* **1.** (of hand) palmo *m.* **2.** (of time) espacio *m.* **3.** (de puente) ojo *m.*

Spaniard ['spæniərd] *n.* español *m.*; hispano *m.*

Spanish ['spænıʃ] *adj.* **1.** español. ‖ *n.* **2.** (language) español *m.*; castellano *m.*

spank ['spæŋk] *v. tr.* (whip) azotar; dar azontes.

spar [spɑ:r] *v. intr.* (argue) reñir.

spare [sper] *adj.* **1.** (surplus) de más. ‖ *v. tr.* **2.** prescindir (de). **3.** (save) ahorrar.

sparing ['sperıη] *adj.* parco.

spark [spɑ:rk] *n.* **1.** chispa *f.*; centella *f.* **2.** *Electron.* chispazo *m.* **3.** *fig.* (trace) chispa *f.* ‖ *v. intr.* **4.** (fire) chispear.

sparkle ['spɑ:rkəl] *n.* **1.** destello *m.* ‖ *v. intr.* **2.** centellear; brillar.

sparkling ['spɑ:rklıη] *adj.* **1.** (jewels) brillante. **2.** (eye) chispeante; centelleante.

sparrow ['spærou] *n. Zool.* (bird) gorrión *m.*

sparrowhawk ['spærouhɔ:k] *n., Zool.* (bird) gavilán *m.*

spatter ['splætər] *v. tr.* salpicar.

speak [spi:k] *v. intr.* **1.** hablar. **2.** (make speech) hablar. ‖ *v. tr.* **3.** decir. **4.** (language) hablar.

speaking ['spi:kıη] *n.* **1.** (skill) habla *f.* ‖ *adv.* **2.** al habla.

spear [spır] *n.* **1.** (weapon) lanza *f.* **2.** (for fishing) arpón *m.*

special ['speʃəl] *adj.* **1.** especial; extraordinario. **2.** (specific) particular.

specialist ['speʃəlıst] *adj.* **1.** especialista. ‖ *n.* **2.** especialista *m. y f.*

specialize, specialise (Br.E) ['speʃɪəlaız] *v. intr.* especializarse.

specialty, speciality (Br.E) [,speʃɪæələtı:] *n.* especialidad *f.*

species [(spi:ʃi:z] *n. inv., Biol.* especie *f.*

specify ['speθıfaı] *v. tr.* especificar; precisar; puntualizar.

specimen ['spesəmɪn] *n.* ejemplar *m.;* muestra *f.*

speck [spek] *n.* **1.** (mote) mota *f.* **2.** (stain) manchita *f.* ‖ *v. tr.* **3.** manchar.

spectacle ['spektəkəl] *n.* (sight) espectáculo *m.*

spectacles ['spektəkəlz] *n. pl.* lentes *m. y f.;* gafas *f.*

spectator [spek'teɪtər] *n.* espectador *m.*

speculate ['spekjʊleɪt] *v. intr.* especular; conjeturar.

speech [spi:tʃ] *n.* **1.** habla *f.* **2.** (oration) discurso *m.*

speed [spi:d] *n.* **1.** velocidad *f.* **2.** (quickness) rapidez *f.* **3.** (gear) marcha *f.* ‖ *v. tr.* **4.** acelerar. ‖ *v. intr.* **5.** (person) darse prisa.

spell[1] [spel] *v. tr.* deletrear.

spell[2] [spel] *n.* (curse) hechizo *m.;* encanto *m.;* maleficio *m.*

spelling ['spelɪŋ] *n.* **1.** ortografía *f.* **2.** (of a word) grafía *f.*

spend [spend] *v. tr.* **1.** (time, money) gastar. **2.** (time) pasar. **3.** (exhaust) agotar. ‖ *v. intr.* **4.** (money) gastarse.

spendthrift ['spendθrɪft] *adj.* **1.** derrochador; manirroto. ‖ *n.* **2.** derrochador *m.;* manirroto *m.*

sperm [(spɜːrm] *n., Biol.* esperma *amb.;* semen *m.*

spermatozoon [spɜːrmətəʊˈzoʊn] (pl.: spermatozoa) *n., Biol.* espermatozoide *m.*

spew ['spju:] *v. tr. & intr.* (lava, flames) arrojar.

sphere [sfɪr] *n.* **1.** esfera *f.* **2.** *fig.* (circle) ámbito *m.;* círculo *m.*

spice [spaɪs] *n.* **1.** *Gastr.* especia *f.* **2.** *fig.* sazón *m.;* salsa *f.* ‖ *v. tr.* **3.** *Gastr.* condimentar; sazonar.

spicy ['spaɪsi] *adj.* **1.** *Gastr.* (food) picante. **2.** *fig.* (gossip) sabroso; jugoso.

spider ['spaɪdər] *n., Zool.* araña *f.*

spike [spaɪk] *n.* **1.** (prickle) pincho *m.;* púa *f.* ‖ *v. tr.* **2.** (a sharp piece) clavar.

spikenard ['spaɪknɑːrd] *n., Bot.* (aromatic plant) nardo *m.*

spill [spɪl] *n.* **1.** (of liquid) derrame *m.* **2.** (fall) caída *f.* ‖ *v. tr. & intr.* **3.** (liquid) derramar. **4.** (pour) verter.

spin [spɪn] *v. tr.* **1.** hacer girar. **2.** (cotton) hilar. **3.** (spider) tejer. **4.** (a top) bailar. ‖ *v. intr.* **5.** dar vueltas; girar.

spinach ['spɪnɪdʒ] *n., Bot.* (vegetables) espinaca *f.*

spine [spaɪn] *n.* **1.** *Anat.* espina *f.;* espinazo *m.* **2.** *Zool.* (on hedgehog) púa *f.*

spinster ['spɪnstər] *n.* soltera *f.*

spiny ['spaɪni:] *adj., Bot.* (plant) espinoso; con espinas.

spiral ['spaɪrəl] *adj.* **1.** espiral. ‖ *n.* **2.** espiral *f.;* rosca *f.*

spirit ['spɪrɪt] *n.* **1.** (soul) espíritu *m.* **2.** (mood) humor *m.* **3.** (courage) coraje *m.*

spirits ['spɪrɪts] *n. pl.* licor *m. sing.*

spit [spɪt] *n.* **1.** saliva *f.* ‖ *v. intr.* **2.** escupir. **3.** (rain) chispear.

spite [spaɪt] *n.* despecho *m.*

spittle ['spɪtəl] *n.* baba *f.;* saliva *f.*

splash ['splæʃ] *n.* **1.** (into the water) chapoteo *m.* ‖ *v. tr.* **2.** chapotear. **3.** (with liquid) salpicar; rociar.

spleen [spli:n] *n. Anat.* bazo *m.*

splendor, splendour (Br.E) ['splendər] *n.* esplendor *m.*

splint [splɪnt] *n.* **1.** *Med.* tablilla *f.* ‖ *v. tr.* **2.** *Med.* entablillar.

splinter ['splɪntər] *n.* **1.** (of wood) astilla *f.* ‖ *v. tr.* **2.** (wood) astillar. ‖ *v. intr.* **3.** (wood) astillarse.

split [splɪt] *adj.* **1.** partido; hendido. ‖ *n.* **2.** grieta *f.;* hendedura *f.;* raja *f.* **3.** (division) división *f.;* cisma *m.* ‖ *v. tr.* **4.** (wood) hender. **5.** (cut) partir.

spoil [spoɪl] *v. tr.* estropear; chafar; aguar. **2.** (pamper) mimar. ‖ *v. intr.* **3.** (food) estropearse.

spokesman ['spouksmən] *n.* portavoz *m.;* representante *m.*

sponge [spʌndʒ] *n.* **1.** esponja *f.* ‖ *v. tr.* **2.** (scrounge) gorronear.

sponger ['spʌndʒər] *n.* gorrón *m.*

spongy ['spʌndʒi:] *adj., Gastr.* (cake, bread) esponjoso; blando.

sponsor ['spɒnsər] *n.* **1.** patrocinador *m.* **2.** *Rel.* (man) padrino *m.* **3.** *Rel.* (woman) madrina *f.* ‖ *v. tr.* **4.** patrocinar.

spontaneous [spɒn'teɪnjəs] *adj.* espontáneo; involuntario.

spool [spu:l] *n., Phot.* carrete (de fotos) *m.;* bobina *f.*

spoon [spu:n] *n.* cuchara *f.*

sport [spɔ:rt] *n.* deporte *m.*

sports [spɔ:rts] *adj.* **1.** deportivo. ‖ *n. pl.* **2.** deportes *m.*

sportsman [(spɔ:rtsmən] *n.* deportista *m.;* atleta *m.*

spot [spɒt] *n.* **1.** (stain) mancha *f.;* pinta *f.* **2.** (dot) lunar *m.* **3.** (place) sitio *m.;* lugar *m.;* punto *m.* ‖ *v. tr.* **4.** (mistake) descubrir. ‖ *v. intr.* **5.** mancharse.

spotlight ['spɒt,laɪt] *n.* **1.** *Electron.* (beam) reflector *m.;* foco *m.* **2.** *fig.* centro de atención.

spotter ['spɒtər] *n.* observador *m.*

spouse [spaʊs] *n.* cónyuge *m. y f.*

spout [spaʊt] *n.* **1.** (of jar) pico *m.* **2.** (of kettle) pitorro *m.* **3.** (of fountain) surtidor *m.* **4.** (of water) chorro *m.* ‖ *v. tr.* **5.** (liquid) arrojar. **6.** (verses) declamar.

sprain ['spreɪn] *n.* **1.** *Med.* esguince *m.* ‖ *v. tr.* **2.** *Med.* torcer. ‖ *v. intr.* **3.** *Med.* torcerse.

sprawl ['sprɔ:l] *v. intr.* **1.** (lie down) tumbarse; echarse. **2.** (city) extenderse.

spray [spreɪ] *n.* **1.** aerosol *m.;* spray *m.* ‖ *v. tr.* **2.** (with water) rociar; pulverizar.

spread [spred] *n.* **1.** extensión. **2.** (ideas) difusión; diseminación *f.* **3.** (of disease) propagación *f.* ‖ *v. tr.* **4.** desplegar. **5.** (lay out) extender. **6.** (news, ideas) divulgar; difundir.

sprightly ['spraɪtli] *adj.* **1.** (agile) ágil. **2.** (lively) vivo.

spring¹ [sprɪŋ] *n.* (season) primavera *f.*

spring² [sprɪŋ] *n.* **1.** (of water) manantial *m.;* fuente *f.* **2.** (jump) salto *m.;* brinco *m.* ‖ *v. intr.* **3.** saltar. **4.** (plants) brotar.

springboard ['sprɪŋbɔːrd] *n.* (swimming) trampolín *m.*

springy ['sprɪŋi] *adj.* **1.** (grass, sofa) mullido. **2.** (elastic) elástico.

sprite [spraɪt] *n.* duende *m.*

sprout [spraʊt] *n.* **1.** *Bot.* retoño *m.;* brote *m.* ‖ *v. intr.* **2.** (seeds) brotar. **3.** (spurt) surgir.

spur [spɜːr] *n.* **1.** espuela *f.* **2.** (incentive) aguijón *m.*

spurn [spɜːn] *v. tr.* (disdain) despreciar; desdeñar.

spurt or spirt [spɜːrt] *n.* **1.** (stream) chorro *m.* ‖ *v. intr.* **2.** salir a chorro.

sputter ['spʌtər] *v. intr.* chispear; chisporrotear.

spy [spaɪ] *n.* **1.** espía *m. y f.* ‖ *v. intr.* **2.** espiar.

squad [skwɒd] *n.* **1.** *Mil.* pelotón *m.* **2.** (of police) brigada *f.* **3.** *Sports* (team) equipo *m.*

squadron ['skwɒdrən] *n.* **1.** *Mil.* escuadrón *m.* **2.** *Aeron.* escuadrilla *f.* **3.** *Nav.* escuadra *f.*

squall ['skwɔːl] *n.,* *Meteor.* chubasco *m.;* chaparrón *m.*

squander ['skwændər] *v. tr.* **1.** (money) derrochar; despilfarrar. **2.** (resources, means) malgastar. **3.** (inheritance) dilapidar; gastar.

square [skwer] *adj.* **1.** cuadrado. ‖ *n.* **2.** *Math.* (shape) cuadrado *m.;* cuadro *m.* **3.** (on crossword) casilla *f.* ‖ *v. tr.* **4.** cuadrar.

squash¹ [skwɒʃ] *v. tr.* (crush) aplastar. ‖ **orange ~** (drink) zumo de naranja.

squash² [skwɒʃ] *n.,* *Sports* squash *m.*

squeak [skwiːk] *n.* **1.** chillido *m.* **2.** (of wheel) chirrido *m.* ‖ *v. intr.* **3.** (an animal) chillar.

squeal [skwiːl] *n.* **1.** chillido *m.* ‖ *v. tr.* **2.** chillar.

squeeze [skwiːz] *v. tr.* **1.** (of hands) apretón *m.* ‖ *v. tr.* **2.** apretar. **3.** (orange, lemon) exprimir. **4.** (person) estrujar.

squid [skwɪd] *n.,* *Zool.* calamar *m.*

squirrel ['skwɜːrəl] *n.,* *Zool.* (rodent) ardilla *f.*

stab [stæb] *n.* **1.** (with a knife) puñalada *f.* ‖ *v. tr.* **2.** apuñalar.

stability [stə'bɪləti] *n.* estabilidad *f.*

stable ['steɪbəl] *n.* (for horses) establo *m.;* cuadra *f.;* caballeriza *f.*

stack [stæk] *n.* **1.** pila *f.;* montón *m.* ‖ *v. tr.* **2.** apilar; amontonar.

stadium ['steidiəm] *n., Sports* estadio *m.*

staff [stæf] *n.* **1.** plantilla *f.*; personal *m.* **2.** (stick) bastón *m.*; palo *m.* **3.** (teachers) claustro *m.* (de profesores). || **editorial ~** (team) redacción *f.*

stag [stæg] *n., Zool.* ciervo *m.*

stage [steidʒ] *n.* **1.** plataforma *f.*; tablado *m.* **2.** *Theat.* escenario *m.* **3.** (profession) teatro *f.*

stagger ['stægər] *v. intr.* **1.** tambalearse. || *v. tr.* **2.** (payments, holidays) escalonar.

stain [stein] *n.* **1.** (of dirt) mancha *f.*; lamparón *m.* || *v. tr.* **2.** (mark) manchar. **3.** (dye) teñir. || *v. intr.* **4.** mancharse.

stainless ['steinlis] *adj.* **1.** inmaculado. **2.** (metal) inoxidable.

stair ['ster] *n.* (single step) escalón *m.*; peldaño *m.*

staircase ['sterkeis] *n.* escalera *f.*

stalk [stɔːk] *n.* **1.** *Bot.* (of plants) tallo *m.* *Bot.* (of fruits) rabo *m.*

stall [stɔːl] *n.* **1.** (in a market) puesto *m.* **2.** *Agr.* establo *m.* **3.** (manger) pesebre *m.*

stamina [(stæmənə] *n.* (strength) fuerza *f.*; aguante *m.*; energía *f.*

stammer ['stæmər] *n.* **1.** (stuttering) tartamudeo *m.* || *v. intr.* **2.** balbucear.

stamp [stæmp] *n.* **1.** sello *m.*; timbre *m.* **2.** (for metals) cuño *m.* **3.** (with foot) pisotón *m.* || *v. tr.* **4.** estampar; imprimir.

5. (passport) sellar. || *v. intr.* **6.** patalear.

stampede [stæm'piːd] *n.* **1.** desbandada *f.*; estampida *f.* || *v. intr.* **2.** salir en estampida.

stanch ['stæntʃ] *v. tr.* (bleeding) estancar; contener.

stand [stænd] *n.* **1.** posición *f.* **2.** (of lamp) pie *m.* **3.** (at a fair) caseta *f.*; puesto *m.* **4.** *Sports* grada *f.*; tribuna *f.* || *v. intr.* **5.** estar (de pie); quedarse. || *v. tr.*

standard ['stændərd] *n.* **1.** nivel *m.* **2.** (norm) norma *f.*; pauta *f.* **3.** (measure) patrón *m.* || *adj.* **4.** normal; estándar.

standardize ['stændəraɪz] *v. tr.* normalizar; estandarizar.

standing ['stændɪŋ] *adj.* **1.** (permanent) permanente; fijo. **2.** (upright) derecho; en pie. || *n.* **3.** (social) posición *f.*

stanza ['stænzə] *n., Lit.* estrofa *f.*

staple ['steipəl] *n.* **1.** grapa *f.* || *v. tr.* **2.** (papers) grapar.

stapler ['steipələr] *n.* grapadora *f.*

star [stɑːr] *n.* **1.** *Astron.* estrella *f.*; astro *m.* **2.** (person) astro *m.*; divo *m.* || *v. tr.* **3.** (to decorate with stars) estrellar. || *v. intr.* **4.** *Film* (movie) protagonizar.

starch [stɑːrtʃ] *n.* **1.** almidón. **2.** (in food) fécula *f.* || *v. tr.* **3.** (laundry) almidonar.

stare ['ster] *n.* **1.** mirada *f.* (fija). || *v. intr.* **2.** clavar la vista.

start [stɑːrt] n. **1.** (beginning) inicio m.; principio m.; comienzo m. ‖ v. tr. **2.** empezar. **3.** (set out) emprender. **4.** (a conversation) entablar. ‖ v. intr. **5.** comenzar. **6.** (originate) originarse.

startle [stɑːrtəl] v. tr. sobresaltar.

starving [stɑːrvɪŋ] adj. muerto de hambre.

state [steɪt] adj. **1.** Polit. estatal. ‖ n. **2.** estado m. ‖ v. tr. **3.** (facts) afirmar; declarar.

statement [steɪtmənt] n. (declaration) declaración f.

static [stætɪk] adj. **1.** estático. ‖ **statics** n. sing. **2.** estática f.

station [steɪʃən] n. **1.** (train, bus) estación f. ‖ v. tr. **2.** (troops) estacionar; apostar.

stationery [steɪʃnəri] n. (materials) artículos de escritorio. ‖ ~ **store** (shop) papelería f.

statistics [stætɪstɪk] n. pl. (science) estadística f. sing.

statue [sætʃuː] n. estatua f.

stature [sætʃər] n. estatura f.

status [steɪtəs stætəs] n. estado m.; condición f.

stay [steɪ] n. **1.** estancia f.; permanencia f. ‖ v. intr. **2.** quedarse; permanecer form. **3.** (temporarily) hospedarse; alojarse.

steadiness [stedinɪs] n. **1.** (perseverance) firmeza f. **2.** (stability) estabilidad f.

steady [(stedi)] adj. **1.** firme; seguro. **2.** (constant) constante.

steak [steɪk] n. filete m.

steal [stiːl] v. tr. & intr. robar.

stealth [stelθ] n. sigilo m.

steam [stiːm] n. **1.** vapor m. ‖ v. intr. **2.** (soap, coffee, tea) humear.

steel [stiːl] n. acero m.

steep [stiːp] adj. (mountain, slope) escarpado; empinado.

steer [stɪr] n., Zool. (young bull) novillo m.; becerro m.

stem [stem] n. **1.** Bot. (of plant) tallo m.; tronco m. **2.** Ling. raíz f.

stench [stentʃ] n. (stink) hedor m.

step [step] n. **1.** (footstep) paso m. **2.** (single step) escalón m.; peldaño m. **3.** (measure) medida f. ‖ v. intr. **4.** dar un paso.

stepbrother [step,brʌðər] n. hermanastro m.

stepdaughter [step,dɔːtər] n. hijastra f.

stepfather [step,fɑːðər] n. padrastro m.

stepmother [step,mʌðər] n. madrastra f.

steppe [step] n., Geogr. estepa f.

stepsister [step,sɪstər] n. hermanastra f.; medio hermana.

stepson [stepsʌn] n. hijastro m.

stern [stɜːrn] n., Nav. popa f.

stew [stuː] n. **1.** Gastr. guiso m.; estofado m.; puchero m. ‖ v. tr. **2.** Gastr. estofar; guisar. ‖ **bean ~** Gastr. fabada f.

steward [stjuərd] n. (on plane) auxiliar de vuelo.

stick [stɪk] *n.* **1.** (of wood) palo *m.*; vara *f.* **2.** (for fire) varilla *f.* **3.** (for walking) bastón *m.* ‖ *v. tr.* **4.** (thrust) clavar. **5.** (glue) pegar; adherir. ‖ *v. intr.* **6.** (adhere) pegarse; adherirse. **7.** (become fixed) atascarse.

sticker [stɪkər] *n.* pegatina *f.*

stiff [stɪf] *adj.* (rigid) rígido; tieso.

stiffen [stɪfən] *v. intr.* **1.** almidonar. **2.** (muscles) agarrotarse.

stifle [ˈstaɪfəl] *v. tr.* ahogar.

still[1] [stɪl] *adj.* **1.** (motionless) quieto; inmóvil. **2.** (calm) tranquilo. **3.** (subdued) tenue. ‖ *n.* **4.** *Phot.* fotograma *m.* ‖ *adv.* **5.** aún; todavía. **6.** no obstante.

stillness [stɪlnɪs] *n.* quietud *f.*; sosiego *m.*; tranquilidad *f.*

stilt [stɪlt] *n.* zanco *m.*

stimulate [stɪmjʊˌleɪt] *v. tr.* (encourage) estimular; animar.

sting [stɪŋ] *n.* **1.** *Zool.* aguijón. **2.** (bee) picadura *f.* **3.** (de serpiente). **4.** *Med.* escozor *m.* ‖ *v. tr. & intr.* **5.** (bee) picar. **6.** *Med.* (wound, eyes) escocer.

stingy [stɪndʒi] *adj. coll.* (tighfished) rácano; roñoso; tacaño.

stink [stɪŋk] *n.* **1.** (stench) hedor *m.*; tufo *m.* ‖ *v. intr.* **2.** apestar; oler mal. **3.** *fig.* apestar.

stipulate [ˈstɪpjʊˌleɪt] *v. tr.* (agree) estipular; pactar.

stir [stɜːr] *n.* **1.** (movement) movimiento *m.*; agitación *f.* ‖ *v. tr.* **2.** remover.

stitch [stɪtʃ] *n.* **1.** (in sewing) punto *m.* **2.** *Med.* punzada *f.* ‖ *v. tr.* **3.** *Med.* (sew) coser.

stock [stɒk] *n.* **1.** (supply) provisión *f.* **2.** *Econ.* (goods) existencias *f. pl.* **3.** *Econ.* (share) acción *m.* **4.** (descent) estirpe *f.*; linaje *m.* ‖ *v. tr.* **5.** (provide) abastecer. **6.** (goods) almacenar.

stockade [stɒˈkeɪd] *n.* (palisade) empalizada *f.*; estacada *f.*

stocking [ˈstɒkɪŋ] *n.* media *f.*

stockyard [stɒkjɑːrd] *n.* corral *m.*

stoke [ˈstoʊk] *v. tr. & intr.* (fire) atizar; avivar (el fuego).

stomach [ˈstʌmək] *n.* **1.** *Anat.* estómago *m.* **2.** (belly) barriga *f.*

stone [stoʊn] *n.* **1.** piedra *f.* **2.** *Br. E.* (of fruit) hueso *m.* **3.** *Med.* (in kidney) cálculo *m.* ‖ *v. tr.* **4.** (to deaath) apedrear.

stool [stuːl] *n.* (bench) taburete *m.*; (belly) banqueta *f.*

stoop [stuːp] *n.* **1.** (of body) inclinación *f.* ‖ *v. tr.* **2.** agacharse.

stop [stɒp] *n.* **1.** *Auto.* (halt) detención *f.* **2.** (halt) alto *m.* **3.** (of bus, subway) parada *f.* ‖ *v. tr.* **4.** detener; parar. **5.** (+ ing) (cease) cesar de (+ inf.). **6.** (finish) cesar. **7.** (traffic) paralizar. ‖ *v. intr.* **8.** pararse; detenerse.

stopper [stɒpər] *n.* tapón *m.*

stopwatch [ˈstɒpwɒtʃ] *n.*, *Sports* cronómetro *m.*; cronógrafo *m.*

store [stɔːr] *n.* **1.** (stock) provisión *f.* **2.** (warehouse) depósito *m.* **3.** *Am. E.* (shop) tienda *f.*; comercio *m.* ‖ *v. tr.* **4.** almacenar.

storehouse [ˈstɔːrhaus] *n., Am. E.* (warehouse) almacén *m.*

storekeeper [ˈstɔːrˌkiːpər] *n. Am. E.* tendero *m.*

storeroom [ˈstɔːrˌruːm] *n., Nav.* despensa *f.*

stork [ˈstɔːrk] *n., Zool.* cigüeña *f.*

storm [ˈstɔːrm] *n.* **1.** *Meteor.* tormenta *f.* **2.** *Meteor.* (at sea) tempestad *f.*; temporal *m.* ‖ *v. tr.* **3.** *Mil.* (attack) asaltar.

story [ˈstɔːriː] *n.* **1.** historia *f.* **2.** (story) narración *f.* **3.** (tale) relato *m.*; cuento *m.*

stout [staut] *adj.* **1.** robusto; corpulento; grueso. **2.** (strong) fuerte. ‖ *n.* **3.** (beer) cerveza negra.

stove [stouv] *n.* **1.** (for warmth) estufa *f.* **2.** (for cooking) cocina *f.*; fogón *m.* **3.** (burner) hornillo *m.*

stowaway [ˈstouəˌwei] *n., Nav.* (en un barco) polizón *m.*

straight [streit] *adj.* **1.** recto; seguido; derecho. **2.** (hair) liso.

straightforwardness [ˌstreit·ˈfɔːrwərdnis] *n.* llaneza *f.*; sencillez *f.*

strain [strein] *n.* **1.** tensión *f.*; tirantez *f.* **2.** *Med.* torcedura *f.* ‖ *v. tr.* **3.** extender. **4.** (exert) forzar. **5.** (vegetables) colar. ‖ *v. intr.* **6.** esforzarse.

strainer [ˈstreinər] *n. Gastr.* (clander) colador *m.*; pasador *m.*

strait [streit] *n., Geogr.* estrecho *m.*

strange [ˈstreindʒ] *adj.* **1.** (unfamiliar) desconocido. **2.** (odd) extraño.

stranger [ˈstreindʒər] *n.* (outsider) extraño *m.*; forastero *m.*

strangle [ˈstrængəl] *v. tr.* **1.** estrangular. ‖ *v. intr.* **2.** ahogarse.

strap [stræp] *n.* correa *f.*; tira *f.*

stratagem [ˈstrætədʒəm] *n.* (trick) estratagema *f.*; artimaña *f.*

strategy [ˈstrætədʒiː] *n.* estrategia *f.*

stratus [ˈstrætəs] *n., Meteor.* (cloud) estrato *m.*; nube *f.*

straw [strɔː] *n., Agr.* paja *f.*

strawberry [ˈstrɔːˌberiː] *n., Bot.* (fruit) fresa *f.*

stray [strei] *adj.* **1.** descarriado; extraviado. **2.** (dog) callejero.

stream [striːm] *n.* **1.** (current) corriente *f.* **2.** *Geogr.* riachuelo *m.*; arroyo *m.* **3.** *fig.* torrente *m.*

street [striːt] *n.* calle *f.*

streetcar [ˈstriːtˌkɑːr] *n., Am. E.* (train) tranvía *f.*

strength [streŋθ] *n.* **1.** fuerza *f.* **2.** (health) fortaleza *f.* **3.** (of emotion, conviction) intensidad *f.*

strengthen [ˈstreŋθən] *v. tr.* **1.** reforzar. **2.** (muscles) fortalecer.

stress [stres] *n.* **1.** *Med.* estrés *m.*; tensión *f.* ‖ *v. tr.* **2.** recalcar.

stretch [stretʃ] *n.* **1.** (length) tramo *m.;* trecho *m.* ‖ *v. tr.* **2.** extender; estirar. **3.** (hand) alargar. **4.** (sweater, shoes) ensanchar.

stretcher ['stretʃər] *n.* (for ill person) camilla *f.;* bastidor *m.*

strict [strɪkt] *adj.* **1.** severo; estricto. **2.** (rigurous) riguroso.

strictness ['strɪknɪs] *n.* (severity) rigor *m.;* severidad *f.;* rigidez *f.*

strike [straɪk] *n.* **1.** huelga *f.* ‖ *v. tr.* **2.** pegar; golpear. **3.** (coin) acuñar. **4.** (a match) encender. **5.** (obstacle) tropezar con.

string [strɪŋ] *n.* **1.** cuerda *f.* **2.** (lace) cordón *m.;* cinta *f.* **3.** (of garlic, onion) ristra *f.;* horca *f.*

strip[1] [strɪp] *n.* **1.** tira *f.* **2.** (of wood) listón *m.*

strip[2] [strɪp] *v. tr. & intr.* **1.** desnudar. **2.** (deprive) despojar. **3.** (from bed) quitar (las sábanas).

stripe [straɪp] *n.* **1.** (colored) raya *f.;* lista *f.* **2.** Mil. (on uniform) galón *m.* ‖ *v. tr.* **3.** (cloth) rayar.

strive [straɪv] *v. intr.* esforzarse.

stroke [strouk] *n.* **1.** golpe *m.* **2.** (of oar) palada *f.* **3.** (in swimming) brazada *f.* **4.** (of a bell) campanada *f.* ‖ *v. tr.* **5.** (hair, animal) acariciar.

strong [strɒŋ] *adj.* **1.** fuerte. **2.** (person) robusto; vigoroso.

structure ['strʌktʃər] *n.* (framework) estructura *f.;* hechura *f.*

struggle ['strʌgəl] *n.* **1.** lucha *f.* **2.** (fight) combate *m.;* pelea *f.* ‖ *v. intr.* **3.** luchar; combatir.

stub [stʌb] *n.* **1.** (of cigarette) colilla *f.* **2.** (of candle) cabo *m.*

stubbornness [(stʌbərnnɪs] *n.* terquedad *f.;* cabezonería *f.*

stud [stʌd] *n.* **1.** tachuela *f.* **2.** (on clothes) tachón *m.* **3.** (macho man) semental *m.* ‖ *v. tr.* **4.** (decorate) tachonar.

student ['stu:dent] *n.* alumno *m.*

studio ['stu:dɪou] *n.* **1.** (of an artist) estudio *m.* **2.** (apartment) estudio *m.*

study ['stʌdi] *n.* **1.** estudio *m.* **2.** (room) despacho *m.;* gabinete *m.* ‖ *v. tr.* **3.** estudiar; cursar.

stuff [stʌf] *n.* **1.** (matter) materia *f.* **2.** (items) cosas *f. pl.;* bártulos *m. pl. col.* ‖ *v. tr.* **3.** (fit) rellenar; embutir. **4.** (a gap) tapar.

stumble ['stʌmbəl] *n.* **1.** tropezón *m.;* tropiezo *m.;* traspié *m.* ‖ *v. intr.* **2.** tropezar.

stump [stʌmp] *n.* **1.** (of cigarette) colilla *f.* **2.** (of tree) cepa *f.*

stun [stʌn] *v. tr.* **1.** (daze) aturdir; atontar. **2.** (unconscious) dejar sin sentido.

stupefy ['stu:pɪfɑɪ] *v. tr.* **1.** (bewilder) atontar; aturdir. **2.** (astonish) dejar estupefacto.

stupid ['stu:pɪd] *adj.* **1.** (silly) estúpido; bobo; tonto. ‖ *n.* **2.** estúpido *m.;* imbécil *m.*

stupidity [stuːˈpɪdəti] *n.* estupidez *f.*; idiotez *f.*; gansada *f.*

sturdiness [ˈstɜːrdɪnɪs] *n.* (robustness) robustez *f.*; energía *f.*

stutter [ˈstʌtər] *n.* **1.** tartamudeo *m.* ‖ *v. intr.* **2.** tartamudear.

stye [staɪ] *n.*, *Med.* orzuelo *m.*

style [staɪl] *n.* **1.** estilo *m.* **2.** (elegance) elegancia *f.*

subdue [sʌbˈdjuː] *v. tr.* **1.** someter. **2.** (ire, desire) domeñar. **3.** (feelings) contener.

subject [ˈsʌbdʒɪkt] *n.* **1.** (citizen) súbdito *m.*; vasallo *m.* **2.** (topic) tema *m.*; tópico *m.*; asunto *f.* **3.** *Educ.* materia *f.*; asignatura *f.*

subjugate [ˈsʌbdʒəgeɪt] *v. tr.* (subordinate) subyugar; avasallar.

sublime [səˈblaɪm] *adj.* sublime.

submarine [ˈsʌbməriːn] *adj.* **1.** *Nav.* (under the sea) submarino. ‖ *n.* **2.** *Nav.* submarino *m.*

submerge [sʌbˈmɜːrdʒ] *v. tr.* **1.** (cover) sumergir. ‖ *v. intr.* **2.** sumergirse.

submit [sʌbˈmɪt] *v. tr.* **1.** someter. ‖ *v. intr.* **2.** rendirse; someterse.

subordinate [səˈbɔːrdənɪt] *v. tr.* subordinar.

subscribe [sʌbˈskraɪv] *v. tr.* **1.** suscribir. ‖ *v. intr.* **2.** abonarse.

subside [ˈsʌbsaɪd] *v. intr.* **1.** (road, land) hundirse. **2.** (storm, wind) amainar; calmar; ceder.

subsidize [ˈsʌbsəˌdaɪz] *v. tr.* (finance) subvencionar; financiar.

subsistence [səbˈsɪstəns] *n.* subsistencia *f.*; mantenimiento *m.*

subsoil [ˈsʌbˌsɔɪl] *n.*, *Geogr.* subsuelo *m.*

substance [ˈsʌbstəns] *n.* **1.** sustancia *f.*; substancia *f.* **2.** (essence) esencia.

substantial [səbˈstænʃəl] *adj.* **1.** sólido. **2.** (considerable) importante. **3.** (fundamental) sustancial; esencial.

substitute [ˈsʌbstətuːt] *n.* **1.** (person) sustituto *m.*; suplente *m.* y *f.* **2.** (thing) sucedáneo *m.* ‖ *v. tr.* **3.** sustituir.

subterfuge [ˈsʌbtərˌfjuːdʒ] *n.* subterfugio *m.*; evasiva *f.*

subterranean [ˌsʌbtəˈreɪnɪən] *adj.* (underground) subterráneo.

subtitle [ˈsʌbˌtaɪtəl] *n.* **1.** *Film* subtítulo *m.* ‖ *v. tr.* **2.** *Film* (a movie) subtitular.

subtle [ˈsʌtəl] *adj.* **1.** (ingenious) sutil. **2.** (tactful) delicado.

subtract [sʌbˈtræk] *v. tr. Math.* (take away) sustraer; restar.

subtraction [səbˈtrækʃən] *n.*, *Math.* resta *f.*

suburb [ˈsʌbɜːrb] *n.* **1.** (of city) periferia *f.*; suburbio *m.* ‖ **suburbs** *n. pl.* **2.** afueras *f.*

subway [ˈsʌbˌweɪ] *n.* **1.** *Br. E.* (tunnel) subterráneo *m.* **2.** *Am. E.* (transport) metro *m.*

succeed [səkˈsiːd] *v. intr.* **1.** suceder. **2.** (have success) tener éxito; triunfar.

success [sək'ses] n. éxito m.

successive [sək'sesɪv] adj. seguido; sucesivo; subsiguiente.

succulent ['sʌkjələnt] n. (meat, fruit) suculento; exquisito.

such [sʌtʃ] adj. 1. así; tal. ‖ pron. 2. tal. ‖ ~ **a** (emphasis) tal.

suck ['sʌk] n. 1. chupada f. ‖ v. tr. 2. aspirar. 3. (liquid) sorber. ‖ v. intr. 4. chupar; libar.

sucker ['sʌkər] n., Zool. ventosa f.

sucking pig ['sʌkɪŋpɪg] sust. phr., Br. E. lechón m.; cochinillo m.

suckle ['sʌkəl] v. tr. 1. (mother) amamantar. ‖ v. intr. 2. (child, animal) mamar.

suckling pig ['sʌklɪŋ pɪg] sust. phr., Zool. Am. E. lechón m.

sudden ['sʌdən] adj. 1. súbito; repentino. 2. (unexpected) inesperado. 3. (abrupt) brusco.

sue [su:] v. intr., Law demandar; poner un pleito; querellarse.

suffer ['sʌfər] v. tr. 1. sufrir. 2. (an illness) padecer. 3. (defeat) experimentar. 4. (tolerate) aguantar; soportar.

suffice ['sʌfɪs] v. tr. & intr. bastar; ser bastante; ser suficiente.

sufficient [sə'fɪʃənt] adj. (enough) bastante; suficiente.

suffocate ['sʌfəkeɪt] v. tr. 1. asfixiar. ‖ v. intr. 2. asfixiarse.

suffocation ['sʌfəkeɪʃən] n. 1. Med. asfixia f. 2. fig. (discomfort) asfixia f.; inquietud f.

suffrage ['sʌfrɪdʒ] n. sufragio m.

sugar ['ʃʊgər] n. 1. azúcar m. y f. ‖ v. tr. 2. azucarar; endulzar.

suggest [sə'dʒest] v. tr. 1. sugerir; proponer. 2. (advise) aconsejar.

suicidal [suə'saɪdl] adj. suicida.

suicide ['suəsaɪd] n. 1. (act) suicidio m. 2. (person) suicida m. y f.

suit [su:t] n. 1. traje m. (de chaqueta). 2. Law proceso m. ‖ v. tr. 4. convenir. 5. (color, clothes) sentar.

suitable ['su:təbl] adj. 1. conveniente. 2. (appropiate) adecuado; apropiado. 3. (apt) idóneo.

suitcase ['su:tkeɪs] n. (case) maleta f.; valija f. Amér.

suite [swi:t] n. (hotel) suite f.

sulfur, sulphur (Br.E.) ['sʌlfər] n., Chem. azufre m.

sullen ['sʌlən] adj. (person, nature) hosco; huraño pey.

sultan ['sʌltən] n. sultán m.

sultry ['sʌltri:] adj. bochornoso; sofocante. ‖ ~ **weather** Meteor. bochorno m.

sum [sʌm] n. 1. suma f.; total m. 2. (of money) suma f.

summarize, summarise (Br.E) ['sʌmərɑɪz] v. tr. (sum up) resumir; sintetizar.

summary ['sʌməri:] n. (resumé) sumario m.; resumen m.

summer ['sʌmər] adj. 1. estival; veraniego. ‖ n. 2. verano m.

summit ['sʌmɪt] n. 1. (of a mountain) cúspide; cumbre f. 2. (of hill) cresta f.

summon ['sʌmən] *v. tr.* **1.** convocar. **2.** (send for) llamar.

sun [sʌn] *n.* sol *m.*

sunburn ['sʌnbɜːrn] *n.* (sun) quemadura *f.*

Sunday ['sʌndi] *n.* domingo *m.*

sunflower ['sʌnˌflaʊər] *n., Bot.* (plant) girasol *m.*

sunglasses ['sʌnglæs] *n. pl.* gafas de sol.

sunrise ['sʌnˌraɪz] *n.* (dawn) salida del sol.

sunset ['sʌnˌset] *n.* ocaso *m.*

sunshade ['sʌnˌʃeɪd] *n.* **1.** parasol *m.*; sombrilla *f.*; quitasol *m.* **2.** (for beach) toldo *m.*

sunstroke ['sʌnˌstrəʊk] *n., Med.* insolación *f.*

suntan ['sʌntæn] *n.* bronceado *m.*; moreno *m.* ‖ **to get a ~** broncearse.

sup [sʌp] *v. tr.* beber (a sorbos).

super ['suːpər] *adj.* **1.** óptimo. ‖ *n.* **2.** (petrol) gasolina super.

superb [suːˈpɜːrb] *adj.* (splendid) soberbio; magnífico; sublime; espléndido.

superficial [suːpərˈfɪʃəl] *adj.* (shallow) superficial; somero.

superfluous [suːˈpɜːrˌfluəs] *adj.* (unnecessary) superfluo.

superhuman [ˌsuːpərˈhjuːmən] *adj.* sobrehumano.

superlative [suˈpɜːrlətɪv] *adj.* & *n.* superlativo *m.*

supermarket ['suːpərˌmɑːrkɪt] *n.* supermercado *m.*

supernatural [ˌsuːpərˈnætʃərəl] *adj.* sobrenatural; prodigioso.

superstition [ˌsuːpərˈstɪʃən] *n.* superstición *f.*

supervise ['suːpɜːrˌvaɪz] *v. tr.* **1.** (watch over) vigilar. **2.** (project) supervisar. **3.** (essay) dirigir.

supper [sʌpər] *n.* cena *f.*

supple ['sʌpəl] *adj.* **1.** (leather) flexible. **2.** (person) elástico.

supplement ['sʌpləmənt] *n.* **1.** suplemento *m.* ‖ *v. tr.* **2.** complementar.

supply [səˈplaɪ] *n.* **1.** suministro *m.* **2.** *Econ.* provisión *f.*; abastecimiento *m.* ‖ *v. tr.* **3.** suministrar; abastecer; proveer. **4.** (information) facilitar.

support [səˈpɔːrt] *n.* **1.** soporte *m.*; apoyo *m.* **2.** *fig.* (moral) respaldo *m.*; apoyo *m.* **3.** (sustenance) sustento *m.* ‖ *v. tr.* **4.** (hold up) soportar; sostener. **5.** (corroborate) respaldar. **6.** (encourage) apoyar.

suppose [səˈpoʊz] *v. tr.* (assume) suponer; presumir; presuponer.

suppress [səˈpres] *v. tr.* **1.** suprimir. **2.** (feelings) reprimir.

supremacy [suˈpreməsiː] *n.* (dominance) supremacía *f.*

sure [ʃʊr] *adj.* **1.** seguro; cierto. ‖ *adv.* **2.** (certainly) con toda seguridad; ciertamente.

sureness ['ʃʊrnɪs] *n.* seguridad *f.*

surety ['ʃʊrətiː] *n.* garantía *f.*

surf [sɜːf] v. intr. **1.** *Sports* hacer surf. **2.** *Comp* (internet) navegar.

surface ['sɜːfɪs] n. **1.** superficie f. ‖ v. intr. **2.** aflorar.

surgeon ['sɜːrdʒən] n., *Med.* cirujano m.

surgery ['sɜːrdʒəri:] n. cirugía f.

surly ['sɜːli:] adj. hosco.

surname ['sɜːrˌneɪm] n. apellido m.

surpass [sɜːrˈpæs] v. tr. (better) superar; sobrepasar; exceder.

surprise [sərˈpraɪz] n. **1.** sorpresa f. ‖ v. tr. **2.** sorprender.

surprised [sɜːrˈpraɪzd] adj. sorprendido.

surrender [səˈrendər] v. tr. **1.** *Mil.* rendir; entregar. ‖ v. intr. **2.** (submit) entregarse; rendirse.

surround [səˈraʊnd] v. tr. (encircle) rodear; cercar.

suspect [səsˈpekt] n. **1.** sospechoso m. ‖ v. tr. **2.** sospechar.

suspend [sʌsˈpend] v. tr. (set aside) suspender.

suspicion [səsˈpɪʃən] n. **1.** sospecha f.; recelo m. **2.** (little bit) pizca f.

suspicious [səsˈpɪʃəs] adj. **1.** sospechoso. **2.** (wary) desconfiado; receloso.

sustain [səˈsteɪn] v. tr. **1.** sostener. **2.** (maintain) sustentar.

swallow[1] ['swɒloʊ] n. **1.** (gulp) trago m. ‖ v. tr. **2.** tragar.

swallow[2] ['swɒloʊ] n., *Zool.* (bird) golondrina f.

swamp ['swɒmp] n. **1.** *Geogr.* pantano m.; marisma f.; ciénaga f. ‖ v. tr. **2.** inundar; anegar.

swan [swɒn] n., *Zool.* cisne m.

swap ['swɒːp] n. **1.** intercambio m.; canje m. ‖ v. tr. **2.** canjear.

swarm [swɔːrm] n. **1.** *Zool.* enjambre m. **2.** *fig.* (of people) hervidero m.

sway [sweɪ] n. **1.** vaivén m.; balanceo m. ‖ v. intr. **2.** balancearse; mecerse.

swear [swer] v. intr. **1.** jurar. **2.** (curse) decir palabrotas.

swearword [swerˌwɜːrd] n. palabrota f.; taco m.; juramento f.

sweat [swet] n. **1.** sudor m.; transpiración f. ‖ v. tr. **2.** sudar.

sweater ['swi:tər] n. jersey m.

sweatshirt ['swi:tˌʃɜːrt] n. sudadera f.

sweep [swi:p] n. **1.** barrido m. **2.** (movement) movimiento m. ‖ v. tr. **3.** (floor) barrer; (search) rastrear. **4.** (remove) arrastrar.

sweet [swi:t] adj. **1.** dulce. **2.** (with sugar) azucarado. **3.** (nice) agradable. **4.** (person) meloso. ‖ n. **5.** *Br. E.* golosina f.; caramelo m. ‖ **sweets** n. pl. **6.** dulces m.

sweeten ['swi:tən] v. tr. **1.** endulzar. **2.** *fig.* (attitude) ablandar.

sweetener ['swi:tənər] n. edulcorante m.; sacarina f.

swell [swel] n. **1.** oleaje m.; marejada f. **2.** *fig.* (movement) oleada *f.* ‖ *v. tr.* **3.** hinchar; engrosar. ‖ *v. intr.* **4.** hincharse.

swift [swift] *adj.* veloz; rápido.

swim [swim] *n.* **1.** baño *m.* ‖ *v. intr.* **2.** *Sports* nadar.

swimmer ['swimər] *n.*, *Sports* nadador *m.*

swimming ['swimiŋ] *n.*, *Sports* natación *f.* ‖ ~ **cap** gorro de baño. ~ **costume** bañador *m.*; ~ **pool** piscina *m.*; alberca *f.* *Amér.*

swimsuit ['swim,su:t] *n.* bañador *m.*; traje de baño *m.*; maillot *m.*

swindle ['swindəl] *n.* **1.** (con) estafa *f.*; timo *m.* ‖ *v. tr.* **2.** estafar; timar.

swine [swain] *n. inv.* **1.** *Zool.* cerdo *m.*; puerco *m.* **2.** *fig.* (person) cabrón *m.*

swing [swiŋ] *n.* **1.** balanceo *m.*; vaivén *m.* **2.** (to play) columpio *m.* ‖ *v. tr.* **3.** balancear. **4.** (on a swing) columpiar. ‖ *v. intr.* **5.** balancearse; mecerse.

swipe [swaip] *n.* **1.** golpe *m.*; zarpazo *m.* ‖ *v. tr.* **2.** (hit) pegar.

swirl [swɜːrl] *n.* **1.** remolino *m.* ‖ *v. intr.* **2.** (dust, papers) arremolinarse. **3.** (people, skirts) girar.

switch [switʃ] *n.* **1.** *Electron.* interruptor *m.* **2.** (change) cambio *m.* ‖ *v. tr.* **3.** cambiar. **4.** (glance, conversation) desviar.

switchboard ['switʃ,bɔ:rd] *n.* (in hotels, offices) centralita *f.*

swoon [swu:n] *n.* **1.** desvanecimiento *m.*; desmayo *m.* ‖ *v. intr.* **2.** (faint) desvanecerse.

sword [sɔ:rd] *n.* (arma) espada *f.*

swordfish ['sɔ:rd,fiʃ] *n.*, *Zool.* (fish) pez espada.

swot ['swɒt] *v. intr.* (study) empollar; estudiar; chapar.

syllable ['siləbəl] *n.*, *Ling.* sílaba *f.*

symbol ['simbəl] *n.* símbolo *m.*

symbolize ['simbəlaiz] *v. tr.* simbolizar; representar.

symptom ['simptəm] *n.*, *Med.* síntoma *m.*; indicio *m.*

synagogue ['sinəgɒg] *n.*, *Rel.* (Jews Church) sinagoga *f.*

syncope ['sinkoup] *n.*, *Med.* síncope *m.*; desfallecimiento *m.*

syndicate ['sindikət] *n.*, *Econ.* sindicato *m.*; corporación *f.*

syndrome ['sindroum] *n.*, *Med.* síndrome *m.*

synonym ['sinənim] *n.*, *Ling.* sinónimo *m.*

synthetical [sinθetikəl] *adj.* (artificial) sintético; artificial.

syringe [sə'rindʒ] *n.* **1.** *Med.* jeringa *f.*; jeringuilla *f.* ‖ *v. tr.* **2.** *Med.* inyectar.

syrup ['sirəp] *n.* jarabe *m.*; almíbar *m.* ‖ **cough** ~ *Pharm.* jarabe para la tos.

T

t [ti:] *n.* (letter) t *f.*

table ['teɪbəl] *n.* **1.** mesa *f.* ‖ *v. tr.* **2.** *Am. E.* posponer.

tablecloth ['teɪbəlˌklɒθ] *n.* mantel *m.* (para la mesa)

tablet ['tæblɪt] *n.* **1.** *Pharm.* tableta *f.*; gragea *f.*; comprimido *m.* **2.** (commemorative) lápida *f.*; placa *f.* **3.** *Am. E.* (for writing) bloc *m.* (de notas)

taboo [tæ'bu:] *n.* tabú *m.*

tack ['tæk] *n.* **1.** tachuela *f.* ‖ *v. tr.* **2.** (sew) hilvanar. ‖ *v. intr.* **3.** *Nav.* virar.

tackle ['tækəl] *n.* **1.** (equipment) equipo *m.* (de deporte). **2.** *Nav.* polea *f.* ‖ *v. tr.* **3.** (problems) abordar.

tact [tækt] *n.* (discretion) tacto *m.*; pulso *m. fig.*; discreción *f.*

tadpole ['tædˌpoʊl] *n.*, *Zool.* (of frog) renacuajo *m.*

tag [tæg] *n.* **1.** etiqueta *f.* **2.** *Ling.* coletilla *f.*; muletilla *f.* ‖ *v. tr.* **3.** etiquetar.

tail [teɪl] *n.* **1.** cola *f.* **2.** *Zool.* rabo *m.* **3.** (of shirt, coat) faldón *m.*

tailor ['teɪlər] *n.* sastre *m.*

taint [teɪnt] *n.* **1.** (dishonor) mancha *f.* ‖ *v. tr.* & *intr.* **2.** (honor) manchar; mancillar.

take [teɪk] *n. sing.* **1.** *Film* toma *f.* **2.** (earnings) ingresos *m. pl.* ‖ *v. tr.* **3.** tomar; coger. **4.** (bus, train) coger. **5.** (carry, accompany) llevar. ‖ *v. intr.* **6.** prender. **7.** (accept) tomarse.

take-off ['teɪkˌɒf] *n.*, *Aeron.* (plane) despegue *m.*

taking ['teɪkɪŋ] *n.*, *Mil.* toma *f.*

talc [tælk] *n.*, *Miner.* talco *m.*

talcum powder ['tælkəmˌpaʊdər] *sust. phr.* polvos de talco.

tale [teɪl] *n.* cuento *m.*; historia *f.*

talent ['tælənt] *n.* (aptitude) talento *m.*; ingenio *m.*; don *m.*

talisman ['tælɪsmən] *n.* talismán *m.*

talk [tɔ:k] *n.* **1.** charla *f.*; conversación *f.* ‖ *v. tr.* **2.** (chat) parlamentar. ‖ *v. intr.* **3.** hablar; decir. **4.** (converse) hablar; conversar; platicar *Amér.*

tall [tɔ:l] *adj.* alto.

tally ['tæli] *n.* **1.** *Econ.* cuenta *f.* ‖ *v. intr.* **2.** *Econ.* cuadrar.

talon ['tælən] *n.*, *Zool.* garra *f.*

tambourine [ˌtæmbə'ri:n] *n.*, *Mus.* (instrument) pandereta *f.*

tame [teɪm] *adj.* **1.** (animal) manso; dócil. **2.** (tamed) domesticado. ‖ *v. tr.* **3.** (animal) domar; domesticar. **4.** (person) amansar; calmar.

tampon ['tæmpɒn] *n.* tampón *m.* (higiénico)

tan [tæn] *n.* **1.** bronceado *m.* ‖ *v. tr.* **2.** (leather) curtir; adobar. **3.** (skin) broncear. ‖ *v. intr.* **4.** broncearse; tostarse.

tang [tæŋ] *n.* **1.** (taste) sabor fuerte. **2.** (smell) olor penetrante.

tangent ['tændʒənt] *n.* tangente *f.*

tangerine [ˌtændʒəˈriːn] *n. Bot.* (fruit) mandarina *f.*

tangle [ˈtæŋgəl] *n.* **1.** enredo *m.*; embrollo *m.*; maraña *f.* ‖ *v. tr.* **2.** enmarañar; enredar.

tango [ˈtæŋgou] *n., Mus.* (dance) tango *m.*

tank [tæŋk] *n.* **1.** tanque *m.*; depósito *m.*; cisterna *f.* **2.** *Mil.* tanque *m.*; carro de combate.

tanker [ˈtæŋkər] *n., Nav.* (oil) petrolero *m.* barco cisterna.

tanned [ˈtænd] *adj.* **1.** (leather) curtido. **2.** (skin) tostado.

tanning [ˈtænɪŋ] *n.* **1.** (leather) curtido *m.* **2.** (of skin) bronceado *m.*; moreno *m.*

tap[1] [tæp] *n.* **1.** golpecito *m.*; palmadita *f.* ‖ *v. intr.* **2.** dar golpecitos.

tap[2] [tæp] *n., Br. E.* grifo *m.*; llave *f.*

tapa [ˈtæpə] *n., Gastr.* tapa *f.*

tape [teɪd] *n.* cinta *f.*

taper [ˈteɪpər] *n.* **1.** (candle) cirio *m.*; vela *f.* ‖ *v. tr.* **2.** estrechar.

tapestry [ˈtæpəstri] *n.* tapiz *m.*; tapicería *f.*

tapioca [ˌtæpɪɒkə] *n.* mandioca *f.*

tar [tɑːr] *n.* **1.** alquitrán *m.*; brea *f.*; pez *f.* ‖ *v. tr.* **2.** alquitranar.

tarantula [təˈræntʃələ] *n., Zool.* (tropical spider) tarántula *f.*

target [ˈtɑːrgɪt] *n.* **1.** blanco *m.*; objetivo *m.* **2.** (of criticisms) blanco *m.* **3.** (board) diana *f.*

tariff [(ˈtærɪf] *n., Econ.* tarifa *f.*

tarnish [ˈtɑːrnɪʃ] *v. tr.* **1.** empañar. ‖ *v. intr.* **2.** empañarse.

tarpaulin [ˈtɑːrpəlɪn] *n.* lona *f.*

tarry [ˈtæri] *adj.* **1.** alquitranado. ‖ *v. intr.* **2.** (remain) permanecer. **3.** (delay) detenerse.

tart[1] [tɑːrt] *n., Gastr.* tarta *f.*

tart[2] [tɑːrt] *adj.* agrio.

task [tæsk] *n.* tarea *f.*; faena *f.*

taste [teɪst] *n.* **1.** gusto *m.* **2.** (flavor) sabor *m.* ‖ *v. tr.* **3.** probar.

tasteless [ˈteɪstləs] *adj.* **1.** insípido; desabrido. **2.** *Gastr.* soso.

tasty [ˈteɪsti] *adj.* sabroso.

tatters [ˈtætərz] *n. pl.* (rags) andrajos *m. pl.*

tattoo [tæˈtuː] *n.* **1.** (mark) tatuaje *m.* ‖ *v. tr.* **2.** tatuar.

taut [tɔːt] *adj.* tirante; tenso.

tax [tæks] *n.* **1.** *Econ.* contribución *f.*; impuesto *m.* **2.** imposición *m.* ‖ *v. tr.* **3.** gravar. **4.** *Law* (possessions) tasar.

taxation [ˌtækˈseɪʃən] *n.* (taxes) impuestos *m. pl.*; cargas fiscales.

taxi [ˈtæksi] *n.* taxi *m.*

taximeter [ˈtæksiˌmiːtər] *n., Br. E., frml.* taxímetro *m.*

tea [tiː] *n.* **1.** té *m.* **2.** (afternoon snack) merienda *f.*

teach [tiːtʃ] *v. tr.* enseñar.

teacher [ˈtiːtʃər] *n.* maestro *m.*; profesor *m.*

team [tiːm] *n.* **1.** *Sports* equipo *m.* **2.** (of animals) yunta *f.*

teapot [ˈtiːpɒt] *n.* tetera *f.*

tear[1] [tər] *n.* lágrima *f.*

tear² [ter] *n.* **1.** rasgón *m.* ‖ *v. tr.* **2.** rasgar. **3.** (paper, cloth) romper. ‖ *v. intr.* **4.** (become torn) rasgarse. **5.** *Med.* (muscle) desgarrarse.

tease [tiːz] *v. tr.* tomar el pelo.

teaspoon ['tiːspuːn] *n.* cucharilla *f.*

teat [tiːt tɪt] *n.* **1.** *Zool.* teta *f.*; tetilla *f.* **2.** (feeding bottle) tetina *f.*

technician [tek'nɪʃən] *n.* técnico *m.*

technics ['tekniks] *n.* (science) técnica *f.*

technique [tek'niːk] *n.* (ability) técnica *f.*

technology [tek'nɒlədʒi:] *n.* tecnología *f.*

tedious ['tiːdɪəs] *adj.* tedioso.

teem [tem] *v. intr., fam.* **1.** rebosar. **2.** *Meteor.* (pour) diluviar.

teenage ['tiːneɪdʒ] *adj.* adolescente.

teenager ['tiːneɪdʒər] *n.* adolescente *m. y f.*; joven *m. y f.*

teeth [tiːθ] *n.* **1.** (of person, animal) dientes *m. pl.* **2.** (collection of tooth) dentadura *f.*

telegram ['telɪɡræm] *n.* telegrama *m.*; cable *m.*

telegraph ['telɪɡræf] *n.* **1.** (method) telégrafo *m.* ‖ *v. tr. & intr.* **2.** telegrafiar.

telegraphy [te'lɪɡræfi:] *n.* telegrafía *f.*

telepathy [te'lɪpæθi:] *n.* telepatía *f.*

telephone ['telɪfoʊn] *n.* **1.** teléfono *m.* ‖ *v. tr. & intr.* **2.** telefonear.

teleprinter [telɪprɪntər] *n., Br. E.* teletipo *m.*

telescope ['telɪskoʊp] *n., Astron.* telescopio *m.* ‖ *v. tr.* **2.** resumir.

teletext ['telɪtekst] *n.* teletexto *m.*

teletypewriter [telɪtaɪpraɪtər] *n., Am. E.* teletipo *m.*

televise ['telɪvaɪz] *v. tr.* televisar.

television ['telɪvɪʒən] *n.* televisión *f.*

tell [tel] *v. tr.* **1.** (say) decir. **2.** (relate) contar; narrar.

temper ['tempər] *n.* **1.** humor *m.* **2.** (temperament) temperamento *m.*; genio *m.*

temperament ['tempərəmənt] *n.* (character) temperamento *m.*

temperate ['tempərɪt] *adj.* **1.** *Meteor.* templado. **2.** (moderate) moderado.

temperature ['temprətʃər] *n.* **1.** temperatura *f.* **2.** *Med.* (fever) fiebre *f.*

tempest ['tempɪst] *n.* **1.** tempestad *f.* **2.** *Meteor.* (storm) temporal *m.*

temple ['tempəl] *n., Anat.* sien *f.*

temporary ['tempərɪ:] *adj.* (provisional) temporal.

tempt ['tempt] *v. tr.* tentar.

temptation [tempteɪʃən] *n.* tentación *f.*

ten [ten] *col. num. det.* (also pron. and n.) **1.** diez. ‖ *card. num. adj.* **2.** diez; décimo.

tenacious [təˈneɪʃəs] *adj.* tenaz.

tenacity [təˈnæsɪtiː] *n.* (firmness) tenacidad *f.*; tesón *m.*

tenant [ˈtenənt] *n.* (lessee) arrendatario *m.*; inquilino *m.*

tend [ˈtend] *v. tr.* **1.** cuidar (de). ‖ *v. intr.* **2.** (be inclined) tender.

tendency [ˈtendənsiː] *n.* tendencia *f.*; inclinación *f.*; propensión *f.*

tender¹ [ˈtendər] *adj.* **1.** (sensitive) tierno. **2.** (food) blando.

tender² [ˈtendər] *n.* **1.** *Econ.* oferta *f.* ‖ *v. tr.* **2.** (offer) ofrecer.

tendon [ˈtendən] *n.*, *Anat.* tendón *m.*; nervio *m.*

tennis [ˈtenɪs] *n.*, *Sports* tenis *m.*

tenor [ˈtenər] *n.*, *Mus.* tenor *m.*

tenpin [ˈtenpɪn] *n.* **1.** bolo *m.* ‖ **tenpins** *n.* **2.** *Am. E.* bolos *m. pl.*

tense [tens] *adj.* **1.** tenso; tieso. **2.** (situation) tirante.

tenseness [ˈtensnɪs] *n.* tirantez *f.*

tension [ˈtenʃən] *n.* tensión *f.*

tent [tent] *n.* tienda de campaña..

tenth [tenθ] *card. num. adj.* (Also *n.*) **1.** décimo; diez. ‖ *frac. numer. n.* (also *adj.* and *pron.*) **2.** *Math.* décimo *m.*

tepid [ˈtepɪd] *adj.* tibio.

term [tɜːrm] *n.* **1.** término *m.* **2.** (period) plazo *m.* **3.** trimestre *m.*

terminal [ˈtɜːrmɪnəl] *adj.* **1.** *Med.* terminal. ‖ *n.* **2.** *Comput.* & *Electron.* terminal *m.* **3.** *Aeron.* terminal *f.*

terminate [ˈtɜːrmɪneɪt] *v. tr.* **1.** terminar. ‖ *v. intr.* **2.** terminarse.

terrace [ˈterəs] *n.* **1.** terraza *f.* ‖ *v. tr.* **2.** (land) escalonar.

terrible [ˈterəbəl] *adj.* (horrific) terrible; horrible; espantoso.

terrific [təˈrɪfɪk] *adj.* estupendo.

terrify [ˈterəfaɪ] *v. tr.* aterrar.

territory [ˈterətɔːriː] *n.* territorio *m.*

terror [ˈterər] *n.* terror *m.*

terrorize [ˈterəraɪz] *v. tr.* aterrorizar; intimidar.

test [test] *n.* **1.** prueba *f.*; ensayo *m.*; experimento *m.* **2.** (exam) examen *m.*; test *m.* ‖ *v. tr.* **3.** experimentar; probar. **4.** (students) examinar.

testament [(testəmənt] *n.* (will) testamento *m.*

testicle [ˈtestɪkəl] *n.*, *Anat.* testículo *m.*

testify [ˈtestəfaɪ] *v. tr.* *Law* (declare) declarar; testificar.

testimony [ˈtestəmouniː] *n.* testimonio *m.*

text [tekst] *n.* texto *m.*

textile [ˈtekstaɪl] *adj.* & *n.* textil *m.*

texture [ˈtekstʃər] *n.* textura *f.*

than [ðæn] *conj.* que. ‖ **more ~ once** más de una vez.

thank [θæŋk] *v. tr.* agradecer.

thankfulness [ˈθæŋfəlnɪs] *n.* (gratitude) gratitud *f.*

thanks [ˈθæŋks] *n. pl.* gracias *f.*

that [ðæt] (pl.: those) *adj. dem.*
1. ese. **2.** (to refer to sth more
distant) aquel. ‖ *det. pron. sing.*
3. ese. **4.** (neuter) eso. **5.** (to refer to sth more distant) aquel.
6. (to refer to sth more distant)
(neuter) aquello. ‖ *pron. rel.*
7. que; quien (persona). ‖ *adv.*
8. tan. ‖ *conj. sust.* **9.** que.

thaw [θɔ:] *n., Meteor.* **1.** deshielo
m. ‖ *v. tr.* **2.** derretir; deshacer.

the [ðə, ði] *art. def.* el *m. sing.*; la
f. sing.; los *m. pl.*; las *f. pl.*

theater, theatre (Br.E)
[ˈθɪətər] *n.* **1.** teatro *m.* **2.** *Med.*
quirófano *m.*

theft [θeft] *n.* robo *m.*

their [ðer] *poss. adj. 3rd. person
pl.* su; suyo.

theirs [ðerz] *poss. pron. 3rd. person pl.* suyo. ‖ **of ~** suyo.

them [ðem] *pron. pers. accus.
3rd. person pl.* **1.** los; las *f.*
‖ *pron. pers. dat.* **2.** les. ‖ *pron.
pers. prep.* **3.** ellos, -llas.

themselves [ðəmˈselvz] *pron.
pers. refl. 3rd. person pl.* **1.** se; sí.
‖ *pron. pers. emphat.* **2.** ellos
mismos.

then [ðen] *adv.* **1.** entonces; allí.
2. después; luego. **3.** (besides)
además. **4.** también. **5.** pues.
‖ *adj.* **6.** (be-fore n) entonces.

theory [ˈθɪəri] *n.* teoría *f.*

therapy [ˈθerəpi] *n.* terapia *f.*

there [ðer] *adv. of place* ahí; allí;
allá. ‖ **~ and then** en el acto.

thereabout or thereabouts
[ˈðerəˌbaʊt] *adv.* **1.** (time) alrededor de. **2.** (place) en los alrededores. •Usually after "or"

thereafter [ˌðerˈæftər] *adv., frml.*
después de eso.

thereby [ˈðerˌbaɪ] *adv.* de ese
modo.

therefore [ˈðerˌfɔ:r] *adv.* así
pues; luego.

thermometer [θərˈmɒmətər] *n.*
termómetro *m.*

thermos [ˈθɜ:rˌməs] *n.* termo *m.*

these [ˈði:z] (plural of "this") *det.
adj. pl.* **1.** estos. ‖ *det. pron. pl.*
2. estos.

thesis [ˈθi:sɪs] (pl.: ses) *n.* tesis *f.*

they [ðeɪ] *pron. pers. nomin. 3rd.
person pl.* ellos, -llas.

thick [θɪk] *adj.* **1.** grueso; gordo.
2. (liquid) espeso. **3.** (dense)
denso.

thicken [ˈθɪkən] *v. tr.* espesar.

thicket [ˈθɪkɪt] *n.* (bushes) espe-
sura *f.*; matorral *m.*; maleza *f.*

thickness [ˈθɪknɪs] *n.* espesor
m.; grosor *m.*; grueso *m.*

thief [θi:f] *n.* ladrón *m.*

thigh [θaɪ] *n., Anat.* muslo *m.*

thimble [ˈθɪmbəl] *n.* dedal *m.*

thin [θɪn] *adj.* **1.** delgado; fino.
2. (liquid) claro.

thing [θɪŋ] *n.* **1.** cosa *f.* **2.** coll.
(children little ways) pililia *f.*

think [θɪŋk] *v. tr.* **1.** pensar.
2. (believe) creer; estimar.
‖ *v. intr.* **3.** pensar; opinar.

thinness [ˈθɪnnɪs] *n.* (of person) delgadez *f.*; flaqueza *f.*

third [θɜːrd] *card. num. adj.* (also *n.*) **1.** tercero; tercer (before a masc. *n.*); tres. ‖ *numer. n.* (also *adj.* and *pron.*) **2.** tercio; tercera parte. ‖ *n.* **3.** *Car* tercera *f.*

thirst [θɜːrst] *n.* sed *f.*

thirsty [ˈθɜːrstiː] *adj.* sediento.

thirteen [ˌθɜːrˈtiːn] *col. num. det.* (also *pron.* and *n.*) **1.** trece. ‖ *card. num. adj.* **2.** trece.

thirteenth [ˌθɜːrˈtiːnθ] *card. num. adj.* (also *n.*) trece.

thirtieth [ˈθɜːrtiəθ] *card. num. adj.* (also *n.*) treinta.

thirty [ˈθɜːrti] *col. num. det.* (also *pron.* and *n.*) **1.** treinta. ‖ *card. num. adj.* **2.** treinta.

this [ðɪs] (pl.: these) *det. adj. sing.* **1.** este, -ta. ‖ *det. pron. sing.* **2.** este. **3.** (neuter) esto.

thistle [ˈθɪsəl] *n.*, *Bot.* cardo *m.*

thong [θɒŋ] *n.*, *Am. E.* chancla *f.*

thorax [ˈθɔːræks] *n.*, *Anat.* tórax *m.*

thorn [θɔːrn] *n.*, *Bot.* espina *f.*

those [ðoʊz] (plural of "that") *det. adj. pl.* **1.** esos. **2.** (to refer to sth more distant) aquellos. ‖ *pron. dem. pl.* **3.** esos. **4.** (to refer to sth more distant) aquellos.

though [ðoʊ] *adv.* **1.** sin embargo. ‖ *conj.* **2.** aunque.

thought [θɔːt] *n.* pensamiento *m.*

thoughtless [ˈθɔːtlɪs] *adj.* (unthinking) irreflexivo; descuidado.

thoughtlessness [ˈθɔːtfʌlnəs] *n.*, *fig.* (lack of reflection) inconsciencia *f.*

thousand [ˈθaʊzənd] *col. num. det. inv.* (also *pron.*) **1.** mil. ‖ *n.* (often pl.) **2.** mil *m.*; millar *m.*

thousandth [ˈθaʊzəndθ] *card. num. adj.* (also *n.*) **1.** milésimo; mil. ‖ *numer. n.* (also *adj.* and *pron.*) **2.** milésimo.

thrash [θræʃ] *v. tr.* zurrar.

thrashing [ˈθræʃɪŋ] *n.*, *vulg.* (beating, defeat) tunda *f.*; paliza *f.*

thread [θred] *n.* **1.** hilo *m.*; hebra *f.*; filamento *m.* **2.** *fig.* (of argument) hilo *m.* ‖ *v. tr.* **3.** (a needle) enhebrar.

threat [θret] *n.* amenaza *f.*

threaten [ˈθretən] *v. tr.* & *intr.* (menace, endanger) amenazar.

three [θriː] *col. num. det.* (also *pron.* and *n.*) **1.** tres. ‖ *card. num. adj.* **2.** tres. ‖ **~ hundred** trescientos.

thresh [θreʃ] *v. tr.*, *Agr.* trillar.

thrift [θrɪft] *n.* economía *f.*

thrifty [ˈθrɪftiː] *adj.* (economic) económico; ahorrador; frugal.

thrill [θrɪl] *n.* **1.** emoción *f.* **2.** (quiver) estremecimiento *m.* ‖ *v. tr.* **3.** emocionar. ‖ *v. intr.* **4.** estremecerse.

thriller [ˈθrɪlər] *n.* (novel, movie) de suspense; de misterio.

thrive [ˈθraɪv] *v. intr.* **1.** *Med.* (person) tener salud. **2.** (plants) medrar; ascender.

throat [θrəʊt] *n.*, *Anat.* garganta *f.*

throb [θrɒb] *n.* **1.** (of heart) latido *m.* **2.** (of wound) palpitación *f.* ‖ *v. intr.* **3.** latir. **4.** (with pain) palpitar.

throe [θrəʊ] *n.* dolor *m.*; agonía *f.*

throne [θrəʊn] *n.* trono *m.*

throng [θrɒŋ] *n.* **1.** gentío *m.* ‖ *v. tr.* **2.** atestar. ‖ *v. intr.* **3.** agolparse; apiñarse.

through [θruː] *adj.* **1.** (train, bus) directo. ‖ *prep.* **2.** por; a través de. **3.** (by) mediante.

throw [θrəʊ] *n.* **1.** tiro *m.* **2.** (games) tirada *f.* ‖ *v. tr.* **3.** arrojar; echar. **4.** (dice) tirar. **5.** (discard) botar *Amér.*; desechar.

thrust [θrʌst] *n.* **1.** (energy) empuje *m.* **2.** (with sword) estocada *f.* **3.** (of bull) cornada *f.* ‖ *v. tr.* **4.** empujar (con fuerza).

thumb [θʌm] *n.* **1.** *Anat.* pulgar *m.* ‖ *v. tr.* **2.** manosear.

thumbtack [ˈθʌmˌtæk] *n.*, *Am. E.* chincheta *f.*; tachuela *f.*

thunder [ˈθʌndər] *n.* **1.** *Meteor.* trueno *m.* **2.** (of applause, etc.) estruendo *m.* ‖ *v. intr.* **3.** *Meteor.* tronar.

Thursday [ˈθɜːrzdi; ˈθɜːrzdeɪ] *n.* (day of the week) jueves *m.*

thus [ðʌs] *adv.* así; de este modo.

thwart [θwɔːrt] *v. tr.* frustrar.

thyme [taɪm] *n.*, *Bot.* tomillo *m.*

ti or te [tiː] *n.*, *Mus.* si *m.*

tiara [tɪˌɑːrə] *n.* **1.** diadema *f.* **2.** *Rel.* (papal crown) tiara *f.*

tibia [ˈtɪbɪə] *n.*, *Anat.* tibia *f.*

tic [tɪk] *n.*, *Med.* tic *m.*

tick[1] [tɪk] *n.* **1.** tictac *m.* **2.** (mark) marca *f.* ‖ *v. tr.* **3.** (an answer) marcar.

tick[2] [tɪk] *n.*, *Zool.* garrapata *f.*

ticket [ˈtɪkɪt] *n.* **1.** (bus, train) billete *m.* **2.** *Film & Theatr.* localidad *f.*; entrada *f.* **3.** (lottery) cupón *m.*; boleto *m.*, *Amér.*

tickle [ˈtɪkəl] *n. sing.* **1.** cosquillas *f. pl.* ‖ *v. tr.* **2.** hacer cosquillas.

tidbit [ˈtɪdbɪt] *n.*, *Am. E.* golosina *f.*

tide [taɪd] *n.* marea *f.*

tidy [ˈtaɪdi] *adj.* **1.** arreglado; ordenado. **2.** (clean) limpio; pulcro. ‖ *v. tr.* **3.** poner en orden; arreglar.

tie [taɪ] *n.* **1.** lazo *m.* **2.** (hindrance) traba *f.* **3.** (necktie) corbata *f.* **4.** *Am. E.* empate *m.* ‖ *v. tr.* **5.** anudar. **6.** (fasten) atar. ‖ *v. intr.* **7.** anudarse.

tiger [ˈtaɪgər] *n.*, *Zool.* tigre *m.*

tight [taɪt] *adj.* **1.** ajustado; apretado. **2.** (clothes) ceñido. **3.** *fam.* (mean) agarrado; tacaño.

tighten [ˈtaɪtən] *v. tr.* **1.** apretar; ajustar. **2.** (bonds) estrechar. ‖ *v. intr.* **3.** apretarse. **4.** (muscles) tensarse.

tights [ˈtaɪts] *n. pl.* **1.** panty *m.* (also in pl.). **2.** *Br. E.* (thick) leotardo *m.* (also in pl.). **3.** *Br. E.* medias *f.*

tigress [ˈtaɪgrəs] *n.*, *Zool.* tigresa *f.*

tile [taɪl] n. **1.** (of roof) teja f. **2.** (for floor) baldosa f.

till [tɪl] prep. **1.** hasta. ‖ conj. **2.** hasta que.

tilt [tɪlt] n. **1.** inclinación f. ‖ v. tr. **2.** (incline) inclinar; ladear.

time [taɪm] n. **1.** tiempo m. **2.** (by clock) hora f. **3.** (often pl.) (epoch) época f. **4.** vez f.

timetable ['taɪmˌteɪbəl] n., Br. E. (transport, scholl) horario m.

timid ['tɪmɪd] adj. tímido.

tin [tɪn] n. **1.** Br. E. lata f; bote m. **2.** estaño m. ‖ v. tr. **3.** Br. E. (food) enlatar.

tinder ['tɪndər] n. yesca f.

tinfoil ['tɪnˌfɔɪl] n. papel de aluminio.

tingle ['tɪŋɡəl] v. intr. **1.** producir cosquilleo. ‖ n. **2.** cosquilleo m.

tinker ['tɪŋkər] n. **1.** (gipsy) gitano m. ‖ v. tr. **2.** (mend) arreglar.

tinplate ['tɪnˌpleɪt] n. hojalata f.

tiny ['taɪni] adj. (minute) diminuto; menudo; mínimo.

tip¹ [tɪp] n. **1.** (dump) basurero m.; vertedero m. ‖ v. tr. **2.** (tilt) inclinar; ladear.

tip² [tɪp] n. **1.** (gratuity) propina f.; gratificación f. **2.** Sports pronóstico m. ‖ v. tr. **3.** dar propina. **4.** Sports pronosticar.

tiptoe ['tɪpˌtou] v. intr. andar de puntillas.

tire, tyre (Br.E) ['taɪər] v. tr. **1.** cansar; fatigar. ‖ v. intr. **2.** (become weary) cansarse; fatigarse.

tiredness ['taɪərdnɪs] n. cansancio m.; agotamiento m.

tireless ['taɪərlɪs] adj. (person) incansable; infatigable.

tiresome ['taɪərsəm] adj. (bored) aburrido; pesado.

tissue ['tɪsjuː] n., Anat. & Bot. **1.** tejido m. **2.** (handkerchief) pañuelo de papel.

titbit ['tɪtˌbɪt] n., Am. E. (dainty) golosina f.; chuchería f.

title ['taɪtl] n. **1.** título m.; rótulo m. ‖ v. tr. **2.** (book, song) titular.

to [tuː] adv. **1.** cerrado. ‖ prep. **2.** (marking the indirect object) a. **3.** (destination) a. **4.** (+ infinitive) (purpose) para (+ infinitive). **5.** (indicating purpose after verbs of motion) a. **6.** (proportion) por. **7.** hasta.

toad [toud] n., Zool. sapo m.

toast¹ [toust] n. **1.** tostada f. ‖ v. tr. **2.** (bread) tostar.

toast² [toust] n. **1.** (with drinks) brindis m. ‖ v. tr. **2.** (drink tribute to) brindar.

tobacco [təˈbækoʊ] n. tabaco m.

tobacconist's [təˈbækənɪsts] n. (shop) estanco m.

today [təˈdeɪ] adv. hoy.

toe [tou] n., Anat. (of foot) dedo m.

together [təˈɡəðər] adv. **1.** junto. **2.** a la vez; al mismo tiempo.

toilet ['tɔɪlɪt] n. servicio m.; váter m. ‖ ~ **case** neceser m. ~ **paper** papel higiénico.

token ['toʊkən] *n.* **1.** señal *f.;* prueba *f.* **2.** (for telephone) ficha *f.*

tolerance ['tɒlərəns] *n.* tolerancia *f.;* respeto *m.*

tolerant ['tɒlərənt] *adj.* (patient) paciente; tolerante; resignado.

tolerate ['tɒlə‚reɪt] *v. tr.* tolerar.

toll [toʊl] *n.* **1.** *Car* peaje *f.;* cuota *f.* **2.** (loss) perdidas *f. pl.*

tomato [tə'meɪtoʊ] *n., Bot.* tomate *m.;* jitomate *m., Amér.*

tomb [tu:m] *n.* tumba *f.;* sepulcro *m.*

tombola ['tɒmbələ] *n., Br. E.* (kind of lottery) tómbola *f.*

tombstone ['tu:m‚stoʊn] *n.* (funeral) lápida *f.;* losa *f* (sepulcral)

tome [toʊm] *n.* tomo *m.*

tomorrow [tə'mɒroʊ] *adv.* **1.** mañana. ‖ *n.* **2.** (no art.) mañana *m.*

ton [tʌn] *n.* tonelada *f.*

tone [toʊn] *n.* **1.** tono *m.* ‖ *v. intr.* **2.** (blend) armonizar. **3.** (colors) entonar.

tongs [tɒŋz] *n. pl.* **1.** tenacillas *f.* **2.** (for chimney) tenaza *f. sing.*

tongue [tʌŋ] *n.* **1.** *Anat.* lengua *f.* **2.** (language) idioma *m.* **3.** (of shoe) lengüeta *f.*

tonic ['tɒnɪk] *adj.* **1.** tónico. ‖ *n.* **2.** *Med.* (restorative) tónico *m.* **3.** (drink) tonica *f.*

tonight [tə'naɪt] *adv.* esta noche.

tonsil ['tɒnsəl] *n., Anat.* amígdala *f.*

too [tu:] *adv.* **1.** también.**2.** (+ adj.) demasiado.

tool [tu:l] *n.* **1.** (workman's) herramienta *f.;* utensilio *m.* **2.** (instrument) instrumento *m.*

tooth [tu:θ] (pl.: teeth) *n.* **1.** *Anat.* diente *m.* **2.** (of comb) púa *f.*

toothbrush ['tu:θ‚brʌʃ] *n.* cepillo de dientes.

toothpaste ['tu:θ‚peɪst] *n.* pasta dentífrica; dentífrico *m.*

toothpick ['tu:θ‚pɪk] *n.* palillo (de dientes) *m.;* mondadientes *m. inv.*

top[1] [tɒp] *n.* **1.** (of a mountain) cima *f.;* pico *m.* **2.** (of a tree) copa *f.* **3.** (of a career) cima *f.* **4.** (of bottle) tapa *f.* **5.** (head) cabeza *f.* ‖ *adj.* **6.** de arriba; último; superior. **7.** (speed, temperature) máximo. ‖ *v. tr.* **8.** encabezar.

top[2] [tɒp] *n.* peonza *f.;* peón *m.*

topic ['tɒpɪk] *n.* tema *m.;* tópico *m.*

topknot ['tɒp‚nɒt] *n.* (on the head) moño *m.*

torch [tɔ:rtʃ] *n.* **1.** (flame) antorcha *m.* **2.** *Br. E.* (on batteries) linterna *f.*

torment [tɔ:rment] *n.* **1.** (ordeal) tormento *m.;* martirio *m.* ‖ *v. tr.* **2.** atormentar; martirizar.

torpedo [tɔ:r'pi:doʊ] *n.* **1.** *Mil.* torpedo *m.* ‖ *v. tr.* **2.** *Mil.* torpedear; disparar.

torrent ['tɒrənt] *n., Geogr.* torrente *m.;* riada *f.*

torrid ['tɒrɪd] *adj.* tórrido.

tortilla [ˌtɔːˈrtiːlə] *n.*, *Mex.* tortilla *f.*

tortoise [ˈtɔːrtəs] *n. Br. E.*, *Zool.* (turtle) tortuga *f.* ‖ **freshwater ~** *Zool.* galápago *m.*

torture [ˈtɔːrtʃər] *n.* **1.** tortura *f.;* tormento *m.* ‖ *v. tr.* **2.** (torment) atormentar; torturar.

toss [tɒs] *n.* **1.** lanzamiento *m.* ‖ *v. tr.* **2.** arrojar; lanzar. **3.** (shake) zarandear. ‖ *v. intr.* **4.** echar a cara o cruz.

total [(toutəl] *adj.* **1.** total; global. ‖ *n.* **2.** total *m.* ‖ *v. tr.* **3.** (amount) ascender.

totter [ˈtɒtər] *v. intr.* tambalearse.

touch [tʌtʃ] *n.* **1.** toque *m.* **2.** (sense) tacto *m.* ‖ *v. tr.* **3.** tocar. **4.** (lightly) rozar.

tough [tʌf] *adj.* **1.** duro; recio. **2.** (strong) resistente. **3.** *fig.* (difficult) escabroso.

toughen [ˈtʌfən] *v. tr.* **1.** endurecer; fortalecer. ‖ *v. intr.* **2.** endurecerse; fortalecerse.

toughness [ˈtʌfnɪs] *n.* (of material) dureza *f.;* rigidez *f.*

tour [ˈtʊr] *n.* **1.** viaje *m.* **2.** (of a town, building) visita *f.* **3.** (musical, of theatrical company) gira *f.*

tourism [ˈtʊrɪzəm] *n.* turismo *m.*

tourist [ˈtʊrɪst] *n.* turista *m.* y *f.*

toward or **towards** [təˈwɔːrd] *prep.* **1.** (direction) hacia. **2.** (approximate) hacia. **3.** (contribution) para.**4.** con.

towel [ˈtəʊəl] *n.* toalla *f.*

tower [ˈtaʊər] *n.* torre *f.*

towing [ˈtoʊɪŋ] *n.* remolque *m.*

town [taʊn] *n.* ciudad *f.*

townsman [ˈtaʊnzmən] *n.* (citizen) ciudadano *m.*

toxic [ˈtɒksɪk] *adj.*, *Med.* tóxico.

toxin [ˈtɒksɪn] *n.*, *Med.* tóxico *m.*

toy [tɔɪ] *n.* **1.** juguete *m.* ‖ *v. intr.* **2.** (play) jugar.

trace [treɪs] *n.* **1.** (track) rastro *m.;* pista *f.* **2.** (sign) señal; vestigio *m.* ‖ *v. tr.* **3.** rastrear. **4.** (copy) calcar.

track [træk] *n.* **1.** rastro *m.;* huella *f.* **2.** (path) camino *m.;* senda *f.* **3.** *Sports* pista *f.*

tracksuit [ˈtræk,suːt] *n.* chándal *m.*

trade [treɪd] *n.* **1.** comercio *m.* **2.** (of women) trata *f.* **3.** (goods) tráfico *m.* ‖ *v. tr.* **4.** traficar. ‖ *v. intr.* **5.** *Econ.* negociar.

tradition [trəˈdɪʃən] *n.* tradición *f.*

traffic [ˈtræfɪk] *n.* *Car* tráfico *m.;* circulación *f.*

tragedy [ˈtrædʒədiː] *n.* tragedia *f.*

trail [treɪl] *n.* **1.** pista *f.;* huellas *f. pl.* **2.** (of smoke, plane, rocket) estela *f.*

trailer [ˈtreɪlər] *n.* **1.** *Car* remolque *m.* **2.** *Am. E.* (caravan) caravana *f.;* roulotte *f.* **3.** *Film* anuncio de próxima película.

train [treɪn] *n.* **1.** tren *m.* **2.** (of dress) cola *f.* ‖ *v. tr.* **3.** adiestrar; amaestrar. **4.** (teach) educar

trainer ['treɪnər] *n., Am. E., Sports* entrenador *m.*; míster *m.*

training ['treɪnɪŋ] *n.* **1.** formación *f.*; instrucción *f.*; preparación *f.* **2.** *Sports* entrenamiento *m.*

trait [treɪt] *n.* característica *f.*

tram [træm] *n., Br. E.* tranvía *f.*

tramp [træmp] *n.* **1.** (person) vagabundo *m.* **2.** (walk) caminata *f.*

trample ['træmpəl] *v. tr.* pisotear.

tranquility, tranquillity (Br.E) [,træŋ'kwɪləti:] *n.* tranquilidad *f.*

tranquilize, tranquillise (Br.E) ['træŋ,kwɪlaɪz] *v. tr.* tranquilizar; sosegar.

transcribe [træns'kraɪv] *v. tr.* transcribir; reproducir.

transfer ['trænsfɜ:r] *n.* **1.** (person) traslado *m.* **2.** (of funds) transferencia *f.*

transform [træns'fɔːrm] *v. tr.* (modify) transformar; modificar.

transfusion [træns'fju:ʒən] *n., Med.* (blood) transfusión *f.*

transgress [træns'gres] *v. tr. Law* (infringe) transgredir *form.*; quebrantar.

transitory ['trænzə,tɔːri:] *adj.* transitorio; pasajero.

translate [,træn'sleɪt] *v. tr.* traducir.

translation [,trænz'leɪʃən] *n.* traducción *f.*

translator [,trænz'leɪtər] *n.* traductor *m.*

transmit [træns'mɪt] *v. tr. & intr.* **1.** transmitir; emitir. **2.** *Med.* (a disease) contagiar; pegar.

transparency [,træns'perənsi:] *n.* **1.** transparencia *f.* **2.** *Phot.* diapositiva *f.*

transparent [,træns'perənt] *adj.* (clear) transparente; cristalino.

transpire ['træns,paɪər] *v. intr., Bot. & Biol.* transpirar.

transport [træns,pɔːrt] *n.* **1.** *Br. E.* transporte *m.* . ‖ *v. tr.* **3.** transportar.

transversal [trænz'vɜːrsəl] *n., Math.* transversal *f.*

transverse [trænz'vɜːrs] *adj., frml.* transversal; inclinado.

trap [træp] *n.* **1.** trampa *f.* ‖ *v. tr.* **2.** (catch) atrapar.

trapeze [trə'pi:z] *n.* (show) trapecio *m.* ‖ ~ **artist** trapecista *m. y f.* (en un circo).

trash [træʃ] *n. Am. E.* basura *f.*

travel ['trævəl] *n.* **1.** viaje *m.* ‖ *v. intr.* **2.** viajar. **3.** (go) ir.

traveler, traveller (Br.E) ['trævələr] *n.* viajero *m.*

traverse ['trævɜːrs] *n.* **1.** travesía *f.* ‖ *v. tr.* **2.** atravesar; recorrer.

tray [treɪ] *n.* bandeja *f.*

treachery ['tretʃəri:] *n.* traición *f.*

tread [tred] *n.* **1.** paso *m.* **2.** (of stairs) peldaño *m.* ‖ *v. tr.* **3.** pisar.

treasure ['treʒər] *n.* **1.** tesoro *m.* ‖ *v. tr.* **2.** atesorar.

treasury ['treʒəri:] *n., Am. E.* tesorería *f.*; fisco *m.*

treat [tri:t] v. tr. **1.** tratar. **2.** Med. (patient, disease) curar; tratar.

treatment ['tri:tmənt] n. **1.** trato m. **2.** Med. medicación f.

treaty ['tri:ti:] n. tratado m.

treble ['trebəl] adj. **1.** triple. || n. **2.** Mus. (singer) tiple m.

tree [tri:] n., Bot. árbol m.

trefoil [)trefɔil] n., Bot. trébol m.

tremble ['trebəl] v. intr. (fear) temblar; estremecerse.

tremendous [trəˈmendəs] adj. (fantastic) tremendo; fenomenal.

tremor ['tremər] n. temblor m.

trench [trentʃ] n. (ditch) foso m.

trend [trend] n. **1.** (tendency) tendencia f.; propensión f. **2.** Geogr. dirección f.

trespasser ['trespæsər 'trespəsər] n. (intruder) intruso m.

trestle ['tresəl] n. caballete m.

trial ['traiəl] n. **1.** (test) ensayo m. **2.** Law juicio m.; proceso m.

tribe [traib] n. tribu f.

tribulation [ˌtrɪbjəˈleiʃən] n., lit. (sorrow) tribulación f.; congoja f.

tribunal [traiˈbju:nəl] n. (court) tribunal m.; juzgado m.

tributary ['trɪbjətəri:] n., Geogr. (river) afluente m.

trice [trais] n. tris m.

trick [trik] n. **1.** ardid m.; treta f.; estratagema f. **2.** (dishonest) estafa f.; engaño m. **3.** (feat) truco m. **4.** (at cards) baza f.

tricycle ['traisikəl] n. triciclo m.

trifle ['traifəl] n. **1.** bagatela f.; fruslería f. **2.** Br. E., Gastr. dulce de bizcocho borracho (con bizcocho, jerez, gelatina, frutas.

trillion ['trɪljən] n. m. **1.** Am. E. billón m. **2.** Br. E. trillón f.

trim [trim] n. **1.** adorno m. || adj. **2.** (clean, neat) compuesto. || v. tr. **3.** (cut) recortar. **4.** (tree, bush) podar.

trimming ['trimiŋ] n. **1.** (cut) recorte m. **2.** (of tree, bush) poda f.

trinket ['triŋkit] n. baratija f.

trio ['tri:ou] n. trío m.

trip [trip] n. **1.** (journey) viaje m. **2.** (excursion) excursión f. **3.** (with foot) zancadilla f.

triple ['tripəl] n. **1.** triple m. || v. tr. **2.** (figures) triplicar.

tripod ['traipɒd] n. trípode m.

triumph ['traiəmf] n. **1.** triunfo m. || v. intr. **2.** triunfar.

trivial ['trivial] adj. trivial; frívolo.

trolley ['troli:] n. **1.** Am. E. tranvía m. **2.** Br. E. (for shopping) carro m.

troop [tru:p] n. **1.** tropa f. **2.** Mil. escuadrón m. **3.** (unit) compañía f.

trophy ['troufi:] n. trofeo m.

tropical ['tropikəl] adj., Geogr. & Meteor. tropical.

trot [trot] n. **1.** trote m. || v. intr. **2.** (horses) trotar.

trouble ['trʌbəl] n. **1.** problema m. **2.** (effort) trabajo m.; molestia f. || v. tr. **3.** (bother) molestar. || v. intr. **4.** (bother) molestarse.

troublesome ['trʌblsəm] *adj.* molesto; pesado; incómodo.

trough [trɒf] *n.* **1.** *Geogr.* (on land) depresión *m.*

trousers ['trauzərz] *n. pl., Br. E.* pantalón *m. sing.*

trousseau ['tru:sou] *n.* ajuar *m.*

trout [traut] *n., Zool.* (fish) trucha *f.*

trowel ['trauwel] *n.* (of builder) paleta *f.*

truck [trʌk] *n. Am. E.* camión *m.*

trudge [trʌdʒ] *v. intr.* (walk wearily) caminar con dificultad.

true [tru:] *adj.* cierto; verdadero.

trumpet ['trʌmpɪt] *n.* **1.** *Mus.* trompeta *f.* ‖ *v. intr.* **2.** (elephant) berrear. **3.** *Mus.* tocar la trompeta.

trumpeter ['trʌmpətər] *n. Mil.* trompeta *m. y f.*

trunk [trʌŋk] *n.* **1.** (of person, tree) tronco *m.* **2.** (case) baúl *m.* **3.** *Zool.* (of elephant) trompa *f.*

trust [trʌst] *n.* **1.** confianza *f.* **2.** *Law* (custody) fideicomiso *m.* ‖ *v. tr.* **3.** confiar.

truth [tru:θ] *n.* verdad *f.*

truthful ['tru:θfəl] *adj.* veraz.

truthfulness ['tru:θfəlnɪs] *n.* (veracity) autenticidad *f.*

try [traɪ] *n.* **1.** intento *m.* ‖ *v. tr.* **2.** intentar. **3.** (test, taste) probar.

T-shirt ['ti:ʃɜ:rt] *n.* camiseta *f.*

tuba ['tu:bə] *n., Mus.* tuba *f.*

tube [tu:b] *n.* tubo *m.*; canuto *m.*

tuber ['tu:bər] *n., Bot.* tubérculo *m.*

tubercle [tə,bɜ:rkjəl] *n., Med. & Bot.* tubérculo *m.*

tuberose ['tu:,bɜ:rous] *n., Bot.* (plant) nardo *m.*

Tuesday ['tu:zdeɪ 'tu:zdi:] *n.* (day of the week) martes *m. inv.*

tuft [tʌft] *n.* **1.** (of wool, hair) mechón *m.* **2.** (of grass) mata *f.*

tulip ['tju:lɪp] *n., Bot.* tulipán *m.*

tumble ['tʌmbəl] *n.* **1.** caída *f.* **2.** (somersault) voltereta *f.* ‖ *v. intr.* **3.** (person) caerse. **4.** (turn a somersault) voltear.

tumor, tumour (Br.E) ['tju:mər] *n., Med.* tumor *m.*

tumult ['tu:mʌlt] *n.* tumulto *m.*

tumultuous [tu:'mʌltjuəs] *adj.* (impassioned) tumultuoso.

tuna ['tu:nə] *n., Zool. & Gastr.* (fish) atún *m.*; bonito *m.*

tune [tu:n] *n.* **1.** melodía *f.* ‖ *v. tr.* **2.** afinar; entonar.

tunic ['tu:nɪk] *n.* túnica *f.*

tunnel ['tʌnəl] *n.* túnel *m.*

tunny ['tʌni:] *n., Zool.* (fish) atún *m.*

turban ['tɜ:rbən] *n.* turbante *f.*

turbid ['tɜ:rbɪd] *adj.* turbio.

turkey ['tɜ:rki:] *n., Zool.* pavo *m.*

turn [tɜ:rn] *n.* **1.** vuelta *f.* **2.** (place in chain) turno *m.*; vez *f.* **3.** (of direction) giro *m.* ‖ *v. tr.* **4.** volver. **5.** (transform) convertir. **6.** (change course) doblar. **7.** (corner) torcer. ‖ *v. intr.* **8.** (vehicle) virar. **9.** (rotate) girar.

turnip ['tɜːnɪp] *n.*, *Bot.* nabo *m.*

turpentine ['tɜːpəntaɪn] *n.* (solvent) aguarrás *m.*

turquoise ['tɜːkwɔɪz] *n.*, *Miner.* (color) turquesa *f.*

turtle ['tɜːtəl] *n.*, *Am. E.*, *Zool.* (reptile˙) tortuga *f.*

turtledove ['tɜːtəlˌdʌv] *n.*, *Zool.* (bird) tórtola *f.*

tusk [tʌsk] *n.*, *Zool.* (of elephant) colmillo *m.* (de elefante).

tutelage ['tuːtlɪdʒ] *n.*, *Law*, *frml.* tutela *f.*; custodia *f.*; guarda *f.*

tutor [(tuːtər] *n.* tutor *m.*

TV [tiːviː] *abbrev.*, *coll.* tele *f.* ‖ ~ **movie** telefilme *m.*

tweet [twiːt] *n.* **1.** pío *m.* ‖ *v. intr.* **2.** (birds) piar.

tweezers ['twiːzɜːrz] *n.* (for eyebrows) pinzas *f. pl.*

twelfth [twelfθ] *card. num. adj.* (also *n.*) **1.** duodécimo; doce. ‖ *frac. numer. n.* (also adj. and pron.) **2.** duodécimo.

twelve [twelv] *col. num. det.* (also pron. and *n.*) **1.** doce. ‖ *card. num. adj.* **2.** doce; duodécimo.

twentieth [twentɪəθ] *card. num. adj.* (also *n.*) **1.** vigésimo; veinte.

twenty ['twenti:] *col. num. det.* (also pron. and *n.*) **1.** veinte. ‖ *card. num. adj.* **2.** veinte; vigésimo. ‖ *n.* **3.** veintena *f.*

twenty-eight [ˌtwentɪeɪt] *col. num. det.* veintiocho.

twenty-five [ˌtwentɪfaɪv] *col. num. det.* veinticinco.

twenty-four [ˌtwentɪfɔːr] *col. num. det.* veinticuatro.

twenty-nine [ˌtwentɪnaɪn] *col. num. det.* veintinueve.

twenty-one [ˌtwentɪʊɒn] *col. num. det.* veintiuno; veintiún.

twenty-seven [ˌtwentɪsevən] *col. num. det.* veintisiete.

twenty-six [ˌtwentɪsɪks] *col. num. det.* veintiséis.

twenty-three [ˌtwentɪθriː] *col. num. det.* veintitrés.

twenty-two [ˌtwentɪtu] *col. num. det.* veintidós.

twice [twaɪs] *adv.* dos veces.

twin [twɪn] *adj. & n.* gemelo *m.*

twinkle ['twɪnkəl] *v. intr.* centellear; titilar.

twist [twɪst] *n.* **1.** vuelta *f.* **2.** (in road) recodo *m.* **3.** *Med.* torcedura *f.* ‖ *v. tr.* **4.** torcer. **5.** (coil, screw) retorcer.

two [tuː] *col. num. det.* (also pron. and *n.*) **1.** dos. ‖ *card. num. adj.* **2.** dos; segundo.

type [taɪp] *n.* **1.** (sort) tipo *m.* ‖ *v. tr.* **2.** escribir a máquina; teclear.

typical ['tɪpəkəl] *adj.* típico; característico.

tyranny ['tɪrəniː] *n.* tiranía *f.*

tyrant ['taɪərənt] *n.* tirano *m.*

tyro ['taɪroʊ] *n.* novato; principiante.

tzar [zɑːr] *n.* zar *m.*

U

u [ju:] *n.* (letter) u *f.*

udder ['Λdər] *n., Zool.* (of cow) ubre *f.;* mama *f.*

ugly [(Λgli:] *adj.* (unpleasant appearance) feo.

ulcer ['Λlsər] *n.* **1.** *Med.* (outer) llaga *f.* **2.** *Med.* (inner) úlcera *f.*

ultimate ['Λltəmit] *adj.* **1.** último. **2.** (objetive) final. **3.** (basic) esencial; básico.

ultimatum [Λltə'meitəm] *n.* ultimátum *m.*

umbrella [Λm'brelə] *n.* **1.** (against rain) paraguas *m. inv.* **2.** (against sun) sombrilla *f.*

unable [Λn'eibəl] *adj.* incapaz.

unacceptable [Λnək'septəbəl] *adj.* (inadmissible) inaceptable.

unalterable [Λn'ɔ:ltərəbəl] *adj.* inalterable; definitivo.

unanimity [ju:nə'niməti:] *n.* (concordance) unanimidad *f.*

unanswerable [Λn'ɑ:nsərəbəl] *adj.* (irrefutable) incontestable.

unapproachable [Λnə'prəutʃəbəl] *adj.* inaccesible; inasequible.

unattainable [Λnə'teinəbəl] *adj.* **1.** irrealizable. **2.** (unachievable) inaccesible.

unavoidable [Λnœvɔidəbəl] *adj.* (inevitable) inevitable; ineludible.

unaware [Λnə'wer] *adj.* inconsciente.

unbearable [Λn'berəbəl] *adj.* inaguantable; intolerable.

unbelievable [Λnbə'li:vəbəl] *adj.* (incredible) increíble.

unbind [Λm'baind] *v. tr.* desatar.

unblock [Λn'blɒk] *v. tr.* desatascar; desobstruir; desatrancar.

unbolt [Λn'bəult] *v. tr.* descerrajar; descorrer el pestillo.

unbroken [Λn'brəukən] *adj.* (intact) intacto; entero.

unburden [Λn'bɜ:rdən] *v. tr.* **1.** aliviar. **2.** (relieve) descargar.

unbutton [Λn'bΛtən] *v. tr.* desabotonar; desabrochar.

uncertain [Λn'sɜ:rtən] *adj.* **1.** inseguro. **2.** (doubtful) incierto.

uncertainty [Λn'sɜ:rtənti:] *n.* certidumbre *f.;* inseguridad *f.*

unchain [Λn'tʃein] *v. tr.* (unshackle) desencadenar; desatar.

uncivil [Λn'sivəl] *adj.* (impolite) descortés; maleducado.

uncivilized, uncivilised (Br.E) [Λn'sivə,laizd] *adj.* (tribe) salvaje; incivilizado.

uncle ['Λŋkəl] *n.* tío *m.*

uncomfortable [Λn'kΛmfərtəbəl] *adj.* incómodo; molesto.

uncommon [Λn'kɒmən] *adj.* (rare) poco común; raro.

unconcerned [Λnkən'sɜ:rnd] *adj.* indiferente; campante.

unconditional [Λnkɒn'diʃənəl] *adj.* (wholehearted) incondicional; leal.

unconscious [Λn'kɒnʃəs] *adj.* **1.** (unwitting) inconsciente; involuntario. **2.** *Med.* inconsciente.

unconsciousness [ʌnˈkɒnʃəsnɪs] *n., Med.* inconsciencia *f.*

uncork [ʌnˈkɔːrk] *v. tr.* descorchar; destapar.

uncountable [ʌnˈkaʊntəbəl] *adj.* (countless) incontable.

uncover [ʌnˈkʌvər] *v. tr.* **1.** destapar. **2.** *fig.* (conspiracy) descubrir; mostrar.

uncovered [ʌnˈkʌvərd] *adj.* descubierto; destapado.

undamaged [ʌnˈdæmɪdʒt] *adj.* indemne; sin daños; intacto.

undecided [ʌndɪˈsaɪdɪd] *adj.* (not solved) indeciso; irresoluto.

under [ˈʌndər] *prep.* **1.** bajo; debajo de. **2.** (less than) menos de. ‖ *adv.* **3.** debajo; abajo.

underdeveloped [ʌndərdɪˈveləpt] *adj.* subdesarrollado.

underestimate [ʌndərˈestɪmeɪt] *v. tr.* (underrate) menospreciar.

undergo [ʌndərˈɡoʊ] *v. tr.* (changes) experimentar; padecer *fig.*

underground [ˈʌndərˌɡraʊnd] *adj.* **1.** subterráneo. **2.** *fig.* clandestino. ‖ *adv.* **3.** (under the earth) bajo tierra. ‖ *n.* **4.** *Br. E.* (transport) metro *m.*

undergrowth [ˈʌndərˌɡroʊθ] *n., Br. E.* (underbrush) maleza *f.*

underline [ˈʌndərˌlaɪn] *v. tr.* **1.** subrayar. **2.** (emphasize) remarcar; enfatizar.

undermine [ˈʌndərˌmaɪn] *v. tr.* **1.** (foundations) socavar; minar. **2.** (health) minar.

underneath [ʌndərˈniːθ] *prep.* **1.** (under) debajo de; bajo. ‖ *adv.* **2.** debajo. ‖ *n.* **3.** parte inferior.

underpants [ˈʌndərˌpænts] *n. pl.* calzoncillos *m. pl.* (also in sing.).

underpin [ˈʌndərpɪn] *v. tr.* **1.** apuntalar. **2.** (support) sostener; apoyar.

undershirt [ˈʌndərˌʃɜːrt] *n., Am. E.* camiseta *f.* (interior).

understand [ˈʌndərstænd] *v. tr. & intr.* comprender; entender.

understanding [ˈʌndərstændɪŋ] *adj.* **1.** comprensivo. ‖ *n.* **2.** entendimiento *m.* **3.** (interpretation) interpretación *f.*

understood [ʌndərˈstɔːd] *adj.* entendido.

undertake [ʌndərˈteɪk] *v. tr.* **1.** asumir. **2.** (labor) emprender. **3.** (promise) comprometerse.

undertaker [ˈʌndərˌteɪkər] *n.* funerario *m.*; empresario *m.* (de pompas fúnebres). ‖ **undertaker's** *n.* **2.** *Br. E.* funeraria *f.*

underwear [ˈʌndərˌwer] *n.* ropa interior.

undeserved [ʌndɪˈzɜːrvd] *adj.* (unmerited) inmerecido; injusto.

undigested [ˈʌndɪˈdʒestɪd] *adj.* (food) indigesto; no digerido.

undo [ʌnˈduː] *v. tr.* **1.** desatar; soltar. **2.** (cancel) anular. **3.** (destroy) deshacer.

undoubted [ʌnˈdaʊtɪd] *adj.* indudable.

undress [ʌn'dres] v. tr. **1.** desnudar; desvestir. || v. intr. **2.** desnudarse; desvestirse; destaparse.

undulate ['ʌndjəleɪt] v. intr. (hair) ondular; ondear.

unearth [ʌn'ɜ:rθ] v. tr. desenterrar; exhumar.

uneasiness [ʌn'i:zɪnɪs] n. **1.** intranquilidad f. **2.** (tension) malestar m.

unemployed [ʌnɪm'plɔɪd] adj. parado; desocupado.

unemployment [ʌnɪm'plɔɪmənt] n. desempleo m.; paro m.

unequal [ʌn'i:kwəl] adj. desigual.

uneven [ʌn'i:vən] adj. **1.** desigual; irregular. **2.** escabroso.

unevenness [ʌn'i:vənnɪs] n. desnivel m.; desigualdad f.

unexpected [ʌnɪks'pekɪd] adj. **1.** (sudden) inesperado; repentino. **2.** (event) imprevisto.

unfair [ʌn'fer] adj. injusto.

unfaithful [ʌn'feɪθfəl] adj. **1.** (couple) infiel. **2.** (friend) desleal; traidor.

unfaithfulness [ʌn'feɪθfəlnɪs] n. **1.** (in a couple) infidelidad f. **2.** (of a friend) deslealtad f.

unfasten [ʌn'fæsən] v. tr. **1.** (undo) desatar. **2.** (trousers, belt) desabrochar.

unfavorable, unfavourable (Br.E) [ʌn'feɪvərəbəl] adj. desfavorable.

unfinished [ʌnfɪnɪʃt] adj. (incomplete) incompleto.

unfold [ʌn'fəʊld] v. tr. & intr. **1.** (wings) desplegar. **2.** (paper) desdoblar.

unforeseen [ʌnfɔ:'rsi:n] adj. (unexpected) imprevisto.

unforgettable [ʌnfə'rgetəbəl] adj. inolvidable; imborrable.

unfortunate [ʌn'fɔ:rtʃnɪt] adj. infeliz; desdichado; desafortunado.

unfriendly [ʌn'frendli-] adj. (unsociable) antipático; hostil.

ungrateful [ʌn'greɪtfəl] adj. **1.** desagradecido; descastado. **2.** (unthankful) ingrato.

unhappiness [ʌn'hæpɪnɪs] n. desdicha f.; infelicidad f.

unhappy [ʌn'hæpi:] adj. **1.** (sad) infeliz. **2.** (pitiable) desgraciado; desdichado.

unharmed [ʌn'hɑ:rmd] adj. (unhurt) ileso; indemne.

unhurt [ʌn'hɜ:rt] adj. (unharmed) ileso; indemne.

unicorn ['junɪkɔ:rn] n., Myth. (white horse with a long horn) unicornio m.

uniform ['ju:nəfɔ:rm] adj. **1.** uniforme; homogéneo. || n. **2.** uniforme m. || v. tr. **3.** (pupils, soldiers) uniformar.

unify ['junəfaɪ] v. tr. unificar.

unimpeachable [ʌnɪm'pi:tʃəbəl] adj. (impeccable) intachable; impecable; irreprochable.

unimportant [ʌnɪm'pɔ:rtənt] adj. sin importancia; insignificante; inapreciable.

union ['ju:njən] *n.* **1.** unión *m.* **2.** (trade union) gremio *m.*

unique [ju:'ni:k] *adj.* **1.** único. **2.** (exceptional) singular; excepcional.

unisonous 'ju:'nɪsənəz] *adj.* unísono.

unit ['ju:nɪt] *n.* **1.** *Econ.* unidad *f.* **2.** (furniture) módulo *m.*

unite [jo'naɪt] *v. tr.* **1.** unir. ‖ *v. intr.* **2.** unirse; aliarse.

unity ['ju:nəti:] *n.* unidad *f.;* unión *f.*

universal [ju:nɪ'vɜ:rsəl] *adj.* universal.

universe ['ju:nɪvɜ:rs] *n.* universo *m.*

university [ju:nɪ'vɜ:rsəti:] *n.* universidad *f.* ‖ ~ **graduate** universitario *m.* ~ **student** universitario *m.*

unkind [ʌn'kaɪnd] *adj.* **1.** (unpleasant) poco amable. **2.** (cruel) cruel.

unknown [ʌn'noʊn] *adj.* **1.** desconocido; inédito. ‖ *n.* **2.** desconocido *m.*

unless [ʌn'les] *conj.* a menos que; a no ser que.

unlike ['ʌnɛlaɪk] *adj.* **1.** diferente; distinto. **2.** . ‖ *prep.* **3.** (in contrast to) a diferencia de.

unlikely [ʌn'laɪkli:] *adj.* (improbable) improbable; inverosímil.

unlimited [ʌn'lɪmɪtəd] *adj.* ilimitado; indeterminado.

unload [ʌn'loʊd] *v. tr.* **1.** descargar. **2.** (ship, cargo) desembarcar.

unlock [ʌn'lɒk] *v. tr.* (door) abrir (con llave).

unlucky [ʌn'lʌki:] *adj.* **1.** (unfortunate) desafortunado; desgraciado. **2.** (person) con mala suerte.

unmarried [ʌn'mærɪd] *adj.* (single) soltero.

unmask [ʌn'mæsk] *v. tr.* desenmascarar

unnecessary [ʌn'nesəsəri:] *adj.* innecesario; superfluo.

unoccupied [ʌn'ɒkjəpaɪd] *adj.* **1.** (person) desocupado. **2.** (house) deshabitado. **3.** (place) vacante; libre.

unpack [ʌn'pæk] *v. tr.* desembalar; desempaquetar.

unpleasant [ʌn'plezənt] *adj.* **1.** desagradable; antipático. **2.** (weather) destemplado. **3.** (situation) feo.

unplug [ʌn'plʌg] *v. tr.* desenchufar; desconectar.

unprepared [ʌnprɪ'perd] *adj.* (not ready) desprevenido.

unproductive ['ʌnprə'dʌktɪv] *adj.* improductivo; infructuoso.

unprofitable [ʌn'prɒfɪtəbəl] *adj.* (unproductive) improductivo; poco rentable.

unpublished [ʌn'pʌblɪst] *adj.* inédito; original.

unquestionable [ʌn'kwestʃənəbəl] *adj.* **1.** (incontestable) indiscutible. **2.** (beyond question) indudable.

unreal [ʌnˈrɪəl ʌnˈrɪl] *adj.* (false) irreal; ilusorio *form.*

unrecognizable [ʌnˈrekəgnaɪzəbəl] *adj.* irreconocible; desconocido.

unripe [ʌnˈraɪp] *adj.* (fruit) verde.

unroll [ʌnˈroʊl] *v. tr.* **1.** desenrollar. ‖ *v. intr.* **2.** desenrollarse.

unruly [ʌnˈruːliː] *adj.* (naughty) rebelde; revoltoso.

unsafe [ʌnˈseɪf] *adj.* (dangerous) inseguro; peligroso.

unscrew [ʌnˈskruː] *v. tr.* **1.** desatornillar. **2.** (lid) desenroscar.

unselfish [ʌnˈselfɪʃ] *adj.* (person) generoso; desprendido.

unsociable [ʌnˈsoʊʃəbəl] *adj.* (unfriendly) insociable; arisco.

unstable [ʌnˈsteɪbəl] *adj.* inestable; inconstante.

unsteady [ʌnˈstediː] *adj.* inestable.

unstick [ʌnˈstɪk] *v. tr.* despegar.

unstitch [ʌnˈstɪtʃ] *v. tr.* descoser.

unsuccessful [ʌnsəkˈsesfəl] *adj.* infructuoso; fracasado; fallido.

untamable **or** **untameable** [ʌnˈteɪməbəl] *adj.* (animal) indomable; fiero.

untamed [ʌnˈteɪmd] *adj.* indómito.

untidy [ʌnˈtaɪdiː] *adj.* **1.** (house) desordenado. **2.** (appearance) desaliñado.

untie [ʌnˈtaɪ] *v. tr.* **1.** desatar. **2.** (set free) soltar; desligar.

until [ʌnˈtɪl] *prep.* **1.** hasta. ‖ *conj.* **2.** hasta que.

untroubled [ʌnˈtrʌbəld] *adj.* (calm) apacible; tranquilo.

untruth [ʌnˈtruːθ] *n., frml.* (falseness) falsedad *f.*

unusual [ʌnˈjuːʒʊəl] *adj.* (exceptional) insólito; excepcional.

unveil [ʌnˈveɪl] *v. tr.* **1.** descubrir; desvelar. **2.** *fig.* (secret) revelar.

unwary [ʌnˈweriː] *adj.* (unsuspecting) incauto; desprevenido.

unwise [ʌnˈwaɪz] *adj.* (foolish) desatinado; imprudente.

unworthy [ʌnˈwɜːrðiː] *adj.* indigno; impropio.

unwrap [ʌnˈwræp] *v. tr.* desenvolver.

up [ʌp] *adv.* **1.** (position) arriba. **2.** (dir-ection) hacia arriba. **3.** acabado. **4.** (awaken) en pie. **5.** (upright position) de pie. **6.** (well informed) al corriente. ‖ *prep.* **7.** (direction) a lo alto de. **8.** (position) en lo alto de.

update [ʌpˈdeɪt] *v. tr.* (information) actualizar; poner al día.

upkeep [ˈʌpkiːp] *n.* (maintenance) mantenimiento *m.*; conservación *f.*

upon [əˈpɒn] *prep., frml.* (on) sobre; encima de.

upper [ˈʌpər] *adj.* **1.** (numerically) superior. **2.** (in rank) alto.

uppermost [ˈʌpərˌmoʊst] *adj.* **1.** más alto. ‖ *adv.* **2.** (above) encima.

upright ['ʌpraɪt] *adj.* **1.** (vertical) vertical. **2.** (posture) derecho. **3.** (honest) honrado; íntegro.

upset [ʌp'set] *n.* **1.** (reversal) contratiempo *m.* **2.** *Med.* trastorno *m.* ‖ *adj.* **3.** indispuesto. **4.** (displeased) enfadado. ‖ *v. tr.* **5.** volcar. **6.** (shock) trastornar.

upstairs [ʌp'sterz] *adv.* **1.** arriba. **2.** (in building) de arriba.

up-to-date [ʌptə'deɪt] *adv.* (current) al día; actualizado.

upward ['ʌpwərd] *adv.* hacia arriba.

urban ['ɜːrbən] *adj.* urbano.

urbanization [ˌɜːrbənə'zeɪʃən] *n.* (process) urbanización *f.*

urge [ɜːrdʒ] *n.* **1.** impulso *m.*; ganas *f. pl.* ‖ *v. tr.* **2.** (exhort) instar; impulsar.

urgency ['ɜːrdʒənsi:] *n.* urgencia *f.*; premura *f.*

urgent ['ɜːrdʒənt] *adj.* urgente.

urinate ['jʊrɪneɪt] *v. intr.*, *frml.* orinar; hacer pis.

urine ['jʊərɪn] *n.* orina *f.*

urn [ɜːrn] *n.* urna *f.*

us [ʌs] *pron. pers.* **1.** (object) nos. **2.** (after prep.) nosotros.

usage ['juːzɪdʒ] *n.* (use) uso *m.*; usanza *f.*

use [juːz] *v. tr.* **1.** usar; utilizar; emplear. **2.** (consume) gastar. ‖ *n.* **3.** uso *m.*; empleo *m.*

used [juːzd] *adj.* usado; gastado. ‖ **to be ~ to** estar acostumbrado a. **to get ~ to** acostumbrarse.

useful ['juːsfəl] *adj.* útil; eficaz. ‖ **to be ~** servir.

useless ['juːslɪs] *adj.* inútil; inservible; ineficaz.

user ['juːzər] *n.* usuario *m.*

usher ['ʌʃər] *n.* **1.** *Film & Theatr.* acomodador *m.* **2.** *Br. E., Law* (in courts) ujier *m.*

usherette ['ʌʃəˌret] *n.*, *Br. E., Film & Theatr.* acomodadora.

usual [(juːʒəl] *adj.* (normal) usual; habitual; común.

usurp [ə'sɜːrp] *v. tr., frml.* usurpar; arrebatar.

utensil [juːtensəl] *n.* utensilio *m.*

utilization ['juːtɪləˌseɪʃən] *n. frml.* (use) utilización *f.*; uso*m.*

utilize, utilise (Br.E) ['juːtəlaɪz] *v. tr.* (use) utilizar; emplear.

utter[1] ['ʌtər] *v. tr.* **1.** pronunciar; decir. **2.** (cry) proferir.

utter[2] ['ʌtər] *adj.* (absolute) total; completo; absoluto.

uvula ['juːvjələr](pl.: -las or -lae) *n., Anat.* campanilla *f.*; úvula *f.*

V

v [vi:] *n.* (letter) v *f.*

vacancy ['veɪkənsɪ] *n.* vacante *f.*

vaccinate ['væksəneɪt] *v. tr., Med.* vacunar; inmunizar.

vaccine [væk'si:n] *n., Med.* vacuna *f.*

vacuum ['vækjʊəm] *n.* **1.** vacío *m*; hueco *m*. ‖ *v. tr.* **2.** aspirar. ‖ **~ cleaner** aspirador *m.*

vague [veɪg] *adj.* vago.

vain [veɪn] *adj.* **1.** vanidoso; presumido. **2.** (futile) vano.

valiant ['væljənt] *adj.* valiente; valeroso; intrépido.

valid ['vælɪd] *adj.* válido; valedero.

validity [væ'lɪdɪti] *n.* validez *f.*

valise [və'li:z] *n., Am. E.* (small case) maleta *f.* (de mano).

valley ['vælɪ] *n., Geogr.* valle *m.*

valor, valour (Br.E) ['vælər] *n.* valor *m*; valentía *f.*

value ['vælju:] *n.* **1.** valor *m.* **2.** (price) precio *m*; importe *m.* **3.** (worth) valía *f*; mérito *m.* ‖ *v. tr.* **4.** valorar. **5.** (appreciate) apreciar; estimar.

valve [vælv] *n., Tech. & Anat.* válvula *f.*

van [væn] *n.* **1.** *Car* camioneta *f*; furgoneta *f.* **2.** *Br. E.* (train) furgón *m.*

vanguard ['væn.gɑ:rd] *n.* vanguardia *f.*

vanilla [və'nɪlə] *n.* vainilla *f.*

vanish ['vænɪʃ] *v. intr.* (disappear) desvanecerse; desaparecer.

vanity ['vænəti] *n.* vanidad *f.*

vantage ['væntɪdʒ] *n.* ventaja *f.*

vapor, vapour (Br.E) ['veɪpər] *n.* **1.** (on glass) vaho *m.* **2.** (steam) vapor *m.*

vaporize ['væpəraɪz] *v. tr.* **1.** vaporizar. ‖ *v. intr.* **2.** (change into vapor) evaporarse; vaporizarse.

variable ['veriəbəl] *adj.* (changeable) variable; cambiante; versátil.

variety [və'raɪəti] *n.* (diversity) variedad *f*; diversidad *f.*

various ['veriəs] *adj.* **1.** (motives, ways) vario; varios. **2.** (different) diferente; diversos *pl.*

varnish ['vɑ:rnɪʃ] *n.* **1.** barniz *m.* **2.** *Br. E.* (for nails) esmalte *m.* ‖ *v. tr.* **3.** barnizar; lacar.

vary ['veri] *v. tr. & intr.* variar.

vase [veɪz] *n.* florero *m*; jarrón *m.*

vast [væst] *adj.* **1.** (huge) vasto; extenso; enorme.

VAT [væt] *acron.* (Value-Added Tax) Iva (Impuesto sobre el Valor Añadido).

vault [vɔ:lt] *n.* **1.** *Archit.* bóveda *f.* **2.** (cellar) sótano *m.*

vaunt [vɔ:nt] *v. tr. & intr.* hacer gala de; hacer alarde de.

veal [vi:l] *n., Gastr.* (meat) carne de ternera; ternera *f.*

vegetable ['vedʒtəbəl] *n.* **1.** vegetal *m.* **2.** (food) verdura *f*; hortaliza *f.*

vegetarian [ˌvedʒə'teriən] *adj. & n.* vegetariano *m.*

vehemence ['vi:əmən s] *n.* (energy) vehemencia *f.*; ímpetu *f.*

vehicle ['vi:ıkəl] *n.* vehículo *m.*

veil [veıl] *n.* **1.** velo *m.* ‖ *v. tr.* **2.** velar; taparse (con velo).

vein [veın] *n.* **1.** *Anat.* vena *f.* **2.** *Miner.* veta *f.*; filón *m.*

velodrome [velə'droum] *n., Sports* velódromo *m.*

velvet ['velvıt] *n.* terciopelo *m.*

venerate ['venəreıt] *v. tr.* venerar.

veneration [venə'reıʃən] *n.* veneración *f.*; culto *m.*; adoración *f.*

venison ['venəzən] *n., Gastr.* (meat) carne de venado.

venom ['venəm] *n.* (malice) veneno *m.*; malicia *m.*

vent [vent] *n.* **1.** orificio *m.* ‖ *v. tr.* **2.** (feelings) desahogar.

ventilate ['ventıleıt] *v. tr.* ventilar; airear.

ventilation [ventə'leıʃən] *n.* ventilación *f.*; aireación *f.*

ventilator ['ventə,leıtər] *n.* **1.** ventilador *m.* **2.** *Med.* respirador (artificial).

ventricle [ventrəkəl] *n., Anat.* ventrículo *m.*

venture ['ventʃər] *n.* **1.** aventura *f.*; riesgo *m.* ‖ *v. tr.* **2.** aventurar; arriesgar. ‖ *v. intr.* **3.** aventurarse; atreverse; osar.

veranda or verandah [vəˈrændə] *n.* (gallery) galería *f.*; terraza *f.*

verb [vɜːb] *n., Ling.* verbo *m.*

verbal ['vɜːbəl] *adj.* verbal.

verbosity [vɜːˈbɒsəti:] *n.* verbosidad *f.*; locuacidad *f.*

verdict ['vɜːdıkt] *n., Law* veredicto *m.*; fallo *m.*; setencia *f.*

verge [vɜːdʒ] *n.* borde *m.*

verification [verəfəˈkeıʃən] *n.* comprobación *f.*; verificación *f.*

verify ['verıfaı] *v. tr.* verificar; comprobar; constatar.

vermilion [vərˈmıljən] *n.* **1.** bermellón *m.* ‖ *adj.* **2.** bermejo.

versatile ['vɜːsətaıl] *adj.* (manysided) versátil; polifacético.

verse [vɜːs] *n.* **1.** verso *m.* **2.** *Lit.* (stanza) estrofa *f.* **3.** (of song) copla *f.*

versify ['vɜːsəfaı] *v. tr. & intr.*, *Lit.* versificar; rimar.

version ['vɜːʒən] *n.* versión *f.*

vertebra [vɜːˈtəbrə] *n., Anat.* vértebra *f.*

vertex ['vɜːteks] (pl.: vertexes or vertices) *n.* **1.** *Math. & Anat.* vértice *m.* **2.** *fig.* (height) cúspide *f.*; ci-ma *f.*

vertical ['vɜːtıkəl] *adj.* **1.** vertical. ‖ *n.* **2.** *Math.* vertical *f.*

very ['veri:] *adj.* **1.** (prenominal) mismo. ‖ *adv. quant.* **2.** muy.

vesper ['vespər] *adj.* vespertino.

vessel ['vesəl] *n.* **1.** *frml.* vasija *f.* **2.** *Nav.* (ship) navío *m.*; barco *m.*; buque *m.* **3.** *Anat.* vaso *m.*

vest [vest] *n.* **1.** *Am. E.* chaleco *m.* **2.** *Br. E.* (undergarment) camiseta *f.* (interior).

vet [vet] *n.* veterinario *m.*

veteran ['vetərən] *adj.* & *n.* veterano *m.*

veterinary ['vetərənəri:] *adj.* veterinario *m.* ‖ ~ **science** veterinaria *f.*

veto ['vi:tou] *n.* **1.** veto *m.;* prohibición *f.* ‖ *v. tr.* **2.** vetar. **3.** (forbid) vedar.

via ['vaiə] *prep.* vía; por.

viable ['vaiəbəl] *adj.* viable.

viand ['vaiənd] *n.* **1.** vianda *f.* ‖ **viands** *n. pl.* **2.** viandas *f. pl.*

vibrate ['vaibreit] *v. intr.* vibrar.

vice [vais] *n.* vicio *m.*

vicinity [və'sinəti:] *n.* (neighborhood) vecindad *f.*

vicious ['viʃəs] *adj.* cruel.

victim ['viktəm] *n.* víctima *f.*

victor ['viktər] *n.* (winner) vencedor *m.;* triunfador *m.*

victory ['viktəri:] *n.* victoria *f.;* triunfo *m.*

video ['vidiou] *n.* **1.** vídeo *m.* **2.** *Mus.* videoclip *m.* ‖ ~ **club** videoclub *m.*

view [vju:] *n.* **1.** vista *f.;* panorama *f.* **2.** (opinion) opinión *f.* ‖ *v. tr.* **3.** (look) ver; mirar. **4.** (look on) contemplar.

viewer ['vju:ər] *n.* (TV) telespectador *m.*

viewpoint ['vju:pɔint] *n.,* *fig.* punto de vista.

vigilance ['vidʒələns] *n.* vigilancia *f.;* custodia *f.*

vigor, vigour (Br.E) ['vigər] *n.* vigor *m.;* energía *f.;* fuerza *f.*

vile [vail] *adj.* vil; bastardo.

vilify ['viləfai] *v. tr.* (reuile) vilipendiar; difamar.

villa ['vilə] *n.* villa *f.*

village ['vilidʒ] *n.* **1.** (small town) poblado. **2.** (larger) pueblo *m.*

villain ['vilən] *n.* **1.** malvado *m.;* villano *m.* **2.** *Lit.* píca-ro *m.*

villainy ['vilni:] *n.* (despicable act) villanía *f.;* infamia *f.;* vileza *f.*

vinaigrette [vinəgret] *n., Gastr.* (sauce) vinagreta *f.*

vine [vain] *n.* **1.** *Bot.* vid *f.* **2.** (climbing) parra *f.*

vinegar ['vinəgər] *n.* vinagre *m.*

vinegary ['vinəgəri:] *adj.* (taste) avinagrado; ácido.

vineyard ['vinjərd] *n.* viña *f.*

vintage [vintidʒ] *adj.* **1.** (wine) añejo. ‖ *n.* **2.** (year) cosecha *f.* **3.** (harvest) vendimia *f.;* recogida *f.*

violate ['vaiəleit] *v. tr.* violar.

violence ['vaiələns] *n.* violencia *f.*

violent ['vaiələnt] *adj.* violento.

violet ['vaiəlit] *n.* **1.** *Bot.* (flower) violeta *f.* **2.** (color) violeta *m.*

violin ['vaiəlin] *n., Mus.* violín *m.*

violoncello [ˌvaiələn'tʃelou] *n., Mus.* (instrument) violonchelo *m.*

viper ['vaipər] *n., Zool.* víbora *f.*

virgin ['vɜ:rdʒən] *n.* virgen *m.* y *f.*

virile ['virail] *adj.* viril; varonil.

virtual ['vɜ:rtʃuəl] *adj.* virtual.

virtue ['vɜ:rtu:] *n.* **1.** virtud *f.* **2.** (advantage) ventaja *f.*

virus ['vaɪrəs] *n.*, *Med.* virus *m.*

visa ['viːsə] *n.* **1.** visado *m.*; visa *f.* *Amér.* ‖ *v. tr.* **2.** (passport) visar.

viscous ['vɪskəs] *adj.* viscoso.

viscus ['vɪskəs] (pl.: viscera) *n.*, *Anat.* víscera *f.*; entrañas *f. pl.*

visible ['vɪzəbəl] *adj.* visible.

vision ['vɪʒən] *n.* **1.** (faculty) visión *f.* **2.** (eyesight) vista *f.*

visit ['vɪzɪt] *n.* **1.** visita *f.* ‖ *v. tr.* **2.** visitar.

visitor ['vɪzɪtər] *n.* visita *f.*

visor ['vaɪzər] *n.* visera *f.*

visual ['vɪʒwəl] *adj.* visual.

vital ['vaɪtəl] *adj.* **1.** (necessary for life) vital. **2.** (essential) esencial.

vitamin ['vaɪtəmɪn] *n.* vitamina *f.*

vivacious [vaɪ'veɪtʃəs] *adj.* (lively) vivaz; vivo; vivaracho.

vivid ['vɪvɪd] *adj.*, *fig.* vivo.

vividness ['vɪvədnɪs] *n.* viveza *f.*; intensidad *f.*; vehemencia *f.*

vocabulary [vouˈkæbjələri] *n.* vocabulario *m.*; léxico *m.*

vocal ['voukəl] *adj.* vocal.

vocalize, vocalise (Br.E) ['vɒkəlaɪz] *v. tr.* vocalizar.

vogue [voug] *n.* boga *f.*; moda *f.* ‖ in ~ en boga; de moda.

voice [vɔɪs] *n.* **1.** voz *f.* ‖ *v. tr.* **2.** (opinion) expresar.

volcano [vɒlˈkeɪnou] *n.*, *Geol.* volcán *m.*

volleyball ['vɒliˌbɔːl] *n.*, *Sports* balonvolea *m.*; voleibol *m.*

volt [voult] *n.*, *Electron.* voltio *m.*

volume ['vɒljuːm] *n.* **1.** *Math.* volumen *m.* **2.** *Phys.* (sound) volumen *m.* **3.** (tome) volumen *m.*

voluntary ['vɒləntəri] *adj.* voluntario.

voluptuous [vəˈlʌptʃuəs] *adj.* (sensual) voluptuoso; sensual.

voluptuousness [vəˈlʌptʃuəsnɪs] *n.* voluptuosidad *f.*

vomit ['vɒmɪt] *n.* **1.** vómito *m.* ‖ *v. intr.* **2.** vomitar.

voracious [vəˈreɪʃəs] *adj.* voraz.

vote [vout] *n.* **1.** voto *m.*; sufragio *m.* ‖ *v. intr.* **2.** votar.

voter ['voutər] *n.* votante *m. y f.*

voting ['voutɪŋ] *n.* votación *f.*

voucher ['vautʃər] *n.* **1.** *Br. E.* vale *m.*; bono *m.* **2.** (document) resguardo *m.*

vow [vau] *n.* **1.** *Rel.* voto *m.* ‖ *v. intr.* **2.** hacer voto de.

voyage [vɔɪɪdʒ] *n.* viaje.

voyeur ['vɔɪər] *n.* mirón *m. pey.*

vulgar [(vʌlgər] *adj.* **1.** vulgar; ordinario; grosero. **2.** (tasteless) de mal gusto.

vulnerable ['vʌlnərəbəl] *adj.* (weak) vulnerable; débil.

vulture ['vʌltʃər] *n.* **1.** *Zool.* buitre *m.* **2.** *fig.* (person) buitre *m.*

vulva ['vʌlvə] *n.*, *Anat.* vulva *f.*

w ['dʌbəlju] *n.* (letter) w *f.*

wad [wɒd] *n.* **1.** (of paper) taco *m.* **2.** (of bills) fajo *m.* ‖ *v. tr.* **3.** (fill) rellenar.

waffle ['wɒfəl] *n., Gastr.* gofre *m.*

wag [wæg] *v. tr.* **1.** (tail) menear; mover. ‖ *v. intr.* (tail) menearse. ‖ *n.* **3.** (waggle) meneo *m.*

wage [weidʒ] *n.* **1.** (rate of pay) sueldo *m.*; salario *m.* ‖ **wages** *n. pl.* **2.** (salary) nómina *f. sing.*

wager ['weidʒər] *n.* **1.** apuesta *f.* ‖ *v. tr. & intr.* **2.** *lit.* apostar.

wagon, waggon (Br.E) [(wægən] *n.* **1.** carreta *f.* **2.** (lorry) furgón *m.* **3.** Br. E. (for goods) vagón *m.*

waist [weist] *n., Anat.* cintura *f.*

waistcoat ['weis,kout] *n.,* Br. E. (vest) chaleco *m.*

wait [weit] *n.* **1.** espera *f.* ‖ *v. intr.* **2.** esperar; aguardar.

waiter ['weitər] *n.* (servant) camarero *m.*; mozo *m.*; mesero *m.*, *Amér.*

waiting ['weitɪŋ] *n.* espera *f.* ‖ **~ room** sala de espera.

waitress ['weitris] *n.* camarera *f.*

wake [weik] *v. intr. n.* **1.** despertarse. ‖ **2.** (for a death) velatorio *m.* ‖ **~ up** despertar; despabilarse; espabilar.

walk [wɔːk] *n.* **1.** (short) paseo *m.*; vuelta *f.* **2.** (long) caminata *f.*

3. (gait) paso *m.* ‖ *v. intr.* **4.** caminar; andar.

walkie-talkie [wɔːkɪˈtɔːkiː] *n.* walkie-talkie *m.*

wall [wɔː] *n.* **1.** muro *m.*; tapia *f.*; muralla *f.* **2.** (in a house) pared *f.* ‖ *v. tr.* **3.** amurallar.

wallet [(wɒlit] *n.* (billfold) cartera *f.*; billetero *m.*

wallflower ['wɔːl,flauər] *n., Bot.* (plant) alhelí *m.*

walnut ['wɔːlnət 'wɔːlnʌt] *n.* **1.** *Bot.* (nut) nuez *f.* **2.** *Bot.* (wood) nogal *m.*

walrus ['wɒlrəs] *n., Zool.* morsa *f.*

waltz [wɔːls] *n., Mus.* vals *m.*

wander ['wɒndər] *n.* **1.** paseo *m.*; vuelta *f.* ‖ *v. intr.* **2.** pasear.

wane [wein] *v. intr.* **1.** amainar; calmar. **2.** (moon) menguar.

want [wɒnt] *n.* **1.** necesidad *f.* **2.** (poverty) pobreza *f.* ‖ *v. tr.* **3.** querer; desear. **4.** (need) necesitar; hacer falta.

war [wɔːr] *n.* guerra *f.*

warble ['wɔːrbəl] *n.* trino *m.*

ward [wɔːrd] *n.* **1.** sala *f.* (de hospital). **2.** (person) pupilo *m.* **3.** (of key) guarda *f.*

warden ['wɔːrdən] *n.* **1.** (guard) guardián *m.* **2.** (of hostel, house) encargado *m.*

wardrobe ['wɔːrdroub] *n.* **1.** armario *m.*; ropero *m.* **2.** (clothes cupboard) guarraropa *m.* **3.** (clothes) vestuario *m.*

warehouse ['wer,haus] *n.* **1.** almacén *m.*; depósito *m.* ‖ *v. tr.* **2.** (store) almacenar.

warfare ['wɔ:rˌfer] n. guerra f.

warm [wɔ:rm] adj. **1.** (hands) caliente. **2.** Meteor. cálido; caluroso. **3.** (welcome) acogedor. ‖ v. tr. **4.** calentar.

warmth [wɔ:rmθ] n. calor m.

warn [wɔ:rn] v. tr. **1.** avisar; advertir; prevenir. **2.** Sports amonestar; reprender.

warning ['wɔ:rnɪŋ] n. **1.** (of danger) aviso m.; advertencia f. **2.** (punishment) amonestación f.; reprimenda f.

wart ['wɔ:rt] n., Med. verruga f.

wary ['weri:] adj. (cautious) cauteloso; prudente.

wash [wɒʃ] n. **1.** colada f. **2.** (of paint) capa f. **3.** (of water) remolino m. ‖ v. tr. **4.** lavar. **5.** (dishes) fregar.

washbasin ['wɒʃˌbeɪsɪŋ] n. **1.** Br. E. lavabo m. **2.** Br. E. (bowl) palangana f.

washbowl ['wɒʃˌboul] n. **1.** Am. E. lavabo m. **2.** Am. E. (bowl) palancana f.

washroom ['wɒʃˌrʊruːm] n., Am. E. lavabo m.; servicio m.

washstand ['wɒʃˌstrænd] n. (furniture) lavabo m.

wasp [wɒsp] n., Zool. avispa f.

waste [weɪst] adj. **1.** desechado. **2.** (land) baldío. ‖ n. **3.** desperdicio m.; desecho m. **4.** (of money) derroche m. **5.** (of effort, time) pérdida f. ‖ v. tr. **6.** desperdiciar. **7.** (money) derrochar; despilfa-

rrar; malgastar. **8.** (opportunity, space) desaprovechar. **9.** (time) perder.

wastebasket ['weɪstˌbæskɪt] n., Am. E. papelera f.

wastefulness ['weɪstfəlnɪs] n. (waste) despilfarro m.; derroche m.; desperdicio m.

wasteland ['weɪstˌlænd] n., Geogr. (wasteground) yermo m.; baldío m.

watch [wɒtʃ] n. **1.** vigilancia f. **2.** (for wrist) reloj m. ‖ v. tr. **3.** observar; mirar. ‖ v. intr. **4.** (keep an eye on) vigilar.

watchtower ['wɒtʃˌtaʊər] n. (tower) atalaya f.; vigía f.

watchword ['wɒtʃˌwɔ:rd] n. (password) contraseña f.; consigna f.

water ['wɔ:tər] n. **1.** agua m. ‖ v. tr. **2.** (plant) regar. ‖ v. intr. **3.** (eyes) llorar.

watercress ['wɔ:tərˌkres] n., Bot. (vegetable) berro m.

waterfall ['wɔ:tərˌfɔ:l] n. **1.** Geogr. (cascade) cascada f. **2.** Geogr. (large) catarata f.

watermelon ['wɔ:tərˌmelən] n., Bot. (fruit) sandía f.

waterproof ['wɔ:tərˌpru:v] adj. **1.** (material) impermeable. ‖ n. **2.** impermeable m. ‖ v. tr. **3.** impermeabilizar.

watersport ['wɔ:tərˌspɔ:rt] n. , Meteor. tromba f.

watt [wɒt] n., Electron. vatio m.

wave [weɪv] *n.* **1.** (sea) ola *f.* **2.** (in hair) onda *f.;* ondulación *f.* **3.** *fig.* (of ire, crime) oleada *f.* ‖ *v. tr.* **4.** (shake) agitar. **5.** (flag, hair) ondular.

wax[1] [wæks] *n.* **1.** cera *f.* **2.** (in ear) cerumen *m.* ‖ *v. tr.* **3.** (polish) encerar.

wax[2] [wæks] *v. intr.*, *Astron.* (moon) crecer.

way [weɪ] *n.* **1.** (route) camino *m.;* ruta *f.* **2.** (means) manera *f.;* forma *f.;* modo *m.* ‖ **by the ~** por cierto, a propósito.

we [wiː] *pron. pers. nomin. 1st. pl* nosotros, -tras.

weak [wiːk] *adj.* **1.** débil; lánguido. **2.** (soft) blando. **3.** (person) endeble; enclenque.

weaken [ˈwiːkən] *v. tr.* **1.** debilitar. **2.** (person) flojear. ‖ *v. intr.* **3.** (physically) debilitarse; desfallecer.

weakness [ˈwiːknɪs] *n.* (frailty) debilidad *f.;* flaqueza *f.*

wealth [welθ] *n.* (opulence) riqueza *f.;* opulencia *f.*

wealthy [ˈwelθi:] *adj.* (rich) adinerado; rich.

weapon [ˈwepən] *n.* arma *f.*

wear [wer] *n.* **1.** uso *m.* **2.** (deterioration) desgaste *m.* ‖ *v. tr.* **3.** llevar puesto; vestir. **4.** (shoes) calzar. ‖ *v. intr.* **5.** (erode) deteriorar; estropear.

weariness [ˈwɪrɪnɪs] *n.* cansancio *m.;* hastío *m.;* fatiga *f.*

weary [ˈwɪri:] *adj.* **1.** aburrido. ‖ *v. tr.* **2.** cansar; aburrir. ‖ *v. intr.* **3.** cansarse; aburrirse.

weather [ˈweðər] *n.* *Meteor.* tiempo *m.*

weave [wi:v] *n.* **1.** (of fabric) tejido *m.* ‖ *v. tr.* **2.** tejer. **3.** (intrigues) urdir.

web [web] *n.*, *Comput.* (www) web *f.*

wedding [ˈwedɪŋ] *n.* boda *f.;* matrimonio *m.* ‖ **golden ~** bodas de oro.

Wednesday [ˈwenzdi:] *n.* miércoles *m.*

weed [wiːd] *n.* **1.** *Bot.* mala hierba. ‖ *v. tr.* **2.** (garden) escardar; desherbar.

week [wiːk] *n.* semana *f.*

weekend [ˈwiːkend] *n.* fin de semana; weekend *m. angl.*

weekly [ˈwiːkli:] (pl. lies) *adj.* **1.** semanal. ‖ *n.* **2.** (publication) semanario *m.*

weenie [ˈwiːni:] *n.*, *Am. E.*, *coll.* (children little penis) pilila *f. vulg.;* pito *m.*, *vulg.;* pipí, *Amér.*

weep [wiːp] *v. tr.* **1.** (tears) derramar. ‖ *v. intr.* **2.** (cry) llorar.

weeping [ˈwiːpɪŋ] *adj.* **1.** llorón; lloroso. ‖ *n.* **2.** (cry) lloro *m.;* llanto *m.*

weepy [ˈwiːpi:] *adj.* (person) lacrimógeno; llorón *m.*

weft [weft] *n.* (woof) trama *f.*

weigh [weɪ] *v. tr. & intr.* **1.** pesar. **2.** *fig.* (ponder) ponderar.

weight ['weɪt] *n.* **1.** peso *m.* **2.** (of scales) pesa *f.*

weird [wɪrd] *adj.* (strange) raro; extraño; anómalo.

welcome ['welkəm] *adj.* **1.** bienvenido. || *n.* **2.** bienvenida *f.;* acogida *f.;* recibimiento *m.* || *v. tr.* **3.** (receive) dar la bienvenida; acoger; recibir.

weld ['weld] *v. tr.* soldar.

welfare ['welˌfer] *n.* bienestar *m.*

well[1] [wel] *adv.* **1.** bien. || *adv.* **2.** (sentence connector) bien; pues. || **well!** *interj.* **3.** ¡vaya!; ¡anda!

well[2] [wel] *n.* pozo *m.*

well-built ['welˌbɪlt] *adj.* fornido.

west [west] *n.* **1.** oeste *m.;* occidente *m.* || *adj.* **2.** occidental.

wet [wet] *adj.* **1.** mojado. **2.** (moist) húmedo. **3.** (rainy) lluvioso. || *v. tr.* **4.** mojar; humedecer. || *v. intr.* **5.** mojarse.

whale [weɪl] *n., Zool.* ballena *f.*

wharf [wɔːf] *n., Nav.* (quay) muelle *m.;* embarcadero *m.;* desembarcadero *m.*

what [wɒt] *adj. int.* **1.** qué. || *pron. int.* **2.** qué. || *pron. rel.* **3.** lo que.

whatever [wɒtˈevər] *pron.* cuanto.

wheat [wiːt] *n., Bot.* trigo *m.*

wheedle ['wiːdl] *v. tr.* engatusar.

wheel [wiːl] *n.* rueda *f.*

wheelbarrow ['wiːlˌbærou] *n.* carretilla *f.*

when [wen] *n.* **1.** cuándo *m.* || *pron. rel.* **2.** en que. || *conj.* **3.** cuando. **4.** (although) cuando. || *adv. int.* **5.** cuándo. || *adv. excl.* **6.** cuándo. || **since ~ ?** ¿de cuándo acá?

whence [wens] *adv., lit.* de donde.

whenever [wenˈevər] *conj.* **1.** cada vez que; siempre que. **2.** cuando quiera que.

where [wer] *n.* **1.** dónde *m.* || *adv.* **2.** dónde. **3.** (with verbs of movement) adónde. **4.** (as a relative) donde; adonde.

whereabouts ['weərəˌbauts] *n.* (place) paradero *m.*

whereas [werˈæz] *conj.* mientras que.

whereupon [ˌwerəˈpɒn] *conj., frml.* con lo cual.

wherever [werˈevər] *conj.* dondequiera que.

whet [wet] *v. tr.* **1.** (tool) afilar. **2.** (appetite) estimular.

whether [weðər] *conj.* si.

whey [weɪ] *n.* (of milk) suero *m.* (de la leche).

which [wɪtʃ] *adj. int.* **1.** qué. || *pron. int.* **2.** cuál. || *pron. rel.* **3.** que; el cual.

while [waɪl] *conj.* **1.** mientras. **2.** (whereas) mientras que. **3.** (although) aunque. || *n.* **4.** rato *m.*

whim [wɪm] *n.* (caprice) capricho *m.;* antojo *m.*

whimper ['wɪmpər] *n.* **1.** gimoteo *m.* ‖ *v. intr.* **2.** (whine) gimotear; lloriquear.

whine [waɪn] *n.* **1.** (of pain) quejido *m.* **2.** (of animal) gemido *m.* ‖ *v. intr.* **3.** decir gimoteando. ‖ *v. intr.* **4.** (child) gimotear. **5.** (of animal) gemir.

whinny ['wɪni:] *v. intr.* relinchar.

whip [wɪp] *n.* **1.** látigo *m.* **2.** *Horse.* fusta *f.* ‖ *v. tr.* **3.** azotar; fustigar. **4.** *Gastr.* (egg whites, cream) batir; montar. **5.** *Zool.* (horses) hostigar.

whirl [wɜːrl] *n.* **1.** vuelta. **2.** (of dust) remolino *m.* ‖ *v. intr.* **3.** dar vueltas.

whirlpool ['wɜːrpuːl] *n.* (eddy) remolino *m.*

whirlwind ['wɜːrl‚wɪnd] *n.* (twister) torbellino *m.*

whisker ['wɪskər] *n.* bigote *m.*

whiskey, whisky (Br.E) ['wɪski:] *n.* (drink) whisky *m.*

whisper ['wɪspər] *n.* **1.** susurro *m.*; murmullo *m.* ‖ *v. intr.* **2.** cuchichear; susurrar; murmurar.

whistle ['wɪsəl] *n.* **1.** silbato *m.* pito *m.* **2.** (sound) silbido *m.*; pitido *m.* ‖ *v. intr.* **3.** silbar. **4.** (with a device) pitar.

white [waɪt] *adj.* **1.** (color) blanco. **2.** (skin) pálido. **3.** (hair) canoso. ‖ *n.* **4.** (color) blanco *m.* **5.** (of egg) clara *f.* (de huevo).

whiten ['waɪtən] *v. tr.* **1.** blanquear. ‖ *v. intr.* **2.** (face) palidecer.

who [huː] *pron. int.* **1.** quién. ‖ *pron. rel.* **2.** que; quien; el cual.

whoever [huːˈœvər] *pron.* quien; quienquiera (+ frase relativa).

whole [hoʊl] *adj.* **1.** entero; íntegro. ‖ *n.* **2.** conjunto *m.*; total *m.*

whom [huːm] *pron. int.* **1.** quién (+ prep.). ‖ *pron. rel.* **2.** quien (+ prep.); el cual.

whore ['wɔːr] *n. vulg.* (tart) prostituta *f.*; zorra *f.* *pey.*

whose [huːz] *adj. rel.* **1.** cuyo. ‖ *pron. rel.* **2.** (in questions) de quién.

why [waɪ] *adv.* **1.** cómo. ‖ *conj.* **2.** por qué. ‖ *n.* **3.** porqué *m.* ‖ **that is** ~ de ahí que.

wickedness ['wɪkɪdnɪs] *n.* (evilness) maldad *f.*; malicia *f.*; crueldad *f.*; vileza *f.*

wicker ['wɪkər] *n.* mimbre *m.*

wicket ['wɪkɪt] *n.* (of door) postigo *m.*; contraventana *f.*

wide [waɪd] *adj.* **1.** ancho. **2.** (know-ledge) extenso. **3.** (area) amplio.

widen ['waɪdən] *v. tr.* (extend) ensanchar; ampliar.

widow ['wɪdoʊ] *n.* viuda *f.*

widower ['wɪdoʊər] *n.* viudo *m.*

widowhood ['wɪdoʊ‚hʊd] *n.* (woman's) viudedad *f.*

width [wɪdθ] *n.* anchura *f.*

wield ['wiːld] *v. tr.* (weapon) empuñar; esgrimir; blandir.

wife [waɪf] n. esposa f.; señora f.; mujer f.

wig [wɪg] n. peluca f.

wild [waɪld] adj. 1. salvaje. 2. (garden) silvestre. 3. (unruly) desenfrenado.

wildcat ['waɪldˌkæt] n., Zool. (feline) gato montés.

wildebeest ['wɪldəˌbiːst] n., Zool. (antelope) ñu m.

wildness ['waɪldnɪs] n. 1. fiereza f. 2. (of behavior) desenfreno m.

wiles [waɪlz] n. artimañas f. pl.

will[1] [wɪl] n. 1. voluntad f. 2. Law testamento m. ‖ v. tr. 3. (want) querer.

will[2] [wɪl] v. aux. 1. (+ infinitive) futuro [He will come. Vendrá.] 2. ser [It will be right. Será correcto.]

willingness ['wɪlɪnnɪs] n. buena voluntad; talante m.

willow ['wɪloʊ] n. Bot. (tree) sauce m.; mimbrera f.

wilt ['wɪlt] v. tr. 1. Bot. marchitar. ‖ v. intr. 2. Bot. marchitarse.

win [wɪn] n. 1. triunfo m.; victoria f. ‖ v. tr. 2. ganar; vencer.

wind[1] [wɪnd] n. 1. viento m.; aire m. 2. (breath) aliento m. 3. Med. flato m.

wind[2] [wɪnd] v. tr. 1. arrollar; devanar. 2. (clock) dar cuerda. ‖ v. intr. 3. (river, path) serpentear; zigzaguear.

windmill ['wɪndˌmɪl] n. molino de viento.

window ['wɪndoʊ] n. 1. ventana f. 2. (small) ventanilla f.

windscreen ['wɪndskriːn] n., Br. E., Car parabrisas m. inv.

windshield ['wɪndˌʃiːld] n., Am. E., Car parabrisas m. inv.

windsurfing ['wɪndˌsɜːrfɪŋ] n., Sports windsurf m.

wine [waɪn] n. vino m. ‖ ~ **cellar** bodega f. **red** ~ vino tinto.

wineglass ['waɪnˌglæs] n. copa f. (de vino).

wing [wɪŋ] n. 1. ala f. 2. (building) ala f. 3. Sports (player) extremo m.; ala f. 4. Polit. ala f. 5. Br. E., Car alero m.

wingspan ['wɪŋsˌpæn] n. (importance) envergadura f.

wink [wɪŋk] n. 1. guiño m. ‖ v. tr. 2. guiñar. ‖ v. intr. 3. (eyes) guiñar. 4. (light) parpadear.

winner ['wɪnər] n. ganador m.; vencedor m.; campeón m.

winter ['wɪntər] n. 1. invierno m. ‖ v. intr. 2. invernar.

wipe ['waɪp] n. 1. pasada f. ‖ v. tr. 2. (with a cloth) limpiar.

wire ['waɪər] n. 1. alambre m. 2. (telegram) cable m. ‖ v. tr. 3. telegrafiar.

wisdom [(wɪzdəm] n. (knowledge) sabiduría f.; sapiencia f.

wise [waɪz] adj. sabio.

wish [wɪʃ] n. 1. deseo m. ‖ v. tr. 2. desear; querer.

wit [wɪt] n. 1. gracia f.; ingenio m.; salero m. fig. 2. (humor) chispa f.

witch ['wɪtʃ] *n.* (wizard) bruja *f.*; hechicera *f.*

witchcraft ['wɪtʃkræft] *n.* brujería *f.*; hechicería *f.*

with [wɪð] *prep.* **1.** (using) con. **2.** (accompanying) con; junto con; en compañía de.] **3.** (description) con. **4.** (caused by) con.

withdrawal [wɪˈdrɔːəl] *n.* retirada *f.*

wither ['wɪðər] *v. intr. Bot.* (flower, plant) marchitarse.

withhold [wɪˈðhould] *v. tr.* **1.** (money) retener. **2.** (truth, information) ocultar. **3.** (deny) negar.

within [wɪˈðɪn] *adv.* **1.** dentro. || *prep.* **2.** dentro de.

without [wɪˈðaʊt] *prep.* sin.

witness ['wɪtnɪs] *n.* **1.** testigo *m. y f.* || *v. tr.* **2.** presenciar; atestiguar; ser testigo de.

witty ['wɪti] *adj.* **1.** agudo; ingenioso. **2.** (lively) chispeante.

wizard ['wɪzərd] *n.* (sorcerer) hechicero *m.*; brujo *m.*; mago *m.*

wobble ['wɒbəl] *n.* **1.** (of furniture) tambaleo *m.* || *v. intr.* **2.** tambalear; cojear (muebles).

woe [woʊ] *n.* pena *f.*; aflicción *f.*

wolf [wʊlf] *n., Zool.* lobo *m.*

woman ['wʊmən] (pl.: women) *n.* mujer *f.*; hembra *f.*

womb [wuːm] *n., Anat.* (uterus) útero *m.*; matriz *f.*; seno *m.*

women ['wɪmɪn] *woman.

wonder ['wʌndər] *n.* **1.** maravilla *f.*; portento *m.*; prodigio *m.* || *v. intr.* **2.** preguntarse.

wonderful ['wʌndərfəl] *adj.* (marvelous) maravilloso; formidable; extraordinario.

woo ['wuː] *v. tr. & intr.* (court) cortejar; galantear.

wood [wʊd] *n.* **1.** (material) madera *f.* **2.** (for making fire) leña *f.*

woodland ['wʊdlænd] *n.* (forest) bosque *m.*

woodworm ['wʊdwɜːrm] *n., Zool.* (termite) carcoma *f.*; termita *f.*

wool [wʊl] *n.* lana *f.*

word [wɜːrd] *n.* **1.** *Ling.* palabra *f.*; voz *f.*; vocablo *m.* **2.** (password) santo y seña. || *v. tr.* **3.** redactar.

work [wɜːrk] *n.* **1.** trabajo *m.*; faena *f.* **2.** (action) obra *f.*; labor *m.* || *v. tr.* **3.** trabajar. || *v. intr.* **4.** trabajar. **5.** (machine) funcionar. **6.** (operate) obrar.

worker ['wɜːrkər] *n.* trabajador *m.*; peón *m.*; obrero *m.*

working ['wɜːrkɪŋ] *adj.* **1.** obrero. **2.** (day) laborable. || *n.* **3.** *Tech.* funcionamiento *m.* **4.** *Miner.* explotación *f.*

workshop ['wɜːrkʃɒp] *n.* **1.** *Tech.* taller *m.* **2.** *Educ.* (study group) estudio *m.*

world [wɜːrld] *adj.* **1.** mundial. || *n.* **2.** mundo *m.*; orbe *m. form.*

worldwide ['wɜːrldwaɪd] *adj.* mundial; global; universal.

worm [wɜːm] *n.* **1.** *Zool.* gusano *m.* **2.** *Zool.* (earth) lombriz *f.*

worried ['wʌrɪd] *adj.* (anxious) preocupado; inquieto.

worry ['wʌrɪ] *n.* **1.** inquietud *f.;* preocupación *f.* ‖ *v. tr.* **2.** inquietar; preocupar. ‖ *v. intr.* **3.** inquietarse; preocuparse.

worse [wɜːrs] *adj.* compar. **1.** peor. ‖ *adv.* compar. **2.** peor.

worsen ['wɜːrsən] *v. tr. & intr.* (get worse) empeorar; agravar.

worship ['wɜːrʃɪp] *n.* **1.** *Rel.* adoración *f.;* culto *m.;* veneración *f.* ‖ *v. tr.* **2.** *Rel.* adorar.

worst [wɜːrst] *adj.* sup. **1.** peor. **2.** ínfimo *form.* ‖ *adv.* sup. **3.** peor.

worth [wɜːrθ] *n.* **1.** valor *m.;* valía *f.* ‖ *adj.* **2.** digno de. ‖ **to be ~** valer. merecer.

wound ['waʊnd] *n.* **1.** herida *f.* ‖ *v. tr.* **2.** herir.

wow ['waʊ] *n.* **1.** éxito *m.* (sensacional). ‖ **wow!** *interj.* **2.** ¡atiza!; ¡zambomba!

wrap [ræp] *n.* **1.** (shawl) chal *m.* ‖ *v. tr.* **2.** (a present) envolver.

wrapper ['ræpər] *n.* (of food) envoltorio *m.;* envoltura *f.*

wrapping ['ræpɪŋ] *n.* envoltorio *m.;* envoltura *f.*

wrath [ræθ] *n., lit.* ira *f.;* cólera *f.*

wreath [riːθ] *n.* (of flowers and leaves) corona *f.*

wreck [rek] *n.* **1.** *Nav.* naufragio *m.* ‖ *v. tr.* **2.** *Nav.* zozobrar. **3.** *fig.* (life, career) arruinar.

wrest ['wrest] *v. tr.* arrebatar.

wrestle ['resəl] *v. intr., Sports* (fight) luchar; combatir.

wrestling ['reslɪŋ] *n., Sports* lucha *f.;* lucha libre.

wring ['wrɪŋ] *v. tr.* **1.** (clothes) escurrir; exprimir. **2.** (hands) retorcer.

wrinkle ['rɪŋkəl] *n.* **1.** arruga *f.* **2.** *Am. E.* (paper, cloth) arruga *f.* ‖ *v. tr.* **3.** (skin) arrugar. **4.** *Am. E.* (paper, cloth) arrugar.

wrist [rɪst] *n., Anat.* muñeca *f.*

write ['wraɪt] *v. tr.* **1.** escribir. **2.** (essay) redactar.

writer ['raɪtər] *n.* (autor) escritor *m.;* literato *m.;* autor *m.*

wrong [rɒŋ] *adj.* **1.** erróneo; falso. **2.** (incorrect) mal; incorrecto. ‖ *adv.* **3.** mal. ‖ *n.* **4.** (injustice) injusticia *f.* **5.** (offence) agravio *m.*

X

x ['eks] *n.* (letter) x *f.*

x-chromosome [num.] *n., Biol.* cromosoma x. [X-chromosome exists in pairs in female cells. *El cromosoma x aparece en parejas en las células femeninas.*]

xenofobe ['zenəfoub] *n.* xenófobo *m.*

xenophobia [ˌzenəˈfoubɪə] *n.* xenofobia *f.*

xenophobic [ˌzenəˈfoubɪk] *adj.* xenófobo.

xerox [zɪrɑːks] *v. tr.* fotocopiar; xerografiar.

xilography [zaɪˈlɒgrəfiː] *n.* (art) xilografía *f.*

XL [eksˈel] *abbrev., coll.* (talla) grande.

Xmas ['eksmɔs] *abbrev., coll.* (Christmas) Navidad *f.*

X-ray ['eksˌreɪ] *n.* **1.** radiografía *f.* ‖ *v. tr.* **2.** *Med.* radiografiar. ‖ **X-rays** *n. pl.* **3.** rayos X.

xylograph ['zaɪləgræf] *n., Print.* xilografía *f.*

xylography [zaɪˈlɒgrəfɪ] *n.* xilografía *f.*

xylophone ['zaɪləfoun] *n., Mus.* (instrument) xilófono *m.*

Y

y ['waɪ] *n.* (letter) y *f.*

yacht [jɒt] *n.* **1.** *Nav.* yate *m.* || *v. intr.* **2.** *Nav.* ir en yate. || **~ club** club náutico.

yam [jæm] *n.* **1.** *Bot.* ñame *m.* **2.** *Bot., Am. E.* (sweet potato) boniato *m.*

yard¹ [jɑːrd] *n.* **1.** (measure) yarda *f.* (0,914 m metros) **2.** *Nav.* verga *f.*

yard² [jɑːrd] *n.* **1.** patio *m.* **2.** (stockyard) corral *m.*

yawn [jɔːn] *n.* **1.** bostezo *m.* || *v. intr.* **2.** bostezar.

year [jɪr] *n.* **1.** año *m.* **2.** (academic) promoción *f.* (académica). || **years** *n.* **3.** *fig.* abriles *m.* años *m.* || **current ~** año en curso.

yearbook ['jɪrˌbʊk] *n.* anuario *m.*

yearly ['jɪrliː] *adv.* **1.** anualmente; cada año. || *adj.* **2.** anual.

yearn [jɜːrn] *v. intr.* (for sth) (long for) ansiar; anhelar; añorar.

yearning ['jɜːrnɪŋ] *n.* (desire) anhelo *m.*; ansia *f.*

yeast [jiːst] *n.*, *Gastr.* levadura *f.*

yell [jel] *n.* **1.** grito *m.*; alarido *m.* || *v. intr.* **2.** gritar; vociferar.

yes [jes] *adv.* **1.** (affirmation) sí. || *n.* **2.** (affirmation) sí *m.*

yesterday ['jestərdeɪ] *adv.* **1.** ayer. || *n.* **2.** ayer *m.*

yield [jiːld] *n.* **1.** *Econ.* rendimiento *m.*; producción *f.* || *v. tr.* **2.** (results) producir. **3.** (surrender) rendir. **4.** (money) rentar. || *v. intr.* **5.** rendirse; claudicar. **6.** (give way) ceder.

yoga ['jəʊgə] *n.* yoga *m.*

yoghurt or yoghourt or yogurt ['jɒgərt] *n.* yogur *m.*

yoke [jəʊk] *n.* **1.** yugo *m.* **2.** (of animals) yunta *f.* **3.** (of shirt, dress) canesú *m.*

yokel ['jəʊkəl] *n.* *Br. E.* (bumpkin) cateto; paleto *m.*

yolk [jəʊk] *n.* (of egg) yema *f.*

you [juː] *pron. pers. nomin. 2nd. person* **1.** (familiar, singular) tú; vos *Amér.* **2.** (familiar, plural) vosotros, -tras. **3.** (polite) usted. || *pron. pers.* (objective) **4.** (familiar, singular) te. **5.** (familiar, singular, + prep.) ti. **6.** (familiar, plural) os. **7.** (familiar, plural, + prep.) vosotros, -tras. **8.** (polite) le *m.*; les *m. pl.*; la *f.*; las *f. pl.* **9.** (polite, + prep) usted. || *pron. indef.* **10.** (impersonal) uno; se. || **with ~** (familiar, singular) contigo. (polite) consigo.

young [jʌŋ] *adj.* **1.** joven. **2.** (vegetables) tierno. || **~ people** juventud *f.*

your [jɔːr] *poss. adj. 2nd. person* **1.** (familiar, singular) tu; tuyo. **2.** (familiar, plural) vuestro. **3.** (formal) su; suyo (detrás del s.).

yours [jɔːrz] *poss. pron. 2nd. person* **1.** (familiar, singular) tuyo.

2. (familiar, plural) vuestro.
3. (formal) suyo. ‖ **of ~** tuyo (detrás del s.). (familiar, plural) vuestro. (formal) suyo (detrás del s.).

yourself [jɔːrˈself] *pron. pers. refl. 2nd. sing.* **1.** (familiar) te; ti (detrás de prep.). **2.** (formal) se; sí (detrás de prep.). ‖ *pron. pers. emphat. 2nd. sing.* **3.** (familiar) tú mismo. **4.** (formal) usted mismo (form.).

yourselves [jɔːrˈselvz] *pron. pers. refl. 2nd pl.* **1.** (familiar) os. **2.** (formal) se; sí (detrás de prep.). ‖ *pron. pers. emphat.* **3.** (familiar) vosotros mismos. **4.** (formal) ustedes mismos.

youth [juːθ] *n.* **1.** juventud *f.* **2.** (man) joven *m.* ‖ **~ hostel** albergue juvenil.

youthful [ˈjuːθfəl] *adj.* juvenil.

youthfulness [juːθfəlnɪs] *n.* juventud *f.*

yowl [joʊl] *n.* (howl) aullido *m.;* alarido *m.*

yo-yo [ˈjoʊjoʊ] *n.* yoyó *m.*

yuppie or yuppy [ˈjʌpiː] *n.* yuppie *m. y f.*

z

z ['zed] *n.* (letter) z *f.*

zapping ['zæpɪŋ] *n.* (TV) zapping *m.*

zarzuela [zɑːrsʊelə] *n.*, *Mus.* zarzuela *f.*

zeal [ziːl] *n.* celo *m.*; afán *m.*

zealot ['zelət] *n.* fanatic.

zebra ['ziːbrə] *n.*, *Zool.* cebra *f.* ‖ ~ **crossing** *Br. E.*, *Car* paso de cebra.

zenith ['ziːnɪθ] *n.* **1.** *Astron.* cenit *m.*; mediodía *f.* **2.** *fig.* apogeo *m.*

zero ['zɪrou] *n.* **1.** cero *m.* **2.** (at school) rosco *m. col.*

zigzag ['zɪɡˌzæɡ] *n.* zigzag *m.*

zinc [zɪŋk] *n.*, *Chem.* cinc *m.*; zinc *m.*

zip-fastener [zɪpfɑːsnər] *n.*, *Br. E.* cremallera *f.*

zipper ['zɪpər] *n.*, *Am. E.* cremallera *f.*

zodiac ['zoudɪæk] *p. n.*, *Astrol.* Zodiaco.

zombie or zombi ['zɒmbiː] *n.* **1.** zombi *m.* **2.** *fig.* (apathetic person) zombi *m. y f.*

zone [zoun] *n.* zona *f.*

zoo [zuː] *n.* zoo *m.*; zoológico *m.*

zoological [zouəˈlɒdʒəkəl] *adj.* zoológico.

zoology [zouˈɒlədʒiː] *n.* zoología *f.*

zoom [zuːm] *n.* zoom *m.*